EDITH STEIN GESAMTAUSGABE

6

EDITH STEIN GESAMTAUSGABE

Herausgegeben vom
Karmel „Maria vom Frieden“ zu Köln

Unter wissenschaftlicher Mitarbeit von
Hanna-Barbara Gerl-Falkovitz
Lehrstuhl für Religionsphilosophie und
vergleichende Religionswissenschaft der
Technischen Universität Dresden

6

Frühe Phänomenologie 2

Beiträge zur philosophischen Begründung der Psychologie und der Geisteswissenschaften

Edith Stein

Beiträge zur philosophischen Begründung der Psychologie und der Geisteswissenschaften

Eingeführt und bearbeitet
von
Beate Beckmann-Zöller

HERDER

FREIBURG · BASEL · WIEN

Diese Sonderausgabe wurde realisiert mit freundlicher Unterstützung der Provinzen des Teresianischen Karmels (OCD) in Deutschland und Österreich sowie der Edith Stein Gesellschaft Deutschland.

Neuausgabe 2025

Hermann-Herder-Straße 4, D-79104 Freiburg

www.herder.de
produktsicherheit@herder.de

Umschlaggestaltung: Finken & Bumiller, Stuttgart
Satz: SatzWeise, Bad Wünnenberg
Printed in Germany

ISBN 978-3-451-02626-3
ISBN E-Book (PDF) 978-3-451-83886-6

Inhalt

Edith Stein
Beiträge zur philosophischen Begründung der Psychologie und der Geisteswissenschaften

Einführung

von Beate Beckmann-Zöller

Hanna-Barbara Gerl-Falkovitz
zum 65. Geburtstag

1. Politik und Philosophie – zwei Herausforderungen für die junge Edith Stein

Inmitten des bedrückenden Kriegsgeschehens – und dennoch beflügelt von philosophischem Ehrgeiz und politischem Interesse – verfaßte Edith Stein am Ende des Ersten Weltkriegs zwei Abhandlungen zur phänomenologischen Analyse der Person. Zwischen Februar 1918 und Oktober 1919 entstanden die hier in dritter Auflage[1] vorliegenden Abhandlungen „Psychische Kausalität" und „Individuum und Gemeinschaft" mit einem verbindenden Schlußteil als *Beiträge zur philosophischen Begründung der Psychologie und der Geisteswissenschaften*[2], die ihr als Habilitationsschrift dienen sollten.

> „Im allgemeinen sind es eigentlich nur 2 Sachen, die meine Spannkraft aufrecht erhalten: die Begier zu sehen, was aus Europa wird, und die Hoffnung, etwas für die Philosophie zu leisten."[3]

Was aus Deutschland und was aus Europa werden sollte, war ungewiß, der Erste Weltkrieg hatte Intellektuelle in ihrem „Glauben an die Menschheit" schwer erschüttert.[4] Einige von Steins Philosophen-Freunden fielen im Krieg (wie Adolf Reinach, 1885–1917) oder mußten lange an der Front ausharren (wie Fritz Kaufmann, 1891–1958). Stein teilte die patriotische Stimmung ihres Umfeldes und hatte sich nach ihrem Staatsexamen (1915) freiwillig für den Lazarettdienst in Mährisch-Weißkirchen gemeldet. Nach Kriegsende (November 1918) engagierte sie sich Anfang 1919 in Breslau zum einen parteipolitisch in der Deutschen Demokratischen Partei, der Vor-

---

1 Erste Auflage in: *Jahrbuch für Philosophie und phänomenologische Forschung* (kurz *Jahrbuch*), Bd. V, hg. v. Edmund Husserl u. a., Halle 1922; 2. Aufl.: Tübingen 1970.

2 Kurz: *PK*, *IG* und *Beiträge*.

3 Stein, Edith, *Selbstbildnis in Briefen III. Briefe an Roman Ingarden (BRI)*, Edith Stein Gesamtausgabe (ESGA) Bd. 4, Freiburg 2001, Br. 20 (6. 7. 1917).

4 Vgl. Gerl-Falkovitz, Hanna-Barbara, „Deutsche Geistesgeschichte im Jahrzehnt 1918–1928, konzentriert im Blick auf Edith Stein", in: Beckmann, Beate / Gerl-Falkovitz, Hanna-Barbara, *Edith Stein. Themen, Bezüge, Dokumente*, Würzburg 2003, S. 149–170.

läuferin der FDP;[5] sie verfaßte „Flugblätter und ähnliche Scherze".[6] Zum anderen unterstützte sie ein Institut zum Austausch von deutscher und polnischer Kultur[7], denn sie hatte in Göttingen beim Historiker Max Lehmann „europäisch zu denken"[8] gelernt und setzte große Hoffnung auf ein „neues Mitteleuropa".[9]

Da sie immer „mehr gelebt als philosophiert"[10] habe, hegte sie von Zeit zu Zeit den Gedanken, ob sie nicht lieber etwas „fürs Vaterland tun" solle, als ihren philosophischen Interessen nachzugehen.[11] Kennzeichen für die Phänomenologen war es ja, daß sie in Berührung mit den „Sachen selbst"[12] standen, über die sie philosophierten. Steins zweite Abhandlung „Individuum und Gemeinschaft" innerhalb der *Beiträge* und der weitere sozialphilosophische Artikel „Eine Untersuchung über den Staat" (*US*, ESGA 7), der wie die vorherigen in Husserls *Jahrbuch für Philosophie und phänomenologi-*

---

[5] Sie beschäftigte sich mit Aufklärungsarbeit, um Frauen zur Wahl zu überzeugen. Vgl. *BRI*, Br. 59 u. 60 (18.11.1918 u. 30.11.1918).

[6] *BRI*, Br. 62 (10.12.1918): „Gewiß, ich liebe die Realität, aber nicht schlechtweg, sondern eine ganz bestimmte: die menschliche Seele, die der einzelnen und die der Völker [...] und meine ganze politische Tätigkeit wird darauf gerichtet sein, den idealen Gesichtspunkten in der Praxis Geltung zu verschaffen. [...] Ich beschäftige mich weiter mit der Abfassung von Flugblättern und ähnlichen Scherzen."

[7] *BRI*, Br. 35 (2.6.1918). Nicht nur der Wirtschaftsaustausch, sondern auch das Gespräch über Literatur solle gepflegt werden.

[8] „Ich freute mich an seiner [Lehmanns] Art, europäisch zu denken, einem Erbteil seines großen Lehrers Ranke, und war stolz, durch ihn eine Enkelschülerin von Ranke zu werden." Stein, Edith, *Aus dem Leben einer jüdischen Familie (LJF)*, ESGA 1, Freiburg 2002, S. 216.

[9] *BRI*, Br. 10 (7.3.1917).

[10] *BRI*, Br. 78 (15.10.1921).

[11] *BRI*, Br. 6 (3.2.1917). Allerdings fühle sie sich „mitverantwortlich" dafür, daß Husserl etwas veröffentliche, daher wollte sie sich nicht von der Arbeit bei ihm trennen, die sonst ganz ins Stocken gerate. Kurz darauf schreibt sie über ihre patriotischen Gefühle: „Heute hat mein individuelles Leben aufgehört und alles, was ich bin, gehört dem Staat; wenn ich den Krieg überlebe, dann will ich es als neu geschenkt wieder aufnehmen." *BRI*, Br. 7 (9.2.1917) Stein meldete sich im Februar beim „Vaterländischen Hilfsdienst" in Freiburg für eine Aushilfstätigkeit in der Schule, wurde allerdings nicht dazu einberufen. Müller, Andreas Uwe / Neyer, Maria Amata, *Edith Stein. Das Leben einer ungewöhnlichen Frau*, Zürich / Düsseldorf 1998, S. 106. Eligius Bernbeck interpretiert Steins Beispiel der „Truppe" im Krieg (*IG* 113ff.) zurecht als einen Hinweis auf ihre „bewußt vaterländische Einstellung", die sich auch in ihrem Briefwechsel mit Ingarden niederschlägt. Bernbeck, Eligius, „Individuum und Gemeinschaft bei Edith Stein", in: *Carmelus*, Bd. 14, hg. v. Institutum Carmelitanum, Rom 1967, S. 3–67, hier S. 11. Ab 1921 fand für Stein die Geborgenheit, die sie zunächst als Angehörige der deutschen Nation spürte, ihre Erfüllung in der Geborgenheit der Kirche. Vgl. auch Beckmann, Beate, „Edith Stein als Versöhnungsfigur zwischen Polen und Deutschen?", in: *VII. Edith Stein Tage (12.–16.9.2001 Wroclaw) Edyta Stein Patronka Europy*, hg. v. Towarzystwo Im, Edity Stein We Wroclawiu, Wroclaw 2002, S. 335–344.

[12] Husserl, Edmund, *Logische Untersuchungen (LU). Zweiter Band, Erster Teil*, Husserliana (Edmund Husserls Gesammelte Werke, *Hua*) Bd. XIX/1, S. 10.

sche Forschung (kurz *Jahrbuch;* erst Bd. VII, Halle 1925) erschien, waren daher auch philosophischer „Niederschlag“ ihrer „politischen Betätigung“[13], wie sie schreibt. Allerdings hatte sie die konkrete Politik schon nach wenigen Wochen „satt bis zum Ekel“.[14] Stein war an der tagespolitischen Realität gescheitert und konzentrierte sich erneut auf die philosophisch-phänomenologische Forschung, mit einem neuen Ziel:

> „Es fehlt mir das übliche Handwerkszeug dazu [zur konkreten Politik] völlig: ein robustes Gewissen und ein dickes Fell. [...] Wenn ich mich von alle dem Wust freimachen kann, dann will ich versuchen, eine Habilitationsschrift zu machen.“[15]

Letztlich siegte also Steins Wunsch, etwas für die Philosophie zu leisten, eingebunden in die Forschergemeinschaft der Phänomenologen um Edmund Husserl (1859–1938), zunächst als dessen Studentin und Doktorandin in Göttingen (1913–15) mit ihrer Dissertation *Zum Problem der Einfühlung* (ESGA 5)[16], später als seine Privatassistentin in Freiburg (1916–1918) und den Werken, die aus dieser Phase heraus inspiriert waren: *Beiträge zur philosophischen Begründung der Psychologie und der Geisteswissenschaften* (1918/19, ESGA 6), dem *Jahrbuch*-Artikel „Eine Untersuchung über den Staat“ (1920, ESGA 7) und *Einführung in die Philosophie* (1917–20, ESGA 8).[17]

2. Stein und die phänomenologische Bewegung

Edith Stein hatte sich zur Phänomenologie „bekehrt“[18], ein Vorgang, der auf Husserls Vergleich der phänomenologischen Einstellung mit dem Phänomen einer „religiösen Umkehrung“[19] zurückgeht.[20] Zunächst in Breslau

[13] *BRI*, Br. 65 (16.9.1919).
[14] *BRI*, Br. 63 (27.12.1918).
[15] Ebd. Sie erwarte in einem „neuen Deutschland“ keine prinzipiellen Hindernisse für die Habilitation von Frauen und würde es zunächst in Breslau probieren.
[16] *Zum Problem der Einfühlung (PE)*, ESGA 5, Freiburg 2009.
[17] Innerhalb der Edith Stein Gesamtausgabe (ESGA) B. Philosophische Schriften, Abteilung 1 Frühe Phänomenologie.
[18] Beckmann, Beate, *Phänomenologie des religiösen Erlebnisses. Religionsphilosophische Untersuchungen im Anschluß an Adolf Reinach und Edith Stein*, Würzburg 2003, S. 42–64.
[19] *Die Krisis der europäischen Wissenschaften und die transzendentale Phänomenologie. Eine Einleitung in die phänomenologische Philosophie* (*Hua* VI), hg. v. Walter Biemel. Dordrecht, 2. verb. Auflage 1976 (kurz *Krisis*), § 35: „Vielleicht wird es sich zeigen, daß die totale phänomenologische Einstellung und die ihr zugehörige Epoché zunächst wesensmäßig eine *völlige personale Wandlung zu erwirken berufen* ist, die zu vergleichen wäre zunächst mit einer *religiösen Umkehrung*, die aber darüber hinaus die Bedeutung der größten *existentiellen Wandlung* in sich birgt, die der Menschheit als Menschheit aufgegeben ist.“ (1935/36) [Herv. d. Verf.].
[20] Andererseits beklagte sich Husserl über die vielen religiösen Konversionen in seinem

vom Neukantianismus geprägt, war Stein durch ihren Breslauer Bekannten Georg Moskiewicz auf die *Logischen Untersuchungen* (1900/1901) hingewiesen worden, die Edmund Husserl, neben Max Scheler (1874–1928) einer der Begründer der phänomenologischen Bewegung, an der Wende vom 19. zum 20. Jahrhundert vorgelegt hatte.[21] Husserls Werk hatte etwas Revolutionierendes, seine Phänomenologie wurde emphatisch mit einem „Erdrutsch"[22] innerhalb der Philosophie und sogar mit einem „philosophischen Frühling"[23] verglichen. Sowohl die Tradition, alle vorhandenen Theorien und Autoritäten, als auch die eigenen Vorurteile wurden in der phänomenologischen und eidetischen Reduktion eingeklammert, in die Epoché (Urteilsenthaltung) genommen, damit der Phänomenologe frisch und voraussetzungslos an die „Sachen selbst" herangehen könne. In der transzendentalen Reduktion ging es dann um ein Zurückgehen auf das Bewußtsein selbst, das einziger Ausgangspunkt für weitere Untersuchungen im Sinne von Korrelationsforschung sein konnte – diesen Standpunkt Husserls teilt Stein auch hier in den *Beiträgen.* Husserl sprach von einer „geheimen Sehnsucht der ganzen neuzeitlichen Philosophie", die in der Phänomenologie als „letztauswertender Kritik", „letzter Sinnesbestimmung des ‚Seins' ihrer Gegenstände" und als „prinzipielle Klärung ihrer Methodik" in Erfüllung ginge.[24]

Angezogen von dieser Stringenz des logischen Gedankens und der Sachnähe des Philosophierens, wechselte Stein von der Universität Breslau nach Göttingen zu Husserl. Bei ihm hörte sie verschiedene Vorlesungen, deren thematische Spuren in den hier vorliegenden *Beiträgen* zu finden sind.[25] In

---

Umfeld: „Meine philosophische Wirksamkeit hat doch etwas merkwürdig Revolutionierendes; Evangelische werden katholisch, Katholische evangelisch. Ich aber denke nicht ans Katholisieren oder Evangelisieren, nichts weiter will ich, als die Jugend zu radikaler Redlichkeit des Denkens zu erziehen". Edmund Husserl, Brief an Rudolf Otto, Freiburg 5.3.1919. Zitiert nach Vidal, Jacques, „Phénoménologie et Conversions", in: *Archives de Philosophie* 35, 1972, S. 209–243, S. 215.

[21] *Hua* XVIII, *LU* I, Den Haag 1975; *Hua* XIX/1, *LU*, 2. Band, 1. Teil, Den Haag 1984; *Hua* XIX/2, *LU*, 2. Band, 2. Teil, Den Haag 1984; Original: Halle 1900/01.

[22] Conrad, Theodor „Zum Gedenken an Husserl und seine phänomenologische Methode", S. 6, in: *Nachlaß Theodor Conrad Bayerische Staatsbibliothek* MS AVI 6, 3.2.

[23] „Ce printemps philosophique". Héring, Jean, „La phénoménologie d'Edmund Husserl, il y a trente ans: Souvenirs et réflexions d'un étudiant de 1909", in: *Revue International de Philosophie* 2 (1939) S. 369.

[24] *Hua* III/1, *Ideen zu einer reinen Phänomenologie und phänomenologischen Philosophie.* Erstes Buch, hg. v. Karl Schuhmann, Den Haag 1976 (kurz *Ideen* 1), S. 133. Original: Halle 1913.

[25] Bei Husserl hörte Stein die Vorlesungen zu „Natur und Geist" (SS 1913), die sie später als Assistentin (1916/17) zu den *Ideen* II (*Ideen zu einer reinen Phänomenologie und phänomenologischen Philosophie. Zweites Buch: Phänomenologische Untersuchungen zur Konstitution, Hua* IV, hg. v. Biemel, Marly, Den Haag 1952) umarbeitete, und die „Übungen über die *Ideen.* Naturwissenschaft und Geisteswissenschaft" (Seminar SS 1913), aus deren Notizen sie flüssige Texte für den später als *Ideen* III herausgegebenen Band vorbereitete.

die Forschergemeinschaft der sogenannten „München-Göttinger Phänomenologen“[26] wurde Stein vor allem durch den Privatdozenten Adolf Reinach herzlich aufgenommen und durch seine Vorlesungen ähnlich wie durch Husserls geprägt.[27] Auch der Einfluß der Münchner Phänomenologen Max Scheler, der in Göttingen Gastvorlesungen hielt[28], Alexander Pfänder (1870–1941), mit dem sie wegen der geplanten Festschrift zu Husserls 60. Geburtstag in brieflichen Kontakt trat[29], und Dietrich von Hildebrand (1889–1977), den sie später persönlich kennen lernen sollte[30], zeichnet sich in den *Beiträgen* deutlich ab. Hedwig Conrad-Martius (1888–1966), ihre spätere Freundin und Taufpatin, kannte sie zur Zeit der *Beiträge* nur aus deren Werken,[31] die sie positiv aufgreift.[32] Mit ihr – wie auch mit Husserl – teilte Stein den

---

Vgl. *Ideen zu einer reinen Phänomenologie und phänomenologischen Philosophie. Drittes Buch: Die Phänomenologie und die Fundamente der Wissenschaften*, *Hua* V, hg. von Marly Biemel, Den Haag 1971. Auch auf Husserls Vorlesung über „Grundfragen der Ethik und Wertlehre“ (SS 1914) bezieht sie sich in ihren *Beiträgen* (*IG* 175f.). Im WS 1914/15 hatte Husserl sich bereits mit Steins Ausgangsfrage für ihre Untersuchung der „psychischen Kausalität“ beschäftigt: „Philosophische Übungen im Anschluß an Humes Treatise“ und wiederum „Philosophische Übungen über Natur und Geist“.

26 Sepp, Hans Rainer (Hg.), *Die München-Göttinger Phänomenologie, Orbis Phaenomenologicus Perspektiven*, Würzburg (erscheint demnächst).

27 Von Reinach verwendete sie für die *Beiträge:* „Die apriorischen Grundlagen des bürgerlichen Rechtes“, in Reinach, Adolf, *Sämtliche Werke*, Band I (Reinach I), München 1989, S. 166–350; „Zur Theorie des negativen Urteils“, ebd. S. 75–116. Stein zitiert hingegen nicht Reinachs folgende in thematischen Bezug stehende Aufsätze, die sie sicher kannte: „Kants Auffassung des Humeschen Problems“, S. 67–93; „Die Überlegung: ihre ethische und rechtliche Bedeutung“, S. 121–165 und „Paul Natorps *Allgemeine Psychologie nach kritischer Methode*“, S. 351–376.

28 Sie las „viel Scheler in letzter Zeit“, vgl. *BRI*, Br. 48 (24.9.1918). Scheler, Max, *Der Formalismus in der Ethik und die materiale Wertethik*, Halle 1916, 8. Aufl. Bonn 2008.

29 Pfänder, Alexander, „Motive und Motivationen“, in: *Münchener Philosophische Abhandlungen*, Leipzig 1911, S. 163–195. Später unter dem Titel: *Phänomenologie des Wollens: eine psychologische Analyse*, 2. unv. Aufl. v. „Motive und Motivation“, Leipzig 1930; München ³1963.

30 Dietrich v. Hildebrand, „Die Idee der sittlichen Handlung“, in: *Jahrbuch* III, Halle 1916, S. 126–251. Stein wendet sich gegen v. Hildebrands Unterscheidung von Erleben (von ichlichem Gehalt) und Erfassen (von ichfremden Gehalten), die er aber selbst später aufgab. Vgl. ders.: „Legitime und illegitime Formen der Beeinflussung“, in: *Situationsethik und kleinere Schriften. Gesammelte Werke*, Bd. VIII, Regensburg 1974, S. 221–259.

31 Conrad-Martius, Hedwig, „Zur Ontologie und Erscheinungslehre der realen Außenwelt: verbunden mit einer Kritik positivistischer Theorien“, *Jahrbuch* III, Halle a.S. 1916, S. 345–542. Diese Arbeit wollte Stein im nächsten „Philosophischen Kindergarten“ besprechen. *BRI*, Br. 48 (24.9.1918). Ebenso verwendet sie von Conrad-Martius „Von der Seele“, in: *Summa*, 2. Heft, Hellerau 1917, S. 106–136, später: *Metaphysische Gespräche*, Halle 1921.

32 Von der weiteren von Stein zitierten Literatur erhält vor allem Bergson ihre Zustimmung, *PK* 9, 32, 81. Sie sei von Bergson „sehr entzückt“. *BRI*, Br. 50 (3.10.1918). Schon im Juni hatte sie geschrieben, für die Ingardensche Bergson-Kritik sei folgendes wichtig:

Anspruch der Phänomenologie, die Grundlagen *aller* Wissenschaften phänomenologisch aufzuklären, den Stein konsequent in der Schlußbetrachtung der *Beiträge* wissenschaftstheoretisch durchführt: Denn die Phänomenologie sei – so Conrad-Martius – ein „helles Licht nicht nur der Philosophie, sondern auch der gesamten Wissenschaft."[33] Innerhalb der phänomenologischen Bewegung ist allerdings Stein die einzige, die sich dem Projekt der Grundlegung der Wissenschaften, d. h. der Psychologie und der Geisteswissenschaften angenommen hat.

3. Als Assistentin bei Husserl

Steins Zeit als Assistentin bei Husserl war kurz (Oktober 1916 bis Februar 1918), fand aber inhaltlich starken Niederschlag in ihren *Jahrbuch*-Abhandlungen.[34] Nach der Beendigung ihrer Dissertation Anfang 1916 und einem kurzen Intermezzo im Schuldienst in Breslau sprach sie Husserl nach ihrem Rigorosum in Freiburg (am 3. 8. 1916 mit *summa cum laude*) unverblümt auf seine Suche nach einem Assistenten an. Prompt engagierte er sie als seine Privat-Assistentin,[35] wofür sie gern den Schuldienst in Breslau kündigte.

Steins Aufgabe war es, Husserls Manuskripte zu sortieren und zu transkribieren (aus der Gabelsberger Kurzschrift in lesbare Texte). Sie wollte ihm vor allem dabei helfen, einen Überblick über sein Schaffen zu gewinnen, um ihm das Publizieren zu erleichtern. Dabei war sie kreativ, fand die große Linie, die dem „Meister" aus dem Blick geraten war.[36] Man darf sich Steins

---

„vom Standpunkt des Bewußtseins und der Konstitution hat keine noem⟨atische⟩ Schicht vor der andern etwas an Objektivität voraus. Es bleibt aufzuklären, wie der Vorzug der einen Schicht – der Realität und der ihr korrelativen natürlichen Einstellung – zu verstehen ist. Wenn wir in dieser Einstellung leben, verschwinden alle anderen Schichten; aber ihr Korrelat verschwindet nicht, wenn wir reflektierend eine niedere oder in theoretischer Bearbeitung eine höhere Schicht zum Thema haben. Es scheint mir, als käme hier das in Betracht, was Bergson mit seinen Handlungsschemata im Auge hat. Vielleicht könnte eine Analyse der Praxis zeigen, daß diese noematische Schicht notwendiger Angriffspunkt des Handelns ist (die ‚natürliche' Einstellung ist ja zugleich die des praktischen Menschen) und aus diesen Zusammenhängen die Herausbildung einer bevorzugten Apperzeption verständlich machen." *BRI*, Br. 37 (24. 6. 1918). Allerdings kritisiert sie Bergsons Kritik der „Handlungsrelativität der intellektuellen Erkenntnis". Stein verwendete außerdem Erika Gothes Arbeit *Ursache und Bedingung* (vgl. *BRI*, Br. 30 Anm. 7), von der nur noch ein Exzerpt Husserls existiert, vgl. Schuhmann, Karl, *Husserl-Chronik. Denk- und Lebensweg Edmund Husserls*, Den Haag 1977, S. 198.

[33] Conrad-Martius, Hedwig, „Vorwort", in: Reinach, Adolf, *Was ist Phänomenologie?* Vortrag in Marburg 1914, München 1951, S. 5–17, hier S. 5.

[34] Vgl. dazu Imhof, Beat, *Edith Steins philosophische Entwicklung. Leben und Werk*, Basel 1987, S. 78–105.

[35] *LJF*, S. 340.

[36] „[…] vorläufig suche ich nur, aus den Materialen den gesamten Gedankengang (der mir

Aufgabe nicht als Arbeit einer Sekretärin nach dem Diktat des Vorgesetzten vorstellen.[37] Vielmehr stand sie mit ihm im philosophischen Fachgespräch – auch wenn das Verhältnis „Meister"-Schülerin ein klar umrissenes blieb – und ähnlich wie später Ludwig Landgrebe (1902–1991) und Eugen Fink (1905–1975) war Stein als Mitarbeiterin tätig.[38] Zeitweise beklagte sie sich allerdings, es wolle „zu einer rechten *Zusammenarbeit*"[39] nicht kommen, da Husserl sich nicht bewegen lasse, ihre Ausarbeitungen der *Ideen* II anzusehen: nicht, weil sie ihm nicht gut genug erschienen, wie Steins polnischer Phänomenologen-Freund und Husserl-Schüler Roman Ingarden (1893–1970) in einer „Verteidigungsschrift" 1962 versichert[40], sondern weil er bereits mit neuen Einzelanalysen beschäftigt war. Husserls Perfektionismus und sein Genie bewogen ihn letztlich, keine – in seinem Sinne – „Halbheiten"[41] zu veröffentlichen.

Nach einem Vierteljahr Erfahrung mit Husserls Arbeitsstil beschloß Stein, sie wolle „die Sache mit ihm oder ohne ihn und gleichgültig, wie lange es dauern mag, in eine allgemein zugängliche Form" bringen.[42] Das tat sie,

---

ziemlich klar vor Augen steht, aber nirgends fixiert oder gar durchgeführt ist) in einer einheitlichen Ausarbeitung festzulegen. Das soll die Basis für die Arbeit des Meisters sein, und das möchte ich gern beenden, weil ich glaube, daß er sich durch die Materialien selbst nie hindurchfinden und immer in Einzelheiten steckenbleiben würde." *BRI*, Br. 6 (3.2.1917).

[37] Wie sie bis dato von seiner Ehefrau Malwine ausgeführt wurde, die keinerlei philosophische Bildung besaß, sondern sich auf die Transkription der Stenographie konzentrierte.

[38] Vgl. Calcagno, Antonio, „Assistant and/or Collaborator? Edith Stein's Relationship to Edmund Husserls *Ideen II*", in: *Contemplating Edith Stein*, ed. Joyce Avrech Berkman, Notre Dame, Indiana 2006, S. 243–270.

[39] *SBB* I, Br. 4 an Fritz Kaufmann (12.1.1917). Husserl sprach in dieser Zeit kaum mit Stein, was den Arbeitsprozeß behinderte, weil das Material sehr unvollständig war: „Für mich ist das sehr schmerzlich […] Ich arbeite also jetzt ziemlich selbständig, und das ist ja recht erfreulich, aber etwas Gedankenaustausch wäre dabei sehr ersprießlich." Ebd.

[40] Ingarden, Roman, „Edith Stein on Her Activity as an Assistant of Edmund Husserl", in: *Philosophy and Phenomenological Research*, Vol. XXIII, Dec. Nr. 2, Buffalo 1962, S. 155–175. Vgl. zur Entstehung dieser Verteidigungsschrift unten S. XXI, Anm. 76. Ingarden war im Herbst 1917 bis zu seiner Promotion Januar 1918 in Freiburg und traf fast täglich mit Stein zusammen.

[41] Edmund Husserl, Brief an Gustav Albrecht vom 14.9.1924, Teilabdruck in: *Husserl-Chronik*, S. 284.

[42] *SBB* I, Br. 4 (12.1.1917) an Kaufmann. Und am selben Tag schreibt Stein an Ingarden: „Ich habe mir jetzt vorgenommen, unabhängig von den wechselnden Einfällen des lieben Meisters und so schnell es die Nebenaufträge, die ich erhalte, gestatten, das Material, das ich da habe, in eine Form zu bringen, die es auch andern zugänglich macht. Wenn ich so weit bin und er sich dann immer noch nicht entschlossen hat, die Arbeit systematisch anzugreifen, dann werde ich auf eigene Faust versuchen, die dunkeln Punkte aufzuklären." *BRI*, Br. 1 (12.1.1917). Am 3.2.1917 (*BRI*, Br. 6) relativiert sie diese Aussage: „Nur *für den schlimmsten Fall*, daß er gar nicht an die Überarbeitung heranginge, hatte ich es ins Auge gefaßt, es selbst zu tun." Herv. Verf.

indem sie Material aus den Manuskripten Husserls selbständig ordnete und seine Gedanken weiterdachte, so daß sie im Vorwort der *Beiträge*[43] zugeben mußte, sie wisse selbst nicht mehr recht, wieviel ihrer eigenen und wieviel Husserls Reflexion in den *Ideen* II entstamme. So spricht also Schuhmann zurecht von einem „Husserl-Steinschen Ideenkonglomerat"[44], wenn auch in Steinscher Originalität durchgeführt.

Neben der Vorbereitung der Husserl-Manuskripte für die Publikation war Stein auch mit der wissenschaftlichen Lehre betraut. Zunächst in ihren Privaträumen (WS 1916/17)[45], ab Sommersemester 1917 auch in offiziellen Räumen der Universität,[46] gab sie „Einführungen in die Phänomenologie".[47] In den Ferien – und ab Frühjahr 1920 ständig – hielt sie auch in Breslau private Vorlesungen.[48] Aufgrund dieser Lehrtätigkeit entstand parallel zu den *Beiträgen* (ESGA 6) ihre *Einführung in die Philosophie* (ESGA 8)[49], in der sie Gedanken der Husserlschen *Ideen* II und III[50] mitgedacht und verarbeitet hat, die gleichzeitig auch Grundlagen für die *Beiträge* bilden.

---

[43] *Beiträge*, S. 4.

[44] Schuhmann, Karl, „Edith Stein und Adolf Reinach", in: *Studien zur Philosophie von Edith Stein. Internationales Edith-Stein-Symposion Eichstätt 1991*, hg. v. Reto Luzius Fetz / Matthias Rath / Peter Schulz, Freiburg / München 1993, S. 53–88, hier: S. 69; Wiederabdruck in: *Selected papers on phenomenology*, hg. v. Cees Leijenhorst und Piet Steenbakkers, Dordrecht 2004, S. 163–184.

[45] Vgl. S. 9. XIX.

[46] Auch im WS 1917/18 gab sie einen Einführungskurs, im SS 1918 einen phänomenologischen Anfängerkurs, „Mimischer und sprachlicher Ausdruck". Müller / Neyer, S. 122. Im WS 1918/1919 gab sie ihren letzten Einführungskurs in Freiburg. *BRI*, Br. 48 (24. 9. 1918). Anfang des Wintersemesters 1918/19 muß Stein in Husserls Seminar „Übungen über Kants Transcendentalphilosophie" sogar das einleitende Referat übernehmen, so wenig Teilnehmer waren gekommen. *BRI*, Br. 51 (6. 10. 1918).

[47] Stein bezeichnete die Einführungen als „Philosophischen Kindergarten" (*BRI*, Br. 3, 28. 1. 1917) oder auch „ABC-Unterricht" (*BRI*, Br. 18, 31. 5. 1917), wofür ihr im Gegenzug etwas „Gouvernantenhaftes" unterstellt wurde. Vgl. Brief von Otto Gründler an Peter Wust, 11. 12. 1922, in: Wust, Peter, *Gesammelte Werke*, Band X, *Vorlesungen und Briefe*, hg. v. Alois Huning, Regensburg 1969, S. 186.

[48] Von Januar bis März 1918 las Stein mit ihren Privatstudenten Husserls I. und V. *Logische Untersuchung*. Am 30. 4. 1920 (*BRI*, Br. 68) berichtet sie, daß sie Vorlesungen in ihrer Breslauer Wohnung hält („Einleitung in die Philosophie auf phänomenologischer Grundlage" und einen Kurs an der Volkshochschule über „Ethische Grundfragen", zu dem leider kein Manuskript vorhanden ist. Vgl. auch *SBB* I, Br. 31, an Kaufmann (30. 4. 1920).

[49] Stein, Edith, *Einführung in die Philosophie* (kurz *EPh*), ESGA 8, Freiburg 2004.

[50] Vgl. Anm. 25.

4. *Steins Arbeit an Husserls Manuskripten: thematische Bezüge zu den Beiträgen*

Anhand der Briefe und der bereits edierten Husserliana kann man sich ein Bild der Vielgestaltigkeit von Steins Assistententätigkeit machen. Es waren mindestens fünf Themenbereiche, die sie bearbeitete und aus denen sie geistiges Gedankenmaterial für die *Beiträge* gewann: 1. die *Ideen* II und III, 2. die VI. Logische Untersuchung / „Das Konvolut Urteilstheorie", 3. die Artikel „Phänomenologie und Erkenntnistheorie" und „Phänomenologie und Psychologie", 4. die Notizen zur „Phänomenologie des inneren Zeitbewußtseins" und 5. Husserls „Dingvorlesung".

1. Bereits im Januar 1917 war Stein mit ihrer Ausarbeitung der *Ideen* II und III, zu der sie sich „selbst autorisiert habe, ohne auf Widerspruch zu stoßen", über den Teil bezüglich der Natur-Konstitution „bis zur Person vorgedrungen"[51], wie sie an Ingarden schreibt. An diese Husserlschen Analysen schloß dann unmittelbar ihre Arbeit „Die ontische Struktur der Person und ihre erkenntnistheoretische Problematik" an, die in ihrem Nachlaß lange falsch zugeordnet worden war.[52] Sie war ihr ab Januar 1917 als „Nebenprodukt" ihrer Arbeit an den *Ideen* II eingefallen[53], und ihr entnahm Stein ab Februar 1918 dann die Material für die Abhandlungen „Psychische Kausalität" und „Individuum und Gemeinschaft" (s. u. S. 14).[54]

Im Februar, spätestens April 1917 lagen Teil I und II (Konstitution der materiellen und animalischen Natur) der *Ideen* II bereit für eine Publikation.[55] Teil III über den Geist, bisher nur „eine geordnete Zusammenstellung des vorhandenen Materials", hätte vom Meister allerdings völlig neu bearbeitet werden sollen. Nebenbei beschäftigte sich Stein begleitend mit Physik und Mathematik, hörte regelmäßig Vorlesungen „im Interesse der Naturphilosophie".[56] Stein plante, die ersten zwei Teile der *Ideen* II ins *Jahrbuch* zu bringen, allerdings zögerte Husserl ein Leben lang, da er eine „neue prinzipielle, tiefere und umfassendere Grundlegung der Phänomenologie"[57] schaffen wollte, so daß die *Ideen* II erst posthum 1952 veröffentlicht wurden.

---

[51] *SBB* I, Br. 4 an Kaufmann (12. 1. 1917). *BRI*, Br. 1 (12. 1. 1917), gemeint ist der III. Abschnitt der *Ideen* II.

[52] Dieses Mißverständnis wurde aufgeklärt von Wulf, Claudia Mariéle, „Rekonstruktion und Neudatierung einiger früher Werke Edith Steins", in: Beckmann / Gerl-Falkovitz 2003, S. 249–268.

[53] *BRI*, Br. 22 (26. 8. 1917).

[54] Es existieren also einige handschriftliche Seiten Steins zu *IG*, vgl. Wulf, Claudia Mariéle, S. 254 ff.

[55] *BRI*, Br. 6 (3. 2. 1917).

[56] *BRI*, Br. 18 (31. 5. 1917).

[57] Ingarden, Roman, „Husserl – Erläuterungen zu den Briefen", in: *Edmund Husserl –*

Stein fand in den *Ideen* „dunkle Punkte“[58], die sie gern aufklären wollte. Dabei wird sie sich u. a. auf Husserls mangelnde Wahrnehmung der *psychischen* Kausalität bezogen haben, obwohl er natürlich die grundsätzliche Unterscheidung von Kausalität und Motivation teilt.[59]

In *Ideen* III ist die wissenschaftstheoretische Ausarbeitung des Verhältnisses von Psychologie und Phänomenologie ausgegliedert, die Stein zum einheitlichen Grundgedanken ihrer beiden Abhandlungen macht.[60] Ein genauer Vergleich zwischen Husserls *Ideen* II und III und Steins *Beiträgen* steht dazu noch aus.[61] Steins *Beiträge* als „*Ideen* IV“ zu lesen,[62] erscheint als

---

Briefe an Roman Ingarden, hg. v. Roman Ingarden, Den Haag 1968, S. 156. Husserl publizierte erst zwölf Jahre später, 1929, *Formale und transzendentale Logik* (*Hua* XVII).

[58] Vgl. Anm. 40, *BRI*, Br. 1 (12. 1. 1917).

[59] In *Ideen* II finden wir im 3. Kapitel „Die Aistheta in Bezug auf den aisthetischen Leib“ unter § 18 c) „Die Bedeutung der psychophysischen Konditionalität auf den verschiedenen Konstitutionsstufen“, S. 65–75. Husserl grenzt die seelische Realität von der materiellen, und die naturalistische Einstellung von der personalistischen ab (Zweiter Abschnitt, 2. Kap, § 32–34). Im 3. Kap über „Die Konstitution der seelischen Realität durch den Leib“ findet sich unter § 41 c) eine kurze Behandlung „Der Leib als Glied des Kausalzusammenhanges“, mit dem Übergang in das 4. Kap. „Die Konstitution der seelischen Realität in der Einfühlung“ (§§ 43–47). Diesen Paragraphen 35–47 gab Edith Stein eine besondere Stellung in den vorgefundenen Husserlschen Notizen, vor allem von 43–47 hat Stein am stärksten eingegriffen.Vgl. Sawicki, Marianne, *Body, Text, and Science. The Literacy of Investigative Practices and the Phenomenology of Edith Stein*, Dordrecht 1997, S. 76 ff. Durch das Hin und Her der Ding-, Leib- und Seelekonstitution wird vor allem deren Gleichzeitigkeit und damit die Einheitlichkeit der Person betont und zugleich eine psychologistische Schichtentheorie ausgeschlossen. Vgl. Biemel, Marly, *Ideen* II (*Hua* IV), Dordrecht 1952, S. XVII. Im 3. Abschnitt über „Die Konstitution der geistigen Welt“ geht es im 2. Kap. um „Die Motivation als Grundgesetz der geistigen Welt“ (§§ 54–61), wo auch Assoziation als Motivation bedacht wird, Einfühlung in Andere als Verstehen ihrer Motivationen, aber auch der Zusammenhang von Naturkausalität und Motivation, bzw. „Beziehungen zwischen Subjekten und Dingen unter dem Gesichtspunkt von Kausalität und Motivation“. Im 3. Kap. „Der ontologische Vorrang der geistigen Welt gegenüber der naturalistischen“ geht es im § 63 um Steins Thema: „Psychophysischer Parallelismus und Wechselwirkung“. In der *Krisis* spricht Husserl von drei Kausalitäten: der physischen, der psychischen und einer Kausalität zwischen der leiblichen und der psychischen.

[60] *IG*, S. 246 ff. In den Beilagen zu *Ideen* II finden sich im „Entwurf des Zweiten Buches von 1912“ § 1. Die Konstitution der Seele (Die Einfühlung), § 3. zur „notwendigen Scheidung von naturwissenschaftlicher und geisteswissenschaftlicher Einstellung“ usw.

[61] Calcagno, 2006, S. 255 ff. untersuchte den Zusammenhang von *Ideen* II und III mit *EPh*. Sawicki spekuliert, daß Husserl zu Lebzeiten von einer Veröffentlichung von *Ideen* II und III abgesehen habe, weil er Steins Lösung in der *Einfühlung* und den *Beiträgen* für gelungener hielt als seine eigene. Sawicki, Marianne, „Editor’s Introduction“, in: Stein, Edith, *Philosophy of Psychology and the Humanities*, Washington 2000, S. IX-XXIII, hier S. XXI.

[62] Sawicki, Marianne, „Making up Husserl’s Mind about Constitution“, in: *Yearbook of the Irish Philosophical Society*, hg. v. Will Desmond, Maynooth 2007, S. 191–216, hier S. 208. Sie betont, daß Husserls Konstitutionsbegriff sich durch die Auseinandersetzung mit Stein über *Ideen* II entwickelt hat, bevor sie mit ihm zu den Zeitanalysen überging. Gegen Sokolowski, Robert, *The Formation of Husserl’s Concept of Constitution*, Den Haag 1964.

ein kühner Vorschlag, macht aber deutlich, daß erst im Vergleich mit den *Ideen* II und III tatsächlich Steins Eigenleistung hervortritt. Ihr Beitrag zu Husserls *Ideen* II war es, Husserl im Gespräch[63] die Problematik der „Einfühlung" und die Stellung der Leiblichkeit näher zu bringen, während ihm selbst diese Elemente am Ende der *Ideen* I noch nicht zentral für die Konstitution erschienen.[64]

2. In ihrem Einführungsseminar WS 1916/17 besprach Stein Husserls *VI. Logische Untersuchung* „Was ist Wahrheit?", an der Husserl gerade arbeitete.[65] Sie nahm seine Manuskripte von Februar bis April 1917 mit in die Ferien nach Breslau[66] und bereitete dort die Drucklegung für das *Jahrbuch* vor, die aber nie realisiert wurde.[67] Husserl sprach auch vom „Konvolut über Urteilstheorie", das letztlich an verschiedenen Stellen der Husserliana veröffentlicht wurde, und mit dem noch ein gründlicher Vergleich aussteht.[68]

---

[63] *BRI*, Br. 12 (30.3.1917).

[64] In *Ideen* I, § 151 weist Husserl darauf hin, daß die Einfühlung wichtig wäre für die Einheit des intersubjektiven identischen physikalischen Dings. Stein schließt an diesen Gedanken mit ihrer Dissertation über Einfühlung an. Einfühlung sei – nach Sawicki – der Konstitution vorgängig, sowohl chronologisch als auch phänomenologisch, andere Menschen seien uns dadurch unmittelbar gegeben. Die Einfühlung macht also Konstitution möglich, und die Bedingung für Einfühlung ist das Gegebensein des Leibes. Diese Steinsche These führte sie dann zur Neuordnung von Husserls *Ideen* II-Manuskripten, wie sie bis heute in der Steinschen Anordnung in der Husserliana vorliegen. Vgl. Sawicki, *Body, Text and Science*, Kap. 2 „Husserl's Early Treatment of Intersubjectivity", S. 49–89. Vgl. auch Hähnel, Martin, „Analyse des Problembegriffs der Konstitution anhand von Edith Steins Philosophie der Person", in: Gerl-Falkovitz, Hanna-Barbara / Kaufmann, René / Sepp, Hans Rainer (Hg.), *Europa und seine Anderen. Emmanuel Levinas, Edith Stein, Józef Tischner*, Dresden 2010, S. 73–83.

[65] *BRI*, Br. 3 (28.1.1917).

[66] *BRI*, Br. 6 (3.2.1917).

[67] *BRI*, Br. 14 (9.4.1917) und *BRI*, Br. 17 (27.4.1917).

[68] Bekannt als „U-Blätter", da Stein alles zur Urteilstheorie heraussuchte und diese Blätter mit einem „U" kennzeichnete und zudem ein ausführliches Inhaltsverzeichnis anlegte. In einem Brief an Roman Ingarden vom 5. April 1918 schreibt Husserl: „Ich bin eben daran, den großen, von Frl. Stein geordneten Convolut über Urtheilstheorie (über 800 stenographische Seiten) durchzusehen […]." Husserl, Edmund, *Briefwechsel. Husserliana Dokumente* III, Bd. III: *Die Göttinger Schule*, hg. v. Elisabeth u. Karl Schuhmann, Dordrecht 1994, S. 181 f. Texte, die die VI. *LU* betrafen, wurden veröffentlicht in: Husserl, Edmund, *Logische Untersuchungen. Ergänzungsband. Zweiter Teil. Texte für die Neufassung der VI. Untersuchung. Zur Phänomenologie des Ausdrucks und der Erkenntnis (1893/94–1921)*, *Hua* XX/2, hg. von Ullrich Melle, Dordrecht 2005, als Texte 15, 19, 20–22 und 26 und als Beilagen XXVIII, XXXVI, XXXVII–XL, XLIV, XLV und LIII. Andere Texte der U-Blätter wurden in Husserl, Edmund, *Vorlesungen über Bedeutungslehre. Sommersemester 1908*, hg. v. Ursula Panzer, Dordrecht 1987 (*Hua* XXVI) als Beilagen VII, XIII, XV und XVIII publiziert. Husserl trug die neuen Erkenntnisse, d. h. Überarbeitetes zur Urteilstheorie aus seiner Vorlesung über Bedeutungslehre von 1908, im WS 1917/18 vor. Vgl. Husserl, Edmund, *Logik und allgemeine Wissenschaftstheorie. Vorlesungen 1917/18 mit ergänzenden Texten aus der ersten Fassung von 1910/11. Hua* XXX, hg. v. Ursula Panzer, Dordrecht 1996.

3. Im Zuge seiner Vorbereitung auf seine Antrittsvorlesung (21.4.1917) schrieb Husserl im Frühjahr 1917 eine umfangreiche „Einleitung in die Phänomenologie", deren zwei Abschnitte „Phänomenologie und Psychologie" und „Phänomenologie und Erkenntnistheorie" Stein zur Veröffentlichung fertig machen sollte.[69] Diese Einleitung hätte allerdings nichts Neues enthalten, das über das hinausgegangen wäre, was von Husserl bis dato vorlag, und war daher nicht fürs *Jahrbuch* geeignet. Statt dessen schlug Stein vor, die Einleitung für die *Kant-Studien* umzuarbeiten zu einer Erwiderung auf einen kritischen Artikel von Theodor Elsenhans, wozu sich Husserl ohnehin verpflichtet hatte.[70] Stein brachte die Artikel im Frühjahr 1917 in lesbare Form und verfaßte selbständig einen Anhang, in den sie zusätzlich die Kritik von August Messer und in einer Beilage diejenige von Heinrich Gustav Steinmann einarbeitete. Wie auch die bisherigen Projekte blieb alles liegen und wurde erst posthum veröffentlicht.[71] Gerade die in diesen Artikeln vorgenommene Differenzierung zwischen Psychologie und Phänomenologie steht allerdings in engem Zusammenhang mit Steins *Beiträgen*.[72] Ähnlich wie in *Ideen* III geht es darum, daß die Phänomenologie als Grundlagenforschung Begriffe kläre, die die Psychologie unbedacht verwende:

„Die Wesenswissenschaft vom Bewußtsein ist es nun, die eine Psychologie als Tatsachenwissenschaft allererst möglich macht, und darüber muß man sich klar sein. Gelegentlich wird wohl jeder Psychologe allgemeine Sätze aussprechen, die er näher

---

Das von Edith Stein angelegte Inhaltsverzeichnis der U-Blätter findet sich unter Husserls Manuskripten unter der Leuvener Archiv-Signatur AI 16/98–107. Ein großer Teil der in diesem Band vor allem im zweiten Teil veröffentlichten Texte sind solche „U-Blätter". Siehe die Texte Nr. 6, 8–17, 19–20 und die Beilagen XXIV–XXX. Husserl, Edmund, *Untersuchungen zur Urteilstheorie. Texte aus dem Nachlaß (1893–1918)*, *Hua* 40, unter d. Leitung v. Rudolf Bernet u. Ullrich Melle hg. v. Robin D. Rollinger, Dordrecht 2009, vgl. Einleitung, S. XIII-XLIX.

69 *BRI*, Br. 14 (9.4.1917).

70 *BRI*, Br. 3 (28.1.1917), *BRI*, Br. 14 (9.4.1917), *BRI*, Br. 20 (6.7.1917). Vgl. „Einleitung der Herausgeber", in: Husserl, Edmund, *Aufsätze und Vorträge (1911–1921)*, *Hua* 25, hg. von Thomas Nenon und Hans Rainer Sepp, Dordrecht 1987, S. XVIff.

71 Stein, Edith, „Anhang ⟨Zur Kritik an Theodor Elsenhans und August Messer⟩ ⟨1917⟩ ⟨Edith Steins Ausarbeitung⟩", in: *Hua* 25, 1987, S. 226–248; „Beilage VII: ⟨Zu Heinrich Gustav Steinmanns Aufsatz ‚Zur systematischen Stellung der Phänomenologie'⟩ ⟨1917⟩ ⟨von Edith Stein⟩", S. 253–266. Im Sommer 1918 arbeitete Husserl neu an „Phänomenologie und Erkenntnistheorie" und sprach mit Stein darüber, worauf sie in diesem Zusammenhang wieder die *Ideen* las und für Husserl markierte, was sie daran bedenklich fand. *BRI*, Br. 37 (24.6.1918).

72 Um Steins philosophische Begründung der Psychologie und der Geisteswissenschaften gründlich zu untersuchen, sollten sie ausführlich verglichen werden mit *Ideen* III und Husserls Aufsätzen zu „Psychologie und Erkenntnistheorie" und „Psychologie und Phänomenologie" in *Hua* 25 (1987), aber auch mit Husserls *Phänomenologische Psychologie. Vorlesungen Sommersemester 1925* (*Hua* 9), hg. von Walter Biemel, 2. verb. Auflage Dordrecht 1968, darin auch der „Enzyklopädia-Britannica-Artikel" und die Amsterdamer Vorträge.

besehen nicht aus der Erfahrung [...] geschöpft hat und die den Charakter apriorischer Sätze haben. Eine Wissenschaft erfordert aber ein wissenschaftliches Bewußtsein von der Art und Tragweite der Prinzipien, die für ihre Methode bestimmend sein können und müssen."[73]

Deskriptive Psychologie könne also keine naturwissenschaftliche Empirie sein, sondern müsse sich um geklärte, phänomenologische Wesenseinsichten bemühen. Die sogenannte „theoretisch erklärende" (Johann Friedrich Herbart und Hugo Münsterberg), aber auch „exakte" oder „experimentelle" Psychologie stehe auf „deskriptiv-psychologischer Stufe". Sie könne keine theoretische Erklärung geben, weil „jede Mathematisierung hier prinzipiell ausgeschlossen ist, [so] daß die Psychologie keine andere Exaktheit verlangen kann, als die ihr dank der phänomenologischen Begriffsbildung zu Gebote steht."[74]

4. Im Sommer 1917 war Stein fast so weit, ihre Anstellung bei Husserl aufzugeben, als sie eine freudige Entdeckung machte und wieder einen Sinn in ihrer Tätigkeit sah. Beim Ordnen von Notizen war sie auf Husserls Analysen des inneren Zeitbewußtseins (1903, bzw. Vorlesung von 1905) gestoßen[75] und entdeckte deren Bedeutung im Vergleich mit Henri Bergson und Paul Natorp; „schöne Sachen, aber noch nicht ganz ausgereift", urteilte sie.[76] Für das Zeitproblem sensibilisiert reflektiert sie in den *Beiträgen* das Zugleich von Erlebnissen in der Erlebniszeit.[77]

5. Noch ein weiteres Projekt kam hinzu, als sie „Husserls Notizen über

---

[73] *Hua* 25, S. 237.

[74] Ebd., S. 240. Vgl. dazu unten Kap. 8.9 „Wissenschaftstheoretische Verortung der Psychologie und der Geisteswissenschaften".

[75] *BRI*, Br. 20 (6.7.1917).

[76] *BRI*, Br. 21 (7.8.1917), Br. 22 (26.8.1917), Br. 23 (8.9.1917, Bernauer Manuskripte, *Hua* 33). Im Juli 1917 begann Stein mit der Übertragung und Zusammenfügung. Erst Heidegger veröffentlichte Steins Vorarbeit 1928, ohne sie mit den Originalen Husserls zu vergleichen oder Husserl gegenlesen zu lassen und ohne Stein als eigentliche Bearbeiterin zu nennen. Bei der textkritischen Herausgabe 1966 durch Rudolf Böhm wurde deutlich, daß ein großer Eigenanteil Steins in der Ausarbeitung von 1928 zu finden war, der eine Bedeutungsverschiebung vornahm. Schon Henri Dussort waren bei seiner Übersetzung ins Französische Unstimmigkeiten aufgefallen, in seinem Nachruf wurden nach seinem Tod mündliche abfällige Äußerungen über Steins Arbeit bei Husserl dokumentiert. Daraufhin meldete sich Roman Ingarden zu Wort und verteidigte Stein gegen Vorwürfe in seinem Aufsatz „Edith Stein on her Activity as an Assistant of Edmund Husserl (Extracts from the Letters of Edith Stein with a Commentary and Introductory Remarks)", *Philosophy and Phenomenological Research*, XXIII (1962), S. 155–175. Vgl. Boehm, Rudolf, „Einleitung des Herausgebers", in: *Zur Phänomenologie des inneren Zeitbewußtseins (1893–1917)*, *Hua* X, Den Haag 1966, S. XXIX-XXX.

[77] Vgl. Beckmann-Zöller, Beate, „Zeit bei Edith Stein", erscheint demnächst in: *Die Münchener-Göttinger Phänomenologie*, *Orbis Phaenomenologicus Perspektiven*, Würzburg.

Raum-Konstitution"[78] fand, die Husserl auch seine „Ding-Vorlesung" nannte.[79] Auch daraus fließen Überlegungen in Steins *Beiträge* ein.[80]

5. Kündigung bei Husserl und ein neues Projekt: Reinachs Nachlaß

Husserls sprunghafte Arbeitsweise,[81] seine Art, beim Schreiben zu denken und immer neue Analysen zu produzieren, ohne sie zu systematisieren, machte Stein schwer zu schaffen. Sie sei über der Arbeit bei Husserl selbst „halb verblödet"[82] und fürchtete, nichts Eigenes mehr leisten zu können. Gehofft hatte sie nämlich, Husserl werde sie im Gegenzug für ihre Kärrnerarbeit an seinen Manuskripten auch in ihrer Habilitation unterstützen. Ermutigt hatte er sie zum einen während des Einstellungsgesprächs, in dem er ihre Dissertation *Zum Problem der Einfühlung* lobte[83] und sogar anbot, sie im Kommunikationsorgan der phänomenologischen Bewegung, dem *Jahrbuch für Philosophie und phänomenologische Forschung* (Halle 1913 ff.) zu veröffentlichen.[84] Warum daraus nichts wurde, ist nicht bekannt;[85] Steins *Jahrbuch*-Debüt sollte sich bis 1922 hinauszögern. Zum anderen hatte Husserl ihr nahegelegt, in Freiburg eine Art Nachfolgerin Reinachs zu werden.[86] Dennoch wurde ihr nie – wie bei Reinach und anderen Schülern Husserls selbstverständlich – die Habilitation nahegelegt; Husserl war „prinzipiell" gegen die Habilitation von Frauen.[87]

Zunächst hielt Stein die Veröffentlichungen des Meisters für wichtiger „als

[78] *Ding und Raum, Vorlesungen 1907* (*Hua* XVI), hg. v. Ulrich Claesges, Den Haag 1973, darin „Systematische Raumkonstitution. E. Steins Ausarbeitung", S. 322–336.
[79] *BRI*, Br. 22 (26. 8. 1917).
[80] Vgl. z. B. *IG* 275.
[81] *BRI*, Br. 1 (12. 1. 1917), *SBB* I, Br. 4 an Kaufmann (12. 1. 1917).
[82] *BRI*, Br. 3 (28. 1. 1917).
[83] Husserl sei mit ihrer Dissertation „sehr zufrieden und ein gutes Stück davon decke sich mit wesentlichen Bestandteilen aus dem 2. Teil seiner *Ideen*." *SBB* I, Br. 2 an Kaufmann (16. 8. 1916).
[84] *LJF*, S. 340.
[85] Jedenfalls veröffentlichte sie ihre Dissertation auf eigene Kosten im Januar 1917 in eingeschränkter Version.
[86] „Man legt jetzt sehr großen Wert auf meine ‚Lehrtätigkeit' und denkt daran, mich im nächsten Semester offiziell mit Anfängerübungen zu beauftragen und mir das Seminar dafür zu Verfügung zu stellen. Ich soll – so hat man sich [d. h. Husserl] in rührender Naivität ausgedrückt – hier werden, was Reinach in Göttingen war." *BRI*, Br. 9 (20. 2. 1917).
[87] Husserl hatte Stein zwar eine Empfehlung zur Habilitation ausgestellt (*SBB* I, Br. *16*, 6. 2. 1919), allerdings mit folgender Einschränkung: „Sollte die akademische Laufbahn für Damen eröffnet werden, so könnte ich sie an allererster Stelle und aufs wärmste für die Zulassung zur Habilitation empfehlen." Vgl. auch *BRI*, Br. 9 (20. 2. 1917).

irgendwelche Produkte", die sie selbst „evtl. in die Welt setzen könnte."[88] Zudem sei sie von der Beendigung der *Ideen* II abhängig, um das zu bearbeiten, was ihr selbst am Herzen lag. Diese Einstellung änderte sich plötzlich im Januar 1918: Sie sah keinen Sinn mehr darin, Dinge für Publikationen vorzubereiten, die dann von Husserl selbst nicht mehr angesehen wurden. Nun legte sie Husserl Bedingungen für die Weiterarbeit vor: 1. daß er sie wieder – wie zu Beginn – als Mitarbeiterin akzeptiere und sie 2. etwas Eigenes arbeiten könne.[89] Möglicherweise besteht hier ein Zusammenhang mit der Promotionsfeier Roman Ingardens (Januar 1918), auf der diesem selbstverständlich die baldige Habilitation angeboten wurde.[90] Als Husserl auf Steins Bedingungen nicht einging, kündigte sie im Februar 1918.[91]

Für kurze Zeit beschäftigte sich Stein in Breslau tatsächlich mit einer eigenen Arbeit, „Die ontische Struktur der Person und ihre erkenntnistheoretische Problematik", die sie schon Anfang 1917 begonnen hatte (s. o. S. XVI).[92] Dann stand ab April 1918 ein neues, sie faszinierendes Projekt an, das ihr wiederum dringlicher erschien: Sie kümmerte sich nach Reinachs Tod (November 1917) um dessen Nachlaß in Göttingen und arbeitete vor allem an seinen Bewegungsnotizen[93], wobei sie Lücken seines Vorlesungsskripts eigenständig auffüllte. Zunächst sollte ein Reinach-Gedenkband entstehen, mit einigen Arbeiten Reinachs und einigen seiner Schüler aus seinem Gedankenkreis, wie z. B. Erika Gothe oder Alexander Rosenblum.[94] Doch dann entschloß man sich, Reinachs bisher erschienene Werke und die Notizen über die Bewegung als *Gesammelte Schriften* (Halle 1921) herauszugeben.[95] Wegen dieser Aufgabe erneuerte Stein auch die Assistentenstelle bei

[88] *BRI*, Br. 17 (27.4.1917).

[89] Stein erklärte Husserl, daß sie „speziell dafür ungeeignet wäre und die Beschäftigung damit nur noch aushalten könnte", wenn sie „daneben etwas selbständig arbeite." *BRI*, Br. 28 (19.2.1918). „Und wenn Husserl sich nicht wieder daran gewöhnt, mich als Mitarbeiterin an der Sache zu behandeln – wie ich unser Verhältnis immer angesehen habe und er in der *Theorie* auch –, so werden wir uns eben trennen müssen." „Ich arbeite also jetzt an der Analyse der Person, von der ich Ihnen erzählte." *SBB* I, Br. 6 an Kaufmann (9.3.1918).

[90] Imhof, S. 86. Vgl. Ingarden, Roman, „Meine Erinnerungen an Edmund Husserl", in: Husserl, Edmund, *Briefe an Roman Ingarden*, hg. v. R. Ingarden, Den Haag 1968, S. 106–135, hier S. 135.

[91] *BRI*, Br. 28 (19.2.1918). Am 28.2.1918 schrieb sie an Ingarden, der Meister habe ihren Rücktritt „in Gnaden genehmigt" – „wenn auch nicht ohne einen etwas vorwurfsvollen Unterton". *BRI*, Br. 29.

[92] *BRI*, Br. 28 (19.2.1918).

[93] „Über das Wesen der Bewegung", in: Reinach I, S. 551–588, Vorlesung aus dem SS 1914.

[94] *BRI*, Br. 30 (10.4.1918).

[95] *BRI*, Br. 31. (5.5.1918) Gegen den Gedenkband gab es Bedenken von Héring und Conrad-Martius. *BRI*, Br. 45 (14.8.1918). *Gesammelte Schriften*, hg. v. seinen Schülern, Vorwort von Hedwig Conrad-Martius, Halle 1921. *BRI*, Br. 70, 9.9.1920. Ursprünglich wollte

Husserl nicht mehr, als dieser im Sommer 1918 erneut nach ihr fragte.[96] Reinach und sein Werk hatten nun eine höhere Priorität gewonnen als das Werk des Meisters selbst.[97] Allerdings wollte sie den Meister „im Interesse der Phänomenologie nicht ganz allein lassen“[98] und stand ihm im Sommersemester 1918 tatsächlich in Freiburg zur Seite, indem sie wiederum ein phänomenologisches Einführungsseminar hielt. Doch tastete sie Husserls Manuskripte nicht mehr an, sondern teilte sich ihre Zeit zwischen dem Reinach-Band und ihrer eigenen Arbeit an der „Analyse der Person“.

6. Edith Steins Lebensprojekt: die Analyse der Person – Entstehung der „Beiträge“

Sowohl in ihrer Dissertation *Zum Problem der Einfühlung*, als auch in den *Beiträgen* wird Steins Forschungsschwerpunkt deutlich: das Phänomen des Individuums und sein Zusammenleben mit anderen in der Gemeinschaft. Die „Analyse der Person“[99], wie sie dieses umfängliche Projekt nannte,[100] nahm sie allerdings nicht direkt in Angriff, sondern wählte vielmehr für ihre Dissertation ein Einzelproblem aus, das Problem der Einfühlung in andere Personen. Dazu arbeitete sie – zunächst skizzenhaft – die Konstitution des psychophysischen Individuums heraus, wie es sich für das Bewußtsein gibt. In der Zeit bei Husserl in Freiburg änderte sich dann ihr Konstitutionsbegriff,[101] sie schwankte zwischen Reinachs realphänomenologischer[102] und

---

Dietrich von Hildebrand die Einleitung schreiben, dessen Entwurf (mit Bearbeitungen von Siegfried J. Hamburger) sich unter dem Titel „Reinach as a Philosophical Personality“ in: *Aletheia. An International Journal of Philosophy* 3 (1983) XV-XXIX, Irving / Texas (USA) findet. Das Original liegt im Archiv der Bayerischen Staatsbibliothek München: Reinach D II 5 „Entwurf eines Vorworts zu Reinachs Gesammelten Schriften“. Bisher wurde es fälschlicherweise Edith Stein zugeschrieben. Vgl. *Die Nachlässe der Münchener Phänomenologen in der Bayerischen Staatsbibliothek, verzeichnet von E. Avé-Lallemant*, Wiesbaden 1975, S. 179. Besprochen wurde der Band von Steins Freundin Gertrud Koebner-Kuznitzky: Koebner, Gertrud, „Rezension: Gesammelte Schriften von Adolf Reinach“, in: *Literarisches Zentralblatt*, 16. Dezember 1922, 964–965.

96 Er wollte sie wieder als Assistentin anstellen, um Manuskripte für seine Schüler zugänglich zu machen. Sie blieb aber bei ihrem Nein, nur wenn sie Zeit hätte und es ihr thematisch passe, wolle sie es sich überlegen. *BRI*, Br. 41 (25.7.1918). Anfang 1919 beschäftigte Husserl dann Martin Heidegger als Assistenten.

97 *BRI*, Br. 30 (10.4.1918).

98 Ebd.

99 Nicht „Theorie der Person“, wie z.B. bei Peter Schulz, denn „Theorien“ wurden in phänomenologischer Reduktion bekanntlich zurückgelassen.

100 *BRI*, Br. 28 (19.2.1918).

101 *BRI*, Br. 1 (12.1.1917), Br. 6 (3.2.1917), Br. 9 (20.2.1917), Br. 12 (20.3.1917).

102 Vgl. Beckmann, Beate, „Das Erlebnis des religiösen Ereignisses. Religionsphilosophie in

Husserls idealistischer Position. Das Thema „Person“ aber blieb liegen, bis sie sich aus der Assistententätigkeit bei Husserl löste und wieder frei für eigenes Arbeiten war.

„Als ‚Arbeit‘ habe ich noch immer die Analyse der Person vor. Quantitativ habe ich nicht wenig daran gemacht, aber wieviel davon haltbar ist, darüber habe ich jetzt gar kein Urteil.“[103]

Nun begann sie, das „Schema“ bzw. den Rahmen, den ihre Dissertation gebildet hatte, weiter auszufüllen.[104] Dazu hatte sie Anfang 1917 im Anschluß an die *Ideen* II eine Arbeit begonnen und wieder verworfen, „Die ontische Struktur der Person und ihre erkenntnistheoretische Problematik“.[105] Teile davon nahm sie in ihre *Einführung in die Philosophie* auf,[106] vor allem aber entnahm sie dieser Arbeit ab Februar 1918 das Spezialproblem der „psychischen Kausalität“ zur intensiveren Bearbeitung, anhand dessen sie an der Vollständigkeit einer Analyse der Person weiterarbeitete.[107] Den Anlaß dazu bot der geplante Reinach-Gedenkband, in dem Reinachs Schüler einige seiner Arbeiten und eigene Beiträge publizieren wollten:

„Wenn ich selbst neben der ‚redaktionellen‘ Tätigkeit [am Reinach-Gedenkband] zu einem eigenen Beitrag komme, werde ich wahrscheinlich aus meiner Analyse der Person ein Einzelproblem herausgreifen und ausführlicher behandeln. Vorläufig leidet sie an meinem alten Fehler, alles zu umspannen und nichts zu erledigen. Vor meiner Doktorarbeit hat sie – wie mir scheint – nur einen besseren Aufbau voraus und nur an einzelnen Punkten eine größere Vertiefung. Da müßte ich natürlich jetzt weiter gehen.“[108]

Im Sommer 1918 fiel die Entscheidung, daß keine Schüler-Beiträge in den Reinach-Band kämen, die man besser für eine Husserl-Festschrift sammle, da dessen 60. Geburtstag (8.4.1919) anstand. Im August 1918 war Steins

‚realphänomenologischer‘ Ausprägung im Anschluß an Adolf Reinach“, in: *Realismus als philosophisches Problem*, hg. v. Horst Seidl, Hildesheim 2000, S. 155–172.

[103] *BRI*, Br. 28 (19.2.1918). Und: „Ich arbeite also jetzt an der Analyse der Person, von der ich Ihnen erzählte.“ *SBB* I, Br. 6, an Fritz Kaufmann (9.3.1918).

[104] *BRI*, Br. 17 (27.4.1917). Ihr Ziel sei es, so Stein im Vorwort der *Beiträge*, die „Struktur der menschlichen Persönlichkeit in ihren Grundzügen zu skizzieren, ohne in diesem Rahmen eine vertiefte Untersuchung der komplizierten Fragen dieses Problemkreises in Angriff nehmen zu können.“ *Beiträge*, S. 1. Sie baut Kap. III *(PK)* und IV *(IG)* ihrer Einfühlung aus.

[105] *BRI*, Br. 22 (26.8.1917). S.o. Anm. 52 u. 92.

[106] Vgl. Wulf, S. 254ff.

[107] *BRI*, Br. 28 (19.2.1918). „Wären alle die Aufgaben [der psychischen Kausalität] gelöst, [...] so hätten wir [...] zugleich einen *vollen Einblick in die Struktur der menschlichen Person*.“ *PK* 100, Herv. d. Verf.

[108] *BRI*, Br. 30 (10.4.1918). Hier erwähnt Stein zum ersten Mal, sie wolle aus der „Ontischen Struktur der Person“ bzw. der *Einführung in die Philosophie* ein Einzelproblem herausgreifen, das sie im Juli 1918 „psychische Kausalität“ nennt. *BRI*, Br. 41 (25.7.1918).

Abhandlung in Grundzügen fertig, mußte allerdings noch gründlich überarbeitet werden und war wohl zu Weihnachten 1918 abgeschlossen.[109] Alexander Pfänder hatte die Koordination für die Husserl-Festschrift übernommen, da Stein neben dem Reinach-Band nicht auch noch ein weiteres Projekt bearbeiten konnte. An Husserls 60. Geburtstag am 8.4.1919 wurde allerdings aufgrund der finanziellen Notzeit nur eine vorläufige Festschrift als Typoskript übergeben.[110]

Nach Kriegsende im November 1918 hielt sich Stein in Breslau auf[111] und engagierte sich dort seit Anfang 1919 parteipolitisch. Diese Tätigkeit reflektierte sie im Frühjahr und Sommer 1919 in ihrer zweiten *Jahrbuch*-Abhandlung „Individuum und Gemeinschaft".[112] Auch hier arbeitet Stein weiter an ihrer „Analyse der Person"; als Grundlagenforschung für ihre Untersuchung der Intersubjektivität – des Verhältnisses zwischen Einzelperson und überindividuellen Verbänden – dringt sie weiter in die Zusammenhänge der menschlichen Leib-Seele-Geist-Einheit vor. Diese zwei Abhandlungen versieht sie dann im Spätsommer 1919 mit einem gemeinsamen Schlußteil, in dem sie den Zusammenhang der *Beiträge* klärt. In diesem zunächst von den beiden Abhandlungen unabhängig erscheinenden Abschnitt führt sie die Konstitutionsanalysen von Psyche und Geist logisch zusammen zu einer philosophischen Grundlegung von Psychologie und Geisteswissenschaften – einem Anliegen, das auch bereits in der Dissertation anklingt[113]. Erst aus diesem Schlußteil erklärt sich der Titel, der beide Abhandlungen zusammenbindet.

Es ist leider kein Manuskript zu den *Beiträgen* vorhanden, nur einzelne Seiten auf der Rückseite des Manuskripts „Natur, Freiheit und Gnade"[114]

---

[109] Sie habe Pfänder „in einer optimistischen Anwandlung" ihre „Arbeit über psych⟨ische⟩ Kausalität als Beitrag in Aussicht" gestellt, für die Festschrift zu Husserls 60. Geburtstag. *BRI*, Br. 41 (25.7.1918). Am 29.7.1918 erhielt Stein von Pfänder die Nachricht, daß er ihren Beitrag über *PK* bis Weihnachten erbitte. *BRI*, Br. 42 (29.7.1918). An Kaufmann schreibt sie am 14.8.1918, ihr Beitrag über „psychische Kausalität" sei bereits in Grundzügen fertig, müsse aber noch gründlich überarbeitet werden. *SBB* I, Br. 12. Im Dezember schickte sie ihre Arbeit nach München. *BRI*, Br. 63 (27.12.1918).

[110] Es handelte sich um die Beiträge von Hedwig Conrad-Martius, Hans Lipps, Alexander Pfänder und Edith Stein. Vgl. Sepp, Hans Rainer, *Edmund Husserl und die phänomenologische Bewegung*, Freiburg 1988, S. 314. Gedruckt erschienen die Beiträge in den folgenden Jahrbüchern 4 (1921), 5 (1922) und 6 (1923).

[111] In diese Zeit fällt auch Steins „Rezension zu Kuznitzky, Gertrud: *Naturerlebnis und Wirklichkeitsbewußtsein.* Breslau 1919", in: *Kant-Studien* XXIV/4, Berlin 1920, S. 402–405 (ESGA 9), vgl. *BRI*, Br. 63 (27.12.1918). Im Gegenzug besprach Kuznitzky, inzwischen Koebner, den von Edith Stein herausgegebenen Reinach-Band, vgl. Anm. 95.

[112] *SBB* I, Br. 19 an Kaufmann (15.8.1919).

[113] *PE* 108 ff., „§ 1. Begriff des Geistes und der Geisteswissenschaften".

[114] Vgl. Anm. 127. Die Manuskript-Seiten beinhalten Texte der Seiten *IG* 147, 218–225, sie

und Steins *Jahrbuch*-Exemplar, das außer dem Namenszug Edith Steins keine weiteren Ergänzungen oder Unterstreichungen enthält.[115]

Nachdem die *Beiträge* am 3.10.1919[116] getippt worden sind, sollten sie Stein nun als Habilitationsschrift dienen. Allerdings wurde an vier Orten bereits im voraus die Habilitationsmöglichkeit entweder aus sexistischen oder strategischen Gründen abgelehnt. Weder in Breslau noch in Göttingen, weder in Hamburg noch in Kiel sei etwas aus ihrer Habilitation geworden, schreibt sie enttäuscht, aber nicht mutlos;[117] sie wolle auf Dauer in Breslau bleiben und eine private Akademie aufbauen.[118]

Da sie nun keine Habilitationsschrift mehr benötigte,[119] bat sie Pfänder, statt nur der ersten Abhandlung *(PK)* beide Artikel unter dem Titel *Beiträge* in die Husserl-Festschrift aufzunehmen. Alle vorliegenden Festschrift-Artikel wurden auf zwei *Jahrbuch*-Bände (IV, 1921, und V, 1922) aufgeteilt, wobei Steins Abhandlungen im zweiten Band Aufnahme fanden, obwohl sie bereits im März 1920 druckfertig waren.[120] Allerdings waren sie den Herausgebern

---

gehörten wohl zum ursprünglichen Manuskript von „Die ontische Struktur der Person und ihre erkenntnistheoretische Problematik". Wulf, S. 253f.

[115] Laut der Aussage der Leiterin des Edith Stein Archivs, Köln, Sr. Dr. Antonia Sondermann.

[116] *SBB* I, Br. 23, an Kaufmann (14.10.1919).

[117] Husserl hatte ihr zwar eine Empfehlung zur Habilitation ausgestellt, lehnte aber die Frauenhabilitation „aus Prinzip" ab. Aus Göttingen kam eine Ablehnung durch eine Vorkommission. Stein machte eine Eingabe an das Wissenschaftsministerium, um die Frage der Damenhabilitation prinzipiell zu klären. *SBB* I, Br. 26, an den preußischen Wissenschaftsminister Konrad Haenisch, (12.12.1919, beigelegtes Schreiben vom 29.10.1919). Dafür habe sie aber „eine leise Aussicht" in Kiel (*SBB* I, Br. 24 an Kaufmann, 8.11.1919), die sich allerdings auch wieder zerschlug. *BRI*, Br. 67 (15.3.1920). In Hamburg nahm sie Kontakt mit ihrem Breslauer Lehrer William Stern bezüglich einer Habilitationsmöglichkeit auf, es herrsche dort allerdings „ungeheurer Antisemitismus". *BRI*, Br. 66 (11.11.1919).

[118] *BRI*, Br. 67 (15.3.1920) u. Br. 68 (30.4.1920).

[119] *BRI*, Br. 68 (30.4.1920). 1931 versuchte sie erneut, sich zu habilitieren, diesmal mit *Potenz und Akt* (ESGA 10, Freiburg 2005) in Freiburg am Konkordatslehrstuhl bei Martin Honecker. Sie wurde allerdings im Vorfeld abgewiesen und erhielt zeitgleich ab 1.3.1932 eine Dozentur am katholisch-konfessionellen „Deutschen Institut für wissenschaftliche Pädagogik" in Münster (*BRI*, Br. 151, 29.11.1931), die sie durch die Rasse-Gesetzgebung 1933 wieder aufgeben mußte (*SBB* I, Br. 270 an Werner Gordon, 4.8.1933).

[120] „Mein Beitrag zur Festschrift hat sich indessen um eine 2. Abhandlung über ‚Individuum und Gemeinschaft' vermehrt (Niederschlag der politischen Betätigung, die mich mehrere Monate ganz verschlungen hatte); beide zusammen sollen mir jetzt unter dem Titel ‚Beiträge zur philosophischen Begründung der Psychologie und der Geisteswissenschaften' als Habilitationsschrift dienen. Ob aus der Habilitation etwas wird, ist allerdings noch sehr die Frage." *BRI*, Br. 65 (16.9.1919). Am 3.10.1919 berichtet Stein, ihr „opus" werde gerade getippt und sie fahre damit am 15.10.1919 nach Göttingen, wo sie es als Habilitationsschrift einreichen wolle. *SBB* I, Br. 23 an Kaufmann (14.10.1919). Sie schrieb am 15.3.19120 an Pfänder, ihr Beitrag sei jetzt „parat". Husserl, Edmund, *Briefwechsel*. Bd. 3.2, *Die Münchner Phänomenologen*, Dordrecht 1994, Pfänder an Husserl (5.4.1920).

Husserl und Pfänder wohl zu umfangreich, denn Stein wollte beide Abhandlungen entweder gemeinsam oder gar nicht im *Jahrbuch* erscheinen lassen.[121]

Stein selbst war zufrieden mit ihrer Arbeit, ob diese allerdings Ingardens Ansprüchen standhalten würde, das glaubte sie nicht.[122] Nebenbei war sie mit Korrekturfahnen zum Reinach-Band beschäftigt und begann im Oktober 1920 bereits ihre Arbeit „Eine Untersuchung über den Staat" (*Jahrbuch* VII, Halle 1925; ESGA 7), die im engen Anschluß an „Individuum und Gemeinschaft" steht.[123]

Ihr Projekt der „Analyse der Person" führte Stein später unter neuen Vorzeichen, der Synthese von Husserls Phänomenologie und der Philosophie des Thomas von Aquin, in ihrem zweiten Habilitationsversuch 1931 *Potenz und Akt* (PA, ESGA 10) weiter, dann als Dozentin in ihren Vorlesungen zur philosophischen und theologischen Anthropologie *Der Aufbau der menschlichen Person* (AMP, ESGA 14) und *Was ist der Mensch?* (WIM, ESGA 15) und in ihren pädagogischen und geschlechteranthropologischen Vorlesungen und Vorträgen (BEI, ESGA 16; F, ESGA 13). Auch ihr Hauptwerk *Endliches und ewiges Sein. Versuch eines Aufstiegs zum Sinn des Seins* (*EES*, ESGA 11/12)[124] und ihr Spätwerk *Kreuzeswissenschaft* (*KW*, ESGA 18)[125] enthalten neue Bearbeitungsstadien ihres Lebensprojektes.

7. Der Übergang zur Synthese von Husserlscher und thomistischer Philosophie

Im Sommer 1921 finden wir dann den deutlichen Beginn einer neuen Phase in Steins Schaffen: Der „Staat" und der Reinach-Band sind abgeschlossen,[126]

---

[121] Stein bat Husserl, beide *Beiträge* in den IV. Band des *Jahrbuchs* aufzunehmen, evtl. wolle Husserl den 2. Teil zur Prüfung, den er noch nicht kannte. *SBB* I, Br. 32, an Kaufmann (31.5.1920). Wenn der zweite Teil nicht mit dem ersten gemeinsam erscheinen könne, wolle sie ihn ganz zurückziehen. *BRI*, Br. 74 (8.4.1921). – Weitere Beiträge in diesem *Jahrbuch* waren: Roman Ingarden, „Intuition und Intellekt bei Henri Bergson", S. 285–460; Dietrich von Hildebrand, „Sittliche und ethische Werterkenntnis", S. 462–602; Alexandre Koyré, „Bemerkungen zu den Zenonischen Paradoxen", S. 603–628.

[122] „Manches darin ist wohl ganz ordentlich, aber daß Sie mit dem Ganzen zufrieden sein werden, glaube ich nicht." *BRI*, Br. 74 (8.4.1921). Im Dezember 1921 schreibt sie, das *Jahrbuch* V sei nun erschienen und sie sei neugierig, was Ingarden zu ihren *Beiträgen* sage. „Es kommt mir endlos lange vor, daß ich sie schrieb, und höchst sonderbar, daß andere jetzt davon Kenntnis nehmen und dadurch von mir." *BRI*, Br. 80 (13.12.1921).

[123] *BRI*, Br. 71 (9.10.1920), Br. 72 (6.12.1920). Parallel arbeitete sie an der Korrektur von Hans Lipps' Habilitationsschrift *Untersuchungen zur Philosophie der Mathematik* (venia legendi 30.7.1921, wurde nicht veröffentlicht). *BRI*, Br. 70 (9.9.1920).

[124] Freiburg 2006.

[125] Freiburg 2003.

[126] *BRI*, Br. 76 (30.8.1921).

nun habe sie „eine religionsphilosophische Arbeit“ angefangen („Natur, Freiheit und Gnade“[127]) und wolle „künftig nur noch auf diesem Gebiet arbeiten“.[128] Ihre *Jahrbuch*-Arbeiten sieht sie nun aus großer Distanz, sie steht vor einem neuen Lebensabschnitt und damit vor einer neu inspirierten Schaffensphase:

„Sachlich habe ich kaum etwas daran [an den *Jahrbuch*-Arbeiten] durchzustreichen. Aber sie sind mir etwa so, wie einer Schlange ihre abgestreifte alte Haut sein mag. Ich sehe sie am liebsten gar nicht mehr an.“[129] „Ich stehe jetzt vor dem Übertritt zur katholischen Kirche.“[130]

Steins Phase der religiösen Bekehrung vollzog sich parallel zur Entstehung der *Beiträge*, zwischen Februar 1917, als sie sich freute, daß Ingarden auf religiöse Probleme gestoßen sei,[131] und Oktober 1918, als sie ihm beichtete, sie habe sich zu einem „positiven Christentum“ durchgerungen.[132] Sie deutet ihm gegenüber religiöse Erlebnisse an[133], die in sachlicher Deskription ihren Niederschlag in den *Beiträgen* finden. (*PK* 73)

Neben inhaltlicher Beschäftigung mit christlichen Themen führten sie einige innere Krisen und darauf folgende religiöse Erlebnisse zum Schritt, sich auch konkret einer Glaubensgemeinschaft anzuschließen. Im WS 1917/18 wurde sie überrascht von Reinachs Tod (16.11.1917), den sie selbst als Auslöser für eine „lange vorbereitete Krise“, bezeichnete.[134] Reinach hatte

---

[127] Kurz *NFG*, bisher unter dem falschen Titel: „Die ontische Struktur der Person und ihre erkenntnistheoretische Problematik“, in: Stein, Edith, *Welt und Person*, ESW VI, Freiburg i. Brsg. 1962, S. 137–197. ESGA 9.

[128] *BRI*, Br. 76 (30.8.1921). Vier Jahre zuvor hatte Stein Ähnliches über Reinach geschrieben: „Er behauptet, im Felde die Entdeckung gemacht zu haben, daß er weder philosophisch begabt, noch jemals ernst dafür interessiert gewesen ist. Das liegt daran, daß er jetzt ganz von religiösen Fragen in Anspruch genommen ist, und seine Arbeit wird sicherlich nach dem Kriege *in erster Linie diesem Gebiet gelten*.“ *SBB* I, Br. 4 an Kaufmann (12.1.1917).

[129] *BRI*, Br. 77 (22.9.1921).

[130] *BRI*, Br. 78 (15.10.1921).

[131] *BRI*, Br. 9 (20.2.1917). Und weiter schreibt sie: „Ich finde man rennt an allen Ecken und Enden daran [an Metaphysisches] (vom religiösen Erleben einmal ganz abgesehen); es ist unmöglich, eine Lehre von der Person abzuschließen, ohne auf Gottesfragen einzugehen, und es ist unmöglich zu verstehen, was Geschichte ist. Klar sehe ich da natürlich noch gar nicht. Aber sobald die Ideen fertig sind, möchte ich an diese Sachen herangehen. Es sind *die* Fragen, die mich interessieren.“

[132] *BRI*, Br. 53 (10.10.1918). In diese Zeit fallen die Gespräche mit einer Freiburger Bekannten, Philomene Steiger, die ihr bescheinigt, sie sei keine Atheistin, sondern eine Suchende, und ihr das tägliche Gebet zum Heiligen Geist empfiehlt. Herbstrith, Waltraud, *Edith Stein. Jüdin und Christin*, München 1995, S. 53–55.

[133] „Und dann habe ich einen Stützpunkt gefunden, der mich bis zu einem gewissen Grade von allen äußeren Bedingungen und Erschütterungen unabhängig macht.“ *BRI*, Br. 32 (12.5.1918).

[134] *BRI*, Br. 96 (13.12.1925). Zu diesen Krisen gehörten neben dem Schmerz über den Tod

seine intensiven religiösen Erlebnisse während des Krieges aufgezeichnet und sich als Konsequenz daraus gemeinsam mit seiner Frau evangelisch taufen lassen.[135] Von seinen religionsphilosophischen „Aufzeichnungen"[136] war Stein schlichtweg begeistert[137]; sie las sie später zusammen mit Husserl und Jean Héring (1890–1960)[138] und diskutierte sie wohl auf einem religionsphilosophischen Spaziergang mit Martin Heidegger (1889–1976),[139] ihrem Nachfolger auf der Assistentenstelle bei Husserl. In den *Beiträgen* findet sich sogar ein Erstdruck aus diesen nachgelassenen „Aufzeichnungen" Reinachs (*PK* 71 f.). Reinach beschreibt das Phänomen des religiösen Erlebnisses als ein Geborgenheitserlebnis. Bis in die Formulierung hinein greift Stein diesen Gedanken in „Psychische Kausalität" und parallel dazu in ihrer *Einführung in die Philosophie* auf,[140] allerdings als originäres, nicht nur eingefühltes Erlebnis, da es anders als die Reinachsche Beschreibung individuelle Züge trägt.

Nach ihrer religionsphilosophischen Abhandlung „Natur, Freiheit und Gnade" (1921) will das Schreiben nicht mehr so richtig fließen.[141] Stein trifft dafür mit „scholastisch erzogenen Leuten" zusammen, wie sie 1922, im Sommer nach ihrer Taufe, schreibt, denen „meist die unmittelbare Berührung mit den Sachen" fehle. Sie entdecke aufgrund dieser Gespräche aber auch Mankos an der phänomenologischen Methode, was den Begriffsapparat betreffe.[142] Stein wird mit der Scholastik und so indirekt mit der Philosophie des Thomas von Aquin (1225–1274) im selben Sommer 1922 be-

---

Adolf Reinachs die enttäuschte Liebe zu Roman Ingarden (1917/18), später zu Hans Lipps (1920/21). Müller / Neyer, S. 117, 141. Eine weitere Enttäuschung betraf das Scheitern ihrer Habilitation, vgl. Anm. 117. Am 1. 1. 1922 wurde sie katholisch getauft.

135 Sie waren beide Juden. Vgl. Beckmann-Zöller, Beate, „Adolf und Anne Reinach. Edith Steins Mentoren", in: Gottstein, Dietrich / Sepp, Hans Rainer (Hg.), *Polis und Kosmos. Perspektiven einer Philosophie des Politischen und einer Philosophischen Kosmologie. Eberhard Avé-Lallemant zum 80. Geburtstag*, Würzburg 2008, S. 296–314.

136 Teilabdruck in: *Gesammelte Schriften*, hg. von seinen Schülern, mit einem Vorwort von Hedwig Conrad-Martius, Halle 1921, „Das Absolute", S. xxxi-xxxvi. Vollständig erschienen in: *Sämtliche Schriften*, Bd. I, München 1989, S. 589–611.

137 *BRI*, Br. 27 (12. 2. 1918).

138 *BRI*, Br. 34 (21. 5. 1918).

139 *BRI*, Br. 36 (8. 6. 1918). Auch Heidegger besaß eine Kopie des religionsphilosophischen Manuskripts Reinachs, das er kommentierte. Heidegger, Martin, „Das Absolute. Vgl. das entsprechende M[anuskript] von Reinach", in: *Phänomenologie des religiösen Lebens*, Frankfurt 1995, S. 324–331.

140 *PK* 73, *EPh* 171 f.

141 „Ich habe in den letzten Monaten manchmal Anlauf genommen, etwas zu schreiben, aber nach 2 oder 3 Tagen wurde ich immer durch Außendienst [auf der Obstplantage der Familie Conrad in Bergzabern] unterbrochen. Daraus mache ich mir aber nichts, ich weiß doch, was ich zu tun habe und daß ich dran kommen werde, wenn es an der Zeit ist." *BRI*, Br. 82, 1. 8. 1922.

142 Ebd.

kannt, als sie zusammen mit Conrad-Martius die Übersetzung von Alexandre Koyrés (1892–1964) *Descartes und die Scholastik* ausarbeitet.[143] Zunächst wird sie von Dietrich von Hildebrand auf die Newman-Übersetzungen (1923–25)[144] gebracht und in diesem Zusammenhang dem einflußreichen Jesuiten Erich Przywara (1889–1972) vorgestellt, der sie wiederum 1925 zur Übersetzung von Thomas' *Über die Wahrheit* anregt.[145]

Aufgrund der Einteilung des Steinschen Werkes in drei scharf von einander separierte Schaffensphasen durch die Herausgeber des Bandes *Welt und Person* (ESW VI)[146] wurde seit 1962 immer wieder ein „Bruch mit der Phänomenologie" nach „Eine Untersuchung über den Staat" (1920) und *Einführung in die Philosophie* (1917–20) behauptet. Ab 1921 ist Stein tatsächlich vom Leitgedanken des Dialogs zwischen Husserl und Thomas von Aquin, der Synthese von thomistischer und phänomenologischer Philosophie inspiriert. Dabei verleugnet sie aber nicht ihre phänomenologischen Wurzeln, wie auch der – leider in der Stein-Forschung bisher zu selten wahrgenommene – phänomenologische Artikel „Was ist Phänomenologie?" von 1924[147], aber auch ihr *Jahrbuch*-Artikel von 1929[148], ihre Habilitationsschrift *Potenz und Akt* (1931), ihre Diskussionsbeiträge auf dem Kongreß in Juvisy (1931)[149], die Husserl- und Heidegger-Rezensionen (1932–37) und auch beispielsweise das II. Kapitel von *Endliches und ewiges Sein*[150] zeigen.[151]

---

[143] *BRI*, Br. 83 (30.9.1922). Gerl-Falkovitz, Hanna-Barbara, „Einführung", in: Stein, Edith, *Übersetzungen V. Alexandre Koyré, Descartes und die Scholastik*, ESGA 25, Freiburg i.Brsg. 2005, S. VII-XV, hier S. XIII. Frz. Original: *L'idée de Dieu et les preuves de son existence chez Descartes*, Paris 1922.

[144] *Übersetzungen I. J. H. Newman, Die Idee der Universität*, ESGA 21, Freiburg i.Brsg. 2004; *Übersetzungen II. J. H. Newman, Briefe und Texte zur ersten Lebenshälfte (1801–1846)*, ESGA 22, Freiburg i.Brsg. 2002.

[145] *Übersetzungen III. Thomas von Aquin, Über die Wahrheit I*, ESGA 23, Freiburg i.Brsg. 2008; *Übersetzungen IV. Thomas von Aquin, Über die Wahrheit II*, ESGA 24, Freiburg i.Brsg. 2008.

[146] Gelber, Lucy / Leuven, Romaeus, „Vorwort der Herausgeber", in: Stein, Edith, *Welt und Person. Beitrag zum christlichen Wahrheitsstreben*, ESW VI, Freiburg 1962, S. VII-XXXI.

[147] *Was ist Phänomenologie?* (15.5.1924) in: *Neue Pfälzische Landes-Zeitung;* Wiederabdruck in: *Theologie und Philosophie* 66, 1991, 570–573, hg. v. Gottfried Paschke; ESGA 9.

[148] Artikel zu Husserls 70. Geburtstag, „Husserls Phänomenologie und die Philosophie des hl. Thomas von Aquino. Versuch einer Gegenüberstellung", in: *Jahrbuch. Ergänzungsband zu Bd. 10*, Halle 1929, S. 315–338. ESGA 9.

[149] Beiträge zur Diskussion in Juvisy, in: *Journées d'études de la Société Thomiste* I, 1932: *La phénoménologie*, Juvisy 12. September 1932, S. 101–113; ESGA 9.

[150] *EES*, II. Akt und Potenz als Seinsweisen, S. 37–61.

[151] „Die weltanschauliche Bedeutung der Phänomenologie" (1932), in: *Welt und Person* (kurz WP), ESW VI, Freiburg i.Brsg. 1962, S. 1–18; „Husserls transzendentale Phänomenologie" (Cf. E. Husserl: Méditations Cartésiennes, Paris 1931, und Eugen Fink: „Beiträge zu einer phänomenologischen Analyse der psychischen Phänomene", die unter den vieldeutigen Titeln ‚Sich denken, als ob', ‚Sich etwas bloß vorstellen', ‚Phantasieren' befaßt

Allerdings folgt sie der Husserlschen Phänomenologie nicht mehr so treu wie bis 1920, sondern weiß um die Grenzen der phänomenologischen Methode. Für Steins Projekt der „Analyse der Person" läßt sich allerdings eine starke Kontinuität zwischen ihrer frühen Phänomenologie und ihren späteren synthetisierenden Werken aufzeigen.[152]

8. Inhaltliche Schwerpunkte der Beiträge

Bezüglich ihres Projektes der „Analyse der Person" geht es Stein in den *Beiträgen* um die Verflochtenheit des Individuums zum einen in die Natur *(PK)* und zum anderen in die Gemeinschaft *(IG)*. Auf diese Weise klärt sich parallel die innere Struktur der Person, da Stein „von verschiedenen Seiten her in das Wesen der psychischen Realität und des Geistes einzudringen" sucht. (*PK* 3) Durch den Blick auf die Gemeinschaft und die Frage, ob es eine „Seele" und einen „Geist" der Gemeinschaft gebe, wird die Struktur der menschlichen Personalität klarer herausgearbeitet, ähnlich wie auch die Frage nach geistigen Wesen ohne Leib eine heuristische Funktion innerhalb der Phänomenologie hat.[153] Zugleich strebt Stein in ihren *Beiträgen* die Klärung des methodologischen Selbstverständnisses der phänomenologischen Philosophie[154] an. Sie sah, daß Husserl das Problem der Einfühlung zu wenig durchgearbeitet hatte, um aufgrund dieser die Konstitution des anderen Menschen darlegen und Intersubjektivität wie auch Wissenschaftlichkeit begründen zu können. Mit ihren präzisen Beschreibungen und Konstitutionsanalysen zu Psyche und Geist schafft sie ein begriffliches Fundament für die Psychologie und die Geisteswissenschaften.[155] Der Weg dazu ist ein Rück-

---

werden, Freiburger Dissertation 1930), *WP* S. 33–35; „Rezension zu Edmund Husserl, *Die Krisis der europäischen Wissenschaften und die transzendentale Phänomenologie. Eine Einleitung in die phänomenologische Philosophie.* (Erschienen im I. Band der Zeitschrift Philosophia, Belgrad 1936, S. 77–176", auf frz. in: *Revue Thomiste*, Jg. 1937, Jg. 42., T. XLII, S. 327–329; dt. WP, S. 35–38. ESGA 9. Vgl. auch „Martin Heideggers Existenzphilosophie. Besprechungen zu: Sein und Zeit; Kant und das Problem der Metaphysik; Vom Wesen des Grundes; Was ist Metaphysik?" (1936, als Anhang zu *EES*), *EES* 445–499.

[152] Schulz, Peter, „Toward the Subjectivity of the Human Person: Edith Stein's Contribution to the Theory of Identity", in: *American Catholic Philosophical Quarterly*, Vol. 82, Winter 2008, Nr. 1, S. 161–176.

[153] Vgl. PA 89 ff.

[154] Vgl. *PK* 11.

[155] Zu Steins Wandel in ihrem Psychologie-Begriff in den Werken *EPh* und *Bildung und Entfaltung der Individualität* (kurz BEI), ESGA 16, Freiburg 2001, der sich jedoch synthetisieren läßt, vgl. Rath, Matthias, „Die Stellung Edith Steins im Psychologismusstreit", in: *Studien zur Philosophie von Edith Stein. Internationales Edith-Stein-Symposion Eichstätt 1991*, hg. v. Reto Luzius Fetz / Matthias Rath / Peter Schulz, Freiburg / München 1993, S. 197–225, hier: S. 220 ff. (kurz Rath 1993).

gang auf die ursprüngliche Erfahrung des Psychischen, um so die Idee der psychischen Realität und ihrer Kausalität im Zusammenspiel mit dem Phänomen der Motivation, das den Bereich des Geistes betrifft, und in der zweiten Abhandlung den intersubjektiven Verkehr von Personen miteinander freizulegen.[156] Stein beteiligt sich mit ihren Untersuchungen an der „Aufgabe der reinen transzendentalen Phänomenologie", der Erforschung des Zusammenhangs „von konstituierendem Bewußtsein und konstituierten Gegenständen" (*PK* 6). Sie nimmt ihren Ausgangspunkt also ganz im Sinne Husserls im Bewußtsein und legt uns damit ein anschauliches Beispiel für phänomenologische Bewußtseins- bzw. Korrelationsforschung in der München-Göttinger Manier[157] vor.

8.1 Psychologismus und die Stellung der Psychologie

Den geistesgeschichtlichen Hintergrund für Steins erste Abhandlung „Psychische Kausalität" bildet der sogenannte Streit um den „Psychologismus", dem Husserl mit dem ersten Band seiner *Logischen Untersuchungen* angeblich den „Todesstoß" versetzt habe.[158] Tatsächlich sollte man eher von einem Wendepunkt sprechen, denn die Auseinandersetzung wurde danach in härterer Form als zuvor fortgesetzt, so daß Steins *Beiträge* in eben diesen Diskurs einzuordnen sind.[159] An einem Extrem des damaligen Diskussionsspektrums fanden sich Wissenschaftler, die die Psychologie als empiristisch denunzierten und einer idealen Philosophie als „Königsdisziplin" gegenüberstellten. Am anderen Extrem wurde eine „empirisch-psychologische Superwissenschaft" proklamiert, die das Ende der Philosophie und vor allem der Metaphysik bedeute.[160] Denn man mutmaßte in einem „anti-metaphysischen Rundumschlag" (Rath) auch hinter der Phänomenologie eine Offenheit für Metaphysik: „Alle denkbaren Seiten der Erlebnisse und des

---

[156] Vgl. zu *PK* die Arbeiten von: Imhof, 1987, S. 159–217. Schulz, Peter, *Edith Steins Theorie der Person. Von der Bewußtseinsphilosophie zur Geistmetaphysik*, Freiburg / München 1994, S. 79–107; Sawicki, Body, Text, and Science, 1997, S. 227–241; Sawicki, Editor's Introduction (Einleitung in die amerikanische Übersetzung), 2000; Ferrer, Urbano, „Kausalität und Motivation bei Edith Stein", in: Beckmann-Zöller, Beate / Gerl-Falkovitz, Hanna-Barbara, *Die „unbekannte" Edith Stein. Phänomenologie und Sozialphilosophie*, Frankfurt a. M. 2006, S. 43–58.

[157] Vgl. Anm. 26.

[158] Pfeil, Hans, *Der Psychologismus im englischen Empirismus* (1. Aufl. 1934), Meisenheim am Glan 1973, S. 43.

[159] Vgl. Rath, Matthias, „Der Psychologismusstreit – Die Geschichte eines gescheiterten Rettungsversuchs", in: Schorr, Angela und Wehner, Ernst G. (Hg.), *Psychologiegeschichte heute*, Göttingen 1990, S. 112–127.

[160] Wahle, Richard, *Das Ganze der Philosophie und ihr Ende*, Wien 1894.

menschlichen Weltbildes müssen subjektiv [und damit psychologisch] sein: sonst würde auch die alte metaphysische Spekulation wieder erlaubt erscheinen."[161] Stein neigte eher zur ersten Position, vor allem in späteren Aussagen, in denen sie das geflügelte Wort von der „Psychologie ohne Seele" aufgriff, mit dem sie sich auf die empirische Psychologie bezog.[162] In den *Beiträgen* bezieht sie jedoch eine ausgleichende Mittelstellung, die auch heute noch fruchtbar gemacht werden kann.[163]

Mit der jungen Wissenschaft der Psychologie war Stein durch ihren Breslauer Lehrer William Stern (1871–1938) vertraut, der auch philosophisch nach der Person fragte, während Stein wohl ausschließlich seine exakten psychologischen Forschungen wahrnahm.[164] Im „Anhang I" (*PK* 100 ff.) finden sich Bezüge zu Sterns Psychologie, ohne daß Stein ihn direkt nennt.[165] Stein geht über Stern hinaus, indem sie den Gedanken vom Individuum zur Gemeinschaft hin weiterdenkt und phänomenologische Grundlagenklärung betreibt. Diesen Mangel an Fundierung der Grundbegriffe hatte sie bereits während ihres Studiums beobachtet:

„Mein ganzes Psychologiestudium hatte mich ja nur zu der Einsicht geführt, daß diese Wissenschaft noch in den Kinderschuhen stecke, daß es ihr noch an dem notwendigen Fundament geklärter Grundbegriffe fehle und daß sie selbst nicht imstande sei, sich diese Grundbegriffe zu erarbeiten."[166]

Antworten auf ihre Fragen nach dem Aufbau der menschlichen Person erhoffte sie sich daher nicht von der Psychologie, sondern von der Phänomenologie. Nach Auffassung der Phänomenologen hatten Psychologen und Philosophen wie Hugo Münsterberg und Paul Natorp zu einer Vermischung

---

[161] Aars, Kristian Birch-Reichenwald, „Zur Bestimmung des Verhältnisses zwischen Erkenntnistheorie und Psychologie", in: *Zeitschrift für Philosophie und philosophische Kritik* 122 (1903) S. 130–143, hier S. 141.

[162] Vgl. „Die Typen der Psychologie und ihre Bedeutung für die Pädagogik" (1928), *BEI* 9–14. Einzige Ausnahme sei die „verstehende oder geisteswissenschaftliche Psychologie" z. B. Adlers Individualpsychologie. Vgl. auch „Die Seelenburg", in: *EES* 522 f.

[163] Vgl. Rath 1993, S. 224.

[164] Vgl. Kaufmann, René, „Zum Personalismus William Sterns und Edith Steins Kritik", in: Beckmann-Zöller / Gerl-Falkovitz 2006, S. 179–191.

[165] Stern betrachtete nach Sawicki „das Seele-Geist-Problem als zwei Seiten derselben Münze", als „Person und Sache" (so der Titel seines Hauptwerkes), „als ein ‚teleologisch-mechanisches, psycho-technisches System', das in der realen Welt operiert." Sawicki, Editor's Introduction, S. XIV. Vgl. Stern, William, *Person und Sache: System des kritischen Personalismus,* Bd. 1, Ableitung und Grundlehre des kritischen Personalismus, Leipzig 1906, vgl. Kap. 16, „Kausalbeziehung und Gesetz". Ähnlich wie Stern betont Stein das Element der Entfaltung von persönlichen Qualitäten aus einem Kern mit angeborenen Anlagen, die Stellung der Lebenskraft und die Priorität der Person vor dem unpersönlichen „Ich". Auch bezüglich ihres Realismus' und ihrer Beispiele aus dem Alltagsleben gibt es Berührungen mit Stern.

[166] *LJF,* S. 174.

der Begriffe des „Bewußtseins" und des „Psychischen" beigetragen. Stein widmet sich nun dieser Unterscheidung zwischen Bewußtsein und Psychischem, zwischen Phänomenologie und Psychologie, die auf Husserl und sein von Stein bearbeitetes Manuskript gleichen Titels von 1917 zurückgeht.[167] Selbstverständlich war Stein mit Husserls Kritik engstens vertraut und teilte sie. Husserl hatte die empirischen Einschränkungen des Psyche-Begriffs bereits aufgebrochen, allerdings mit Unstimmigkeiten, die Stein nun aufklären wollte.[168]

8.2 Kausalität und Motivation

Anhand ihrer phänomenologischen Analysen findet Stein eine „doppelte Grundgesetzlichkeit", „die in einem psychischen Subjekt von sinnlich-geistigem Wesen zusammenwirkt – Kausalität und Motivation" (*PK* 3). Stein geht damit aus von der Streitfrage zwischen Hume und Kant und auch der modernen Psychologie, inwieweit Kausalität nicht nur in der Natur, sondern auch in den psychischen Vorgängen des Menschen eine Rolle spiele. Um genauer die geistigen Schichten im Menschen freizulegen, in denen keine kausalen Beziehungen – sondern Motivationen – vorherrschen, sucht Stein zu zeigen, was psychische Kausalität sei, und wo sie in den niederen Schichten der Seele, die enge Verbindungen zum organischen Leib aufweisen, ihre berechtigte Stellung habe.

Stein greift mit den Begriffen „Kausalität" und „Motivation" auf traditionelle Bestände der Philosophie zurück, zum einen auf die Diskussion zwischen Hume und Kant (Kausalität), zum anderen auf die zeitgenössische Untersuchung von Pfänder zur Motivation. Zuvor hatte Schopenhauer bei-

[167] S. o. S. XXf. „Phänomenologie und Psychologie", in *Hua* 25, S. 100.

[168] Husserl kritisierte 1911, die moderne Psychologie wolle jetzt „nicht mehr Wissenschaft der ‚Seele', sondern von den ‚psychischen Phänomenen' sein: Will sie das, so muß sie diese Phänomene in begrifflicher Strenge beschreiben und bestimmen können. Sie muß die nötigen strengen Begriffe sich in methodischer Arbeit zugeeignet haben. Wo ist diese methodische Arbeit in der ‚exakten' Psychologie vollzogen? Wir suchen danach in der ungeheuren Literatur vergeblich." Husserl, Edmund, *Philosophie als strenge Wissenschaft*, Frankfurt a. M. 1965, S. 30 (in: *Hua* 25). 1913 wehrte sich Husserl in den *Ideen* I dagegen, daß die „Phänomenologie als eine Unterstufe der empirischen Psychologie, als eine Sphäre ‚immanenter' Deskriptionen psychischer Erlebnisse" angesehen werde. Es sei „scharf zu betonen, daß die reine Phänomenologie [...] nicht Psychologie ist, und daß nicht zufällige Gebietsabgrenzungen und Terminologien, sondern prinzipielle Gründe es ausschließen, daß sie der Psychologie zugerechnet werde", auch wenn sie es „mit dem ‚Bewußtsein' und allen Erlebnisarten, Akten, Aktkorrelaten zu tun hat". *Hua* III/1, S. 4f. Husserl verstand Psychologie als Erfahrungswissenschaft, die es mit Tatsachen zu tun habe, und die Phänomenologie als eine Wesens- bzw. Ideenwissenschaft. *Hua* III/1, S. 6.

de Begriffe miteinander verbunden, allerdings in völlig anderer Differenzierung: „Die Motivation ist die Kausalität von innen gesehen.“[169] Auch Theodor Lipps hatte dieses Begriffspaar in seinem *Leitfaden der Psychologie* aufgegriffen, von dem sich Stein allerdings distanziert: „Die kausalen Beziehungen stellen den Zusammenhang der erkannten dinglich realen Welt her; die Motivationsbeziehungen bezeichnen den unmittelbar erlebten Zusammenhang des Bewußtseinslebens.“[170] Scheler bleibt ebenfalls unklar, wenn er sagt, die „reine psychische Kausalität ist es, die wir auch Motivationskausalität nennen können“[171]. Für ihn ist die psychische Kausalität „in letzter Linie immer Ichkausalität, d. h. erlebte Wirksamkeit des einheitlichen Ich“ und als solche „ist sie wesenhaft individuelle Kausalität, d. h. eine solche, in der keine ‚gleichen Ursachen und Wirkungen‘ wiederkehren, also jede Ichänderung abhängt von dem Ganzen der Erlebniseinheit des Ich bis zu dieser Änderung“, denn „innerhalb der rein seelischen Kausalität ist eben gar nichts ‚voraus zu sehen‘ und nichts zu berechnen: denn jede Ursache hat hier nur einmal ihre Wirkung“[172]. Hier macht sich Stein gegen Scheler stark für eine größere Eingebundenheit des Individuums in die natürlichen psychischen Prozesse, die – zwar vage, aber immerhin – vorhersagbar seien. Auch Husserls eingeschränkten Begriff der Kausalität aus den *Ideen* I möchte Stein ausdifferenzieren:

> „Es ist zu beachten, daß dieser phänomenologische Grundbegriff der Motivation, der sich mir mit der in den ‚Logischen Untersuchungen‘ vollzogenen Absonderung der rein phänomenologischen Sphäre alsbald ergab (und als Kontrast zum Begriffe der auf die transzendente Realitätssphäre bezogenen Kausalität), eine Verallgemeinerung desjenigen Begriffes der Motivation ist, dem gemäß wir z. B. zum Wollen des Zweckes sagen können, daß es das Wollen der Mittel motiviere.“[173]

Hinter ihrer Frage nach der Kausalität im Psychischen verbirgt sich die alte philosophische Frage nach Freiheit oder Determiniertheit in den seelischen Vorgängen des Menschen. Dabei setzt Stein eben nicht voraus, daß neurophysiologische Abläufe rein naturalistisch zu betrachten seien. Im Gegenteil, sie sucht nach den tatsächlich voraussagbaren Prozessen bzw. „Verhaltungsweisen“ im Menschen, durch die er in den Ablauf der Natur kausal und

---

169 Schopenhauer, Arthur, *Über die vierfache Wurzel des Satzes vom zureichenden Grunde*, hg. v. Arthur Hübscher, *Sämtliche Werke*, Bd. 7, 7. Kapitel, § 43 „Das Wollen – Gesetz der Motivation“, S. 145.

170 Lipps, Theodor, *Leitfaden der Psychologie*, Leipzig ²1906, S. 29.

171 Scheler, Formalismus, S. 430.

172 Ebd.

173 *Hua* III/1, § 47, S. 101, Anm. 1. Über Motivation reflektiert Husserl in den *Ideen* II, 3. Abschnitt, 2. Kapitel. Vgl. dazu Rang, Bernhard, *Kausalität und Motivation. Untersuchungen zum Verhältnis von Perspektivität und Objektivität in der Phänomenologie Edmund Husserls*, Den Haag 1973.

determiniert eingebunden ist, um die Bereiche des Unvorhersagbaren, des spontan Neuen in den menschlichen Handlungen herauszuarbeiten.

Der Kausalitätsglaube war im 18. Jh. durch den Empiristen David Hume (1711–1776) erschüttert worden. Für ihn stellt nicht der Verstand die Verbindung von Ursache und Wirkung her, sondern allein die Erfahrung, die allerdings keine *notwendige* Beziehung hervorbringe, sondern eine allein auf unserem Glauben („belief" im Unterschied zu „faith") beruhende, auf Gewohnheit gestützte. Hume sieht zwar die Berechtigung des Kausalitätsgesetzes, aber nicht prinzipiell, sondern im Sinne einer Anerkennung in der Praxis. Naturnotwendigkeiten liegen nach Hume nicht in den Dingen, sondern in unseren Empfindungen. Daher kann er Naturereignisse und menschliche Handlungen parallel betrachten, beide geschehen mit Notwendigkeit und seien prinzipiell vorhersagbar. Das wiederum hat Auswirkungen auf Anthropologie und Ethik, da unter der gegebenen Voraussetzung die Freiheit des menschlichen Willens nicht mehr zu verstehen ist.

Diese Konsequenz forderte Immanuel Kant (1724–1804) heraus, mit dessen Antwort allerdings weder Stein noch Husserl zufrieden waren, da sie der phänomenologischen Methode eine weitergehende Lösung zutrauen.[174] Kant hatte allerdings über Hume hinaus gezeigt, daß man mit Erfahrung gar nicht den Zusammenhang von Vergangenheit und Zukunft beweisen könne, da für jede Überprüfung durch Erfahrung (unbewußt) bereits das Kausalgesetz benutzt wird. Die Gültigkeit des Kausalgesetzes ist also „Bedingung der Möglichkeit von Erfahrung", gelte also als synthetisches Urteil *a priori*, allerdings auf die Natur als Erscheinung beschränkt.[175] Denn der Verstand kann den „Dingen an sich" nichts vorschreiben. Freiheit und Notwendigkeit gehören daher nach Kant verschiedenen Bereichen an, die Wirklichkeit wird untergliedert in ein „Reich der Freiheit" (Ethik) und in ein „Reich der Natur" (Naturwissenschaften).[176]

Die Beschäftigung mit Hume war Stein von den Seminaren Husserls und ihrem Rigorosum her vertraut.[177] Wie die meisten Phänomenologen (außer

---

[174] Vgl. dazu Kern, Iso, *Husserl und Kant. Eine Untersuchung über Husserls Verhältnis zu Kant und zum Neukantianismus*, Den Haag 1964.

[175] „Also ist nur dadurch, daß wir die Folge der Erscheinungen, mithin alle Veränderung dem Gesetze der Kausalität unterwerfen, selbst Erfahrung d. i. empirisches Erkenntnis von denselben möglich [...]." Kant, Immanuel, *KrV*, B 234. Die Vereinbarkeit von kausaler Bedingtheit des Menschen und gleichzeitiger Willensfreiheit formuliert Kant in der Lösung der dritten Antinomie (Freiheitsantinomie), *KrV* B 472–479; Auflösung B 560–586. Freiheit ist das Vermögen, eine Begebenheit von selbst anzufangen, ohne daß eine Ursache vorangegangen wäre. *Prolegomena*, § 53.

[176] Mit diesem Problembereich wird sich Stein später in *NFG* unter religionsphilosophischen Gesichtspunkten beschäftigen. S. o. S. XXIX.

[177] Vgl. Husserls Vorlesungen: „Philosophische Übungen zu Humes Traktat über die menschliche Natur", Seminar SS 1899, WS 1902/03, WS 1904/05, WS 1907/08, WS 1910/

Scheler) beschäftigte sich Husserl mehr mit Hume als mit Kant, so auch Stein.[178] Sie wirft Kant vor, er habe Kausalität nur als „Form, die eine mannigfache Ausfüllung zuläßt" betrachtet und leider die Phänomene nicht beschrieben und analysiert, „d.h. die Objekte in der ganzen Fülle und Konkretion, in der sie sich uns darbieten, und des ihnen entsprechenden Bewußtseins" (*PK* 7). Gegen Hume ist sie weniger hart, er müsse auf eigenem Boden widerlegt werden. Das tut sie in ihrer Kritik seiner Assoziationspsychologie[179], sie wendet sich gegen die Humesche Vorstellung, daß Phasen von Objekten miteinander verbunden seien, denn es gehe um ein Kontinuum von Einheiten in einem Strom von bestimmter Dauer.[180] Erst so kann sie physische (Phasen von Objekten betreffend) und psychische Kausalität (Kontinuum von Einheiten im Strom von bestimmter Dauer) klar unterscheiden.[181]

8.3 Das Psychische und das Bewußtsein, ichliche und ichfremde Erlebnisse

Neben der Frage nach der Kausalität stellt sich Stein auch die nach dem Phänomen des Psychischen im allgemeinen. Damit knüpft sie an Kapitel III

11, WS 1914/15, SS 1921, WS 1926/27. Vgl. ebenso seine Veranstaltungen zum Problem der Willensfreiheit WS 1901/02, SS 1903, WS 1904/5.

[178] Berger, Gaston, „Husserl und Hume", in: *Husserl*, hg. v. Hermann Noack, Darmstadt 1973, S. 210. Murphy, Richard Timothy, *Hume and Husserl. Towards Radical Subjectivism*, Den Haag 1980.

[179] Vgl. dazu Sawicki, Marianne, „Edith Stein's Critique of Hume's Assiociation Theory", in: *Yearbook of the Irish Philosophical Society*, hg. v. Mette Lebech, Maynooth 2004, S. 138–147.

[180] „Der ursprüngliche Bewußtseinsstrom ist ein reines Werden, das Erleben strömt dahin, in stetiger Erzeugung reiht sich Neues an, ohne daß man fragen könnte, ‚wodurch' das Werdende erzeugt (= verursacht) werde. An keiner Stelle des Stromes ist das Hervorgehen einer Phase aus der anderen als ein ‚Bewirktwerden' aufzufassen; eine strömt aus der anderen hervor und das ursprüngliche ‚Woher' liegt im Dunkeln. Indem die Phasen *ineinander*strömen, entsteht keine Reihe abgesetzter Phasen, sondern eben ein einziger stetig wachsender Strom. Darum hätte es auch keinen Sinn, nach einer ‚Verknüpfung' der Phasen zu fragen, Verknüpfung braucht es nur bei Gliedern einer Kette, aber nicht bei einem ungeteilten und unteilbaren Kontinuum." *PK* 11.

[181] „Anscheinend unterscheidet sich die psychische Kausalität von der physischen, insofern dort die Einheit des kausalen Geschehens den Gesamtzusammenhang der materiellen Natur durchwaltet, aus dem sich einzelne Dinge als Zentren des Geschehens herausheben, während wir hier auf die physischen Zustände eines Individuums beschränkt sind, das als Substrat des kausalen Geschehens der Gesamtheit der Materie entspricht, während seine Eigenschaften sich als einzelne dinganaloge Zentren herausheben." *PK* 24. Damit nimmt sie Abstand von einem Modell der Reihenfolge, Abhängigkeit und Notwendigkeit, ebenso wie vom cartesianischen Dualismus, hin zur Einheit der Person. Vgl. dazu McCullough, Ernest J., „Edith Stein and Intersubjectivity", in: Feist, Richard / Sweet, William, *Husserl and Stein*, Washington 2003, S. 127–139, hier: S. 131.

ihrer Dissertation von 1916 an: „Die Konstitution des psycholphysischen Individuums" (*PE* 53–107). Die Psyche ist nach Stein „ein in sich geschlossener Seinsbestand und Geschehensverlauf" (*IG* 267).[182] Das Psychische kommt nur dem „realen Ich, seinen Eigenschaften und Zuständlichkeiten" zu (*PK* 20), nicht dem „reinen Ich" des Bewußtseins.

„Wir werden das reale Ich, seine Eigenschaften und Zuständlichkeiten als das Psychische bezeichnen und sehen nun, daß Bewußtsein und Psychisches grundwesentlich voneinander unterschieden sind: Bewußtsein als Reich des ‚bewußten' reinen Erlebens und das Psychische als ein Bereich der sich in Erlebnissen und Erlebnisgehalten bekundenden transzendenten Realität". (*PK* 22)

Stein geht über Husserl in den *Ideen* I hinaus, wenn sie das Bewußtsein im Sinne des Noetischen als Bewußtsein von den Korrelaten *aller* Stufen faßt, zu denen auch das Psychische gehöre und an niederster Stufe die Empfindungsdaten. (*PK* 10f.)[183] Sie beginnt ihre Untersuchung im letzten konstituierenden Bewußtsein, dem ursprünglichen Bewußtseins- oder Erlebnisstrom. Er vollzieht sich kontinuierlich, unteilbar und in einem ungeteilten Werden, nicht etwa in sich ablösenden Phasen, aber dennoch verlaufen mehrere Phasen ineinander.[184] Die Wissenschaft vom Bewußtsein wird erst möglich durch die Eigentümlichkeit der Erlebnissphäre, in der man die niedersten Konkretionen des Bewußtseinsstroms, die Empfindungsdaten, die fließend sind, unterscheiden kann von den Feldern, zu denen sie sich zusammenschließen (z.B. Tonempfindungen zum Gehörsfeld), die man als allgemeine Gattungen exakt bestimmen kann. (*PK* 14)

Erlebnisse können zugleich ablaufen, so daß sich Abhängigkeitsverhältnisse der Empfindungsdaten analysieren lassen. (*PK* 12f.) Kausale Einwirkungen lassen sich nicht vom Gehalt oder vom Bewußtsein des Erlebens ablesen, sondern vom Erleben des Gehalts. Hier trifft Stein die wesentliche Unterscheidung von Gehalt, Erleben des Gehalts und Bewußtsein des Erlebens. (*PK* 18) Das Erleben unterscheidet sich je nachdem, ob ichliche oder

---

[182] Lebensweltlich übersetzt sie ihren Begriff des „Psychischen" mit „Nerven", es gehe ihr „psychisch" dauernd miserabel, „‚psychisch' (was Sie sich aus meiner Terminologie in die gewöhnliche Redeweise mit ‚Nerven' übersetzen können)". *BRI*, Br. 65 (16.9.1919)

[183] Vgl. Husserl, *Ideen* I, §§87–96.

[184] Stein fragt nach noch lebendigem und schon abgelaufenem Erleben und erklärt später Kaufmann, was darunter zu verstehen sei. „Sie können sich nicht mit dem Begriff des abgelaufenen Erlebens so recht befreunden. Es ist so gemeint: Das jeweils Aktuelle – die Phase des ‚Jetzt' – ist immer nur ein Momentanes, hat aber als solches gar keine Existenz-Möglichkeit, sondern nur eingebettet in ein Erlebnis, das sich als solches notwendig in einer Dauer aufbaut. Das, woraus dieses Aktuelle entspringt, ist – sofern es nicht mehr zum Jetzt gehört – abgelaufen; sofern es aber notwendig zur Einheit des Erlebnisses gehört und das jeweils aktuelle Jetzt möglich macht, ist es doch noch lebendig, nicht erloschen." *SBB* I, Br. 21 (16.9.1919).

ichfremde Gehalte erlebt werden: Ichfremde Gehalte (z. B. Farben) lösen das Haben von Empfindungen, ichliche Gehalte (z. B. das Erleben eines Wertes) dagegen das Fühlen von Ichzuständlichkeiten aus. (*PK* 18)[185] Die Kausalität im Bereich der Erlebnissphäre ist daher „ein Analogon der Kausalität im Reiche der physischen Natur, und zwar des Grundfalls der Kausalität (auf den die Physik alle anderen Kausalverhältnisse zurückzuführen sucht): des mechanischen Wirkens". (*PK* 16) Veränderungen in der Lebenssphäre bewirken Veränderungen im Lebensgefühl, und damit im Erleben: Stein differenziert die Bekundungen von Frische, Mattigkeit, Überwachheit und Reizbarkeit. Damit berührt Stein die Lebenssphäre, die zentrale Sphäre schlechthin, in der sich das kausale Geschehen *im* Menschen und *zwischen* Menschen ausmachen läßt.

8.4 Das psychische Ich und die zentrale Stellung der Lebenskraft

Eine zentrale Größe in der psychophysischen Konstitution des Menschen ist die Lebenskraft[186] innerhalb der Lebenssphäre, durch die das psychische Ich ausgezeichnet ist als eine „dauernde reale Eigenschaft" (*PK* 22). „Lebenskraft" ist Steins Begriff für das phänomenale Abhängigkeitsverhältnis der Erlebnisse vom übergreifenden Erlebnisstrom, in dem sich die Zuständlichkeit des Ichs kundtut.[187] An diesem Begriff setzt häufig Kritik an, Stein verlasse mit ihrer Übernahme des Diltheyschen Gedankens aus der Lebensphilosophie und dem Vitalismus den Boden exakter Begrifflichkeit.[188] Ein

---

185 „Die Stellung der ichfremden Daten hat mir selbst viel Kopfzerbrechen gemacht und ich gebe offen zu, daß mir hier noch manches zur letzten Klarheit fehlt. Daß ein Gegenüber von Erleben und Gehalt dabei vorliegt, habe ich ja durch die Bezeichnung ‚ich*fremd*' zum Ausdruck gebracht. Andererseits erscheint es mir unmöglich, sie vom Erleben zu trennen und als transcendentes Sein hinzustellen. Ein ichfremdes Datum ist unmöglich anders als eingebettet in ein Erlebnis zu denken, es hat keinerlei selbständig zu fassendes Sein: Daher – trotz der Ichfremdheit – ‚Gehalt'." *SBB* I, Br. 21 an Kaufmann (16.9.1919).

186 Vgl. dazu Betschart, Christof, „Was ist Lebenskraft? Edith Steins erkenntnistheoretische Prämissen in ‚Psychische Kausalität' (Teil 1)", in: *Edith Stein Jahrbuch* 15, Würzburg 2009, S. 154–183. Teil 2, in: *Edith Stein Jahrbuch* 16, Würzburg 2010, S. 33–64.

187 Schulz 1994, S. 86, weist Lembecks Kritik zurück, Lebenskraft sei eine irgendwie geartete „metaphysische Konstruktion". Lembeck, Karl-Heinz, „Von der Kritik zur Mystik. Edith Stein und der Marburger Neukantianismus", in: *Studien zur Philosophie von Edith Stein*, München 1993, S. 190. Zur Entstehung des Begriffs: Engels, Eva-Marie, „Art. ‚Lebenskraft'", in: *Historisches Wörterbuch der Philosophie*, Bd. 5, Basel 1980, Sp. 122–128.

188 Imhof, S. 175. Vgl. Engels, Sp. 123 ff. Kritik an diesem Begriff findet sich bei: Schmalenbach, Hermann, „Neues zum Problem der Phänomenologie (Schluß)", in: *Deutsche Literaturzeitung*, 43, 45, 11.11.1922, Sp. 993–999; Schütz, Alfred, *Philosophisch-phänomenologische Schriften 1. Zur Kritik der Phänomenologie Edmund Husserls, Werkausgabe*, Band III/1, hg. v. Gerd Sebald nach Vorarbeiten von Richard Grathoff und Michael Tho-

möglicher Übersetzungsversuch wäre wohl der Begriff „Betätigungspotential“ (Betschart).[189] Es ist jedoch aus dem Zusammenhang schlüssig, was Stein unter Lebenskraft versteht, sie führt uns damit ins Zentrum ihrer Analyse der Person: Das „ganze psychische Kausalgeschehen“ lasse sich auffassen als „ein Umsatz von Lebenskraft in aktuelles Erleben und als Inanspruchnahme der Lebenskraft durch aktuelles Erleben“ (*PK* 25). Das eigentlich verursachende Geschehen sind also nicht die „Lebensgefühle, sondern die sich in ihnen bekundenden Modi der Lebenskraft“ (*PK* 23). Die Lebensgefühle seien lediglich deren Ausdruck, ein dem Bewußtsein immanenter Gehalt, in dem sich Lebenszuständlichkeiten des psychischen Ich bekunden.

Der psychische Bereich der „Lebenssphäre bildet eine Unterschicht des Erlebnisstroms, den sie trägt und der aus ihr heraus geboren wird.“ (*PK* 26) Die Korrelation von „Lebenssphäre“ und dem Bewußtsein, dem Erlebnisstrom, wird von Stein hier nur angedeutet.[190] Das Psychische wird vom Ich erlebt in der Kraftzufuhr und im Kraftverbrauch.

> „Daß der Lebenskraft Kräfte zugeführt oder entzogen werden, ist ‚Ursache‘ des psychischen Geschehens. Die ‚Wirkung‘ besteht in den Veränderungen der andern psychischen Eigenschaften. Eine direkte kausale Abhängigkeit anderer Eigenschaften voneinander, ohne Vermittlung der Lebenskraft, gibt es nicht“. (*PK* 24)

Steins Fazit aus ihren Analysen ist letztlich: „Alles psychische Geschehen ist kausal bedingt“ (*PK* 29), aber nicht allein und ausschließlich kausal bewirkt. Lebenskraft, in der *Einfühlung* noch „psychische Kraft“ genannt, ist für Stein nun – im Gegensatz zu ihrer Analyse in der *Einfühlung* – kein „endliches Quantum“ mehr.[191] Lebenskraft lasse sich nicht quantifizieren noch exakt qualifizieren, sie sei ein Kontinuum von Qualitäten, aber dennoch könne man Intensitäten unterscheiden. Daher sind einzelne Abschnitte im Kontinuum voneinander – wenn auch undeutlich – zu differenzieren. Obwohl psychische Kausalgesetze vage sind, drücken sie einsichtige Zusammenhänge aus und können in praktischer Lebensweisheit angewandt werden: Die Erfahrung einer bestimmten Art von Müdigkeit am Abend zeigt die Unfähigkeit an, ein anspruchsvolles Buch zu lesen. Auf der Basis einer bestimmten Intensität der Müdigkeit oder der Frische können also Voraussagen ge-

---

mas, Konstanz 2009; Imhof 1987. Lembeck verwechselt den Begriff „Lebenskraft“ mit „Kern der Person“. Lembeck, Karl-Heinz, „Die Philosophie Edith Steins“, in: *Zeitschrift für Katholische Theologie* 3 (1990) S. 120–132, hier S. 127.

[189] Vgl. Betschart, Christof, Lebenskraft (Teil 2), S. 62 f.

[190] Auch der Zusammenhang mit der Ausbildung von Fähigkeiten der menschlichen Person wird später gezeigt. *PK* 58.

[191] *PE* 117. Später *EES* 399, unter dem Einfluß der thomasischen Anthropologie: „seelische Kraft“ sei zu einer Mehrheit von verschieden gerichteten Kräften geformt.

troffen werden. Das bedeutet allerdings nicht, das Gesamt menschlicher Handlungen sei voraussagbar.

Stein differenziert neben dieser sinnlichen auch eine geistige (*PK* 69f.) und seelische Lebenskraft (*IG* 196f., s.u. S. 35). Die sinnliche Lebenskraft, durch die die Psyche in der Natur verwurzelt sei und aus ihr Kräfte aufnehme, habe Einfluß auf die geistige Lebenskraft, die also durch die leibliche Frische oder Mattigkeit kausal mitbedingt ist.

Da das seelische Leben ein ständiger Kräfteverbrauch sei, werden beständig neue Quellen für den Kräfteumsatz erschlossen. Dabei stößt Stein auf das Erlebnis des „Sich-am-Ende-aller-Kräfte-Befindens“:

> „Und nun kann es auch geschehen, daß die Seele, ohne ausgeschaltet zu werden, aufhört, Leben zu spenden. [...] Ein solcher Bruch im Leben einer Person kann eintreten, wenn ein ‚Schicksalsschlag‘ alle Kräfte ihrer Seele verzehrt, sie kann auch durch ständigen übermäßigen Kraftverbrauch allmählich ‚verkümmern‘, und es müssen ihr *aus fremden Quellen neue Kräfte* zugeführt werden, um sie wieder zu neuem Leben zu erwecken.“ (*IG* 196f. Herv. d. Verf.)

Die menschliche Person hat dringend neue Kräfte nötig, die sie sich selbst aus natürlichen Quellen nicht mehr verschaffen kann. Stein bezeugt in diesem Zusammenhang folgendes religiöses Erlebnis – ohne biographische Angabe – als Material, das eine Kraftzufuhr *von jenseits des Ichs her* erweist, ähnlich der Erfahrung von Liebe und der Berührung mit Menschen intensivster Lebendigkeit (*PK* 73, *IG* 171):

> „Dieser Zustand ist mir etwa zuteil geworden, nachdem ein Erlebnis, das meine Kräfte überstieg, meine geistige Lebenskraft völlig aufgezehrt und mich aller Aktivität beraubt hat. Das Ruhen in Gott ist gegenüber dem Versagen der Aktivität aus Mangel an Lebenskraft etwas völlig Neues und Eigenartiges. Jenes war Totenstille. An ihre Stelle tritt nun das Gefühl des Geborgenseins, des aller Sorge und Verantwortung und Verpflichtung zum Handeln Enthobenseins.“ (*PK* 73)

Erst der Glaube – so wird Stein später in ihrem Hauptwerk *Endliches und ewiges Sein* darlegen – hätte eine Antwort auf die Frage, worin diese neue Kraftquelle liege.[192]

---

[192] *EES* 375. Stein versteht das nicht als einen neuen Gottesbeweis, sondern betont den Anspruch auf Erfahrungsgeltung eines Erlebnisses, in dem ein „geistiges Wesen – sein Dasein und sein Sosein – zur Gegebenheit kommt ohne das Hilfsmittel irgendeiner äußeren Erscheinung.“ Das sei vergleichbar mit der Erfahrungserkenntnis über andere Personen ohne Vermittlung äußerer Erscheinungen, d.h. über die Einfühlung. *EPh* 172.

8.5 Das Geistige und das Gesetz der Motivation

Während der psychische Bereich das passive Erleben umfaßt, ist der geistige von Aktivität und Intentionalität gekennzeichnet, das Ich „tut seinen geistigen Blick auf" und richtet sich auf *etwas*, auf Gegenstände, auf geistiges Leben (*PK* 35). Letztlich entspricht allerdings diese schematische Trennung von Passivität (reine Erlebnissphäre) und Kausalitätsgesetzen einerseits, und Aktivität (geistiger, intentionaler Bereich) und Motivation andererseits nicht der Realität und wird daher von Stein relativiert.[193]

Geist ist für Stein das „Herausgehen aus sich selbst, Offenheit in einem doppelten Sinne: für eine Objektwelt, die *er*lebt wird, und für fremde Subjektivität, fremden Geist, *mit* dem gemeinsam *er*lebt und *ge*lebt wird" (*IG* 247). In diesem Zusammenhang spricht Stein nicht mehr von Kausalitätsgesetzen, sondern Motivationen. Stein versteht unter Motivation nicht nur einen Beweggrund des Willens in ethischem Sinne, wie der Begriff umgangssprachlich und auch bei Pfänder verwendet wird, sondern in einer stark erweiterten Bedeutung. Pfänder ging es um Motive für das Wollen, um Neigung versus Pflicht, um „Motiv" nur im Sinne des „fordernden Willensgrundes"[194]. Stein dagegen benennt die Verknüpfung von geistigen Akten überhaupt mit dem Begriff Motivation (*PK* 36); und auch Motivation im engeren Pfänderschen Sinne beträfe die „ganze Sphäre der willentlichen Akte" (*PK* 53). Neben dem sprachlogischen Äquivalent des „Weil-So" ist auch die formale Gleichheit der Erlebnisstruktur ausschlaggebend für Steins Wahl des Begriffs der „Motivation". Sie deckt Motivationen auf, die im Dunkeln liegen und erst durch reflexive Analysen hervorgeholt werden müssen. Dennoch sei auch in „verborgener Vernunftbetätigung" (*PK* 41), in Bereichen des Unbewußten oder Vorbewußten – Begriffe, die Stein allerdings nicht verwendet –, eine gleiche Struktur erkennbar wie in den bewußten Motivationen.

Drei Phasen des geistigen Lebens unterscheidet Stein, die Apperzeption, die Synthesis und die Motivation. (*PK* 35) Dabei differenziert sie nicht zwischen Verstand und Vernunft, sondern verwendet durchgängig den Begriff „Vernunft". Motive werden unterteilt in Vernunft- und Reizmotive, wobei das Verhältnis vernünftiger Begründung untersucht wird. Liegt allein ein verständlicher Zusammenhang vor, handle es sich um einen Reiz, nicht um ein Vernunftmotiv (*PK* 39).[195]

---

[193] „Ja gerade diese Erlebnisse, die im eigentlichen Sinne ‚vollzogen' werden, zeigen mit besonderer Deutlichkeit die ‚Spannkraft' des Erlebens. Je frischer ich mich fühle, desto ‚wacher' blickt mein ‚geistiges Auge', desto intensiver ist die Richtung auf die Objekte, desto lebhafter die Auffassung." *PK* 65.

[194] Pfänder 1911, S. 183.

[195] Stein schreibt an Fritz Kaufmann über ihre Einteilung „Vernunft – Motiv – Reiz": „Sie

Geistige Akte werden fundiert durch eine passive Kenntnisnahme (wenn der Auslöser ein Reiz, nicht ein Vernunftmotiv war), die aber motiviert ist. Dann erfolgt eine aktive Zuwendung zum Wahrgenommenen und eine Stellungnahme, die sich wiederum unwillkürlich ereignet, zu der in einem geistigen Akt dann allerdings eine bewußte Stellungnahme vollzogen werden müsse. Zu den geistigen Akten gehören „freie" und „soziale Akte". Als „freie Akte" bezeichnet Stein die Überzeugung, das Behaupten, das Anerkennen und Billigen.[196] „Soziale Akte" seien das Versichern, Gewähren, Verzeihen und Versagen. Freie Akte sind motiviert, begründen das Verhalten des Subjekts, ergreifen nicht – wie die Stellungnahmen – vom Subjekt Besitz, sondern es bleibt die Freiheit, sie anzunehmen oder abzulehnen. Täuschung in Bezug auf Motivationen sind möglich, wie Stein schon in der *Einfühlung* hervorhob, wenn ein Motiv nicht bewußt, sondern „Hintergrunderlebnis" ist (*PE* 36f.). Implizite Motivationen sind eine „Quelle von Täuschungen und Irrtümern", explizite dagegen „das Mittel, um die Herrschaft der Vernunft zu sichern" (*PK* 45).

Zum geistigen Akt der „Behauptung" setzt sich Stein einerseits mit Reinach[197], andererseits mit von Hildebrand[198] auseinander. Man könne keine Person oder Farbe behaupten, sondern nur Sachverhalte, so auch in der Anerkennung. Hier liegt ein starker Bezug zu Reinachs Sachverhaltslehre und seiner realphänomenologischen Position vor. Sachverhalte stehen – im Gegensatz zu Gegenständen – in der Beziehung von Grund und Folge.[199] Problematisch ist dagegen Steins Weiterführung von Reinachs Lehre der Überzeugung. Stein will neben die echten, auf Überzeugung gegründeten Behauptungen noch „Versicherungen (ohne Überzeugung)" und „Lügen (im Widerspruch zur Überzeugung)" stellen (*PK* 46) und differenziert damit zu wenig.[200] Auch die Einschiebung der „Versicherung" ist sachlich zu hinterfragen, da der Versichernde von der Wahrheit seiner Aussage ja überzeugt ist.[201] Ein Urteil, das weder auf einer gleichlautenden noch auf einer widersprechenden Überzeugung basiert, sondern das überzeugungslos ge-

---

haben nicht unrecht, wenn Sie mir vorwerfen, daß ich mit der Einteilung Vernunft – Motiv – Reiz nicht auskomme. Ich habe unter dem Titel ‚Reiz' die bloß verständliche, aber nicht vernünftige Motivation in der intentionalen Sphäre und die ‚niedere' Motivation zusammengefaßt. – Zum Thema der Association möchte ich hier nichts mehr sagen, weil ich an dieser Stelle der Arbeit jetzt noch einige ergänzende Ausführungen eingefügt habe. Im übrigen wäre dies wohl das Wichtigste." *SBB* I, Br. 21 (16.9.1919).

196 Vgl. dazu Volek, Peter, „Der freie Akt und der Andere bei Edith Stein", in: Gerl-Falkovitz / Kaufmann / Sepp, *Europa*, S. 85–95.

197 Zur Theorie des negativen Urteils, *Gesammelte Schriften*, S. 81f.

198 Idee der sittlichen Handlung, S. 193.

199 Reinach I, S. 115.

200 Schuhmann, S. 71f.

201 Vgl. Imhof, S. 195.

troffen wird, ist keine „Versicherung", sondern kann eher als Hypothese, Annahme, als skeptischer oder nachvollzogener Satz verstanden werden.[202] Dahinter steckt wohl Husserls Gedanke einer „allzeit möglichen Neutralitätsmodifikation (das ‚Dahingestelltseinlassen') aller setzenden Akte".[203]

8.5.1 Soziale Akte

In Bezug auf Reinachs Lehre von den Sozialen Akten ist schon mehrfach beobachtet worden, daß Stein trotz ihrer parallelen Bearbeitung des Reinach-Bandes hier eine weniger differenzierte Auffassung als Reinach selbst vertritt.[204] Nach Stein zeichneten sich soziale Akte im Sinne Reinachs aus durch „eine Richtung auf ein anderes Subjekt" (*PK* 51, *IG* 175), z. B. in der Versicherung, dem Verzicht, Gewähren, Versagen und Verzeihen. Aber für Reinach ist die Richtung auf ein anderes Subjekt Kennzeichen der sogenannten „fremdpersonalen Akte", wozu er sowohl soziale als auch nichtsoziale Akte zählt. Nichtsoziale Akte können rein innerlich vollzogen werden, z. B. das Verzeihen. Für die sozialen Akte ist daher nicht die Richtung auf den Anderen notwendig, sondern daß sie von einer anderen Person vernommen werden müssen, d. h. daß sie sprachlich geäußert werden: „Der soziale Akt realisiert sich deswegen in der (zumeist sprachlichen) Äußerung, in der er sich an das fremde Subjekt wendet, da der andere ihn ohne eine solche Äußerung nicht zu vernehmen vermöchte. [...] Einzig an der Vernehmungsbedürftigkeit wird der Begriff der sozialen Akte von uns orientiert."[205]

Soziale Akte sind nach Reinach wesentlich Akte, „die nicht in Worten und dergleichen ihren zufälligen, nachträglichen Ausdruck finden, sondern die im Sprechen selbst sich vollziehen".[206]

Stein zählt zu einem Gebilde wie der juridischen Verpflichtung, die weder physischer noch psychischer Natur ist, die anfängt und wieder endet und damit zeitlich ist, auch Sozialformen wie Gesellschaft, Freundschaft, Feindschaft, Kameradschaft und Herrschaft (*IG* 235, 244). Dabei ist allerdings zu bedenken, daß Freundschaft und Feindschaft meist aus Zu- und Abneigungen resultieren, nicht so sehr aus dem Vollzug sozialer Akte, d. h. aus Sprechakten wie z. B. Beleidigungen. In Reinachs Sinne wäre zwar die *Erklärung* einer Feindschaft oder einer Freundschaft ein sozialer Akt, nicht aber die sie begründenden Sympathien oder Antipathien.[207] Da Freundschaft und Feindschaft auch ohne Erklärung beendigt werden können, zählen sie nicht

[202] Vgl. Schuhmann, S. 72.
[203] Ebd.
[204] Imhof, S. 195 f. Schuhmann, 73 f.
[205] Reinach I, S. 159.
[206] Reinach I, S. 177.
[207] Vgl. Schuhmann, S. 75 f.

als solche zu den sozialen Akten in Reinachs Sinn. Allerdings hatte Stein hier wohl weniger die persönliche Feindschaft als die zweier Nationen im Sinn, die sie durch eine offizielle Kriegserklärung in die Realität umsetzen.

8.5.2 Die Sphäre des Wollens und Handelns

Die eigentliche Sphäre des Wollens und Handelns müsse – so Stein – von den freien bzw. „willentlichen Akten" abgegrenzt werden. Dazu unterscheidet Stein im Anschluß an von Hildebrand für das Wollen 1. das Sichbemühen, 2. der Vorsatz, 3. das auf die Realisierung eines Sachverhalts gerichtete Wollen. Schon in der *Einfühlung* analysiert Stein das Wollen und betont die Realisierbarkeit des Wollens im Unterschied zum „Wünschen".[208] Aus einem Vorsatz gehen freie Akte hervor, aber nicht alle freien Akte benötigen einen Vorsatz. Ein freier Akt setzt immer einen inneren Ruck voraus, ein „fiat".[209] Anders als in der *Einfühlung*, wo Stein Pfänders Auffassung von der Verwandtschaft der Strebungen mit den Willenserlebnissen übernahm, kritisiert sie diese Auffassung jetzt. Das Wollen ist durch ein Bewußtsein vom Gewollten und das Streben durch ein Bewußtsein vom Erstrebten gekennzeichnet. Das Wollen schließt eine Richtung auf ein eigenes Tun ein, das Streben „nur die Richtung auf ein eigenes Erleben, das aber kein freies Tun zu sein braucht, sondern auch ein Empfangen sein kann", ein „Hineingezogen-Werden" (*PK* 61).

Der Wille ist abhängig von einer gewissen Lebendigkeit, also von einer leiblich-gegenständlichen Grundlage und von richtungsweisenden geistigen Motiven. Die Bedingung, daß der „Vorsatz [...] prinzipiell immer genügend Triebkraft entfalten [kann], um jeden Widerstand zu überwinden" (*PK* 79), sei stets erfüllt; hier vertritt sie eine Kant ähnliche Vorstellung von der zentralen Stellung des Willens im Aufbau der menschlichen Person.[210] Die entscheidende Triebkraft für die menschliche Freiheit liege also in den Willensakten. Da der Vorsatz des Menschen eine eigene Triebkraft besitze, ist der Mensch voll verantwortlich für seine Willenshandlungen. Er muß Motive „prüfend ins Auge fassen, statt sich ihnen hinzugeben wie in Stellungnah-

---

[208] „Ein unmotiviertes Wollen ist daher ein Unding, es ist kein wie immer geartetes Subjekt denkbar, das etwas wollte, was ihm nicht als wert vor Augen stände. Es liegt im Sinne des Wollens [...], daß es sich auf Mögliches (d. h. Realisierbares) richtet, man kann vernünftigerweise nur das Mögliche wollen." *PE* 108.

[209] Stein schreibt an Fritz Kaufmann über den Zusammenhang von Vorsatz und Stellungnahme: „Es ist ein Mißverständnis, wenn Sie meinen, ich wollte von freiem Tun nur sprechen, wo die lebendige Stellungnahme fehlt. Ich spreche davon überall dort, wo der Vorsatz eingreifen kann (positiv oder auch hemmend), auch dann, wenn er es nicht nötig hat einzugreifen, weil die Stellungnahme da ist." *SBB* I, Br. 21 (16. 9. 1919).

[210] Kant, Immanuel, *Metaphysik der Sitten*, AA VI, Berlin 1968, S. 223.

men und Strebungen" (*PK* 77). Damit ist in der Tat ein „anthropologisches Problem von großer Tragweite" angeschnitten, das Stein in *Potenz und Akt* und in *Endliches und ewiges Sein* weiterführt.[211] Sie gibt an dieser Stelle nur Hinweise auf eine Kraftquelle, die „jenseits des Mechanismus der individuellen Persönlichkeit" liege, in das wollende Ich einströme und das Ich über sich selbst hinauswachsen lasse. (*PK* 77f., 196f.; s.o., S. XLII) Damit habe sie, schreibt sie an Fritz Kaufmann, die „Tür zur Religionsphilosophie aufgemacht", die jedoch nicht ihr Thema sei.[212] Die Willenskraft kann daher als eine dritte Quelle neben sinnlicher und geistiger Lebenskraft angesehen werden (*PK* 100), als „seelische Lebenskraft" für eine mögliche Dynamisierung des seelischen Lebens (s.u. S. 35).

Stein schließt sich teilweise an die Analyse des Wollens bei von Hildebrand und Pfänder an, setzt sich aber auch ab. Sie überträgt Pfänders Unterscheidung von exzentrischen und zentralen Strebungen in ihre Begriffe von zentralen und peripheren personalen Schichten. Diese Strebungen müßten sich durch „verschiedene Ichtiefe" auszeichnen (*PE* 118). Streben und Wollen unterscheidet Stein zurecht nicht wie Pfänder durch die Blindheit, denn nur der Trieb sei „unmotiviertes Streben" (*PK* 52) und es gebe daneben auch zielgerichtetes Streben, dem Bewußtsein zugehört. (*PK* 55) Sie ergänzt Pfänder treffend, indem sie Intensitätsgrade des Strebens unterscheidet. Ob Stein dem zentralen Streben die cogito-Form zurecht zubilligt und Pfänder eine Vernachlässigung des intentionalen Charakters aller psychischen Akte zurecht unterstellt, müßte noch geprüft werden.[213]

Ein ausführlicher Vergleich – auch unter Bezug auf Moritz Geigers Beitrag „Fragment über den Begriff des Unbewußten und die psychische Realität" im *Jahrbuch* IV[214], auf den Stein erst nach dem Abschluß ihrer Arbeit stieß, wäre lohnenswert. Dem Phänomenologen Geiger (1880–1937) ging es darum zu zeigen, daß es ein unbewußtes Wollen gibt, ein unerlebtes wollendes Verhalten, das als psychische Realität, nicht aber als Bewußtseinsvorgang beschrieben werden könne. Stein dagegen würde hier von Strebungen, nicht von „Wollungen"[215] sprechen.

---

[211] Schulz 1994, S. 93.

[212] Stein schreibt an Fritz Kaufmann über den Zusammenhang ihrer Analyse der Willensfreiheit und der Religionsphilosophie: „Ich glaube nicht, daß ich beim Problem der Willensfreiheit den Knoten durchhauen habe. Ich habe nur das Negative hervorgehoben – was mir allerdings sicher scheint –, daß sich aus den individuellen Kräften und Anlagen heraus die Willensspontaneität nicht herleiten läßt und habe dann die Tür zur Religionsphilosophie aufgemacht, in deren Gebiet die weitere Untersuchung zu führen ist." *SBB* I, Br. 21 (16.9.1919).

[213] Vgl. Schuhmann, Karl, „Phänomenologische Bezüge zwischen Alexander Pfänder und Edith Stein", in: Beckmann / Gerl-Falkovitz 2003, S. 25–36, S. 29f.

[214] Halle 1921, S. 1–137.

[215] Geiger, S. 127ff.

8.5.3 Das Streben und die Triebe

Wenn Stein Streben und Triebe analysiert, setzt sie sich nicht mit extremen Triebtheorien eines Sigmund Freud oder auch Karl Jaspers – zu jener Zeit – auseinander: „Alles Erleben birgt in sich ein Getriebensein."[216] Sondern Stein legt in phänomenologischer Deskription Handlungen frei, die nicht triebhaft, sondern aufgrund von reiflicher Überlegung frei eingeleitet werden, ohne daß das Ich von Strebungen und Trieben verführt wäre. Der Trieb sei dem Willen unterstellt, denn man könne sich trotz Getriebenseins gegen eine Handlung entscheiden. Dagegen seien die Strebungen keine freien Akte, „sie entstehen in mir ohne eigenes Zutun, sie können nicht das Ergebnis eines Vorsatzes sein" (*PK* 53), „nicht gewollt und nicht frei vollzogen werden" (*PK* 54), wodurch sie den Stellungnahmen verwandt sind. Dennoch ist man ihnen nicht ausgeliefert, es bleibt die Freiheit, sich dem Streben zu versagen oder es in sich wirksam werden zu lassen. Triebe sind nach Stein „Erlebnisse ohne gegenständliche Begründung, die – wenn wir von einem evtl. Eingreifen des Willens absehen – rein von der jeweiligen Lebenszuständlichkeit abhängen, durch die sie erzeugt werden und mit ihrem Wandel zunehmen bzw. abnehmen oder auch ganz verschwinden" (*PK* 57).

> „Der reale Trieb erscheint als losgelöstes Quantum Lebenskraft, das sich in bestimmter Richtung verströmt, und dieses Verströmen, sofern es zur Gegebenheit kommt, bildet den Gehalt des Trieberlebnisses (evtl. seiner Umsetzung in ein Tun)." (*PK* 58)

Stein unterscheidet Bedürfnis- (Bewegung, Ruhe) und Betätigungstriebe; das Thema des geschlechtlichen Triebes wird nicht eigens angesprochen, könnte jedoch sowohl unter der Hinsicht des Bedürfnis- als auch des Betätigungstriebes untersucht werden.

> „Ist das Kraftreservoir gefüllt, so setzt es sich in Betätigungstriebe um, in denen sich sein Überschuß verbraucht. Ist es der Erschöpfung nahe, so daß ein Versagen der Funktionen des Mechanismus droht, so entsendet es ‚Bedürfnistriebe', deren Erfüllung ihm einen Zustrom neuer Kraft bringt." (*PK* 59)

Hinsichtlich Imhofs Kritik, Steins Modell von Betätigungs- und Bedürfnistrieb sei zu simpel und ähnele dem Freudschen Dualismus von Eros und Thanatos[217], wäre eine weitere Untersuchung lohnenswert.

8.5.4 Gefühlsakte

Im Gemütsbereich erlebt das Ich nicht nur *etwas*, sondern auch *sich selbst* und damit verschiedene Schichten des eigenen Ich. Damit nimmt das Ge-

---

[216] Jaspers, Karl, *Allgemeine Psychopathologie*, Berlin 1913, S. 263.
[217] Imhof, S. 202.

müt – in den *Beiträgen* ähnlich wie in der *Einfühlung* (*PE* 110, 123) – eine Sonderstellung in der Struktur der menschlichen Person ein. Gefühlsakte, die auch zu den geistigen Akten zählen, oder Gemütsbewegungen (Wertstellungnahmen) beinhalten anders als „sachgebende Akte" (Wahrnehmungen, Erinnerungen, Denkakte) emotionales Erleben (*PK* 65), damit berühren sie die Lebenskraft und können sie erhöhen oder aber mindern. Gefühle wie Schreck, Angst und Trauer nehmen dem Subjekt Frische und Lebendigkeit, lähmen den Betätigungsdrang. (*PK* 66) Das Phänomen der kurzzeitig belebend wirkenden Angst nimmt Stein nicht in ihre Analyse auf. Das Korrelat der Gemütssphäre ist die Welt der Werte[218], die auch die Person insgesamt prägt:

> „Was die Person *ist*, das sehen wir gleichsam daran, in welcher Wertewelt sie lebt, welchen Werten sie zugänglich ist und welche Werte sie evtl. – durch Werte geleitet – schafft." (*IG* 190)

Durch die Gemütssphäre wird die Lebenskraft mit Hilfe von geistigen Gehalten erneuert.[219] Hier trifft Stein die Unterscheidung zwischen sinnlicher und geistiger Lebenssphäre bzw. Lebenskraft (*PK* 69 ff.):

> Da „alles geistige Leben einen Verbrauch an sinnlicher Lebenskraft bedeutet, auch dasjenige, dessen Gehalte einen Zuwachs an geistigen Triebkräften mit sich bringen, ja, da die Triebkraft eines Gehaltes mit einer gewissen Gewichtigkeit steigt, diese Gewichtigkeit aber zugleich eine größere Kraftanspannung erfordert, um erlebt werden zu können, muß man geradezu sagen, daß um so mehr sinnliche Lebenskraft verloren geht, je mehr geistige zugeführt wird" (*PK* 71).

8.6 Der Persönlichkeitskern, die Seele

Die Aufnahmefähigkeit für die Objektwelt hängt nicht nur von der geistigen Lebenskraft ab, sondern auch von einem eigenen „Seinsbestand" in der Struktur der Person, der dem kausalen Mechanismus enthoben ist: dem Persönlichkeitskern (*PK* 80).[220] Während Stein in der *Einfühlung* nur Andeutungen zum „unwandelbaren Kern" der Person macht, wird er nun im

---

[218] Zur Wertewelt vgl. Lebech, Mette, *On the Problem of Human Dignity. A Hermeneutical and Phenomenological Investigation*, Orbis Phaenomenologicus, Studien 18, Würzburg 2009, S. 257–292.

[219] Stein schreibt an Fritz Kaufmann über den Zusammenhang von Gefühl und Werterfassung: „Ich habe nie behauptet, daß die Stärke des Gefühls durch die Höhe des entsprechenden Wertes eindeutig bestimmt ist. Natürlich kann ein Wert voll erfaßt sein als das, was er ist, ohne daß er mit der gebührenden Stärke gefühlt ist. Aber es gibt eine gebührende Stärke (vielleicht nicht punktuell, sondern in vagen Grenzen abzustecken) und ein Darüber und Darunter, das unvernünftig ist." *SBB* I, Br. 21 (16. 9. 1919).

[220] Vgl. dazu Betschart, Christof, „‚Kern der Person'. (Meta-)Phänomenologische Begrün-

zweiten Teil der *Beiträge (IG)* näher bestimmt. Das psychophysische Individuum lebe aus dem Kern oder aus „seiner Seele heraus“: „Alles Seelische wurzelt im Kern.“ (*IG* 191) Der personale Kern kann zum „Quell des Lebens“ (*IG* 196) werden.

„Aus seiner Seele heraus leben […] besagt nicht nur, daß das aktuelle Leben die Qualitäten der Seele widerspiegelt, sondern daß es ihr *entquillt*, *ihr* Leben ist.“ (*IG* 196)

Im Gegensatz zur sinnlichen und geistigen braucht die „seelische Lebenskraft“ (Stein selbst verwendet diesen Begriff allerdings nicht) keine Ergänzung, sie „drückt jedem Erlebnis, an dem die Seele beteiligt ist, ihren Stempel auf“, so daß es ein individuelles und unverwechselbares ist. (*IG* 199) Die Seele als Quell des Lebens ist das grundlegende Element in der Struktur der menschlichen Natur, sogar der „Selbsterziehung“ unzugänglich:

„Diese innere Sphäre, als allen Einflüssen entzogen, ist nicht nur den äußeren Einwirkungen, sondern auch der Selbsterziehung unzugänglich. Alle Arbeit an sich selbst, alle Bemühungen um eine Reinigung der Seele können immer nur darin bestehen, negativ-wertige seelische Regungen und Taten zu unterdrücken und die Dispositionen dazu zu bekämpfen oder gar nicht aufkommen zu lassen und sich andererseits für positive Werte offenzuhalten. Die Qualitäten der Seele aber kann man sich nicht anerziehen oder abgewöhnen. Wenn in dieser Sphäre ein Wandel eintritt, so ist er nicht das Ergebnis einer ‚Entwicklung‘, sondern als Verwandlung durch eine ‚jenseitige‘ Macht anzusehen, d. h. eine außerhalb der Person und aller natürlichen Zusammenhänge, in die sie verflochten ist, gelegene.“ (*IG* 195)

Die Seele wird von Stein verstanden als Prinzip der Selbständigkeit, als Zentrum der einheitlichen Gestaltung des Individuums. „Seele haben, heißt den Schwerpunkt seines Seins in sich selbst tragen.“ (*IG* 229) Die „Seele der Gemeinschaft“ wird dort spürbar, wo Individuen „wirklich mit ihrem ‚Innersten‘, mit ihrer Seele verwachsen sind“ (*IG* 228), heute umgangssprachlich: wo sie „authentisch“ leben.

Die Psyche sei „einmal in sich geschlossene Monade, sie ist andererseits Korrelat ihrer Umwelt, offenes Auge für alles, was ‚Gegenstand‘ heißt.“ (*IG* 186) Diese Unterscheidung ist wichtig für die Differenz von Kern bzw. Seele der Person und ihrem psychischen Leben. Die Oberschicht der individuellen Psyche wird fundiert durch ihre psychischen Fähigkeiten und wird von Stein als „Charakter im spezifischen Sinne“ bezeichnet; er hebt sich ab vom „Charakter in einem allerweitesten Sinne“, der „Eigenart einer Psyche“, die ihn von anderen unterscheidet (*IG* 188). Darunter hebt Stein besonders die Empfänglichkeit für ethische Werte hervor. Die Beschaffenheit der Seele

dung der menschlichen Person nach Edith Steins Frühwerk“, in: Gerl-Falkovitz / Kaufmann / Sepp, *Europa*, S. 61–72.

zeigt sich nicht nur darin, *daß* man Werte, sondern *wie* man sie aufnimmt (*IG* 191).

8.7 Aktivität und Ruhen der Seele

Das *Leben* der Seele ist geistige Aktualität, aber das *Sein* der Seele, das zugrunde liegt, der Geist, ist *Seele.* (*IG* 193) Es besteht eine Spannung zwischen der Unveränderlichkeit des Seins der Seele und dem Wechsel von Aktualität und Inaktualität in der Tätigkeit des Subjekts. Das Subjekt kann sich „seelenvoll" oder „seelenlos" verhalten: seelenlos meint, daß es „in peripheren Erlebnissen" aufgeht, daß die „Tiefen der Seele noch nicht wach geworden sind" (*IG* 195), also eine Indifferenz gegenüber der eigenen Seele herrscht, so daß Stein sogar von „Ausschaltung der Seele" spricht. Das Gegenstück dazu wäre ein „kernhaftes Leben" (*IG* 197).[221]

Dabei haben die „ruhenden Qualitäten" (*IG* 191), die in der *Einfühlung* noch „personale Eigenschaften" heißen, eine Vermittlungsrolle zwischen der Seele im Bei-sich-Sein und in ihren Tätigkeiten. Sie sind dem Kern der Person zugeordnet, während die sogenannten „seelischen Eigenschaften" sich in der Reflexion des Ichs konstituieren. Die „ruhenden Qualitäten" – Stein wählt das Beispiel der Güte – sind dem Zugriff des Ichs entzogen und bekunden sich allein in der Reflexion auf das „Wie" des Motiviertwerdens der Person, wenn man das Gesamt ihres Verhaltens anschaut. Sie werden durch keine äußeren Umstände beeinträchtigt (*IG* 194), sondern sind dem Kern ursprünglich zugeordnet und betreffen damit den Charakter der Person im engsten Sinne. Da die ruhenden Qualitäten zum einen das Sein der Seele bekunden und zum anderen zugleich aus ihm hervorgehen, zeigt sich hier die Paradoxie der menschlichen Subjektivität: Die Seele ist sich in ihrer „ganzen Eigenart" gegenwärtig und ermangelt doch ihres ursprünglichen Bei-sich-Seins.

> „Das psychophysische Individuum hört nicht auf, aus seiner Seele heraus zu leben, wie aus einem ‚jenseitigen Grunde', ihr Sein leuchtet in der Aktualität des Lebens, das aus der Tiefe hervorgeht, auf, ohne restlos darin aufzugehen und dieses Sein der Seele ist kein Zusammen dauernder Eigenschaften wie die Psyche, es läßt sich überhaupt nicht durch angebbare Eigenschaften aussprechen." (*IG* 193)

---

[221] Vgl. zur „Tiefe der Seele" auch *EPh* 136ff., 170, 176, 186; *PA* 122ff., 255; *EES* 321, 367ff., 420ff.; KW 126ff., 132ff.; vgl. auch Beckmann, *Phänomenologie des religiösen Erlebnisses*, 2003, S. 205–208; Beckmann-Zöller, Beate, „Zugänge zum Leib-Seele-Problem bei Edith Stein im Hinblick auf das Ereignis des religiösen Erlebnisses", in: *Das Leib-Seele-Problem und die Phänomenologie*, hg. v. Cathrin Nielsen, Michael Steinmann u. Frank Töpfer, Würzburg 2007, S. 155–170.

Die Wirksamkeit der Seele, die sich nicht von außen zuströmenden Kräften verdankt, ist der eigentliche Grund für die „Seinseröffnung" bzw. „Seinsverschließung":

> „Die Seele selbst ist ein Quell des Lebens. Wenn sie erwacht, so strömen diese neuen Kräfte dem geisteigenen Leben zu, und die Welt geht gleichsam neu vor dem erlebenden Individuum auf. Wenn es nicht aus der Tiefe, aus seiner Seele heraus lebt, so gehen diese Kräfte seinem Leben verloren. Und nun kann es auch geschehen, daß die Seele, ohne ausgeschaltet zu werden, aufhört, Leben zu spenden. Der Quell, den sie in sich birgt, kann versiegen. Die Welt schlägt wohl noch in ihr zusammen, aber sie kann nicht darin ‚zünden', sie hat keine ‚Antwort' mehr dafür; auch die ruhenden Qualitäten scheinen entschwunden [...] das Innere erscheint entleert von allem, was es erfüllte und worin sich die selbst unnennbare Individualität aussprach." (*IG* 196)

Steins Seelenbegriff ändert sich in späteren Bearbeitungsphasen[222] der *Einführung in die Philosophie*, wo sie deutlich zwischen psychologischem und religiös-metaphysischem Seelenbegriff differenziert: Die „Psyche" mit allen ihren Eigenschaften sei wie der Leib ein *„sich entwickelndes* Wesen" (*EPh* 148). Die „Seele im religiös-metaphysischen Sinne" dagegen sei „ungeworden und unvergänglich, [...] eine einfache Realität (die also keine Entwicklung durchmacht)" (*EPh* 166).

8.8 Das soziale Sein der Person

Eine Frage, die Stein und andere Zeitgenossen motivierte, sich mit der Konstitution von Gemeinschaft und Intersubjektivität auseinanderzusetzen, war folgende: Kann das Individuum geheilt werden von seiner Ich-Konzentration, seinem moralischen Egoismus und erkenntnistheoretischen Solipsismus?[223] Stein knüpft mit ihrer zweiten Untersuchung wiederum an ihre Dis-

---

[222] Vgl. Wulf, Claudia Mariéle, „Hinführung", in *EPh*, S. XXIX-XXXIII.

[223] So vor ihr bereits Max Scheler in seinem Werk „Formalismus", das Stein ausführlich rezipiert, wie auch Adolf Reinach in *Die apriorischen Grundlagen des bürgerlichen Rechts* (Halle 1913). Gerda Walthers Dissertation von 1921 „Ein Beitrag zur Ontologie der sozialen Gemeinschaften" erschien erst in Husserls *Jahrbuch* VI, Halle 1923, 1–158, so daß sie leider Steins Arbeit über „Individuum und Gemeinschaft" (*Jahrbuch* V) nicht mehr berücksichtigen konnte, und umgekehrt. Dietrich von Hildebrand schreibt seine *Metaphysik der Gemeinschaft* (Augsburg 1930) im Angesicht des aufkommenden Nationalsozialismus, allerdings ebenfalls ohne Bezugnahme auf Steins Vorarbeit. Weitere Phänomenologen, die zum Themenkreis gearbeitet haben: Scheler, Max, „Christentum und Gesellschaft", in: ders., *Schriften zur Soziologie und Weltanschauungslehre*, Leipzig 1923; und dann der phänomenologische Soziologe Alfred Schütz (später Schutz) mit seinem Werk *Der sinnhafte Aufbau der sozialen Welt. Eine Einleitung in die verstehende Soziologie*, Wien 1932. Vgl. auch Literatur über Steins Sozialphilosophie: Calcagno, Antonio, „Thinking Community and the State from Within", in: Special edition of *American Catholic Philosophical Quarterly*

sertation an, dem Kapitel IV. „Einfühlung als Verstehen geistiger Personen" (*PE* 10–136). Zunächst deckt Stein mit Hilfe ihrer phänomenologischen Analysen aufgrund der Einfühlung eine „Einzigkeit und unaufhebbare Einsamkeit" (*IG* 113) des Individuums, aber auch die „Überwindung der absoluten Einsamkeit" (*IG* 239) in Gemeinschaft auf.[224]

„Suchen wir näher zu ergründen, worin der Wert besteht, auf den sich der Einigungsdrang der Individuen richtet und der in der Gemeinschaft verwirklicht wird, so sehen wir ihn nicht bloß in der Umbildung der individuellen Person und ihrer möglichen Anpassung an einen höherwertigen Typus, sondern in der Erlösung des Individuums von seiner naturhaften Einsamkeit und in der neuen überindividuellen Persönlichkeit, die die Kräfte und Fähigkeiten der Einzelnen in sich vereinigt, sie zu ihren Funktionen werden läßt und durch diese Synthesis Leistungen hervorbringen kann, die alle Wirkensmöglichkeiten des Individuums überschreiten." (*IG* 246)

Die Person bedarf der Lebensgemeinschaft, um zur vollen Entfaltung zu gelangen:[225]

„In solchem Zusammenleben treten Akte auf, die im einsamen Seelenleben nicht vorkommen, Akte, in denen ein Subjekt dem anderen gegenübertritt, – statt, wie wir es bisher annahmen, mit ihm zusammen auf eine Sache gerichtet zu sein – und sich an es wendet: fragend, bittend, befehlend u. dgl." (*IG* 221)

Insgesamt übernimmt Stein in ihrer Abhandlung „Individuum und Gemeinschaft" den Dualismus von Gesellschaft und Gemeinschaft[226] von Ferdinand Tönnies zu unkritisch: Während in der Gesellschaft „jeder absolut einsam" sei, „eine ‚Monade, die keine Fenster hat'" (*IG* 111), herrsche in der

82:1 (Winter 2008), S. 31–45; Aucante, Vincent, *De la solidarité. Essai sur la philosophie politique d'Edith Stein*, Paris 2006; Baseheart, Mary Catharine, „Edith Stein's Philosophy of Community", in: *The Personalist Forum (Supplement)*, 8:1 (1993) 163–173. Rieß, Wolfgang, „Der Andere im Selbst. Edith Steins innerer Weg zur Gemeinschaft", in: Gerl-Falkovitz / Kaufmann / Sepp, *Europa*, S. 119–132; ders., *Der Weg vom Ich zum Anderen. Die philosophische Begründung einer Theorie von Individuum, Gemeinschaft und Staat bei Edith Stein*, Dresden 2010; Ferrer, Urbano, „Individualität und Solidarität bei Edith Stein", in: Gerl-Falkovitz / Kaufmann / Sepp, *Europa*, S. 133–143.

224 Stein wird den Gedanken 1932 in ihrer Vorlesung *Der Aufbau der menschlichen Person* (ESGA 14, Freiburg 2004) nochmals aufgreifen – nun aus der Perspektive als Katholikin und in Anbetracht der Verabsolutierung des Gemeinschaftsgedankens zuungunsten des Individuums und der Familie im Nationalsozialismus. *AMP*, Kap. VIII: Das soziale Sein der Person, S. 134–158, vor allem III. Analyse des Volkes und der Volkszugehörigkeit, S. 144 ff.

225 Schulz, S. 95.

226 Vgl. dazu Steins Rezension zu Winthorp Bells Dissertation über Josiah Royce, Edith Stein Archiv, Köln, 22 Seiten, A 08-98. Josiah Royce' Werk *The World and the Individual*, 2 Bände, New York 1900/1902 steht im gedanklichen Umfeld von *IG*. Vgl. dazu Bell, Jason, „The German Translation of Royce's Epistemology by Husserl's Student Winthrop Bell: A Neglected Bridge of Pragmatic-Phenomenological Interpretation?" in: *The Pluralist*, 6.1.

Gemeinschaft Solidarität.[227] Den harten Dualismus bricht sie allerdings auf, indem sie zugesteht, daß in der Realität die „faktischen personalen Verbände" „Mischformen aus diesen Grundtypen" (*IG* 117) seien. Die verschiedenen Formen von Gemeinschaft und Gesellschaft unterscheidet Stein durch die Art der Verbindung, die ihre Mitglieder untereinander haben. Der Staat hänge dabei von der Freiheit seiner Individuen ab, und Personen können sich von ihrer Freiheit keineswegs lösen, wenn sie zum Staat gehören. Mit dieser Betonung der Freiheit der Person, in der Gemeinschaft frei zu handeln und Verantwortung für sich und die Gemeinschaft zu übernehmen, unterscheiden sich Steins von Schelers Analysen, denen Stein zu geringe Differenzierung nachweist. Damit zeigt Stein genügend kritisches Potential, um den Nationalsozialismus zu durchschauen, auch wenn ihr die explizite Kritik an der sozialen Grundform der Gemeinschaft fehlt.

Welche Art von Person das Ich wird, hängt mit der Art der Gemeinschaft zusammen, die das Ich lebensweltlich sucht, deren Mitglied es wird.[228] An der Art der Gemeinschaft, die der Einzelne pflegt, erkennt man seinen „sozialen Typus"; diesen Steinschen Begriff möchte MacIntyre mit dem soziologischen Begriff der „Rolle" übersetzen.[229] Da jede Art von sozialen Verbänden auf die sie tragenden Subjekte zurückweise, stehen jeweils die Struktur der Person und die der Gemeinschaft in Analogie, und die „Struktur der Einzelpersönlichkeit" (*IG* 164) bildet den Leitfaden für die Untersuchung des Aufbaus der Gemeinschaft. Das ist der Grund, warum Stein in „Individuum und Gemeinschaft" noch Konstitutionsanalysen der Person unterbringt (im Absatz „Psychische Fähigkeiten und Charakter der Gemeinschaft", *IG* 185–199), die ihren sachlichen Platz eigentlich in ihrer ersten Untersuchung „Psychische Kausalität" hätten. Es handelt sich bei „Individuum und Gemeinschaft" also tatsächlich um eine Weiterentwicklung ihrer „Analyse der Person", nicht aber um eine fertige Systematik.

Einerseits steht die Einzelseele der Gemeinschaft frei gegenüber, andererseits brauchen beide einander. Es herrscht ein Krafttransfer zwischen beiden, weil die Individuen miteinander durch ihren jeweiligen Geist und ihre Psyche verbunden sind. Stein untersucht die Rolle der Lebenskraft in der Gesamtstruktur der Gemeinschaft, das psychische Vermögen und die Fähig-

[227] Vgl. die Kritik von Wald aufgrund der Pieperschen Trilogie von Gemeinschaft, Gesellschaft und Organisation, in der die Gemeinschaft nicht durchwegs positiv beurteilt wird: Wald, Berthold, „Nachwort des Herausgebers", in: Pieper, Josef, *Frühe soziologische Schriften. Werke in acht Bänden, Ergänzungsband 1*, hg. v. Berthold Wald, Hamburg 2004, S. 431–446, hier S. 438. Josef Pieper selbst nahm anscheinend Steins Untersuchungen nicht wahr.

[228] MacIntyre, Alasdair, *Edith Stein: A Philosophical Prologue 1913–1922*, Lanham 2005, S. 122.

[229] MacIntyre, S. 131.

keiten der Gemeinschaft als konstitutive Faktoren für das Fundierungsverhältnis von Individuum und Gemeinschaft. In der Lebenskraft liegt auch die verbindende Basis für intersubjektive Erlebnisse. Nach Hagengruber zeige sich gerade durch Steins Analyse der Lebenskraft in diesem Zusammenhang die Interdependenz von Wissen und Wirklichkeit als reale Relation von Individuum und Gemeinschaft.[230] Im gemeinsamen Erleben – in Gemeinschaft – findet eine Sinnkonstitution statt, die die individuelle Lebenskraft fördert oder mindert. Steins Gemeinschaftsbegriff ist somit auch Bedingung für eine philosophisch-anthropologische Wissenschaftsbegründung.[231]

Neben diesen grundlegenden Analysen zur intersubjektiven Fundierung von Wissenschaft im allgemeinen geht es Stein im Schlußteil um eine wissenschaftstheoretische Verortung gerade der neuen Disziplin der Psychologie und der traditionellen Geisteswissenschaften. Sowohl die Psychologie als auch die Geisteswissenschaften waren einerseits durch die Naturwissenschaften selbst und andererseits durch eine von den „Verheißungen" der Naturwissenschaften geblendeten Philosophie herausgefordert.

8.9 Wissenschaftstheoretische Verortung der Psychologie und der Geisteswissenschaften

Im Schlußabschnitt der *Beiträge* stellt Stein den Zusammenhang zwischen den beiden selbständig gewachsenen Abhandlungen her. Mit ihrer Unterscheidung von Psychologie und Geisteswissenschaften wendet sie sich gegen die Position der Neukantianer. Rickert und Windelband hatten die Wissenschaften nach generalisierenden, nomologischen und individualisierenden, ideographischen Gesichtspunkten differenziert. Dabei wurden aber die Individualität der geistigen Person und das Individuum, der Träger des reinen Ichs, nicht sauber getrennt, was auch aufgrund ihres Auftretens als gemischte Realitäten sachlich in der Tat schwierig ist.[232] Steins Unterscheidung zwischen Psychologie und Geisteswissenschaften setzt an der Unterscheidung zwischen überindividuellen Realitäten (z. B. Staaten) an, die immer geistige Gebilde sind, und „empirischen Persönlichkeiten" individueller oder über-

---

[230] Hagengruber arbeitet den Unterschied zu Searles Gemeinschaftsbegriff heraus. Hagengruber, Ruth, „Sozialphilosophie als ‚strenge Wissenschaft'. Überlegungen zu Edith Stein und Edmund Husserl", in: Beckmann-Zöller / Gerl-Falkovitz 2006, S. 59–72, hier S. 65.

[231] Marianne Sawicki sieht darin den Unterschied zur Husserlschen Konstitution des Sozialen, vgl. „The Humane Community: Husserl Versus Stein", in: Feist, Richard / Sweet, William, *Husserl and Stein*, Washington 2003, S. 141–154. Hagengruber widerspricht ihrer Auffassung der Unterschiede zwischen Stein und Husserl, während sie Volek zustimmt. Hagengruber, S. 68.

[232] Vgl. dazu Rath 1993, S. 212.

individueller Art, die immer Mischgebilde darstellen: „geistiges Leben, gespeist aus den Quellen einer Psyche, inkarniert in psychischem Geschehen und dadurch an einen körperlichen Leib gebunden" (*IG* 248).

Stein wendet sich gegen den Anspruch, die Psychologie als Grundlage der Geisteswissenschaft zu verstehen. Daß die Psychoanalyse einmal solch einen Rang in der postmodernen Geistes- und Kulturwissenschaft einnehmen würde, konnte sie noch nicht vorhersehen und hätte diesen überzogenen Anspruch ebenfalls kritisiert. Stein zieht als übergeordneten Begriff den der „Geisteswissenschaften" dem der „Kulturwissenschaften" vor (*IG* 261), da die damit bezeichneten Wissenschaften nicht nur von menschlicher Subjektivität geformte „Kulturgebilde", sondern auch „unkultivierten Geist" und seine Produkte (z. B. in naiv lebenden „Naturvölkern") zum Gegenstand haben. Mit der Umbenennung von Geisteswissenschaften in Kulturwissenschaften folgt die heutige Universitätslandschaft allerdings der von Rickert eingeführten Differenzierung, der Stein eine mangelnde Analyse dessen, was „menschlicher Geist" ist, vorwirft.[233] Stein schlägt als Grundlage für geisteswissenschaftliche Forschung eine apriorische Gesetzlichkeit vor und nimmt damit die zentrale Einsicht des Strukturalismus und des Post-Strukturalismus vorweg.[234] Andreas Tapken hat Steins Systematisierung der Psychologie und der Geisteswissenschaften in folgendes Schema gebracht[235]:

Die Realitätswissenschaften erforschen die Wirklichkeit als empirische Wissenschaften, dazu zählen die Geisteswissenschaften, die Psychologie und die Naturwissenschaften im engeren Sinne. (*IG* 259) Die Geisteswissenschaften werden unterschieden nach den empirischen Geisteswissenschaften, die sich in Kulturwissenschaften und historische Wissenschaften untergliedern. Sie erforschen empirisch, was sich an Manifestationen des schöpferischen Geistes untersuchen läßt: Kulturgebilde, Rechts- und Wirtschaftsverhältnisse, Sprache, Literatur usw.; auch die differentielle Psychologie und die Soziologie würden hierunter fallen. (*IG* 251 f.) Davon wird die geisteswissenschaftliche Psychologie abgehoben (bei Tapken Psychologie I), die die apriorische Struktur der geistigen Wirklichkeiten erforscht. Auf ihrem Fundament ruhen die empirischen Geistesgestaltungen auf, sie ist „Grundlage aller empirischen Geisteswissenschaften." (*IG* 254) Die apriorische Psychologie (Psychologie II) untersucht Begriffe wie das Psychische, kausale Zusammenhänge im Psychischen usw., worunter Stein ihre eigene Untersuchung „Psychische Kausalität" einordnet. Als sachlich angemessene

---

233 Tatsächlich gibt es aktuelle Tendenzen, die Philosophie durch die Kulturwissenschaften abzulösen, weil sie „Sachwalterin des vermeintlich obsoleten Geistes" sei. Recki, Birgit, „Die kulturwissenschaftliche Wende", in: *Information Philosophie*, August 2005 (3) 24.

234 Vgl. Sawicki, Editor's Introduction, S. XV.

235 Tapken, Andreas, *Der notwendige Andere. Eine interdisziplinäre Studie im Dialog mit Heinz Kohut und Edith Stein*, Mainz 2003, S. 136.

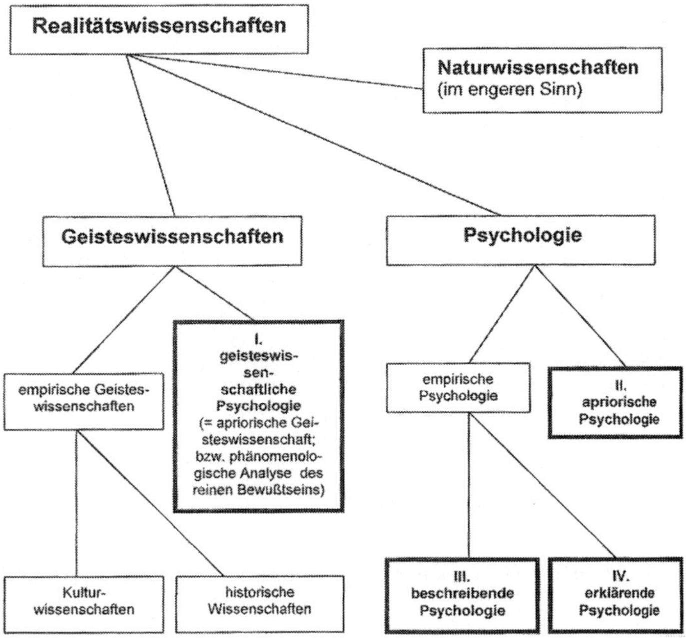

Methode schlägt Stein die phänomenologisch-philosophische Vorgehensweise vor, in die leicht auch empirische Daten – allerdings nicht im Sinne von exakter, reiner Empirie – einfließen können. Damit habe sie eine parallele Aufgabe wie die geisteswissenschaftliche Psychologie für die Geisteswissenschaften. Daneben existiert eine empirische Psychologie, die sich – aufgrund des Bestandes der Individualität – in beschreibende (Psychologie III) und in erklärende Psychologie (Psychologie IV) unterteilen läßt. Stein nimmt hier eine interessante und zu beachtende Unterscheidung vor: Die beschreibende Psychologie nimmt das Individuum in der raum-zeitlichen Identität wahr, beschreibt das Typologische. Die erklärende Psychologie hingegen untersucht das Individuum in seiner personal-qualitativen Einzigartigkeit, die auf innere, d.h. psychische und äußere, also soziale und geschichtliche Bedeutungen zurückgeführt werden kann. (*IG* 254ff.) Zwar haben sowohl die Psychologie als auch die Geisteswissenschaften das Individuelle als Forschungsgegenstand, jedoch in einem anderen Sinn, nämlich daß sie sich nicht nur „mit allgemeinen geistigen Strukturen und Zusammenhangsgesetzen" begnügen, sondern auch noch „das Individuum in seiner Individualität zum Gegenstand der Forschung" machen. (*IG* 257) Daher sei die Psychologie als Grundwissenschaft der Geisteswissenschaft sachlich ungeeignet.

Während eine „beschreibende Psychologie“ (Psychologie III) heute in metapsychologischen Theoriebildungen zu finden ist,[236] zählen heute zur „erklärenden Psychologie“ (Psychologie IV), d.h. zur Beschäftigung mit Psychogenese und Psychodynamik einer konkreten Person, alle Therapieformen, in denen nicht behavioristisch vorgegangen, sondern versucht wird, unbewußte Ursachen zu verstehen. Eine geisteswissenschaftliche Psychologie (Psychologie I) findet man zwar nicht als eigenständigen Wissenschaftszweig, aber dennoch fest verankert in der philosophischen Tradition der Erkenntnis- bzw. der Wissenschaftstheorie, wo fundamental über Anspruch, Gegenstand und Methode der Psychologie reflektiert wird.[237] Für eine apriorische Psychologie (Psychologie II), die so, wie Stein sie konzipiert, gegenwärtig nicht existiert, bleiben Steins phänomenologische Analysen weiterhin fundierend und sind einer weiteren Rezeption hinsichtlich wissenschaftstheoretischer Forschung zu wünschen.[238]

9. Rezeptions- und Wirkungsgeschichte

Steins *Beiträge* erfuhren seit ihrem Erscheinen vor fast 80 Jahren eine recht unterschiedliche Aufnahme in der Welt der Philosophie. Sie wurden zunächst in den 20er Jahren aus verschiedenen Gründen kaum wahrgenommen. Zum einen kündigte sich schon kurz nach Steins Weggang von Freiburg eine Wende in der Husserlschen Phänomenologie an, die in eher idealistische Bahnen führte. 1922 schreibt Stein über die Freiburger Situation:

„Aber alles orthodoxe ‚Transcendental-Phänomenologen‘, wer nicht auf dem Boden des Idealismus steht, gilt als ‚Reinach-Phänomenologe‘ (Reinach-Schüler sind nach der Freiburger Historie auch Pfänder, Daubert etc.) und eigentlich nicht mehr zuge-

---

[236] Tapken nennt Freuds Theorie des Unbewußten, seine Libidotheorie, die Theorie des Ödipus-Komplexes oder auch Objektbeziehungstheorie und Selbstpsychologie. Tapken, S. 139.

[237] Galimberti, Umberto, *Psichiatria e fenomenologia*, Mailand [4]1996; Hartmann, Dirk, *Philosophische Grundlagen der Psychologie*, Darmstadt 1998; Martini, Giuseppe, *Ermeneutica e narrazione. Un percorso tra psichiatria e psicoanalisi*, Turin 1998. Für die Psychoanalyse vgl. Ricoeur, Paul, *Die Interpretation*, Frankfurt a.M. [4]1993; Grünbaum, Adolf, *Die Grundlagen der Psychoanalyse. Eine philosophische Kritik*, Stuttgart 1988; Pohlen, Manfred / Bautz-Holzherr, Margarethe, *Psychoanalyse. Das Ende einer Deutungsmacht*, Hamburg 1995; Heinämaa, Sara, *Psychology and Philosophy. Inquieres into the Soul from Late Scholasticism to Contemporary Thought*, New York 2009; Petersen, Uwe, *Philosophie der Psychologie, Psychogenealogie und Psychotherapie: ein Leitfaden für philosophische Praxis*, Hamburg 2010.

[238] Vgl. Bennett, Maxwell R. / Hacker, Peter M. S., *Die philosophischen Grundlagen der Neurowissenschaften*, Darmstadt 2010.

hörig. Der Meister erzählt, daß er vor Freiburg niemals wirkliche Schüler gehabt hat."[239]

Nachdem Martin Heidegger eine immer dominantere Stellung in Freiburg einnahm und sich von Husserls Phänomenologie abgrenzte, waren die München-Göttinger Phänomenologen noch stärker marginalisiert. Sie erlangten kaum Lehrstühle, wurden während des Dritten Reichs zerstreut oder fielen im Ersten oder Zweiten Weltkrieg.[240]

Steins *Jahrbuch*-Artikel erschienen zudem während einer materiellen Notzeit, in der sich kaum jemand Bücher leistete. Andererseits wurden speziell Steins Abhandlungen auch aus sexistischen Gründen kaum rezipiert[241], wie der Briefwechsel von Otto Gründler (Herausgeber des Hochland-Magazins, 1894–1961) mit Peter Wust (1884–1940, später Philosoph in Münster) zeigt.[242]

Aus dem engeren Phänomenologen-Kreis ist eine Wahrnehmung der *Bei-*

---

[239] *BRI*, Br. 83 (30.9.1922).

[240] Vgl. dazu Avé-Lallemant, Eberhard, „Die Antithese Freiburg-München in der Geschichte der Phänomenologie", in: *Die Münchner Phänomenologie. Vorträge des internationalen Kongresses in München 13.–18. April 1971*, hg. v. Helmut Kuhn, E. Avé-Lallemant, Reinhold Gladiator, Den Haag 1975, S. 19–38.

[241] Calcagno 2006, S. 263.

[242] Otto Gründler, der auch bei Husserl studiert und bei Stein den „phänomenologischen Kindergarten" besucht hatte, schrieb damals an Peter Wust über Edith Stein: „Der geistige Gehalt ihrer Schriften sind so gut wie ganz Husserlsche Ideen, die sie aus Manuskripten und Gesprächen kennenlernte. Sie gibt das sympathischerweise auch immer offen zu, neuerdings auch im Vorwort zu ihrem *Jahrbuch*-Artikel. Solange Husserls Schwerfälligkeit ihn am Publizieren hindert, haben daher die Steinschen Schriften immerhin einigen Wert." 11.12.1922, Gründler an Wust, S. 187, s.o. Anm. 47. Wusts Brief an Gründler ist nicht erhalten, seine negative Haltung läßt sich allerdings aus Gründlers nächstem Brief erschließen: „Was Sie über die phänomenologischen Frauenzimmer schreiben, ist ganz richtig. Den V. Band des *Jahrbuches* kenne ich nicht. Wir haben bisher kein Rezensionsexemplar bekommen, kaufen kann ich ihn mir nicht und will ich nach dem, was Sie darüber schreiben, gewiß nicht." 16.1.1923, S. 194. Gründler bedauert, daß Husserl seine Veröffentlichungen verzögert und spielt deutlich auf Edith Stein an: „Husserls Überängstlichkeit beim Publizieren ist ein wahrer Jammer. Nur dadurch ist es möglich, daß sich die philosophierenden Weiber so an seine Rockschöße hängen, denn diese Geister leben ja geradezu von dem, was Husserl noch nicht drucken lassen mag; ohne das wären sie, auch die Edith Stein, absolute Nullen. Die Frau ist eben doch in der Regel philosophisch unproduktiv, bei ihrer Anlehnungs- und Einfühlungsgabe aber gerade dazu disponiert, die Gedanken eines Meisters zu verarbeiten und darzustellen. Das hat ja, solange der Meister selbst nichts drukken läßt, auch sein Gutes; aber Sie haben recht, die Sache wächst jetzt allmählich zu sehr ins Breite." 16.1.1923, S. 195f. Peter Wusts Bild von Edith Stein änderte sich zum Positiven, als er ihr während der Salzburger Akademikertagung 1930 begegnete. Persönliche Begegnungen in Münster und sein Besuch anläßlich ihrer Einkleidung in Köln bewirkten seine spätere Wertschätzung ihrer Person. Von ihr inspiriert ist wohl sein Aufsatz über „Die metaphysische Bedeutung der Frau", in: *Kölnische Volkszeitung* LXXI (1930), Nr. 609 (30.11.1930), Nr. 622 (7.12.1930), Nr. 635 (14.12.1930).

träge durch Fritz Kaufmann, Edmund Husserl und den Sozialphilosoph Alfred Schütz (1899–1959) bekannt. Kaufmann hatte Stein noch vor Abdruck der Beiträge im *Jahrbuch* eine ausführliche Kritik geschickt, die uns implizit in Steins Erwiderung vorliegt.[243] Interessanterweise nahm Husserl Steins Untersuchungen über die Konstitution von Gemeinschaft und Staat in seinen Kaizo-Artikeln[244] auf, ohne seine Belege jedoch offen zu nennen. Dabei beruft er sich für die Konstitution von Gemeinschaft auf das Prinzip der Erbsünde, womit er sich deutlich auf Steins „Untersuchung über den Staat" bezieht,[245] in der sie in einer längeren Anmerkung das Phänomen der „Erbsünde" beleuchtet.[246]

Der Phänomenologe und Husserl-Schüler Alfred Schütz, der die phänomenologische Methode für die Soziologie zu gewinnen versuchte, kritisiert in seinem Artikel „Husserls Bedeutung für die Sozialwissenschaften" (1959)[247] Steins naiven Gebrauch der eidetischen Methode, mit der sie Probleme der sozialen Beziehungen, der Gemeinschaft und des Staates analysiere. Er wirft ihr sogar vor, sie habe durch die Formulierung von gewissen apodiktischen und aprioristischen Aussagen dazu beigetragen, daß die Phänomenologie unter Sozialwissenschaftlern diskreditiert wurde. Sie hätte zu jenen Schülern Husserls gehört, die meinten, konkrete sozialwissenschaftliche Probleme seien durch die direkte Anwendung der Methode der eidetischen Reduktion auf unklare Begriffe des gesunden Menschenverstands oder auf ebenso unklare Begriffe der empirischen Sozialwissenschaften lösbar. Er spielt hier auf den Begriff „Lebenskraft" an, dessen Aufnahme allerdings sachlich begründet sei, so Alisdair MacIntyre in seiner Erwiderung auf Schütz.[248]

Scharfe Kritik aber auch Lob kam direkt nach Erscheinen des *Jahrbuchs* 1922 in der *Deutschen Literaturzeitung* vom Sozialphilosophen Hermann Schmalenbach (1885–1950). Er bemängelt zurecht die fehlende Einheitlichkeit der beiden Abhandlungen, die künstlich zusammengefügt seien, was in der Historie ihrer Entstehung begründet ist, wie oben dargelegt wurde.[249]

---

[243] Stein bedankte sich bei Fritz Kaufmann für seine Notizen zu ihrem *PK*-Manuskript. *SBB* I, Br. 19 (15.8.1919). Steins Erwiderung auf Kaufmanns Kritik: *SBB* I, Br. 21 (16.9.1919), oben in Fußnoten an den entsprechenden Stellen eingefügt.

[244] Husserl, Edmund, Fünf „Artikel über Erneuerung" (1923–24), von denen drei in der japanischen Zeitschrift *Kaizo* und zwei mit Beilagen erst in Husserliana 27 (1989) erschienen. *Aufsätze und Vorträge* (1922–1937), hg. von Thomas Nenon und Hans Rainer Sepp, Dordrecht 1989.

[245] US, S. 113–118.

[246] Vgl. dazu Sawicki, „The Humane Community: Husserl versus Stein", S. 141–154, S. 146.

[247] Vgl. Anm. 180.

[248] MacIntyre, S. 134ff.

[249] „Beide Abhandlungen sind eigentlich gegeneinander ganz selbständig. Was sie zusam-

Schmalenbach lobt die erste Abhandlung, die von allgemeiner Bedeutung sei, obwohl sie „nur" ein Spezialproblem zum Thema habe. Ergiebig seien die Ausführungen über die Konstitution des Bewußtseins- bzw. Erlebnisstroms, die Lebenszustände, Lebensgefühle, den psychischen Mechanismus, die Lebens- und Erlebnissphäre, die intentionalen Akte, mit denen das „geistige Leben" beginnt, die Analysen der Motivation, Stellungnahmen, Triebe, des Strebens und Wollens und die Unterscheidung von sinnlicher und geistiger Lebenskraft: „das sind alles Erkenntnisse, um derentwillen E. Steins Buch der höchsten Anerkennung würdig ist."[250] Die zweite Abhandlung sei „durchweg ‚anregend'", allerdings im doppelten Sinn des Wortes, es seien meist nur Andeutungen, die zum weiteren Forschen einladen. „Gescheite, ja geistreiche ‚Einfälle', Lebenserfahrungen (jedenfalls ‚Empirie'), auf der anderen Seite rein logisch fortspinnende Ausweitungen und dergl. überwuchern hier die strengen phänomenologischen Analysen."[251] In der zweiten Abhandlung fänden sich Teile, die in die erste gehört und damit eine vollständigere „Analyse der Person" geboten hätten, z. B. die Analyse des Gemütslebens, des „Persönlichkeitskerns" und des Charakters. Da Stein beide Abhandlungen getrennt voneinander konzipiert, in „einem Fluß" heruntergeschrieben und ihre Gliederung nachträglich eingefügt hatte, erklärt sich, warum Stücke in „Individuum und Gemeinschaft" auftauchen, die in „Psychische Kausalität" vermißt werden.[252]

James Collins[253] stellt schon 1942 der amerikanischen Leserschaft Inhalte der frühen Steinschen Werke vor: *Zum Problem der Einfühlung*, „Psychische Kausalität", „Individuum und Gemeinschaft", „Eine Untersuchung über den Staat" und den *Jahrbuch*-Aufsatz von 1929 „Husserls Phänomenologie und die Philosophie des hl. Thomas von Aquino. Versuch einer Gegenüberstel-

menbindet – und gar unter diesem Gesamttitel –, ist kaum zu verstehen." Schmalenbach, Hermann, vgl. Anm. 188, Sp. 995. „Charakteristisch ist, daß der Gesamttitel der beiden Monographien auf die 150 Seiten lange soziologische Abhandlung keine Rücksicht nimmt, dagegen um einer ‚Schlußbetrachtung' von 16 Seiten willen, von der es hinreicht, wenn ich konstatiere, daß sie nicht ganz wertlos ist, das Werk auch als Beitrag zur philosophischen Begründung der ‚*Geisteswissenschaften*' zu bezeichnen für erlaubt hält." Sp. 998.

[250] Sp 998.

[251] Sp. 998. Lebenserfahrungen, die Stein als Beispiele verwendet, sind die einer Mutter in Beziehung zu ihrem Kind, Alltagserfahrugnen, die sie von ihren Geschwistern und deren Kindern kannte (*PK* 43, 81, *IG* 155), ihre Kriegserfahrungen als Krankenschwester im Lazarett fließen ebenso ein (durch das Beispiel der Truppe, die gemeinsam trauert, *IG* 113 ff., 138) wie auch ihre Glaubenserfahrung (*PK* 73) und die Erfahrungen als Lehrerin in Breslau (Beispiele der Schulklasse *IG* 171, 218 f., 229, 237).

[252] Sie müsse immer lachen, wenn jemand die Gliederung („Disposition") ihrer Arbeit lobe, weil sie die immer nachträglich vornehme. *SBB* I, Br. 21 (16. 9. 1919).

[253] Collins, James, „Edith Stein and the Advance of Phenomenology", in: *Thought* XVII (1942) 685–708.

lung“[254]. In der Tradition Erich Przywaras lobt er ihren Realismus und stellt fest, daß die phänomenologische Methode mit der Philosophie des Thomas von Aquin zu synthetisieren und damit erkenntnistheoretische Herausforderungen des 20. Jahrhunderts zu bewältigen seien. Ähnlich rezipiert Eligius Bernbeck 1967 ausführlich „Individuum und Gemeinschaft“, um nachzuweisen, daß Stein mit Thomas kompatibel sei.[255] Die Weichen für eine eingeschränkte Wahrnehmung des Steinschen Werkes als thomistisch wurden also schon früh in den 40er Jahren gestellt. Dieser Blickwinkel setzte sich dann vor allem aufgrund des Editionsplanes der ESW verstärkt fort, da zunächst Steins Spätwerk bekannt wurde: ihre spirituelle Theologie bzw. Mystik (*Kreuzeswissenschaft*, ESW I, ESGA 18) und ihr Hauptwerk *Endliches und ewiges Sein* (ESW II, 1950; ESGA 11/12, 2006), in dem sie scholastisches Erbe auf thomistisch-aristotelischem Hintergrund mit phänomenologischer Forschung zu synthetisieren suchte. 1952 wurden Steins Thomas-Übersetzungen erneut aufgelegt und somit vor allem die Blicke der katholischen Thomas-Forscher angezogen, deren Zahl allerdings nach dem II. Vaticanum abnahm.[256] Damit war Stein für Phänomenologen zunächst uninteressant, wie auch die 3. Auflage von Herbert Spiegelbergs *The Phenomenological Movement* (1982) zeigt, in der er Stein nur noch eine halbe Seite widmete, da sie in *Endliches und ewiges Sein* Thomistin geworden sei.[257] Das mag mitverursacht sein durch Roman Ingardens Bemerkung, Steins letzte Werke seien „Abweichungen“ vom phänomenologischen Zugang.[258] Auch Karl Schuhmann bezeichnet sie 1989 in seiner Einleitung in den Kommentar-Band zu Reinachs *Sämtliche Werke* II als „Thomistin und Nonne“.[259] Waldenfels spricht von einer „Rückkehr zur thomistischen Seinslehre“.[260]

Über zehn Jahre nach ihren Thomas-Übersetzungen erschienen 1962 Steins Husserl-Rezensionen Werke in der Sammlung *Welt und Person* (ESW VI, 1962; ESGA 9, 2011). Die Herausgeber (Lucy Gelber und Romaeus Leuven) gaben den Anlaß, einen angeblich tiefen Bruch zwischen Steins phänomenologischer und ontologischer Phase zu behaupten.[261] 1970 gab dann der Niemeyer-Verlag, Husserls Stammverlag, der auch die *Jahrbücher* verlegt

---

254 *Jahrbuch. Ergänzungsband zu Bd. 10*, Halle 1929, S. 315–338.

255 Bernbeck, Eligius, „Individuum und Gemeinschaft bei Edith Stein“, in: *Carmelus*, Bd. 14, hg. v. Institutum Carmelitanum, Rom 1967, S. 3–67.

256 Vgl. Sawicki, Body, Text, and Science 1997, Kap. 5 „Interpretations of Edith Stein“, S. 184–221, hier S. 205 ff.

257 Spiegelberg, Herbert, *The Phenomenological Movement*, Den Haag [3]1982, S. 238.

258 Ingarden, Roman, „Über die philosophischen Forschungen Edith Steins“, *Freiburger Zeitschrift für Philosophie und Theologie* 26 (1979) 456–480.

259 Reinach II, S. 624.

260 Waldenfels, Bernhard, *Einführung in die Phänomenologie*, München 1992, S. 41.

261 „Vorwort“, in: Stein, Edith, *Welt und Person*, ESW VI, Freiburg 1962, S. X. S. o. S. XXXI.

hatte, einen Nachdruck der Steinschen *Jahrbuch*-Artikel „Psychische Kausalität“, „Individuum und Gemeinschaft“ und „Eine Untersuchung über den Staat“ heraus. Leider fanden sie (bisher) unverdient wenig Echo. Das nächste im engeren Sinne phänomenologische Werk Steins erschien erst 21 Jahre später (*Einführung in die Philosophie*, ESW XIII, 1991; ESGA 8, 2004).

Die Fokussierung auf Steins Biographie und ihre Spiritualität, unterstützt durch den Prozeß der Selig- (1987) und Heiligsprechung (1998), verhinderten aufgrund von konfessionellen Vorurteilen ein intensives Interesse der philosophischen Forschung an Steins Phänomenologie. Eine erste Welle von neuen Rezeptionen begann in den 60er/70er Jahren in Amerika aufgrund ihrer Geschlechteranthropologie und ihrer Leibphilosophie.[262] Konstruktive Aufnahme fand Steins frühe Phänomenologie, insbesondere die *Beiträge*, zunächst im französisch- und italienischsprachigen Raum durch Reuben Guilead (1974)[263], Angela Ales Bello (1976)[264] und Cornelio Fabro

[262] Verbillion, June M., *A critical analysis of the educational theories of Edith Stein*, Doctoral Dissertation, Loyola University of Chicago 1960; Oben, Freda Mary, *An annotated edition of Edith Stein's papers on woman*, Doctoral Dissertation, Catholic University of America 1979; Dies., *Edith Stein: Scholar – Feminist – Saint*, Staten Island, NY 1988; McAlister, Linda Lopez, „Edith Stein: Essential Differences“, in: *Philosophy Today*, 37 (Spring 1993), 70–77; Dies., „Feminist Saint?: Edith Stein's Feminism“, in: *Florida International University's Occasional Papers in Women's Studies series*, 1989. Baseheart, Mary Catharine, „Edith Stein's Philosophy of Woman and Women's Education“, in: *Hypatia. A Journal of Feminist Philosophy*, 4:1 (1989), S. 267–279; Lebech, Mette, „Stein's Phenomenology of the Body. The Constitution of the Human Being Between Description of Experience and Social Construction“, in: *Yearbook of the Irish Philosophical Society 2008*, ed. Fiachra Long, 2009. Ein weiterer Grund für die Wiederentdeckung von Stein als Philosophin Ende der 80er/Anfang der 90er Jahre könnte auch die Diskreditierung Heideggers wegen seiner Verflechtung mit dem Nationalsozialismus sein (vgl. Farias, Victor, *Heidegger et le nazisme*, Lagrasse 1987) aufgrund derer sich das Interesse auf andere Philosophen seiner Zeit ausweitete. Vgl. Sawicki, Body, Text, and Science, S. 208.

[263] Guilead, Reuben, *De la phénoménologie à la science de la croix*, Louvain / Paris 1974.

[264] Ales Bello, Angela, „Fenomenologia e tomismo in Edith Stein“, in: *Tommaso d'Aquino nel suo settimo centenario. Atti del congresso internazionale Roma /Napoli, 17–24 Aprile 1974*, Neapel 1976, vol. 6, S. 469–479. Ales Bello, Angela, „Causality and Motivation in Edith Stein“, in: Poli, Roberto (ed.), *Causality and Motivation*, Ontos Verlag Frankfurt 2010; „Edith Steins philosophische Grundlegung der Psychologie und der Geisteswissenschaften“, in: *Aufgang*, Bd. 6, München 2009, S. 335–348; „Intersubjectivity and Social Life according to E. Husserl and E. Stein“, Latvijas 2008, S. 102–111; „Edmund Husserl e Edith Stein. La questione del soggetto umano“, in: Dies.: *Subjetividade e Racionalidade*, Campo da Letras, Porto 2006, S. 121–141; „Fenomenologia e psicologia“, in: *Le fonti fenomenologiche dalla psicologia*, hg. v. A. Ales Bello und A. De Luca, Pisa 2005, S. 57–72; „Edith Stein's Contribution to Phenomenology“, in: *Analecta Husserliana: The Yearbook of Phenomenological Research*, Vol. LXXX: *Phenomenology World-Wide*, hg. v. Anna-Teresa Tymieniecka, Dordrecht 2002, S. 232–240; „The Study of the Soul Between Psychology and Phenomenology in Edith Stein“, in: *The Philosophy of Edith Stein: The Eighteenth Annual Symposium of the Simon Silverman Phenomenology Center*, hg. v. Daniel J. Martino, Pittsburgh 2001, S. 3–17; „From empathy to solidarity. Intersubjective connections according

(1978)[265], neuere Veröffentlichungen von Anna-Maria Pezzella[266], der Übersetzerin der *Beiträge* ins Italienische (1999)[267]; im anglo-amerikanischen Raum durch Mary Catharine Baseheart[268] und Marianne Sawicki[269], den Übersetzerinnen der Beiträge ins Amerikanische (2000)[270], und Antonio Calcagno[271], Alasdair MacIntyre[272] und Mette Lebech[273]. Für den spanisch-

---

to Edith Stein", in: Life. In the Glory of its Radiating Manifestations (Analecta Husserliana 48) Boston 1996, S. 367–375.

265 Fabro, Cornelio, „Stein, Husserl e Heidegger", *Humanitas* 33 (1978) 485–517.

266 Pezzella, Anna Maria, „Fenomenologia e psicologia: il contributo di E. Stein per l'indagine della psiche", in: *Le finti esistenziali della fenomenologia*, hg. v. A. Ales Bello, Pisa 2005, S. 73–83; „Sulla questione antropologica. Edith Stein e E. Husserl – un confronto", in: *Il percorso intellettuale di Edith Stein*, hg. v. M. Shahid e F. Alfieri, Edizioni Giuseppe Laterza, Bari 2009, S. 27–45.

267 Ales Bello, Angela, „Presentazione", in: Edith Stein, *Psicologia e scienze dello spirito. Contributi per una fondazione filosofica*, übers. ins Italienische von Anna Maria Pezzella, Rom 1999.

268 Baseheart, Mary Catharine, „Edith Stein's Philosophy of Community", in: *The Personalist Forum* (Supplement), 8:1 (1993) 163–173; *Person in the World: Introduction to the Philosophy of Edith Stein*, Boston 1997; *The encounter of Husserl's phenomenology and the philosophy of St. Thomas in selected writings of Edith Stein*, Doctoral dissertation, Notre Dame University 1960.

269 Sawicki, Marianne, *Body, Text, and Science. The literacy of Investigative Practices and the Phenomenology of Edith Stein*, Dordrecht 1997; „Edith Stein's Philosophy of Psychology and the Humanities: The *Jahrbuch* Treatises of 1922", in: *The Philosophy of Edith Stein: The Eighteenth Annual Symposium of the Simon Silverman Phenomenology Center*, hg. v. Daniel J. Martino, Pittsburgh 2001, S. 69–95; „The Humane Community: Husserl Versus Stein", in: Feist, Richard / Sweet, William, *Husserl and Stein*, Washington 2003, S. 141–154; „Edith Stein's Critique of Hume's Association Theory", in: *Yearbook of the Irish Philosophical Society: Voices of Irish Philosophy* 2004, Maynooth 2004, S. 138–147; „Making-Up Husserl's Mind on Constitution", in: *Yearbook of Irish Philosophical Society* 2007, Maynooth 2007, S. 191–216.

270 *Philosophy of Psychology and the Humanities, The Collected Works of Edith Stein*, vol. 7, hg. v. Marianne Sawicki, übers. v. Mary Catharine Baseheart u. Marianne Sawicki, ICS Publications, Institute of Carmelite Studies, Washington, D.C., 2000.

271 Calcagno, Antonio, „Assistant and / or collaborator? Edith Stein's relationship to Edmund Husserl's Ideen II", in: *Contemplating Edith Stein*, hg. v. Joyce A. Berkman, Notre Dame, Indiana, 2006, S. 243–270; Ders., „Thinking Community and the State from Within", in: *American Catholic Philosophical Quaterly* 82, Heft 1 (Winter 2008), S. 31–45.

272 MacIntyre hält Steins Ansatz bei der Frage, was meine Müdigkeit zu der jemeinigen ganz individuellen macht, für einen historischen Durchbruch. MacIntyre, S. 135. Allerdings sei vieles an ihren Stärken nicht ausreichend selbstkritisch und zu wenig mit Beispielen aufgefüllt und durchgeführt. MacIntyre nimmt Steins phänomenologisches Frühwerk als einen „Prolog" zu dem, was in ihrem Leben noch kommt, zu ihrer christlichen Existenz und ihrem „Versöhnungsprojekt" zwischen Phänomenologie und Scholastik. Sie habe die Bedeutung des inneren Lebens freigelegt und suche nun die Veränderung, die allein von einer „jenseitigen Macht" (*IG* 195) zu erwarten wäre.

273 Lebech, Mette, „Study Guide to Edith Stein's Philosophy of Psychology and the Humanities", in: *Yearbook of the Irish Philosophical Society: Voices of Irish Philosophy* 2004 (2004) S. 40–76.

sprachigen Raum Urbano Ferrer (2008)[274], seit 2006 liegt auch eine spanische Übersetzung vor[275]. Im deutschsprachigen Raum kam Steins frühe Phänomenologie erst durch Beat Imhof (1987)[276], das Symposium in Rolduc (1990)[277], Waltraud Herbstrith (Hg., 1991)[278], das Eichstätter Symposium (1993)[279], Philibert Secretan (1998)[280], Ruth Hagengruber (1998)[281], Gerl-Falkovitz/Beckmann-Zöller (2003 und 2006)[282] und Andreas Tapken für die Psychologie (2003)[283] ins Gespräch.

10. Perspektiven

Die politische Entwicklung zu beobachten und zugleich etwas für die Philosophie zu leisten, das waren Steins Motivationen am Ende des Ersten Weltkriegs und am Beginn ihrer *Philosophie der Psychologie und der Geisteswissenschaften*, wie die amerikanischen Herausgeber das Anliegen von Steins *Beiträgen* zurecht im Titel der amerikanischen Ausgabe übersetzen. Stein schuf mit ihren drei *Jahrbuch*-Aufsätzen *(PK, IG* und *US)* Grundlagen für eine Sozial- bzw. politische Philosophie, die Ansätze geboten hätten, der nationalsozialistischen Versuchung zu widerstehen.[284] Steins Analysen der Gemeinschaft und des gemeinschaftlichen Erlebens helfen z. B. das Phänomen der unreflektierten „Massen-Ansteckung" hinsichtlich von Ideologien

---

[274] Ferrer, Urbano (ed.), Para comprender a Edith Stein. Claves biográficas, filosóficas y espirituales, Madrid 2008.

[275] Band 2, erschienen 2006 in Madrid-Burgos-Vitoria, mit dem Titel *Escritos filosóficos, etapa fenomenológica 1914–1921*, sind von Constantino Ruiz Garrido und José Luis Caballero Bono übersetzt.

[276] Imhof, Beat, *Edith Steins philosophische Entwicklung. Leben und Werk*, Basel 1987.

[277] *Edith Stein. Leben – Philosophie – Vollendung. Abhandlungen des internationalen Edith-Stein-Symposiuums Rolduc, 2.–4. November 1990*, hg. v. Leo Elders, Würzburg 1991.

[278] Herbstrith, Waltraud (Hg.), *Denken im Dialog. Zur Philosophie Edith Steins*, Tübingen 1991.

[279] *Studien zur Philosophie von Edith Stein. Internationales Edith-Stein-Symposion Eichstätt 1991*, hg. v. Reto Luzius Fetz / Matthias Rath / Peter Schulz, Freiburg / München 1993.

[280] Secretan, Philibert, *Erkenntnis und Aufstieg. Einführung in die Philosophie von Edith Stein*, Würzburg 1998.

[281] *Klassische philosophische Texte von Frauen*, München 1998.

[282] Beckmann, Beate / Gerl-Falkovitz, Hanna-Barbara, Edith Stein. Themen, Bezüge, Dokumente, Würzburg 2003; Beckmann-Zöller, Beate / Gerl-Falkovitz, Hanna-Barbara, *Die „unbekannte" Edith Stein. Phänomenologie und Sozialphilosophie*, Frankfurt a. M. 2006.

[283] Tapken, Andreas, *Der notwendige Andere. Eine interdisziplinäre Studie im Dialog mit Heinz Kohut und Edith Stein*, Mainz 2003.

[284] Vgl. Steins Übersetzung „Die so genannte Judenfrage, erhellt durch Aussprüche aus der Heiligen Schrift", Edith Stein Archiv, Köln (A 06–10). Closen, Gustav E. SJ, „Quaestio Iudaeorum, quam aiunt, effatis Sacrae Scripturae illustratur", in: *Verbum Domini* 19 (1939) 129–137; ESGA 27.

wahrzunehmen und aufmerksam ein Gegengewicht zu setzen, so daß die automatischen Stellungnahmen im Subjekt in einem freien Akt hätten reflektiert und kritisch hinterfragt werden können.

Steins *Beiträge zur philosophischen Begründung der Psychologie und der Geisteswissenschaften* sind allerdings keine zeitbedingten, rein in ihrem historischen Kontext zu erforschenden Abhandlungen aus einem längst überwundenen Stadium der Phänomenologie. Vielmehr geben sie überzeitlich sowohl für die gegenwärtige phänomenologisch-philosophische als auch für die psychologische Forschung genügend Anregungen durch feine Analysen und detaillierte Deskriptionen von psychischen Phänomenen. Steins *Beiträge* und auch ihre folgenden Werke *Einführung in die Philosophie* und *Potenz und Akt* lassen sich als eine Alternative zu Husserls phänomenologischem Ansatz lesen[285], da die Stellung von Leib und Gemütssphäre innerhalb der Konstitutionsanalysen anders betont und eine Offenheit für religionsphilosophische Fragen andeutet werden.

Stein hat nicht nur bescheidene „Beiträge" zu Einzelproblemen vorgelegt (zum Problem der psychischen Kausalität, zur Bezüglichkeit zwischen Individuum und Gemeinschaft), sondern wissenschaftstheoretische Fundamente geschaffen. Damit dienen diese *Beiträge* (ESGA 6) einem breiteren akademischen Publikum, das an der Fundierung der Psychologie und der Geisteswissenschaften, aber auch der Anthropologie und Ethik interessiert ist. Zudem wären Verbindungsmöglichkeiten hin zu den heute sogenannten „Lebenswissenschaften" und den Neurowissenschaften noch näher zu untersuchen.[286] Stein hält gerade durch die Aufnahme von Alltagserfahrungen, von psychischen Grundphänomenen wie Frische und Müdigkeit den Blick der Phänomenologie offen für biologische bzw. biochemische Fragen. In einem heutigen Kontext bieten Steins Untersuchungen darüber hinaus eine breite Grundlage, um Vorgänge von Gruppendynamik bzw. -erfahrung zu analysieren und zu verstehen.

Stein betreibt phänomenologische Grundlagenforschung, indem sie Gesetzlichkeiten freilegt, durch die die Psychologie und die Geisteswissenschaften bestimmt sind, und deren Gegenstände (das Psychische und das Geistige) in detaillierten Deskriptionen in ihrer Phänomenalität aufscheinen läßt. Der Unterschied der Gesetzlichkeiten von Kausalität (Natur und Psyche) und Motivation (Psyche und Geist), den Stein aufzeigt, wird heute oft übersehen, wenn allein Umwelt, Biographie (Psychoanalyse), genetisches Pro-

---

[285] Lebech, Study-Guide, vgl. Anm. 271, S. 42.

[286] Vgl. Maskulak, Marian, *Edith Stein and the Body-Soul-Spirit at the Center of Holistic Formation*, New York 2007, S. 167–197. Gurmin, J. Haydn, „Edith Stein and Tania Singer: A Comparison of Phenomenological and Neurological Approaches to the ‚Problem of Empathy'", in: *Maynooth Philosophical Papers* 4 (2007) S. 99–122.

gramm oder chemische Balance als uns beeinflussende Elemente verstanden werden. Psychologie kann eben nicht auf Naturwissenschaft reduziert werden, da keine mechanische, sondern eine psychische Kausalität als Gesetzlichkeit vorherrscht, und Geisteswissenschaft läßt sich nicht auf Psychologie zurückführen, da in ersterer die Gesetzlichkeit der Motivation vorliegt, durch die wiederum psychische Gesetze außer Kraft gesetzt werden können.

Mechanische und psychische Kausalitäten und damit die Eingebundenheit der menschlichen Person in die Natur haben ihren Platz in Steins Ansatz, während zugleich die sachlich angemessene Stelle für das, was traditionell „Geist" heißt, frei bleibt und nicht reduktionistisch aufgelöst wird. Wir haben es dagegen heute in Psychologie und Philosophie wieder stärker mit einer „Naturalisierung des Geistes" zu tun, indem das „Geistige" in der menschlichen Psyche zu schnell in den reduktiven Erklärungsrahmen der „Neurobiologie und der Psychophysiologie" eingezwungen wird. Damit kommt es leichter zu Mißverständnissen, was die menschliche Person ist, die in der Folge davon offen für Manipulation und Funktionalisierung wird. Hier greift Steins Psychologismuskritik[287]. Ihre Position im Psychologismus-Streit bleibt weiter aktuell, da sie das Ideal einer philosophisch-psychologischen Zusammenarbeit in den Blick nimmt, das auch Cassirer[288] beschworen hat.

Nach Abschluß der *Beiträge* und der dritten *Jahrbuch*-Abhandlung „Eine Untersuchung über den Staat" scheint bei Stein, aber auch innerhalb der Phänomenologischen Bewegung die emphatische Aufbruchstimmung vorüber zu sein. Stein sieht nun auch Grenzen der Husserlschen Phänomenologie. Sie erkennt für die Leiblichkeit und die Gemütssphäre eine Sonderstellung in der Struktur der Person; vom Gemütsbereich her erlebt das Ich sich selbst und seine Lebenskraft und erfährt eine Öffnung zum Anderen hin, zum menschlichen Anderen, aber auch zum göttlichen Anderen. Bei aller naturbedingten Determiniertheit kommt der menschlichen Person doch immer wieder Kraft für unerwartete Veränderungen zu, die nicht vorhersehbar sind, und Stein versteht es, hier die Verknüpfung zur Religionsphilosophie anzudeuten, die sie allerdings erst später näher ausführt.

Steins Blick fokussiert sich im Laufe ihres weiteren Werkes von den phänomenologisch herauszuschälenden Details im Leib-Seele-Geist-Zusammenhang des Menschen *(AMP)* hin auf das Eingespanntsein der menschlichen Person in ontologischer Fragestellung, zwischen endlichem und ewigem Sein *(EES)*. Diese Fragestellungen deuten sich bereits in den *Beiträ-*

---

[287] Rath 1993, S. 224.

[288] Cassirer, Ernst, „Psychologie und Philosophie", in: *Bericht über den XII. Kongreß der Deutschen Gesellschaft für Psychologie in Hamburg vom 12.–16. April 1931*, hg. v. Gustav Kafka, Jena 1932, S. 73–76.

gen an. Damit ist Steins hier vorliegende Analyse der Person ein origineller und zugleich historisch wichtiger Beitrag[289], auch wenn Stein keine systematische Untersuchung zur Person vorlegt wie ihre Zeitgenossen Max Scheler[290], Helmut Plessner[291] oder Arnold Gehlen[292]. Die menschliche Person bleibt für Stein eingebunden in die Natur, zeigt sich ihr gegenüber durch ihren Geist wiederum relativ frei – für die Welt des Objektiven wie auch für die Welt der Gemeinschaft und damit für Wissenschaft – und ist zugleich aufnahmefähig für religiöse Erlebnisse „jenseits des Mechanismus der individuellen Person" *(Natur, Freiheit und Gnade)* – in diesen großen sachlichen Spannungsbögen liegt der Gewinn einer umfassenden phänomenologischen Anthropologie und Ethik im Anschluß an Edith Stein.

---

289 Vgl. Schulz, Peter, 2008, S. 163.
290 *Die Stellung des Menschen im Kosmos*, Darmstadt 1928.
291 *Die Stufen des Organischen und der Mensch*, Berlin 1928.
292 *Der Mensch, seine Natur und seine Stellung in der Welt*, Berlin 1940.

Literatur

1. Von Stein verwendet

Bergson, Henri, *Matière et mémoire: essai sur la relation du corps à l'esprit*, Paris 1896; deutsch: *Materie und Gedächtnis. Essays zur Beziehung zwischen Körper und Geist*, Jena 1908

Ders., *Essai sur les données immédiates de la conscience*, Genf 1888; deutsch: *Zeit und Freiheit. Eine Abhandlung über die unmittelbaren Bewußtseinstatsachen*, Jena 1911

Bethe, Albrecht, „Dürfen wir den Ameisen und Bienen psychische Qualitäten zuschreiben?", in: *Pflüger's Archiv für die gesamte Physiologie des Menschen und der Tiere*, Bd. 70, Berlin / Heidelberg 1898, S. 15–100

Conrad-Martius, Hedwig, „Zur Ontologie und Erscheinungslehre der realen Außenwelt: verbunden mit einer Kritik positivistischer Theorien", *Jahrbuch für Philosophie und phänomenologische Forschung* (kurz *Jahrbuch*) III, Halle 1916, S. 345–542

Dies., „Von der Seele", in: *Summa*, 2. Heft, Hellerau 1917, S. 106–136; später: *Metaphysische Gespräche*, Halle 1921

Forel, Auguste, *Der Hypnotismus und die suggestive Psychotherapie*, 4. umgearb. Aufl. Stuttgart 1902

Friedmann, Max, *Über Wahnideen im Völkerleben. Grenzfragen des Nerven- und Seelenlebens*, hg. von Leopold Löwenfeld und Hans Kurella, Heft VI/VII, Wiesbaden 1901, S. 203–305

Gebsattel, Viktor Freiherr von, „Der Einzelne und sein Zuschauer", in: *Zeitschrift für Pathopsychologie* II, 1. Heft 1914, S. 36–78

Geiger, Moritz, „Fragment über den Begriff des Unbewußten und die psychische Realität. Ein Beitrag zur Grundlegung des immanenten psychischen Realismus", *Jahrbuch* IV, Halle 1921, S. 1–137

Gundolf, Friedrich, *Goethe*, Berlin 1916

Hildebrand, Dietrich von, „Die Idee der sittlichen Handlung", *Jahrbuch* III, Halle 1916, S. 126–251

Hume, David, *Traktat über die menschliche Natur. Ein Versuch, die Methode der Erfahrung in die Geisteswissenschaft einzuführen*, deutsche Ausgabe v. Theodor Lipps, Hamburg 1895; heute nach der 3. Aufl. v. Theodor Lipps von 1912, Berlin 2004; Original: *A Treatise of Human Nature: Being an*

Attempt to Introduce the Experimental Method of Reasoning into Moral Subjects (1739–40)

Husserl, Edmund, *Ideen zu einer reinen Phänomenologie und phänomenologischen Philosophie. Erstes Buch: Allgemeine Einführung in die reine Phänomenologie* (kurz *Ideen* I), *Jahrbuch für Philosophie und phänomenologische Forschung* Bd. I, Halle 1913; später: zwei Bände (*Hua* III, 1 und *Hua* III, 2): Text der 1.–3. Auflage, hg. v. Karl Schuhmann, Dordrecht 1976

Ders., „Philosophie als strenge Wissenschaft", in: *Logos*, Bd. I, 1910/11, S. 289–341, jetzt: *Hua* XXV, *Aufsätze und Vorträge (1911–1921)*, Dordrecht 1987, S. 3–62

Ders., *Logische Untersuchungen*, 2. Aufl. Halle 1913, Orig: Halle 1900/1901; *Logische Untersuchungen. Prolegomena zur reinen Logik. Erster Band* (*Hua* XVIII), Text der 1. und 2. Auflage, hg. v. Elmar Holenstein, Den Haag 1975; *Logische Untersuchungen. Zweiter Band. Untersuchungen zur Phänomenologie und Theorie der Erkenntnis* (*Hua* XIX), hg. v. Ursula Panzer, Dordrecht 1984

Jahrbuch für Philosophie und phänomenologische Forschung (kurz *Jahrbuch*), hg. v. Edmund Husserl u. a., Halle 1913 ff.

James, William, *Psychologie*, Leipzig 1909, deutsche Ausgabe, übers. u. mit Anm. versehen von Marie Dürr; Orig.: *The Principles of Psychology*, New York 1890

Jaspers, Karl, *Allgemeine Psychopathologie. Ein Leitfaden für Studierende, Ärzte und Psychologen*, Berlin 1913

Lamprecht, Karl, *Moderne Geschichtswissenschaft*, Freiburg i. Brsg. 1905

Lipps, Theodor, *Suggestion und Hypnose. Sitzungsberichte der Bayrischen Akademie der Wissenschaften, philosophisch-philologische und historische Klasse* 1897, Band II, Heft III, München 1898, S. 391–522

Ders., *Ästhetik: Psychologie des Schönen und der Kunst, Teil 1: Grundlegung der Ästhetik*, Hamburg / Leipzig 1903

Ders., *Leitfaden der Psychologie*, 3. Aufl. Leipzig 1909

Litt, Theodor, *Individuum und Gemeinschaft. Grundlegung der sozialen Theorie und Ethik*, Leipzig 1919; unter dem Titel *Individuum und Gemeinschaft. Grundlegung der Kulturphilosophie* Berlin ³1926

Münsterberg, Hugo, *Grundzüge der Psychologie (Psychologie)*, Leipzig 1900

Ders., *Grundzüge der Psychotechnik (Psychotechnik)*, Leipzig 1914

Offner, Max, *Das Gedächtnis:die Ergebnisse der experimentellen Psychologie und ihre Anwendung in Unterricht und Erziehung*, Berlin 1909

Pfänder, Alexander, „Motive und Motivationen", in: *Münchener Philosophische Abhandlungen*, Leipzig 1911, S. 163–195. Später unter dem Titel: *Phänomenologie des Wollens: eine psychologische Analyse*, 2. unv. Aufl. v. „Motive und Motivation", Leipzig 1930; München ³1963

Popp, Walter, *Kritische Entwicklung des Associationsproblems. Mit einer Ein-*

leitung: Die Psychologie und das Denken; zugleich ein Beitrag zur Methode der Psychologie; Gesamttitel: *Kritische Bemerkungen zur Associationstheorie*, Leipzig 1913

Reinach, Adolf, „Zur Theorie des negativen Urteils" in: *Münchener Philosophische Abhandlungen. Festschrift für Theodor Lipps*, hg. v. Alexander Pfänder, Leipzig 1911, S. 196–254; später *Gesammelte Schriften*, Halle 1921, S. 56–102; *Sämtliche Werke*, 2 Bände, hg. v. Karl Schuhmann u. Barry Smith, München 1989, Band I (Reinach I), S. 95–140

Ders., „Die apriorischen Grundlagen des bürgerlichen Rechts", in: *Jahrbuch* I, Halle a. S. 1913; Reinach I, S. 141–278

Ders., „Vom Wesen der Bewegung", in: *Gesammelte Schriften*, Halle 1921, S. 406–461

Ders., „Aufzeichnungen", in: Reinach I, S. 589–611

Ders., *Gesammelte Schriften*, Halle 1921

Rickert, Heinrich, *Die Grenzen der naturwissenschaftlichen Begriffsbildung. Eine logische Einleitung in die historischen Wissenschaften*, Freiburg 1896

Ders., *Kulturwissenschaft und Naturwissenschaft*, Freiburg 1899

Scheler, Max, „Idole der Selbsterkenntnis", in: *Abhandlungen und Aufsätze*, Bd. II, Leipzig 1915, S. 3–168; in kürzerer Form unter dem Titel „Über Selbsttäuschungen", in: *Zeitschrift für Pathopsychologie* 1 (1912) 87–163; heute in: *Vom Umsturz der Werte. Abhandlungen und Aufsätze. Gesammelte Werke* 3, Bern / München [5]1972

Ders., „Der Formalismus in der Ethik und die materielle Werteethik", Teil I in *Jahrbuch* I, Halle 1913, Teil II in *Jahrbuch* II, Halle 1916, S. 21–478, *Gesammelte Werke* 2, Bonn [8]2008

Ders., *Zur Phänomenologie und Theorie der Sympathiegefühle und von Liebe und Haß: mit einem Anhang über den Grund zur Annahme der Existenz des fremden Ich*, Halle 1913; später in *Gesammelte Werke* VII, *Wesen und Formen der Sympathie – Die deutsche Philosophie der Gegenwart*, Bonn 1973

Simmel, Georg, *Soziologie. Untersuchung über die Formen der Vergesellschaftung*, Leipzig 1908, *Gesammelte Werke* 2, Berlin 1983

Ders., „Das Problem der historischen Zeit", in: *Philosophische Vorträge der Kantgesellschaft* Nr. 12, Berlin 1916, S. 3–31

Stein, Edith, *Zum Problem der Einfühlung (PE)*, Halle 1917; ESGA 5, Freiburg 2008

Stern, William, *Die differentielle Psychologie in ihren methodischen Grundlagen;* statt einer 2. Aufl. von *Über die Psychologie der individuellen Differenzen. Ideen zu einer differenziellen Psychologie*, Leipzig 1900, Leipzig 1911

Tönnies, Ferdinand, *Gemeinschaft und Gesellschaft. Abhandlung des Communismus und des Socialismus als empirischer Culturformen*, Leipzig

1887; heute Darmstadt 2010: *Gemeinschaft und Gesellschaft. Grundbegriffe der reinen Soziologie. Mit den Vorreden zur ersten (1887), zweiten (1912), vierten und fünften (1920), sechsten und siebten (1926) Auflage*

Wasmann, Erich, *Die psychischen Fähigkeiten der Ameisen: mit einem Ausblick auf die vergleichende Tierpsychologie*, 2. bedeutend verm. Aufl. Stuttgart 1909; Original 1899

Windelband, Wilhelm, *Geschichte und Naturwissenschaft*, Straßburg 1894

Windelband, Wilhelm / Bauch, Bruno, *Geschichtsphilosophie. Eine Kriegsvorlesung*, Kant-Studien (Ergänzungsheft 38), Berlin 1916

Wundt, Wilhelm, Grundzüge der *physiologischen Psychologie. Drei Bände*, III, 5. völlig umgearb. Aufl., Leipzig 1903, Orig. Leipzig 1874

Xénopol, Alexandru Dimitri, *Théorie de l'histoire. Les principes fondamentaux de l'histoire* (1899), hier Paris [2]1908

2. Von der Bearbeiterin ergänzt

Aristoteles, *Analytica priora et posteriora, Erste Analytik. Zweite Analytik*, in: *Organon*, Bd. 3,4, gr.-dt., hg. v. Hans Günter Zekl, Hamburg 1998

Ders., *De caelo. Über den Himmel. Werke in deutscher Übersetzung*, Bd. 12, Teil 3, übers. u. erl. v. Alberto Jori, Darmstadt 2009

Ders., *Physik. Vorlesung über die Natur*, in: *Philosophische Schriften in sechs Bänden*, übers. v. Hans Günter Zekl, Hamburg 1995

Ders., „Über Gedächtnis und Erinnerung", in: ders., *Kleine naturwissenschaftliche Schriften*, Stuttgart 1997

Beckmann, Beate, *Phänomenologie des religiösen Erlebnisses im Anschluß an Adolf Reinach und Edith Stein*, Würzburg 2003

Beckmann-Zöller, Beate / Gerl-Falkovitz, Hanna-Barbara (Hg.), *Die ‚unbekannte' Edith Stein: Phänomenologie und Sozialphilosophie*, Frankfurt a. M. 2006

Brentano, Franz, *Psychologie vom empirischen Standpunkt*, Bd. 1–3, Leipzig 1874

Ders., *Über die Gründe der Entmutigung auf philosophischem Gebiete*, Wien 1874

Ders., *Untersuchungen zur Sinnespsychologie*, Leipzig 1907

Dante, Alighieri, *Die göttliche Komödie*, Darmstadt 2010

Dilthey, Wilhelm, *Der Aufbau der geschichtlichen Welt in den Geisteswissenschaften*, Berlin 1910

Fechner, Gustav Theodor, *Elemente der Psychophysik*, Leipzig 1860

Gerl-Falkovitz, Hanna-Barbara (hg. mit Beckmann-Zöller, Beate), *Die ‚unbekannte' Edith Stein: Phänomenologie und Sozialphilosophie*, Frankfurt a. M. 2006

Goethe, Johann Wolfgang von, *Italienische Reise*, Stuttgart / Tübingen 1817

Häring, Theodor, *Der christliche Glaube. Dogmatik*, Calw und Stuttgart 2. Aufl. 1912, 1. Aufl. Stuttgart 1906

Haller, Albrecht von, *Die Alpen*, Bern 1729

Hegel, Georg Wilhelm Friedrich, „Einleitung", in *Vorlesungen über die Philosophie der Geschichte*, Berlin 1837

Henckmann, Wolfhart, *Max Scheler*, München 1998

Herbart, Johann Friedrich, *Psychologie als Wissenschaft*, Königsberg 1824/25

Husserl, Edmund, *Cartesianische Meditationen. Eine Einleitung in die Phänomenologie (1929)* (Husserliana, kurz: *Hua* I), hg. v. Stephan Strasser, Den Haag 1950, 2. verb. Auflage Dordrecht 1991

Ders., *Ideen zu einer reinen Phänomenologie und phänomenologischen Philosophie. Zweites Buch: Phänomenologische Untersuchungen zur Konstitution* (*Hua* IV), hg. v. Marly Biemel, Den Haag 1952, Nachdruck Dordrecht 1991

Ders., *Ideen zu einer reinen Phänomenologie und phänomenologischen Philosophie. Drittes Buch: Die Phänomenologie und die Fundamente der Wissenschaften* (*Hua* V), hg. v. Marly Biemel, Den Haag 1952, Nachdruck 1971

Ders., *Zur Phänomenologie des inneren Zeitbewußtseins (1893–1917)* (*Hua* X), hg. von Rudolf Boehm, Den Haag 1966, Nachdruck der 2. verb. Auflage 1977; 1. Aufl. hg. von Martin Heidegger, *Jahrbuch* 9, Halle 1928

Ders., *Zur Phänomenologie der Intersubjektivität. Texte aus dem Nachlaß. Erster Teil: 1905–1920* (*Hua* XIII), hg. v. Iso Kern, Den Haag 1973

Ders., *Ding und Raum, Vorlesungen 1907* (*Hua* XVI), hg. v. Ulrich Claesges, Den Haag 1973

Ders., *Aufsätze und Vorträge (1911–1921)* (*Hua* 25), hg. v. Thomas Nenon u. Hans Rainer Sepp, Dordrecht 1987

Ders., *Vorlesungen über Ethik und Wertlehre (1908–1914)* (*Hua* 28), hg. v. Ullrich Melle, Den Haag 1988

Ders., *Logik und allgemeine Wissenschaftstheorie. Vorlesungen Wintersemester 1917/18. Mit ergänzenden Texten aus der ersten Fassung von 1910/11* (*Hua* 30), hg. v. Ursula Panzer, Dordrecht 1996

Ders., *Die Bernauer Manuskripte über das Zeitbewußtsein (1917/18)* (*Hua* 33), hg. v. Rudolf Bernet u. Dieter Lohmar, Dordrecht 2001

Kant, Immanuel, *Kritik der reinen Vernunft (KrV)*, Akademie-Ausgabe Bd. 4, Berlin 1968

Lamprecht, Karl, *Deutsche Geschichte*, Bd. 1–6, Berlin 1891–1904

Ders., *Deutsches Wirtschaftsleben im Mittelalter*, Bd. 1–3, Leipzig 1885–1886

Ders., *Der Kaiser: Versuch einer Charakteristik*, Berlin 1913

Leibniz, Gottfried Wilhelm, *Monadologie* (1714), übers. u. hg. v. Hartmut Hecht, Stuttgart 1998

Machiavelli, Niccolo, *Il Principe* (1513), deutsch: *Der Fürst*, übers. v. Philipp Rippel, Stuttgart 2004

Münsterberg, Hugo / Stern, William, *Die Willenshandlung: ein Beitrag zur physiologischen Psychologie*, Freiburg i. Br. 1888

Ders., *Der Ursprung der Sittlichkeit*, Freiburg i. Br. 1889

Ders., *Beiträge zur experimentellen Psychologie*, 4 Bde., Freiburg i. Br. 1889–92

Ders., *Aufgaben und Methoden der Psychologie*, Leipzig 1891

Natorp, Paul, *Die allgemeine Psychologie nach kritischer Methode*, Tübingen 1912

Ders., *Individuum und Gemeinschaft*, Jena 1921

Platon, *Phaidon*, übers. u. hg. v. Barbara Zehnpfennig, Hamburg ^{2}2007

Reid, Thomas, *Essays on the Active Powers of Man, 5th Essay on the Active Powers of the Human Mind*, Edinburgh 1788

Reinach, Adolf, *Sämtliche Werke*, 2 Bände, hg. v. Karl Schuhmann u. Barry Smith, München 1989

Rousseau, Jean-Jacques, *Julie oder die neue Heloise. Briefe zweier Liebender aus einer kleinen Stadt am Fuße der Alpen*, Leipzig 1761; frz. Original Amsterdam 1761

Sawicki, Marianne, „Edith Stein's Critique of Hume's Assiociation Theory", in: *Yearbook of the Irish Philosophical Society*, hg. v. Mette Lebech, Maynooth 2004, S. 138–147

Scheler, *Gesammelte Werke* 13, *Schriften aus dem Nachlaß*, Bd. 4: *Philosophie und Geschichte:* Politik und Moral; Die Idee des ewigen Friedens (1926–28); Grundlagen der Geschichtswissenschaft (Schelers Münchner Vorlesung von 1909) Bonn, 1990

Schopenhauer, Arthur, *Sämtliche Werke*, Bd. 4, *Schriften zur Erkenntnißlehre; 1. Über den Willen in der Natur, 2. Die beiden Grundprobleme*, Leipzig 1877

Schuhmann, Karl / Smith, Barry, „Vorwort der Herausgeber", in: Reinach, Adolf, *Sämtliche Werke*, Bd. I, München 1989

Simmel, Georg, „Das Problem der historischen Zeit", in: *Philosophische Vorträge der Kantgesellschaft* Nr. 12, Berlin 1916, S. 3–31

Spinoza, Baruch, Die Ethik / Ethica, (1677), nach der Edition von Carl Gebhardts „Spinoza Opera", Überarbeitung der Übersetzung von Jakob Stern (1888), Nachwort v. Bernhard Lakebrink, Stuttgart 2007

Spranger, Eduard, *Die erkenntnistheoretischen und psychologischen Grundlagen der Geschichtswissenschaft*, Berlin 1905

Stein, Edith, *Aus dem Leben einer jüdischen Familie (LJF)*, Edith Stein Gesamtausgabe = ESGA 1, Freiburg i. Brsg. 2002

Dies., *Selbstbildnis in Briefen* I (*SBB* I), ESGA 2, bearbeitet v. M. Amata Neyer / Hanna-Barbara Gerl-Falkovitz, Freiburg 2000

Dies., *Selbstbildnis in Briefen III. Briefe an Roman Ingarden (BRI)*, ESGA 4, bearbeitet v. Eberhard Avé-Lallemant / Amata Neyer / Hanna-Barbara Gerl-Falkovitz, Freiburg 2001

Zum Problem der Einfühlung (PE), ESGA 5, bearbeitet v. Antonia Sondermann, Freiburg 2008

„Eine Untersuchung über den Staat" *(US)*, in: *Jahrbuch* VII, Halle 1925, S. 1–123; ESGA 7, bearbeitet v. Ilona Riedel-Spangenberger, Freiburg 2006

Einführung in die Philosophie (EPh), ESGA 8, bearbeitet v. Claudia Mariéle Wulf, Freiburg 2004

Dies., „Natur, Freiheit und Gnade" *(NFG)*, bisher unter dem falschen Titel: „Die ontische Struktur der Person und ihre erkenntnistheoretische Problematik", in: *Welt und Person (WP)*, Edith Steins Werke (ESW) VI, Freiburg 1962, S. 137–197; ESGA 9.

Dies., „Systematische Raumkonstitution. E. Steins Ausarbeitung", in: Husserl, Edmund, *Ding und Raum, Vorlesungen 1907*, hg. v. Ulrich Claesges, *Hua* XVI, Den Haag 1973, S. 322–336

„Zur Kritik an Theodor Elsenhans und August Messer" (S. 226–248), und „Beilage VII: ⟨Zu Heinrich Gustav Steinmanns Aufsatz „Zur systematischen Stellung der Phänomenologie"⟩" (S. 253–266), beides in: *Aufsätze und Vorträge (1911–1921)*, (*Hua* XXV), hg. von Thomas Nenon u. Hans Rainer Sepp, Dordrecht 1987; ESGA 9

Potenz und Akt (PA), ESGA 10, bearbeitet v. Hans Rainer Sepp, Freiburg 2005

Endliches und ewiges Sein. Vom Aufstieg zum Sinn des Seins (EES), ESGA 11/12, bearbeitet v. Andreas Uwe Müller, Freiburg 2006

Der Aufbau der menschlichen Person, ESGA 14 *(AMP)*, bearbeitet v. Beate Beckmann-Zöller, Freiburg 2004

Bildung und Entfaltung der Individualität (BEI), ESGA 16, bearbeitet v. Beate Beckmann-Zöller, Freiburg [2]2004

„Natur und Übernatur in Goethes Faust" (1932), in: *BEI* 157–168

Stern, William, *Ableitung und Grundlehre des kritischen Personalismus* (1906), in 2. Aufl. als Band I von *Person und Sache*, Leipzig 1923

Winckelmann, Johann, Joachim, *Geschichte der Kunst des Alterthums,* Dresden 1764. Faksimileneudruck der 1. Aufl. 1966 (Studien zur deutschen Kunstgeschichte 343) *Gedanken über die Nachahmung der griechischen Werke in der Malerei und Bildhauerkunst*, Friedrichstadt 1754–1755, Nachdruck Stuttgart 2007

Wulf, Claudia Mariéle, „Freiheit und Verantwortung in Gemeinschaft – eine brisante Auseinandersetzung zwischen Edith Stein und Max Scheler", in: Beckmann-Zöller, Beate / Gerl-Falkovitz, Hanna-Barbara (Hg.), *Die ‚un-*

bekannte' Edith Stein: Phänomenologie und Sozialphilosophie, Frankfurt a. M. 2006, S. 91–114

3. Zur Einführung der Bearbeiterin

Aars, Kristian Birch-Reichenwald, „Zur Bestimmung des Verhältnisses zwischen Erkenntnistheorie und Psychologie", in: *Zeitschrift für Philosophie und philosophische Kritik* 122 (1903) S. 130–143

Ales Bello, Angela, „Fenomenologia e tomismo in Edith Stein", in: *Tommaso d'Aquino nel suo settimo centenario. Atti del congresso internazionale Roma /Napoli, 17–24 Aprile 1974*, Neapel 1976, vol. 6, S. 469–479

Dies., „From Empathy to Solidarity. Intersubjective Connections according to Edith Stein", in: *Life. In the Glory of its Radiating Manifestations* (*Analecta Husserliana* 48) Boston 1996, S. 367–375

Dies., „Presentazione", in: Edith Stein, *Psicologia e scienze dello spirito. Contributi per una fondazione filosofica*, übers. ins Italienische von Anna Maria Pezzella, Rom 1999

Dies., „The Study of the Soul between Psychology and Phenomenology in Edith Stein", in: *The Philosophy of Edith Stein: The Eighteenth Annual Symposium of the Simon Silverman Phenomenology Center*, hg. v. Daniel J. Martino, Pittsburgh 2001, S. 3–17

Dies., „Edith Stein's Contribution to Phenomenology", in: *Analecta Husserliana: The Yearbook of Phenomenological Research*, Vol. LXXX: *Phenomenology World-Wide*, hg. v. Anna-Teresa Tymieniecka, Dordrecht 2002, S. 232–240

Dies., „Fenomenologia e psicologia", in: *Le fonti fenomenologiche dalla psicologia*, hg. v. Angela Ales Bello und Alessandro De Luca, Pisa 2005, S. 57–72

Dies., „Edmund Husserl e Edith Stein. La questione del soggetto umano", in: Dies.: *Subjetividade e Racionalidade*, Campo da Letras, Porto 2006, S. 121–141

Dies., „Intersubjectivity and Social Life according to E. Husserl and E. Stein", Latvijas 2008, S. 102–111

Dies., „Edith Steins philosophische Grundlegung der Psychologie und der Geisteswissenschaften", in: *Aufgang*, Bd. 6, München 2009, S. 335–348

Dies., „Causality and Motivation in Edith Stein", in: Poli, Roberto (ed.), *Causality and Motivation*, Frankfurt 2010

Aucante, Vincent, *De la solidarité. Essai sur la philosophie politique d'Edith Stein*, Paris 2006

Avé-Lallemant, Eberhard, „Die Antithese Freiburg-München in der Geschichte der Phänomenologie", in: *Die Münchner Phänomenologie. Vor-*

träge des internationalen Kongresses in München 13.–18. April 1971, hg. v. Helmut Kuhn, Eberhard Avé-Lallemant, Reinhold Gladiator, Den Haag 1975, S. 19–38

Ders. / Kuhn, Helmut / Gladiator, Reinhold (Hg.), *Die Münchner Phänomenologie. Vorträge des internationalen Kongresses in München 13.–18. April 1971*, Den Haag 1975

Ders., *Die Nachlässe der Münchener Phänomenologen in der Bayerischen Staatsbibliothek, verzeichnet von E. Avé-Lallemant*, Wiesbaden 1975

Baseheart, Mary Catharine, *The Encounter of Husserl's Phenomenology and the Philosophy of St. Thomas in Selected Writings of Edith Stein*, Doctoral Dissertation, Notre Dame University 1960

Dies., „Edith Stein's Philosophy of Woman and Women's Education", in: *Hypatia. A Journal of Feminist Philosophy*, 4:1 (1989), S. 267–279

Dies., „Edith Stein's Philosophy of Community", in: *The Personalist Forum* (Supplement), 8:1 (1993) 163–173

Dies., *Person in the World: Introduction to the Philosophy of Edith Stein*, Boston 1997

Beckmann, Beate, „Das Erlebnis des religiösen Ereignisses. Religionsphilosophie in ‚realphänomenologischer' Ausprägung im Anschluß an Adolf Reinach", in: *Realismus als philosophisches Problem*, hg. v. Horst Seidl, Hildesheim 2000, S. 155–172

Beckmann, Beate, „Edith Stein als Versöhnungsfigur zwischen Polen und Deutschen?", in: *VII. Edith Stein Tage (12.–16. 9. 2001 Wroclaw) Edyta Stein Patronka Europy*, hg. v. Towarzystwo Im, Edity Stein We Wroclawiu, Wroclaw 2002, S. 335–344

Beckmann, Beate, *Phänomenologie des religiösen Erlebnisses. Religionsphilosophische Untersuchungen im Anschluß an Adolf Reinach und Edith Stein*, Würzburg 2003

Beckmann, Beate / Gerl-Falkovitz, Hanna-Barbara, *Edith Stein. Themen, Bezüge, Dokumente*, Würzburg 2003

Beckmann-Zöller, Beate / Gerl-Falkovitz, Hanna-Barbara, *Die „unbekannte" Edith Stein. Phänomenologie und Sozialphilosophie*, Frankfurt a. M. 2006

Beckmann-Zöller, Beate, „Zugänge zum Leib-Seele-Problem bei Edith Stein im Hinblick auf das Ereignis des religiösen Erlebnisses", in: *Das Leib-Seele-Problem und die Phänomenologie*, hg. v. Cathrin Nielsen, Michael Steinmann u. Frank Töpfer, Würzburg 2007, S. 155–170

Beckmann-Zöller, Beate, „Adolf und Anne Reinach. Edith Steins Mentoren", in: Gottstein, Dietrich / Sepp, Hans Rainer (Hg.), *Polis und Kosmos. Perspektiven einer Philosophie des Politischen und einer Philosophischen Kosmologie. Eberhard Avé-Lallemant zum 80. Geburtstag*, Würzburg 2008, S. 296–314

Beckmann-Zöller, Beate, „Zeit bei Edith Stein“, in: *Orbis Phaenomenologicus*, erscheint demnächst

Bell, Jason, „The German Translation of Royce's Epistemology by Husserl's Student Winthrop Bell: A Neglected Bridge of Pragmatic-Phenomenological Interpretation?“ in: *The Pluralist*, 6.1.

Bennett, Maxwell R. / Hacker, Peter M. S., *Die philosophischen Grundlagen der Neurowissenschaften*, Darmstadt 2010

Berger, Gaston, „Husserl und Hume“, in: *Husserl*, hg. v. Hermann Noack, Bd. XL, Darmstadt 1973; Orig. in: Révue internationale de Philsophie I (1939), S. 342–353

Berkman, Joyce Avrech (Hg.), *Contemplating Edith Stein*, Notre Dame, Indiana 2006

Bernbeck, Eligius, „Individuum und Gemeinschaft bei Edith Stein“, in: *Carmelus*, Bd. 14, hg. v. Institutum Carmelitanum, Rom 1967, S. 3–67

Betschart, Christof, „Was ist Lebenskraft? Edith Steins erkenntnistheoretische Prämissen in ‚Psychische Kausalität‘ (Teil 1)“, in: *Edith Stein Jahrbuch* 2009, S. 154–183. Teil 2, in: *Edith Stein Jahrbuch* 2010, Würzburg 2010, S. 33–64

Ders., „‚Kern der Person‘. (Meta-)Phänomenologische Begründung der menschlichen Person nach Edith Steins Frühwerk“, in: Gerl-Falkovitz / Kaufmann / Sepp, *Europa*, S. 61–72

Boehm, Rudolf, „Einleitung des Herausgebers“, in: *Zur Phänomenologie des inneren Zeitbewußtseins (1893–1917)*, *Hua* X, Den Haag 1966, S. XXIX-XXX

Calcagno, Antonio, „Assistant and / or Collaborator? Edith Stein's Relationship to Edmund Husserl's Ideen II“, in: *Contemplating Edith Stein*, hg. v. Joyce A. Berkman, Notre Dame, Indiana, 2006, S. 243–270

Ders., „Thinking Community and the State from Within“, in: *American Catholic Philosophical Quaterly* Vol. 82, Heft 1 (Winter 2008), S. 31–45

Cassirer, Ernst, „Psychologie und Philosophie“, in: *Bericht über den XII. Kongreß der Deutschen Gesellschaft für Psychologie in Hamburg vom 12.–16. April 1931*, hg. v. Gustav Kafka, Jena 1932, S. 73–76

Collins, James, „Edith Stein and the Advance of Phenomenology“, in: *Thought*, 1942, XVII, 685–708

Conrad, Theodor „Zum Gedenken an Husserl und seine phänomenologische Methode“, in: *Nachlaß Theodor Conrad* Bayerische Staatsbibliothek MS AVI 6, 3.2.

Conrad-Martius, Hedwig, „Zur Ontologie und Erscheinungslehre der realen Außenwelt: verbunden mit einer Kritik positivistischer Theorien“, *Jahrbuch* III, Halle 1916, S. 345–542

Dies., „Von der Seele“, in: *Summa*, 2. Heft, Hellerau 1917, S. 106–136, später: *Metaphysische Gespräche*, Halle 1921

Dies., „Vorwort“, in: Reinach, Adolf, *Was ist Phänomenologie?* Vortrag in Marburg 1914, München 1951, S. 5–17

Elders, Leo (Hg.), *Edith Stein. Leben – Philosophie – Vollendung. Abhandlungen des internationalen Edith-Stein-Symposiuums Rolduc, 2.–4. November 1990*, hg. v. Leo Elders, Würzburg 1991

Engels, Eva-Marie, „Art. ‚Lebenskraft‘“, in: *Historisches Wörterbuch der Philosophie*, Bd. 5, Basel 1980, Sp. 122–128

Fabro, Cornelio, „Stein, Husserl e Heidegger“, *Humanitas* (Brescia) 33 (1978) 485–517

Farias, Victor, *Heidegger et le nazisme*, Lagrasse 1987

Feist, Richard / Sweet, William, *Husserl and Stein*, Washington 2003

Ferrer, Urbano, „Kausalität und Motivation bei Edith Stein“, in: Beckmann-Zöller, Beate / Gerl-Falkovitz, Hanna-Barbara, *Die „unbekannte“ Edith Stein. Phänomenologie und Sozialphilosophie*, Frankfurt a.M. 2006, S. 43–58

Ders., (Hg.), *Para comprender a Edith Stein. Claves biográficas, filosóficas y espirituales*, Madrid 2008

Ders., „Individualität und Solidarität bei Edith Stein“, in: Gerl-Falkovitz / Kaufmann / Sepp, *Europa*, S. 133–143

Galimberti, Umberto, *Psichiatria e fenomenologia*, Mailand [4]1996

Geiger, Moritz, „Fragment über den Begriff des Unbewußten und die psychische Realität“, *Jahrbuch* IV, Halle 1921, S. 1–137

Gelber, Lucy / Leuven, Romaeus, „Vorwort der Herausgeber“, in: Stein, Edith, *Welt und Person. Beitrag zum christlichen Wahrheitsstreben*, ESW VI, Freiburg 1962, S. VII-XXXI.

Gerl-Falkovitz, Hanna-Barbara / Beckmann, Beate, *Edith Stein. Themen, Bezüge, Dokumente*, Würzburg 2003

Gerl-Falkovitz, Hanna-Barbara, „Deutsche Geistesgeschichte im Jahrzehnt 1918–1928, konzentriert im Blick auf Edith Stein“, in: Beckmann, Beate / Gerl-Falkovitz, Hanna-Barbara, *Edith Stein. Themen, Bezüge, Dokumente*, 2003, S. 149–170

Gerl-Falkovitz, Hanna-Barbara, „Einführung“, in: Stein, Edith, *Übersetzungen V. Alexandre Koyré, Descartes und die Scholastik*, ESGA 25, Freiburg i.Brsg. 2005, S. VII-XV

Gerl-Falkovitz, Hanna-Barbara / Beckmann-Zöller, Beate, *Die „unbekannte“ Edith Stein. Phänomenologie und Sozialphilosophie*, Frankfurt a.M. 2006

Gerl-Falkovitz, Hanna-Barbara / Kaufmann, René / Sepp, Hans Rainer (Hg.), *Europa und seine Anderen. Emmanuel Levinas, Edith Stein, Józef Tischner*, Dresden 2010

Grünbaum, Adolf, *Die Grundlagen der Psychoanalyse. Eine philosophische Kritik*, Stuttgart 1988

Guilead, Reuben, *De la phénoménologie à la science de la croix*, Louvain / Paris 1974

Gurmin, J. Haydn, „Edith Stein and Tania Singer: A Comparison of Phenomenological and Neurological Approaches to the ‚Problem of Empathy'", in: *Maynooth Philosophical Papers* 4 (2007) S. 99–122

Hähnel, Martin, „Analyse des Problembegriffs der Konstitution anhand von Edith Steins Philosophie der Person", in: Gerl-Falkovitz / Kaufmann / Sepp, *Europa*, S. 73–83

Hagengruber, Ruth, *Klassische philosophische Texte von Frauen*, München 1998

Dies., „Sozialphilosophie als ‚strenge Wissenschaft'. Überlegungen zu Edith Stein und Edmund Husserl", in: Beckmann-Zöller / Gerl-Falkovitz, *Die „unbekannte" Edith Stein. Phänomenologie und Sozialphilosophie, Frankfurt* 2006, S. 59–72

Hartmann, Dirk, *Philosophische Grundlagen der Psychologie*, Darmstadt 1998

Heidegger, Martin, „Das Absolute. Vgl. das entsprechende M[anuskript] von Reinach", in: *Phänomenologie des religiösen Lebens*, Frankfurt 1995, S. 324–331

Heinämaa, Sara, *Psychology and Philosophy. Inquires into the Soul from Late Scholasticism to Contemporary Thought*, New York 2009

Herbstrith, Waltraud (Hg.), *Denken im Dialog. Zur Philosophie Edith Steins*, Tübingen 1991

Dies., *Edith Stein. Jüdin und Christin*, München 1995

Héring, Jean, „La phénoménologie d'Edmund Husserl, il y a trente ans: Souvenirs et réflexions d'un étudiant de 1909", in: *Revue International de Philosophie* 2 (1939) S. 369 ff.

Hildebrand, Dietrich von, „Die Idee der sittlichen Handlung", in: *Jahrbuch* III, Halle 1916, S. 126–251

Ders., „Sittliche und ethische Werterkenntnis", *Jahrbuch* V, Halle 1922, S. 462–602

Ders., *Metaphysik der Gemeinschaft*, Augsburg 1930

Ders., „Legitime und illegitime Formen der Beeinflussung", in: *Situationsethik und kleinere Schriften. Gesammelte Werke*, Bd. VIII, Regensburg 1974, S. 221–259

Ders., „Reinach as a Philosophical Personality" in: *Aletheia. An International Journal of Philosophy* 3 (1983) Irving / Texas (USA), XV-XXIX

Husserl, Edmund, *Briefwechsel. Husserlina Dokumente*, Bd. 3.2, *Die Münchner Phänomenologen*, hg. v. Elisabeth u. Karl Schuhmann, Dordrecht 1994

Ders., *Briefwechsel. Husserliana Dokumente*, Bd. 3.3, *Die Göttinger Schule*, hg. v. Elisabeth u. Karl Schuhmann, Dordrecht 1994

Ders., *Ideen zu einer reinen Phänomenologie und phänomenologischen Philosophie.* Erstes Buch (*Hua* III/1), hg. v. Karl Schuhmann, Den Haag 1976 („*Ideen* 1"), Original: Halle 1913

Ders., *Ideen zu einer reinen Phänomenologie und phänomenologischen Philosophie. Zweites Buch: Phänomenologische Untersuchungen zur Konstitution* (*Hua* IV), hg. v. Biemel, Marly, Dordrecht 1952

Ders., *Ideen zu einer reinen Phänomenologie und phänomenologischen Philosophie. Drittes Buch: Die Phänomenologie und die Fundamente der Wissenschaften* (*Hua* V), hg. v. Marly Biemel, Dordrecht 1971

Ders., *Die Krisis der europäischen Wissenschaften und die transzendentale Phänomenologie. Eine Einleitung in die phänomenologische Philosophie* (*Hua* VI), hg. v. Walter Biemel, Dordrecht, 2. verb. Auflage 1976

Ders., *Phänomenologische Psychologie. Vorlesungen Sommersemester 1925* (*Hua* IX), hg. v. Walter Biemel, 2. verb. Auflage Dordrecht 1968

Ders., *Formale und transzendentale Logik. Versuch einer Kritik der logischen Vernunft* (*Hua* XVII), hg. v. Paul Janssen, Dan Haag 1974, Orig. 1929

Ders., *Logische Untersuchungen. Prolegomena zur reinen Logik. Erster Band* (*Hua* XVIII), Text der 1. und 2. Auflage, hg. v. Elmar Holenstein, Den Haag 1975; Original: Halle 1900/01

Ders., *Logische Untersuchungen. Zweiter Band. Untersuchungen zur Phänomenologie und Theorie der Erkenntnis* (*Hua* XIX), hg. v. Ursula Panzer, Dordrecht 1984

Ders., *Logische Untersuchungen. Ergänzungsband. Erster Teil. Entwürfe zur Umarbeitung der VI. Untersuchung und zur Vorrede für die Neuauflage der Logischen Untersuchungen (Sommer 1913)* (*Hua* XX/1), hg. v. Ullrich Melle, Dordrecht 2002

Ders., *Logische Untersuchungen. Ergänzungsband. Zweiter Teil. Texte für die Neufassung der VI. Untersuchung: Zur Phänomenologie des Ausdrucks und der Erkenntnis (1893/94–1921)* (*Hua* XIX/2), hg. v. Ullrich Melle, Dordrecht 2005

Ders., *Logische Untersuchungen. Ergänzungsband. Zweiter Teil. Texte für die Neufassung der VI. Untersuchung. Zur Phänomenologie des Ausdrucks und der Erkenntnis (1893/94–1921)* (*Hua* XX/2), hg. von Ullrich Melle, Dordrecht 2005

Ders., *Aufsätze und Vorträge (1911–1921)* (*Hua* 25), hg. v. Thomas Nenon und Hans Rainer Sepp, Dordrecht 1987

Ders., *Philosophie als strenge Wissenschaft*, hg. v. Wilhelm Szilasi, Frankfurt a. M. 1965 (in: *Hua* 25)

Ders., *Vorlesungen über Bedeutungslehre. Sommersemester 1908* (*Hua* 26), hg. v. Ursula Panzer, Dordrecht 1987

Ders., „Artikel über Erneuerung" (1923–24), in: *Aufsätze und Vorträge*

(1922–1937) (*Hua* 27), hg. v. Thomas Nenon und Hans Rainer Sepp, Dordrecht 1989

Ders., *Logik und allgemeine Wissenschaftstheorie. Vorlesungen 1917/18 mit ergänzenden Texten aus der ersten Fassung von 1910/11* (*Hua* 30), hg. v. Ursula Panzer, Dordrecht 1996

Ders., *Untersuchungen zur Urteilstheorie. Texte aus dem Nachlaß (1893–1918)* (*Hua* 40), unter d. Leitung v. Rudolf Bernet u. Ullrich Melle hg. v. Robin D. Rollinger, Dordrecht 2009

Ingarden, Roman, „Intuition und Intellekt bei Henri Bergson. Darstellung und Versuch einer Kritik", in: *Jahrbuch* V, Halle 1922, S. 285–460; Orig.: Halle 1921

Ders., „Edith Stein on Her Activity as an Assistant of Edmund Husserl (Extracts from the Letters of Edith Stein with a Commentary and Introductory Remarks)", in: *Philosophy and Phenomenological Research*, Vol. XXIII, Dec., Nr. 2, Buffalo 1962, S. 155–175

Ders., „Meine Erinnerungen an Edmund Husserl", in: Husserl, Edmund, *Briefe an Roman Ingarden*, hg. v. R. Ingarden, Den Haag 1968, S. 106–135

Ders., „Erläuterungen zu den Briefen [Husserls]", in: *Edmund Husserl: Briefe an Roman Ingarden*, hg. v. Roman Ingarden, Den Haag 1968, S. 136–184

Ders., „Über die philosophischen Forschungen Edith Steins", *Freiburger Zeitschrift für Philosophie und Theologie* 26 (1979) 456–480

Imhof, Beat, *Edith Steins philosophische Entwicklung. Leben und Werk*, Basel 1987

Jaspers, Karl, *Allgemeine Psychopathologie*, Berlin 1913

Kant, Immanuel, *Metaphysik der Sitten*, Akademie-Ausgabe, Bd. 6, Berlin 1968

Kant, Immanuel, *Kritik der reinen Vernunft (KrV)*, Akademie-Ausgabe Bd. 4, Berlin 1968

Kaufmann, René, „Zum Personalismus William Sterns und Edith Steins Kritik", in: Beckmann-Zöller / Gerl-Falkovitz, *Die „unbekannte" Edith Stein. Phänomenologie und Sozialphilosophie, Frankfurt* 2006, S. 179–191

Kaufmann, René / Gerl-Falkovitz, Hanna-Barbara / Sepp, Hans Rainer (Hg.), *Europa und seine Anderen. Emmanuel Levinas, Edith Stein, Józef Tischner*, Dresden 2010

Kern, Iso, *Husserl und Kant. Eine Untersuchung über Husserls Verhältnis zu Kant und zum Neukantianismus*, Den Haag 1964

Koebner, Gertrud, „Rezension: Gesammelte Schriften von Adolf Reinach", in: *Literarisches Zentralblatt*, 16. Dezember 1922, 964–965

Koyré, Alexandre, „Bemerkungen zu den Zenonischen Paradoxen", in: *Jahrbuch* V, Halle 1922, S. 603–628

Ders., *L'idée de Dieu et les preuves de son existence chez Descartes*, Paris 1922

Lebech, Mette, „Study Guide to Edith Stein's Philosophy of Psychology and the Humanities“, in: *Yearbook of the Irish Philosophical Society: Voices of Irish Philosophy* 2004, Maynooth 2004, S. 40–76
Lebech, Mette, „Stein's Phenomenology of the Body. The Constitution of the Human Being between Description of Experience and Social Construction“, in: *Yearbook of the Irish Philosophical Society 2008*, ed. Fiachra Long, Maynooth 2009
Lebech, Mette, *On the Problem of Human Dignity. A Hermeneutical and Phenomenological Investigation*, Orbis Phaenomenologicus, Studien 18, Würzburg 2009
Lembeck, Karl-Heinz, „Die Philosophie Edith Steins“, in: *Zeitschrift für Katholische Theologie* 3 (1990) 120–132
Ders., „Von der Kritik zur Mystik. Edith Stein und der Marburger Neukantianismus“, in: *Studien Eichstätt*, 1993, S. 170–196
Lipps, Theodor, *Leitfaden der Psychologie*, Leipzig ²1906
MacIntyre, Alasdair, *Edith Stein: A Philosophical Prologue 1913–1922*, Lanham 2005
Martini, Giuseppe, *Ermeneutica e narrazione. Un percorso tra psichiatria e psicoanalisi*, Turin 1998
Maskulak, Marian, *Edith Stein and the Body-Soul-Spirit at the Center of Holistic Formation*, New York 2007, S. 167–197
McAlister, Linda Lopez, „Feminist Saint?: Edith Stein's Feminism“, in: *Florida International University's Occasional Papers in Women's Studies series*, 1989
Dies., „Edith Stein: Essential Differences“, in: *Philosophy Today*, 37 (Spring 1993) 70–77
McCullough, Ernest J., „Edith Stein and Intersubjectivity“, in: Feist, Richard / Sweet, William, *Husserl and Stein*, Washington 2003, S. 127–139
Müller, Andreas Uwe / Neyer, Maria Amata, *Edith Stein. Das Leben einer ungewöhnlichen Frau*, Zürich / Düsseldorf 1998
Murphy, Richard Timothy, *Hume and Husserl. Towards Radical Subjectivism*, Den Haag 1980
Oben, Freda Mary, *An Annotated Edition of Edith Stein's Papers on Woman*, Doctoral Dissertation, Catholic University of America Washington 1979
Dies., *Edith Stein: Scholar – Feminist – Saint*, Staten Island, New York 1988
Petersen, Uwe, *Philosophie der Psychologie, Psychogenealogie und Psychotherapie: ein Leitfaden für philosophische Praxis*, Hamburg 2010
Pezzella, Anna Maria, „Fenomenologia e psicologia: il contributo di E. Stein per l'indagine della psiche“, in: *Le finti esistenziali della fenomenologia*, hg. v. Angela Ales Bello, Pisa 2005, S. 73–83
Dies., „Sulla questione antropologica. Edith Stein e E. Husserl – un confron-

to“, in: *Il percorso intellettuale di Edith Stein*, hg. v. M. Shahid e F. Alfieri, Bari 2009, S. 27–45

Pfänder, Alexander, „Motive und Motivationen“, in: *Münchener Philosophische Abhandlungen*, Leipzig 1911, S. 163–195. Später unter dem Titel: *Phänomenologie des Wollens: eine psychologische Analyse*, 2. unv. Aufl. v. „Motive und Motivation“, Leipzig 1930; München [3]1963

Pfeil, Hans, *Der Psychologismus im englischen Empirismus* (1. Aufl. 1934), Meisenheim am Glan 1973

Pohlen, Manfred / Bautz-Holzherr, Margarethe, *Psychoanalyse. Das Ende einer Deutungsmacht*, Hamburg 1995

Rang, Bernhard, *Kausalität und Motivation. Untersuchungen zum Verhältnis von Perspektivität und Objektivität in der Phänomenologie Edmund Husserls*, Den Haag 1973

Rath, Matthias, „Der Psychologismusstreit – Die Geschichte eines gescheiterten Rettungsversuchs“, in: Schorr, Angela und Wehner, Ernst G. (Hg.), *Psychologiegeschichte heute*, Göttingen 1990, S. 112–127

Ders., „Die Stellung Edith Steins im Psychologismusstreit“, in: *Studien Eichstätt*, 1993, S. 197–225

Recki, Birgit, „Die kulturwissenschaftliche Wende“, in: *Information Philosophie*, August 2005 (3)

Reinach, Adolf, *Gesammelte Schriften*, hg. v. seinen Schülern, Vorwort von Hedwig Conrad-Martius, Halle 1921

Reinach, Adolf, *Sämtliche Werke*, Band I (Reinach I) und Band II (Reinach II), hg. v. Karl Schuhmann und Barry Smith, München 1989

Reinach, Adolf, „Die apriorischen Grundlagen des bürgerlichen Rechts“, in: *Jahrbuch* I, Halle 1913, S. 685–847; in: *Sämtliche Werke*, Band I (Reinach I) und Band II (Reinach II), München 1989, S. 166–350

Ders., „Kants Auffassung des Humeschen Problems“, Reinach I, S. 67–93

Ders., „Zur Theorie des negativen Urteils“, Reinach I, S. 75–116

Ders., „Die Überlegung: ihre ethische und rechtliche Bedeutung“, Reinach I, S. 121–165

Ders., „Paul Natorps *Allgemeine Psychologie nach kritischer Methode*“, Reinach I, S. 351–376

Ders., „Über das Wesen der Bewegung“, Reinach I, S. 551–588

Ders., „Das Absolute“, in: *Gesammelte Schriften*, Halle 1921, S. xxxi–xxxvi; vollständig: „Aufzeichnungen“, in: Reinach I, S. 589–611

Ricoeur, Paul, *Die Interpretation*, Frankfurt a. M. [4]1993

Rieß, Wolfgang, „Der Andere im Selbst. Edith Steins innerer Weg zur Gemeinschaft“, in: Gerl-Falkovitz / Kaufmann / Sepp, *Europa*, S. 119–132

Ders., *Der Weg vom Ich zum Anderen. Die philosophische Begründung einer Theorie von Individuum, Gemeinschaft und Staat bei Edith Stein*, Dresden 2010

Royce, Josiah, *The World and the Individual*, 2 Bände, New York 1900/1902

Sawicki, Marianne, *Body, Text, and Science. The literacy of Investigative Practices and the Phenomenology of Edith Stein*, Dordrecht 1997

Dies., „Editor's Introduction", in: Stein, Edith, *Philosophy of Psychology and the Humanities*, Washington 2000, S. IX-XXIII

Dies., „Edith Stein's Philosophy of Psychology and the Humanities: The *Jahrbuch* Treatises of 1922", in: *The Philosophy of Edith Stein: The Eighteenth Annual Symposium of the Simon Silverman Phenomenolgy Center*, hg. v. Daniel J. Martino, Pittsburgh 2001, S. 69–95

Dies., „The Humane Community: Husserl Versus Stein", in: Feist, Richard / Sweet, William, *Husserl and Stein*, Washington 2003, S. 141–154

Dies., „Edith Stein's Critique of Hume's Association Theory", in: *Yearbook of the Irish Philosophical Society: Voices of Irish Philosophy* 2004, Maynooth 2004, S. 138–147

Dies., „Making up Husserl's Mind about Constitution", in: *Yearbook of the Irish Philosophical Society*, hg. v. Will Desmond, Maynooth 2007, S. 191–216

Scheler, Max, *Der Formalismus in der Ethik und die materiale Wertethik*, Halle 1916, 8. Aufl. Bonn 2008

Ders., „Christentum und Gesellschaft", in: ders., *Schriften zur Soziologie und Weltanschauungslehre*, Leipzig 1923

Schmalenbach, Hermann, „Neues zum Problem der Phänomenologie (Schluß)", in: *Deutsche Literaturzeitung*, 43. Jahrgang, Nr. 45, 11.11.1922, Sp. 993–999

Schopenhauer, Arthur, *Über die vierfache Wurzel des Satzes vom zureichenden Grunde*, hg. v. Arthur Hübscher, *Sämtliche Werke*, Bd. 7, 4. Aufl. Mannheim 1988

Schütz, Alfred, *Der sinnhafte Aufbau der sozialen Welt. Eine Einleitung in die verstehende Soziologie*, Wien 1932

Ders., *Philosophisch-phänomenologische Schriften 1. Zur Kritik der Phänomenologie Edmund Husserls. Werkausgabe*, Band III / 1, hg. v. Gerd Sebald nach Vorarbeiten von Richard Grathoff und Michael Thomas, Konstanz 2009

Schuhmann, Karl, *Husserl-Chronik. Denk- und Lebensweg Edmund Husserls*, Den Haag 1977

Ders., „Edith Stein und Adolf Reinach", in: *Studien Eichstätt* 1993, S. 53–88; Wiederabdruck in: *Selected Papers on Phenomenology*, hg. v. Cees Leijenhorst und Piet Steenbakkers, Dordrecht 2004, S. 163–184

Ders., „Phänomenologische Bezüge zwischen Alexander Pfänder und Edith Stein", in: Beckmann / Gerl-Falkovitz 2003, S. 25–36

Schulz, Peter, *Edith Steins Theorie der Person. Von der Bewußtseinsphilosophie zur Geistmetaphysik*, Freiburg / München 1994

Schulz, Peter, „Toward the Subjetivity of the Human Person: Edith Stein's Contribution to the Theory of Identity", in: *American Catholic Philosophical Quarterly*, Vol. 82, Winter 2008, Nr. 1, S. 161–176

Secretan, Philibert, *Erkenntnis und Aufstieg. Einführung in die Philosophie von Edith Stein*, Würzburg 1998

Sepp, Hans Rainer, *Edmund Husserl und die phänomenologische Bewegung*, Freiburg 1988

Ders., *Die München-Göttinger Phänomenologie*, Freiburg i. Brsg. 1998

Ders. / Gerl-Falkovitz, Hanna-Barbara / Kaufmann, René / (Hg.), *Europa und seine Anderen. Emmanuel Levinas, Edith Stein, Józef Tischner*, Dresden 2010

Sokolowski, Robert, *The Formation of Husserl's Concept of Constitution*, Den Haag 1964

Spiegelberg, Herbert, *The Phenomenological Movement*, Den Haag [3]1982

Stein, Edith, „Anhang ⟨Zur Kritik an Theodor Elsenhans und August Messer⟩ ⟨1917⟩ ⟨Edith Steins Ausarbeitung⟩", in: *Hua* 25, 1987, S. 226–248

Dies., „Beilage VII: ⟨Zu Heinrich Gustav Steinmanns Aufsatz ‚Zur systematischen Stellung der Phänomenologie'⟩ ⟨1917⟩ ⟨von Edith Stein⟩", in: *Hua* 25, 1987, S. 253–266

Dies., „Systematische Raumkonstitution. E. Steins Ausarbeitung", in: *Ding und Raum, Vorlesungen 1907* (Hua XVI), hg. v. Ulrich Claesges, Den Haag 1973, S. 322–336

Dies., *Beiträge zur philosophischen Begründung der Psychologie und der Geisteswissenschaften*, in: *Jahrbuch* V, Halle 1922; 2. Aufl.: Tübingen 1970

Dies., *Philosophy of Psychology and the Humanities, The Collected Works of Edith Stein*, vol. 7, hg. v. Marianne Sawicki, übers. v. Mary Catharine Baseheart u. Marianne Sawicki, ICS Publications, Institute of Carmelite Studies, Washington, D.C., 2000

Dies., *Escritos filosóficos, etapa fenomenológica 1914–1921*, Bd. 2 der Gesamtausgabe, übers. v. Constantino Ruiz Garrido und José Luis Caballero Bono, Madrid 2006

Dies., *Aus dem Leben einer jüdischen Familie (LJF)*, Edith Stein Gesamtausgabe (ESGA) 1, bearbeitet v. Amata Neyer u. Hanna-Barbara Gerl-Falkovitz, Freiburg 2002

Dies., *Selbstbildnis in Briefen III. Briefe an Roman Ingarden (BRI)*, ESGA 4, bearbeitet v. Eberhard Avé-Lallemant, M. Amata Neyer u. Hanna-Barbara Gerl-Falkovitz, Freiburg 2001

Dies., *Zum Problem der Einfühlung (PE)*, ESGA 5, bearbeitet v. M. Antonia Sondermann, Freiburg 2009

Dies., *Eine Untersuchung über den Staat (US)*, ESGA 7, bearbeitet v. Ilona Riedel-Spangenberger, Freiburg 2006

Dies., *Einführung in die Philosophie (EPh)*, ESGA 8, bearbeitet v. Claudia Mariéle Wulf, Freiburg 2004

Dies., „Rezension zu Kuznitzky, Gertrud: *Naturerlebnis und Wirklichkeitsbewußtsein.* Breslau 1919", in: *Kant-Studien* XXIV/4, Berlin 1920, S. 402–405; ESGA 9

Dies., „Natur, Freiheit und Gnade" (*NFG*), bisher unter dem falschen Titel: „Die ontische Struktur der Person und ihre erkenntnistheoretische Problematik", in: Stein, Edith, *Welt und Person*, ESW VI, Freiburg i.Brsg. 1962, S. 137–197; ESGA 9

Dies., *Was ist Phänomenologie?* (15.5.1924), in: *Neue Pfälzische Landes-Zeitung;* Wiederabdruck in: *Theologie und Philosophie* 66, 1991, 570–573, hg. v. Gottfried Paschke; ESGA 9

Dies., „Husserls Phänomenologie und die Philosophie des hl. Thomas von Aquino. Versuch einer Gegenüberstellung", in: *Jahrbuch. Ergänzungsband zu Bd. 10*, Halle 1929, S. 315–338; ESGA 9

Dies., „Beiträge zur Diskussion in Juvisy", *Journées d'études de la Société Thomiste* I, 1932: *La phénoménologie*, Juvisy 12. September 1932, S. 101–113; ESGA 9

Dies., „Die weltanschauliche Bedeutung der Phänomenologie" (1932), in: Dies., *Welt und Person. Beitrag zum christlichen Wahrheitsstreben (WP)*, ESW VI, Freiburg i.Brsg. 1962, S. 1–18; ESGA 9

Dies., „Husserls transzendentale Phänomenologie (Cf. E. Husserl: *Méditations Cartésiennes*, Paris 1931, und Eugen Fink: *Beiträge zu einer phänomenologischen Analyse der psychischen Phänomene, die unter den vieldeutigen Titeln ‚Sich denken, als ob', ‚Sich etwas bloß vorstellen', ‚Phantasieren' befaßt werden*, Freiburger Dissertation 1930", *WP*, S. 33–35; ESGA 9

Dies., „Rezension zu Edmund Husserl, *Die Krisis der europäischen Wissenschaften und die transzendentale Phänomenologie. Eine Einleitung in die phänomenologische Philosophie.* (Erschienen im I. Band der Zeitschrift Philosophia, Belgrad 1936, S. 77–176", auf frz. in: *Revue Thomiste*, Jg. 1937, Jg. 42., T. XLII, S. 327–329; dt. *WP*, S. 35–38; ESGA 9

Dies., *Potenz und Akt (PA)*, ESGA 10, bearbeitet v. Hans Rainer Sepp, Freiburg 2005

Dies., *Endliches und ewiges Sein. Versuch eines Aufstiegs zum Sinn des Seins (EES)*, ESGA 11/12, bearbeitet v. Andreas Uwe Müller, Freiburg 2006

Dies., „Martin Heideggers Existenzphilosophie". (Besprechungen zu: Sein und Zeit; Kant und das Problem der Metaphysik; Vom Wesen des Grundes; Was ist Metaphysik?", 1936, als Anhang zu EES), *EES* 445–499

Dies., *Der Aufbau der menschlichen Person (AMP)*, ESGA 14, bearbeitet v. Beate Beckmann-Zöller, Freiburg 2004

Dies., *Bildung und Entfaltung der Individualität (BEI)*, ESGA 16, bearbeitet v. Beate Beckmann-Zöller, Freiburg 2001

Dies., „Die Typen der Psychologie und ihre Bedeutung für die Pädagogik“ (1928), *BEI* 9–14

Dies., *Übersetzungen I. J. H. Newman, Die Idee der Universität*, ESGA 21, bearbeitet v. Hanna-Barbara Gerl-Falkovitz, Freiburg 2004

Dies., *Übersetzungen II. J. H. Newman, Briefe und Texte zur ersten Lebenshälfte (1801–1846)*, ESGA 22, bearbeitet v. Hanna-Barbara Gerl-Falkovitz, Freiburg 2002

Dies., *Übersetzungen III. Thomas von Aquin, Über die Wahrheit I*, ESGA 23, bearbeitet v. Andreas Speer und Francesco Valerio Tommasi, Freiburg i. Brsg. 2008

Dies., *Übersetzungen IV. Thomas von Aquin, Über die Wahrheit II*, ESGA 24, bearbeitet v. Andreas Speer und Francesco Valerio Tommasi, Freiburg 2008

Dies., *Übersetzungen V. Alexandre Koyré, Descartes und die Scholastik*, ESGA 25, bearbeitet v. Hanna-Barbara Gerl-Falkovitz, Freiburg i. Brsg. 2005

Dies., *Übersetzungen VII. Verschiedenes*, darin die Übersetzung „Die so genannte Judenfrage erhellt durch Aussprüche aus der Heiligen Schrift“, Edith Stein Archiv, Köln (A 06–10); Closen, Gustav E. SJ, „Quaestio Iudaeorum, quam aiunt, effatis Sacrae Scripturae illustratur“, in: *Verbum Domini* 19 (1939) 129–137; ESGA 27

Stern, William, *Person und Sache: System des kritischen Personalismus*, Bd. 1, Ableitung und Grundlehre des kritischen Personalismus, Leipzig 1906

Studien zur Philosophie von Edith Stein. Internationales Edith-Stein-Symposion Eichstätt 1991, hg. v. Reto Luzius Fetz / Matthias Rath / Peter Schulz, Freiburg / München 1993

Tapken, Andreas, *Der notwendige Andere. Eine interdisziplinäre Studie im Dialog mit Heinz Kohut und Edith Stein*, Mainz 2003

Verbillion, June M., *A Critical Analysis of the Educational Theories of Edith Stein*, Doctoral Dissertation, Loyola University of Chicago 1960

Vidal, Jacques, „Phénoménologie et conversions“, in: *Archives de Philosophie* 35, 1972, S. 209–243

Wahle, Richard, *Das Ganze der Philosophie und ihr Ende*, Wien 1894

Volek, Peter, „Der freie Akt und der Andere bei Edith Stein“, in: Gerl-Falkovitz / Kaufmann / Sepp, *Europa*, S. 85–95

Wald, Berthold, „Nachwort des Herausgebers“, in: Pieper, Josef, *Frühe soziologische Schriften. Werke in acht Bänden, Ergänzungsband 1*, hg. v. Berthold Wald, Hamburg 2004, S. 431–446

Waldenfels, Bernhard, *Einführung in die Phänomenologie*, München 1992

Walther, Gerda, „Ein Beitrag zur Ontologie der sozialen Gemeinschaften“, *Jahrbuch* VI, Halle 1923, S. 1–158

Wust, Peter, „Die metaphysische Bedeutung der Frau“, in: *Kölnische Volks-*

zeitung LXXI (1930), Nr. 609 (30. 11. 1930), Nr. 622 (7. 12. 1930), Nr. 635 (14. 12. 1930)

Ders., *Gesammelte Werke*, Band X, *Vorlesungen und Briefe*, hg. v. Alois Huning, Regensburg 1969

Wulf, Claudia Mariéle, „Rekonstruktion und Neudatierung einiger früher Werke Edith Steins", in: Beckmann / Gerl-Falkovitz, *Edith Stein. Texte, Bezüge, Dokumente*, Würzburg 2003, S. 249–268

Siglen

Edith Stein

AMP	*Aufbau der menschlichen Person* (ESGA 14)
BEI	*Bildung und Entfaltung der Individualität* (ESGA 16)
BRI	*Briefe an Roman Ingarden*(ESGA 4)
EES	*Endliches und ewiges Sein* (ESGA 11/12)
EPh	*Einführung in die Philosophie* (ESGA 8)
ESGA	*Edith Stein Gesamtausgabe*
ESW	*Edith Steins Werke*
KW	*Kreuzeswissenschaft* (ESGA 18)
LJF	*Aus dem Leben einer jüdischen Familie* (ESGA 1)
NFG	*„Natur, Freiheit und Gnade“* (ESGA 9)
PA	*Potenz und Akt* (ESGA 10)
PE	*Zum Problem der Einfühlung* (ESGA 5)
SBB I	*Selbstbildnis in Briefen I* (ESGA 2)
US	*Eine Untersuchung über den Staat* (ESGA 7)
WP	*Welt und Person* (ESW VI)

Andere

Hua	*Husserliana* – Sämtliche Werke Edmund Husserls
Jahrbuch	*Jahrbuch für Philosophie und phänomenologische Forschung*, hg. v. Edmund Husserl u. a.
KrV	*Kritik der reinen Vernunft* (Immanuel Kant)

Editorische Hinweise

Rechtschreibung und Grammatik wurden gegenüber der originalen *Jahrbuch*-Ausgabe leicht angepaßt. Es wird die „alte“ Rechtschreibregelung verwendet.

Im Original gesperrte Hervorhebungen wurden kursiv wiedergegeben.

Griechische Lettern wurden in lateinischer Umschrift wiedergegeben und übersetzt.

Lateinische Begriffe wurden übersetzt.

Mit ⟨spitzen⟩ Kammern sind Passagen im Haupttext und in den Fußnoten gekennzeichnet, die Ergänzungen und Kommentare der Bearbeiterin enthalten.

Am Seitenrand befinden sich jeweils die Seitenzahlen der *Jahrbuch*-Ausgabe von 1922, die auch mit der 2. Auflage von 1970 identisch sind.

Danksagung

Den Übersetzerinnen Prof. Dr. Marianne Sawicki (ins Amerikanische) und Prof. Dr. Angela Ales Bello und Prof. Dr. Anna Maria Pezzella (ins Italienische) danke ich für die glänzende Vorarbeit in den Kommentierungen der jeweiligen Übersetzung und die wertvollen Hinweise im wissenschaftlichen Austausch.

Zeitgleich zu dieser Bearbeitung wurden Edith Steins *Beiträge* an der Technischen Universität Dresden intensiv in einem philosophischen Seminar am Lehrstuhl für Religionsphilosophie und vergleichende Religionswissenschaft unter der Leitung von Prof. Dr. Mette Lebech (Maynooth) und René Raschke und Susan Neumann (Dresden) diskutiert. Für den intensiven wissenschaftlichen Austausch bin ich beiden sehr dankbar, vor allem Mette Lebech hat mich mit ausführlichen Kommentaren zu stärkerer Präzision in der Einführung herausgefordert. René Raschke und Susan Neumann bin ich zudem für die Hilfe bei der Erstellung des Personen- und Sachregisters herzlich dankbar.

Nicht weniger herzlich bedanke ich mich bei Sr. Dr. M. Antonia Sondermann OCD, Leiterin des Edith Stein Archiv, Köln, und bei Sr. M. Amata Neyer OCD, der ehemaligen Leiterin des Archivs, für ihre hilfreichen Auskünfte und ihre liebenswürdige Unterstützung.

Einen herzlichen Dank auch an Dr. Peter Suchla vom Verlag Herder, der alle editorischen Entscheidungen mitgetragen hat.

Mein spezieller Dank gilt Frau Prof. Hanna-Barbara Gerl-Falkovitz für ihr gründliches Gegenlesen und die fruchtbaren Diskussionen, für ihre aufmerksame und fachkundige Art, in der sie die Herausgabe der ESGA insgesamt und auch diesen Band begleitet. Zum 65. Geburtstag sei ihr für ihre Verdienste um die Edith Stein Forschung aufs herzlichste gedankt, verbunden mit den allerbesten Wünschen für viele weitere schaffensfrohe Jahre!

Beate Beckmann-Zöller

Edith Stein
Beiträge zur philosophischen Begründung
der Psychologie und der Geisteswissenschaften

Edmund Husserl
zum 60. Geburtstag gewidmet

Vorwort

Die folgenden Untersuchungen stellen es sich zur Aufgabe, von verschiedenen Seiten her in das Wesen der psychischen Realität und des Geistes einzudringen und daraus die Grundlage für eine sachgemäße Abgrenzung von Psychologie und Geisteswissenschaften zu gewinnen. Die Probleme, deren Lösung hier angestrebt wird, sind bereits in meiner Dissertation *Zum Problem der Einfühlung*[1] aufgetaucht. Im Zusammenhang der Analyse der Erfahrung von fremder Subjektivität sah ich mich genötigt, die Struktur der menschlichen Persönlichkeit in ihren Grundzügen zu skizzieren, ohne in diesem Rahmen eine vertiefte Untersuchung der komplizierten Fragen dieses Problemkreises in Angriff nehmen zu können. Die erste der beiden folgenden Untersuchungen unternimmt es nun, die doppelte Grundgesetzlichkeit, die in einem psychischen Subjekt von sinnlich-geistigem Wesen zusammenwirkt – Kausalität und Motivation – klar herauszuarbeiten. Die zweite Untersuchung erweitert die Betrachtung vom isolierten psychischen Individuum auf die überindividuellen Realitäten und sucht dadurch weitere Einblicke in die Struktur des geistigen Kosmos zu erzielen. Die Schlußbetrachtung wertet die Ergebnisse der beiden Untersuchungen für die entsprechenden wissenschaftstheoretischen Probleme aus.

Es bleibt mir noch übrig, ein paar Worte zur Aufklärung über das Verhältnis meiner Untersuchungen zur Gedankenarbeit E.⟨dmund⟩ Husserls zu sagen. Ich bin Herrn Professor Husserl fast zwei Jahre lang[2] bei der Vorbereitung großer Publikationen behilflich gewesen, und in dieser Zeit haben mir
alle seine Manuskripte aus den letzten Jahrzehnten zur Verfügung gestanden 2
(darunter auch solche, die sich mit dem Thema der Psychologie und der Geisteswissenschaften beschäftigen).[3] Es ist selbstverständlich, daß von den

---

[1] Freiburger Dissertation. Halle 1917. ⟨Kurz: *PE*, ESGA 5, Freiburg 2008, III. „Die Konstitution des psychophysischen Individuums", § 4c) „Seele und Leib, psychophysische Kausalität", S. 66 ff.⟩

[2] ⟨Von Oktober 1916 bis Februar 1918 war Stein Husserls Privatassistentin.⟩

[3] ⟨Folgende für Stein relevante Husserl-Werke (Husserliana, kurz: *Hua*) waren bereits erschienen: 1900/1901: *Logische Untersuchungen. Erster Band: Prolegomena zur reinen Logik. Text der 1. und 2. Auflage*, (*Hua* XVIII) hg. v. Elmar Holenstein, 1975; *Logische Untersuchungen. Zweiter Band: Untersuchungen zur Phänomenologie und Theorie der Erkenntnis* (*Hua* IXX, in 2 Bänden), hg. v. Ursula Panzer, 1984; 1911: „Philosophie als stren-

Anregungen, die ich auf diesem Wege und in vielen Gesprächen empfing, maßgebende Einflüsse auf meine eigenen Arbeiten ausgegangen sind. In welchem Umfange das der Fall gewesen ist, das vermag ich heute selbst nicht mehr zu kontrollieren. Im einzelnen Belege durch Zitate zu geben, war mir nicht möglich, einmal, weil es sich um ungedrucktes Material handelt, dann aber auch, weil ich mir sehr oft nicht darüber klar war, ob ich etwas als eigenes Forschungsergebnis anzusehen hätte oder als innere Aneignung übernommener Gedankenmotive.

---

ge Wissenschaft", in: *Logos*, Bd. I, 1910/11, S. 289–341 (kurz *Logos*), jetzt: *Hua* XXV, *Aufsätze und Vorträge (1911–1921)*, hg. v. Thomas Nenon u. Hans Rainer Sepp, Dordrecht 1987; S. 3–62; 1913: *Ideen zu einer reinen Phänomenologie und phänomenologischen Philosophie. Erstes Buch: Allgemeine Einführung in die reine Phänomenologie*, zwei Bände, 1. Halbband (*Hua* III, 1): Text der 1.–3. Auflage, hg. v. Karl Schuhmann, Dordrecht 1976. – Stein hatte außerdem Zugang zu folgenden inzwischen herausgegebenen Manuskripten, die sie als Privatassistentin Husserls bearbeitete: *Ideen zu einer reinen Phänomenologie und phänomenologischen Philosophie. Zweites Buch: Phänomenologische Untersuchungen zur Konstitution* (*Hua* IV), hg. von Marly Biemel, Nachdruck Dordrecht 1991 (von Stein bearbeitete Neufassung der Vorlesung von 1913 über „Natur und Geist"); *Ideen zu einer reinen Phänomenologie und phänomenologischen Philosophie. Drittes Buch: Die Phänomenologie und die Fundamente der Wissenschaften* (kurz: *Ideen* III, *Hua* V), hg. von Marly Biemel, Nachdruck Den Haag 1971; *Zur Phänomenologie des inneren Zeitbewusstseins* (1893–1917), (*Hua* X), hg. v. Rudolf Boehm, Nachdruck der 2. verb. Auflage Den Haag1969 (die Stein selbst bearbeitete und zum Druck vorbereitete, von Martin Heidegger 1928 dann herausgegeben); außerdem verfaßte sie einen selbständigen „Anhang" zu Husserls Aufsätzen „Phänomenologie und Psychologie" und „Phänomenologie und Erkenntnistheorie", mit dem Untertitel „Zur Kritik an Theodor Elsenhans und August Messer" (S. 226–248), und „Beilage VII: ⟨Zu Heinrich Gustav Steinmanns Aufsatz ‚Zur systematischen Stellung der Phänomenologie'⟩" (S. 253–266), beides in: *Hua* XXV. Außerdem arbeitete sie mit Husserls Aufzeichnungen zu *Ding und Raum*, *Vorlesungen 1907* (*Hua* XVI), hg. v. Ulrich Claeges, Den Haag 1973, darin ihre Ausarbeitung: „Systematische Raumkonstitution. E. Steins Ausarbeitung", S. 322–336. Eventuell hatte sie ebenfalls Zugang zu folgenden Manuskripten: *Zur Phänomenologie der Intersubjektivität. Texte aus dem Nachlaß. Erster Teil: 1905–1920* (*Hua* XIII, hg. von Iso Kern, Den Haag 1973); *Logik und allgemeine Wissenschaftstheorie. Vorlesungen Wintersemester 1917/18. Mit ergänzenden Texten aus der ersten Fassung von 1910/11* (*Hua* XXX, hg. v. Ursula Panzer, Dordrecht 1996), auch darin befinden sich einige von Stein geordnete Manuskripte; *Die Bernauer Manuskripte über das Zeitbewußtsein (1917/18)*, (*Hua* XXXIII), hg. v. Rudolf Bernet u. Dieter Lohmar, 2001.⟩

I. Abhandlung
Psychische Kausalität

Einleitung

Eine fast unübersehbare Literatur liegt bereits vor, die sich mit dem Thema der psychischen Kausalität beschäftigt. Begreiflicherweise, da mit diesem Problem höchste philosophische Fragen – metaphysische und erkenntnis- bzw. wissenschaftstheoretische – verknüpft sind.

In dem alten Streit zwischen Determinismus und Indeterminismus taucht die Frage auf, ob das menschliche Seelenleben – ganz oder doch einem Teil seines Bestandes nach – dem großen Kausalzusammenhang der Natur eingeordnet ist. Das Problem wird allerdings nicht immer so gestellt. Mancherlei und recht Verschiedenes geht unter den Titeln „Freiheit" und „Notwendigkeit" durcheinander: Bald handelt es sich um die Abhängigkeit des Willens von der theoretischen Vernunft, bald um die Abhängigkeit des menschlichen vom göttlichen Willen, bald um die allgemeine Kausalgesetzlichkeit. In der neueren Literatur jedoch dreht es sich im wesentlichen um die letzte Frage. Freilich ist auch diese keineswegs eindeutig. Einmal betrifft sie das Problem, so wie wir es hier stellten, die Einordnung des Psychischen in *den einen* Zusammenhang der Natur: Dann tritt sofort in den Mittelpunkt die Untersuchung der Zusammenhänge zwischen Psychischem und Physischem, und zwar zumeist in der historischen Form der Auseinandersetzung zwischen psychophysischem Parallelismus und Wechselwirkungstheorie.[4] Daneben und meist im Zusammenhang mit dieser Streitfrage wird das andere Problem erörtert, ob vielleicht das Psychische seinen *eigenen*, der Gesetzlichkeit 3
der physischen Natur analogen Notwendigkeitszusammenhang hat. Im Sinne der alten Psychologie sind es dann die *Assoziations*prinzipien[5], die als

[4] ⟨In der Mitte des 19. Jhs entwickelte Gustav Theodor Fechner (1801–1887, dt. Physiker und Naturphilosoph) die Lehre vom „Psychophysischen Parallelismus" als Antwort auf monistische Theorien des Materialismus, in *Elemente der Psychophysik*, Leipzig 1860. Der Ausdruck wird allerdings erst von Alexander Bain bzw. Wilhelm Wundt verwendet. Vgl. Stein, Edith, *Der Aufbau der menschlichen Person*, ESGA 14 (kurz *AMP*), Freiburg 2004, S. 105 f.⟩

[5] ⟨Das Konzept der Assoziation erscheint schon in der antiken griechischen Philosophie im *Phaidon* von Platon und bei Aristoteles in *Über das Gedächtnis und die Erinnerung*. Assoziation bedeutet hier, daß die Verknüpfung von Gedanken durch die Umwelt bestimmt

Naturgesetze aufgefaßt werden; in neuerer Zeit hört man öfters die *Motivation* als „Kausalität des Psychischen" bezeichnen (dies besonders, wo es sich um die Frage der „Notwendigkeit" des historischen Geschehens handelt). Ohne Zweifel ist in den vielen Untersuchungen, die diesen Problemen gewidmet wurden, vieles Wertvolle herausgestellt worden. Wenn wir in den folgenden Betrachtungen trotzdem nicht an diese Untersuchungen anknüpfen, sondern ganz von vorn beginnen und einen neuen Zugang suchen, so hat das seine guten Gründe. Eine systematische Klärung der psychischen Kausalität ist ausgeschlossen, solange man nicht wenigstens einige Klarheit darüber hat, was das „Psychische" und was „Kausalität" ist. Daran fehlt es aber in der vorliegenden Literatur noch völlig.

Der *Kausalbegriff* hat sich noch heute nicht von dem Schlage erholt, den ihm *Humes*[6] vernichtende Kritik versetzte (trotz des skeptischen Widersinns in seiner Methode, die auf Grund einer kausalen Betrachtung den Kausalbegriff auflöst). Der Geist der Humeschen Kritik ist in allen modernen Behandlungen des Problems durchzuspüren – trotz *Kant*[7] und der „endgültigen Lösung", die man ihm zuzuschreiben pflegt. Und das ist gar kein Wunder. Denn was Hume suchte und schließlich als unauffindbar zu erweisen glaubte – das *Phänomen der Kausalität* –, das hat auch Kant nicht aufgezeigt. Er teilt vielmehr offenbar in diesem Punkte Humes Ansicht und folgert aus der Unaufweisbarkeit der Kausalität, die er anerkennt, die Not-

---

und nicht „gottgegeben" sei. Daran knüpfen die britischen Empiristen Thomas Hobbes (1588–1679), John Locke (1632–1704), David Hume (1711–1776) u. a. an. Die klassische Assoziationspsychologie mit den Hauptvertretern Hermann Ebbinghaus (1850–1909), Georg Elias Müller (1850–1934) und Theodor Ziehen (1862–1950) verwendet Assoziationsgesetze, z. B. das Gesetz der Ähnlichkeit, das Gesetz des Kontrasts, das Gesetz des räumlichen und zeitlichen Zusammenhangs (Kontiguität). In den primären Assoziationsgesetzen untersucht man (nach Aristoteles) die Assoziationsstärke zweier Reize in Bezug auf ihre räumliche und zeitliche Nähe und ihre Gegensätzlichkeit während der Aufnahme des Reizes. Im 19. Jh (Thomas Brown, 1778–1829) kamen sekundäre Assoziationsgesetze hinzu, nach denen die Verbindungsstärke zweier Reize von ihrer jeweiligen Intensität abhängt, wie auch von der Häufigkeit ihres gemeinsamen Auftretens, der Zeit, die seit dem letzten gemeinsamen Auftreten vergangen ist und der Anzahl mit dieser Verknüpfung konkurrierender Verknüpfungen.⟩

6 ⟨David Hume (1711–1776, schottischer Philosoph, Ökonom und Historiker; Vertreter des Empirismus und der britischen Aufklärung) in seinem Hauptwerk *A Treatise of Human Nature: Being an Attempt to introduce the experimental Method of Reasoning into Moral Subjects* (1739–40; dt. *Ein Traktat über die menschliche Natur*); Neuausgabe: *Eine Untersuchung über den menschlichen Verstand*, aus dem Engl. von Raoul Richter, durchges., überarb. u. komm. v. Lambert Wiesing, Frankfurt a. M. 2007.⟩

7 ⟨Immanuel Kant (1724–1804, dt. Philosoph) löste das Problem, indem er die Gültigkeit des Kausalgesetzes als „Bedingung der Möglichkeit von Erfahrung" faßte, als synthetisches Urteil, das *a priori* (lat. „der Erfahrung vorausliegend, unabhängig von Erfahrung") gilt. Diese apriorische Gültigkeit beruht allerdings allein auf seiner Unterscheidung von „Ding an sich" und „Erscheinung"; nur in der „Erscheinungswelt" gelte das Kausalgesetz.⟩

wendigkeit, die Untersuchung auf einem ganz anderen Boden fortzuführen.
Er deduziert Kausalität als eine der Bedingungen der Möglichkeit einer ex-
akten Naturwissenschaft, er zeigt, daß Natur im Sinne der Naturwissen-
schaft ohne Kausalität nicht denkbar ist. Das ist ein unanfechtbares Ergeb-
nis, aber es ist keine Erledigung des Kausalproblems und keine befriedigende
Antwort auf Humes Frage. Hume kann nur auf seinem eigenen Boden über-
wunden werden oder richtiger: auf dem Boden, auf dem er seine Betrach-
tung durchzuführen suchte, den er selbst aber nicht genügend methodisch
zu sichern vermochte. Er geht aus von der Natur, wie sie sich den Augen des
naiven Betrachters darbietet: In dieser Natur gibt es eine ursächliche Ver-
knüpfung, eine notwendige Abfolge des Geschehens. Welcher Art das Be-
wußtsein von dieser Verknüpfung und ob es ein vernünftiges ist, möchte er
untersuchen. Und nur eine voreilige Theorie über die Natur des Bewußt- 4
seins und speziell der Erfahrung hindert ihn daran, die aufweisbaren Zu-
sammenhänge zu finden, die er sucht, und verführt ihn am Ende dazu, die
Phänomene wegzudeuten, von denen er ausgegangen ist und ohne die seine
ganze Fragestellung unverständlich wäre. Auf diese Frage, die doch ohne
Zweifel ein echtes Erkenntnisproblem aufweist, vermag eine Betrachtung
wie die Kantische, der es nur um eine „natura formaliter spectata"[8] zu tun
ist, keine Antwort zu geben. Sie kümmert sich nicht um die Phänomene,
und die Kausalität, die sie deduziert, ist eine Form, die eine mannigfache
Ausfüllung zuläßt; sie besagt nur eine notwendige Verknüpfung in der Zeit;
welcher Art aber diese Verknüpfung ist, das kann uns eine „transzendentale
Deduktion" in Kants Sinne nicht lehren. Dazu bedarf es einer Methode der
Analyse und Beschreibung der Phänomene, d. h. der Objekte in der ganzen
Fülle und Konkretion, in der sie sich uns darbieten, und des ihnen entspre-
chenden Bewußtseins. Nichts anders als diese Methode, auf die die recht
verstandene Humesche Problemstellung hindrängt, ist *Husserls* Phänomeno-
logie, deren Richtlinien in den *Ideen zu einer reinen Phänomenologie und*

---

8 ⟨Die „natura formaliter spectata" (lat. „Natur unter formaler Hinsicht") ist das Produkt der Verstandestätigkeit des menschlichen Subjekts, von dem her sie konstituiert wird. Husserl übernahm diesen Ausdruck von Kant und bezeichnete damit die ontologische Gesetzlichkeit der Natur, auch mit dem Ausdruck „Form der Natur", z. B. *Ideen* III, S. 36. Vgl. Kants *KrV*, B 164–5: „Nun ist das, was das Mannigfaltige der sinnlichen Anschauung verknüpft, Einbildungskraft, die vom Verstande der Einheit ihrer intellektuellen Synthesis, und von der Sinnlichkeit der Mannigfaltigkeit der Apprehension nach abhängt. Da nun von der Synthesis der Apprehension alle mögliche Wahrnehmung, sie selbst aber, diese empirische Synthesis, von der transzendentalen, mithin den Kategorien abhängt, so müssen alle möglichen Wahrnehmungen, mithin auch alles, was zum empirischen Bewußtsein immer gelangen kann, d. i. alle Erscheinungen der Natur, ihrer Verbindung nach, unter den Kategorien stehen, von welchen die Natur (bloß als Natur überhaupt betrachtet), als dem ursprünglichen Grunde ihrer notwendigen Gesetzmäßigkeit (als natura formaliter spectata), abhängt."⟩

Phänomenologischen Philosophie[9] niedergelegt sind.[10] Nur auf dem Boden der Phänomenologie scheint mir demnach eine fruchtbare Behandlung auch der psychischen Kausalität möglich zu sein. Es wäre natürlich eine große Erleichterung, wenn wir uns bei dieser Betrachtung auf eine vorliegende phänomenologische Analyse der Kausalität im Bereich der materiellen Natur stützen könnten. Grundlegende Erörterungen darüber enthält der unveröffentlichte II. Teil der *Ideen*[11]; ferner liegt uns eine ebenfalls noch nicht veröffentlichte Arbeit von Erika *Gothe* über Humes Behandlung des Kausalproblems vor.[12] An diese Grundlagen knüpfen wir an, wo wir genötigt sind, die materielle Kausalität für unsere Untersuchung in Betracht zu ziehen.

Der zweite Grund, der uns von einer Anknüpfung an irgendwelche nichtphänomenologische Untersuchungen absehen läßt, ist die herrschende Unklarheit über den *Begriff des Psychischen.* Zwar setzt sich jedes Lehrbuch der Psychologie in einem einleitenden Kapitel mit diesem Begriff auseinander, und in den letzten Jahrzehnten sind hoch bedeutsame Werke seiner Klärung gewidmet worden (ich denke etwa an *Brentano*[13], *Münsterberg*[14], *Natorp*[15]). Aber fast alle diese Bemühungen leiden an einem Grundfehler: an der Verwechslung von *Bewußtsein* und *Psychischem.*[16] Erst wenn man diese Schei-

[9] *Jahrbuch für Philosophie und phänomenologische Forschung* Bd. I, ⟨Halle⟩ 1913. Später nur als *Ideen* ⟨I⟩ zitiert. ⟨Vgl. Anm. 3.⟩

[10] ⟨Zur Kritik an Hume und der Lösung seiner Fragestellungen durch die Phänomenologie vgl. Husserl, *Logos*, S. 316f.: Hume „fixiert eine ‚relation of idea', ein Ariori in dem echten Sinne, den Hume zwar vorschweben hatte, aber durch seine positivistische Vermengung von Wesen und ‚idea' – als Gegensatz zu ‚impression' – verfehlen mußte. [...] Alle die Probleme, die ihn im *Treatise* so leidenschaftlich bewegen und von Verwirrung zu Verwirrung treiben [...], liegen durchaus in dem Herrschaftsbereich der Phänomenologie."⟩

[11] ⟨*Ideen* II, vgl. Anm. 3, S. 43, 45, 74, 126ff., 159ff., 229ff., 343ff., 382.⟩

[12] ⟨Erika Gothe (1887–1966), Studienfreundin Edith Steins, vgl. ESGA 1; ihre von Stein erwähnte Arbeit *Ursache und Bedingung* (vgl. *BRI*, Br. 30, Anm. 7) scheint nicht auffindbar zu sein; es existiert allerdings ein Exzerpt Husserls, vgl. Schuhmann, Karl, *Husserl-Chronik*, Den Haag 1977, S. 198.⟩

[13] ⟨Brentano, Franz (1838–1917, dt. Philosoph und Psychologe, Lehrer Edmund Husserls), *Psychologie vom empirischen Standpunkt*, Bd. 1–3, Leipzig 1874; *Über die Gründe der Entmutigung auf philosophischem Gebiete*, Wien 1874; *Untersuchungen zur Sinnespsychologie*, Leipzig 1907.⟩

[14] ⟨Münsterberg, Hugo (1863–1916, deutsch-amerikanischer Philosoph und Psychologe; mit William Stern, vgl. Anm. 277, u.a. Begründer der „Angewandten Psychologie") *Die Willenshandlung: ein Beitrag zur physiologischen Psychologie*, Freiburg i.Br. 1888; *Der Ursprung der Sittlichkeit*, Freiburg i.Br. 1889; *Beiträge zur experimentellen Psychologie*, 4 Bde., Freiburg i.Br. 1889–92; *Aufgaben und Methoden der Psychologie*, Leipzig 1891; *Grundzüge der Psychologie*, Leipzig 1900 (im folgenden: *Psychologie*); *Grundzüge der Psychotechnik* (im folgenden: *Psychotechnik*), Leipzig 1914.⟩

[15] ⟨Natorp, Paul (1854–1924; dt. Philosoph und Pädagoge, Mitbegründer des Neukantianismus der Marburger Schule) *Die allgemeine Psychologie nach kritischer Methode*, Tübingen 1912. Später: *Individuum und Gemeinschaft*, Jena 1921.⟩

[16] Erst während des Druckes dieser Abhandlung wurde mir M⟨oritz⟩ *Geigers* „Fragment

dung reinlich herausgearbeitet hat – und das war ein entscheidender Schritt bei der Ausbildung der phänomenologischen Methode –, kann man richtig auswerten, was in jenen früheren Werken an wertvollen Ergebnissen zutage gefördert worden ist.[17]

Auf der verlangten Scheidung von Bewußtsein und Psychischem nämlich beruht die Abgrenzung von Phänomenologie und Psychologie, die Husserl in den *Ideen*[18] und schon vorher in seinem Logos-Artikel über „Philosophie als strenge Wissenschaft“[19] durchführte. Psychologie im Sinne dieser Abgrenzung und zugleich im Sinne der Psychologen, die sie naiv betreiben und keine erkenntniskritischen Betrachtungen über ihr Verfahren anstellen, ist eine „natürliche“ oder „dogmatische“ Wissenschaft, theoretische Erforschung bestimmter Gegenstände, die wir in „der Welt“ vorfinden, in unserer Welt, in der wir leben und deren Existenz erstes Dogma und selbstverständlichste ungeprüfte Voraussetzung aller unserer Betrachtungen ist. In dieser Welt begegnen uns neben materiellen Dingen und lebenden Organismen auch Menschen und Tiere, die außer dem, was sie mit Dingen und bloßen Lebewesen gemein haben, noch gewisse Eigentümlichkeiten zeigen, die sie allein auszeichnen. Die Gesamtheit dieser Eigentümlichkeiten nennen wir das Psychische, und seine Erforschung ist Aufgabe der Psychologie.

Die Welt aber, auf der in natürlicher Einstellung unser Blick ruht, mit allem, was darinnen ist, ist Korrelat unseres Bewußtseins – so lehrt die reflektierende Betrachtung. Jedem Gegenstand und jeder Gattung von Gegenständen entsprechen bestimmt geartete Bewußtseinszusammenhänge. Und umgekehrt: wenn bestimmt geartete Bewußtseinszusammenhänge ablaufen, so muß mit Notwendigkeit dem Subjekt dieses Bewußtseinslebens eine bestimmt geartete Gegenständlichkeit erscheinen. Das besagt die Lehre von der 6
„Konstitution der Gegenstände im Bewußtsein“. Eine ideale Gesetzlichkeit regelt die Zusammenhänge von konstituierendem Bewußtsein und konsti-

---

über den Begriff des Unbewußten und die psychische Realität. Ein Beitrag zur Grundlegung des immanenten psychischen Realismus“ (Bd. IV dieses *Jahrbuchs* ⟨*für Philosophie und phänomenologische Forschung*, 1921, S. 1–137⟩) zugänglich. Es ist mir daher nicht möglich, hier daran anzuknüpfen.

[17] Eine scharfe Abgrenzung von Bewußtsein und Psychischem findet sich allerdings bei *H.⟨enri⟩ Bergson* ⟨(1859–1941, frz. Philosoph)⟩, z. B. *Matière et mémoire* ⟨*: essai sur la relation du corps à l'esprit*, Paris 1896. Deutsch: *Materie und Gedächtnis. Essays zur Beziehung zwischen Körper und Geist*, Jena 1908⟩ S. 150 ff. Sie ist aber so verwoben mit seiner Theorie von der Handlungsrelativität der intellektuellen Erkenntnis, daß eine Auseinandersetzung mit dieser Theorie erforderlich wäre, um den wertvollen Kern seiner Lehre herauszuschälen. Auch seine Ausführungen können uns daher nicht als Ausgangspunkt für unsere Untersuchung dienen. Wir sehen uns vielmehr wieder auf das angewiesen, was von phänomenologischer Seite bereits vorliegt.

[18] ⟨*Ideen* I, vgl. Anm. 3.⟩

[19] *Logos* Bd. I ⟨Vgl. Anm. 3⟩.

tuierten Gegenständen. Die Erforschung dieser Gesetzlichkeit ist die Aufgabe der reinen transzendentalen Phänomenologie[20]: Sie hat zum Gegenstande das Bewußtsein mit allen seinen Korrelaten. In die Reihe dieser Korrelate gehört u. a. auch das Psychische, das den Gegenstand der Psychologie bildet. Es ist wie die ganze natürliche Welt in geregelten Bewußtseinszusammenhängen konstituiert.

Unter dem Mangel an Klarheit über den Begriff des Psychischen müssen natürlich auch die Erörterungen über die psychische Kausalität leiden, und wir könnten nichts daraus verwenden, ohne es vorher einer kritischen Prüfung zu unterziehen, um festzustellen, in welche Sphäre es gehört. Stattdessen ziehen wir es vor, unmittelbar an die Sachen selbst heranzugehen, und zwar wollen wir mit einer Betrachtung des Bewußtseins beginnen und zunächst sehen, ob wir hier so etwas wie Kausalität aufweisen können.

Einleitend müssen wir noch folgendes vorausschicken: Die natürliche Welt, die als Ausgangspunkt diente, um das Forschungsgebiet der Phänomenologie zu gewinnen, erschöpft nicht die Gesamtheit der Bewußtseinskorrelate. Die reflektierende Betrachtung erschließt uns neue Schichten von konstituierten Objekten niederer Stufe („Noemata" in der Sprache der *Ideen*)[21]: So werden wir z. B. von *dem* Ding der Natur, das eines und dasselbe ist für alle erfahrenden Individuen, zurückgeführt auf das Ding, wie es sich dem jeweilig erfahrenden Individuum darstellt; von dem vollen materiellen Ding können wir das „Phantom" ablösen, die sinnlich erfüllte Raumgestalt ohne real-kausale Eigenschaften, davon wiederum das bloße „Sehding", das rein visuell konstituiert ist. Diesem entsprechen mannigfaltige „Abschattungen" je nach der Stellung des betrachtenden Subjekts, und zwar stellt sich jede sichtbare Qualität – Farbe, Gestalt usw. – in Abschattungen dar. Schließlich finden wir als unterste Schicht von Bewußtseinskorrelaten die Empfindungsdaten, die noch nicht als Beschaffenheiten eines dinglichen Trägers aufgefaßt sind. Allen diesen „noematischen" Mannigfaltigkeiten entsprechen „noetische": das eigentliche Bewußtseinsleben. Das Bewußtsein betätigt sich („Betätigung" in einem sehr weiten Sinne verstanden) auf jeder Stufe in verschiedener Weise, und dank diesen Bewußtseinstätigkeiten werden die noematischen Einheiten niederer Stufe zu Mannigfaltigkeiten, in denen sich die Einheiten höherer Stufe konstituieren. Gehen wir immer
7 weiter zurück, so kommen wir schließlich auf ein letztes konstituierendes Bewußtsein, das sich nicht an konstituierten Einheiten betätigt: den *ursprünglichen Bewußtseins-* oder *Erlebnisstrom*. Mit ihm wollen wir unsere Betrachtungen beginnen.

---

[20] ⟨Vgl. dazu Husserls *Ideen* I, *Hua* III, 1, §§ 33 und 76.⟩

[21] ⟨Zu Husserls Verwendung von „Noema" / „noematisch" (griech. „das Gedachte") und „Noesis" (von griech. „denken") / „noetisch" (der Denkakt, der das Gedachte zum Inhalt hat) vgl. *Ideen* I, §§ 87–96.⟩

Anmerkung

Wir sind in unserer Fassung des Bewußtseinsbegriffs hier etwas von der Darstellung der *Ideen* abgewichen.[22] Diese war im wesentlichen an der Welt der natürlichen Einstellung orientiert und faßte als Bewußtsein alle Mannigfaltigkeiten zusammen, die diese Einheit konstituieren: die noetischen wie die noematischen. Wenn wir jetzt das Bewußtsein im Sinne des Noetischen von den Korrelaten *aller* Stufen abscheiden, so erscheint uns dies durch Husserls eigene Untersuchungen über das ursprüngliche Zeitbewußtsein[23] erforderlich zu werden und wir hoffen darin seine Zustimmung zu finden.

I. Kausalität im Bereich der reinen Erlebnisse

§ 1. Ursprünglicher und konstituierter Bewußtseinsstrom

Der ursprüngliche Bewußtseinsstrom ist ein reines Werden, das Erleben strömt dahin, in stetiger Erzeugung reiht sich neues an, ohne daß man fragen könnte, „wodurch" das Werdende erzeugt (= verursacht) werde. An keiner Stelle des Stromes ist das Hervorgehen einer Phase aus der anderen als ein „Bewirktwerden" aufzufassen; eine strömt aus der anderen hervor und das ursprüngliche „Woher" liegt im Dunkeln. Indem die Phasen *ineinanderströmen*, entsteht keine Reihe abgesetzter Phasen, sondern eben ein einziger stetig wachsender Strom. Darum hätte es auch keinen Sinn, nach einer „Verknüpfung" der Phasen zu fragen, Verknüpfung braucht es nur bei Gliedern einer Kette, aber nicht bei einem ungeteilten und unteilbaren Kontinuum.

Wie kommt man nun dazu, von Erlebnissen „im" Strom und von einer Verbindung oder Verknüpfung dieser Erlebnisse zu sprechen? Bevor wir an die Beantwortung dieser Frage herangehen können, müssen wir dieses eigentümliche Gebilde, den kontinuierlichen Strom, und die Art des Werdens, die hier vorliegt, noch etwas näher betrachten. Wir haben nicht ein Ablösen der Phasen durch einander derart, daß mit dem Werden der neuen die alte jeweils vergeht, ins Nichts versinkt: Wäre das der Fall, so hätten wir nur 8
immer je eine Phase, und es erwüchse kein einheitlicher Strom. Es ist auch

[22] ⟨Vgl. *Ideen* I, §§ 76–86.⟩

[23] Ebenfalls noch unveröffentlicht. Die folgenden Ausführungen über den Bewußtseinsstrom knüpfen vielfach daran an. ⟨„Vorlesungen zur Phänomenologie des inneren Zeitbewußtseins", *Jahrbuch* Bd. 9, Halle 1928. Die Ausgabe von 1928 enthält Steins Ausarbeitung, erst in der kritischen Edition 1966 (*Hua* X) *Zur Phänomenologie des inneren Zeitbewußtseins* (1893–1917) ist Husserls ursprüngliche Fassung gedruckt, mit der Anmerkung des Herausgebers R. Böhm, Stein habe offensichtlich im Hinblick auf die Manuskriptlage „zu selbständig" gearbeitet.⟩

nicht so, daß das jeweils Erzeugte im Werden starr wird und nun als dauerndes Sein tot, starr und unverändert verharrt, während immer Neues wird und sich ansetzt (wie etwa beim Erzeugen einer Linie). Es ist von beidem etwas und ist doch keines von beiden.

Es gibt zunächst ein „lebendiges“ Verharren des „Abgeflossenen“, während Neues sich erzeugt, so daß eine Phase des Stromes eben Werdendes und schon Gewesenes, aber noch Lebendiges (das *als* solches, als *noch* Lebendiges erlebt wird, also von dem „jetzt“ eben ins Leben Tretenden durch einen Index der Vergangenheit sich abhebt) zugleich enthält. Indem im Erleben Abgelaufenes, *noch* Lebendiges mit neu Entstehendem verwächst, bilden sich Erlebniseinheiten. Eine solche Einheit ist abgeschlossen, sobald sich ihr keine neuen Phasen mehr anfügen.

Es gibt sodann ein „Sterben“ des Erzeugten, das kein völliges Versinken ist; das Abgelaufene in seiner Lebendigkeit ist dahin, aber ein mehr oder minder leeres Bewußtsein davon bleibt zurück; und indem das abgelaufene Erleben in solcher Modifikation erhalten bleibt und das neue sich ihm anreiht, erwächst die Einheit eines Erlebnisstromes: ein konstituierter Strom, der sich aber mit dem ursprünglich zeugenden, dem letzt-konstituierenden deckt. Dieser konstituierte Strom erfüllt die phänomenologische Zeit, in der sich im Nacheinander Erlebnis an Erlebnis anschließt. Außer dem „Nacheinander“ ist aber das „Zugleich“ in der Erlebniszeit zu beachten. Jeder Augenblick ist mehrfach erfüllt: Wir haben in der Momentanphase neben eben ins Leben Tretendem und noch Lebendigem Totes, Abgestorbenes.

Solange ein Erlebnis noch lebendig ist, zeugt es sich fort, werden ihm ständig neue Phasen angefügt, wenn es auch durch ein anderes, später einsetzendes in den Hintergrund gedrängt sein mag. Das „Abgelaufensein“ dagegen bedeutet, daß das Erlebnis abgeschlossen ist und keine weitere Bereicherung mehr erfährt. Es ist allerdings möglich, daß in der Einheit eines Erlebnisses abgelaufene Phasen durch Vermittlung einer lebendigen Dauerstrecke mit neu sich anschließenden verwachsen: So kann ein Ton noch fort klingen, wenn der Beginn des Tönens nur noch leer bewußt ist, aber ein noch lebendig gebliebenes Tönen muß die Kontinuität vermitteln; und sobald sich keine neue Phasen mehr anschließen, ist der Ton verklungen.

9 Es ist schließlich möglich, daß das Tote versinkt, im Strom zurückgelassen wird. „Es wird im Strom zurückgelassen“ – es ist also nicht völlig nichts geworden, sondern hat noch eine Art der Existenz; es verharrt an seiner Stelle im konstituierten Strome, wenn auch hinter der lebendigen Strömung zurückbleibend, und es besteht die Möglichkeit, daß wieder einmal „darauf zurückgegriffen“ wird. (Eben in solchem Zurückgreifen – in einer „Vergegenwärtigung“ – wird es als nach seinem Tode im Strom verblieben bewußt.)

§ 2. Erlebnisgattungen und Einheit des Stromes

In unseren letzten Beschreibungen mußten wir schon ständig von etwas sprechen, das weder bloße Phase im Strom, noch der gesamte Strom selbst ist: von *Einheiten im Strome*, die in einer Phase neu einsetzen, sich weiter fortsetzen, während ihr abgelaufener Teil lebendig bleibt, schließlich ein Ende erreichen, aber nach diesem Abschluß sich forterhalten. Nichts anderes als diese Einheiten, die im stetigen Fluß innerhalb einer bestimmten Dauer entstehen, sind die *Erlebnisse*, die wir in der gewöhnlichen Rede so nennen und mit denen es auch – allerdings in geänderter Auffassungsweise – die Psychologie zu tun hat. Diese Erlebnisse nun (auch das liegt schon in den bisherigen Ausführungen beschlossen) laufen nicht einfach nacheinander ab, sondern es ist eine Mehrheit gleichzeitiger oder nach Teilstrecken ihrer Dauer sich deckender Erlebnisse möglich (und erfahrungsgemäß immer vorhanden). Ein Ton[24] (als reines Empfindungsdatum genommen, nicht als gegenständlicher Ton) hebt an, während zugleich ein Farbendatum im Sehfeld auftaucht, beide bleiben (nach allen ihren Momenten gleich oder auch sich verändernd) eine Weile, aber die Farbenempfindung dauert länger, sie verharrt noch, wenn der Ton bereits abgeklungen ist. Mitten in der Dauer der beiden Daten, in einer Phase ihrer Kontinuität, begann ein Wohlbehagen mich zu durchströmen, es steigerte sich während seiner Dauer zu einer gewissen Höhe und verbleibt nun in dieser eine ganze Zeit bestehen, es ist noch vorhanden, wenn Farbe und Ton längst ins Reich der Vergangenheit versunken sind.

Wir werfen nun die Frage auf, wie die verschieden gearteten Erlebnisse, von denen wir sprachen, zueinander stehen, was sie scheidet und doch wieder zur Einheit eines Stromes verbindet. Wir erkennen, daß die Erlebnisse sich nach scharf getrennten Gattungen sondern: Farbenempfindung, Tonempfindung, sinnliches „Befinden" usw. Innerhalb einer Gattung gibt es
Übergänge von einem Datum zum anderen (abgesehen von den Schwan- 10
kungen innerhalb eines und desselben Datums, etwa der Zu- und Abnahme an Intensität), und zwar kontinuierliche oder nicht kontinuierliche Übergänge: Ein Ton kann stetig in einen anderen übergehen in einem kontinuierlichen Änderungsverlauf, in dem er ständig wechselnde Qualitäten durchläuft, oder er kann sprunghaft wechseln; ebenso kann Rot stetig in Blau übergehen, ein Wohlbehagen in Mißbehagen. Aber wesensmäßig ausgeschlossen ist ein Übergang aus einer Gattung in die andere, niemals kann

[24] ⟨Zur Beschreibung des Gehörsfeldes vgl. Reinach, Adolf, *Sämtliche Werke in zwei Bänden*, hg. v. Barry Smith u. Karl Schuhmann, München 1989, Bd. 1 (kurz: Reinach I), „Einführung in die Philosophie" (SS 1913), S. 396 ff.⟩

ein Ton in eine Farbe, eine Farbe in Schmerz oder Lust sich wandeln; es gibt hier keinerlei vermittelnde Qualitäten.

Was nun die einzelnen Erlebnisgattungen selbst anbetrifft, so gibt es solche, die in einem Bewußtsein, wenn überhaupt, dann stetig vertreten sind, die Daten einer solchen Gattung bilden ein kontinuierliches „Feld". Es ist wohl ein Bewußtsein ohne „Gehörsfeld", ein Bewußtsein, in dem keinerlei Töne auftreten, denkbar. Aber es ist nicht denkbar, daß ein Gehörsfeld, das eine Zeitlang von Tönen erfüllt war, plötzlich aufhört. Wohl verstanden: es ist nicht nötig, daß das Gehörsfeld stetig mit *Tönen* erfüllt sei; ein Tönen kann in *Stille* übergehen, und nicht bloß in ein Minimum von Tönen, sondern in absolute Stille. Aber auch Stille ist eine Ausfüllung des Gehörsfeldes, es ist nun leer, aber eben *leer von Tönen* und nicht etwa von Farben oder sonst etwas; es ist leer, aber nicht verschwunden. Das gilt auch für die andern besprochenen Erlebnisgattungen. Immer „befinde" ich mich z. B. „irgendwie", und auch der Indifferenzzustand, in dem mir weder wohl noch übel ist, ist ein ganz bestimmter Zustand und nicht etwa ein „Nichtbefinden".

Von der „Leere" eines Feldes ist der Fall zu unterscheiden, wo ich mich aus einer Sinnessphäre „zurückgezogen" habe, so daß sie gar nicht mehr „für mich vorhanden" ist. Ich bin z. B. in einen Gedankengang vertieft und höre nicht, was um mich herum vorgeht. Fast könnte es so scheinen, als wäre hier die Kontinuität des Gehörsfeldes durchbrochen; in Wahrheit zeigt es auch in diesem Fall keine Lücke, oder vielmehr: Die Lücke schließt sich nachträglich, sobald ich die Tore meiner Sinne wieder öffne; das Geräusch des Teppichklopfens, das ich soeben vernehme und das mir bisher entgangen war, gibt sich mir nicht als soeben beginnend, sondern als schon vordem gewesen,[25] wenn ich es auch jetzt erst *als* Teppichklopfen erfasse, während ich es
11 vorher weder *als* irgend etwas *auf*faßte, noch überhaupt gegenständlich vor mir hatte: Als pures Sinnesdatum aber war es zuvor schon da. Ich nehme gleichsam einen Faden auf, den ich verloren hatte, und indem ich ihn wieder aufnehme, bemerke ich, daß das Feld während der Dauer, in der ich es außer acht ließ, kontinuierlich erfüllt war, wenn ich auch vielleicht die Bestimmtheit der Ausfüllung nicht für die ganze Dauer wiederherstellen kann. Und Stille ist nur eine der verschiedenen möglichen Ausfüllungen des Gehörsfeldes während der Dauer der Nichtbeachtung.

Nicht alle Sinnesdaten haben die Eigentümlichkeit, sich zu „Feldern" zusammenzuschließen. Es gibt sicher kein Geruchs- und Geschmacksfeld ana-

---

[25] Vgl. H.⟨edwig⟩ Conrad-Martius, „Zur Ontologie und Erscheinungslehre der realen Außenwelt: verbunden mit einer Kritik positivistischer Theorien", *Jahrbuch für Philosophie und phänomen.*⟨ologische⟩ *Forschung* III, ⟨Halle 1916, S. 345–542,⟩ S. 458 ff. ⟨Kap. II. 3. „Die Problematik der ‚Empfindungsgegebenheit' auf erster Stufe" (S. 426–462)⟩ und S. 498 ff. ⟨Kap. II. 4. „Die sinnfällige Erscheinungsgegebenheit als solche" (S. 462–513).⟩

log dem Gesichts- und Gehörsfeld, und auch ob von einem Tastfeld im selben Sinne gesprochen werden kann, möchten wir dahingestellt lassen.

Betrachtet man die völlige Getrenntheit der verschiedenen „Felder“, so könnte es scheinen, als ob der einheitliche Erlebnisstrom, von dem wir anfangs sprachen, sich in eine Reihe von Teilströmen auflöste, nämlich in die Erlebniskontinua bzw. die sporadisch auftretenden Erlebnisse der einzelnen Gattungen. Das ist aber nur Schein, und die Rede von *einem* Strom hat ihr unantastbares Recht. Denn jede Phase im Strom hat den Charakter eines einzigen Zeugungsimpulses, von dem alles sich nährt, das in lebendigem Werden diese Phase passiert: die Erlebniseinheiten *aller* Gattungen, die gerade im Entstehen begriffen sind. Man kann auch sagen, der Strom ist *einer*, weil er *einem Ich* entströmt. Denn was aus der Vergangenheit in die Zukunft hineinlebt, in jedem Moment neues Leben aus sich hervorspringen fühlt und den ganzen Schweif des vergangenen mit sich trägt – das ist das Ich.

§ 3. Berührungs-Assoziation

Dieses *Zusammen* verschiedenartiger Erlebnisse in einer Momentphase ist die *ursprünglichste und erste Art der Verbindung von Erlebnissen* (während bei dem Werden von Erlebnissen aus kontinuierlich ineinander überfließenden Phasen die Rede von Verbindung noch gar keinen Sinn hat): Es ist das, was der Rede von *„Berührungs-Assoziation“* phänomenal zugrunde liegt. Denn es ist ohne weiteres verständlich, daß das, was zusammen entsprang oder überhaupt in einem Moment zusammen war, auch zusammen in die Vergangenheit rückt und in allen besprochenen Wandlungen seines Seins (dem Sterben, dem Versinken und dem Wiederauftauchen) einen „Kom- 12
plex“ bildet; verständlich ist es also auch, daß alle Erlebnisse dieses Komplexes mit „geweckt“ werden, wenn man sich eines davon „ins Gedächtnis zurückruft“ – ein Phänomen, das übrigens für ein ohne alle „Aktivität“ in einer Richtung verlaufendes Bewußtsein, wie wir es bisher annahmen, noch nicht in Betracht kommt.

Es ist ferner ohne weiteres ersichtlich, daß diese Komplexbildung nicht nur bei einer Berührung im „Zusammen“, sondern auch im „Nacheinander“ statthat. Die Phasen, die in einem Moment im Bewußtsein vereinigt sind, sind ja nichts, was für sich besteht oder bestehen könnte, sondern sind nur innerhalb des Ganzen, das sie aufbauen, der Erlebniseinheit, es können also nicht isolierte Phasen, sondern nur die dauernden Erlebnisse, denen sie angehören, in einen Komplex eingehen. Warum nun beim Wiederauftauchen eines Erlebnisses nicht der *gesamte* Erlebnisstrom – der sich doch in seinem Abfluß als Einheit konstituiert – wieder abläuft, das kann an dieser Stelle nicht erörtert werden. Ebenso muß die Besprechung der anderen Arten von Assoziation, die in der Psychologie behandelt werden, für eine spätere Stelle aufgespart bleiben.[26] Jedenfalls ist diese Art der „Assoziation" keinerlei kausales Geschehen; das Entstehen eines Komplexes ist ein reines Werden – wie das Werden eines Erlebnisses – und kein Bewirktwerden, und auch das Wachwerden des gesamten Komplexes beim Wiederauftauchen eines Teils ist kein kausales Erzeugtwerden.

§ 4. Kausale Bedingtheit der Erlebnisse

Dieses Einswerden der zusammen auftretenden Erlebnisse, die Komplexbildung, ist aber nicht das einzige, was bei ihrem gemeinsamen Auftreten im Strom festzustellen ist. Es gibt daneben eine Art der „Beeinflussung" gleichzeitig auftretender Erlebnisse, ein Betroffenwerden in ihrem Seins-Bestande, und zwar ist es eine ganz bestimmte Erlebnisschicht, die hier als „wirkende" erscheint: Jeder Wandel in der Sphäre des „Sichbefindens", wie wir vorhin sagten, oder der Lebensgefühle (wie wir mit Rücksicht auf die Rolle, die sie spielen, jetzt sagen wollen) bedingt einen Wandel im gesamten Ablauf des gleichzeitigen Erlebens. Wenn ich mich matt fühle, so scheint der Strom des Lebens gleichsam zu stocken, träge schleicht er dahin, und alles, was in den verschiedenen Sinnesfeldern auftritt, wird davon betroffen, die Farben sind
13 gleichsam farblos, die Töne klanglos, und jeder „Eindruck" – jedes Datum, das dem Lebensstrom sozusagen wider Willen aufgenötigt wird – ist schmerzlich, unlustvoll, jede Farbe, jeder Ton, jede Berührung „tut weh". Schwindet die Mattigkeit, so tritt auch in den anderen Sphären ein Wandel ein, und in dem Moment, wo sie in Frische übergeht, beginnt der Strom lebhaft zu pulsieren, hemmungslos treibt er vorwärts, und alles, was darin auftritt, trägt den Hauch der Frische und Freudigkeit. Ohne Zweifel haben wir ein Recht, dieses Phänomen als *Kausalität* der Erlebnissphäre in Anspruch zu nehmen, als ein Analogon der Kausalität im Reiche der physischen Natur, und zwar des Grundfalls der Kausalität (auf den die Physik alle anderen Kausalverhältnisse zurückzuführen sucht): des mechanischen Wirkens. Wie eine rollende Kugel eine andere, auf die sie stößt, in Bewegung setzt, wie die ausgelöste Bewegung in Richtung und Geschwindigkeit abhängt von der „Wucht" des Anpralls, von der Richtung und Geschwindigkeit der auslösenden Bewegung – so bestimmt der „Anstoß", der von der Lebenssphäre ausgeht, die Art des Ablaufs des sonstigen Erlebens, und nicht nur die Qualität, sondern auch die „Stärke" der Wirkung hängt von der Ursache ab, nur daß die Stärke hier nicht mehr meßbar ist wie im Gebiet der physischen Natur. Wir unterscheiden bei der mechanischen Kausalität ein *verursachen-*

[26] Vgl. S. 40, sowie Teil V, § 5.

des Geschehen – die Bewegung der einen Kugel –, ein *verursachtes Geschehen* – die Bewegung der anderen Kugel –, und ein *Ereignis*, das zwischen beiden vermittelt und das wir speziell als „*Ursache*“ bezeichnen können: daß die eine Kugel auf die andere stößt. Von der Beschaffenheit des verursachenden Geschehens hängt die Beschaffenheit der Ursache und fernerhin die des verursachten Geschehens (der „Wirkung“) ab, verursachendes und verursachtes Geschehen aber sind in ihrer Beschaffenheit bedingt durch die Eigenart der *Substrate* dieses Geschehens.

Bei der Erlebniskausalität haben wir die „Ursache“ darin zu sehen, daß in der Lebenssphäre ein Wandel eintritt. Dem verursachenden und verursachten Geschehen entspricht das jeweilige Lebensgefühl und der Ablauf des sonstigen Erlebens. Aber während in der physischen Natur das verursachende Geschehen unabhängig von dem Ereignis auftritt, das zur Auslösung des verursachten Geschehens führt und ohne den Eintritt eines solchen Ereignisses wirkungslos verlaufen würde, ist in der Erlebnissphäre das Ereignis, das wir speziell als Ursache bezeichnen, nicht zwischengeschaltet zwischen verursachendes und verursachtes Geschehen, sondern bedingt das verursachende 14
Geschehen, und es ist unmöglich, daß dieses „wirkungslos“ verläuft. Hier haben wir also einen ersten Unterschied zwischen mechanischer und Erlebniskausalität. Darin aber stimmen beide Arten des Wirkens überein, daß die Wirkung unmöglich unterbleiben kann, wenn Ursache *und* verursachendes Geschehen eingetreten sind, und in dem Augenblick einsetzt, wo das der Fall ist. Und in beiden Fällen ist die Wirkung auch ihrer materiellen Beschaffenheit nach eine notwendige: So wenig man sich denken kann, daß eine Kugel, die nach unten geschleudert wird, infolge des Wurfes nach oben steigt, so wenig ist es denkbar, daß Mattigkeit den Bewußtseinsstrom „belebt“.

Es ließe sich zeigen, daß die eigentümliche „Notwendigkeit“ eine Besonderheit der mechanischen Kausalzusammenhänge ist und nicht allen physischen Kausalzusammenhängen zukommt. Daß z. B. das Anstreichen einer Darmsaite von bestimmter Länge einen Ton von bestimmter Höhe hervorruft, ist durchaus nicht als Notwendigkeit einzusehen. Die Erforschung dieser Verhältnisse muß natürlich speziellen Untersuchungen über die physische Natur überlassen werden.

Dagegen stoßen wir wieder auf Unterschiede, wenn wir uns nach den *Substraten* des Geschehens umsehen. In der physischen Natur sind es „Dinge“, substanzielle Einheiten, die in kausalen Beziehungen stehen und für die das kausale Geschehen zugleich konstitutiv ist. Das, was dort als Ursache und Wirkung auftritt, sind Ereignisse, die sich mit Dingen zutragen, und Zuständlichkeitsänderungen von Dingen; in diesen Veränderungen „bekunden“ sich die Eigenschaften, die den Seinsbestand des Dinges ausmachen, und die Kenntnis dieser Eigenschaften beschließt andererseits in sich eine Kenntnis der möglichen Wirkungen, die es ausüben und leiden kann.

Wir haben das Kausalverhältnis als eine Verknüpfung von *Erlebnissen* eingeführt. Diese müssen wir nun etwas näher auf ihren Aufbau hin untersuchen, um zu sehen, ob sie vielleicht die Substrate des Kausalgeschehens sind, analog den Dingen der äußeren Natur. Bisher haben wir sie kennengelernt als Wellen des Erlebnisstroms, die anheben, sich während einer bestimmten Dauer entfalten und wieder vergehen. Für unsere jetzige Frage kommen wir damit nicht aus. Wir scheiden zunächst an jedem Erlebnis

1. einen *Gehalt*, der ins Bewußtsein aufgenommen wird (z. B. ein Farbendatum oder ein Wohlbehagen);
2. das *Erleben* dieses Gehaltes, sein Aufgenommenwerden ins Bewußtsein (das Haben der Empfindung, das Fühlen des Wohlbehagens);
3. das *Bewußtsein* von diesem Erleben, das es – in höherem oder niederem Grade – stets begleitet und um dessentwillen das Erleben selbst auch als Bewußtsein bezeichnet wird.[27]

Ad ⟨zu⟩ 1 ist zu bemerken, daß es im Bereich der Erlebnisgehalte – wie die gewählten Beispiele deutlich zeigen – einen radikalen Unterschied gibt: den Unterschied ichfremder Daten (der Empfindungsdaten) und „ichlicher" (wie das Wohlbehagen es ist). Die einen stehen dem Ich gegenüber, die andern liegen auf Subjektseite. Würden wir transzendente Objekte mit in Betracht ziehen, so würden wir dort einem entsprechenden Unterschied begegnen: Es gibt solche, denen idealiter Erlebnisse mit ichfremdem Gehalt entsprechen, und andere, zu deren adäquater Erfassung ein Erlebnis mit ichlichem Gehalt gehört. Auf der einen Seite stehen „Sachen", auf der andern z. B. Werte.[28]

Den verschiedenen Gehalten entsprechen Unterschiede des Erlebens (das *Haben* der Empfindungen, das *Fühlen* der Ichzuständlichkeiten). Im übrigen zeigt das Erleben jeder Art Unterschiede der *Spannung*: Ich kann mit größerer oder geringerer Intensität einem ichfremden Gehalt zugewendet, einem ichlichen Gehalt hingegeben sein. Der ichfremde Gehalt tritt bei größerer Spannung klarer, schärfer hervor, der ichliche nimmt ausschließlicher von mir Besitz. Die Intensität des Erlebens ist natürlich nicht zu verwechseln mit der Intensität des Gehaltes. Das intensive Empfinden eines Rot braucht kein Empfinden eines intensiven Rot zu sein, die intensive Hingabe an einen Schmerz keine Hingabe an einen intensiven Schmerz. Die Spannungsunterschiede des Erlebens fallen auch nicht zusammen mit dem Gegensatz von Vordergrund- und Hintergrunderlebnissen (von in vorzüglicher, eigentlicher Weise und nebenbei vollzogenen). Das Vordergrunderlebnis erfordert

---

[27] ⟨Vgl. Reinach I, S. 386 ff. (Einleitung, innere Wahrnehmung).⟩

[28] ⟨Dietrich⟩ v.⟨on⟩ Hildebrand will den Terminus „Erlebnis" auf Erlebnisse mit ichlichem Gehalt einschränken. (Vgl. „⟨Die⟩ Idee der sittlichen Handlung", Bd. III dieses *Jahrbuches*, ⟨Halle 1916, S. 126–251⟩ S. 139.) Wir brauchen aber hier die weitere Bedeutung.

zwar an sich eine höhere Spannung als das Hintergrunderlebnis, aber läßt selbst noch beliebig viele Gradabstufungen zu. Vordergrund- und Hintergrunderlebnis können nicht durch Änderung ihres Spannungsgrades ineinander übergeführt werden. Bei größerer Angespanntheit des Erlebens zeigen Vordergrund- und Hintergrunderlebnis gesteigerte Spannung, aber jedes in seiner Weise. Ähnlich wie bei hellerer Beleuchtung helle und dunkle Farben heller erscheinen, ohne daß man durch Beleuchtungsänderung am Verhält- 16
nis der spezifischen Helligkeiten etwas ändern könnte.

Den Spannungsgraden des Erlebens entsprechen Helligkeitsunterschiede des Bewußtseins. Je intensiver das Erleben, desto lichter, wacher ist das Bewußtsein von ihm. Dabei wird recht deutlich, daß dieses Bewußtsein, das wir als Komponente des Erlebnisses in Anspruch nehmen, nicht selbst ein Erlebnis, ein Akt erfassender Reflexion ist. Denn je intensiver das Erleben ist, desto „ungeteilter" pflegen wir in ihm „aufzugehen", desto weniger gestattet es das Abspalten einer Reflexion, während das Bewußtsein, das kein Gegenständlich-haben ist, eben dann gesteigert ist. Es gibt auch eine intensive Reflexion, ein angespanntes Hinsehen auf die Erlebnisse, die in diesem Fall durchaus nicht gespannt zu sein brauchen. Sie ist dann in hohem Grade „bewußt", wobei dieses Bewußtsein von der Reflexion nicht selbst wieder eine Reflexion ist. Wir können auf diese Verhältnisse hier nicht näher eingehen, weil sie für die Frage, die uns jetzt beschäftigt, für die Aufsuchung der Stelle im Erlebnis, an der die Kausalität angreift, nicht von Belang sind.

Es scheint, daß von den aufgezeigten Komponenten des Erlebnisses das Erleben es ist, das in erster Linie von der Beschaffenheit und den Veränderungen der Lebenssphäre betroffen wird. Seine Spannung ist gering, wenn ich matt bin, und steigt mit zunehmender Frische. Wenn wir es mit meßbaren Größen zu tun hätten, so ließe sich jeder Stufe der Lebensfrische ein bestimmter Intensitätsgrad des Erlebens zuordnen. Erst sekundär werden einerseits das Bewußtsein, andererseits die Gehalte mit betroffen. Mit steigender Frische erhöht sich die Bewußtheit des Erlebens und ebenso die Klarheit, Abgehobenheit, wir sagen geradezu die „Lebendigkeit" der Gehalte.

Hier gilt es aber vorsichtig zu sein. Wir dürfen Frische und Mattigkeit, die uns als Beispiele dienten, nicht als einzige Unterschiede der Lebenssphäre ansehen. Es scheint allerdings, daß wir es mit einem Kontinuum von Lebendigkeitsstufen zu tun haben, innerhalb dessen Frische und Mattigkeit eine ähnliche Stellung einnehmen wie Wärme und Kälte im Bereich der Temperatur und Größe und Kleinheit auf dem Gebiet der Größen. Aber es handelt sich doch nicht um eine einfache Skala mit zwei einander entgegengesetzten Eindrucksqualitäten. Es gibt außer der Frische und Mattigkeit z. B. die Zustände der Überwachheit und der Reizbarkeit, in denen die Sinne und die Empfänglichkeit für alle Eindrücke geschärft erscheinen.

17 Nehmen wir zunächst den Zustand der „Überwachheit“ oder „Fieberhaftigkeit“, wie er sich etwa bei hoher Erregung, z. B. bei verantwortungsvoller Tätigkeit auf gefahrvollem Posten oder sonst in entscheidenden Momenten des Lebens einstellt, oder auch unter der Einwirkung von aufpeitschenden Genußmitteln wie Nikotin, Koffein u. dgl. (Auf die psychophysischen Zusammenhänge kommt es uns hier gar nicht an, wir geben die Beispiele nur als Hinweis auf die reine Bewußtseinszuständlichkeit, die wir im Auge haben.) Wenn ein solcher Zustand einsetzt, beginnt das Erleben rasch zu pulsieren, es erreicht äußerst hohe Spannungsgrade, alle Eindrücke werden mit größter Leichtigkeit aufgenommen, alle Tätigkeiten reibungslos vollzogen, das Bewußtsein ist wach und hell, die Gehalte zeigen den Glanz der vollen Lebendigkeit. Doch ist es nicht Frische, die diese Lebendigkeit hervorruft. Die Frische ist wie ein stetig fließender Born[29], dem starke, ruhige Erlebniswellen entströmen, die Fieberhaftigkeit ein rastloser Sprudel, der den Strom des Erlebens vorwärts treibt. Die Frische, wenn sie den Erlebnisfluß eine Weile gespeist hat, geht über in wohlige Ermattung, die den Strom stocken und gegen äußere Einflüsse sich absperren läßt. Der Fieberhaftigkeit folgt Erschöpfung, die keine wohltuende Entspannung ist, in der noch etwas von der Unrast des Fiebers nachzittert, ein schmerzhaftes Zucken, das nicht zur Ruhe kommen kann. Hier herrscht jene gesteigerte Empfindlichkeit, die wir zuvor erwähnten: Die Eindrücke gleiten nicht einfach ab, bleiben nicht stumpf wie bei der gesunden Ermattung, sie werden auch nicht leicht und freudig aufgenommen, wie bei der Frische, sondern zwingen sich dem wehrlosen Bewußtsein auf und tun ihm weh. Das Erleben pulsiert jetzt nicht rasch, sondern stockt wie bei aller Mattigkeit, aber es ist nicht verschlossen gegen Eindrücke, man kann es nicht aufnahme⟨un⟩fähig nennen, sondern nur unfähig, sich gegen die Eindrücke zu verschließen. Die Bewußtheit dieses gleichsam zwangsweisen Erlebens ist eine hohe, unterscheidet sich aber von der des angespannten Erlebens dadurch, daß sie leicht übergeht in eine Reflexion, in ein zuschauendes Verhalten gegenüber dem, was „mit mir geschieht“. Die Erlebnisgehalte (als sich aufdrängend erlebt) sind klar und deutlich abgehoben, aber alle mit einem unlustvollen Beigeschmack behaftet, im Gegensatz zum Zustand der Frische oder der Fieberhaftigkeit. Die Farbe, die das frische Erleben als angenehm leuchtend aufnimmt, während sie das matte gleichsam verschleiert sieht, erscheint hier peinigend grell. Was
18 dort als Berührung empfunden wird bzw. ganz abgleitet, wird hier zum peinigenden Schmerz.

In solchem Zustand werden uns evtl. Eindrücke zugänglich, deren wir sonst gar nicht habhaft werden können, und diese Bereicherung des Erle-

[29] ⟨Poetische Bezeichnung für „Brunnen“.⟩

bens kann uns geradezu als eine Lebenssteigerung erscheinen und uns über den „wahren" Zustand, in dem wir uns befinden, hinwegtäuschen.

Diese Unterscheidung von „wahren" und „scheinbaren" Zuständen, die sich hier aufdrängt, nötigt uns, über die Sphäre, in der wir unsere Betrachtung bisher gehalten haben, hinauszugehen und ein ganz neues Gebiet in unseren Gesichtskreis zu ziehen.

II. Psychische Realität und Kausalität

§ 1. Bewußtsein und Psychisches

Wir sprachen bisher von Lebens*gefühlen* und Lebens*zuständen*. Genau besehen bedeuten beide Ausdrücke nicht dasselbe. Die Lebenszustände bewußter Wesen pflegen sich bewußtseinsmäßig geltend zu machen, und ein solches Bewußtsein von einer Lebenszuständlichkeit, ihr Erlebtwerden, ist ein Lebensgefühl. Es ist aber auch möglich, daß Lebenszustände auftreten, ohne sich in Lebensgefühlen kundzutun. Eine Mattigkeit kann vorhanden sein (sich evtl. anderen durch mein Äußeres verraten), ohne daß ich selbst etwas davon weiß. In einem Erregungszustand oder während einer angespannten Tätigkeit, der ich ganz hingegeben bin, kommt es mir evtl. gar nicht zum Bewußtsein, wie ich mich befinde. Und erst wenn mit dem Aufhören der Anspannung ein Zustand völliger Erschöpfung eintritt – nun völlig bewußt –, merke ich, indem ich ihn mir zur Gegebenheit bringe, daß er schon vorher bestanden hat und daß jene Anspannung mich unverhältnismäßig viel gekostet hat. Eine solche Zuständlichkeit, die nicht gefühlt wird, nicht „zum Bewußtsein kommt", darf natürlich nicht mehr als Bewußtseinszuständlichkeit, als Erlebnis, in Anspruch genommen werden. Sie ist dem Erleben gegenüber ein Transzendentes, das sich in ihm bekundet. Und wenn sie in einem Lebensgefühl zum Bewußtsein kommt, so ist dies Bewußt-werden nicht zu verwechseln mit dem Erleben eines immanenten Gehaltes oder mit dem Bewußtsein von diesem Erleben, das ihm als ein konstitutives Moment innewohnt. Wenn ich mich frisch fühle, so täusche ich mich weder über den Gehalt dieses Gefühls – den ich eben als Frische bezeichne –, noch täuscht mich mein Bewußtsein von diesem Erleben. Ich fühle unzweifelhaft,
wenn ich mir dessen bewußt bin, und ich fühle *Frische* und nichts anderes, 19
wenn ich eben dieses Gefühl habe. Aber es ist wohl möglich, daß ich mich frisch *fühle*, ohne daß der *Zustand* der Frische wirklich vorhanden ist; über ihn kann mich die Zukunft eines Besseren belehren. In den Lebensgefühlen als immanenten Gehalten bekunden sich – ähnlich wie in den ichfremden Daten – Beschaffenheiten einer Realität, ihre Zuständlichkeiten und Eigenschaften. Wie sich in Farbenempfindungen die Farbe eines Dinges als seine

augenblickliche optische Zuständlichkeit bekundet und im Wechsel solcher Zuständlichkeiten die dauernde optische Eigenschaft, so bekundet sich im Lebensgefühl eine augenblickliche Beschaffenheit meines Ich – seine Lebenszuständlichkeit – und im Wechsel solcher Beschaffenheiten eine dauernde reale Eigenschaft: die *Lebenskraft*.[30] Das Ich, das im Besitz dieser realen Eigenschaft ist, darf natürlich nicht verwechselt werden mit dem reinen Ich, dem als Ausstrahlungspunkt der reinen Erlebnisse ursprünglich erlebten. Es ist nur als Träger seiner Eigenschaften erfaßt, als eine transzendente Realität, die durch Bekundung in immanenten Daten zur Gegebenheit kommt, aber niemals selbst immanent wird. Wir werden dies reale Ich, seine Eigenschaften und Zuständlichkeiten als das *Psychische* bezeichnen und sehen nun, daß Bewußtsein und Psychisches grundwesentlich voneinander unterschieden sind: Bewußtsein als Reich des „bewußten" reinen Erlebens und das Psychische als ein Bereich der sich in Erlebnissen und Erlebnisgehalten bekundenden transzendenten Realität. Auf die Abgrenzung dieser Realität gegenüber der physischen und sonstigen etwa bestehenden müssen wir hier verzichten. Sie kommt für uns an dieser Stelle nur in Betracht, soweit unsere Kausali-

---

[30] Was Th⟨eodor⟩ *Lipps* ⟨(1851–1914, dt. Philosoph und Psychologe, Hauptvertreter des Psychologismus)⟩ in seinem *Leitfaden der Psychologie* (3. Auflage ⟨Leipzig⟩ 1909, S. 80ff. und 124ff.) über „psychische Kraft" ausführt, deckt sich bis zu einem gewissen Grade mit unserer Analyse der Lebenskraft, wie überhaupt die dort vertretene Auffassung der Psychologie der unsern recht nahe steht. Eine Auseinandersetzung, die Übereinstimmendes und Trennendes genau feststellen könnte, ist im Rahmen dieser Arbeit leider nicht möglich. Ich will hier nur noch, um die Übereinstimmung darzutun, eine charakteristische Stelle aus einer Lipps nahestehenden Abhandlung anführen: „[...] ⟨Denn⟩ selbst schwache Empfindungsinhalte vermögen wir, sofern wir frisch sind und keine stärkeren oder doch gleich starken Inhalte gleichzeitig im Bewußtsein stehen, recht deutlich aufzufassen und uns stärker und fester einzuprägen als erheblich stärkere Eindrücke ⟨Offner: Inhalte⟩, wenn wir ermüdet sind oder wenn noch stärkere Inhalte unsere Aufmerksamkeit auf sich lenken. [...] ⟨Und⟩ wenn wir uns weiterhin erinnern, daß Reize, die objektiv nach Qualität wie Quantität völlig gleich sind (die objektive Betrachtung spielt natürlich für uns keine Rolle ⟨Klammerinhalt von E. Stein⟩), doch zu verschiedenen Zeiten verschieden auf uns wirken, das eine Mal uns wenig berühren, das andere Mal uns ganz in Anspruch nehmen, so sehen wir uns auch dadurch zu der Annahme gedrängt, daß zu dem vom Reiz hervorgerufenen psycho-physischen Vorgang noch etwas hinzutreten muß. Die Gesamtpsyche muß ihm entgegenkommen, muß auch etwas beisteuern, muß ihm die Möglichkeit geben, sich zur Geltung zu bringen. Es ist, als ob er aus einem Vorrat schöpfe, der sich in der Dauer der Betätigung aufbraucht, der in den Zuständen der körperlichen Ermüdung und der Krankheit geringer ist und rascher sich erschöpft, der sich durch Ruhe und Nahrung wieder ergänzt. Wir wollen dieses nicht näher beschreibbare, aber quantitativ begrenzte Etwas ⟨in oder an der Seele⟩, das zu einer von einem Reiz herbeigeführten Erregung hinzukommen muß, in und durch diese, um einen kaufmännischen Ausdruck zu gebrauchen ⟨Offner: benützen⟩, erst flüssig gemacht werden muß, damit ein psychischer Vorgang, vor allem ein bewußter Vorgang, entstehen kann, im Anschluß an Lipps *psychische Kraft* nennen." (Offner, ⟨Max⟩, *Das Gedächtnis ⟨: die Ergebnisse der experimentellen Psychologie und ihre Anwendung in Unterricht und Erziehung*, Berlin 1909⟩, S. 44).

tätsuntersuchung davon betroffen wird bzw. soweit wir genötigt sind, unsere Untersuchung auf diesem neuen Boden fortzusetzen. Als das eigentlich verursachende Geschehen erscheinen uns nun nicht mehr die Lebensgefühle, sondern die sich in ihnen bekundenden Modi der Lebenskraft. Die wechselnden Lebenszuständlichkeiten bedeuten ein Mehr oder Minder an Lebenskraft, und dem entsprechen verschiedene Lebensgefühle als „Bekundungen". Wie bei aller transzendenten Auffassung, aller Erfahrung durch Bekundung, Täuschungen möglich sind, so auch hier. Lebensgefühle, denen keine „objektive Bedeutung" zukommt, können mich über den wahren Zustand meiner Lebenskraft täuschen, ähnlich wie „rein subjektive" Daten mir – etwa im Falle der Halluzination – ein Ding erscheinen lassen, das in Wirklichkeit gar nicht existiert. Die Möglichkeit solcher Täuschungen und ihrer Aufhebung verständlich zu machen, ist Aufgabe einer erkenntniskritischen Betrachtung der inneren Wahrnehmung und darf uns hier nicht weiter beschäftigen.[31]

Dagegen müssen wir untersuchen, ob nicht den „wahren" Ursachen, die wir hinter den Lebensgefühlen als ihren Erscheinungen entdeckten, auch wahre – d.h. psychisch-reale – Wirkungen entsprechen, als deren Erscheinung das zu gelten hat, was wir bisher als Wirkung ansahen. Nach unserer Analyse der Erlebnisse erschien uns das Erleben als der Punkt, in dem Kausalität angreift.[32] Das war zutreffend, solange uns „Kausalität" das bestimmt geartete phänomenale Abhängigkeitsverhältnis von Lebensgefühlen und 21
sonstigen Erlebnissen war. Nun, wo wir ein reales Substrat des Wirkens gefunden haben, kann natürlich kein reines Erlebnis bzw. kein Moment an ihm als Glied in das kausale Geschehen mit eingehen. Die Realität übt keine Wirkungen auf das reine Erleben. Aber die Erlebnisse selbst und z.T. auch ihre Gehalte sind Bekundungen realer Zuständlichkeiten und Eigenschaften wie die Lebensgefühle. In den Empfindungen – genauer gesprochen: im Haben der Empfindungen – bekundet sich die Aufnahmefähigkeit des Subjekts, und zwar zunächst als eine augenblickliche Zuständlichkeit; indem aber je nach der Eigentümlichkeit der Gehalte und ihres Erlebens eine verschiedene Aufnahmefähigkeit zur Gegebenheit kommt, erscheinen die wechselnden Zuständlichkeiten als Modi und zugleich als Bekundungen einer dauernden Eigenschaft, die in der üblichen Redeweise gleichfalls als Aufnahmefähigkeit bezeichnet wird: die dauernde Eigenschaft in wechseln-

[31] M⟨ax⟩ *Scheler* behandelt dieses Thema in „Idole der Selbsterkenntnis", in: *Abhandlungen und Aufsätze*, Bd. II, ⟨Leipzig⟩ 1915 ⟨S. 3–168. Der Aufsatz war in kürzerer Form bereits 1912 erschienen unter dem Titel „Über Selbsttäuschungen", in: *Zeitschrift für Pathopsychologie* 1 (1912) 87–163. Heute in: *Vom Umsturz der Werte. Abhandlungen und Aufsätze. Gesammelte Werke* 3, Bern / München [5]1972⟩.

[32] Wir werden allerdings sehen, daß es auch ein primäres Betroffenwerden von Erlebnisgehalten gibt. Vgl. S. 65.

der Zuständlichkeit. Und diese dauernde Eigenschaft ist es, deren wechselnde Modi von den wechselnden Lebenszuständen abhängen oder bewirkt werden. In der phänomenalen Kausalität der Erlebnissphäre bekundet sich die reale Kausalität des Psychischen. Die dauernden Eigenschaften des realen Ich oder des psychischen Individuums erscheinen als Substrate des psychischen Kausalgeschehens, das in einem geregelten Wechsel der Modi dieser Eigenschaften besteht, und zwar so, daß eine bestimmte Eigenschaft – die Lebenskraft – ausgezeichnet ist als den Modus der anderen durch ihre jeweiligen Modi bedingend und wiederum in ihren Zuständen von ihnen her bedingt. Daß der Lebenskraft Kräfte zugeführt oder entzogen werden, ist „Ursache“ des psychischen Geschehens. Die „Wirkung“ besteht in den Veränderungen der andern psychischen Eigenschaften. Eine direkte kausale Abhängigkeit anderer Eigenschaften voneinander, ohne Vermittlung der Lebenskraft, gibt es nicht. Die Aufnahmefähigkeit für Farben z. B. kann durch die Aufnahmefähigkeit für Töne weder gesteigert noch gemindert werden. Aber beide können miteinander gesteigert werden durch eine von beiden unabhängige Steigerung der Lebenskraft. Oder durch die Betätigung der einen kann die Lebenskraft und dadurch wiederum die andere gemindert werden.

Anscheinend unterscheidet sich die psychische Kausalität von der physischen, insofern dort die Einheit des kausalen Geschehens den Gesamtzusammenhang der materiellen Natur durchwaltet, aus dem sich einzelne Dinge als Zentren des Geschehens herausheben, während wir hier auf die
22 physischen Zustände eines Individuums beschränkt sind, das als Substrat des kausalen Geschehens der Gesamtheit der Materie entspricht, während seine Eigenschaften sich als einzelne dinganaloge Zentren herausheben.[33] Ob dieses Individuum einbezogen ist in den Zusammenhang der materiellen Natur und damit das psychische Kausalgeschehen sich dem physischen einordnet; ob ferner der psychische Kausalzusammenhang übergreift auf andere Individuen und die Gesamtheit alles psychischen Geschehens umspannt und in welcher Weise: Über all das können wir natürlich vor näherer Untersuchung gar nichts sagen, und es liegt vorläufig außerhalb des Kreises unserer Betrachtungen. Bisher gab sich uns die Psyche eines Individuums als eine Welt für sich wie die materielle Natur; wir konnten sie betrachten, ohne auf ihre etwaigen Beziehungen zu andern Welten Rücksicht zu nehmen, und wir haben noch bei weitem nicht erschöpft, was uns solche isolierende Betrachtung lehren kann.

---

[33] Natürlich darf die Analogie nicht auf die Spitze getrieben werden, sie läßt sich in anderer Richtung nicht durchführen. Betrachten wir das psychische Individuum als „Träger“ seiner Eigenschaften, so findet es sein Analogon offenbar im *einzelnen* Dinge.

§ 2. Der psychische Mechanismus

Neue Abschlüsse über die phänomenalen und realen Kausalverhältnisse werden wir gewinnen, wenn wir den Bereich der Aktivität heranziehen, den wir bisher gar nicht berücksichtigt haben. Zuvor können wir aber die Analyse der Kausalität noch in dem beschränkten Kreis unserer Betrachtung nach einer wichtigen Seite hin ergänzen. Vorläufig haben wir die Lebenssphäre immer als das Bedingende genommen, von dem Rhythmus und Färbung des Erlebens abhängt. Offenbar ist das eine einseitige Betrachtung, die dem vorliegenden Verhältnis nicht voll gerecht wird. Wir haben hervorgehoben, daß die Erlebnisse aus der Lebenssphäre gespeist werden und von ihrem jeweiligen Modus abhängen. Offenbar ist es nur die Kehrseite davon, daß die Erlebnisse spürbar an der Lebenssphäre zehren und so ihrerseits einen Wandel in ihr hervorrufen. Ein jedes Erlebnis – bzw. die reale Zuständlichkeit, die es bekundet – kostet einen gewissen Aufwand an Lebenskraft; es zehrt an ihr, und indem es sie vermindert, muß es auch eine veränderte Bekundung ihres veränderten Modus herbeiführen; es ist z. B. imstande, einen Übergang von Frische in Mattigkeit hervorzurufen. Wir haben hier in der Tat eine Art „Rückwirkung“, sie bedeutet aber nichts Neues gegenüber sonstigen Kausalverhältnissen. Wenn eine rollende Kugel auf eine andere 23
stößt und ihr eine Bewegung erteilt, so verliert sie selbst durch den Stoß etwas von der Wucht, mit der sie ihn ausübte, ihre eigene Bewegung erlahmt. Überall, wo ein Geschehen ein anderes auslöst, findet ein „Energie-Umsatz“ statt, büßt das wirkende Ding zugunsten des leidenden etwas ein. Das ist eine Doppelseitigkeit, die allem Kausalgeschehen eigen ist. In unserem Fall ist etwa eine Zunahme der Lebenskraft verursachendes Geschehen, eine Steigerung der Spannung des Erlebens – bzw. der in ihm sich bekundenden psychischen Zuständlichkeit – seine Wirkung. Die stärkere Anpassung des Erlebens führt ihrerseits eine Minderung der Lebenskraft herbei: Darin besteht die Rückwirkung. Wir erkennen darin zugleich eine Ursache für weiteres Geschehen: Daß die Lebenskraft eine Minderung erfährt, das bewirkt eine Herabsetzung des Spannungsgrades für das neue Erleben. Das gesamte psychische Kausalgeschehen läßt sich auffassen als ein Umsatz von Lebenskraft in aktuelles Erleben, und als Inanspruchnahme der Lebenskraft durch aktuelles Erleben. Die Lebenskraft und ihre Modi nehmen also im Aufbau der Psyche eine ganz einzigartige Stellung ein.

Die Lebensgefühle sind nicht dem Strom der Erlebnisse einfach einzureihen, und die Lebenszuständlichkeiten nicht den psychischen Zuständen. Das zeigt sich auch darin, daß die psychischen Zustände die Kraft, welche sie aus der Lebenssphäre schöpfen, verzehren und erlöschen, wenn diese Kraft verbraucht ist (ob die Möglichkeit besteht, daß ein psychischer Zustand seine Kraft nicht ganz verbraucht, sondern noch andere davon speist, das wird noch zu erörtern sein),[34] während das bei den Lebensgefühlen nicht der Fall ist. Ein Lebensgefühl, bzw. das Erleben einer Lebenszuständlichkeit, kostet keinen Aufwand an Kraft und würde nicht erlöschen, wenn nicht andre Erlebnisse an dieser Zuständlichkeit zehrten und sie abwandelten. Die Lebenssphäre bildet eine Unterschicht des Erlebnisstroms, den sie trägt und der aus ihr heraus geboren wird. Während in der physischen Natur Kraft nur durch das Geschehen zur Gegebenheit kommt, in das sie eingeht, wird sie hier erfaßt mittels ihrer eigenen erlebten Modi und sie wird es um so mehr, je weniger das lebende bzw. erlebende Ich den Erlebnissen der Oberschicht hingegeben ist. Ja, wir können vielleicht einen Bewußtseinstypus fingieren, der ganz auf diese Unterschicht beschränkt wäre.

24 Man kann die Frage aufwerfen, ob die Lebenskraft, die das psychische Leben eines Individuums speist, ein endliches Quantum ist – wenn auch keine meßbare Größe – und ob sie von dem psychischen Leben einfach aufgezehrt wird, oder ob sie sich ergänzt und, wenn das ⟨der Fall ist⟩, ob aus sich selbst oder durch Zufuhr von außen. Um dies beantworten zu können, müssen wir den Kreis unserer Betrachtungen über den bisherigen Rahmen hinaus erweitern, müssen wir uns Aufklärung über die Konstitution der Erlebnisse verschaffen, die wir im Bereich der reinen Passivität nicht gewinnen können. Bevor wir dazu übergehen, wollen wir die Analogie der psychischen und physischen Kausalität noch in einem Punkte ergänzen: Wir wollen untersuchen, ob es in der Erlebnissphäre ein allgemeines Kausalgesetz gibt, etwa des Inhalts: Alles, was im Erlebnisstrom auftritt, steht unter kausalen Bedingungen (natürlich ist hier nur die Erlebniskausalität gemeint und nicht die Naturkausalität, da wir ja von einer Einbeziehung des Bewußtseins in den Naturzusammenhang noch gar nichts wissen). Darauf ist zu antworten: Es ist ein Bewußtsein denkbar, in dem keine Lebensgefühle auftreten, das in ständig gleichem Fluß und Rhythmus dahinfließt; in diesem gäbe es keine Kausalität, mit den Wandlungen der Lebenssphäre entfielen auch die Wandlungen der übrigen Erlebnisse, die wir besprochen haben; es gäbe einen Abfluß von Daten verschiedener Gattung, Qualität, Intensität und Dauer, aber nicht jene Änderungen der „Färbung" und der Spannung des Erlebens, die wir als das spezifisch kausal Bedingte erkannten. Gibt es aber in einem Strom ein „Feld" der Lebensgefühle, so ist es – wie wir aus früheren Betrachtungen wissen – kontinuierlich erfüllt und damit auch kontinuierlich wirksam. Jedes Datum im Strom hat dann seine „Lebensfärbung" und ist mit Beziehung darauf notwendig bedingt. Der Charakter des Stromes als eines stetigen Werdens ergibt dabei einen Unterschied von der physischen Natur. Während dort ein Zustand der „kausalen Ruhe" denkbar ist, in dem alle Dinge unverändert verharren, also keinerlei Veränderung und damit auch kein Wirken

[34] Vgl. S. 68 ff.

statthat, gibt es im Erlebnisstrom in keinem Moment Stillstand. Auch die Sphäre der Lebensgefühle ist ein stetiges Fließen, gleichgültig ob dasselbe Lebensgefühl in qualitativer Gleichheit sich fort erzeugt oder ob es stetig in ein anderes übergeht. Hier haben wir also ein ununterbrochenes Geschehen und damit auch ein ununterbrochenes Wirken.

Was den Bereich der Wirksamkeit anlangt, so gilt: Wirksam ist alles, was lebendig in die Gegenwart hineindauert, gleichgültig wie weit sein Ansatz- 25
punkt im Strome zurückliegt. Daß eine Mehrheit verursachender Kräfte möglich ist, die zusammen erst eine bestimmte Wirkung auslösen, das werden wir erst an einer späteren Stelle verstehen lernen.[35]

Was wir hier von den phänomenalen Kausalverhältnissen festgestellt haben, das überträgt sich auch auf das reale Wirken in der psychischen Sphäre. Was immer an psychischen Zuständen ins Dasein tritt, tut es dank den Kräften, die es der Lebenskraft entnimmt; es hat in ihr die Grundlage seiner Existenz und wird, solange es existiert, von ihr erhalten. Andere Faktoren mögen mit herangezogen werden müssen, um das Auftreten psychischer Zustände begreiflich zu machen – aber sie ersetzen den kausalen Faktor nicht. Die Abhängigkeit erscheint hier – im Gegensatz zur phänomenalen Sphäre – als eine unlösliche. Dort haben wir zwei verschiedene Reihen von Erlebnissen, deren eine in ihrer Beschaffenheit in charakteristischer Weise durch die andere bestimmt wird. Entfiele diese andere, so würde jene dieser besonderen Bestimmtheit entbehren. Das psychische Leben dagegen erscheint als eine Umsetzung der Lebenskraft und wäre gar nicht denkbar, wenn diese fortfiele. In einem Bewußtsein, das keine Lebenssphäre hätte, würden alle Wirkungsphänomene fortfallen – da es ja ein Wirken der anderen Erlebnisse ohne Vermittlung der Lebenssphäre nicht gibt –, es entfiele aber auch die Möglichkeit der Auffassung der reinen Erlebnisse als Bekundungen realer psychischer Zustände, es würde sich in einem solchen Bewußtsein kein psychisches Individuum konstituieren. Um das klar einzusehen, müssen wir das Verhältnis der psychischen Eigenschaften zur Lebenskraft näher untersuchen, das wir früher nur flüchtig berührten. In den Eigenschaften hatten wir ja die Substrate des psychischen Kausalgeschehens gefunden, und wir hatten auch schon bemerkt, daß die Lebenskraft eine Sonderstellung unter ihnen einnimmt. Die psychischen Eigenschaften im gewöhnlichen Sinne erscheinen sozusagen als verschiedene Ausflüsse der Lebenskraft. Wird sie durch eine solche Eigenschaft stark in Anspruch genommen, so bleibt für andere wenig übrig, und insofern ist eine Wirkung der Eigenschaften aufeinander durch Vermittlung der Lebenskraft festzustellen. Was heißt das aber: Inanspruchnahme der Lebenskraft durch psychische Eigenschaften? Auch von dem aktuellen psychischen Leben, den psychischen

[35] Vgl. S. 75.

26 Zuständen, haben wir festgestellt, daß die Lebenskraft sich darin aufbraucht. Offenbar sind das nicht zweierlei getrennte Geschehensreihen, sondern ein einziger großer Prozeß. Das Verhältnis von aktuellen Zuständen und dauernden Eigenschaften müssen wir also mit in Betracht ziehen, um die Eigentümlichkeit des psychischen Kausalgeschehens recht zu verstehen.

Es gibt einen gewissen Bereich von Daten – gleichartigen oder auch verschieden gearteten –, die unser Bewußtsein „mühelos" zu umspannen, d.h. gleichzeitig aufzunehmen vermag. Mühelos – das besagt: Ohne daß ein spürbarer Verbrauch an Lebenskraft statthat, ohne daß ein Wandel in der Sphäre der Lebensgefühle auftritt. Dieser Bereich ist um so enger, je intensiver die auftretenden Daten sind. Wird die Intensität größer oder wird der Bereich erweitert, so macht sich ein Wandel in der Lebenssphäre bemerkbar: Ich fühle Anstrengung oder einen Übergang von Frische zu Mattigkeit, und darin bekundet sich mir eine Abnahme der Lebenskraft. Das, worin sie sich umgesetzt hat, ist die gesteigerte Aufnahmefähigkeit, die sich in der Erweiterung des Erlebnisbereiches oder in der größeren Intensität der Erlebnisgehalte bekundet. Wären aber im Zusammenhang mit diesen Veränderungen im Bereich der Erlebnisgehalte keine Veränderungen der Lebenssphäre bemerkbar, so würde jene „Aufnahmefähigkeit" als psychische Zuständlichkeit gar nicht zur Gegebenheit kommen. Wir hätten dann nur die reinen Erlebnisse, an denen wir, wie wir es früher taten, die Gehalte von ihrem Aufgenommenwerden (oder Erlebtwerden) unterscheiden könnten. Die Aufnahmefähigkeit aber, die sich im kausalen Zusammenhang als reale Zuständlichkeit kundtut, erweist sich zugleich als Bekundung einer steigerbaren Eigenschaft, und das in folgender Weise: Wenn der Erlebnisbereich eine Erweiterung erfahren hat, die spürbare Anstrengung kostete, und nun dauernd in dieser Weite erhalten wird, so kann es sein, daß die Anstrengung schwindet, daß das Erleben sich wieder mühelos vollzieht. In diesem Wechsel in der Beeinflussung der Lebenssphäre durch das gleiche Erleben bekundet sich eine Veränderung der Aufnahmefähigkeit, bzw. es bekundet sich die Aufnahmefähigkeit als dauernde und veränderliche Eigenschaft. Je geringer der Wandel in der Lebenssphäre ist, je weniger Anstrengung das Erleben – phänomenal – kostet, desto größer ist die Aufnahmefähigkeit. In der Mühelosigkeit des Erlebens tritt zutage, daß sich die Aufnahmefähigkeit als selbständige Eigenschaft von der Lebenskraft abgespalten hat. Dieses Abspalten
27 ist offenbar durch das aktuelle psychische Leben herbeigeführt. Das wird vielleicht deutlicher, wenn wir verschiedene, inhaltlich bestimmte Aufnahmevermögen in Betracht ziehen. Wird die Lebenskraft während einer Dauer vorwiegend für die Aufnahme von Tönen in Anspruch genommen, so vollzieht sich diese Aufnahme immer leichter und schließlich mühelos. Es hat sich durch „Übung", durch „Gewohnheit" eine Aufnahmefähigkeit für diese bestimmten Gehalte herausgebildet, ein Teil der Lebenskraft ist gleichsam

für eine Betätigung in bestimmter Richtung festgelegt worden.[36] Wäre dagegen das Bewußtsein in gleichem Maße an Farben und Töne hingegeben, so müßte sich die Lebenskraft in verschiedener Richtung betätigen und könnte für jedes einzelne Vermögen nicht so viel hergeben, als wenn eines von beiden allein ausgebildet wird. Die „Ausbildung" der „Fähigkeit" dauert so lange, wie die Ablenkung der Lebenskraft durch das aktuelle Leben noch als Anstrengung gefühlt wird. Sie erscheint abgeschlossen, sobald die Aufnahme mühelos erfolgt. Die Fähigkeit hat sich sozusagen selbständig gemacht, und das aktuelle Leben ihres Bereiches geht nun auf ihre Rechnung, statt auf Kosten der Lebenskraft. Darin liegt schon, daß die „Geschichte" der Fähigkeit mit ihrer Loslösung nicht abgeschlossen ist. Wenn das aktuelle Leben davon zehrt, ohne daß sie einen neuen Zustrom erfährt, so braucht sie sich allmählich auf („stumpft ab"); das bekundet sich darin, daß der Bereich bewußter Daten sich verengt; soll er sich in gleicher Weite erhalten, so kostet das wieder Anstrengung, d.h. die Lebenskraft muß wieder in Anspruch genommen werden, um den Verlust an Aufnahmefähigkeit auszugleichen. Daß die Loslösung keine völlige ist, zeigt sich auch noch auf andere Weise. Ist eine Fähigkeit zu einer gewissen Höhe gesteigert, so reicht die Lebenskraft nicht aus, um eine andere auszubilden. Wird sie nun durch das aktuelle Leben in eine neue Richtung gelenkt, so geschieht das auf Kosten der alten Fähigkeit, die im selben Maße abnimmt, wie die neue gesteigert wird. Die Psyche erscheint – solange wir nur die Sphäre der Passivität als Grundlage für unsere Kausaluntersuchung benützen – wie ein sich automatisch regulierender Mechanismus; seinem Bau nach ist er für eine Reihe
verschiedener Funktionen eingerichtet, es steht ihm aber nur ein begrenztes 28
Quantum an Betriebskraft zu, und wenn dieses der einen Funktion zugeführt wird, so schalten die übrigen von selbst aus. An der Triebkraft hängt der ganze Mechanismus. Unbildlich ausgedrückt: *keine psychische Realität ohne Kausalität.* Entfällt die Lebenssphäre und die von ihr ausgehende phänomenale Wirksamkeit, so besteht keine Möglichkeit der Konstitution einer Psyche mit realen Eigenschaften und Zuständen.

§ 3. Kausalgesetze und Determination des Psychischen

Mit dem allgemeinen Kausalgesetz, das wir aufstellen können – *„Alles psychische Geschehen ist kausal bedingt"* –, ist über die Frage der *Determination*

---

[36] Gute Bemerkungen über die Ausbildung von Fähigkeiten (freilich immer auf dem Boden einer psychophysischen Betrachtung) enthält William James' *Psychologie* ⟨, Leizpig 1909⟩ im Kapitel über Gewohnheit (Deutsche Ausgabe ⟨, übersetzt und mit Anmerkungen versehen⟩ von Dürr, ⟨Marie,⟩ S. 135 ff.).

des Psychischen, die Frage, ob der jeweilige Zustand durch die Reihe der vorhergehenden eindeutig bestimmt und aus ihnen berechenbar ist, natürlich noch gar nichts entschieden. Dafür wäre zunächst zu erwägen, ob das psychische Geschehen *nur* kausal bedingt ist oder ob noch andere Faktoren für seinen Verlauf verantwortlich zu machen sind. Die folgenden Untersuchungen werden uns allerhand Aufschlüsse über dieses Problem gewähren. Aber auch aus dem, was wir bisher festgestellt haben, ergibt sich bereits klar, daß die psychischen Zustände nicht *ihrem ganzen Gehalt nach* aus kausalen Umständen herleitbar sind. Ob ich fähig bin, sinnliche Daten aufzunehmen, und mit welcher Intensität sie sich mir aufdrängen, das hängt von dem jeweiligen Stande meiner Lebenskraft ab. Aber *welche* Daten auftreten – ob Farben oder Töne und welche besonderen Farben –, das ist von meiner Lebenskraft unabhängig. Sollte sich dies mit Hilfe von Kausalgesetzen bestimmen lassen, so müßte gezeigt werden können, daß die Aufnahmefähigkeit für Daten verschiedener Gattung eine verschiedene ist, und darüber hinaus, daß der niedersten Differenz jeder Gattung – etwa der Farbe von bestimmter Qualität, Helligkeit und Sättigung – eine bestimmte Aufnahmefähigkeit eindeutig zugeordnet ist. Ein solches Zuordnungsgesetz ist aber weder einsichtig zu machen, noch durch irgendwelche Erfahrung zu belegen. Es ist eine leere logische Möglichkeit, neben der die andere Möglichkeit besteht, daß derselben Aufnahmefähigkeit Daten von verschiedener Gattung und Qualität entsprechen. Die Erfahrung spricht offenbar für diese zweite Möglichkeit. Aber auch wenn sich das Gesetz der eindeutigen Zuordnung von bestimmten Sinnesdaten und bestimmten Modis der Lebenskraft als gültig erweisen ließe, würde es immer nur erlauben vorherzusagen, daß
29 bei einem gewissen bekannten Modus der Lebenskraft ein ganz bestimmtes Datum auftreten *kann*, nicht aber, daß es notwendig auftreten *muß*. Sollte das Auftreten als notwendig erwiesen werden, so müßte das betreffende Sinnesdatum dem entsprechenden Lebenszustand nicht nur eindeutig zugeordnet, sondern von der Lebenskraft in dem bestimmten Modus *erzeugt* sein. Die einsichtige Möglichkeit eines Bewußtseins, das derselben Daten teilhaftig wird, ohne aus einer ständig ab- und zunehmenden Lebenskraft heraus zu leben, verbietet eine solche Auffassung.

Eine andere Frage wäre die, ob diejenigen *Momente* des psychischen Geschehens, die unzweifelhaft kausal bedingt sind, in die sich die Lebenskraft tatsächlich *umsetzt*, eine „Bestimmung" zulassen: also etwa der Spannungsgrad des Erlebens. Es müßte sich dann sagen lassen: Wenn ein psychisches Subjekt in einem Augenblick seines Daseins über die und die Lebenskraft verfügt und wenn in ihm ein bestimmtes Datum auftritt, so wird sein Erleben dieses Datums den und den Spannungsgrad aufweisen. Die eindeutige Zuordnung von Lebenszustand und Ablaufweise des Erlebens steht hier fest. Die Frage der Bestimmbarkeit spitzt sich uns jetzt dahin zu, ob jeder der beiden Faktoren in sich eindeutig feststellbar ist. Wenn das der Fall ist, dann muß sich auch der eine durch den andern bestimmen lassen.

Stellen wir die Frage zunächst für die Lebenskraft: Ist die jeweilig vorhandene Lebenskraft in eindeutiger und identifizierbarer Weise festzustellen? Denken wir daran, wie in der materiellen Natur „objektive" Bestimmung statthat, so können wir auch fragen: Ist die Lebenskraft ein *zahlenmäßig ausdrückbares Quantum*? Offenbar ist das nicht der Fall. Die Lebensgefühle, die sie uns bekunden, sind ein qualitativ Mannigfaltiges, das sich nicht auf einen gemeinsamen Nenner bringen läßt, nicht aus gleichen Einheiten zusammengesetzt gedacht werden kann. Und dasselbe gilt von den „Leistungen" der Lebenskraft, den Spannungsgraden des Erlebens. Auch mit ihrer Hilfe kann die Lebenskraft nicht „gemessen" werden.

An Stelle der quantitativen Bestimmung könnte nun eine *qualitative* treten. Jedes Lebensgefühl, das uns als Bekundung der Lebenskraft dient, ist ein eigentümliches *Quale*, und man könnte die mannigfachen Qualitäten durch *Namengebung* unterscheiden. Unsere Sprache begnügt sich mit einigen groben Unterscheidungen wie Frische, Mattigkeit, Übermüdung, Überreizung u. dgl. Es wäre durchaus möglich, hier sehr viel weiter zu gehen und seine
Nuancierungen gegeneinander abzuheben und zu bezeichnen (wie es die ex- 30
pressionistische Literatur, wenn auch nicht immer sehr glücklich und geschmackvoll, durch Analogien aus verschiedenen Sinnesgebieten versucht). So unterscheidet und bezeichnet auch der Maler eine große Anzahl von Farbennuancen, auf die die Sprache des praktischen Lebens keinen Wert legt. Sollte diese Differenzierung aber für unseren Zweck genügen, so müßte es möglich sein, *jede einzelne* Gefühlsqualität herauszuheben und mit einem *Eigennamen* zu belegen, und desgleichen jeden erdenklichen Spannungsgrad. Wenn das möglich wäre, so ließen sich exakte, wiewohl keine quantitativen Kausalgesetze aufstellen: Das Lebensgefühl a (bzw. der entsprechende Lebens*zustand*) hat den Spannungsgrad α zur Folge, das Lebensgefühl b den Spannungsgrad β usw.). Es kann aber gar kein Zweifel sein, daß sich solche „individuelle Ideen" von Lebensgefühlen *nicht* herausarbeiten lassen und daß daher auch entsprechende Kausalgesetze nicht aufgestellt werden können. Die Lebensgefühle und die ihnen entsprechenden Spannungsgrade bilden ein *Kontinuum* von Qualitäten. Jede beliebige Qualität läßt sich als „Stelle" aus einem solchen Kontinuum herausheben, aber niemals ist eine unmittelbar „benachbarte" Qualität aufzuweisen (wie es keine benachbarten Punkte einer Linie gibt), sondern zwischen zwei herausgehobenen Qualitäten liegt immer ein größerer oder kleinerer Teil des Kontinuums, der selbst wieder unendlich viele Stellen in sich enthält.[37] Wie weit wir daher auch in der Un-

[37] Was wir hier über *Kontinuen*, ihre *Stellen* und *Teile* gesagt ist, entstammt einer Arbeit von *Reinach* über das Wesen der Bewegung, die aus dem Nachlaß veröffentlicht worden ist

terscheidung der Lebensgefühle und in der ihr angepaßten Differenzierung der Sprache gehen mögen – unsere Namen werden immer nur mehr oder minder große Teile des Qualitätenkontinuums bezeichnen. Es ist möglich, daß wir das Kontinuum oder doch einen Teil des Kontinuums durch*leben*,[38] aber es ist wesenhaft ausgeschlossen, daß wir die unendliche Mannigfaltigkeit von Qualitäten, die wir dabei durchlaufen, *jede für sich herausheben*.

Wir stimmen also mit *Bergson* vollkommen überein, wenn er[39] auseinandersetzt, daß die *Intensitäts*unterschiede der psychischen Zustände in
31 Wahrheit *Qualitäts*unterschiede sind und daß sie sich weder quantitativ noch überhaupt in eindeutig-identifizierbarer Weise feststellen lassen. Das aber können wir ihm nicht zugeben, daß die Rede von Intensität hier eine sachlich durchaus ungerechtfertigte ist. Denn wenn man auch nicht alle Stellen eines Kontinuums herausheben kann und wenn die Teile eines Kontinuums nach den Grenzen hin ineinander verschwimmen, so daß es schwer ist, den Schnitt zwischen ihnen zu legen, so unterliegt es doch keinem Zweifel, daß es möglich ist, Teile in ganz unzweideutiger Weise als verschiedene zu erkennen, und Stellen, die dem einen und dem anderen Teil angehören, *ihrem* Kontinuumsteil zuzuweisen und voneinander zu unterscheiden. Konkret gesprochen: Es ist nicht möglich, alle Rotnuancen deutlich zu unterscheiden, aber Rot und Blau sind völlig scharf voneinander unterschieden, und wenn es Farbennuancen gibt, bei denen man schwanken kann, welcher Qualität man sie einzuordnen hat, so gibt es doch andere, bei denen die Zuordnung keinem Zweifel unterliegt. Und wo uns Nuancen einer Qualität entgegentreten, da geben sie sich unzweifelhaft als *Abstufungen* dieser Qualität, und eben das berechtigt die Rede von *einer* Qualität und ihren Intensitätsgraden. Und ebenso ist es zwar nicht möglich, *alle* Lebensgefühle und alle Spannungsgrade des Erlebens zu unterscheiden, aber es ist sehr wohl möglich, Frische und Mattigkeit zu unterscheiden und das jeweilig vorhandene Lebensgefühl (wenn es nicht gerade hart an der Grenze steht) der einen oder andern Qualität zuzuweisen; und desgleichen lassen sich im Kontinuum der Spannungsunterschiede scharf unterschiedene Qualitäten herausheben und einzelne Spannungsgrade ihnen zuordnen und als Abstufungen einer Qualität auffassen. Schließlich sind wie diese unterscheidbaren Quali-

---

(Adolf Reinachs *Ges.*⟨*ammelte*⟩ *Schriften*, Halle 1921 ⟨, S. 406–461; von Edith Stein im April 1918 bearbeitet (vgl. Stein, Edith, *Selbstbildnis in Briefen III. Briefe an Roman Ingarden* (kurz *BRI*), ESGA 4, Freiburg, ^{2}2005, Br. 30, 10. 4. 1918); heute in Reinach I, S. 551–588⟩).

[38] Daneben besteht die Möglichkeit diskontinuierlicher Übergänge von einem Lebensgefühl zu einem anderen.

[39] Im 1. Kapitel des *Essai sur les données immédiates de la conscience* ⟨Genf 1888. Deutsch: *Zeit und Freiheit. Eine Abhandlung über die unmittelbaren Bewußtseinstatsachen*, Jena 1911, S. 2–58, „Von der Intensität der psychologischen Zustände"⟩.

täten die ihnen übergeordneten *Gattungen* als solche – die Gattung „Lebensgefühl“, die alle möglichen Lebensgefühle umspannt, die Gattung „Spannung des Erlebens“, der alle Spannungsgrade zugehören – in völlig zweifelloser Gewißheit zu erkennen und nicht mit andern zu vermengen.

In der Unterscheidbarkeit gewisser, eine unendliche Mannigfaltigkeit umspannender, an ihren Grenzen verschwimmender Qualitäten beruht die Möglichkeit, *Kausalgesetze*, wenn auch keine exakten, für das psychische Geschehen aufzustellen, analog den physischen Kausalregeln, mit denen die vorwissenschaftliche Erfahrung arbeitet. Im täglichen Leben bedienen wir uns ständig solcher Kausalregeln. Wir sagen etwa: Heute wird es einen guten Fernblick geben, denn die Luft ist feucht. Die Feuchtigkeit der Luft und der 32
gute Fernblick sind dabei anschauliche Qualitäten, deren exakte Bestimmbarkeit – sofern sie möglich ist und wir überhaupt etwas davon wissen – für uns gar keine Rolle spielt. Ebenso sage ich: Ich bin jetzt so müde, daß ich nicht mehr imstande wäre, ein vernünftiges Buch zu lesen. Ich sage es, ohne einen Versuch zu machen, rein auf Grund der Müdigkeit, die ich fühle. Diese mir wohl vertraute Qualität ist mit der Anspannung, die das Verständnis schwieriger intellektueller Zusammenhänge fordert, unvereinbar. Auf diese Weise sind Kausalschlüsse im Gebiet des Psychischen möglich. Im allgemeinen wird die Vagheit dieser Regeln nur *Wahrscheinlichkeits*schlüsse zulassen. Unbeschadet der Vagheit der psychischen Kausalgesetze ist es aber möglich, daß sie – obwohl sie meist erfahrungsgemäß festgestellt, Ergebnisse „praktischer Lebensweisheit“ sind – *einsichtige* Zusammenhänge ausdrücken. Welche besondere Tätigkeit bei einem gewissen Stande der Lebenskraft noch möglich ist und welche nicht, das wird sich im allgemeinen nicht einwandfrei entscheiden lassen. Daß aber die Lebenskraft bei dem Zustand, den wir mit Erschöpfung bezeichnen, nicht ausreicht, um eine intensive geistige Tätigkeit zu speisen, das ist ein Satz, dem mehr als bloße Erfahrungsgeltung zukommt. Zusammenhänge, die nicht exakt bestimmbar sind, können also sehr wohl „notwendige“ sein, und umgekehrt. Die exakten Gesetze der theoretischen Physik haben zum großen Teil bloß faktische Geltung. Dagegen ließen sich aus den vagen Regeln der beschreibenden Naturwissenschaften und der Alltagspsychologie sehr viele Wesenszusammenhänge herauslesen.

Soweit wären wir also gelangt: Es gibt außer dem allgemeinen Kausalgesetz inhaltlich bestimmte psychische Kausalgesetze, und es besteht die Möglichkeit, aus wahrnehmungsmäßig gegebenen auf nicht gegebene Tatsachen zu schließen. Was wir aber bisher feststellten, war nur ein Schluß von gegenwärtigen auf *gleichzeitige* Tatsachen. Dagegen wissen wir noch nicht, ob eine Vorausbestimmung möglich ist. Daß es sich um keine *exakte* Bestimmung handeln wird, dürfen wir von vornherein annehmen. Aber läßt sich überhaupt auf Grund des gegenwärtigen Tatbestandes etwas über die kausale Beschaffenheit der psychischen Tatsachen in einem späteren Zeitpunkt

sagen? Dazu wäre offenbar zunächst erforderlich, daß man aus dem gegenwärtigen Stand der Lebenskraft Aufschlüsse über den künftigen erhalten könnte. Eine sehr gewichtige Tatsache spricht gegen diese Möglichkeit: Die
33 Lebenskraft, so sahen wir, dient dazu, den Strom des psychischen Lebens zu erhalten, die Erlebnisse zehren an ihr, und zwar die verschiedenen in verschiedener Weise. Den Stand der Lebenskraft in einem künftigen Augenblick – auch in den Grenzen der Vagheit, die wir zugestanden haben – kann man also offenbar nur vorhersehen, wenn man alle Schwankungen kennt, die sie von der Gegenwart bis zu jenem Augenblick durchzumachen hat, d. h. aber nichts anderes als daß man den ganzen Strom des psychischen Lebens übersehen muß, der diese Dauer erfüllt. Ob dies möglich ist, das wollen wir jetzt nicht erörtern. Es genügt uns vorläufig, daß die Kenntnis der gegenwärtigen Lebenskraft *allein* jedenfalls nicht ausreicht, um ihren künftigen Stand und damit ihre möglichen künftigen Leistungen vorherzusagen.

Es muß allerdings ergänzend hinzugefügt werden, daß in sehr allgemeiner und unbestimmter Weise doch gewisse Voraussagen auf Grund der kausalen Umstände möglich sind. Die Lebenskraft der einzelnen Individuen ist eine verschiedene, und zwar nicht nur ihrem jeweiligen Stande nach, sondern derart, daß das Maximum der einen an das der andern evtl. nicht heranreicht. Es ist also möglich, daß einem Individuum auch beim günstigsten Stande seiner Lebenskraft Leistungen versagt bleiben, deren andere fähig sind. Hat man nun auf Grund ausreichender Erfahrung Kenntnis von der Lebenskraft eines Individuums, d. h. von der dauernden Eigenschaft, gewonnen, so kann man in Bausch und Bogen beurteilen, welche Leistungen im Bereich seines Könnens liegen und welche nicht. Solche Aussagen *lassen* natürlich immer sehr viel *offen* – sie enthalten ja nichts über den jeweiligen *Modus* der Lebenskraft, der vorausgesetzt ist, damit die betreffende Leistung zustande kommen kann. Sie haben ferner selbstverständlich nur *empirische Geltung*, da die Lebenskraft eines Individuums nur durch Erfahrung feststellbar ist; sie können also durch weitere Erfahrung stets widerlegt und berichtigt werden. Schließlich gelten solche Aussagen nur unter der Voraussetzung, daß die Leistungen, die auf Grund der natürlichen Lebenskraft ausgeschlossen sind, nicht durch andere Kräfte ermöglicht werden. Eine solche Möglichkeit muß durchaus offen gelassen werden, und über sie sollen uns die folgenden Untersuchungen Aufschluß geben.[40]

34 Wir wollen uns nämlich jetzt dem Feld der *Ichaktivität* zuwenden, das uns schon gelegentlich Beispiele lieferte, aber in unsern prinzipiellen Erörterungen noch nicht berücksichtigt wurde.

---

[40] Die Erörterung des Determinismusproblems wird am Ende dieser Abhandlung (V, § 5 ⟨S. 80 ff.⟩) wieder aufgenommen werden.

III. Geistiges Leben und Motivation

§ 1. Motivation als Grundgesetzlichkeit des geistigen Lebens

Wir heben die Abstraktion auf, in der wir die Untersuchung bisher führten, und ziehen einen neuen Kreis von Phänomenen in Betracht. Das Ich, das bisher im Strom dahinlebte, im Ablauf der Daten, die es „hatte", ohne darauf „hinzusehen", tut seinen geistigen Blick auf und „richtet" sich auf etwas, etwas tritt ihm gegenüber – wird ihm zum „Gegenstand". Eine niedere Form der Intentionalität – und korrelativ der Gegenständlichkeit – liegt schon im Haben der immanenten Daten. Das Sich-richten-auf, das wir nun meinen, die Intention, die sich auf dem Grunde der immanenten Daten erhebt, bezeichnet eine neue Klasse von Erlebnissen, von Einheiten, die sich im Strom konstituieren: die Klasse der „Auffassungen" oder „Akte".[41] Mit ihnen beginnt das *geistige Leben.* Die Richtung des Ichblicks kann dabei eine verschiedene sein: Es kann ein „Rückblick" sein auf das soeben abgelaufene (noch lebendig sich fortzeugende oder auch bereits abgeschlossene) Erlebnis, sei es nun eine Empfindung oder selbst ein Akt: Dann haben wir eine „Reflexion". Der Blick kann aber auch statt auf ein Empfindungsdatum hin durch es hindurch gehen auf etwas, was gar nicht mehr dem Strom selbst angehört, sondern nur durch diesen Ichblick und seine Stellung im Strom Beziehung zum individuellen Bewußtsein – und zu einer bestimmten Stelle in seinem Fluß – erhält: auf einen „äußeren Gegenstand", ein Transzendentes. An Stelle des Empfindungsdatums tritt ein „vorschwebendes Bild", eine farbige Gestalt oder ein erklingender Ton „außer mir", „draußen" (gleichviel, was für eine Art „Räumlichkeit" dieses „draußen" besagen mag). Im Bereiche der Akte treten nun neue Verbindungsweisen auf, denen wir bisher noch nicht begegnet sind. Richtet sich der Blick nacheinander auf eine Reihe kontinuierlich ablaufender Daten oder vielmehr durch sie hindurch auf „äußere" Gegenständlichkeiten, so haben wir nicht nur ein Nacheinander getrennter Auffassungen einzelner Bilder, sondern *eine durchgehende Auffassung*, ein *Hinzunehmen* des Späteren zum Früheren *(„Apperzeption")*, ein 35
Zusammenfassen der Einzelauffassungen *(„Synthesis")* und ein *In-Bewegung-gesetzt-Werden* der späteren durch die frühere *(„Motivation")*. All das hat erst Sinn im Bereich der Ichakte, von Nehmen, Fassen und Bewegen kann in der Sphäre der reinen Passivität, mit der wir es vorher zu tun hatten, keine Rede sein.

Wenn wir die Verbindung von Akten, die wir hier im Auge haben, ganz allgemein als *Motivation* bezeichnen, so sind wir uns bewußt, von dem

[41] „Akt" ist hier im weitesten Sinne des intentionalen Erlebnisses genommen, nicht in der Bedeutung des spezifischen Tuns.

üblichen Sprachgebrauch abzuweichen, der diesen Ausdruck auf das Gebiet der „freien Akte", insbesondere des Willens, beschränkt. Wir glauben aber, daß diese Erweiterung ein gutes Recht hat, daß das, worauf wir jetzt abzielen, eine für den ganzen Umkreis der intentionalen Erlebnisse geltende allgemeine Struktur ist, die nur je nach der Besonderheit der Akte, die sich ihr einfügen, verschiedene Ausgestaltung erfährt.[42] Als eine solche besondere Ausgestaltung müßte sich auch die herkömmlich sogenannte Motivation erweisen.

Motivation in unserm allgemeinen Sinn ist *die* Verbindung, die Akte überhaupt miteinander eingehen: kein bloßes Verschmelzen wie das der gleichzeitig oder nacheinander abfließenden Phasen des Erlebnisflusses oder die assoziative Verknüpfung von Erlebnissen, sondern ein *Hervorgehen* des einen *aus* dem andern, ein Sichvollziehen oder Vollzogenwerden des einen *auf Grund* des andern, *um* des andern *willen*. Die Struktur der Erlebnisse, die allein in das Verhältnis der Motivation eintreten können, ist für das Wesen dieses Verhältnisses durchaus maßgebend: daß Akte ihren Ursprung haben im reinen Ich, von ihm phänomenal ausgehen und hinzielen auf ein Gegenständliches. Der „Drehpunkt" gewissermaßen, an dem die Motivation ansetzt, ist immer das Ich. Es vollzieht den einen Akt, *weil* es den andern vollzogen hat. Der „Vollzug" braucht dabei noch nicht im Sinne einer echten Spontaneität genommen zu sein. Charakteristisch für das Verhältnis der Motivation ist es, daß es in verschiedener Form auftreten kann: Es kann *explizite* vollzogen, es kann aber auch nur *implizite* vorhanden sein. Der Fall einer expliziten Motivation liegt z. B. vor, wenn wir im Zusammenhang eines Schlusses von den Prämissen zum Folgesatze fortschreiten und ihn auf Grund der Prämissen einsehen und glauben. Wenn wir dagegen einen
36 mathematischen Beweis führen und dabei einen Lehrsatz verwenden, den wir früher einmal auf Grund seiner Voraussetzungen eingesehen haben, aber jetzt nicht neu beweisen, so ist der Glaube an diesen Satz *motivierter* Glaube, aber die Motivation ist nicht aktuell vollzogen, sondern in dem konkreten Akt, durch den der Satz als Einheit und in dem bestimmten Glaubensmodus vor uns steht, impliziert. Wesenhaft geht jede explizite Motivation nach ihrem Vollzuge in eine implizite über, und wesenhaft *kann* jede implizite Motivation – z. B. die in dem Glauben an einen noch unbewiesenen, „intuitiv" vorweggenommenen Lehrsatz enthaltene – expliziert werden. In den verschiedenen Sphären intentionaler Erlebnisse ist jeweils die eine oder die andere Art der Motivation die vorherrschende. Mit impliziten Motivationen haben wir es zumeist im Gebiet der ichlichen Wahrnehmung zu tun.

[42] Zur Notwendigkeit der Erweiterung des Motivationsbegriffes vgl. *Ideen* ⟨I, § 47 Die natürliche Welt als Bewußtseinskorrelat,⟩ S. 89.

Zunächst ist die Auffassung eines Dinges als solchen bereits ausgelöst durch einen bestimmt gearteten Verlauf sinnlicher Daten; diese „Auslösung" können wir als eine niedere Form der Motivation bezeichnen wie das Haben von Empfindungen als niedere Form der Intentionalität. *Innerhalb* dieser Auffassung treten dann die *eigentlichen* Motivationsverhältnisse hervor: Weil ich ein räumlich ausgedehntes Ding erfasse, nehme ich auch die Rückseite „mit" wahr, die ich nicht selbst erfasse, und diese Mitauffassung wiederum motiviert evtl. den Vollzug der freien Bewegung, welche die mitaufgefaßte Rückseite in einer eigentlichen Wahrnehmung selbst hervortreten läßt. Man kann auch die besondere Art der Gegebenheit eines Objekts als Motiv auffassen für die Stellungnahme des Ich zu diesem Objekt, die wahrnehmungsmäßige Gegebenheit z. B. als Motiv für den Glauben an seine Existenz. Auch hier haben wir ein intentionales Erlebnis, das vom Ich hinstrahlt zum Objekt und in diesem Sinne von ihm vollzogen wird, ohne ein freies Tun des Ich zu sein. Der Glaube an die Existenz wiederum kann motivierend sein für das urteilende Behaupten dieser Existenz, mit dem wir bereits die Sphäre der echten Spontaneität betreten. Der Glaube an die Existenz eines Sachverhalts[43] fernerhin kann den Glauben an die Existenz eines andern motivieren. Das Erfassen eines Wertes kann eine Gemütsstellungnahme motivieren (z. B. die Freude an der Schönheit) und evtl. ein Wollen und Handeln (etwa das Realisieren eines als sittlich recht erkannten Sachverhalts). Die verschiedenartigsten Akte – und doch überall ein Gemeinsames: Das Ich vollzieht das eine Erlebnis – oder es wird ihm zuteil –, *weil* es das andere hat, um des anderen willen. An dieser Gemeinsamkeit der Struktur ändert – wie gesagt – auch die Tatsache nichts, daß in einigen Fällen motivierendes 37
und motiviertes Erlebnis als selbständige, aufeinander folgende Akte deutlich abgegrenzt sind (wie Prämissen und Folgerung oder Werterfassung und Wille), in anderen sich zur Einheit eines konkreten Aktes verbinden (wie Selbst-Erfassung und Glaube der Wahrnehmung). Als motivierend nahmen wir hier immer das eine Erlebnis, um dessentwillen das andere statt hat, als motiviert das andere, wobei das Ich die Vermittlerrolle spielt. Es ist aber für das Verständnis der Motivation auch nötig, die Korrelate des Erlebens mit zu berücksichtigen. Das Verhältnis von Akt und Motivation kann durch folgende Betrachtung erleuchtet werden: Überall, wo Bewußtsein sich auf einen Gegenstand richtet, meint es ihn nicht als ein leeres x, sondern mit einem bestimmten *Sinnesgehalt*, als Träger eines in sich geschlossenen, einheit-

[43] ⟨Husserl verwendet bereits in den *Logischen Untersuchungen* (kurz *LU*) und in den *Ideen* I den Begriff „Sachverhalt" in Bezug auf seine Urteilslehre, so auch Adolf Reinach in „Zur Theorie des negativen Urteils", Reinach I, S. 95–140, „Die apriorischen Grundlagen des bürgerlichen Rechts", S. 141–278, bes. 241–274; „Die Überlegung; ihre ethische und rechtliche Bedeutung (1912/13)", S. 279–312, bes. 280–94; „Wesen und Systematik des Urteils (1908)", S. 339–346, bes. 341–344. usw.⟩

lichen Seinsbestandes, von dem aber jeweils nur ein Teil „in die Erscheinung fällt", zu erfüllender Gegebenheit kommt, während das übrige nur in leerer Weise „mitgemeint" ist. Das gilt zunächst für die Wahrnehmung etwa eines Dinges, das als geschlossener Raumkörper aufgefaßt, aber nur mit einem Teil seiner Oberfläche wirklich anschaulich gegeben ist. Es gilt aber auch z. B. für das Verständnis eines Satzes bzw. die Erfassung eines Sachverhalts, der auch beim ersten Ansatz bereits als Ganzes intendiert ist, aber Stück für Stück schrittweise zu „eigentlicher" Erfassung kommt. Die Einheit des Sinnes schreibt vor, welche Ergänzungen ein gegebener Teilsinn zuläßt und welche weiteren Schritte daher durch den ersten Schritt motiviert werden können. Im Vollzug eines Aktes lebend ist das Ich dem Gegenstand zugewendet und meint ihn, von Akt zu Akt fortschreitend, mit einem stetig wechselnden Sinnesbestande (wechselnd mit Rücksicht auf das Verhältnis von voll und leer gegebenen Teilsinnen), ohne daß es dabei dem Sinne selbst und dem Gefüge der Motivationen zugewendet wäre. Es besteht aber jederzeit die Möglichkeit, den Sinn zum Gegenstande zu machen, ihn auseinanderzulegen und daraus Forderungen, Normen für den Verlauf der Motivationen abzuleiten. Es gehört z. B. zum Sinn zweier bestimmter Urteile, daß sie in die Einheit eines Schlußzusammenhanges eingehen können, in dem sie ein drittes zur Folge haben. Daraus ist die Forderung abzuleiten, daß jeder, der die betreffenden Urteile als Prämissen gefällt hat, daraus auch den Schlußsatz ableitet. Es liegt im Sinne eines als wertvoll Erkannten, daß es zugleich als sein sollend dasteht. Daraus ist die Norm abzuleiten, daß
38 derjenige, welcher sich den Wert zur Gegebenheit bringt (zugleich mit seiner Nicht-Existenz und der Möglichkeit der Verwirklichung), sich seine Realisierung zum Ziel setzen soll. So ist es zu verstehen, daß das gesamte Aktleben unter Vernunftgesetzen steht, die sich das Subjekt selbst zur Einsicht bringen und an denen es den faktischen Verlauf seiner Motivationen messen kann.

Von dieser Seite aus betrachtet, erscheint bei einem Motivationsverlauf nicht der Vollzug des Ausgangsaktes als das eigentlich Motivierende, sondern der Sinnesgehalt dieses Aktes, und für ihn wollen wir auch – wie üblich – die Bezeichnung „Motiv" vorbehalten: Das *Blitzen* wird für mich zum Motiv der Erwartung des Donners, nicht die *Wahrnehmung* des Blitzes; Motiv meiner Freude ist die Ankunft des ersehnten Briefes, nicht die Kenntnisnahme von der Ankunft. Sofern aber die Motive nur als Korrelate solcher Akte Motive sein können – nicht als objektiv Bestehendes –, haben auch die Akte teil an dem Zustandekommen der Motivation. Wir können sie – im Unterschiede zu den Motiven – als *Motivanten* bezeichnen, die motivierten Akte als *Motivate*. Um die Zusammenhänge von Motivation und Vernunftgesetzlichkeit richtig abzuschätzen, müssen wir noch eines ergänzend hinzufügen. Zunächst sind die „Forderungen", die der Sinnesgehalt eines Aktes stellt, nicht immer eindeutig. Ein Sachverhalt kann in die verschiedensten

logischen Zusammenhänge eingehen und entsprechend viele Folgerungen zulassen. Aber er grenzt einen Bereich von Möglichkeiten ab, und wenn das erkennende Subjekt über diesen Bereich hinausgeht, verfährt es unvernünftig. Ebenso grenzt ein Wert evtl. einen Bereich verschiedener möglicher Stellungnahmen des wertnehmenden Subjekts ab. Es kann nur sein, daß der Gehalt eines Erlebnisses zwar kein bestimmtes, aber eines der verschiedenen möglichen „Motivate" fordert. Es besteht aber noch eine andere Möglichkeit: Ein erlebtes Motiv kann gewisse Verhaltungsweisen ⟨sic⟩ *zulassen*, ohne irgendeine von ihnen zu *fordern*. Auch hier besteht noch ein *Sinnzusammenhang* zwischen Motiv und Motivat, das eine ist aus dem andern *verständlich*; aber es liegt kein Verhältnis *vernünftiger Begründung* mehr vor. Daß ein Geräusch in meiner Umgebung meine Aufmerksamkeit auf sich lenkt, oder auch, daß ich „instinktiv" danach strebe, in eine Umgebung zu kommen, in der ich mich wohl fühle, ist sehr wohl verständlich, aber es ist weder vernünftig, noch unvernünftig. Würde ich dagegen die Gesellschaft von Menschen aufsuchen, die mich abstoßen – und zwar eben darum, weil sie mich 39
abstoßen –, so wäre das nicht bloß unvernünftig, sondern „verrückt".

Wo die erlebte Motivation auf einem Verhältnis vernünftiger Begründung ruht, da werden wir von „Vernunftmotiven" sprechen. Wo dagegen nur ein verständlicher Zusammenhang vorliegt, da können wir das Motiv auch als „Reiz" bezeichnen.

Dank der Motivation, die die Übergänge von Akt zu Akt vermittelt, erwachsen im Erlebnisstrom Akt- bzw. Motivationsgefüge, konstituierte Einheiten analog den früher besprochenen dauernden Erlebnissen, etwa den sinnlichen Daten. Indessen, es bestehen hier Unterschiede. Ein Akt ist immer ein Heraustreten aus dem Strome, er wächst aus ihm hervor, aber geht nicht in ihm auf, er „greift" nach etwas nicht im Verlauf des Stromes Liegenden, er erzeugt sich fort, solange er daran (an dem Objekt) festhält, und hört auf, wenn er es los läßt. Wir haben demnach kein Kontinuum von Akten im Strom, kein ständiges Ineinanderüberfließen von Akt in Akt, kein stetig erfülltes „Aktfeld" in Analogie zu den Sinnesfeldern. Die Akte sind „Absätze", „Einschnitte" im Strom (dessen Kontinuität doch, dank der stetig erfüllten sonstigen Erlebnisfelder durch sie nicht aufgehoben wird), und es ist möglich, daß das Bewußtsein streckenweise dahinfließt, ohne daß Akte in ihm auftreten. Indem aber die Motivation Akt aus Akt bewußtseinsmäßig „hervorgehen" läßt, erwachsen die erwähnten Einheiten als eine neue Art von „Komplexen", die als solche im Strom versinken und wieder auftauchen. Und diesen Aktkomplexen entsprechen als von ihnen unabtrennbare Korrelate einheitliche Objekte; wie die Auffassungen, so schließt sich das Aufgefaßte zur Einheit einer Gegenständlichkeit zusammen. Der Einheit einer Wahrnehmung entspricht die Einheit des Dinges, und „lebt" eine Wahrnehmung „wieder auf" (d.h. erinnere ich mich an etwas), so steht das Ding als

Ganzes mir wieder vor Augen, nicht etwa eine einzelne Seitenansicht als isoliertes „Bild". Das, was wir von der „Berührungs-Assoziation" früher sagten,[44] erstreckt sich also auf die Sphäre der intentionalen Erlebnisse, und zwar sowohl auf die Akte als auf ihre Korrelate. Auffassung und Motivation sind aber vorausgesetzt, damit eine solche „assoziative Einheit" erwachsen kann, sie sind nicht umgekehrt darauf „zurückführen", wie es die sensualistische Assoziationspsychologie[45] will. Die „Assoziation nach Ursächlichkeit" scheint nach dem Gesagten gar kein Problem mehr. In die Wahrnehmung eines Dinges geht (wie die Lehre von der Dingkonstitution aufweist) die Auffassung der kausalen Zusammenhänge mit ein, in denen es steht, und das kausale Geschehen selbst konstituiert sich bewußtseinsmäßig als eine einheitliche Objektivität, innerhalb deren „Ursache" und „Wirkung" zu unterscheiden sind, und dank dieser Einheitsauffassung ist mit der einen die andere mitgegeben oder „durch sie geweckt". Aber hier wie bei der *„Ähnlichkeitsassoziation"* ist dies nicht die einzig mögliche Deutung. Zwar die Ähnlichkeit zweier gegebener Objekte und diese Objekte *als* ähnliche fügen sich in eine einheitliche Auffassung, so daß es verständlich wird, wenn künftig „eins an das andere erinnert". Daß aber auch ein Objekt an das andere erinnert, ohne daß beide vorher zusammen gegeben waren und ohne daß ihr Ähnlichkeit (oder sonstige Beziehung) gegeben war, das ist aus der Berührung nicht ohne weiteres verständlich und bedarf besonderer Aufklärung.[46]

Mit den Akten und ihren Motivationen beginnt – so sahen wir – das Reich des „Sinnes" und der „Vernunft": Es gibt hier Richtigkeit und Falschheit, Einsichtigkeit und Uneinsichtigkeit in einem Sinne, von dem in der Sphäre des „aktlosen" Bewußtseins keine Rede sein kann. Ich kann es wohl – als Wesensnotwendigkeit – „einsehen", daß der Ablauf des gesamten Erlebens von dem Wandel der Lebensgefühle beeinflußt wird, aber die eine Abwandlung vollzieht sich nicht *auf Grund* der anderen, wie es bei der Motivation der Fall ist. In der einen Sphäre haben wir ein *blindes Geschehen*, in der anderen ein *sehendes Tun* oder doch wenigstens – im Fall der impliziten Motivation – ein Geschehen, das in ein sehendes Tun übergeführt werden kann. Die Einsicht in der einen Sphäre ist Erkenntnis der Notwendigkeit des Geschehens, die Einsicht in der anderen Sphäre ist Nachvollziehen des ursprünglich vollzogenen Sehens.

Das bedarf noch einiger Erläuterung. Was hier über den Charakter der Motivation gesagt ist, wird ohne weiteres Anerkennung finden, wenn wir es auf das Gebiet der spezifisch logischen Akte beziehen, wo im Schluß- und

---

[44] S. 15f.

[45] ⟨Vgl. Anm. 5.⟩

[46] Vgl. zum „Problem der Assoziation" S. 15, sowie Teil V, § 5 ⟨S. 80ff.⟩ dieser Abhandlung ⟨Vgl. Anm. 5⟩.

Beweisverfahren auf Grund von Voraussetzungen zu Folgerungen fortgeschritten wird. Es leuchtet auch ohne weiteres ein für die Sphäre der Praxis, wo ein Gefühl einen Willensentschluß und ein Entschluß eine Handlung „in Bewegung setzt“. Hier gibt es „vernünftige Konsequenz“ und „einsichtiges Verfahren“ – das liegt auf der Hand. Wie steht es aber mit dem Fall, von dem wir (uns an die Stufenfolge der Konstitution haltend) ausgingen? Eine 41
schlichte Wahrnehmung ist doch weder ein Schlußprozeß noch eine Willenshandlung (wenn es auch philosophische Konstruktionen gibt, in denen sie so hingestellt wird). Und dennoch hat das, was wir über sie sagten, seine Richtigkeit, dennoch finden wir in allen besprochenen Fällen eine formale Gleichheit der Erlebnisstruktur. Nur daß wir in den höheren Schichten der Aktbetätigung die Motivation in spezifischem Sinne durchleben, „in“ ihr leben, sie „bewußt“ vollziehen, so daß sie für den Blick der Reflexion ohne weiteres greifbar zutage liegt. In den unteren Schichten dagegen haben wir eine „verborgene“ Vernunftbestätigung, die Motivationen walten „im Dunklen“ und müssen erst durch sorgfältige reflektive Analyse ans Licht gebracht werden. In solchem analytischen Verfahren kann der Wahrnehmungsprozeß aus dem Dunkel hervorgeholt und gleichsam am Tageslicht nach allen seinen Teilen nachvollzogen werden. Man sage nicht, daß dann ein neues Erlebnis statt der gewöhnlichen Wahrnehmung studiert werde. Denn der Nachvollzug gibt sich eben als Nach-Vollzug des ursprünglich abgelaufenen Erlebens. Der Nachvollzug ist ein „einsichtiger“, in dem jeder Schritt explizite, ausdrücklich und auf Grund des früheren vorgenommen wird. Und eben damit gibt sich auch der ursprüngliche Verlauf als einer, der einsichtig vollzogen werden könnte. Dagegen wäre es ein ganz sinnloser Versuch, wenn man die kausal bedingten Wandlungen des Erlebnisstromes selbst (wie die Motivation, das Fortschreiten von Akt zu Akt) „nachvollziehen“ wollte; es gibt in diesem Bereich weder Vollzug noch Nachvollzug.

Zwischen Kausalität und Motivation ist also ein radikaler, durch nichts zu überbrückender und durch keinerlei Übergänge vermittelter Unterschied. Er kommt auch darin zum Ausdruck, daß die Kausalität ihr Analogon im Bereich der physischen Natur hat, die Motivation dagegen nicht.

§ 2. Motivation im Bereich der Kenntnisnahmen; die „Zuwendung“

Nachdem wir den einheitlichen Charakter der Motivation nach außen abgegrenzt haben, wollen wir versuchen, die Besonderungen herauszustellen, die sie zuläßt, indem wir die verschiedenen Arten intentionaler Erlebnisse betrachten, die in das Verhältnis der Motivation eintreten können.

Sehen wir uns zunächst die *Kenntnisnahmen* an, in denen uns Gegenständliches zur Gegebenheit kommt: die Wahrnehmung eines Dinges, das

42 Erfassen eines Sachverhalts u. dgl. Wir haben hier einmal ein schlichtes Hinnehmen, das selbst kein Motiv in derselben Bewußtseinsschicht, sondern nur in ihren sinnlichen Unterlagen hat, das aber seinerseits motivierend werden kann (bzw. dessen Sinnesgehalt Motiv werden kann) für ein weiteres Hinnehmen. Das Ich tut hier nichts, was es auch unterlassen könnte, sondern es empfängt die eine Kenntnis um der anderen willen. Aber mit diesem empfangenden Hinnehmen verknüpft treten andere Akte auf, die in das Belieben des Ich gestellt sind: die *Zuwendung* zu dem Objekt, von dem mir schon eine gewisse Kenntnis zuteil wurde, und das Fortschreiten zu weiteren Gegebenheiten. Eine gewisse Aufnahme muß schon stattgefunden haben, damit die Zuwendung erfolgen kann. Das Aufgenommene in der ganz bestimmten Gegebenheitsweise, die ihm vor der Zuwendung eigen ist, dient als Motiv oder besser Reiz der Zuwendung.[47] Es übt einen Zug auf das Ich aus, dem es Folge leisten, dem es sich aber auch versagen kann. In dieser doppelten Möglichkeit besteht die „Freiheit" der Zuwendung, sie besagt nicht völlige Motivlosigkeit.

§ 3. Stellungnahmen, ihre Annahme und Ablehnung

Die Kenntnisnahmen bzw. ihre Korrelate können ferner eine neue Gattung von Erlebnissen motivieren: die *Stellungnahmen.* Die Wahrnehmung eines Dinges läßt in mir den Glauben an seine Existenz erwachsen, die Erkenntnis eines Sachverhalts die Überzeugung von seinem Bestand, das Erfassen hervorragender Eigenschaften einer Person die Bewunderung für sie. Die Stellungnahmen sind wie die Kenntnisnahmen etwas, was mir „zuteil" wird. Ich kann sie nicht in der Weise vollziehen wie eine freie Zuwendung. Ich kann mich nicht nach Belieben für oder gegen sie entscheiden. Und dies aus zwei Gründen: 1. die Stellungnahme *gebührt* dem Gegenständlichen, dem sie gilt, es fordert sie. Sie ist dadurch nicht bloß ausgelöst, sondern *begründet.* Könnte ich mich gegen sie entscheiden, so würde ich damit gegen einsichtige Normen verstoßen (was beim Unterlassen der Zuwendung im allgemeinen nicht der Fall ist). 2. Die Stellungnahmen pflegen sich nicht vor ihrem Auftreten anzubieten wie die Zuwendung, sondern sind auf Grund der Kenntnisnahme einfach da, ohne daß man vor eine Wahl gestellt wird. Sie ergreifen von mir Besitz. Andererseits kann ich sie mir nicht verschaffen, wenn sie
43 sich nicht von selbst einstellen. Ich kann mich nach religiösen Glauben sehnen, mich darum bemühen mit allen Kräften und er braucht mir doch nicht zuteil zu werden. Ich kann mich in die Größe eines Charakters vertiefen, ohne die Bewunderung, die ihm gebührt, aufbringen zu können. Ich bin

[47] Zur Abgrenzung von Motiv und Reiz vgl. Seite 38 f., 44.

also in dieser Hinsicht nicht frei. Dagegen besteht eine Möglichkeit, die bei den bloßen Kenntnisnahmen nicht vorhanden ist: Ich kann zu den Stellungnahmen „Stellung nehmen" in einem neuen Sinn, ich kann sie aufnehmen, mich auf ihren Boden stellen, mich zu ihnen bekennen oder mich ablehnend gegen sie verhalten. Ich nehme sie auf – d. h. ich gebe mich ihnen, wenn sie in mir auftreten, freudig, ohne Widerstreben hin. Ich lehne sie ab – das bedeutet nicht: Ich beseitige sie. Das steht nicht in meiner Macht. Zur „Durchstreichung" eines Glaubens bedarf es neuer Motive, durch die die Motive des ursprünglichen Glaubens entkräftet werden und aus denen sie sich wiederum „von selbst" ergibt. Aber ich brauche diesen Glauben nicht anzuerkennen, ich kann mich ganz so verhalten, als wäre er nicht vorhanden, ich kann ihn unwirksam machen.[48] Ich erwarte z. B. eine Nachricht, die mich veranlassen wird, eine Reise zu machen. Ich höre dann von nicht zuständiger Seite, daß das betreffende Ereignis eingetreten ist, und der Glaube daran stellt sich ohne weiteres ein. Aber ich „will" nicht glauben, solange ich keine verbürgte Nachricht habe. Ich verhalte mich so, wie ich es tun würde, wenn der Glaube nicht vorhanden wäre: Ich treffe keine Vorbereitungen, ich gehe meinem gewöhnlichen Tagewerk nach usw. – trotzdem die Glaubensstellungnahme unleugbar da ist. Daß nicht nur gewisse Handlungen unterlassen werden (also selbst „freie" Akte), sondern daß die ἐποχή ⟨époche⟩[49] die vorhandene Stellungnahme in der Tat unwirksam machen kann, so daß auch die – nicht freien – Stellungnahmen unterbleiben, die sie auslösen müßte, zeigt folgendes Beispiel: Eine Mutter hört durch Kameraden, daß ihr Sohn gefallen ist. Sie ist überzeugt davon, daß er tot ist, aber sie „will" es nicht glauben, solange sie nicht die offizielle Nachricht hat, und solange sie dem Glauben ihre Zustimmung vorenthält, wird auch die Trauer nicht in ihr wach, die aus dem ungehemmten Glauben sofort erwächst. (Dieses Unterbinden der Trauer durch Neutralisierung des motivierenden Glaubens ist natürlich grundwesentlich verschieden von dem Ankämpfen gegen die Trauer, wenn sie sich einstellt.) Oder ein überzeugter Atheist wird in einem reli- 44
giösen Erlebnis der Existenz Gottes inne. Dem Glauben kann er sich nicht entziehen, aber er stellt sich nicht auf seinen Boden, er läßt ihn nicht in sich wirksam werden, er bleibt unbeirrt bei seiner „wissenschaftlichen Weltanschauung", die durch den unmodifizierten Glauben über den Haufen geworden würde. Oder schließlich: ein Mensch flößt mir Zuneigung ein, und ich kann es nicht verhindern: Aber ich will mich nicht dazu bekennen, ich entziehe mich ihr. Auch das ist durchaus unterschieden von dem Ankämp-

[48] Es ist dies das Verhalten, das Husserl als ἐποχή („époche", griech. „Urteilsenthaltung", *Hua* III/1, § 18, bes. § 32 „Die phänomenologische époche") bezeichnet hat, die unwirksam gemachten Akte sind „neutralisierte".

[49] ⟨Vgl. Anm. 48.⟩

fen gegen eine Neigung, der man sich nicht hingeben will. Solange die innere Zustimmung nicht erteilt ist, hat das Ankämpfen überhaupt keinen Sinn. Ist die Neigung in dieser Weise unwirksam gemacht, so unterlasse ich nicht nur die Handlungen, die sie motivieren müßte, sondern auch die unwillkürlichen Äußerungen einer echten Neigung unterbleiben von selbst, stellen sich gar nicht ein. Diese Annahme oder Ablehnung einer Stellungnahme, denen sie den Charakter der vollen Lebendigkeit und Wirksamkeit oder der Neutralität verdankt, brauchen keine selbständig vollzogenen Akte zu sein, sie kann von vornherein mit dem einen oder anderen Charakter ausgestattet auftreten. Sie können aber auch jederzeit als eigene Akte vollzogen werden. Wie sehr ich mich in diesem Vollzuge „frei" fühle, geht daraus hervor, daß ich dabei nicht nur das Bewußtsein habe, den Glauben erst recht eigentlich zum Leben zu erwecken, sondern gleichsam auch dem geglaubten Sachverhalt erst Existenz zu verleihen. Indem ich der Todesnachricht rückhaltlos Glauben schenke, ist es mir, als ob ich selbst das Geschehene durch meine Zustimmung erst unwiderruflich machte. Solange ich die Zustimmung verweigere, ist es mir, als ob ich das Schicksal noch aufhielte. Das Seitenstück zur Ablehnung einer vorhandenen Stellungnahme ist die Annahme einer nicht vorhandenen. Ich kann mich auf den Boden eines Glaubens stellen, den ich in Wahrheit gar nicht besitze, der nicht in mir lebendig ist. Ich nehme z. B. an, daß ich die Umstände meines Lebens genügend überblicke, um „Pläne machen" zu können; ich nehme mir etwa vor, im nächsten Jahr eine Reise zu machen, in eine andere Stadt überzusiedeln, eine angefangene Arbeit abzuschließen usw., und richte mein gegenwärtiges Leben ganz im Hinblick auf diese Zukunftspläne ein. Im Grunde bin ich aber fest davon überzeugt, daß irgendein Ereignis eintreten wird, das alle meine Pläne über den Haufen wirft. Diesem echten lebendigen Glauben versage ich meine Zustimmung und lasse ihn nicht in mir wirksam werden. – Die Ablehnung
45 einer Stellungnahme ist allemal äquivalent mit der Annahme einer entgegengesetzten, die nun für mein weiteres Verhalten bestimmend wird, obwohl sie keine echte, lebendige Stellungnahme ist.

Annahme und Ablehnung der Stellungnahmen haben wie diese selbst ihre Motive und ihre Gründe. Motiv und Grund können dabei (wie in den früheren Fällen) zusammenfallen, sie können aber auch auseinander treten, ich versage der Nachricht den Glauben, weil die Überbringer unglaubwürdig sind. Die Unglaubwürdigkeit bzw. meine Kenntnis davon, motiviert zugleich und begründet meine ἐποχή ⟨épochè, vgl. Anm. 48⟩. Oder ich glaube der Nachricht nicht, weil sie unangenehm ist. Die Unannehmlichkeit ist hier mein Motiv, der Grund kann derselbe sein wie vorher; es ist aber auch möglich, daß mein Verhalten eines objektiven Grundes ganz entbehrt. Wo Motiv und Grund zusammenfallen, ist die Motivation eine vernünftige. Wo beide auseinander treten oder gar ein Grund überhaupt fehlt, ist die Stellungnahme bzw. das freie Verhalten zu ihr ein unvernünftiges evtl. unverständliches.

Es ist zu bemerken, daß Motiv im Gebiet der Kenntnisnahmen und Stellungnahmen niemals etwas ist, das mit vernünftiger Begründung nichts zu tun hat, das jenseits von Vernunft und Unvernunft liegt.[50] Jegliches Motiv in diesem Sinne hat begründende Kraft für ein vernünftiges Verhalten des Subjekts. Es kann aber sein, daß das Subjekt sich gleichsam in seinem Verhalten vergreift; es tut dann etwas anderes, als was durch das herrschende Motiv gefordert ist, und das, was es tut, hat seinen zureichenden Grund in einem Sachverhalt, der ihm nicht gegenständlich ist. In unserem Beispiel ist die Unglaubwürdigkeit vernünftiges Motiv der ἐποχή ⟨épochè⟩; das Verhalten dagegen, das durch die *Unannehmlichkeit* der Nachricht gefordert ist, wäre etwa eine Abwehrmaßregel gegen das Gemeldete; die ἐποχή ⟨épochè⟩ schiebt sich hier als Surrogat einer zweckmäßigen Abwehr ein. Ein solches „Vergreifen" im Verhalten, ein Auseinanderfallen von Motiv und Grund findet vornehmlich dann statt, wenn die Motivation nicht explizite vollzogen ist, und kann durch Explikation entlarvt werden. Die Implikation ist somit Quelle von Täuschungen und Irrtümern, die Explikation das Mittel, um die
Herrschaft der Vernunft zu sichern: Aber auch „unvernünftige" Motivatio- 46
nen sind nur im Bereich der Vernunft möglich, sie sind als ein Fehlgreifen der Vernunft zu betrachten.

§ 4. Freie Akte

Wenn Annahme oder Ablehnung einer Stellungnahme als selbständige Erlebnisse vollzogen werden, dann haben wir *„freie Akte"* im echten Sinne, Akte, in denen das Ich nicht nur erlebt, sondern als Herr seines Erlebens auftritt. Es ist ihre Eigentümlichkeit, daß sie nur im eigentlichen Sinne vollzogen werden können (in der Form des „cogito"[51] in *Husserls* Terminologie, vom „zentralen Ich" aus nach *Pfänder* und *Hildebrand*). Sie können nicht, etwa erst im Hintergrund sich leise regend, allmählich von mir Besitz ergreifen, sondern ich muß sie aus mir heraus erzeugen, gleichsam geistig einen Streich führen.

Es gibt mannigfache Arten solcher Akte. Nahe verwandt mit der Annahme des Glaubens an einen Sachverhalt, aber nicht mit ihr identisch, sondern

[50] Wo ein Erlebnis durch ein anderes *ausgelöst* wird, ohne daß man es als *begründet* bezeichnen könnte – wie die Zuwendung (vgl. S. 38 f.) –, wollten wir von *Reiz* sprechen und ihn von dem spezifischen *Vernunftmotiv* unterscheiden. Vgl. auch S. 42.

[51] ⟨Frz. „ich denke", Zentraler Begriff bei Descartes, von Husserl aufgenommen; *Hua* III/1 § 28 „Das cogito" usw.⟩

sie voraussetzend und deutlich von ihr zu trennen ist das Behaupten.[52] Ich lese die Meldung vom Abschluß des Friedens; indem ich davon Kenntnis nehme, erwächst mir der Glaube daran, ich stelle mich auf den Boden dieses Glaubens, und auf Grund dessen kann ich nun behaupten, daß der Friede geschlossen ist. Offenbar ist diese Behauptung etwas Neues nicht nur dem Glauben (der „Überzeugung") gegenüber, sondern auch der Annahme des Glaubens. Überzeugung und Behauptung sind ein Verhalten zu dem Sachverhalt, die Annahme ist ein Verhalten zu der Überzeugung. Das reicht allerdings zur Charakteristik noch nicht aus. Es gibt ein der Annahme korrelatives Verhalten zum Sachverhalt, das von ihr selbst sowie vom Behaupten unterschieden ist: die Anerkennung. Ich nehme den Glauben nicht an, das besagt zugleich: Ich versage dem Sachverhalt meine Anerkennung, ich vollziehe nicht die „Setzung" seines Bestands. (Diese Anerkennung und ihr Gegenteil, die Verwerfung, ist natürlich wiederum nicht zu verwechseln mit dem *wertenden* Verhalten der Billigung und Mißbilligung, die sich sowohl auf den Sachverhalt als auf den Glauben, die Annahme und die Anerkennung richten können.) Auch die Anerkennung geht – wie gesagt – dem Behaupten noch voraus. Ich kann von sehr vielem überzeugt sein und ihm
47 meine Anerkennung gewähren, ohne es zu behaupten. Wenn wir die Annahme bzw. Anerkennung als Voraussetzung der Behauptung in Anspruch nehmen, so soll damit nicht gesagt sein, daß sie als eigener Akt vollzogen sein müsse. Es genügt, wenn sie als immanenter Charakter des Glaubens vorhanden ist, wenn die Überzeugung eine solche ist, auf deren Boden wir stehen. Solange wir nicht auf ihrem Boden stehen, werden wir auch die betreffende Behauptung nicht fällen. Ich mag von dem Inhalt einer Reutermeldung[53] ganz überzeugt sein. Aber ich habe das „Prinzip", Reutermeldungen keinen Glauben zu schenken, und so werde ich sie nicht als feststehende Tatsache weitergeben, nicht behaupten. Dagegen werden sich freilich Bedenken erheben. Wie vieles wird nicht behauptet ohne zureichende Begründung! Und überdies: neben der gutgläubigen Behauptung steht doch die Lüge! Indessen hier heißt es vorsichtig sein. Zunächst ist selbstverständlich zuzugeben, daß es Behauptungen gibt, die nicht zureichend begründet sind. Sie haben dann ihr Fundament (sind motiviert) in Überzeugungen, deren Motive nicht mit ihren objektiven Gründen zusammenfallen, die aber trotzdem „angenommen" sind. Ich bin z. B. überzeugt von einer Reutermeldung, erkenne sie an und gebe sie weiter, weil sie günstig ist, trotzdem mir ihre Unzuverlässigkeit

---

[52] S. ⟨Adolf⟩ *Reinachs* Scheidung von Überzeugung und Behauptung in „Zur Theorie des neg.⟨ativen⟩ Urteils" (*Münchener Philosophische Abhandlungen* ⟨. *Festschrift für Theodor Lipps*, hg. v. Alexander Pfänder, Leipzig,⟩ 1911 ⟨, S. 196–254,⟩ und *Ges.⟨ammelte⟩ Schriften*, Halle 1921 ⟨, S. 56–102; Reinach I, S. 95–140⟩).

[53] ⟨Nachrichtenagentur „Reuter", von Paul Julius Reuter 1850 in Aachen gegründet, seit 2008 „Thomson Reuters".⟩

nicht unbekannt ist. Eine solche unzureichend begründete kann durchaus eine echte Behauptung sein. Davon zu scheiden sind die Fälle, in denen ich etwas „behaupte“, ohne davon überzeugt zu sein. Ich versichere z. B. einem Kranken, daß sein Befinden sich bald bessern wird, ohne es zu glauben (aber auch ohne das Gegenteil zu glauben). Motiviert ist diese Versicherung durch den Wunsch, den Kranken zu beruhigen. Begründet ist sie nicht oder richtiger gesagt: Sie ist nicht *intellektuell* begründet. Die „Behauptung“ hat nämlich hier einen mehrfachen Sinn: den theoretischen, einen Sachverhalt festzustellen, und den praktischen, in dem anderen den Glauben an diesen Sachverhalt zu erwecken. Die intellektuelle oder theoretische Begründung – der Glaube an den Sachverhalt – fehlt; aber ihrem praktischen Sinne nach ist die Versicherung durch ihr Motiv – meinen Wunsch, den Kranken zu beruhigen – begründet, und auch das ist natürlich vernünftige Begründung. Es scheint mir indessen nicht erlaubt, hier von einer echten Behauptung zu sprechen. In der Behauptung setze ich sozusagen einen absoluten Bestand und stelle ihn zugleich vor mich und vor andere sichtbar hin. Das ist nur auf Grund einer angenommenen Überzeugung möglich. Bei der Versicherung ohne Glauben stelle ich den „Sachverhalt“ gleichsam nur vor den anderen 48
hin, nicht vor mir selbst und nicht als einen absoluten Bestand. Den Tatbestand der Lüge haben wir hiermit noch nicht gegeben. Er liegt erst vor, wenn das Gegenteil von dem geglaubt wird, was man dem anderen hinstellt. Es bedarf wohl keiner Erläuterung mehr, daß wir es dann nicht mit einer echten, sondern mit einer Schein-Behauptung zu tun haben, die natürlich von einer falschen Behauptung durchaus zu scheiden ist.

Wir haben also zu trennen:

1. echte Behauptungen (auf Überzeugung gegründete); sie können mehr oder weniger begründet, richtig oder falsch sein;
2. Versicherungen (ohne Überzeugung);
3. Lügen (im Widerspruch zur Überzeugung).

Der Fall der nicht angenommenen Überzeugung ist hier noch nicht inbegriffen. Offenbar ist sie nicht imstande, eine echte Behauptung zu motivieren. Es wird ja dem Sachverhalt gerade die Anerkennung versagt, die nötig ist, damit er absolut gesetzt werden kann. Ein Hinstellen des nicht anerkannten Sachverhalts wie in der „Versicherung“ scheint möglich zu sein. Ich kann eine Nachricht vorbehaltlos weitergeben, obgleich ich innerlich mit meiner Zustimmung noch zurückhalte. Bei näherem Zusehen bemerken wir aber doch noch einen Unterschied. Die Versicherung kann ich, trotzdem mir der Glaube fehlt, ganz unbefangen, mit gutem Gewissen machen. Es kommt mir gar nicht zum Bewußtsein, daß ich nicht glaube, was ich sage. Bei der Aussage über etwas, dem ich meine Anerkennung verweigere, besteht ein fühlbarer Gegensatz zwischen meinem inneren Verhalten zu dem Sachverhalt und dem Hinstellen, ich tue es sozusagen mit schlechtem Gewissen (intellektuellem Gewissen in unserm Fall) und das rückt es näher an die Lüge heran, obwohl es natürlich keine Lüge ist.

In allen diesen Fällen, beim „Annehmen" und „Ablehnen" einer Stellungnahme, bei der Anerkennung und Verwerfung eines Sachverhalts, bei Behaupten, Versichern und Lügen handelt es sich um freie Akte, die das Ich aus sich heraus vollzieht, die es aber ebensogut unterlassen kann. Wir haben gesehen, daß sie – ebenso wie die Stellungnahmen – ihre Motive haben und evtl. Gründe, die mit den Motiven nicht zusammenfallen. Aber das Vorhandensein der Motive *zwingt* das Ich nicht, die betreffenden Akte zu vollziehen. Sie stellen sich nicht auf Grund der Motive einfach ein wie die Stellungnahmen. Das Ich kann die Motive haben und anerkennen und kann die Akte
49 trotzdem unterlassen. Ich weiß z. B., daß ich den Kranken mit der Versicherung seiner baldigen Besserung aufrichten könnte, daß er sie von mir erhofft, und ich möchte ihm auch gern helfen, das Motiv ist also vorhanden – und trotzdem unterlasse ich die Versicherung. Ein Einwand liegt nahe: Auch die Unterlassung bedarf eines Motivs, bzw. es bieten sich Gegenmotive gegen die Ausführung dar. Der Versicherung steht etwa mein Grundsatz gegenüber, nichts zu sagen, wovon ich nicht überzeugt bin. Das ist gewiß häufig der Fall: Aber wenn ich so im Kampf widerstreitender Motive stehe, wenn ich vor eine Entscheidung gestellt bin, so bin doch wieder ich es, der die Entscheidung fällt. Sie stellt sich nicht automatisch ein, wie das Zünglein der Waage auf die Seite des „gewichtigeren" Motivs weist – sondern ich entscheide mich dafür, *weil* es gewichtiger ist. Wenn auch mehr für das Tun als für das Unterlassen spricht, so bedarf doch das Tun noch meines „fiat!" ⟨lat. „es geschehe!"⟩, ich kann es nach der „Gewichtigkeit" erteilen, ich kann es aber auch erteilen, ohne eine Abwägung zu vollziehen, und schließlich auch, wenn die Motive mir als gleichgewichtig vor Augen stehen. Freie Akte setzen also ein Motiv voraus. Sie bedürfen aber außerdem eines Impulses, der selbst nicht motiviert ist.

Wir sind mit diesen Erörterungen schon nahe an die Sphäre des Wollens und Handelns herangekommen. Es ist aber doch durchaus nötig, das eigentliche Wollen und Handeln von unseren freien oder – wie wir auch sagen können – „willentlichen" Akten (die es mit umspannen) abzugrenzen. Wir können dabei an die Analyse des Wollens anknüpfen, die D.⟨ietrich⟩ v.⟨on⟩ Hildebrand in seiner *Idee der sittlichen Handlung* gegeben hat.[54] Er unterscheidet zunächst verschiedene Begriffe des Wollens, die in der herkömmlichen Rede vielfach durcheinander gehen: 1. das Sichbemühen (ich „will" gut sein oder ich „will" verzeihen – ein „Wollen", das mit einem Nicht-Können durchaus verträglich ist); 2. den Vorsatz, etwas zu tun (z. B. einen Spa-

[54] Husserls *Jahrbuch* Bd. III, ⟨Halle⟩ 1916 ⟨S. 126–251; darin das 2. Kap. „Wollen und Stellungnehmen", S. 154–187⟩.

ziergang zu machen – ein Wollen, das das Können zur notwendigen Voraussetzung hat); 3. das auf die Realisierung eines Sachverhalts gerichtete Wollen (von dem auf ein bloßes Tun gerichteten ebenso unterschieden wie die Handlung – d. i. das Realisieren eines Sachverhalts – von dem Tun, in dem nur ein eigenes Verhalten des Subjekts realisiert wird): Es spaltet sich wieder in die Willensstellungnahme, den Willensvorsatz und das eigentliche Einleiten der Handlung. Was das Wollen im ersten Sinne angeht, so sehen wir, daß 50
es wohl ein freier Akt ist, aber eine besondere Art freier Akt, die sich von anderen – wie z. B. dem Behaupten – deutlich abhebt. Wir merken hier nur an, daß es immer auf ein eigenes Verhalten des „wollenden" Subjekts abzielt, was durchaus nicht bei allen freien Akten der Fall ist; daß es sich aber von anderen freien Akten, die ebenfalls auf ein eigenes Verhalten abzielen – wie Entscheidung, Entschluß u. dgl. –, dadurch unterscheidet, daß es nicht mit in Rücksicht zieht, ob das Subjekt zu dem betreffenden Verhalten fähig ist oder nicht. Betrachten wir nun das Vorsetzen (eines eigenen Tuns), so sehen wir, daß es mit den freien Akten offenbar mehr zu tun hat, als daß es selbst ein freier Akt ist. Wir können freilich nicht sagen, daß jeder freie Akt ein Vorsatz *ist*, es wäre auch nicht richtig, wenn wir behaupten wollten, daß jeder freie Akt einen Vorsatz voraussetzt – aber jeder *kann* aus einem Vorsatz hervorgehen, sie ⟨die freien Akte⟩ grenzen den Bereich subjektiven Verhaltens ab, auf das ein Vorsatz gerichtet sein kann. Sie sind das „Tun" des Subjekts, auf das der Vorsatz abzielt. (Darin stimmen wir mit Hildebrand nicht überein, daß er es als wesentlich für das Tun ansieht, daß es ein Verhalten des Leibes einschließt.[55] Wir halten es für durchaus nötig, auch von rein geistigem Tun zu sprechen, wie wir übrigens auch die Handlung nicht auf ein Realisieren von Sachverhalten in der Außenwelt einschränken möchten.) Während ich mich um Kenntnisnahmen und Stellungnahmen zwar bemühen, aber sie mir nicht vorsetzen kann, brauche ich mich um freie Akte niemals zu bemühen, sondern kann sie mir ohne weiteres vornehmen. Eben im Hinblick auf diesen Willensbegriff kann man die freien Akte auch als „willentliche" bezeichnen.

Im Gegensatz zum Vorsatz ist die Willensstellungnahme – als echte Stellungnahme – kein freier Akt. Man kann sich darum bemühen (etwa eine gute Tat „richtig zu wollen"), aber man kann nicht den Vorsatz dazu fassen. Den Vorsatz dagegen als freien Akt kann man sich wiederum vorsetzen. Andererseits muß betont werden, daß jeder Vorsatz, wie jeder freie Akt überhaupt, eine Stellungnahme – wenn auch nicht immer eine eindeutig bestimmte – zur Voraussetzung hat. Eine bloße Vorstellung, ein Wissen oder auch eine Kenntnisnahme von dem, worauf sich der freie Akt richtet, genügt nicht, damit er vollzogen werden kann. Um etwas behaupten zu können – so

[55] ⟨Hildebrand⟩, a. a. O., S. 152 ⟨1. Kap. „Die Handlung".⟩

51 sahen wir –, muß ich davon überzeugt sein. Um etwas zu versichern, brauche ich zwar von dem Inhalt der Versicherung nicht überzeugt zu sein, aber ich muß an der Versicherung selbst irgendwie „interessiert“ sein. Soll ich einen Vorsatz fassen, so muß in mir eine Willensstellungnahme zu dem, was ich mir vorsetze, vorhanden sein: zu dem eigenen Tun oder zu dem Sachverhalt, den ich realisieren will. Es ist aber zu betonen, daß die Stellungnahme, die als Fundament des freien Aktes erforderlich ist, keine „lebendige“, nicht aktuell vorhanden zu sein braucht. Es genügt, wenn ich eine Stellungnahme als vernünftig gefordert erkenne und „annehme“, ohne daß sie sich wirklich einstellt.

Fassen wir schließlich noch das Einleiten der Handlung (bzw. eines bloßen Tuns) ins Auge, das „fiat!“, mit dem sie in Gang gesetzt wird, so sehen wir, daß es notwendig zu jedem echten Tun – sei es auch ein rein geistiges – gehört, als ein innerer Ruck, von dem ausgehend es abzulaufen beginnt. Es braucht kein eigener Akt zu sein, obgleich auch das möglich ist: Ich habe mir z. B. vorgenommen, jemandem bei passender Gelegenheit eine wichtige Mitteilung zu machen. Ich komme mit ihm zusammen, und im Laufe des Gesprächs ergibt sich der „günstige Moment“: Sobald mir das klar wird, sage ich innerlich „jetzt!“ und beginne mit meiner Mitteilung. Das Jetzt-sagen ist keine Erneuerung des Vorsatzes, mit dem ich evtl. die ganze Zeit über „geladen“ war, sondern ist das „fiat!“, das von Vorsatz zur Ausführung überleitet. Wie das „fiat!“ sich als charakteristisches Moment des beginnenden Tuns (statt als eigener Akt) abhebt, das sehen wir vielleicht am besten an Fällen, wo eine Handlung unmittelbar aus der Willensstellungnahme – ohne Zwischenschaltung eines Vorsatzes – hervorgeht. Ich sehe etwa einen Menschen zu einem Schlage gegen einen anderen ausholen und falle ihm in den Arm. Aus der Stellungnahme: das soll nicht sein! ergibt sich die Handlung ohne weiteres; von einem Vorsatz ist keine Spur, und auch das innere Sichbereitmachen, das in dem „Jetzt“ liegt, fehlt. Aber ein Ruck, mit dem die Handlung einsetzt, ist doch aufweisbar. Ihn finden wir sogar noch bei den „genötigten“ Akten (wie *Reinach* sie genannt hat)[56], bei denen sowohl ein Vorsatz wie eine Willensstellungnahme fehlt. Wenn mich jemand durch Drohungen zu einem Verzicht zwingt, so *will* ich diesen Verzicht durchaus nicht (im Sinne der Stellungnahme), ich lehne ihn sogar innerlich ab; ich fasse auch nicht den Vorsatz, ihn zu leisten (dies ist allerdings als eine Form
52 des Genötigt-seins möglich), und dennoch tue ich es und leite dieses Tun

[56] ⟨Dieser Ausdruck ist in Reinachs Werk nicht zu finden. Es gibt aber eine Stelle in Reinachs Vorlesung „Einführung in die Philosophie“ (1913), die der von Stein gemeinten Sache nahekommt, dort geht es um die von der Motivation zu unterscheidende Nötigung des Aktvollzugs. Trotz der Ichspontaneität ist der betreffende Akt aufgrund einer Nötigung unfrei. Vgl. Reinach I, S. 510.⟩

mit jenem inneren Ruck ein. Wir müssen hier verschiedene mögliche Fälle unterscheiden: 1. Es ist in mir keine Willensstellungnahme dem Verzicht gegenüber vorhanden, wohl aber eine (negative) Stellungnahme dem Bedrohlichen gegenüber, und da ich den Verzicht als Mittel zu seiner Abwehr erkenne, entschließe ich mich dazu und leiste ihn. Hier liegt noch immer ein freier Akt vor und keine echte Nötigung. 2. Ich bin von der Furcht ganz erfüllt und infolgedessen bereit, alles zu tun, was von mir verlangt wird. Von Willensstellungnahme und Vorsatz ist hier überhaupt keine Rede mehr. Es liegt eine eigentümliche Preisgabe der eigenen Spontaneität vor; eine Unterwerfung unter die fremde, die als solche noch zu verstehen und als motiviert anzusehen ist, innerhalb deren aber das Tun nicht mehr durch Motive geleitet ist. Im übrigen sind das Verhältnisse, deren Klärung einer speziellen Analyse der intersubjektiven Beziehungen vorbehalten bleiben muß. Nur so viel möchten wir in unserem Zusammenhange noch bemerken: sofern das Ich überhaupt noch als Ausstrahlungspunkt der genötigten Akte in Betracht kommt und nicht zum blinden Werkzeug des fremden Willens herabsinkt, ist auch jener Ruck noch spürbar, der alles Tun einleitet: Andernfalls aber liegt überhaupt kein Tun mehr vor. Wir können also den Bereich der freien Akte, die für uns gleichbedeutend sind mit dem „Tun" des Ich, dadurch abgrenzen, daß sie und nur sie aus einem Vorsatz hervorgehen *können* und durch ein „fiat!" eingeleitet werden *müssen*.

Auf eine Klasse von freien Akten, die uns schon gelegentlich begegnet sind, möchten wir noch kurz eingehen, weil hier leicht ein Mißverständnis sich einstellen kann. Eine Versicherung, ein Verzicht auf einen Anspruch, ferner auch ein Gewähren, ein Versagen, ein Verzeihen u. dgl. sind „soziale Akte",[57] die eine Richtung auf ein anderes Subjekt in sich schließen. Sie können in der Form der sprachlichen Mitteilung auftreten, sind aber selbst noch von ihr zu trennen. Das Behaupten ist von seinem sprachlichen Ausdruck durchaus zu scheiden: Das läßt sich schon daraus ersehen, daß derselbe sprachliche Ausdruck eine Behauptung, eine Versicherung und eine Lüge umkleiden kann. Ebenso ist der Akt des Verzeihens oder Versagens von seiner sprachlichen Mitteilung an den Adressaten geschieden. Andererseits sind die genannten Akte auch nicht zu verwechseln mit den Stellung-

---

[57] Auch sie sind von *Reinach* analysiert und so benannt worden. ⟨Adolf Reinach bot 1911 die Vorlesung „Nichtsoziale und soziale Akte" an, in: Reinach I, S. 355–360. Er entfaltete den Begriff des „sozialen Akts" in *Die apriorischen Grundlagen des bürgerlichen Rechts*, vor allem im 1. Kapitel über „Anspruch, Verbindlichkeit und Versprechen", § 3 „Die sozialen Akte", Reinach I, S. 141–278. Ähnlichkeiten mit dem frühen Wittgenstein und der modernen Sprechakttheorie sind dabei zu beobachten. Reinach ist nach Thomas Reid der erste, der den Begriff verwendet. Vgl. Reid, Thomas, *5. Essay on the Active Powers of the Human Mind* (1788, Chap. VI. „Of the Nature Of a Contract"). Vgl. Schuhmann, Karl / Smith, Barry, „Vorwort der Herausgeber", in: Reinach I, S. XIV.⟩

53 nahmen, auf denen sie sich aufbauen. Der Willensstellungnahme, die einem Sachverhalt gegenüber ganz von selbst auftritt, entspricht eine innere Haltung des Verzeihens, des Gewährens u. dgl., die sich ebenfalls von selbst einstellt und der Willkür entzogen ist und auf Grund deren dann der eigentliche Akt des Verzeihens, Gewährens usw. vollzogen werden kann oder nicht. Es ist möglich, daß diese freien Akte vollzogen werden, ohne daß sich die entsprechenden Stellungnahmen eingestellt haben (wie ein Vorsatz ohne Willensstellungnahme zu dem Sachverhalt gefaßt werden kann), aber es haftet ihnen dann eine eigentümliche Leere und Unechtheit an, und sie unterscheiden sich von der vollen und echten Verzeihung usw. wie eine Versicherung von einer echten Behauptung.

Es ist deutlich zu sehen, daß im Bereich der freien Akte die Motivation – im Unterschied zu dem weiteren Begriff, den wir uns anfangs bildeten – einen prägnanten Sinn gewinnt. Im Hinblick auf diesen prägnanten Sinn verstehen wir es, wenn *Pfänder*[58] unter Motivation „nur das eigentümliche Verhältnis" verstehen will, „welches zwischen einem *fordernden Willensgrund* und dem *darauf gestützten Willensakt* besteht". Es ist ihm wesentlich für dieses Verhältnis, daß auf eine wahrgenommene, erkannte oder sonstwie bewußte Tatsache „hingehört", daß eine Forderung, die von ihr ausgeht, vernommen, anerkannt und evtl. gebilligt wird und daß auf diese Forderung das Wollen sich gründet. Eine solche Forderung (ein *möglicher* Willensgrund) wird erst dann zum wirklichen Willensgrund und damit zum Motiv, wenn das Ich „den Willensakt auf die Forderung *gründet* und ihn daraus *eduziert* [...] Das Ich hat dann die Forderung nicht mehr außer sich stehen lassen und sie bloß anerkannt und gebilligt, sondern sie in sich hereingelassen, sie sich einverleibt, dann, sich darauf *rückstützend* den Willensakt in Übereinstimmung mit der Forderung vollzogen und sie damit vorläufig ideell erfüllt".[59] Als charakteristisch für den Willensakt – im Gegensatz zum Streben – wird ferner hervorgehoben, daß er „nicht an sich blind" ist, sondern „in seinem Wesen ein Bewußtsein von dem Gewollten" enthält, daß in ihm „meinend ein praktischer Vorsatz gesetzt" wird;[60] schließlich daß ihm eine dem Streben fehlende Spontaneität innewohnt; daß es „vom Ichzentrum ausgeht", „aber nicht als ein Geschehen, sondern als ein eigentüm-

[58] ⟨Pfänder, Alexander,⟩ „Motive und Motivationen", ⟨in:⟩ *Münchener Philosophische Abhandlungen* ⟨, Leipzig⟩ 1911, ⟨S. 163–195, hier aus Kap. III. 3. c) „Der Vollzug des Willensaktes und seine Stützung auf den Grund":⟩ S. 183. ⟨Später unter dem Titel: *Phänomenologie des Wollens: eine psychologische Analyse*, 2. unv. Aufl. v. „Motive und Motivation", Leipzig 1930; München ^{3}1963.⟩

[59] ⟨Pfänder, Motive und Motivationen, S. 182.⟩

[60] ⟨Ebd., S. 172.⟩

liches Tun, in dem das Ichzentrum *aus sich selbst hinaus zentrifugal einen geistigen Schlag* ausführt".[61]

Man kann diese Schilderung des Wollens durchaus annehmen, muß sich aber darüber klar sein, daß hier unter Willensakt die konkrete Einheit von Willensstellungnahme und Vorsatz gemeint ist und die gewonnenen Bestimmungen sich auf beide verteilen, nicht aber für beide in *gleicher* Weise gelten; sodann aber, daß die Schilderung (wenn wir von der Abgrenzung gegen das Streben zunächst absehen und nur das Wollen in seinem Verhältnis zur Motivation ins Auge fassen) nicht nur für den Willensakt im eigentlichen Sinne zutrifft, sondern auch für alle anderen willentlichen Akte. Wenn ich jemandem eine Beleidigung verzeihe um der Reue willen, die er fühlt, so gewahre ich zunächst diese Reue, lasse es aber nicht dabei bewenden, sondern nehme ihr gegenüber jene Haltung des geistigen „Hinhörens" ein, von der Pfänder spricht. Und nun vernehme ich die Forderung zu verzeihen, die von ihr ausgeht, und lasse es wiederum nicht dabei bewenden, sondern erkenne sie an, billige sie, gewähre ihr schließlich Einlaß und vollziehe, mich darauf rückstützend, den Akt des Verzeihens. (Wir würden hier in Übereinstimmung mit unseren früheren Feststellungen noch unterscheiden: Es stellt sich auf Grund der eingelassenen Forderung die innere Haltung des Verzeihens ein, und die Verzeihung wird eigentlich vollzogen.) So ist das Verzeihen seinem ganzen Aufbau nach als Parallele zum Willensvorgang zu fassen. Es ist durchaus nicht so zu interpretieren, daß aus der Forderung zunächst der *Wille* hervorgeht zu verzeihen. Das kann der Fall sein, braucht es aber durchaus nicht zu sein. Dann ist aber auch die Motivation in dem prägnanten Sinne, den Pfänder im Auge hat, nicht auf den eigentlichen Willensakt einzuschränken, sondern auf die ganze Sphäre der willentlichen Akte auszudehnen. 54

IV. Trieb und Streben

§ 1. Strebungen und Stellungnahmen

Um die Abgrenzung von Streben und Wollen und die Motiviertheit oder Unmotiviertheit der Strebungen zu verstehen, müssen wir sie selbst zunächst unter den Gesichtspunkten betrachten, die bisher für uns leitend waren. Strebungen sind offenbar keine freien Akte, sie entstehen in mir ohne eigenes Zutun, sie können nicht das Ergebnis eines Vorsatzes sein. Zwar gibt es einen Sinn zu sagen: ich will oder ich nehme mir vor, nach Erkenntnis zu streben. Dieses Streben bedeutet dann ein Tun, das eingeleitet wird, um

[61] ⟨Ebd., S. 173 f.⟩

Erkenntnis zu erlangen. Es darf aber nicht mit dem Streben verwechselt
55 werden, das wir hier im Auge haben und das vom Wollen abgegrenzt werden soll: mit dem Trieb etwa, aufzuspringen und ins Freie hinauszulaufen, oder auch mit dem Erkenntnistrieb, dem dunklen Drange, jene Wege einzuschlagen, die zur Erkenntnis führen, dem Streben nach jenem Tun, das oben in äquivoker Rede als „Streben“ bezeichnet war. Das Streben im Sinne des Triebhaften kann nur in mir wach werden, aber nicht gewollt und nicht frei vollzogen werden. Es ist nicht meine Tat, sondern wird mir zuteil. Das scheint es in eine Linie zu rücken mit den Stellungnahmen, die wir ja auch empfangen und uns nicht selbst verschaffen. Dafür spricht auch, daß wir bei den Strebungen – ebenso wie bei den Stellungnahmen – die von der Willentlichkeit zu unterscheidende Freiheit haben, sie anzunehmen oder abzulehnen, sie in uns wirksam werden zu lassen oder uns ihnen zu versagen. Ich nehme ein Streben an: d. h. ich gebe mich ihm hin, ich lasse es von mir Besitz ergreifen. Damit ist noch nicht gesagt, daß das Streben zum Tun führt oder daß es in ein Wollen übergeht. In mir erwacht z. B. der Wunsch, eine Erholungsreise zu machen. Ich nehme ihn – als Wunsch – an, ich verschließe mich ihm nicht, ich gebe ihm Raum, und er wächst an zu einem heftigen Verlangen nach Ausspannung, nach landschaftlicher Schönheit, nach frischer Luft und Sonne. Aber neben diesem Verlangen besteht in mir der feste Vorsatz, die angefangene Arbeit erst zu erledigen, und läßt es nicht zu einer natürlichen Auswirkung kommen: Ich will die Reise nicht und führe sie nicht aus.

Untersuchen wir nun, was es heißt: sich einer Strebung versagen, so merken wir, daß hier noch eine andere Möglichkeit besteht, als wir sie bei den Stellungnahmen kennenlernten. Wenn ich mich nicht auf den Boden eines Glaubens stelle, so mache ich ihn damit unwirksam, bringe ihn aber nicht zum Verschwinden. Ein Streben kann ich nicht bloß unwirksam machen, sondern geradezu beseitigen, wenn ich mich ihm entziehe. Anstatt mich jenem aufsteigenden Wunsche hinzugeben, ziehe ich mich daraus zurück, bemühe mich, ganz in der Arbeit, die ich vorhabe, aufzugehen – und es gelingt. Das Streben wird nicht bloß nicht zur Tat, sondern stirbt dahin, ohne sich ausgewirkt zu haben. Das heißt nicht nur, daß ich ihm meine Aufmerksamkeit entzogen und es dadurch in den Hintergrund gedrängt habe. Auch das ist ja möglich: Ich nehme mir vor, an die Reise nicht mehr zu denken und führe diesen Vorsatz durch; solange der Gedanke außerhalb
56 meines Gesichtskreises bleibt, ruht auch das Streben (es kann wenigstens, braucht aber durchaus nicht zu ruhen; es ist auch möglich, daß es als ein dunkler, unbestimmt gerichteter Drang fortbesteht); aber sobald ich ihm wieder Einlaß gewähre, wacht auch das Streben wieder auf. Ähnlich wie auch ein Glaube „latent“ bleibt, solange ich mich zwinge, an die betreffende Tatsache nicht zu denken, aber auflebt, sobald ich mich ihr wieder zuwende.

Ganz anders ist es, wenn nicht bloß der Gedanke an das Erstrebte, sondern das Streben selbst unterdrückt wird. Ich kann nach getaner Arbeit den Gedanken an die ersehnte Reise wieder aufnehmen; aber von der Sehnsucht ist jetzt nichts mehr zu spüren; sie ist erloschen. Um dies „Erlöschen“ zu verstehen, müssen wir den Aufbau der Strebungen noch nach anderer Richtung hin verfolgen. Sie sind – rein phänomenal – in ihrem Auftreten von verschiedenen Seiten her bedingt. Sie entzünden sich einmal (ebenso wie die Stellungnahmen) an dem Gegenständlichen, worauf sie gerichtet sind, und zwar an dem Gegenständlichen gerade mit den bestimmten Charakteren, mit denen es erscheint, in unserem Beispiel an der „verlockenden“ Reise. Andererseits haben sie ihre „Quelle“ (wie Pfänder[62] sagt) teils in Stellungnahmen des Ich, etwa dem Entzücken über die Annehmlichkeiten der Reise, das ich vorwegnehme – teils in gewissen reinen Ichzuständlichkeiten wie der Ermüdung, die das Ausspannen während der Reise für mich so verlockend erscheinen läßt. Wende ich den Blick von dem Erstrebten ab, so entziehe ich dem Streben (und der evtl. vorhandenen fundierenden Stellungnahme) den gegenständlichen Boden, verstopfe aber nicht seine Quelle. Solange diese vorhanden ist, kehrt das Streben zurück, sobald ihm seine Grundlage wiedergegeben wird. Genauer betrachtet wird sich unser Fall jetzt so darstellen: In einem Zustand der Ermüdung bei anstrengender Arbeit taucht ⟨in⟩ mir der Gedanke an die Erholungsreise auf. Aus dem Ermüdungszustand heraus quillt der Drang nach Befreiung von der anstrengenden Tätigkeit, und er „heftet“ sich an die Erholungsreise. Indem ich sie mir anschaulich vergegenwärtige, treten die Züge hervor, die für mich bedeutungsvoll erscheinen, und verleihen ihr den Charakter des „Verlockenden“, und nun entsteht in mir das Verlangen nach ihr: Der unbestimmte Drang ist zum zielgerichteten Streben geworden. Oder aus Liebe zu einem Menschen erwächst mir das Streben, ihm etwas Liebes zu erweisen. Zunächst auch als unbestimmter Drang. Dann fällt mir ein Geschenk ein, mit dem ich ihn erfreuen könnte, und nun richtet sich mein Streben darauf, das Geschenk zu besorgen und abzusenden. Das Streben kann auch rein gegenständlich begründet sein: 57
Indem ich ein schönes Bild betrachte und von Entzücken davon erfüllt werde, ergreift mich das Verlangen, es zu erwerben. (Im Grunde ist das – wenn auch mittelbar – auch bei dem vorhergehenden Beispiel der Fall, da die Stellungnahme, aus der das Streben erwächst, selbst gegenständlich begründet ist.) Bei solcher Sachlage wird mit Ab- und Zuwenden der Aufmerksamkeit das Streben mehr oder weniger zurückgedrängt werden und wieder auftauchen. Entspringt das Streben einer Stellungnahme, so kann es auch dadurch unterbunden werden, daß ich diese Stellungnahme nicht „annehme“ und dadurch unwirksam mache: z. B. das Entzücken über das Bild oder

[62] ⟨Vgl. Anm. 58. Pfänder, Motive und Motivationen, S. 168 f.⟩

die Liebe zu dem Menschen, den ich zu erfreuen strebe. Anders, wenn das Streben *außerdem* seine Quelle in einer Lebenszuständlichkeit hat. Dann hängt das Wiederaufleben des Strebens davon ab, ob diese bei der neuen Hinwendung der Aufmerksamkeit auf das Ziel noch vorhanden ist oder nicht. Ist sie nicht mehr vorhanden, so stellt sich trotz der Erneuerung der gegenständlichen Grundlage das Streben nicht wieder ein. Auch hier bestehen noch mehrfache Möglichkeiten. Die Ermüdung – in unserem ersten Beispiel – kann übergegangen sein in völlige Erschöpfung, die nicht mehr imstande ist, ein Streben aus sich heraus zu erzeugen oder zu erhalten. Wir mögen uns dann der Reise, die uns zuvor lockte, mit aller Aufmerksamkeit zuwenden, auch ihre Bedeutung für uns erkennen; aber sie läßt uns kalt und löst kein Streben aus. Das Unterdrücken des Strebens hat dann nur im Entziehen der Aufmerksamkeit bestanden. Daß es ganz erloschen ist, das ist ein Geschehen, das sich ganz ohne mein Zutun in mir vollzog: ein *kausaler* Vorgang in unserem Sinne. Es ist aber auch möglich, daß die Ermüdungszuständlichkeit fortbesteht, daß aber das ihr entspringende Streben willentlich niedergehalten wird, evtl. auch bei der Zuwendung zum Ziel. Es möchte sich regen, aber ich lasse es nicht aufkommen. Und schließlich kann es sein, daß nicht nur dem Wirken der Zuständlichkeit entgegengearbeitet, sondern daß sie selbst „überwunden" wird.

Wir sehen also: das Streben ist 1. gegenständlich begründet; 2. kausal abhängig; 3. vom Einfluß des Willens abhängig, und das wieder auf dreifache Weise: a) die gegenständliche Grundlage kann ihm durch die Abwendung der Aufmerksamkeit, die selbst „frei" ist, entzogen werden; b) den Einflüssen kausaler Faktoren kann willentlich entgegengearbeitet werden; c) die kausalen Faktoren sind selbst dem Einfluß des Willens unterworfen.

58 Blicken wir jetzt noch einmal zurück auf die Stellungnahmen, so bemerken wir, daß alle genannten Abhängigkeitsverhältnisse auch bei ihnen festzustellen sind. Auch sie sind nicht *rein* gegenständlich gegründet, sondern hängen von der jeweiligen Zuständlichkeit des Subjekts ab: Demselben Tatbestand gegenüber tritt eine Stellungnahme einmal ein und das andere Mal nicht. Und auch bei ihnen lernten wir eine Mitwirkung des Willens kennen: Ich kann eine vorhandene Stellungnahme willentlich „unterbinden", eine nicht vorhandene willentlich „annehmen". Dennoch bestehen Unterschiede: 1. Für die Stellungnahme ist die gegenständliche Grundlage conditio sine qua non ⟨lat. unerläßliche Bedingung⟩ ihres Bestehens, für das Streben (in dem weiten Sinne des Wortes, wie wir es bisher brauchten) nicht. 2. Die Stellungnahme ist durch ihre gegenständliche Grundlage „gefordert", vernünftig begründet, das Streben nicht oder doch nicht immer. 3. Wenn sich eine geforderte Stellungnahme nicht einstellt, so kann durch eine willentliche „Annahme" ein Surrogat für sie geschaffen werden, für ein Streben – sofern es kein gefordertes ist – nicht. Ich kann in unechter Weise hoffen oder

wünschen in dem Sinne, wie ich unecht verzeihen oder einen Glauben „annehmen“ kann, nur dann, wenn die Hoffnung oder der Wunsch mir als „gerechtfertigt“ vor Augen stehen; das ist aber nicht immer der Fall: Alle diese Verhältnisse werden durch die folgenden Analysen eine weitere Klärung erfahren.

§ 2. Die Struktur der Triebe

Den komplizierten Zusammenhängen von Kausalität und Willenswirkung können wir jetzt noch nicht nachgehen. Wir benützen die vorläufigen Ergebnisse zunächst für die Frage nach der Motiviertheit des Strebens. Wir stellen zunächst fest: Es gibt ein *unmotiviertes Streben*. Der Bewegungsdrang, der einer übersprudelnden Lebendigkeit entspringt und sich im Laufen, Springen, Tanzen u. dgl. befriedigt, der Betätigungsdrang, der einem Überreiztheitszustand, einer „Nervosität“ (natürlich nur als bewußte Zuständlichkeit verstanden) entquillt und sich in einem Hasten nach immer neuen Eindrücken und Beschäftigungen entlädt – sie sind durch diese Zuständlichkeiten rein kausal bedingt. Wir wollen sie als *Triebe* bezeichnen. Die ihnen innewohnende Richtung ist durchaus nicht gegründet auf ein gegenständliches Bewußthaben eines Ziels, sie bestimmt sich überhaupt erst im Erlebnis einer wirklichen oder im Finden einer möglichen Erfüllung. Wir haben hier
ein bloßes Getriebenwerden wie bei der Kugel, die durch einen Stoß in be- 59
stimmter Richtung geschleudert wird. Das „getriebene“ Ich ist sich freilich des Getriebenwerdens bewußt, aber es strebt so wenig nach einem zuvor erfaßten Ziel wie die bewegte Kugel.[63] In den Trieben haben wir also Erlebnisse ohne gegenständliche Begründung, die – wenn wir von einem evtl. Eingreifen des Willens absehen – rein von der jeweiligen Lebenszuständlichkeit abhängen, durch sie erzeugt werden und mit ihrem Wandel zunehmen bzw. abnehmen oder auch ganz verschwinden. Denn es gibt Zuständlichkeiten, bei denen jeder Trieb aufhört, bei denen die Kraft für irgendeine Lebensbetätigung fehlt („Betätigung“ ist hier natürlich nicht als „freies Tun“ verstanden, sondern als ein „Aus-sich-herausgehen“, als das auch ein Getrieben-werden anzusehen ist). Dabei haben wir noch die Doppelseitigkeit zu bedenken, die wir bei allem kausalen Geschehen feststellten. Jede Lebensbetätigung zehrt an der vorhandenen Lebenskraft, und das umso mehr, je intensiver sie ist. So führt auch ein Trieb einen Wandel in der Lebenssphäre herbei, der seine eigene Existenz untergräbt, und je heftiger er ist, desto

[63] ⟨Vgl. dazu Steins Aufsatz von 1921 „Natur, Freiheit und Gnade“ (ESGA 9), bisher unter dem falschen Titel: „Die ontische Struktur der Person und ihre erkenntnistheoretische Problematik“, in ESW VI, S. 137–197.⟩

rascher muß er „sich verzehren". Nehmen wir ein Bewußtsein, in dem alle Betätigung in Trieben besteht und rein aus der Lebenssphäre gespeist wird, so scheint es, daß bald der Zustand der Erschöpfung eintreten müßte, bei dem keine Betätigung mehr möglich ist. Wenn das nicht der Fall ist, so ist das daraus zu verstehen, daß Triebe enden, ohne die zu ihrer Erhaltung nötige Kraft verbraucht zu haben, wenn sie ihre Erfüllung finden.[64] Betrachten wir die Abhängigkeit der Triebe von der Lebenssphäre im Vergleich mit der Abhängigkeit, die wir für das gesamte Erleben feststellten, so scheint sie eine durchgreifendere zu sein. Bei den anderen Erlebnissen erkannten wir ein bestimmtes Moment – ihre „Färbung" – als das spezifisch kausal Bedingte, und im Erleben fanden wir den Punkt, an dem das Wirken ansetzt, während der Erlebnisgehalt erst mittelbar davon betroffen wird. Bei dem Trieb ist das offenbar anders; nicht nur, wie er erlebt wird, sondern auch, was er ist, sein materialer Gehalt, bestimmt sich durch die Lebenssphäre, er ist ganz aus ihr heraus geboren. Er ist das, worin sich die Lebenszuständlichkeit natürlicherweise umsetzt, er baut sich aus ihr auf, nicht aus etwas dem Erleben
60 von andersher Zuströmenden. Natürlich müssen wir auch hier wieder scheiden zwischen dem Trieb als bewußtem Erlebnis und zwischen dem Psychischen, das sich darin bekundet. Und entsprechend zwischen der phänomenalen Abhängigkeit der erlebten Triebe von den Lebensgefühlen und der realen Abhängigkeit von der Lebenskraft. Wenn ein heftiger Trieb mich „verzehrt", so fühle ich, wie *durch ihn* meine Frische dahin schwindet, und in dieser Abwandlung meines „Befindens" kommt mir eine Abnahme der Lebenskraft zur Gegebenheit, eine Umwandlung von Lebenskraft in aktuelle Lebensbetätigung. Die Struktur dieser Lebensbetätigung ist eine andere als die der Aufnahme von Daten. Wir haben hier kein Erleben ichfremder, sondern ichlicher Gehalte, und in ihnen bekundet sich, ebenso wie im Erleben selbst, die reale Beschaffenheit des psychischen Subjekts. Der reale Trieb erscheint als ein losgelöstes Quantum Lebenskraft, das sich in bestimmter Richtung verströmt, und dieses Verströmen, sofern es zur Gegebenheit kommt, bildet den Gehalt des Trieberlebnisses (evtl. seiner Umsetzung in ein Tun). Ein „Bereitstellen" von Lebenskraft für die Erhaltung von Trieben, entsprechend der Ausbildung bestimmter psychischer Fähigkeiten, gibt es nicht; jeder ist direkte Umsetzung von Lebenskraft. Es gibt nur eine Hemmungslosigkeit im Verströmen von Lebenskraft durch Triebe und dem gegenüber eine Fähigkeit des Subjekts, dem Verströmen Einhalt zu tun, die nicht mehr aus dem kausalen Mechanismus allein verständlich ist.

Die Lebenskraft, die in den realen Trieb eingegangen ist, verbraucht sich teils in seinem Ablauf, teils in dem Tun, das evtl. aus ihm hervorgeht. Das

[64] Die Struktur der Triebe und ihrer Befriedigung müßte natürlich zum Thema einer eigenen Untersuchung gemacht werden und darf uns hier nicht weiter beschäftigen.

Tun stellt dann zugleich die Erfüllung oder Befriedigung des Triebes dar. Nun gibt es neben den Trieben, die auf ein Tun hindrängen, auch solche, die nicht – oder doch nicht primär – auf ein Tun abzielen, sondern auf eine Zuständlichkeit des Subjekts. So gibt es ein Verlangen nach Ruhe, das sich befriedigt, wenn der Ansturm äußerer Eindrücke, dem das Subjekt ausgesetzt war, aufhört. Dieses Verlangen hat seinen phänomenalen Ursprung in einem Gefühl der Ermüdung. In diesem Gefühl bekundet sich eine Herabsetzung der Lebenskraft, in dem Verlangen darüber hinaus ihre Ergänzungsbedürftigkeit. Während durch die Ermüdung der Lebenskraft nicht noch etwas entzogen wird, nimmt das Verlangen Lebenskraft in sich auf, die evtl. ein Tun auslösen kann, durch welches der ersehnte Zustand herbeigeführt wird (z. B. das Sich-Verschließen gegen äußere Eindrücke, von dem wir früher sprachen). Tritt die Ruhe ein, so erlischt das Verlangen. Sie bedeutet aber nicht nur einen Stillstand des Verbrauchs an Lebenskraft, sondern zugleich eine Ergänzung, 61
eine Auffüllung der vorhandenen Kraft, die sich in einem Schwinden der Müdigkeit und im schließlichen Übergang zu neuer Frische und einem daraus entspringenden positiven Betätigungsdrang bekundet.

Die Berücksichtigung der Triebe vervollständigt uns das Bild des psychischen Mechanismus. Ist das Kraftreservoir gefüllt, so setzt es sich in Betätigungstriebe um, in denen sich sein Überschuß verbraucht. Ist es der Erschöpfung nahe, so daß ein Versagen der Funktionen des Mechanismus droht, so entsendet es „Bedürfnistriebe", deren Erfüllung ihm einen Zustrom neuer Kraft bringt. Woher dieser Zustrom kommt, darüber vermögen wir im Rahmen unserer gegenwärtigen Untersuchung nichts zu sagen.

Die Lebenskraft stellt sich uns nicht als endliches Quantum dar, das sich allmählich aufzehrt, sondern als im Zuströmen und Abströmen sich erhaltend. Prinzipiell wäre hierbei Verschiedenes möglich. Zustrom und Verbrauch könnten sich die Waage halten, so daß das Quantum wirklich dauernd auf gleicher Höhe bliebe. Oder der Zustrom könnte größer sein als der vorhergehende Verbrauch, so daß ein Anwachsen der Kraft stattfände. Dank dem „Mechanismus", der „Überschüsse" umsetzt, würde ein solcher Gewinn allerdings nicht zu einem Aufspeichern erhöhter Lebenskraft führen, sondern zu einer gesteigerten Lebensbetätigung. Schließlich wäre es denkbar – da jedes Erlebnis, auch das, dessen Gehalt neue Kräfte zuführt, einen Verbrauch darstellt –, daß der Zustrom den Verbrauch nicht zu decken vermag. Dann würde ein, wenn auch gehemmter, allmählicher Verbrauch des vorhandenen Quantums stattfinden. Wir stellen diese Möglichkeiten hier nur als solche hin, ohne uns für eine von ihnen zu entscheiden. Die Untersuchungen, die zu ihrer Entscheidung nötig wären, können wir jetzt nicht führen. Wie überhaupt die kurze Kausalbetrachtung, die wir soeben eingefügt haben, nicht um ihrer selbst willen dasteht, sondern nur erforderlich war, um die Struktur der Triebe etwas näher zu beleuchten. Bevor wir wieder zur eigentlichen Untersuchung der kausalen Verhältnisse übergehen können, müssen wir unsere Studien in der Sphäre des reinen Bewußtseins noch etwas weiter fortsetzen.

§ 3. Motivation des Strebens

Betrachten wir nun das Streben, das wir jetzt vom Trieb abtrennen und durch sein „Zielbewußtsein" kennzeichnen. Wir können es zunächst als eine
62 „Umformung" des Triebes betrachten, die daraus zu verstehen ist, daß etwas vorstellig wird, was den Trieb befriedigen könnte, und zwar als Befriedigung Verheißendes. Der zuvor ziellose Trieb richtet sich nun auf das Vorgestellte. Der Bewegungstrieb etwa wird zum Verlangen nach einer Wanderung. In diesem Falle bleibt das Streben wie der Trieb nicht nur seinem Erleben, sondern auch seinem Gehalt nach von der Lebenssphäre abhängig; es entspringt aus ihr und nicht aus der Vorstellung der Wanderung; dieser verdankt es nur seine Richtung. Es kann aber auch anders sein: Ich höre z. B. von einer Wanderung erzählen, und da ist etwas, was mich „aufhorchen" läßt, was mich innerlich berührt, und indem ich darauf „hinhöre", mich ihm öffne, offenbart es sich mir als „Reiz", als „Verlockung"; ich verschließe mich dieser Verlockung nicht, sondern gebe mich ihr hin, gewähre ihr Einlaß, lasse mich von dem Wohlgefallen, evtl. von dem „Vorgeschmack" der Freuden der Wanderung durchströmen, und daraus erwächst mir das Verlangen, dies nun auch wirklich zu erleben, es durch mein Tun herbeizuführen: ein Streben nach der Wanderung. Dies Streben ist seinem Gehalt nach gegenständlich begründet; es erwächst mir auf Grund der Vorstellung von dem Erstrebten und der Hingabe an seine Verlockung, um dieses Reizes, um des verlockenden Charakters willen. Der „Reiz" oder die „Verlockung" erscheint mir als ein Analogon der „Forderung", auf die sich freie Akte gründen, als ein Appell, der in mich hineintönt und in mir wirksam wird, wenn ich ihm Einlaß gewähre. Die Art der „Auslösung" des einen Erlebnisses durch das andere ist in beiden Fällen dieselbe, und nimmt man „Motivation" in dem weiteren Sinne des Wortes, in dem es die Auslösung eines geistigen Tuns ohne vernünftige Begründung, d. h. den „Reiz" mit umgreift, so erscheint es gerechtfertigt, auch im Falle des Strebens von Motivation und Motiv zu sprechen. Nimmt man dagegen „Motivation" in dem spezifischen Sinne, in dem es neben der bestimmten Form der Auslösung zugleich ein Verhältnis vernünftiger Begründung bezeichnet, so daß „Reiz" und „Motiv" getrennt werden müssen[65], so wäre von Motiven des Strebens nicht in allen Fällen zu reden. Daß ich z. B. die Wanderung zu unternehmen wünsche, weil

[65] Vgl. S. 38 f., 42, 44 f.

sie mir verlockend erscheint, ist wohl verständlich, aber es ist nicht vernünftig begründet und nicht gefordert. Dagegen fordern die Wohltaten eines Menschen, daß ich mich ihm dankbar zu erweisen wünsche. Hier liegt ein 63
Vernunft-Motiv vor. Der ursprüngliche Wortsinn des „In-Bewegung-Setzens" legt es nahe, den *weiteren* Sinn zu bevorzugen und das Begründungsverhältnis als ein hinzutretendes Spezifikum anzusehen, das die „Auslösung" zur Vernunft-Motivation macht.

Die Art der Motivation ist auch noch in anderer Hinsicht beim Streben anders als beim Wollen. Es fehlt bei den Strebungen jener spontane Vollzug, der den freien Akten eigen ist, das „fiat", mit dem sie gleichsam losgelassen werden, und zwar im Hinblick auf das Motiv. Bedenken wir aber, daß auch die freien Akte aus Stellungnahmen hervorgehen (der Willensstellungnahme, der Verzeihenshaltung), die sich auf Grund der vernommenen „Forderung" von selbst einfinden, und daß der darauf erfolgende Vollzug das Begründungsverhältnis gleichsam nur nachprüft und gutheißt, so erscheint die Einschränkung der Motivation auf die freien Akte unberechtigt.

Wir haben nun die Abhängigkeit des motivierten Strebens von der Lebenssphäre einerseits, seine Zusammenhänge mit dem Willen andererseits zu untersuchen, sodann das Ineinandergreifen von Kausalität und Willenswirkung. Wir wollen uns zunächst den Zusammenhängen von Wollen und Streben zuwenden, soweit sie das Streben als motiviertes betreffen, um dann die kausalen Verhältnisse im Zusammenhang zu besprechen.

§4. Streben und Wollen

Die „Blindheit", durch die Pfänder das Streben vom Wollen abgrenzen will, werden wir wohl für den Trieb, aber nicht – im selben Sinne wenigstens nicht – für das zielgerichtete Streben anerkennen. Ihm gehört ein Bewußtsein von dem Erstrebten zu wie dem Wollen ein Bewußtsein von dem Gewollten.[66] Als unterscheidend stellen wir dagegen fest, daß das Wollen (implizite wenigstens) immer eine Richtung auf ein eigenes Tun einschließt; der gewollte Sachverhalt muß als durch mich zu realisierend vor mir stehen. Dem entspricht beim Streben nur die Richtung auf ein eigenes Erleben, das aber kein freies Tun zu sein braucht, sondern auch ein Empfangen sein kann. Den Eintritt eines Ereignisses z. B. kann ich nur wollen, wenn ich mir bewußt bin, ihn herbeiführen zu können, und ich muß dann auch die Mittel wollen, die dazu dienen. Erstreben – herbeisehnen – kann ich das Ereignis auch, wenn es mir – phänomenal – als von mir unabhängig vor Augen steht 64

[66] Daß in anderem Sinne eine gewisse Blindheit vorhanden ist, wird sich bald zeigen. Vgl. f.⟨olgende⟩ S. ⟨62⟩

oder wenn ich nicht gesonnen bin, die Schritte zu tun, durch die es herbeigeführt werden könnte. Das Streben kann sich also auf vieles richten, was vernünftigerweise nicht gewollt werden kann: z. B. auf Stellungnahmen (auf einen Glauben, eine Liebe, eine Freude), die mir nur zuteil werden, die ich mir nicht verschaffen kann. Aus der Gesamtheit der Strebungen grenzen sich demnach als eine besondere Klasse diejenigen heraus, die – explizite oder implizite – auf ein eigenes Tun gerichtet sind, also etwa das Verlangen, eine Wanderung zu unternehmen. Das Erstrebte kann mir dabei – genau wie beim Wollen – als etwas vor Augen stehen, was im Bereich meiner Freiheit liegt. Es bestehen nun verschiedene Möglichkeiten: 1. das Verlangen ergreift von mir Besitz und setzt sich ohne weiteres in die Tat um; 2. die Wanderung ist zwar sehr verlockend und das Streben heftig, aber es sprechen Motive gegen die Ausführung: ich unterlasse sie; 3. es erheben sich keine Gegenmotive und ich schreite trotzdem nicht zur Ausführung. Es fragt sich, ob in diesen Fällen des Übergangs zum Tun oder Unterlassen nicht mehr ein Streben, sondern ein Wollen vorliegt oder was hier noch zum Phänomen des Wollens fehlt. Im ersten Fall fehlt sicher der Willensvorsatz, das, was Pfänder als den „zentrifugalen Schlag“ vom Ich aus darstellt. Das Ich setzt sich das Tun nicht vor und leitet es nicht durch ein „fiat!“ ein, sondern wird hineingezogen. Es liegt auch keine Willensstellungnahme vor, das Ich legt nicht – wie Hildebrand die Willensstellungnahme charakterisiert – „seine Hand auf den Sachverhalt“[67], sondern das anschwellende Verlangen treibt es vorwärts, seinem Ziele zu. Im Verhältnis zwischen Streben und Tun einerseits, Wollen und Handeln andererseits treten hier die Unterschiede hervor, die Pfänder als charakteristisch für das Streben und Wollen selbst hervorhebt: Die Willenshandlung gründet sich auf die Motive des Handelns, das Ich blickt im Vollzuge auf diese Motive hin. Im Tun, das einem Streben entspringt, oder im *trieb*haften Tun – wie die natürliche Redeweise mit gutem Recht sagt – greift das Ich nicht auf die Motive des Strebens zurück, sondern treibt geradewegs dem Ziele zu. Dieses Tun – nicht aber das Verlangen selbst – könnte man demnach als motivlos bezeichnen. Der Unterschied besteht also darin, daß 1. in der Willensstellungnahme das Ich einen Sachverhalt als ⟨einen⟩ durch es zu realisierenden ergreift, während er ihm im Streben nur vorschwebt und es anzieht; 2. daß aus dem Streben kein Vorsatz entspringt; 3. daß die Einleitung des Tuns durch das Streben auf andere Weise erfolgt als durch das Wollen.

65 Wir gehen nun zu dem 2. Fall – dem des Unterlassens – über. Es bestehen hier wieder verschiedene Möglichkeiten; widerstreitende Motive können verschiedene Strebungen auslösen, von denen diejenige überwiegt, die sich gegen das entsprechende Tun richtet. Das Unterlassen erfolgt dann auf die-

---

[67] ⟨Hildebrand, *Idee der sittlichen Handlung*, S. 159.⟩

selbe Weise wie im 1. Fall das Tun. Es kann sodann dem sich regenden Streben ein bestehendes Wollen im Wege sein und kann es unterdrücken. (Ich habe mir vorgenommen, die angefangene Arbeit zu beenden und lasse mich durch das Verlangen nach der Wanderung in meinem Vorsatz nicht beirren.) Schließlich können die Motive widerstreitender Strebungen mir zu Gegenständen einer Wahl werden, in der ich mich für die eine oder andere entscheide. An Stelle des einen Strebens tritt dann ein Wollen, und das andere wird unterdrückt. Es ist ein Problem, was bei dieser Wahl den Ausschlag gibt und was die Entscheidung als solche kennzeichnet. Ich kann mich für ein Motiv entscheiden, weil es das gewichtigere ist, und ich kann mich für eine Strebung entscheiden, weil sie die stärkere ist. Beide Fälle sind sowohl voneinander unterschieden als von dem früher besprochenen Fall des Siegens einer Strebung über die andere. Entscheide ich mich zwischen zwei Strebungen, so sind (im Gegensatz zum Kampf widerstreitender Strebungen) nicht mehr ihre Gegenstände, sondern sie selbst Gegenstände der Wahl und ein Moment an ihnen – die Stärke – das Motiv, das den Ausschlag gibt. Wähle ich zwischen den Motiven, so bin ich zwar auf dasselbe gerichtet, wie in den Strebungen selbst, aber in anderer Weise. Ich gebe mich den Strebungen nicht hin (ohne sie doch zu unterdrücken), ich entziehe mich den Anreizungen und wäge sie gegeneinander ab. Ich prüfe evtl., ob die „Reize" als „Gründe" in Betracht kommen. Es löst sich gleichsam von dem Ich, das im Spiel der widerstreitenden Motive steht, ein anderes los, das dieses Spiel durchschaut und in der Hand hat und jenes andere nach seiner Einsicht zu diesem oder jenem Zug veranlaßt. Die „Einsicht" besteht hier in einem lebendigen Fühlen des Vorzugs, den das eine Motiv vor dem anderen voraus hat (evtl. – wenn wir „Einsicht" nicht im strengen Sinne als ursprünglich gebendes Bewußtsein nehmen – ein bloßes Wissen um diesen Vorzug), und ihr entspringt die Willensstellungnahme, mit der das wollende Ich in das Spiel eingreift, dem es bisher zugeschaut hat. Der gefühlte Vorzug ist hier das Motiv der Entscheidung. Daß es mit der Einsicht allein nicht getan ist, zeigt der Fall, in dem die Prüfung ein Gleichgewicht der Motive ergibt. Ich greife dann vielleicht auf die Strebungen zurück, um nach ihrer Stärke zu 66
entscheiden. Aber es ist möglich, daß auch sie mir keinen Anhaltspunkt geben, daß sie gleich stark sind: der Fall von Buridans Esel[68] (der Esel ist allerdings nur das im Kampf der Strebungen stehende Ich, für das ein ande-

68 ⟨Unter der sprichwörtlichen Wendung „Buridans Esel" versteht man das Gleichnis des Scholastikers Johannes Buridan (1300–1358), mit dem er die Unmöglichkeit der Willensfreiheit zu erläutern versucht hatte (wohl mündlich, da man es nicht in seinen Schriften findet). Ein hungriger Esel befindet sich im gleichen Abstand zwischen zwei gleich großen Heubündeln und kann sich nicht entscheiden, welches er zuerst fressen mag, und muß daher verhungern. Das Beispiel findet sich in Spinozas Ethik, später in Schopenhauers Schriften (1877, IV, 58). Derselbe Gedanke liegt auch den Beispielen von Aristoteles

res entscheiden muß). Hier zeigt es sich, daß das Ich das Spiel nicht nur durchschaut, sondern auch in der Hand hat. Aus sich heraus, in freiem Impuls kann es die eine oder andere Möglichkeit ergreifen. Das Unbehagen der Unentschiedenheit (evtl. ihr gegenständlich erfaßter Unwert) mag es dazu treiben, überhaupt eine Entscheidung zu fällen. Für die bestimmte Entscheidung, für die Abwendung von dieser und das Ergreifen jener Möglichkeit, ist kein Motiv mehr aufzuweisen; sie steht damit auch jenseits von Vernunft und Unvernunft. Von einer Motivlosigkeit kann nur insofern nicht gesprochen werden, als die Entscheidung ja immer nur etwas ergreift, was an sich fähig wäre, eine Willensstellungnahme auszulösen.

Wir gehen zu dem 3. Fall über, den wir in Erwägung gezogen hatten: Ein erstrebtes Tun unterbleibt, trotzdem keine Gegenmotive bestehen. Es liegt darin ein Doppeltes: 1. ein Streben wird nicht ohne weiteres zum Wollen, wenn es unbestritten ist (dasselbe gilt auch für ein „siegendes" Streben; 2. es führt nicht ohne weiteres zum Tun. Das erste ist nach den bereits gewonnenen Einsichten nicht schwer zu verstehen: Das Wollen ist ja kein ungehemmtes Streben, sondern erfordert (als Willensstellungnahme) eine geänderte Einstellung zum Objekt und (als Willensvorsatz) einen freien Impuls, der als etwas Neues rein aus dem Ich heraus hinzutritt und aus den Motiven nicht herzuleiten ist. Der zweite Punkt versteht sich aus der verschiedenen Art und Weise, wie durch ein Wollen und durch ein Streben ein Tun eingeleitet wird. Der Vorsatz bewegt mich zum Handeln, ich gehe im Hinblick auf ihn zum Tun über, wenn die Gelegenheit sich bietet und nichts mich zurückhält; das Streben bedarf einer inneren Triebkraft von gewisser Stärke, um sich in ein Tun umzusetzen; und diese Triebkraft braucht nicht vorhanden zu sein, auch wenn dem Streben nichts im Wege steht.

Das führt uns auf die Zusammenhänge, in denen auch gegenständlich gegründete Erlebnisse zur Lebenssphäre stehen.

V. Ineinandergreifen von Kausalität und Motivation

§ 1. Kausale Bedingtheit von Akten

Damit, daß die Akte in der Motivation ihre eigentümliche Verbindungsweise haben, ist noch nicht gesagt, daß sie dem Bereich der kausalen Einflüsse
67 entzogen sind. Als im ursprünglichen Strom konstituierte Einheiten sind sie ebenso wie die früher besprochenen Daten von dem Wandel der Lebens-

(*De caelo* II, 13 p. 295b 32) und Dante (*Paradies* IV, 1–3) zur Willensfreiheit zugrunde, allerdings steht hier ein hungernder Mensch im Mittelpunkt.⟩

gefühle in ihrem Ablaufsrhythmus und ihrer „Färbung" bedingt. Ja gerade diese Erlebnisse, die im eigentlichen Sinne „vollzogen" werden, zeigen mit besonderer Deutlichkeit die „Spannkraft" des Erlebens. Je frischer ich mich fühle, desto „wacher" blickt mein „geistiges Auge", desto intensiver ist die Richtung auf die Objekte, desto lebhafter die Auffassung. Ja, es ist ein gewisses Maß an Lebenskraft notwendig, damit überhaupt irgendwelche Ichtätigkeit sich entfalten, überhaupt ein Akt ins Leben treten kann: Insofern ist das Auftreten von Akten selbst als kausal bedingt zu bezeichnen. Und das gilt für alle Akte in gleicher Weise. Dabei bleibt für die „Notwendigkeit" der allgemeinen kausalen Bedingtheit alles Erlebens bestehen, was wir früher in dem engeren Gebiet feststellten: Denkbar ist ein Bewußtsein, in dem die ganze „bedingende" Schicht fortfiele, das sich entfaltete ohne allen Wechsel der „Lebendigkeit" und auch Akte aus sich hervorwachsen ließe.

§ 2. Beeinflussung des psychischen Mechanismus durch Erlebnisgehalte

Um weiter im Verständnis vorzudringen, müssen wir nun unter den Akten selbst Scheidungen vornehmen. Wahrnehmungen und Erinnerungen an Wahrgenommenes, Denkakte – kurz alle „sachgebenden" Akte – vollziehen sich in der durch die jeweilige Besonderheit des Lebensgefühls bedingten Weise, ohne auf das Lebensgefühl selbst Rückwirkungen zu üben, abgesehen davon, daß sie in ihrem Verlauf die zu ihrem Auftreten nötige Kraft gleichsam „aufzehren". Daneben gibt es aber andere Erlebnisse, die in besonderer Weise am Lebensgefühl teilhaben und von sich aus in seinem Bestand eingreifen: die sogenannten „Gemütsbewegungen" oder Gefühle (nach dem, was ihnen auf gegenständlicher Seite entspricht, können wir auch sagen, die Wertstellungnahmen). Indem ich eine Nachricht vernehme, indem mir also in einer Reihe im Strom sich erzeugender intellektiver Akte diese Gegenständlichkeit „Nachricht" erwächst, beginnt eine Freude an dieser Nachricht mich zu erfüllen. Diese Erlebniseinheit „Freude" ist auf etwas „außerhalb" des Stromes gerichtet, sie ist ja Freude „an" der Nachricht, also ein „Akt", und ihr entspricht etwas auf der Gegenstandsseite: die Erfreulichkeit der Nachricht, die ihr kraft ihres positiven Wertes anhaftet. Die Freude ist wie alle Erlebnisse kausal bedingt: Sie ist lebhafter oder matter, je nach der Beschaffenheit des herrschenden Lebensgefühls, und es ist auch möglich, 68
daß dieses sie gar nicht „aufkommen" läßt, daß an ihre Stelle ein kraftloses Schattenbild tritt, in dem ich wohl die Erfreulichkeit erfasse, ohne mich „richtig freuen" zu können. Und das führt uns auf etwas ganz Neues. Die Freude ist nicht bloß Freude an der Nachricht, sondern sie erfüllt zugleich „mich", sie greift ein in den Bestand meines Lebensgefühls. Sie ist gleichsam ein neuer Strom, der sich von außen her in den Lebensstrom ergießt, ihn

„aufwühlt", in seinem weiteren Abfluß beeinflußt und in bestimmter Weise färbt. Die Art der Einwirkung kann dabei eine verschiedene sein je nach der Art des Gefühls. Zunächst scheint es, daß jedes mit gewisser Stärke einsetzende Gefühl in seinem Einströmen eine Stockung herruft, die erst überwunden werden muß, bevor es sich in seiner spezifischen Wirkung geltend macht, den weiterfließenden Strom schneller vorwärts treibt oder lähmt und „lichter" oder „dunkler" färbt. Auf welche Weise das Lebensgefühl „umgefärbt" wird, das hängt – wie gesagt – von dem spezifischen Charakter des jeweiligen wirkenden Erlebnisses ab, und dies ist ein „intentionaler" Charakter, der sein Korrelat hat am Objekt, auf das es sich richtet. Es ist seinem Gehalt nach *motiviert* durch den Gegenstand, dem es zugewendet ist. Von der Höhe des gefühlten Wertes ist die „Tiefe" des Gefühls, sowie seine Stärke abhängig und von der besonderen Art des Wertes seine spezifische Färbung; nur soweit es in allen seinen Momenten dem Wert entspricht, ist es einsichtig, vernünftig motiviert. Was evtl. an ihm anders ist als es dem Werte „zukommt" (etwa eine größere oder geringere Stärke), das ist unmotiviert, uneinsichtig und nur als Wirkung des vorhandenen Lebensgefühls zu erklären. Sofern nun die Wirkung, die ein auftretendes emotionales Erlebnis auf das Lebensgefühl ausübt, von seinem spezifischen Charakter, seiner Stärke und Tiefe abhängt und diese vernünftig motiviert ist, kann man das Einwirken selbst als motiviert bezeichnen; dagegen ist es nicht möglich, dieses Wirken als Motivation aufzufassen. Ich vollziehe ja nicht auf Grund des mich erfüllenden Gefühls eine Abwandlung im Verlauf meines gesamten sonstigen Erlebens, sondern diese Abwandlung vollzieht sich in mir als ein blindes Geschehen. Das zeigt sich deutlich, wenn wir zum Vergleich mit diesem blinden Wirken die „bewegende Kraft" heranziehen, die dem Gefühl außerdem innewohnt: Es drängt dazu, eine Aktion ins Leben zu rufen, z. B. einen Willensakt, den ich nun auf Grund des Gefühls vollziehe, der dadurch vernünftig motiviert ist: So motiviert die Freude, die mir jemand bereitet hat, den Vor-
69 satz, ihn meinerseits zu erfreuen. Dabei spielen kausales und Motivationsgeschehen ständig ineinander: Ein Gefühl, das mich plötzlich „übermannt", kann so stark lähmend wirken, daß der Willensakt, den es „eigentlich", „vernünftigerweise" motivieren müßte (wir sagen geradezu: der objektiv dadurch motiviert *ist*), gar nicht aufzukommen vermag. Wollen wir das Wirken dieser von außen zuströmenden Kräfte verstehen, so müssen wir von den Scheidungen Gebrauch machen, auf die wir bei den früher betrachteten Erlebnisgattungen stießen. Schon bei der Untersuchung der Triebe fanden wir, daß nicht nur ihr Erleben, sondern auch ihr Gehalt an der Lebenssphäre zehrt und daß es andererseits ein Zuströmen zur Lebenssphäre gibt.[69] Offenbar ist das auch bei der neuen Erlebnisgattung der Fall, die wir soeben her-

[69] Vgl. S. 56.

anzogen: daß ihre *Gehalte* der Lebenssphäre neue Triebkräfte zuführen oder aus ihr zehren. Wir suchen zunächst näher zu ergründen, wie das „Zuströmen“ von Kräften zu verstehen ist. In einem Zustand der Ermüdung, in dem ich mich fast „leblos“, innerlich erstarrt fühle, greife ich nach einem Buche, nach einer Dichtung, die ich liebe, und es ergreift mich das Entzücken über ihre Schönheit. Es wird mir vielleicht zunächst schwer, dieses Entzücken aufzubringen – die vorhandene Kraft reicht kaum aus für das Erleben dieses Gehalts – aber indem es mich zu durchströmen beginnt, mich mehr und mehr erfüllt und schließlich ganz durchflutet, schwindet die Ermüdung und ich fühle mich „wie neugeboren“, frisch und lebendig und voller Antriebe zu neuer Lebenstätigkeit. Dank den kausalen Zusammenhängen, in die es verflochten ist, bekundet mir das Entzücken – ebenso wie die früher betrachteten Erlebnisse – eine psychische Zuständlichkeit. Indem sich nun auf Grund der kausalen Verhältnisse das reale psychische Subjekt konstituiert, erscheint das gesamte Erleben, das wir unter Absehung von aller Realität in Reinheit betrachten können, in veränderter Auffassung: Der Bewußtseinsstrom wird zu einer Reihe von Zuständlichkeiten des realen Subjekts, er geht voll und ganz in die Realität ein. Alles was wir in reiner Reflexion an den Erlebnissen feststellen können, überträgt sich damit ohne weiteres auf die psychischen Zuständlichkeiten, die in der üblichen Redeweise nun selbst als „Erlebnisse“ bezeichnet werden. Der Doppelsinn von „Erlebnis“ darf uns aber nicht dazu verführen, die scharfe Scheidung, die vorliegt, zu verwischen. Es handelt sich bei der Auffassung der reinen Erlebnisse und der 70
psychischen Zustände um mehr als um eine bloße Umwertung. Die reinen Erlebnisse sind *bewußt* in dem früher festgelegten Sinne[70] und auf Grund dieses Bewußtseins in der Reflexion direkt faßbar. Die psychischen Zustände sind nicht in diesem ursprünglichen Sinne von Bewußtsein „bewußt“, sie sind es nur in dem übertragenen Sinne, in dem man auch Erlebnis*korrelate* als bewußt bezeichnet. Sie sind *transzendent* und wie alles Transzendente gegeben *durch Bekundung*. Bekundung der *„Außenwelt“* – des Physischen – sind die *ichfremden Erlebnisgehalte*, Bekundung der *„Innenwelt“* sind die *Erlebnisse als solche* und zudem in besonderem Sinne die *ichlichen Gehalte*. In beiden Gebieten gibt es verschiedene Stufen der Bekundung. Die unmittelbarste Bekundung ist die durch die einfachen Erlebnisgehalte: Es bekundet sich in der bestimmt gearteten Tastempfindung die Härte des Dinges, in dem bestimmt gearteten Gefühl die Freude als mein psychischer Zustand. Dazu tritt als höherstufige Bekundung das Verhalten des Dinges bzw. des Subjekts unter gewissen Umständen. Das Ding wird geschlagen und zeigt infolge des Schlages keinerlei äußere Veränderung: In diesem Standhalten verrät es seine Härte; ich erhalte eine gute Nachricht und befinde mich da-

---

[70] S. 18.

nach den ganzen Tag in rosiger Stimmung: die rosige Stimmung bezeugt mir die Freude, die mir zuteil wurde. Verschiedene Bekundungen desselben können zusammenstimmen und einander bekräftigen, sie können aber auch im Widerstreit stehen und eine die andere aufheben. Dergleichen ist beim reinen Erlebnis nicht möglich. Welchen Grad mein Entzücken – als reines Erlebnis – hat, das kann ich nur ihm selbst, in immanenter Reflexion, entnehmen, und es hat eben den, den ich vorfinde. Aber über den Grad des Entzückens – als psychische Zuständlichkeit – kann mich das bewußt erlebte Entzücken täuschen, und ich kann evtl. erst durch die Wirkungen, die es ausübt, darüber belehrt werden, wie groß es in Wahrheit gewesen ist. Solche Wirkungen laufen – phänomenal – sowohl von dem Erleben als von seinem Gehalt aus, und entsprechend sind beide Bekundung von Psychischem. Wir sprachen davon, daß es uns „schwer wird", das Entzücken zu erleben. Darin bekundet sich der Kraftverbrauch, den das Erleben bedeutet und der „eigentlich" die gegenwärtige Leistungsfähigkeit der Psyche überschreitet. Aus der starken Inanspruchnahme der Lebenskraft durch alles emotionale Erle-
71 ben ist das Stocken des Lebensstroms zu verstehen, das jedes solche Erlebnis bei einer gewissen Stärke hervorruft, unangesehen der Wirkung, die es seinem Gehalt nach ausüben mag. Diese vom Gehalt ausgehende Wirkung ist in unserem Beispiel ein Anwachsen der Lebenskraft, das sich in der neu erwachenden Frische bekundet. Die Stärke und Nachhaltigkeit dieser Wirkung gibt uns Aufschluß über die Beschaffenheit der psychischen Zuständlichkeit, von der sie ausgeht; und es kommt vor, daß sie sich in ihren Wirkungen stärker oder schwächer erweist, als sie in ihrer Bekundung im Erlebnis erschien. Wir sagen dann etwa – indem wir das ursprüngliche Erlebnis und die erlebten Wirkungen als verschiedene Bekundungen derselben Zuständlichkeit zusammenhalten –; ich hatte gar nicht bemerkt, daß die Lektüre auf mich einen so starken Eindruck machte. – Wir sprachen davon, daß zu einem Erlebnis von bestimmtem Gehalt eine bestimmte Wirkung gehört, so daß man versucht sein könnte zu sagen, diese Wirkung sei, wie das Erlebnis selbst, durch dessen gegenständliches Korrelat – den Wert von entsprechender Höhe – motiviert. Hier stoßen wir auf das Ineinandergreifen von Kausalität und Motivation, das uns sogleich näher beschäftigen soll. Zunächst suchen wir das, was wir uns an unserem Beispiel klar machten, in größerer Allgemeinheit zu fixieren. Offenbar sind es nur Erlebnisse mit ichlichem Gehalt, denen solche lebenspendende Kraft innewohnt. Was mir ichfremd gegenübersteht, wie ein Sinnesdatum, das hat – als Gehalt – auf mein Leben keinen Einfluß. Und ebenso stehen die Objekte, die mir auf Grund solcher ichfremder Daten zur Gegebenheit kommen – die „bloßen Sachen" – außer Zusammenhang mit der Sphäre des psychischen Wirkens. Die „Gemütssphäre" kommt also hier allein in Betracht und als ihr gegenständliches Korrelat die Welt der Werte, der praktischen Ziele und Werke. – Zu den

gegenständlich gerichteten Erlebnissen, deren Gehalte an der Lebenskraft zehren, statt sie zu erneuern, gehören Schreck, Angst, Trauer: Sie befallen mich evtl. bei voller Frische und Lebendigkeit, nehmen mir diese Frische und Lebendigkeit plötzlich oder nach und nach und lähmen meinen Betätigungsdrang.

§ 3. Zusammenwirken von Kausalität und Motivation; sinnliche und geistige Lebenskraft

Aus der belebenden Kraft gewisser Gemütserlebnisse verstehen wir unsere frühere Feststellung, daß Stellungnahmen zu Quellen von Trieben und Strebungen werden können. Es versteht sich, daß das durch sie geweckte Leben nach einer Betätigung drängt, und zwar nach einer Betätigung in der Rich- 72
tung, die die von ihnen auslaufende Motivation vorschreibt. Wenn mir ein Ereignis gemeldet wird, dem ein objektiver Wert oder doch eine positive Bedeutung für mich anhaftet, so erfüllt mich das Erfassen dieses Wertes mit Freude, die Freude belebt mich, und es entquillt ihr das Verlangen, anderen Freude zu bereiten um der Freude willen, die mir zuteil wurde. Es besteht also zwischen beiden Erlebnissen sowohl eine kausale als ⟨auch⟩ eine Motivationsbeziehung. Offenbar ist das Hinzutreten dieses kausalen Faktors nötig, damit aus einem „möglichen" Motiv – oder aus etwas, dem objektiv motivierende Kraft zukommt, das seinem Sinne nach ein bestimmtes Verhalten des Subjekts zuläßt oder fordert –, ein „wirkliches" Motiv werden könne. Wenn das Gefühl kein „lebendiges" ist, wenn es in mir keine lebenspendende Kraft entfaltet, so entspringt ihm auch kein lebendiges Streben, sondern nur ein kraftloses, evtl. ein bloßes Wissen, daß es vorhanden sein sollte. Die Güte eines Menschen steht mir z. B. klar vor Augen als Motiv der Dankbarkeit, die ich ihm schulde: Aber diese Dankbarkeit ist nicht lebendig gefühlt[71] (vielleicht, weil meine Kraft zum Erleben dieses Gehaltes nicht ausreicht), und es entspringt ihr darum auch kein lebendiges Streben, mich dankbar zu erweisen, wie es objektiv begründet wäre. Nur sein kraftloses Schattenbild stellt sich ein. Und ein solches unlebendiges, kraftloses Streben vermag sich nicht in ein Tun umzusetzen. Nur ein Trieb oder Streben von starker Lebendigkeit geht unaufhaltsam ins Tun über.

In unseren Beispielen führten kausale und motivierende Faktoren (wo beide vorhanden waren) in gleicher Richtung. Es ist auch das Gegenteil möglich. Ein Ereignis, das mir als furchtbar vor Augen steht, motiviert in

[71] ⟨Auch Reinach verwendet das Beispiel lebendig gefühlter Dankbarkeit (und des Vertrauens): „Notizen auf losen Zetteln", in: Reinach I, S. 596 f. (11. 5. 1916) 3. Abschnitt.⟩

mir das Streben, seinen Eintritt zu verhindern. Die Furcht ist lebendige Furcht und das Streben lebendiges Streben; aber die Furcht als solche wirkt lähmend auf meine Lebenstätigkeit und nimmt dem Streben die Kraft, sich in ein Tun umzusetzen.

Es ist die Frage, ob vielleicht Motive als solche – auch im Bereich der objektivierenden oder sachgebenden Akte – nur *richtunggebende* Kraft besitzen, aber für sich allein das Erleben nicht in der Richtung bewegen können, die sie vorschreiben. Ein Sachverhalt, aus dem ein anderer folgt, kann vor mir stehen, ohne daß ich der Motivation, die mir durch den objektiven Begründungszusammenhang vorgezeichnet ist, nachgehe, ohne daß ich die Folgerung ziehe. Es bedarf noch eines besonderen „Antriebes" – des Wissensdranges oder auch eines praktischen Interesses an dem Ergebnis – um
73 mich den Schritt vorwärts tun zu lassen. Es ist zu untersuchen, wie die Ergänzungsbedürftigkeit durch lebenspendende Triebkräfte sich zu der früher erwähnten Abhängigkeit alles Erlebens von der vorhandenen Lebenskraft verhält. Es bedarf einer gewissen Lebendigkeit, um überhaupt irgendwelche Gehalte aufnehmen, erleben zu können (und zwar eines verschieden hohen Grades von Lebendigkeit je nach der Art der Gehalte: für sinnliche Daten z. B. eines geringeren als für eine Überzeugung oder eine Freude), und wenn diese nicht vorhanden ist, so können ihr auch nicht von außen neue Triebkräfte zugeführt werden. Wir müssen offenbar unterscheiden zwischen dem „natürlichen" Leben und dem von außen her zuströmenden, das wir – als in geistigen Akten erworben – das „geistige" nennen werden. Aber auch abgesehen von den „Zuströmen" scheint es, daß man in der Lebenssphäre eine „sinnliche" und eine „geistige" Schicht trennen muß und entsprechend eine sinnliche und eine geistige Lebenskraft als verschiedene Wurzeln der Psyche. Mit der sinnlichen Lebenskraft erscheint die Psyche eingesenkt in die Physis, in die Leiblichkeit und des weiteren durch ihre Vermittlung in die materielle Natur. Das zu zeigen, bedürfte es einer gründlichen Untersuchung des Leibes und seiner Abhängigkeit von der materiellen Natur einerseits, seiner Beziehungen zur Psyche andererseits. Wir ziehen hier nur in Betracht, daß die sinnlichen Lebenszustände zugleich als leibliche Zustände erlebt sind. Die Frische und Mattigkeit erscheinen als den Leib und alle seine Glieder durchströmend und die als leiblich gegebenen Tätigkeiten in ihrer Weise färbend. Deutlich lassen sich davon die geistige Frische oder Mattigkeit abheben, die mit der entgegengesetzten leiblich-sinnlichen Zuständlichkeit evtl. vereinbar sind. Wenn wir trotzdem versucht sind, von *einer* Lebenssphäre und *einer* Lebenskraft zu sprechen, so liegt das daran, daß beide nicht zusammenhanglos nebeneinander bestehen. Die geistige Lebenskraft erscheint als bedingt durch die sinnliche: In der Regel schwindet mit der leiblichen auch die geistige Frische. Aber sie steht außerdem dem Zuströmen von der Objektwelt her offen und kann durch sie zu Leistungen fähig wer-

den, die dem Zustand der sinnlichen Lebenskraft nicht entsprechen.[72] Die sinnliche Lebenskraft andererseits erfährt durch Vermittlung der geistigen keine Ergänzung. Die durch Zustrom von außen her erzeugte geistige Frische kann nur eine leiblich-sinnliche Müdigkeit evtl. verdecken und uns dadurch über den wahren Zustand der sinnlichen Lebenskraft täuschen. Es ist ferner zu bemerken, daß alles geistige Leben einen Verbrauch an sinnlicher Lebenskraft bedeutet, auch dasjenige, dessen Gehalte einen Zuwachs 74
an geistigen Triebkräften mit sich bringen, ja, da die Triebkraft eines Gehaltes mit einer gewissen Gewichtigkeit steigt, diese Gewichtigkeit aber zugleich eine größere Kraftanspannung erfordert, um erlebt werden zu können, muß man geradezu sagen, daß umso mehr sinnliche Lebenskraft verlorengeht, je mehr geistige zugeführt wird.

Damit soll nicht etwa gesagt sein, daß ein rein sinnliches Lebewesen, dem durch geistiges Leben keine Triebkräfte entzogen werden, oder ein geistig tiefstehendes biologisch höherwertig sei als ein geistig hochentwickeltes. Ein ungeregeltes sinnliches Triebleben kann evtl. zu einer raschen Erschöpfung der Lebenskraft führen. Und eine auf Einsicht in den Mechanismus gegründete vernünftige Regulierung des Trieblebens, wie sie durch die geistige Lebenskraft ermöglicht wird, kann der Erhaltung der sinnlichen Lebenskraft so förderlich sein, daß der Verbrauch, den das geistige Leben darstellt, dadurch überwogen wird.

Außerdem ist es möglich, daß die von den Gehalten her zuströmende Triebkraft die für das Erleben dieser Gehalte erforderliche übersteigt; dann wird die geistige Lebenskraft bereichert und instand gesetzt, das geistige Leben eine Zeitlang *ohne* weitere Inanspruchnahme der sinnlichen Lebenskraft zu speisen.

Von der geistigen Lebenskraft ist die Aufnahmefähigkeit für die Objektwelt zu unterscheiden, durch die eine Zufuhr von Triebkräften überhaupt ermöglicht wird. Diese Aufnahmefähigkeit ist in gewissem Sinne von der Lebenskraft abhängig. Denn um sich Objekte zu eigen zu machen, bedarf es einer gewissen geistigen Tätigkeit, die ohne eine Spannkraft von bestimmter (und zwar je nach der Art der Objekte verschiedener) Höhe nicht geleistet werden kann. Und in dieser Hinsicht besteht zwischen der Lebenskraft und den geistigen Fähigkeiten ein analoges Verhältnis, wie wir es in der sinnlichen Sphäre feststellten: ein Mechanismus, der eine Fähigkeit auf Kosten der anderen auszubilden gestattet und sie wieder abnehmen läßt, wenn anderen Fähigkeiten mehr Kraft zugeführt wird.[73] Aber die Aufnahme von 75

[72] ⟨Vgl. dazu *AMP*, S. 107 ff., bes. 112 f.⟩

[73] In *Reinachs* hinterlassenen „Aufzeichnungen" findet sich eine Notiz ⟨„Aufzeichnungen", in: Reinach I, S. 589–611, hier S. 600 f. (16. 6. 1916) 2. Abschnitt⟩, die den „Mechanismus" des geistigen Lebens sehr klar zum Ausdruck bringt: „Ob damit, daß Menschen

Objekten ist nicht allein als eine Funktion der geistigen Lebenskraft aufzufassen. In einem Zustand der Frische, in dem ich mich zu intensiver geistiger Tätigkeit befähigt fühle und auch etwa auf wissenschaftlichem Gebiet, in der Aufdeckung theoretischer Zusammenhänge, das Höchste zu leisten vermag, bleiben mir andere Objektbereiche – etwa ästhetische Werte – doch völlig verschlossen. Ich mag alle meine Kraft daran werden, mir Zugang zu verschaffen – alle Anstrengung ist vergebens. Wir stoßen hier in den geistigen Fähigkeiten der Person auf einen festen Bestand, der dem kausalen Mechanismus enthoben ist. Ihn näher zu untersuchen, kann an dieser Stelle nicht unsere Aufgabe sein.[74] Wir mußten ihn nur ausweisen, um die Stellung der geistigen Lebenskraft im Aufbau der Psyche deutlich zu machen. Sie ist sowohl von der Aufnahmefähigkeit als unwandelbarem Kern der wandelbaren geistigen Fähigkeiten als von der sinnlichen Lebenskraft unterschieden. Beide reichen nicht hin, um mich für die Aufnahme bestimmter Gehalte fähig zu machen, die eben eine eigene geistige Lebenskraft erfordern. Es ist möglich, daß ich die sinnliche Lebenskraft besitze, die zur Erstellung einer gewissen geistigen Tätigkeit nötig ist und daß ich auch aufnahmefähig bin für das betreffende Objektgebiet, einen bestimmten Wertbereich, und dennoch nicht lebendig zu fühlen vermag, was er mir bietet. Ich erkenne den Wert eines Kunstwerkes, aber ich vermag mich nicht dafür zu begeistern; ich erkenne die Niedrigkeit einer Gesinnung, aber ich vermag mich nicht darüber zu empören; ich erkenne den einzigartigen Wert eines Menschen, aber ich vermag ihn nicht zu lieben. Dieses Unvermögen zum Erleben von Gehalten einer bestimmten Gewichtigkeit, das Versagen gegenüber den Anforderungen der erkannten Wertewelt, das mit dem besten Stand der sinnlichen
76 Lebenskraft vereinbar ist, offenbart uns die geistige Lebenskraft als eine *eigene* Triebkraft des geistigen Geschehens. Daß sie unbeschadet dieser Selbständigkeit abhängig ist von der sinnlichen Lebenskraft, zeigen uns gewisse

---

Charakter haben, nicht auch ihre ethische Endlichkeit zusammenhängt? Die Fehler ihrer Vorzüge! Wer in sich die dauernde Tendenz zu gewissen wertvollen Akten erzeugt hat (oder sie besitzt), ist gerade deshalb unter Umständen unfähig, andere psychisch entgegenstehende Akte zu vollziehen. Die (künstlich) herbeigeführte Stärkung wird zur Hemmung durch den – dem Göttlichen unbekannten – Mechanismus. Der Charakter wäre also Begünstigung, Tendenz, Gewöhnung u. dgl. in bezug auf ein Erleben, das selbst nicht charakterlich fundiert ist. (Man unterscheide die ‚festen' Gesinnungen – Liebe zu einem Menschen usw. – von dem Charakter in unserem Sinne. Diese Liebe ist natürlich keine Tendenz zu Erlebnissen – auch das wäre ja einem Menschen gegenüber möglich –, sondern ein Eigen-‚Erlebnis' zu dem es Fähigkeit und Unfähigkeit, Tendenz und Leichtigkeit usw. gibt.)"

[74] Ausführungen über die dem kausalen Mechanismus enthobene geistige Struktur der Person enthält der IV. Teil meiner Abhandlung *Zum Problem der Einfühlung* (Freiburger Dissertation, Halle 1917) ⟨ESGA 5, „Einfühlung als Verstehen geistiger Personen", S. 108–136⟩. Vgl. auch in der folgenden II. Abhandlung ⟨*IG*,⟩ Teil II, §3 c ⟨S. 189ff.⟩, §4 dd ⟨S. 227ff⟩.

phänomenale Kausalbeziehungen zwischen sinnlichen und geistigen Vorgängen. In einem Zustand leiblich-sinnlicher Erschöpfung bringe ich ein Gefühl der Begeisterung nicht auf, es stellt sich aber – demselben Tatbestand gegenüber – sofort ein, wenn ich mich „erholt" habe. Fehlt die geistige Lebenskraft – ganz oder doch für die Aneignung bestimmter Gehalte –, so entfällt natürlich auch die Möglichkeit der Zufuhr frischer Triebkräfte von diesen Gehalten her, andererseits fällt auch die Möglichkeit eines so gesteigerten Verbrauchs an Lebenskraft fort, wie ihn das Erleben dieser Gehalte sowie auch manche der Gehalte selbst (wie Furcht oder Trauer) darstellen: so daß der Mangel an geistiger Lebenskraft evtl. eine Ersparnis an sinnlicher Lebenskraft bedeutet.[75]

Außer diesem Zuströmen von Triebkräften, das ein gewisses Maß an Lebenskraft bereits voraussetzt – nämlich das zum Erleben der kraftspendenden Gehalte erforderliche – gibt es offenbar noch ein anderes, das nicht an diese Voraussetzung gebunden ist. Es gibt einen Zustand des Ruhens in Gott, der völligen Entspannung aller geistigen Tätigkeit, in dem man keinerlei Pläne macht, keine Entschlüsse faßt und erst recht nicht handelt, sondern alles Künftige dem göttlichen Willen anheimstellt, sich gänzlich „dem Schicksal überläßt". Dieser Zustand ist mir etwa zuteil geworden, nachdem ein Erlebnis, das meine Kräfte überstieg, meine geistige Lebenskraft völlig aufgezehrt und mich aller Aktivität beraubt hat. Das Ruhen in Gott ist gegenüber dem Versagen der Aktivität aus Mangel an Lebenskraft etwas völlig Neues und Eigenartiges. Jenes war Totenstille. An ihre Stelle tritt nun das Gefühl des Geborgenseins, des aller Sorge und Verantwortung und Verpflichtung zum Handeln Enthobenseins. Und indem ich mich diesem Gefühl hingebe, beginnt nach und nach neues Leben mich zu erfüllen und mich – ohne alle willentliche Anspannung – zu neuer Betätigung zu treiben. Dieser belebende Zustrom erscheint als Ausfluß einer Tätigkeit und einer Kraft, die nicht die meine ist und, ohne an die meine irgendwelche Anforderungen zu stellen, in mir wirksam sind. Einzige Voraussetzung für solche geistige Wiedergeburt scheint eine gewisse Aufnahmefähigkeit zu sein, wie sie in der dem psychischen Mechanismus enthobenen Struktur der Person gründet.[76]

Ähnliches mag im Verkehr einer Person mit andern möglich sein. Die 77
Liebe, mit der ich einen Menschen umfasse, mag imstande sein, ihn mit neuer Lebenskraft zu erfüllen, wenn die seine versagt. Ja, die bloße Berührung mit Menschen von intensiver Lebendigkeit mag eine belebende Wir-

[75] Vgl. S. 71.

[76] ⟨Vgl. Stein, Edith, *Einführung in die Philosophie* (kurz *EPh*), ESGA 8, Freiburg i. Brsg. 2004, S. 171 f.; vgl. Reinach I, „Aufzeichnungen", „B. Notizen auf losen Zetteln", S. 592–611; vgl. dazu Beckmann, Beate, *Phänomenologie des religiösen Erlebnisses im Anschluß an Adolf Reinach und Edith Stein*, Würzburg 2003, S. 218 ff.⟩

kung auf den Matten oder Erschöpften ausüben, die keine Aktivität von seiner Seite zur Voraussetzung hat. Ich möchte über diese Verhältnisse, die ein eigenes Studium erfordern, hier nichts Näheres sagen;[77] sie seien nur erwähnt, weil sie geeignet sind, den Bau des psychischen Mechanismus nach gewissen Seiten hin zu erleuchten.

Was nun die Frage nach der Ergänzungsbedürftigkeit der Motivation anlangt, so scheint es, daß die Triebkräfte, welche die Motivation erfordert, sowohl „innere“ als „äußere“ sein können. Im Zustand der Frische, in dem der Erlebnisstrom rasch pulsiert, reißt mich die innere Triebkraft von einem Gedanken zum andern im motivierten Zusammenhange fort; und nur wenn die innere Triebkraft versagt, bedarf es eines „lebenspendenden“ (d.h. nach unsern Feststellungen eines emotionalen) Motivs, um die intellektuellen Motivationen wirksam zu machen. Dabei ist für die Aufnahme eines solches treibenden Motivs, wie wir sahen, ein gewisses Maß an geistiger Lebenskraft bereits Voraussetzung. Schließlich kann an Stelle der lebenspendenden Motive der belebende Einfluß einer fremden Kraft treten.

Wir haben an früherer Stelle einmal die Frage erwogen, ob ein Bewußtsein ohne Lebenssphäre denkbar wäre. Wenn die Motivationen als solche einer Ergänzung durch treibende Kräfte bedürfen, so scheint das unmöglich. Denkbar wäre aber ein Bewußtsein, das ohne sinnliche und von ihr abhängige geistige Lebenskraft (als dauernde Eigenschaft verstanden) rein „aus dem Geiste“ lebte, nur bewegt durch die Triebkräfte der Gehalte, die seinen jeweiligen Korrelaten entsprechen. Ergänzend müßte ihm allerdings eine Aufnahmefähigkeit für Gehalte jeder Art bleiben, die ihm aber in sich, als ein konstantes, ihm einwohnendes Moment zukäme und nicht als Funktion einer wechselnden Lebenskraft. An der Tätigkeit eines solchen Bewußtseins können wir uns klar machen, was die „Vernünftigkeit“ der mit der Motivation verbundenen kausalen Wirkung besagt. Jedem Wert entspricht als „adäquate“ Reaktion ein Gefühl von ganz bestimmter Lebendigkeit, die zu-
78 gleich erforderlich ist, um weitere Akte ins Leben zu rufen, die dadurch motiviert sind. In einem kausal bedingten geistigen Leben ist zunächst die Frage, ob dasjenige Maß an innerer Lebendigkeit vorhanden ist, das dasein muß, damit der Wert erfaßt werden kann. Ist das der Fall, so kann der Grad der Lebendigkeit, die das Gefühl dank seiner Abhängigkeit von der vorhandenen Lebenskraft aufweist, immer noch größer oder geringer sein, als es dem Wert angemessen ist. Und schließlich kommt diejenige Lebendigkeit, die der Wert selbst zuführt, bzw. die von dem entsprechenden Gefühl ausströmt, nicht bloß den Akten zu, die dadurch motiviert sind, sondern dem gesamten geistigen Leben. Und so führt sie in der Folge dazu, andere Werte in einer Weise aufzunehmen, die ihnen nicht angemessen ist.

[77] Vgl. dazu die II. Abhandlung ⟨*IG*, S. 110⟩.

Machen wir aber die Fiktion eines Bewußtseins, dem die spezifische Lebenssphäre fehlt, so könnte man es so denken, daß es jeden Wert ganz in der ihm entsprechenden Weise fühlte, und jedes Gefühl würde dann die weiteren Akte auslösen, die es vernunftgemäß motiviert: Es unterstünde nur der Herrschaft der Vernunft und nicht kausaler Notwendigkeit. Die Triebkräfte, die ihm von den Werten her zuströmen, würden ohne weiteres in die vernünftig geforderten Akte und nur in sie umgesetzt. Wo aber diese Sphäre vorhanden ist, da spielen die Gefühle die Rolle wirkender Kräfte, die das Walten der Vernunft durchkreuzen. Indem nun jeweils in einem Moment des Lebens eine Reihe verschiedenartiger Gefühle vereint sein kann (etwa ein sinnlicher Schmerz, die Freude über eine gute Nachricht, die Furcht vor einer Gefahr) und jedes in seiner besonderen Weise auf das Lebensgefühl einwirkt, erscheint dessen Besonderheit stets als „Resultante" mehrerer zusammenwirkender „Teilkräfte". Und was für das Lebensgefühl und den Gesamtablauf des Stromes gilt, das betrifft in Folge auch jedes einzelne Erlebnis im Strom: Jedes ist durch die Gesamtheit der gleichzeitig wirksamen Faktoren bedingt. Bedenken wir nun die Mannigfaltigkeit von auslösenden Momenten, die evtl. für das Zustandekommen einer Handlung in Anschlag zu bringen sind, so wird uns begreiflich, warum es gar so schwierig ist, „über die Motive unseres Tuns Rechenschaft zu geben". Eine ganze Reihe verschiedenartiger Gefühle kann – evtl. von sehr verschieden weit zurückliegenden Ansatzpunkten im Strome aus – in die Gegenwart hineinleben. Jedes ist „geladen" mit einer vom Motiv herkommenden Triebkraft und möchte einen Willensakt bzw. eine Handlung in Aktion setzen oder sich in anderer Form „entladen". Aber während wir in den einen im spezifischen Sinne leben, sie „bewußt" vollziehen und ihre Korrelate uns klar als Motive zur 79
Gegebenheit bringen, evtl. sie gegeneinander abwägen, spielen sich die andern nur als „dunkle Regungen" im „Hintergrunde" ab, ohne doch darum der motivierenden Kraft zu entbehren. Oder sie sind schließlich als psychische Zustände vorhanden, ohne sich bewußtseinsmäßig geltend zu machen. Und nun kommt zu der motivierenden Kraft die kausale Wirksamkeit eines jeden Faktors. Die Furcht vor einer Gefahr treibt mich (als Motiv) zu einer Abwehrhandlung; ich sehe deutlich, was ich tun müßte, um ihr zu entgehen; aber diese selbe Furcht wirkt so lähmend, daß ich mich zu keinem Entschluß und keiner Tat aufraffen kann und das Gefürchtete wehrlos über mich ergehen lasse.

Ein rein geistiges Wesen, wie wir es fingierten, wäre als nur intellektuelles nicht möglich, da die intellektuellen Motive ja keine treibenden sind. Es wäre aber noch zu erwägen, ob nicht an Stelle der Lebendigkeit etwas anderes zur Motivation hinzutreten könnte, ob es nicht neben der kausalen noch eine andere Wirksamkeit gibt.

§ 4. Kausalität und Willenswirkung

Die Antwort darauf soll uns die Betrachtung der Willenswirkung geben.[78] Ein Willensakt erfordert – wie jedes Erlebnis – ein gewisses Maß an Lebenskraft, um zustande kommen zu können, und zwar ein besonders hohes Maß, weil er die stärkste Aktivität ist, die intensivste Betätigung, die ein Lebensstrom aus sich hervortreiben kann. Er zehrt also auch entsprechend stark an der Lebenssphäre; ja darüber hinaus: Er nimmt sie nicht nur durch die Intensität des Erlebens in Anspruch, sondern auch durch seinen Gehalt, denn das Wollen stellt wie der Trieb einen „Umsatz" an Lebenskraft dar, man könnte vielleicht sagen, es birgt einen Trieb als Kern in sich. Demnach erscheint es als der stärkste Kraftverbrauch, der einem Lebewesen überhaupt zugemutet werden kann.

Gemildert wird das durch den Umstand, daß es durch lebenspendende Motive eingeleitet wird, die also einen mehr oder minder großen Teil der Kraft beisteuern, die zu seiner Erhaltung nötig ist. Ist das Wollen genügend stark und lebendig, so setzt es sich – ebenso wie ein Trieb oder Streben – ohne weiteres in die Tat um. Bis dahin ist von einer besonderen Willenswirkung noch gar nichts zu merken.

Nun müssen wir aber die früher gewonnenen Scheidungen im Auge behalten. Alles, was wir bisher ausführten, gilt allein von der Willen*stellung-*
80 *nahme*, nicht aber von dem *Vorsatz*, dem eigentlich „freien" Moment des Wollens und aller willentlichen Akte. Die Willensstellungnahme hat keine aus sich heraus zeugende Kraft, von Motiven und kausalen Faktoren hervorgerufen, tritt sie auf und setzt sich dank der in ihr fortwirkenden Triebkraft in die Tat um. Anders, wenn ein Vorsatz hinzutritt. Er schiebt sich zwischen Willensstellungnahme und Handlung ein, er hält die daherströmenden Kräfte auf und läßt ihnen dann freien Lauf in der Richtung, in der sie strebten, oder er drängt sie auch nach anderer Richtung. Und es kann auch sein, daß er aus sich heraus ergänzt, was ihnen fehlt, um erreichen zu können, was sie bewirken sollen. Der Vorsatz besitzt also eine eigene Triebkraft, die weder der sinnlichen Lebenssphäre, noch der geistigen Lebendigkeit, der inneren und der von den Motiven her zuströmenden entstammt. Wenn eine Tätigkeit erlahmt, weil die innere Kraft aufgebraucht ist, die sie zu ihrer Erhaltung erfordert, so kann sie durch den Willensvorsatz neu ins Leben gerufen werden. Wenn ein erkannter Wert als Motiv einer Handlung vor mir steht, sie „fordert", ohne daß ich ihn so lebendig fühlen kann, daß eine Willensstellungnahme daraus erwüchse, so vermag der Vorsatz die geforderte Hand-

---

[78] ⟨Zur Willensanalyse vgl. *PE*, S. 72 ff., *EPh*, S. 136 ff.; Stein, Edith, *Potenz und Akt. Studien zu einer Philosophie des Seins* (kurz *PA*), ESGA 10, Freiburg 2005, S. 113 ff., *AMP*, S. 81 f., 90 f., 101 f., 121 f.⟩

lung einzuleiten. Ebenso sind andere freie Akte – wie ein Verzeihen oder auch der Willensvorsatz selbst – willentlich erzeugbar, wenn die entsprechende Stellungnahme fehlt. Erzeugendes und Erzeugtes sind hier nicht mehr Glieder in einer Kette kausalen Geschehens, sondern das Ich erscheint als ein erster Anfang, als Ursprungsstelle des Geschehens. Es bedarf der Motive nicht mehr als treibender Kräfte, sondern nur als Wegweiser für die Richtung, in der es gehen soll. Darum muß es sie prüfend ins Auge fassen, statt sich ihnen hinzugeben wie in Stellungnahmen und Strebungen. Aber weil es diese eigene Kraft besitzt, weil es von ihm abhängt, ob Forderungen erfüllt werden oder nicht, darum ist es auch für sein Tun und Lassen verantwortlich, gleichgültig ob sie ihm Leben spenden oder nicht.

Im Verhältnis zu den Motiven spielt also der „freie" Wille die Rolle eines Ersatzes für die ihnen bzw. ihrem Erleben mangelnde Triebkraft. Es wäre also ein „tätiges" Bewußtsein ohne lebendige Gefühle und die ihnen entspringende Triebkräfte denkbar, wofern es in ihm nur ein Wollen gäbe und ein kaltes Erkennen von Werten und ihren Forderungen. (Die Struktur eines solchen kalten Erkennens und sein Verhältnis zum lebendigen Fühlen ist natürlich ein besonderes Problem.)[79]

Das Verhältnis des Vorsatzes zur Lebenssphäre bedarf noch weiterer Auf- 81
klärung. Sicherlich werden ihr durch ihn nicht neue Kräfte zugeführt wie der geistigen Lebenskraft durch lebendig gefühlte Motive. Die Kräfte, die er entfaltet, dienen lediglich der Durchführung der Handlung. Andererseits ist die Frage, ob der Vorsatz einen Verbrauch an natürlicher Lebenskraft darstellt. Er selbst muß ja doch auch erlebt werden, und sollte er sich selbst erhalten können? Sicher ist, daß er nicht erwächst, sondern aus sich selbst ins Leben tritt, aber indem er es tut, nötigt er der Lebenssphäre die zu seiner Erhaltung nötige Kraft ab. Unerläßliche Bedingung für das Zustandekommen eines Willensaktes ist, daß die vorhandene Lebenskraft noch ausreicht, um das Erfassen eines Willensziels zu ermöglichen. Wo überhaupt kein Leben mehr vorhanden ist, oder wo es so herabgesetzt ist, daß ihm kein intentionales Erlebnis mehr auf „natürliche" Weise entspringen kann, da hört auch die Möglichkeit des Wollens und der Entfaltung neuer Triebkräfte durch das Wollen auf. Und es kann sein, daß der aus freiem Impuls ins Leben tretende, aber sich aus der Lebenskraft nährende Vorsatz sie völlig aufzehrt. Es scheint allerdings, als ob der Willensvorsatz, da wo die erforderlichen gegenständlichen Grundlagen vorhanden sind, aber jede darüber hinausgehende Lebenskraft fehlt, sich selbst fortzeugen kann, ebenso wie er andere freie Akte erzeugt. Dieses wunderbare Vermögen, aus sich selbst heraus „Triebkräfte" zu erzeugen, weist offenbar auf eine jenseits des Mechanismus der individuel-

[79] Vgl. dazu die II. Abhandlung ⟨*IG*,⟩ Teil I, §2 c ⟨ S. 181 ff.⟩. ⟨Zum „kalten Erkennen" vgl. Reinach I, S. 597 (11.5.16) (Notizen).⟩

len Persönlichkeit liegende Kraftquelle hin, die in das wollende Ich einströmt, in der es verankert ist. Die nähere Erforschung dieses Verhältnisses, die wir uns hier nicht als Ziel setzen können, führt ins Gebiet der Religionsphilosophie.[80]

Der Wille ist in einem doppelten Sinne „abhängig“: Er setzt eine gewisse Lebendigkeit voraus, und er setzt eine gegenständliche Grundlage nebst richtunggebenden Motiven voraus. In einem Bewußtsein, das unabhängig von einer sein Strömen regulierenden Kraft „aufnahmefähig“ wäre, würde die erste Abhängigkeit – die kausale – fortfallen, und nur die zweite würde bleiben. Unbeschadet seiner Abhängigkeit ist der Wille (als Vorsatz verstanden) in dreifachem *positiven* Sinne frei: 1. als aus eigenem Impuls entstehend; 2. als der Lebenssphäre spontan Kräfte entziehend; 3. als aus sich heraus Kräfte entfaltend.

Außer diesen positiven Leistungen bestehen die negativen, von denen wir früher sprachen.[81] Regungen, die „von selbst“ entspringen, können willent-
82 lich unterdrückt werden. Wir haben dabei früher (beim Beispiel der Strebungen) drei Möglichkeiten in Betracht gezogen: 1. Strebungen können dadurch unterdrückt werden, daß ihnen durch Abwendung der Aufmerksamkeit die gegenständliche Grundlage entzogen wird. Aufmerksamkeit – als mehr oder minder „gespanntes“ Gerichtetsein auf einen Gegenstand – ist selbst kausal bedingt, und zwar wiederum entweder von der inneren Lebendigkeit, die die gespannte geistige Tätigkeit aus sich hervortreibt, oder von dem lebenspendenden Motiv: der Gewichtigkeit des Gegenstandes oder richtiger von dem belebenden „Interesse“, das der Gegenstand weckt.[82] Und wiederum kann diese belebende Kraft, wo sie fehlt, ersetzt werden durch Hinzutreten eines Willensvorsatzes. Ich erkenne die Gewichtigkeit eines Gegenstandes und bleibe ihm kraft eines Willensvorsatzes zugewendet, obwohl ich mich in einem Zustande befinde, der mich unfähig macht, „von selbst“ aufzumerken, oder obwohl ein anderer Gegenstand meine Aufmerksamkeit „anlockt“. Dieses „Anlocken“ führt uns auf die negative Funktion des Willens. Während ich z.B. im Gespräch mit einem Menschen begriffen bin, erregt sein Äußeres mein Interesse, d.h. es wird zum lebenspendenden Mo-

---

[80] ⟨Vgl. dazu Beckmann, Beate, *Phänomenologie des religiösen Erlebnisses*, S. 275ff.⟩

[81] Vgl. S. 55f.

[82] Die Einsicht in die Willentlichkeit der Aufmerksamkeit und ihre Bedeutung für die Gestaltung des psychischen Lebens läßt W.⟨illiam⟩ *James* sich zu der Behauptung versteigen: „Anstrengung der Aufmerksamkeit ist die wesentliche Erscheinung des Wollens“ und „die Hauptleistung des Wollens, wenn es am meisten ‚willkürlich‘ ist, besteht darin, ein schwer festzuhaltendes Objekt zu beachten und vor dem Bewußtsein zu fixieren“ (⟨James, William,⟩ *Psychologie*, übersetzt von ⟨Marie⟩ Dürr, ⟨Leipzig 1909⟩ S. 451). ⟨Engl. Original: „[...] attention with effort is all that any case of volition implies. The essential achievement of the will, in short, when it is most ‚voluntary‘, is to *attend* to a difficult object and hold it fast before the mind.“ *The Principles of Psychology*, New York 1890, Kap. 26, S. 561.⟩

tiv für die Zuwendung zu ihm; aber ich erkenne das Gesprächsthema als gewichtiger und fasse daher den Vorsatz, bei ihm zu bleiben, und die diesem entspringende Triebkraft überwindet die Triebkraft des entgegenstehenden Interesses. (Davon zu unterscheiden ist der Fall, daß der gefühlte Vorzug des Gesprächsthemas die Willens*stellungnahme* auslöst, bei ihm zu bleiben. Die Triebkraft dieser Stellungnahme kann geringer sein als die des entgegenstehenden Interesses und dadurch überwunden werden. Der Vorsatz kann prinzipiell immer genügend Triebkraft entfalten, um jeden Widerstand zu überwinden.) Offenbar ist das Interesse, dessen Triebkraft bei der „Ablenkung der Aufmerksamkeit“ unterdrückt wird, selbst als ein Streben anzusehen, so daß der 2. Fall, den wir erwogen, das Unterdrücken eines Strebens durch Überwinden der in ihm wirksamen kausalen Faktoren, nichts prinzipiell Neues bringt, sondern nur eine Wiederholung desselben Vorgangs in 83
einer andern Schicht. (Der Seidenglanz des Kleides der Person, mit der ich spreche, weckt z.B. in mir das Verlangen, darüber zu streichen; aber ich weiß, daß das „unpassend“ wäre und unterdrücke das Streben darum kraft eines Vorsatzes.)

Es ist aber in beiden Fällen unter dem Titel „Überwindung kausaler Faktoren“ noch etwas anderes zu berücksichtigen. Die Aufmerksamkeit kann ihre Quelle haben in einer „natürlichen“ Lebenszuständlichkeit, in einer Frische, die mich jeden sich darbietenden Gegenstand lebhaft ergreifen läßt. Analog kann das Verlangen, das ich unterdrücken will – etwa das Verlangen, mich in dem Sessel auszustrecken, der während des Gesprächs meine Aufmerksamkeit auf sich lenkt –, einem Ermüdungszustand entspringen. Sind auch diese kausalen Faktoren zu „überwinden“? Jedenfalls nicht im selben Sinne wie vorher. Die Frische als vorhandene Triebkraft braucht durch den Willensvorsatz oder richtiger durch eine Kraft, die er entfalten müßte, nicht unterdrückt zu werden, er muß sie sich nur nutzbar machen, sie in der Richtung seiner Motive ablenken. Und die Ermüdung bzw. der sich in ihr bekundende Mangel an Triebkraft kann zum Verschwinden gebracht werden, indem die dem Willen entspringende Kraft sich an seine Stelle setzt. Ist die Ermüdung in diesem Sinne überwunden worden (nicht „überwogen“, wie eine positive Triebkraft), dann verliert sich auch das ihr entspringende Streben „von selbst“. Dieses letzte Beispiel erleuchtet uns zugleich, was es heißt, daß der Wille direkt auf die Lebenssphäre zu wirken vermag. Ich kann nicht kraft eines Willensvorsatzes Frische erzeugen oder Müdigkeit unterdrücken, denn das sind keine freien Akte, sondern Zuständlichkeiten, die sich „von selbst“ – d.h. ohne mein Zutun – einstellen. Aber ich kann frei die Triebkraft für eine Handlung erzeugen, zu der ich meiner gegenwärtigen Lebenszuständlichkeit nach nicht fähig bin; und indem ich dieser Triebkraft inne werde, indem ich mich kraftvoll tätig fühle, wird mir die „eigentliche“ Lebenszuständlichkeit verdeckt; sie tritt evtl. verstärkt hervor, sobald die

Handlung erledigt ist und ihre willentlich erzeugte Triebkraft aufhört. Was die Abhängigkeit der *Stellungnahmen* von der Lebenssphäre einerseits, vom Willen andererseits betrifft, so sind sie – ebenso wie die Strebungen – nicht willentlich erzeugbar, wenn die nötige Lebenskraft fehlt. Aber wenn ihre Motive erfaßt sind und die Richtung, die sie vorschreiben, so kann die ge-
84 forderte Stellungnahme willentlich „angenommen" und das Tun frei erzeugt werden, das sie motivieren müßte. Bei Strebungen, die nicht vernünftig motiviert, sondern nur durch einen Reiz hervorgerufen sind, fällt die Möglichkeit eines solchen Surrogats fort. Sie – bzw. das Tun, in das sie sich umsetzen – müssen der Lebenskraft entspringen.

§ 5. Das Problem der Determination

Nachdem wir die mannigfachen Faktoren kennengelernt haben, die den Verlauf des psychischen Geschehens bedingen, können wir noch einmal auf die Frage des Determinismus zurückkommen.[83]

Solange man unter dem Titel „psychische Kausalität" alle diese Faktoren unterschiedslos zusammenfaßt, ist ja eine Lösung des Problems ganz unmöglich. Wir wissen nun, daß die *kausale* Bedingtheit der psychischen Zustände in ihrer Abhängigkeit von der Lebenskraft besteht und daß es, um den Modus der Lebenskraft in einem künftigen Augenblick vorauszusehen, der Kenntnis des gesamten psychischen Geschehens bis zu diesem Augenblick bedürfte. Damit hätten wir aber erst die Möglichkeit, die kausale Beschaffenheit des betreffenden psychischen Zustandes zu bestimmen. Um über seinen inhaltlichen Bestand, seinen *„Sinnesgehalt"* Bescheid zu wissen, müssen wir außer dem bisherigen Kräfteverbrauch (bzw. -zuwachs) alle *Motivations*grundlagen übersehen, auf denen sich das Erleben des Individuums aufbaut, d. h. alles, was sein geistiger Blick in dem betreffenden Augenblick umspannt, sowie alles, was noch von früher her an „Motivanten" in ihm lebendig ist. Wir wissen ferner, daß der jeweilige psychische Zustand einer Person nicht nur von der „Geschichte" seines Lebens und den gegenwärtigen „Umständen" abhängt, sondern daß ihr ganzes Leben bestimmt ist durch den *„Persönlichkeitskern"*, jenen unwandelbaren Seinsbestand, der nicht Resultat der Entwicklung ist, sondern umgekehrt den Gang der Entwicklung vorschreibt. Auch er muß bekannt sein, wenn ein psychischer Zustand vorhergesehen werden soll. Schließlich muß, wenn es sich um die Bestimmung eines künftigen *Tuns* handelt, auch der *Wille* als ein eigener Faktor berücksichtigt werden, denn wir haben gesehen, daß er sich nicht aus der Lebenskraft und den Motiven allein ableiten läßt. Diese verschiedenen Bedingun-

[83] Vgl. hierzu Kap. II, § 3 ⟨S. 29 ff.⟩.

gen der Vorausbestimmung werden wir nun einzeln auf ihre Erfüllbarkeit hin prüfen müssen.

Wir betrachten also zuerst die *Überschaubarkeit* des psychischen Gesche- 85
hens bis zu dem betreffenden Zeitpunkt. Hierfür gilt nun offenbar, was *Bergson* in seiner Behandlung des Determinismusproblems geltend gemacht hat:[84] Das psychische Leben bis zu einem bestimmten Augenblick *kennen*, d. h. es *durchlebt* haben. Welche Art „Kennen" mit dem Durchleben gegeben ist, das ist eine besondere Frage, die wir hier nicht behandeln können. Sicher ist, daß wir keinerlei Erleben kennen können, das wir nicht durchlebt haben. Es scheint mir, daß wir unter diesem „Durchleben" das *einfühlende* Erleben mit einbegreifen müssen.[85] Wer mit voller Hingabe das Leben eines anderen verfolgt hat – wie etwa eine Mutter das Leben ihres Kindes –, der „kennt" es evtl. besser als sein eigenes. Aber wie dem auch sei, diejenige Kenntnis des Lebens, die erforderlich ist, um über den Stand der Lebenskraft in einem Augenblick Bescheid zu wissen, erfordert das *volle, ungekürzte* Durchleben bis zu diesem Augenblick. Ein abgekürztes und vereinfachtes Erleben, wie es jede *Erwartung* darstellt, kann dafür keinen vollwertigen Ersatz bieten, weil ja jede einzige Phase des Lebens für die Schwankungen der Lebenskraft in Betracht kommt. Sollte sich also auch eine gewisse Vorwegnahme des künftigen Geschehens in der Erwartung als möglich erweisen, so wird sie doch niemals ausreichen, um die *kausale* Beschaffenheit eines künftigen Zustandes mit *Bestimmtheit* vorauszusagen.

Stimmen wir in diesem Punkte mit Bergson überein, so müssen wir doch in anderer Hinsicht gegen seine Erörterung des Determinismus Einspruch erheben. Nach seiner Meinung geht es gar nicht an, einzelne Motive herauszuheben, die dem Subjekt vor Augen stehen, und aus ihnen eine Handlung abzuleiten bzw. bei vorheriger Kenntnis vorauszubestimmen, weil alles Erleben zu einer konkreten Einheit verschmilzt, die dann in den gegenwärtigen Zustand ausläuft: Er ist das Ergebnis des *ganzen* früheren Lebens, nichts Einzelnes und Abgesondertes kann dafür verantwortlich gemacht werden.[86] Diese Auffassung läßt eins unberücksichtigt, was unsere Untersuchungen herausstellten: Motivation ist ein *Sinnzusammenhang*, in den nicht *beliebige* Erlebnisse miteinander eintreten können. Auf Grund eines bestimmten Motivs mögen verschiedene Handlungen denkbar sein, aber ein Umkreis von Möglichkeiten wird dadurch abgegrenzt, die für jedes Individuum – unan- 86
gesehen der sonstigen Umstände – allein in Betracht kommen. Und eine ganz bestimmte Motivationslage kann evtl. ein ganz bestimmtes Verhalten

[84] ⟨Bergson, Henri,⟩ *Les données immédiates de la conscience*, ⟨vgl. Anm. 39; deutsch *Zeit und Freiheit*, S. 144 ff.⟩ S. 140 ff.

[85] ⟨Vgl. *PE*, S. 14 ff.⟩

[86] ⟨Bergson, Henri, *Les données*,⟩ a. a. O., S. 131 ff. ⟨deutsch: S. 134 ff.⟩

ihrem Sinne nach eindeutig fordern. Dann ist es aber auch möglich, auf Grund bekannter Motive vorherzusagen – zwar nicht, welche Handlung notwendig eintreten *muß*, wohl aber welche Handlungen eintreten *können*, nicht als leere logische und auch nicht als bloß empirische, sondern als *Wesens*möglichkeiten; bzw. welche bestimmte Handlung sinngemäß gefordert ist. (Umgekehrt ist für eine Handlung nicht das gesamte frühere Leben *unterschiedslos* verantwortlich zu machen, sondern es kommen nur ganz bestimmte Erlebnisse als Motive in Betracht; und auf Grund des Sinnesgehalts einer Handlung läßt sich evtl. feststellen, daß Motive vorhanden sein müssen, deren sich das Subjekt selbst gar nicht bewußt ist.)

Die Sinnzusammenhänge des Psychischen ermöglichen also in gewisser Hinsicht eine Vorwegnahme des künftigen Geschehens. Wenn ich weiß, daß eine Person in eine bestimmte Situation kommen wird, so kann ich mir die Verhaltungsweisen vergegenwärtigen, die dieser Situation gegenüber möglich sind. Und da auch eine gewisse Kenntnis davon möglich ist, welche Kraftanspannung für solche Verhaltungsweisen erforderlich ist, so vermittelt die durch die Motivationszusammenhänge ermöglichte „Erwartung" zugleich eine – wenn auch sehr ungefähre – Kenntnis der Schwankungen der Lebenskraft, die durch das erwartete Geschehen bedingt werden. Um *bestimmtere* Aussagen über das künftige motivierte Erleben machen zu können, muß man neben der *äußeren* allerdings auch die *innere* Situation der betreffenden Person kennen, d.h. wiederum ihr ganzes abgelaufenes Leben, nur diesmal nicht auf seine *kausale* Beschaffenheit hin, sondern seinem *Sinnesbestande* nach. Denn was und in welcher Hinsicht etwas für eine Person Motiv werden kann, das hängt davon ab, in welche Sinnzusammenhänge es sich einfügen kann, d.h. welche es bereits vorfindet. Während aber für die kausale Beschaffenheit des psychischen Geschehens das unverkürzte Durchleben Vorbedingung einer genauen Kenntnis ist, besteht für die Motivzusammenhänge des Erlebens nicht die Notwendigkeit, ihren konkreten, individuellen Verlauf durchzumachen. Prinzipiell lassen sich alle in Betracht kommenden Motive mit *einem* geistigen Blick umspannen und in einem Moment überschauen. Es ist also ein „allwissender" Geist denkbar, der alles künftige Leben, soweit es sinnvoll gefordert oder möglich ist, voraussieht.
87 Und es ist für *endliche* Geister auf Grund ihres beschränkten Wissens eine beschränkte Voraussicht möglich.

Ergänzend bedarf es für dieses Vorhersehen einer Kenntnis des *Persönlichkeitskerns* des betreffenden Individuums. Denn das geistige Leben eines Individuums ist durch die Eigentümlichkeit dieses Kerns mitbestimmt derart, daß es von ihr abhängt, was für dieses Individuum als Motiv in Betracht kommt. Welcher Art die Erkenntnis des Persönlichkeitskerns selbst ist, wie weit sie eine Kenntnis des geistigen Lebens schon voraussetzt, das bedarf einer besonderen Untersuchung. Jedenfalls ist diese Erkenntnis der Kenntnis des geistigen Lebens gegenüber etwas Neues und Eigenartiges und in ihr noch nicht inbegriffen. Und es läßt sich zeigen – wenn es auch im Rahmen dieser Arbeit nicht möglich ist –, daß keinesfalls der *Gesamtverlauf* des geistigen Lebens bekannt sein muß, damit man den Persönlichkeitskern erkennen könne. So ist denn auch diese Bedingung der Vorausbestimmung des Psychischen keine unerfüllbare.

Wir haben schließlich, wo es sich um das Voraussehen „freier" Akte handelt, noch den *Willensvorsatz* als einen eigenen Faktor zu berücksichtigen. Auch hier können wir wieder an *Bergson* anknüpfen. Für ihn gibt es keine Wahl zwischen vorschwebenden Motiven, bei der die Entscheidung auch anders ausfallen könnte, als es tatsächlich geschieht, sondern die freie Handlung ist für ihn die aus den Tiefen des Ich – d.h. der verschmolzenen Einheit des Gesamtlebensstroms – ohne angebbare Motive hervorbrechende. Diese wahrhaft freie Handlung ist zugleich streng notwendig, da der Gesamtverlauf des psychischen Geschehens keine andere Möglichkeit offen läßt. Nun besteht darüber gar kein Zweifel, daß es Erlebnisse der Art, wie sie hier geschildert wurden[87], gibt. Aber die Handlung, die sich wie eine reife Frucht aus den Tiefen des Ich loslöst, stellt nur *einen Typus* der Willenshandlung dar: die aus der lebendigen Willens*stellungnahme* unmittelbar entspringende. Das „Reifwerden" bedeutet, daß sich auf „natürliche" Weise, d.h. aus der inneren Lebenskraft und aus den von den evtl. sehr mannigfachen Motiven zuströmenden Triebkräften, allmählich die Kraft angesammelt hat, die erforderlich war, um die betreffende Handlung in Gang zu bringen. Das Unvorhersehbare, das den letzten Ausschlag gibt, ist ein *kausales* Moment. Neben diesem Typus aber haben wir einen anderen kennengelernt: den Fall, in dem mir die Realisierung eines Sachverhalts als durch bewußte Motive gefordert vor Augen steht, ohne daß ich sie (im Sinne der Stellungnahme) 88
wollen kann, ohne daß mir aus den natürlichen Quellen die nötige Triebkraft zuströmt. Hier sehen wir es ganz klar, daß das Ich vor dem Beginn der Handlung wie an einem Scheidewege steht und daß es sich die erforderlichen Kräfte, die ihm nicht „von selbst" zu Gebote stehen, gleichsam erzwingt. Und wir haben ferner gesehen, daß auch in dem Falle, in dem die Handlung scheinbar mit der Notwendigkeit eines Naturgeschehens erfolgt, das „freie" Ich nur „den Dingen ihren Lauf läßt", daß es aber dem Geschehen ebensogut Halt gebieten könnte. Das wäre freilich sinnlos, wenn das Ich – wie Bergson meint – mit dem Gesamtlebensstrom zusammenfiele. Doch eben diese Thesis ist abzulehnen. Das wollende Ich, das wir im Auge haben, das Subjekt des Vorsatzes, das ist das *reine Ich*, das Bergson als eine bloße Konstruktion des Verstandes ansieht. Ihm *gehören* alle vergangenen Erlebnisse wie das gegenwärtige zu, aber es *erwächst* nicht daraus. Und die Kräfte,

---

[87] ⟨Vgl. Anm. 39, Bergson, *Zeit und Freiheit*, S. 138 ff.⟩

die es in seinen freien Akten aus sich heraus entfaltet, strömen nicht aus seinem vergangenen Leben in das gegenwärtige hinein. Eben darum sind diese Kräfte auch völlig unvorhersehbar. Wie eine Willensentscheidung ausfallen wird, das läßt sich weder auf Grund eines vollkommenen Überblicks über die Motivationsgrundlagen noch aus der Kenntnis der vorhandenen Lebenskraft heraus vorhersagen.[88]

Noch zu prüfen ist die Frage, wie die „Willenskraft" zum Persönlichkeitskern steht und ob vielleicht auf Grund der Kenntnis des Persönlichkeitskerns vorherzusehen ist, welche Kräfte ein Vorsatz zu entfalten vermag. Offenbar ist unter dem Titel „Willenskraft" Verschiedenes zu verstehen. Wenn man einem Menschen „Energie" als persönliche Eigenschaft nachrühmt, so meint man in der Regel, daß er praktischen Aufgaben gegenüber ohne Hemmungen Stellung nimmt, daß ihm die natürlichen Triebkräfte zum Handeln reichlich zu Gebote stehen. *Diese* Willenskraft kann uns für unsere Frage wenig nützen. Es kann aber auch unter Willenskraft die „Fähigkeit" verstanden werden, allen inneren Hemmungen zum Trotz das durchzusetzen, was einem als praktisch erforderlich, als zu realisierender Sachverhalt vor Augen
89 steht. Wir sprechen diese Fähigkeit dem einen in höherem, dem anderen in geringerem Grade zu und wagen wohl auch daraufhin ein Urteil darüber, ob es zu einer bestimmten Handlung kommen wird oder nicht. In Wahrheit handelt es sich aber hier gar nicht um eine Fähigkeit, die ein irgendwie abschätzbares Quantum darstellt wie die „natürliche" Willenskraft und die Lebenskraft, der sie entstammt, eine Fähigkeit, die sich „entwickeln" kann und je nach den Anforderungen, die an sie gestellt werden, zu- oder abnimmt. Doch es handelt sich ebensowenig um eine bleibende Eigentümlichkeit – wie wir sie im Persönlichkeitskern haben –, die als Grundlage für vernünftige Erwartungen dienen kann. Es liegt hier ein im Wesen des Vorsatzes gründendes *Können* vor, das von der Beschaffenheit der einzelnen Person gänzlich unabhängig und darum nicht aus ihr herzuleiten ist. Ein Können, dessen wir uns bewußt werden, wo wir einer Aufgabe gegenüberstehen, und das durchaus verträglich ist mit einem Gefühl der Ohnmacht, das uns ein Versagen der natürlichen Willenskraft bekundet. Ja gerade in solchen Fällen tritt es in Reinheit hervor, unverdeckt durch *das* Könnensbewußtsein, das Bekundung der natürlichen Willenskraft ist. Wir sehen das „willentliche Wollen" bei einer Person häufiger hervortreten als bei einer andern. Aber die Vermutungen, die wir auf Grund solcher Erfahrungen für künftige Fälle aufstellen, verdienen wenig Vertrauen. Der aus sich selbst her-

[88] Einen Widerspruch zur göttlichen Allwissenheit enthält diese Feststellung *nicht*. Ein *allmächtiger* Geist, von dem Leben und Tun der endlichen Geister abhängt (endlich nicht als *zeitliche* Begrenzung verstanden), würde auch *die* Regungen jedes einzelnen kennen, die sich aus seiner Eigenart und seiner Geschichte nicht herleiten lassen.

aus ins Leben tretende Vorsatz ist stets eine Durchbrechung des natürlichen psychischen Lebens und damit zugleich des Gangs der Erfahrung. Wir müssen stets darauf gefaßt sein, daß er an einer Stelle hervorbricht, wo wir ihn am wenigsten erwarten, und alle unsere „Menschenkenntnis“ und „Berechnung“ über den Haufen wirft.

Fassen wir alles zusammen, was sich uns über die Möglichkeit einer Bestimmung des künftigen psychischen Geschehens ergeben hat, so finden wir: Die Kenntnis des Persönlichkeitskerns eines Individuums und der Motivationslage, in der es sich in einem bestimmten Zeitpunkt befinden wird, gestattet uns eine *einsichtige* Voraussage der Verhaltungsweisen, die in diesem *Augen*blick *möglich* sein werden, evtl. eines ganz bestimmten Verhaltens, das durch die Gesamtheit der inneren und äußeren Umstände sinngemäß *gefordert* ist.

Ob die *Lebenskraft* des Individuums für dieses geforderte Verhalten ausreichen wird, darüber können wir auf Grund unserer erfahrungsmäßigen Kenntnis der Lebenskraft und einer durch die Sinnzusammenhänge des Psy- 90
chischen ermöglichten Erwartung des künftigen Geschehens nur gewisse *vage und allgemeine Vermutungen* aufstellen.

Und wo es eine künftige *Handlung* vorherzusagen gilt, da besteht immer die Möglichkeit, daß ein völlig unvorhersehbarer *Willensvorsatz* aller aufgestellten Vermutungen spottet.

Eine besondere Spielart des Determinismus bedarf noch der Erwähnung: die Auffassung, die in den *Assoziationsprinzipien* die Kausalgesetze des Psychischen sieht und den jeweiligen psychischen Zustand durch sie vollständig bestimmt und bestimmbar glaubt. Die Unhaltbarkeit dieses Standpunktes leuchtet zwar nach allen vorausgehenden Erörterungen ohne weiteres ein, es dürfte aber gut sein, sie noch ausdrücklich darzutun.

Zunächst gilt es, sich über den eigentlichen Sinn des Assoziationsproblems Klarheit zu verschaffen. In der üblichen Behandlung gehen meist zwei sehr verschiedenartige Fragen durcheinander: 1. Wie kommt es, daß überhaupt ein Erlebnis auf das andere *folgt*, wie ist das stete *Fortschreiten* von einem zum andern zu verstehen? 2. Wie kommt es, daß auf ein Erlebnis A gerade das Erlebnis B folgt und kein anderes? Gibt es Gesetze, die die Abfolge der Erlebnisse ihrem inhaltlichen Bestande nach regeln?[89] Eine Antwort auf diese zweite Frage versuchen die bekannten Assoziationsprinzipien, die seit *Hume* die Psychologie beschäftigen.[90]

---

[89] Die Notwendigkeit der Scheidung dieser Fragen betont die Abhandlung von W.⟨alter⟩ Popp, *Kritische Entwicklung des Associationsproblems* ⟨. *Mit einer Einleitung: Die Psychologie und das Denken; zugleich ein Beitrag zur Methode der Psychologie*; Gesamttitel: *Kritische Bemerkungen zur Associationstheorie*⟩, Leipzig 1913.

[90] ⟨Vgl. Anm. 6.⟩

Was die erste Frage angeht, so haben wir gesehen, daß es im Wesen des Bewußtseins bzw. des psychischen Lebens liegt, ein stetes Fließen oder Fortschreiten zu sein und daß dieser ursprüngliche Fluß konstitutiv ist für die dauernden Erlebniseinheiten, bei denen die Rede von einer „Verknüpfung" überhaupt erst einen Sinn bekommt. Damit ergibt sich, daß es nicht angeht, die Assoziationsgesetze für das Bewußtseinsleben als solches verantwortlich zu machen und es durch sie bestimmt zu denken. Nicht daß überhaupt ein Erlebnis auftritt, sondern daß ein Erlebnis von bestimmtem inhaltlichen Bestand sich einstellt, ist evtl. aus den Assoziationsprinzipien zu erklären. Wir werden also auf die zweite Frage zurückgeführt.

Aber auch hier wird der Anwendungsbereich der Assoziationsgesetze noch erheblich eingeschränkt werden müssen. Betrachten wir die Erlebnisse
91 auf ihre Vollzugs- und Gegebenheitsweise hin, so bemerken wir innerhalb ihrer einen Grundunterschied: Sie lassen sich – unangesehen ihrer materialen Besonderheit – einteilen in *ursprünglich* und *reproduktiv* erlebte.

Im Bereich der *Sinnlichkeit* – in einem allerweitesten Sinne, in dem sie nicht bloß die puren Empfindungsdaten, sondern auch alle auf einen sinnlichen „Stoff" aufgebauten *Akte*, wie Wahrnehmungen, Gefühle und Wollungen einschließt – deckt sich dieser Gegensatz mit dem Unterschied von *Impressionen* und *Ideen* im Sinne *Humes* und dem von *Originarität* und *Nichtoriginarität* in der Sprache von Husserls *Ideen*[91]. So entspricht z. B. der Wahrnehmung, die einen Gegenstand in leibhaftiger Selbstgegenwart vor sich hat, die Erinnerung oder Phantasie, die ihren Gegenstand nur vergegenwärtigt;[92] der ursprünglich erlebten Freude, die mich erfüllt, entspricht der einfühlende Vollzug, indem ich mir eine fremde Freude nachverstehend zur Gegebenheit bringe.[93] Dabei ist zu bemerken, daß alle Erlebnisse – was das *„Erleben"* angeht – gleich originär sind und daß der Unterschied nur ein Unterschied der *Gehalte*[94] ist, und ferner ein Unterschied in der Gegebenheitsweise der *Gegenstände*. Dem scheint die Tatsache zu widersprechen, daß ich mir ja auch *Erlebnisse* vergegenwärtigen kann, und zwar nicht nur ihre Gehalte, sondern auch das Erleben selbst: Ich kann mich z. B. eines früheren Wahrnehmungsaktes erinnern. In Wahrheit ist

[91] ⟨*Ideen* I, §§ 70, 78, 137, 153.⟩

[92] Der impressionale Charakter der Wahrnehmung ist allerdings cum grano salis ⟨lat. „mit einem Körnchen Salz", d. h. mit kritischer Vorsicht⟩ zu verstehen. Die Wahrnehmung ist ein komplexes Erlebnis. Sie schließt notwendig impressionale Elemente in sich, deren impressionaler Charakter sich dem ganzen Wahrnehmungserlebnis mitteilt. Sie birgt außerdem aber auch reproduktive Bestandteile in sich: Man denke etwa an die bildhaft oder leer vorgestellte Rückseite eines gesehenen Dinges.

[93] ⟨Das Beispiel der Freude führt Stein ebenfalls an in *PE*, S. 122, *PA*, S. 170 und besonders in *Endliches und ewiges Sein. Versuch eines Aufstiegs zum Sinn des Seins*, ESGA 11/12, Freiburg i. Brsg. 2006 (kurz *EES*), S. 63 ff.⟩

[94] Über den Unterschied von Erleben und Erlebnisgehalt vgl. S. 19 ff.

aber dieser Akt, sofern er nichtoriginär ist, nicht ein Erleben in seinem Vollzug, sondern *Gegenstand* eines rückschauenden Blickes, der seinerseits ursprüngliches Erleben ist. Sobald ich aber dazu übergehe, in der Erinnerung das frühere Wahrnehmungserlebnis nachzuvollziehen, ist dieser Vollzug mein gegenwärtiges originäres Erleben und nur sein Gehalt bzw. sein Gegenstand – der Gegenstand der früheren Wahrnehmung – ist ein nichtoriginärer.

Betrachten wir im Gegensatz zu den sinnlichen Akten und Gegenständen die *kategorialen*, d. h. das *Denken* und seine *Korrelate*, so sehen wir, daß hier der Gegensatz von „Impression" und „Idee" keinen Sinn hat. Ich kann mir 92
einen Lehrsatz nicht vergegenwärtigen wie einen Baum oder ein Haus oder auch wie das Gefühl der Freude. Aber es gibt auch hier den Gegensatz von Ursprünglichkeit und Nicht-Ursprünglichkeit, nämlich im Sinne des *erstmaligen* und des *wiederholten* Vollzugs, wobei der wiederholte Vollzug auch eine Impression ist. Der *ursprüngliche* Vollzug ist derjenige, kraft dessen mir eine Einsicht zum ersten Male aufleuchtet, ein kategorialer Gegenstand zur Gegebenheit kommt. Dem steht als *Reproduktion* gegenüber die Wiederholung, in der ich mir z. B. einen Satz, den ich schon einmal eingesehen habe, aufs neue klarmache. Er steht mir dann ebenso in leibhafter Selbstgegenwart vor Augen wie bei der ersten Einsicht. Davon ist zu unterscheiden der „Rückblick", den man auf eine vollzogene Denktätigkeit oder auf ihr Korrelat werfen kann, z. B. wenn man im Zusammenhang eines Beweises einen bekannten Satz verwendet, ohne ihn sich aufs neue zur Einsicht zu bringen. Auch hier haben wir keine „Idee" der Denktätigkeit, die uns die ursprüngliche Einsicht vermittelte, sondern wir fassen das, worauf wir gerichtet sind, direkt und selbst, obwohl wir den Akt nicht in seinem ursprünglichen Vollzugsmodus und den Gegenstand nicht in seiner ursprünglichen Gegebenheitsweise haben; wir schauen sie nicht in einer Vergegenwärtigung, sie sind uns überhaupt *nicht anschaulich*. Wir hantieren *blind* damit, und man wird statt von einem Rückblick besser von einem Zurück*greifen* darauf sprechen.

Sofern sinnliche Erlebnisse ein geistiges Tun einschließen, lassen sie außer der Vergegenwärtigung, die bei ihnen allein möglich ist, dieselben Abwandlungen zu wie die kategorialen Akte. Eine Wahrnehmung z. B. kann *wiederholt* werden, und die Vergegenwärtigung einer Wahrnehmung bzw. eines wahrgenommenen Dinges schließt eine Wiederholung ein: D. h. der vergegenwärtigende Vollzug ist eine Wiederholung des ursprünglichen, nur mit nicht-originärem statt mit originärem Gehalt; ferner kann auf Wahrnehmungen *zurückgegriffen* werden, ohne daß ihr Gegenstand in einem vergegenwärtigenden Vollzug wieder angeschaut wird.

Andererseits lassen die spezifischen *Tätigkeiten*, wenn sie keine rein geistigen Akte sind wie die kategorialen, sondern ein Verhalten des *Leibes* ein-

schließen, außer der Möglichkeit des Wiederholens und Daraufzurückgreifens auch eine *Vergegenwärtigung* zu. Ich kann einen Spaziergang nicht nur
93 wiederholen oder auf ihn als ein vergangenes Ereignis zurückgreifen, ich kann ihn auch in der Erinnerung oder Phantasie vergegenwärtigen.[95]

Wir haben also eine *vierfache Seinsweise* von Erlebnissen kennengelernt: den *ursprünglichen*, den *vergegenwärtigenden* und den *wiederholten Vollzug* und das *Gegenständlichwerden* für einen zurückgreifenden Akt. Unter den ursprünglichen Erlebnissen gibt es nun solche, die als ein *erster Anfang* im Strom auftauchen (etwa ein auftretendes Sinnesdatum), und andere, deren Auftreten durch bereits vorhandene *motiviert* ist. Die „ersten Anfänge" sind aus dem Strom des vorangegangenen Erlebens offenbar nicht ableitbar. Im übrigen ist der Ablauf der ursprünglichen Erlebnisse ihrem inhaltlichen Bestande nach durch die Motivationsgesetze geregelt, wofern es sich nicht um ein rein kausal bedingtes Erlebnis handelt (wie bei den Trieben). Von einer *assoziativen* Regelung kann hier gar keine Rede sein, diese kommt offenbar nur im Gebiet des *reproduktiven Erlebens* in Betracht.[96]

Wir haben von Assoziation an früherer Stelle zunächst in dem Sinne gesprochen, daß gleichzeitig oder nacheinander ablaufende ursprüngliche Erlebnisse zu einer Einheit verwachsen.[97] Zur Erklärung des Auftretens von Erlebnissen können solche assoziative Einheiten nur in der reproduktiven Sphäre dienen. Etwas erinnert mich an ein anderes – das ist das Ausgangsphänomen für alle Assoziationsforschung –, weil beides ursprünglich zusammen erlebt war. Die Tatsache der Erinnerung und Reproduktion selbst – daß das Erleben nicht spurlos verschwindet, sondern fortbesteht und wieder wach werden kann – ist durch Assoziation nicht zu erklären, sondern bildet ihre Voraussetzung. Der gesamte Strom der konstituierten Erlebnisse bildet eine Einheit und liegt – von den mehr oder minder großen „Erinne-
94 rungslücken" abgesehen – jederzeit bereit für die erinnernde Zuwendung und Vergegenwärtigung. Aber nicht der ganze Strom, sondern nur einzelne Bruchstücke davon werden jeweils wieder „ergriffen" oder wachgerufen und die Auslese, die hier stattfindet, verlangt nach einer Erklärung. Die bekannten Assoziationsgesetze sind offenbar solche Auswahlprinzipien. Um was für

[95] Unsere Unterscheidung von 2 Typen der Reproduktion berührt sich mit Bergsons Theorie von den beiden Gedächtnistypen: dem Gedächtnis der Bilder und dem motorischen Gedächtnis (im 2. und 3. Kap. von *Matière et mémoire* ⟨vgl. Anm. 17, Kap. II: Vom Wiedererkennen der Bilder – Das Gedächtnis und das Gehirn; Kap. III: Vom Überdauern der Bilder – Das Gedächtnis und der Geist, S. 69–184⟩). Doch bei ihm tritt an Stelle des – evtl. rein geistigen – *Tuns* die Bewegung des Leibes, und die Abgrenzung, die wir vorläufig nur im reinen Bewußtsein aufwiesen, ist ein Stück seiner Theorie über das Verhältnis von Geist und Materie.

[96] S. o. S. 16 f., 39 f., 85 f.

[97] Der Bereich der Assoziation erstreckt sich natürlich auch auf die reproduktiven Elemente der Wahrnehmung, von denen wir sprachen (vgl. S. 85 f., Anm ⟨86⟩).

eine „Gesetzlichkeit" handelt es sich dabei? Offenbar sind die Assoziationsgesetze keine Kausalregeln. Man hat zwar immer gern von dem Assoziations*mechanismus* gesprochen, aber man darf sich durch den Doppelsinn des Terminus „mechanisch" nicht dazu verleiten lassen, an eine Regelung des Erlebnisverlaufs im Sinne der physikalischen Mechanik zu denken. Von einem „mechanischen Charakter" der assoziativen Verläufe kann man insofern sprechen, als sie sich z. T. vor unseren Augen „abrollen" wie ein äußeres Geschehen. Wundt spricht von einem „Passivitätsgefühl", das alles assoziative Erleben begleitet.[98] Ob der Ausdruck „Gefühl" hier am Platze ist, das wollen wir jetzt nicht erörtern. Jedenfalls ist richtig hervorgehoben, daß unsere Aktivität (im Sinne des willentlichen geistigen Tuns) ausgeschaltet ist, solange wir uns dem freien Spiel der Assoziationen überlassen. Aber es ist kein kausales Geschehen, das sich dabei vor uns abspielt. Wir müssen zunächst fragen, *wozwischen* denn hier eine kausale Verknüpfung bestehen sollte. Zum Tatbestand des rein assoziativen Verlaufes gehört es, daß während seiner Dauer das geistige Blickfeld von reproduktiven Gehalten erfüllt ist. „Geistiges Blickfeld" und „reproduktive Gehalte" – damit stoßen wir wieder auf die Scheidung, die wir innerhalb des Erlebnisses vorgefunden haben: Von Erleben und Erlebnis*gehalt*, schließlich (wo es sich um *intentionale* Erlebnisse handelt) vom Erlebnis*korrelat*. Der „geistige Blick": das ist das Erleben, genauer das *Haben* von Gehalten bzw. Korrelaten. Und er ruht nacheinander auf den Gehalten, die einander ablösen: *Sie* scheinen es zu sein, die ursprünglich miteinander verknüpft sind. Erinnerungs„bilder" tauchen vor mir auf, d.h. anschauliche Gegenstände, dazwischen Leervorstellungen (Objekte, die mir gegenwärtig sind, ohne anschaulich zu werden), Gedankenkomplexe in Worte gekleidet, gelegentlich auch Phrasen, deren Sinn mir nicht zum Bewußtsein kommt. *Wundt* hat sich scharf gegen die alte Assoziationspsychologie gewandt[99], die die Vorstellungen (ideas ⟨engl. „Ideen"⟩) als „feststehende ⟨Wundt: fest gegebene⟩ und relativ beharrende Gebilde" behandelt, die auftreten und abtreten und feste Verbindun- 95
gen miteinander eingehen. Und gewiß hat diese Kritik ihr gutes Recht. Immerhin ist auch in jener alten verpönten Lehre ein Körnchen Wahrheit enthalten. Freilich ist das „Bewußtsein" kein Kasten, in dem die „Ideen" wie Bauklötzchen aufgeschichtet werden, und keine Perlenschnur, an der sie aufgereiht sind. Die „Seele" empfängt keine Abdrücke der Gegenstände,

[98] ⟨Wundt, Wilhelm, (1832–1929, dt. Physiologe, Philosoph, Psychologe; Begründer der Psychologie als eigenständiger Wissenschaft), Grundzüge der⟩ *phys.*⟨*iologischen*⟩ *Psychol.*⟨*ogie. Drei Bände, (Orig. Leipzig 1874)*⟩ III, 5. ⟨völlig umgearbeitete⟩ Aufl. ⟨Leipzig 1903, Kap. 19: Psychische Verbindungen. I. Allgemeine Übersicht der Formen psychischer Verbindung"⟩, S. 564.

[99] Ebd., ⟨Wundt, *Physiologische Psychologie,*⟩ S. 518f. ⟨Er nennt hier nur allgemein die „großen englischen Psychologen des 18. Jahrhunderts".⟩

die sie aufspeichert und die unverändert wieder hervorgeholt werden könnten, – und dennoch gibt es ein Aufspeichern und Hervorholen, es ist nur nie genügend analysiert worden. Wir haben zunächst den in seiner Vieldeutigkeit unbrauchbaren Terminus „Vorstellung" oder „Idee" beiseite gelassen und statt dessen das „Erlebnis" als die von uns aufgewiesene und geklärte Einheit allen Zusammenhängen zugrunde gelegt. Inwiefern können wir nun bei den Erlebnissen von einer Konstanz, von einem Beharren und von beharrlichen Verbindungen sprechen? Es stellte sich uns so dar, als bestünde eine Verknüpfung zwischen den Erlebnisgehalten bzw. -Korrelaten unabhängig von ihrem Erlebtwerden. Das ist insofern richtig, als reproduktive Gehalte und Korrelate in reproduktiver Erscheinungsweise auftreten können, ohne daß das Erleben, in dem man sie sich ursprünglich zu eigen gemacht hatte, „wiederholt" würde. Es ist unrichtig, sofern die Gehalte und Korrelate (wenn es sich um „Berührungs-Assoziation" in dem früher festgelegten Sinne handelt[100]) nur durch das ursprüngliche Erleben zu eigen gemacht und verbunden sind, und sofern jederzeit ein Übergang von dem „Abrollenlassen" zum wiederholten Vollzug des Erlebens möglich ist, der als ein freies geistiges Tun angesehen werden muß: Man kann zwar „von selbst" hineingeraten, man kann ihn aber auch willentlich einleiten und unterbinden.

Zwei weitere Fragen drängen sich uns nun zunächst auf: 1. Welcher Art ist die Konstanz der Gehalte (wobei wir unter „Gehalten" jetzt alle Korrelate – die Gegenstände *als* erlebte, die „Noemata" aller Stufen – mit verstehen wollen) und was ist es von ihnen, das „beharrt"? 2. Gibt es außer der Verknüpfung durch Berührungs-Assoziation, der „äußeren", wie sie von verschiedenen Autoren genannt wird, noch andere Verknüpfungen zwischen den Gehalten und wie sind sie zu verstehen?

Wenden wir uns der ersten Frage zu, so ist allen, die sich gegen eine Verdinglichung der Erlebnisse wenden – ich denke in erster Linie an *Bergson* – zuzugeben, daß die Erlebnisgehalte ebensowenig wie das Erleben unver-
96 ändert beharren. Der Gegenstand, der ursprünglich in voller leibhaftiger Anschaulichkeit vor uns stand, taucht nur teilweise anschaulich, dunkel, verhüllt oder auch ganz leer wieder vor uns auf. Und doch ist es „er", der „wiederkehrt". Wir haben uns ihn mit seinem Sinnesbestand, der uns aufging, als er in leibhafter Selbstgegenwart vor uns stand, der uns evtl. aber auch ohne *eigenes* ursprüngliches Erleben übermittelt werden kann, sozusagen *geistig einverleibt*, und er führt nun in uns sein Leben fort. Was heißt dieses „in uns"? Wir dürfen uns durch das räumliche Bild nicht verführen lassen, uns irgendein Analogon von Räumlichkeit darunter zu denken. Der Gegenstand wandert nicht in mich hinein, und auch nicht etwas von ihm. Er

[100] ⟨S. 15ff.⟩

bleibt stets an seinem Ort und außer mir. Aber wenn und soweit ich ihn kennengelernt habe, so gehört er mir, meiner Welt an, und ich brauche nicht mehr aus mir herauszugehen, um ihm zu begegnen. Daß er in mir *lebt*, das besagt, daß sein Sinnesbestand sich verändert, während ich ihn zu eigen habe. Er kann sich fortschreitend bereichern, neue Elemente in sich aufnehmen, es können aber auch Elemente, die ihm angehören, „verblassen" usw. Zu diesem Fortleben gehört, daß der Gegenstand ständig irgendwie festgehalten wird, auch wenn der geistige Blick nicht mehr auf ihm ruht und *das* Erleben, in dem er angeeignet wurde, vorbei ist – irgendeine Form des Erlebens gehört jedem Gehalt zu.

Das gilt auch für die „ichlichen" Gehalte, die wir in dieser Betrachtung bisher noch gar nicht berücksichtigt haben. Allerdings liegen hier die Verhältnisse wesentlich anders als bei allem „Ichfremden". Wenn z.B. die Zuneigung, die ich zu einem Menschen gefaßt habe, in mir fortlebt und dabei allerlei Wandlungen durchmacht, so ist es sie selbst, der lebendige Erlebnisgehalt, der fortbesteht, ohne zu erlöschen; es ist nicht bloß der gemeinte Sinnesbestand, der als mein „geistiger Besitz" von dem ursprünglichen Erlebnis übriggeblieben ist und wieder vor mir auftauchen kann. Dies – daß von einem erloschenen Gefühl der bloße (gegenständlich gewordene oder gegenständlich zu machende) Sinnesgehalt zurückbleibt – ist eine zweite Möglichkeit; auch dabei kann der Sinnesbestand sich im Laufe der Zeit ändern (ich kann nach und nach „tiefer eindringen" in das, was ich erlebt habe). Im ersten Fall besteht das konkrete Erlebnis fort – nur in den Hintergrund gedrängt durch andere aktuelle Erlebnisse – und nimmt den ursprünglichen Modus des Erlebens wieder an, wenn ich mich ihm auf neue hingebe. Kann diese Hingabe nun auf assoziativem Wege herbeigeführt werden? Wenn das *Objekt* meiner Zuneigung meinem geistigen Blick ent- 97
schwunden war und nur vermöge einer Assoziation wieder vor mir auftaucht, so wird sich die Zuneigung in Aktualität erneuen; das *Motiv* der Zuneigung ist dann der Assoziation zu danken. Die Zuneigung selbst aber ist neu motiviert, sie ist nicht assoziativ bedingt, wie sie ja auch keine Reproduktion ist. Gefühlsreproduktion im Sinne einer reproduktiven Erneuerung des Gefühlsgehalts in seiner ursprünglichen Erlebnisstellung gibt es überhaupt nicht. Es gibt wohl ein Nachvollziehen des ursprünglichen Erlebens, das aber – sofern es nicht ein „Wiederwachwerden" mit originärem Gehalt ist – keinen reproduktiven, sondern nur einen Leergehalt hat.[101] Ist damit schon gesagt, daß es überhaupt keine assoziative Erneuerung eines Gefühls gibt und daß Gefühle überhaupt nicht in assoziative Zusammenhänge eingehen? Dagegen scheinen die Fälle zu sprechen, in denen man sich – anscheinend völlig unmotiviert – in eine Stimmung versetzt fühlt und bei

[101] Vgl. II. Abhandlung ⟨*IG*⟩, S. 135f.

der Suche nach einer Erklärung schließlich auf irgendeinen „Eindruck" stößt, der mit einer „Situation" verknüpft ist, in der man einmal von jener Stimmung erfüllt war. Andererseits Fälle, in denen längst vergangene Situationen einem plötzlich wieder in den Sinn kommen im Anschluß an eine Stimmung, die einen gerade erfüllt und die jener Situation entspricht. Zunächst ist zu bemerken, daß es sich in solchen Fällen meist eben um *Stimmungen* handelt, um Gefühls*töne*, nicht aber um intentionale Gefühle. Intentionale Gefühle treten immer nur auf ein Motiv hin auf, wenn auch ihr Gehalt an etwas anderes erinnern oder etwas anderes an diesen Gehalt erinnern mag. Was aber ist es, das an ein anderes erinnert oder durch ein anderes herbeigerufen wird? Das ist der entscheidende Punkt: Auch bei den Stimmungen scheint es mir nicht der *gefühlte* Gehalt, sondern der – gegenständlich gefaßte – Sinnesgehalt zu sein, der in den assoziativen Zusammenhang eingeht. Wir sehen uns damit auf die zweite Form des Beharrens und Wiederkehrens von Gefühlen verwiesen, die wir vorhin erwähnten: das Zurückbehalten ihres Sinnesbestandes, nachdem sie erloschen sind. Das erloschene Gefühl gehört uns nicht mehr anders an als ein Ichfremdes, das wir uns zu eigen gemacht haben. Es ist ein Teil unseres geistigen Besitzstandes wie ein äußeres Objekt. Allerdings kann es uns nicht – wie ein äußeres Objekt – in reproduktiver Anschaulichkeit vor Augen treten, sondern bleibt
98 auch als vergegenständlichtes, wenn es wieder vor den geistigen Blick tritt, stets „leer".[102] – Aufzuklären bleibt noch, wie es von dem Wiederauftauchen eines Stimmungsgehalts zum Wiederaufleben der Stimmung kommt, wie es doch vorliegt, wenn man in eine frühere Stimmung „zurückversetzt" wird. Es scheint mir, daß man hier den „ansteckenden" Charakter von Gefühls- und Stimmungsgehalten in Betracht ziehen muß (von dem in der zweiten Abhandlung noch ausführlich die Rede sein wird).[103] Der Gefühlsgehalt, der uns zunächst ichfremd gegenübersteht, kann immer auf uns übergehen, sich auf uns übertragen und so – sekundär – zum aktuell und in der dem Gefühlsmäßigen gebührenden Form erlebten werden. Diese „Ansteckung" ist aber ein neuer Prozeß, der zu dem assoziativen Verlauf hinzutritt und der *gefühlte* Gehalt reiht sich dadurch nicht dem assoziativen Zusammenhang ein.

Demnach haben wir als das „Beharrende", was uns von erloschenen Erlebnissen bleibt und wieder vor den geistigen Blick treten kann, auch wenn das vergangene Erleben nicht wieder vollzogen wird, zugleich als das, was auch losgelöst von dem Zusammenhang des ursprünglichen Erlebens in assozia-

---

[102] Diese „Leerheit" der Vergegenwärtigung ist durchaus vereinbar mit der *Anschaulichkeit* des *Sinnes*gehalts, bei der es, wie bei aller *eidetischen* Anschauung, den Unterschied von „Impression" und „Idee" gar nicht gibt.

[103] Vgl. II. Abhandlung ⟨*IG*,⟩ I, §3 c ⟨S. 145ff.⟩, II, §2 e ⟨S. 180ff.⟩.

tive eingeht, den *Sinnesbestand der Erlebnisgehalte* anzusehen. Was in einen Erlebniskomplex eingegangen ist und als Sinnesbestand dieses Komplexes von einem geistigen Blick umspannt und in der Folge im Griff behalten werden kann – das ursprünglich Ichfremde wie das objektivierte Ichliche –, das bildet einen assoziativen Zusammenhang, und wenn ein Teil dieses Zusammenhanges wieder vor den geistigen Blick tritt, so zieht er das andere nach sich. Das „Nachsichziehen" ist kein kausaler Einfluß. Ein Gehalt „wirkt" dabei nicht auf den andern. Wir haben früher herausgestellt, daß die spezifisch kausale Beeinflussung am *Erleben* angreift, während wir jetzt gesehen haben, daß die assoziative Verknüpfung auch die *Gehalte* direkt miteinander verbindet. Es fehlt hier überhaupt jede Analogie zum kausalen Geschehen. Daß ein Teilgehalt den ganzen Zusammenhang, in den er hineingehört, vor mir auftauchen läßt, ist so wenig als ein Kausalverhältnis zu deuten wie die Tatsache, daß ich ein Ding nicht ins Auge fassen kann, ohne daß mein Blick zugleich seine räumliche Umgebung mit umspannt. Dieses 99
Bild kann uns die Zusammenhänge, die uns jetzt beschäftigen, noch nach mancher Richtung hin erleuchten. Das Ding, auf das mein Blick fällt, gehört dem Gesamtzusammenhang der sichtbaren Wirklichkeit an und wird als Teil dieses Zusammenhangs aufgefaßt. Aber niemals vermag mein Blick den ganzen Zusammenhang zu umspannen, es liegt jeweils immer nur ein Teil in seiner Reichweite, und ich muß ihn schweifen lassen, um mehr zu erfassen. Analog gehört der Erlebnisgehalt, der vor meinen geistigen Blick tritt, in den Gesamtzusammenhang der abgelaufenen Erlebnisse. Aber der geistige Blick vermag nicht den ganzen Zusammenhang zu umspannen, sondern wiederum immer nur die nähere Umgebung dessen, was er jeweils „fixiert". Wir haben früher davon gesprochen, daß das Erfassen eines Teilzusammenhanges als solchen das Fortschreiten zu weiteren Teilzusammenhängen *motiviert*, und was wir zunächst für die äußere Wahrnehmung feststellten, das überträgt sich uns nun auf die Reihe der durch Berührungsassoziation verknüpften Erlebnisgehalte sowie der neu ablaufenden oder objektivierten Erlebnisse selbst. Demnach wäre die Berührungsassoziation, d. h. das Erwachsen von Zusammenhängen im ursprünglichen Ablauf des Erlebens die Grundlage dafür, daß in der Folge ein Teil eines solchen Zusammenhanges Reiz oder Motiv werden kann zum Fortschreiten in diesem Zusammenhang. Damit wären die assoziativen Verläufe als *motivierte* Verläufe (im Sinne der „niederen" Motivation) gekennzeichnet.

Indessen ist der Tatbestand vorläufig noch nicht hinreichend geklärt. Wir verstehen bis jetzt nur das *Beharren* von Erlebnisgehalten und das *Fortschreiten* in assoziativen Zusammenhängen. Daß aber überhaupt Vergangenes wieder auflebt, daß der geistige Blick auf etwas fällt, was dem Reich der Vergangenheit angehört, daß das Ich nicht, ohne zurückzusehen, in immer neues Erleben hineinschreitet – darüber klärt uns die Berührungsassoziation

nicht auf. Denn dazu gehört ja nicht bloß ein Zusammenhang zwischen dem, was bereits unser eigen ist, sondern eine Verbindung zwischen dem neu Auftauchenden und dem Wiederauftauchenden. Das, was uns gegenwärtig erfüllt oder begegnet, muß uns selbst hinweisen auf das, was „in uns schlummert". Hier nun kommt das in Betracht, was man als „innere Assoziation" bezeichnet hat: inhaltliche Beziehungen zwischen den Erlebnisgehalten. „Ähnlichkeit" und „Kontrast", die die alte Einteilung der Assozia-
100 tionen hervorhebt, erschöpfen diese Beziehungen keineswegs (wie von neueren Assoziationsforschern schon richtig betont worden ist). Für das prinzipielle Verständnis ist überhaupt jede solche Klassifikation wertlos, mag sie nun ein paar Kategorien mehr oder weniger enthalten. Sie ist nur von empirischem und evtl. praktischem Interesse. Uns aber geht hier nur das Prinzipielle an, und das ist das Problem der inhaltlichen Verbindung zwischen altem und neu hinzukommendem „geistigen Besitz". Wir haben dabei anzuknüpfen an das, was wir zuvor feststellten: daß die *Sinnes*gehalte der Erlebnisse es sind, die in uns beharren, und daß sich zu ihnen hinzufindet, was inhaltlich zu ihnen gehört. Was jeweils aufgenommen wird, das wird nicht nur *auf*genommen, sondern *hinzu*genommen zu dem, was man bereits besitzt. Indem uns etwas begegnet, was inhaltlich zu etwas gehört, das wir uns früher schon angeeignet haben, taucht dieses Alte wieder vor uns auf – und das neu Auftauchende wird dem angereiht, was wir von inhaltlich Dazugehörigem bereits besitzen: Das sind Tatbestände, die wechselseitig zueinander gehören. Wie leicht ersichtlich, gehören in diesen Zusammenhang die Probleme des Wiedererkennens und Als-Etwas-Erkennens, die Beziehungen von Erfahrung und Gedächtnis usw., Probleme, die wir natürlich hier nicht alle anschneiden können. Das Wesentliche für uns ist, daß in all diesen Zusammenhängen die *Sinngesetzlichkeit*, der die Erlebnisgehalte unterstehen, eine entscheidende Rolle spielt. Es ist von Wundt bemängelt worden, daß die *psychologische* Theorie der Assoziationen sich der *logisch* orientierten aristotelischen[104] Einteilung der „Vorstellungen" angeschlossen hat.[105] Wir erkennen jetzt den tieferen Sinn dieses Verfahrens, das freilich bei dem gänzlichen Mangel an den notwendigen Analysen nicht zu befriedigenden Ergebnissen führen konnte. Alles Erleben ist Erleben eines Sinnes, und die Sinnesbestände unterstehen einer Gesetzlichkeit, die für den Ablauf des Erlebens selbst Bedeutung gewinnt. Darum können die Zusammenhänge – und darunter gehören auch die logischen Zusammenhänge – als *Leitfaden* benützt werden, um Erlebniszusammenhänge aufzufinden. Natürlich müssen aber diese selbst aufgedeckt und untersucht werden – mit einer bloßen *Über-*

[104] ⟨Wundt spricht hier von der Tetratomie des Aristoteles, Vorstellungen werden differenziert in ähnliche und unähnliche, gleichzeitige und aufeinander folgende.⟩
[105] A. a. O. ⟨Wundt, *Physiologische Psychologie*,⟩ S. 519.

tragung der logischen Zusammenhänge ist nichts getan, und dagegen wendet sich die Kritik mit Recht.

Indem wir die logischen Zusammenhänge nur als einen *Teil* der in Betracht kommenden Sinnzusammenhänge bezeichneten, deuteten wir an – was ja nach allen vorangegangenen Untersuchungen kaum noch der Hervor- 101
hebung bedarf –, daß hier nicht etwa einer einseitig intellektualistischen Auffassung das Wort geredet werden soll. Einmal sind wir uns darüber klar, daß es sich – wenn uns ein Gegenwärtiges an ein Nicht-Gegenwärtiges erinnert, mit dem es inhaltlich in Beziehung steht – nicht um einen *Denkprozeß*, nicht um spezifisch logische Akte mit expliziten Motivationen handelt, sondern um eine „verborgene Vernunftbetätigung" mit impliziten Motivationen, analog wie beim Wahrnehmungsvorgang. Weiterhin ist zu bedenken, daß nicht nur Beziehungen zwischen ichfremden, sondern auch zwischen ichlichen Gehalten in Frage kommen, sowie Beziehungen zwischen ichfremden und ichlichen Gehalten. Man denke an die Fälle, in denen durch ein Gefühl, das uns erfüllt, andere Gefühlsgehalte, die es motivieren könnten, vor das geistige Auge gerufen werden, oder auch die sachlichen Grundlagen, die geeignet wären, eine entsprechende Stellungnahme auszulösen. Diese letzten Zusammenhänge haben sogar ganz besondere Bedeutung für den Verlauf des reproduktiven Erlebens. Schon Wundt hat die Vermutung ausgesprochen: „Gerade von den begleitenden Gefühlsprozessen dürfen wir [...] nach der ganzen Stellung, welche die Gefühle in unserem Seelenleben einnehmen, von vornherein vermuten, daß sie für die Art des Zusammenhanges der Bewußtseinsvorgänge nicht weniger, ja unter Umständen wohl in viel höherem Grade kennzeichnend sind als die objektiven Inhalte der Vorstellungen."[106] Wir haben jetzt die Möglichkeit, uns diese besondere Rolle der Gefühle zu klarem Verständnis zu bringen. Die Gefühle haben die Eigentümlichkeit, längere Zeit hindurch lebendig, aktuell in uns zu verharren. Sie sind das, was unser Inneres erfüllt, wenn wir weder durch äußere Eindrücke noch durch spontanes geistiges Tun in Anspruch genommen sind. Sie sind es darum auch, die ständig als Ausgangspunkte assoziativer Verläufe fungieren und unseren geistigen Besitz nicht „einrosten" lassen, wenn er weder durch äußere Eindrücke noch durch aktives „Besinnen" in Bewegung gesetzt wird.

Der Zusammenhang, den der ursprüngliche Erlebnisverlauf zwischen den Erlebnisgehalten stiftet, und die vielfachen Verbindungen, die die Gehalte ihrem Sinne nach verknüpfen, bilden die doppelte Grundlage für die „mechanischen" assoziativen Verläufe. Der durch Berührung gestiftete Zusammenhang allein reicht nicht aus, um einen assoziativen Prozeß auszulösen, 102
sondern bedarf immer eines Sinnzusammenhangs als Ergänzung. Dagegen

[106] A. a. O. ⟨Wundt, *Physiologische Psychologie*⟩, S. 524.

kann evtl. ein Sinnzusammenhang allein genügen, um im Anschluß an ein aktuelles Erlebnis einen assoziativen Verlauf in Gang zu bringen. Wir unterscheiden also Assoziation als die Gesetzlichkeit, nach der ursprünglich konstituierte Erlebnisse sich miteinander verbinden, und die herkömmlichen Assoziationsgesetze als Auswahlprinzip für die Zuwendung zu vergangenen Erlebnissen bzw. ihren Korrelaten und für die Reproduktion, d.h. den vergegenwärtigenden oder wiederholenden Vollzug vergangener Erlebnisse. Diese Prinzipien rechnen wir mit unter die Motivationsgesetze, wobei wir unter Motivation die „niedere" Motivation mit im Auge haben, die kein Verhältnis vernünftiger Begründung ist.[107] Weit davon entfernt, *die* Grundgesetzlichkeit des gesamten Erlebens zu sein, haben sie vielmehr eine ganz spezielle Funktion.[108] Und in dem Bereich ihrer Geltung bestimmen sie – wie alle Motivationsgesetze – nicht, was *notwendig* geschehen muß, sondern was als Wesens*möglichkeit* eintreten kann.

Es findet sich bei *Hume*[109] die Behauptung, daß es neben der Assoziation der „Ideen" auch die Assoziation von „Eindrücken" gebe, daß aber für sie von den für die Ideen aufgestellten Assoziationsprinzipien – der Ähnlichkeit, der zeitlichen und räumlichen Kontinguität und der Ursächlichkeit – nur das der Ähnlichkeit in Betracht komme. „Schmerz und Enttäuschung erzeugen Ärger, Ärger Neid, Neid Bosheit und Bosheit wieder Schmerz, bis der ganze Kreis durchlaufen ist. Ähnlich wendet sich unsere Stimmung, wenn sie durch Freude gehoben ist, naturgemäß zur Liebe, zur Großmut, zum Mitleid, zu Mut, Stolz und den anderen ähnlichen Gemütsbewegungen". In Wahrheit handelt es sich bei diesem Beispiel nicht um eine assoziative Erweckung von „Eindrücken", „Impressionen", es besteht vielmehr die Möglichkeit einer doppelten andersartigen Deutung. Auf jeden Fall haben wir es bei dem „naturgemäßen" Übergang von einem emotionalen Gehalt zum anderen mit *inhaltlichen*, mit *Sinnes*beziehungen zwischen ihnen zu tun.[110]

---

[107] Vgl. S. 42 und 44f.

[108] Ob die *herkömmlichen* Assoziationsprinzipien zu *Recht* bestehen und welche anderen außer ihnen noch aufzuweisen sind, das lassen wir hier außer Frage.

[109] *Traktat über die menschliche Natur* ⟨. *Ein Versuch, die Methode der Erfahrung in die Geisteswissenschaft einzuführen,*⟩ (Deutsche Ausgabe v. Th.⟨eodor⟩ Lipps ⟨Hamburg 1895⟩) II ⟨. Buch „Über die Affekte", Erster Teil „Über Stolz und Niedergedrücktheit", 4. Abschnitt: „Beziehungen zwischen Eindrücken und Vorstellungen", S.⟩ 12. ⟨In der vollständigen Ausgabe, nach der 3. Aufl. v. Theodor Lipps von 1912, Berlin 2004, S. 310. Im engl. Original: „Grief and disappointment give rise to anger, anger to envy, envy to malice, and malice to grief again, till the whole circle be compleated. In like manner our temper, when elevated with joy, naturally throws itself into love, generosity, pity, courage, pride, and the other resembling affections." *Treatise*, 2.1.4.3.⟩

[110] Das kommt bei *Hume* darin zum Ausdruck, daß er hier nur die Ähnlichkeitsassoziation und keine „äußere" gelten lassen will. Es ist aber natürlich noch an ganz andere „innere" Beziehungen zu denken.

Es kann nun sein, daß ein gefühlter Gehalt – eine Impression – vermöge 103
dieser Sinnesbeziehung, wie wir es zuvor schilderten, die anderen Gehalte vor uns auftauchen läßt, ohne daß sie aufs neue gefühlt werden. Dann haben wir wohl einen *assoziativen* Verlauf, aber es werden keine *Impressionen* dadurch erweckt. (Höchstens kann sich mit dem assoziativen ein Ansteckungsprozeß verbinden, der den Gehalt wieder zum gefühlten werden läßt). Andererseits kann sich an der Enttäuschung wohl Ärger entzünden: Dann wird zwar eine „Impression" geweckt, aber nicht auf assoziativem Wege, sondern durch eine *ursprüngliche Motivation.* So wird durch das Humesche Beispiel keineswegs erwiesen, daß die Assoziationsprinzipien imstande sind, das Auftreten ursprünglicher Erlebnisse zu erklären.

Wir haben die Assoziationsgesetze bisher nur in ihrer Bedeutung für den *Bewußtseins*verlauf betrachtet. Wir müssen nun untersuchen, ob sie außerdem vielleicht eine *real-kausale* Seite haben und im psychischen Mechanismus eine Rolle spielen.

Indem ein auftauchender Gedanke eine ganze Reihe gedanklicher Vorstellungen in mir wach werden läßt, *weil* ich einmal ursprünglich in dieser Abfolge gedacht habe, und indem sich mir die *Mühelosigkeit* dieses Verlaufs abhebt von der Anstrengung, die der ursprüngliche Prozeß mich kostete, wird sie mir zur Bekundung einer realen Fähigkeit oder Tendenz zu diesem reproduktiven Verlauf, einer Bereitstellung von Lebenskraft zur Betätigung in dieser ganz bestimmten Richtung. Jeder phänomenal gegebene assoziative Zusammenhang wird so zur Bekundung einer erworbenen Fähigkeit, eines *Schemas* für die künftige Betätigung der Lebenskraft, und die psychische Entwicklung erscheint als eine fortschreitende Zerspaltung der Lebenskraft in einzelne Triebkräfte und in eine Ausbildung immer neuer Schemata, die den Gang des psychischen Geschehens regeln. Je weiter die Entwicklung vorschreitet, desto größer wird der Einfluß des abgelaufenen auf das aktuelle psychische Geschehen im Verhältnis zu den ursprünglichen Motiven. Zugleich steigt damit die Aussicht, das künftige Geschehen mit Hilfe der Kenntnis des vergangenen vorherzusehen und evtl. praktisch zu beeinflussen. Es ist ferner zu bemerken, daß die assoziativen Zusammenhänge als erworbene psychische Schemata verstanden, sowohl für die Wiederholung als für die Vergegenwärtigung von psychischem Geschehen in Betracht kommen. Aber auch im Bereich des real-psychischen Geschehens reicht die Anwendung der Assoziationsgesetze und die Kenntnis der jeweils vorhandenen 104
Schemata doch nicht aus, um einen psychischen Zustand *vollständig* und *eindeutig* vorherzubestimmen. Einmal ist die Lebenskraft und ihre besondere Beschaffenheit für die Ausbildung der Schemata Voraussetzung, und wenn ihr jeweiliger Stand auch durch diese Ausbildung *mit*bedingt ist, so hängt es doch nicht von ihnen *allein* ab und ist darum auch aus ihnen allein nicht herleitbar. Dann ist aber auch die kausale Beschaffenheit eines psychi-

schen Zustandes bzw. einer psychischen Tätigkeit nicht durch die assoziativen Zusammenhänge bestimmt. Wer das Schema meiner Tageseinteilung kennt, der kann voraussagen, daß ich morgen um die und die Zeit an die Arbeit gehen werde; aber mit welcher Leichtigkeit und Intensität ich arbeiten werde, darüber sagt ihm das Schema nichts. Doch auch abgesehen davon, ist die Bestimmung keine eindeutige. Denn es ist jederzeit möglich, daß *neue Moti*ve auftreten, die ein Abweichen des psychischen Geschehens von dem schematischen Verlauf herbeiführen: Es taucht mir etwa mitten in einem gewohnheitsmäßig abrollenden Gedankengang ein Einwand auf, der ihm eine ganz neue noch nie dagewesene Richtung gibt. Und wenn sich nicht „von selbst" neue Motive darbieten, die dem psychischen Geschehen eine von allen assoziativen Zusammenhängen unabhängige Richtung geben, so kann der *Wille* dem mechanischen Abrollen Einhalt tun und den Gang des Geschehens „in die Hand nehmen". Sobald ich meinem Denken ein Ziel setze, darf ich mich nicht mehr auf eingeübte Schemata verlassen. Ich kann mir sie evtl. zunutze machen, wenn ich *sehe*, daß sie zum Ziel hinführen können, aber ich muß sie daraufhin prüfen, *ob* sie es können, und wenn sie nicht dazu tauglich sind, so muß ich neue Wege einschlagen. Wer mit meinen Denkgewohnheiten vertraut ist, der mag begründete Vermutungen darüber aufstellen, welche Mittel ich anwenden werde, um zur Lösung eines Problems zu gelangen. Aber ob ich mein Ziel erreiche und auf welchem eindeutig bestimmten Wege, das wird er aus dem gewohnheitsmäßigen Verlauf meines Denkens nicht herleiten können.

Schließlich ist hervorzuheben, daß jede assoziative Abfolge von psychischen Geschehnissen – im Bereich der Aktivität – auf einen ursprünglich motivierten Verlauf zurückweist und daß auch dort, wo Assoziationen wirksam sind, die ursprünglichen Motive *außerdem* eine Rolle spielen. Es dürfte sich z. B. zeigen lassen, daß sich die spezifischen Denkprozesse fast nie in der
105 Form bloß assoziativer Verläufe abspielen, sondern daß die intellektuellen Vernunftmotive, die die Voraussetzung für das Zustandekommen des betreffenden assoziativen Zusammenhangs bilden, meist auch bei dem reproduktiven Prozeß wirksam sind.

Aus all dem geht hervor, daß es nicht angeht, die Assoziationsgesetze den exakten Naturgesetzen an die Seite zu stellen, die eine Vorausberechnung des künftigen Geschehens gestatten, und mit Berufung auf sie eine strenge Determination des psychischen Geschehens zu behaupten. Sie gestatten gewisse Möglichkeitsaussagen, aber keine vollständige und keine exakte Vorherbestimmung.

Wir haben in unseren Ausführungen nur den *psychischen Determinismus* erörtern können, d. h. die Auffassung, die einen psychischen Zustand als bestimmt durch die Reihe der vorhergehenden und als aus ihnen berechenbar ansieht. Der physische Determinismus, der das Psychische dem Kausalzusammenhang der materiellen Natur einreihen will – sei es auf dem Boden des Parallelismus oder der Wechselwirkungstheorie[111] – kann hier nicht berücksichtigt werden, weil dafür die Behandlung der materiellen Natur, des Leibes und der psychophysischen Zusammenhänge erforderlich ist. Nur soviel können wir auf Grund unserer Ergebnisse sagen: Auch wenn sich das Psychische als abhängig von der materiellen Natur erweisen sollte, werden diese Abhängigkeitsverhältnisse keine exakte Bestimmung ermöglichen, da das Wesen des Psychischen solche exakte Bestimmung ausschließt.

Schluß

Das Leben der Psyche erscheint uns nach unseren Untersuchungen als Ergebnis des Zusammenwirkens verschiedenartiger Kräfte. Wir unterscheiden eine *sinnliche* Lebenskraft, die sich umsetzt in die Aufnahme sinnlicher Daten bzw. verschiedene Fähigkeiten zur Aufnahme sinnlicher Daten, sowie in sinnliche Triebe und ihre Betätigung. Sie dient außerdem der Erhaltung der *geistigen* Lebenskraft, aus der die geistigen Tätigkeiten und Fähigkeiten gespeist werden. Die geistige Lebenskraft stellt aber nicht eine bloße Umsetzung sinnlicher Lebenskraft dar, sondern birgt in sich einen neuen Kraftquell, der aber nur unter Mitwirkung der sinnlichen Lebenskraft und auf ihre Kosten zur Entfaltung gelangen kann.

Mit der sinnlichen Lebenskraft wurzelt die Psyche in der Natur, der sie ihre Kräfte entnimmt. Wie das geschieht, das ist ein neues Problem. Unsere Untersuchung der psychischen Kausalität fordert also als Ergänzung eine Untersuchung der psychophysischen Zusammenhänge, d. h. der Zusam- 106
menhänge von Psyche, Leib und materieller Natur.

Durch die geistige Lebenskraft wird der Psyche die Objektwelt zugänglich und wird sie zugleich fähig, von daher neue Triebkräfte aufzunehmen. Erschien sie uns zuvor hineingestellt in die materielle Natur, in ihr wurzelnd, so sehen wir sie jetzt eingegliedert in die geistige Welt, deren Zusammenhänge natürlich auch erst erforscht werden müßten, um letzte Klarheit für unser Problem zu gewinnen. Es scheint, daß wir dabei auf verschiedene Kraftquellen geführt werden, aus denen die Geisteskraft der individuellen Psyche ihre Nahrung bezieht: auf „objektiven Geist" (wenn wir die Welt der Werte, die wir in unseren Untersuchungen zunächst in Betracht zogen, einmal so nennen dürfen) und auf „subjektiven Geist", d. h. auf die Geisteskraft anderer Individuen und auf den göttlichen Geist.

Wir mußten sodann von dem kausal bedingten Bestand der psychischen Fähigkeiten einen Kern abscheiden, der allen Einflüssen des psychischen

[111] ⟨Vgl. Anm. 4.⟩

Geschehens enthoben ist und doch bei allem psychischen Geschehen eine Rolle spielt. Dieser Kern (die ursprüngliche persönliche Anlage oder wie wir es sonst nennen wollen) und seine Stellung in der Struktur der Psyche umschreibt uns einen neuen Problemkreis.

Von der sinnlichen und geistigen Lebenskraft als Quellen des psychischen Geschehens, die aus verschiedenen Reichen ihre Nahrung ziehen, konnten wir die Willenskraft unterscheiden, die das Ich anscheinend aus sich selbst schöpft. Das führt uns in den Bereich der Freiheitsfragen, die wir in unserem Zusammenhang auch nur andeuten, aber durchaus nicht so behandeln konnten, wie es zu einer wirklichen Klärung erforderlich wäre.

Ferner wurden wir durch das Eingreifen der Willenshandlung in den Bestand der Außenwelt auf neue Zusammenhänge mit der materiellen Natur geführt, deren Klärung eine Ergänzung zu der Untersuchung der früher erwähnten psychophysischen Beziehungen darstellen würde.

Wir sahen schließlich, daß das psychische Leben neben der kausalen noch einer anderen Gesetzlichkeit untersteht: Neben den kausalen Kräften erkannten wir in den Motiven richtunggebende Faktoren, die den Gang des psychischen Geschehens bestimmen. Die Motivation unterwirft die Psyche der Herrschaft der Vernunft. Auch die Zusammenhänge von Motivation und Vernunftgesetzlichkeit bieten ein Thema für eigene große Untersuchungen.

107 Wären alle die Aufgaben gelöst, die wir hiermit umschrieben haben, so hätten wir nicht nur für unser Problem der psychischen Kausalität eine Klarheit gewonnen, wie sie bei isolierter Behandlung nicht erreichbar ist, sondern zugleich einen vollen Einblick in die Struktur der menschlichen Person.

Anhang

I. Über die Möglichkeit einer Deduktion der psychischen Kategorien aus der Idee einer exakten Psychologie

Naturkausalität in einem bestimmten Sinne gehört zu den Kategorien, die eine Naturwissenschaft als mathematisch-exakte Wissenschaft „allererst möglich machen". Zur Idee einer solchen Wissenschaft gehört es, daß ihr Objekt ein durchgängig bestimmtes ist: D. h. alles, was es ist, muß eingehen in eine Reihe von gültigen Wahrheiten (wahren Sätzen), die miteinander einen einheitlichen Begründungszusammenhang bilden. Darin liegt, daß es möglich sein muß, von einem Teil dieses Zusammenhanges aus auf rein theoretischem Wege den ganzen Zusammenhang – die ganze „Theorie" – zu gewinnen. Damit hätte man aber die Möglichkeit, von einem gegebenen

Teil der Wirklichkeit aus die ganze Wirklichkeit ohne weiteren Rückgang auf Erfahrung zu erkennen, also etwa den Gang des künftigen Naturgeschehens eindeutig vorher zu bestimmen. Als Bedingung der Möglichkeit einer solchen exakten Naturwissenschaft wird Kausalität deduziert.[112] Soll eindeutige Bestimmung des Naturgeschehens möglich sein, so muß ein gesetzlicher Zusammenhang die gesamte Naturwirklichkeit durchwalten, derart, daß jedes Ereignis durch die Reihe der vorhergehenden hervorgerufen ist. Daß alles, was geschieht, eine Ursache hat und daß gleiche Ursachen gleiche Wirkungen haben, scheint mir zu diesem geforderten Zusammenhange notwendig zu gehören. Daß es ein gemeinsames Maß alles Geschehens geben muß – eine „Energie", die in allen kausalen Vorgängen „umgesetzt" wird –, ist nur dann aus der Idee der Naturwissenschaft deduzierbar, wenn *quantitative* Bestimmung gefordert ist. Zur eindeutigen Bestimmung genügte es, daß zu jeder qualitativ bestimmten Konstellation der Wirklichkeit ein eigentümlicher qualitativ bestimmter Fortgang des Geschehens gehörte, für das natürlich ein objektiver Ausdruck möglich sein müßte. An Stelle des Vorher-*Berechnens* würde dann ein notwendiges Voraus-*Sehen* treten. Keineswegs scheint das Prinzip von der Erhaltung der Energie durch transzendentale 108
Deduktion zu erweisen. Die eindeutige Bestimmbarkeit des Naturgeschehens würde nicht darunter leiden, wenn mit gewissen kausalen Vorgängen ein Energieverlust verbunden wäre, wofern nur dieser Energieverlust selbst ein gesetzlich bestimmter und bestimmbarer wäre.[113]

Wir wollen die Möglichkeit einer solchen transzendentalen Deduktion der materiellen Kausalität hier nicht näher erörtern, weil sie ja in dieser Untersuchung nicht unser Thema war.[114] Eine ganz parallele Argumentation läßt sich aber auch für *psychische Kausalität* in ihrem Verhältnis zu *Psychologie* durchführen. Soll Psychologie als exakte Wissenschaft möglich sein, so muß es eine allgemeine Gesetzlichkeit geben – derart, daß alles psychische Geschehen durch das ihm vorhergehende eindeutig bestimmt ist. Näher betrachtet ist hier noch Verschiedenes zu scheiden: 1. Psychologie im strengen Sinne als Wissenschaft von der Psyche und ihren realen Zuständen von einer Wissenschaft vom reinen Bewußtsein; 2. Psychologie als Gesetzeswissenschaft entsprechend der theoretischen Naturwissenschaft, die die allgemeinen Kausalgesetze aufzusuchen hätte, von einer „angewandten Psychologie" entsprechend der naturwissenschaftlichen Technik, die als praktische Menschenkunde und Geschichtswissenschaft das individuelle psychi-

---

[112] ⟨Vgl. Anm. 7.⟩

[113] ⟨Vgl. dazu Stern, William (Steins Lehrer in Breslau, vgl. Anm. 274), *Ableitung und Grundlehre des kritischen Personalismus* (1906), in 2. Aufl. als Band I von *Person und Sache*, Leipzig 1923, Kapitel 16 „Kausalbeziehung und Gesetz".⟩

[114] ⟨Vgl. Kants *KrV* B 232 ff.⟩

sche Geschehen auf Grund der allgemeinen Gesetze und erfahrungsmäßig gegebener Daten berechnen und evtl. beeinflussen könnte. Daß das individuelle Geschehen durch die allgemeinen Gesetze restlos bestimmt und nach ihnen berechenbar sein muß, liegt in der Idee einer exakten Psychologie beschlossen. Für die angewandte Psychologie ist also Voraussetzung, daß die Arbeit der theoretischen Psychologie geleistet ist und daß ein ausreichendes Erfahrungsmaterial vorhanden ist, auf das die Erfahrungsschlüsse auf Grund der allgemeinen Gesetze aufbauen können. Für die Möglichkeit der theoretischen Psychologie ist erforderlich, daß die Zahl der allgemeinen Bestimmungen bzw. der allgemeinen Gesetze nicht unendlich sei oder mindestens, daß sie sich aus einer endlichen Anzahl von Grundsätzen als Folgerungen ableiten lassen, mit deren Auffindung ihre Erreichbarkeit prinzipiell gewährleistet wäre. Das besagt für die Natur der psychischen Wirklichkeit (und evtl. für die des reinen Bewußtseins), daß sie aus einer endlichen Anzahl von Elementen nach einer endlichen Anzahl von Gesetzen zusammengesetzt sein muß. So kommen wir von der Idee einer exakten Wissenschaft aus dazu, von dem Objekt der Psychologie eine analoge Struktur zu verlangen, wie von dem der Geometrie oder theoretischen Physik.

109 Aber das, was sich auf diese Weise über die Natur der Psyche deduzieren läßt, reicht nicht aus, um die postulierte Geometrie der Psyche aufzubauen. Sowie die notwendigen Bedingungen der Geometrie als exakter Theorie nicht ausreichend sind für ihre Bestimmung und Raum lassen für verschiedene mögliche „Geometrien", so lassen auch die Bedingungen der Möglichkeit einer exakten Psychologie einen Spielraum für die besondere Beschaffenheit der Psyche, ihrer Elemente und Verbindungen. So hat – um auf unser Thema zu sprechen zu kommen – in dem transzendental deduzierbaren Begriff der psychischen Kausalität so ziemlich alles Platz, was wir an *verschiedenen* Zusammenhängen zwischen Erlebnissen und Zusammenhangsgesetzen aufweisen konnten: Assoziation, Motivation, Kausalität (in unserem besonderen Sinne). Von ihnen allen gilt ja, daß sie das Seelenleben „determinieren", und ihrer aller Gesetzlichkeit muß bekannt sein, wenn eine konkrete Psychologie aufgebaut werden soll.[115] Offenbar reicht also eine transzendentale Deduktion nicht aus, um das Objekt einer Wissenschaft zu bestimmen, sondern es bedarf eines ergänzenden Verfahrens. Welcher Art soll nun dieses Verfahren sein? Wenden wir uns an einen Mathematiker oder Physiker mit der Frage, wie er zu der von der Idee seiner Wissenschaft offengelassenen Bestimmtheit seines Objekts kommt, so kann man mit großer Wahrscheinlichkeit auf die Antwort rechnen, daß er in der Wahl seiner Elemente und Prinzipien völlig frei sei. Diese Freiheit aber erregt uns einiges

[115] Allerdings müßten Assoziation und Motivation ihren Charakter als Möglichkeitsgesetze aufgeben, um für die Zwecke der exakten Bestimmung brauchbar zu werden.

Bedenken. Wenn ich – natürlich immer unter Wahrung der Bedingungen, die mir durch die Idee der Wissenschaft auferlegt sind – nach freiem Belieben die Beschaffenheit der Elemente und ihrer Verbindungsgesetze festsetze, mit welchem Recht kann ich dann behaupten, daß dies tatsächlich die Elemente der Gegenständlichkeit sind, die ich zu bestimmen trachte – in unserem Fall der psychischen Wirklichkeit? Der Physiker wird sich auf das „Faktum der Wissenschaft" berufen, auf die Tatsache, daß er aus seinen selbst gewählten Elementen, nach seinen beliebig aufgestellten Gesetzen die physische Wirklichkeit zusammenzusetzen, ihren Gang vorher zu berechnen vermag. Ein solches Argument steht dem Psychologen nicht zu Gebote. Wo wäre die Seelenmechanik, die das psychische Leben zu konstruieren und mit mathematischer Genauigkeit vorher zu berechnen gestattet?[116] Aber 110
auch, wenn wir von diesem „mangelhaften Stand der Psychologie" (wie mancher Psychologe vielleicht sagen wird) absehen – schlägt denn das Argument vom Faktum der Wissenschaft durch? Die Physiker stehen im allgemeinen auf dem Standpunkt, daß verschiedene Theorien zur Erklärung der Wirklichkeit möglich sind und daß alle gleich berechtigt sind, die eine solche Erklärung gestatten.[117] Aber einmal setzt „die Wirklichkeit" der Freiheit in der Wahl der zu ihrer Erklärung tauglichen Theorien gewisse Schranken; und außerdem kann doch nur eine von ihnen die *wahre* sein, diejenige, der etwas in Wirklichkeit entspricht – das liegt ja in dem Wahrheitsbegriff, von dem die ganze Betrachtung ausgeht. Nur durch Versenkung in das Objekt selbst, nicht durch willkürliche „gedankliche Bearbeitung", kann ich zu seinen wirklichen Elementen und Elementargesetzen vordringen. Das gilt für die Untersuchung seiner faktischen Beschaffenheit, wie für die seiner Konstitution. Die transzendentale Deduktion setzt also nicht nur eine gewisse Gegebenheit von Objekten voraus, indem sie nach den Bedingungen der Möglichkeit ihrer wissenschaftlichen Bestimmung fragt, sondern diese Bestimmung selbst erfordert einen ständigen Rückgang auf die ursprüngliche Gegebenheit.

Damit ist aber die Bedeutung einer solchen Deduktion noch nicht eng genug eingeschränkt. Wir wissen jetzt, daß wir das Objekt in sich selbst zu

[116] Das stattliche Gebäude der *Herbart*schen Mechanik ⟨Johann Friedrich Herbart (1776–1841), dt. Philosoph, Psychologe und Pädagoge⟩ mit ihren imponierenden Formeln zur Berechnung der „Stärke der Vorstellungen" stürzt in sich zusammen, wenn man ihm die haltlose Voraussetzung entzieht, auf der es ruht: die Voraussetzung, daß man Vorstellungen durch Zahlenwerte ersetzen kann. ⟨Stein bezieht sich hier auf seine *Psychologie als Wissenschaft*, Königsberg 1824/25: Vorstellungen als Abarten der „Selbsterhaltung der Seele" funktionierten mechanisch („Vorstellungsmechanik"), daher könne man sie mathematisch behandeln.⟩

[117] Vgl. die entsprechende Auffassung von *Münsterberg* ⟨vgl. Anm. 14⟩ im Anhang II, Seite 104 ff.

betrachten haben und daß es uns – ganz abgesehen von allen Forderungen, die von außen an es herangetragen werden – allerhand zu sagen hat. Woher wissen wir denn, daß wir – z. B. bei der Betrachtung der Psyche – auf eine endliche Anzahl von Elementen stoßen müssen? Vielleicht werden wir auf eine Unendlichkeit von Bestimmungen geführt, die sich nicht auseinander ableiten lassen. Dann wäre die Idee einer exakten Psychologie ein Nonsens. Man könnte sie freilich aufstellen und daraus allerhand Forderungen für ihr Objekt deduzieren. Aber das postulierte Objekt dieser postulierten Wissenschaft hätte mit der Psyche gar nichts gemein. Und wer weiß, ob es mit der
111 physischen Realität nicht gar ähnlich steht? Ob nicht auch hier eine direkte Versenkung in ihren Wesensgehalt zeigen könnte, daß sie zwar nach gewissen Seiten, aber durchaus nicht in ihrem gesamten Bestande eine „durchgängige Bestimmung" und Vorausberechnung gestattet? Dann würde sich herausstellen, daß diejenige Wissenschaft, deren Bedingungen die transzendentale Deduktion herausstellt, in Wahrheit gar nicht möglich ist.

Es liegt dem Verfahren der transzendentalen Deduktion die richtige Erkenntnis zugrunde, daß zwischen der Struktur eines Objekts und der Methode seiner wissenschaftlichen Bearbeitung Notwendigkeitszusammenhänge bestehen, die einen Rückschluß von der Methode auf die Struktur des Objekts einer Wissenschaft gestatten. Ein solcher Rückschluß kann nie etwas lehren, was nicht auch durch direkte Versenkung in den Gegenstand gefunden werden könnte. Und er kann immer nur dann zu einem richtigen Ergebnis führen, wenn die Methode, von der man ausgeht, die durch die Struktur des betreffenden Gegenstandes geforderte ist. Ob das der Fall ist, das kann aber wieder nur durch direkte Betrachtung des Gegenstandes festgestellt werden.

II. Münsterbergs Versuch der Begründung einer exakten Psychologie

Es ist lehrreich, nach dieser theoretischen Erwägung der Möglichkeit einer Deduktion der Kategorien der psychischen Realität aus der Idee einer exakten Psychologie den Versuch einer solchen Deduktion zu betrachten, der tatsächlich angestellt worden ist: *Münsterberg* unternimmt es in seinen *Grundzügen der Psychologie*[118], die Struktur des Psychischen herauszustellen, die vorausgesetzt ist, um eine „Mechanik des Seelenlebens" aufzubauen. „[...] sie hat die Erscheinungen des Seelenlebens einem Kausalzusammenhang einzuordnen ⟨Münsterberg: unterzuordnen⟩ und deshalb eine be-

[118] ⟨Münsterberg, Hugo⟩ Leipzig 1900.

grenzte Zahl von eindeutig bestimmten Elementen anzunehmen."[119] Daß es sich hierbei nicht um eine Erforschung der wahren Natur des Psychischen handelt, gibt er ohne weiteres zu: „Die Frage ist nicht, wie die Natur des Psychischen tatsächlich beschaffen ist, sondern wie sie gedacht werden muß, damit die psychologischen Aufgaben erfüllbar werden."[120] Es steht ihm sogar fest, daß der Zusammenhang, den die Psychologie zwischen den von ihr angenommenen Elementen herstellt, nicht den ursprünglichen Erlebnis- 112
zusammenhang wiedergibt, von dem sie ausgegangen ist: „[…] einen Zusammenhang herstellten heißt nicht notwendig, den Zusammenhang wieder herstellen, aus dem das Einzelne herausgearbeitet wurde."[121] Er nimmt letzte Urelemente an, aus denen sich die Empfindungen aufbauen, und betrachtet die Empfindungen wiederum als das Material, aus dem sich als Komplexe alle andern psychischen Objekte herleiten lassen. Den notwendigen Zusammenhang, der alle psychischen Elemente verbindet, findet er in der Naturkausalität, der die physischen Ursachen der Elemente unterstehen, während er eine eigene psychische Kausalität leugnet. Aber die psychischen Objekte, die sich als Empfindungskomplexe darstellen lassen, und die Psychologie, die diese Ableitung leistet, sollen mit dem Geistesleben, dem Subjekt und seinen Erlebnissen, gar nichts zu tun haben. Die ursprüngliche Erlebniswirklichkeit, deren Gesetzmäßigkeit die Normwissenschaften – Logik, Ethik, Ästhetik – erforschen und deren faktischen Verlauf die empirischen Geisteswissenschaften zu „verstehen" suchen, wird dem Objekt der Psychologie schroff gegenübergestellt.

„Die Psychologen haben begonnen einzusehen, daß ihre Arbeit wie die jeder Einzelwissenschaft nur eine Konstruktion im Dienste gewisser Gedankenziele sei. Ihre grundlegenden Begriffe sind daher zunächst nicht wahr oder unwahr, sondern geeignet oder ungeeignet für gewisse gedankliche Endaufgaben. Das besagt aber dann auch bereits, daß ganz verschiedene Theorien mit gleichem Recht nebeneinander stehen mögen."[122]

Es läßt sich nun zunächst zeigen, daß die absolute Trennung beider Gebiete bei Münsterberg selbst nicht konsequent durchgeführt ist. Die Empfindungen, die für ihn Bausteine aller psychischen Objekte sind, gewinnt er nicht – wie die Urelemente, auf die er sie dann zurückführt – durch Kon-

---

[119] A. a. O. ⟨Münsterberg, *Psychologie*⟩, S. 28. ⟨Münsterberg gibt hier die Position Wilhelm Diltheys wieder, vgl. Anm. 271.⟩

[120] A. a. O. ⟨Münsterberg, *Psychologie*⟩, S. 202 ⟨Fortsetzung des Satzes: „und die Lösungen werden somit für jede empirische Untersuchung schon zu Voraussetzungen."⟩, vgl. auch ⟨Münsterberg, Hugo, *Grundzüge der*⟩ *Psychotechnik*, ⟨Leipzig 1914,⟩ S. 29.

[121] ⟨Münsterberg, *Psychologie*, S. 381; wörtlich gleich in Münsterberg, *Psychotechnik*, S. 29.⟩

[122] A. a. O. ⟨Münsterberg, *Psychologie*,⟩ S. 381.

struktion, sondern durch Analyse der Vorstellungen als das letzte, das noch noetische Funktion trägt.[123] Die Vorstellung, in der die noetische Funktion waltet, und diese noetische Funktion selbst ist sicherlich nicht als ein „psychisches Objekt" in Münsterbergs Sinn zu fassen – als ein vom Subjekt abgelöster Gegenstand, der sich vom Physischen nur dadurch unterscheidet, daß er nicht wie dieses intersubjektiv, sondern nur Einem gegeben ist – es handelt sich dabei vielmehr ohne Zweifel um ein Subjektserlebnis. Hätte die
113 Psychologie es nur mit „Objekten" zu tun, die nur Einem gegeben sind[124], so müßte sie sich mit der Untersuchung von Empfindungsinhalten, evtl. von Scheinen, Illusions- und Halluzinationsgegenständen begnügen; von noetischen Funktionen und komplexen Erlebnissen, in denen diese eine Rolle spielen, dürfte in ihr keine Rede sein. Wie sie es fertig bringen sollte, aus Empfindungen *ohne* Zuhilfenahme noetischer Funktionen die andern psychischen Objekte aufzubauen, ist freilich die Frage. Solle sich (wie wir glauben) diese Aufgabe als unlösbar erweisen, so wäre eben damit die Unmöglichkeit einer solchen Psychologie, wie sie Münsterberg fordert, dargetan.

Nehmen wir aber einmal an, es gebe eine selbständige Psychologie in Münsterbergs Sinn und man könnte von dem Zusammenhang der psychischen Objekte mit der Erlebniswirklichkeit absehen, auf den sich Münsterberg – ohne es zu wissen und zu wollen – stützt, was wäre mit dieser Psychologie geleistet? Wir hätten einen konstruierten Zusammenhang von konstruierten Elementen und könnten aus diesen Elementen nach den Zusammenhangsgesetzen ad libitum ⟨lat. „nach Belieben"⟩ Komplexe ableiten. Weder die Elemente, noch die Komplexe, noch die Gesetze hätten etwas mit der Realität zu tun. Diese Psychologie gäbe keinerlei Erkenntnis; sie wäre ein – vielleicht sehr geistvolles – Spiel, aber keine Wissenschaft. Das Bestreben der bestehenden empirischen Psychologie dagegen ist es allezeit gewesen, nicht zu erklären schlechthin, sondern das *Seelenleben* zu erklären, *so wie es wirklich ist.* Sie mag – wie *Münsterberg* ihr vorwirft – sich über ihre Grundbegriffe, Ziele und Methoden nicht klar gewesen sein. Sicherlich hat er auch recht, wenn er zwischen „Erklären" und „Verstehen" des Seelenlebens unterscheidet und die Notwendigkeit betont zu untersuchen, was erklärbar und was verstehbar ist, bevor man an die konkreten Aufgaben herangeht. Aber ebenso gewiß hebt man den Sinn der Psychologie (wie jeglicher Erfahrungswissenschaft) auf, wenn man es als ihre Aufgabe bestimmt, Objekte und Zusammenhänge frei zu konstruieren, anstatt bestehende Zusammenhänge und *existierende* Objekte zu erforschen.

---

[123] A. a. O. ⟨Münsterberg, *Psychologie,*⟩ S. 308, 369 ff.

[124] Mit „ichfremden" oder „noematischen" im Gegensatz zu noetischen ⟨Objekten⟩. Vgl. Einleitung, S. 10.

Es dürfte gut sein, noch einiges darüber zu sagen, wie Münsterbergs Scheidung von ursprünglicher Erlebniswirklichkeit und psychischen Objekten zu unserer Scheidung von Bewußtsein und Psychischem steht. Das Subjektleben, das Münsterberg aus der Psychologie ausschließt, könnte als rei- 114
nes Bewußtsein aufgefaßt werden. Es fällt aber für Münsterberg zusammen mit dem Erleben der empirischen Personen, mit dem es z. B. die Geschichte zu tun hat, und das muß ja nach unserer Auffassung des Psychischen durchaus als psychisch angesehen werden. Sehen wir nun vom reinen Bewußtsein ganz ab, so ist es gewiß richtig, zwischen dem Erleben, wie es im naiven, unreflektierten Vollzug ist, und dem objektivierten Erleben zu scheiden. Aber es geht nicht an, eine so schroffe Kluft zwischen beiden aufzurichten, wie es Münsterberg tut. Das Erleben nimmt sich anders aus, wenn es im Vollzuge „bewußt", als wenn es vergegenständlicht ist. Aber es ist *dasselbe* Erleben, das unreflektiert vollzogen und das in der Reflexion zum Gegenstand gemacht wird. Und *daß* es dasselbe ist, ist uns in der Reflexion evident gegeben. Wäre es unmöglich, das ursprüngliche Erleben zum Gegenstand zu machen, so bliebe es ganz unverständlich, wie Münsterberg z. B. dazu käme, darüber Aussagen zu machen.

Mit dem ursprünglichen Erleben hat es z. B. der Historiker zu tun; er muß es nachvollziehen, um es sich verstehend zu eigen zu machen, und das Ziel seiner Darstellung ist es, andere zum Nachvollzug anzuregen. Aber um das verstandene Erleben darstellen zu können, muß er es zum Gegenstande machen, er bedarf der Objektivierung, wenn auch nur als Durchgangsstadium. Für den Psychologen sind die Erlebnisse Objekte, die er analysieren, beschreiben und erklären will wie ein Naturwissenschaftler. Aber um sich dieser Objekte zu bemächtigen, um sie vollebendig anschaulich zu haben, muß er sie vollziehen, bzw. nachvollziehen, er braucht die „verstehende" Einstellung als Hilfsmittel wie der Historiker die objektivierende. Und es ist dasselbe Material, das beide erforschen, wenn auch den Psychologen, der gesetzliche Zusammenhänge sucht, anderes am individuellen Erleben interessiert als den Historiker. Die „psychischen Objekte" sind keine Konstruktionen, sie haben nur Wert, weil es möglich ist, durch sie hindurch die ursprüngliche Erlebniswirklichkeit zu fassen. Die Psychologie ist auch nicht – wie man Münsterberg deuten könnte – auf gewisse abstrakte Momente aus der Erlebniswirklichkeit (die ichfremden Daten) beschränkt, während anderes (das eigentlich Subjektive) ihr unzugänglich wäre. Die Einzeluntersuchung mag gelegentlich solche Abstraktion durchführen; Gegenstand der Wissenschaft ist die Psyche der realen Individuen einschließlich der gesamten Erlebniswirklichkeit.

In neuerer Zeit hat sich Münsterbergs Auffassung insofern geändert, als er 115
neben der *kausal erklärenden Psychologie* noch eine ganz andersartige Disziplin anerkennt. Beide haben gemeinsam, „daß jegliche Psychologie es mit

den Erlebnissen von Individuen zu tun hat. [...][125] Die individuelle Persönlichkeit bleibt also für alle Psychologien der entscheidende Ausgangspunkt."[126] Aber je nachdem wir „unser Fühlen und ⟨Münsterberg: unser⟩ Wollen, unsere Aufmerksamkeit ⟨Münsterberg: unser Aufmerken⟩ und unser Denken, unser Erinnern und unser Vorstellen in seinem Sinne erfassen", „es zu verstehen suchen [⟨gramm. angepaßt⟩ ...][127] wie wir es erleben, als Betätigung unseres Selbst, als zielgerichtete Absicht unserer Persönlichkeit" oder „als bloße Zuschauer unserem Erleben gegenüberstehen", „welche die Prozession der bewußten Erscheinungen beschreiben und in ihrem notwendigen Zusammenhang auffassen, und das heißt erklären wollen", „müssen wir [...] zwei grundsätzlich verschiedene theoretische Disziplinen gewinnen: die eine, deren Wesen darin liegt, daß sie das seelische Leben als Bewußtseinsinhalt darstellt und erklärt, und die andere, die darauf beruht, daß das gleiche Seelenleben als Absicht- und Sinnzusammenhang interpretiert und verstanden wird. Die eine ist eine kausale Psychologie, die andere eine teleologische und intentionale."[128] Wir erkennen diese Scheidung als durchaus berechtigt an, glauben aber, daß sie in anderem Sinn durchgeführt werden muß, als Münsterberg es tut. Nach seiner Ansicht ist das „Material der kausalen Psychologie[129] ein System von objektartigen Bewußtseinsinhalten, die als solche niemals Intentionen besitzen können. Das Material der intentionalen Psychologie ist ein System von Akten, die als solche niemals Objekt sein können und niemals in einen äußeren Kausalzusammenhang eintreten können, sondern nur in innerer Beziehung stehen."[130] Dabei kann es sich „niemals um eine Teilung des Gebietes handeln ⟨[...]⟩, so als wenn gewisse Erlebnisse vom einen, andere Erlebnisse vom anderen Standpunkt aus untersucht werden sollten. Im Gegenteil, es kann keinen Bruchteil des seelischen Lebens geben, der nicht von jedem der beiden Standpunkte erfaßbar ist. Unter dem Gesichtspunkt der beschreibenden und erklärenden Psychologie muß auch der höchste Willensakt vollkommen in der Objektwelt aufgezeigt werden [...].[131] Auf der anderen Seite gibt es dann aber auch keinen

---

[125] ⟨Von Stein ausgelassen: „Dadurch scheidet sie sich von den Körperwissenschaften und scheidet sich von den Normwissenschaften. Die körperlichen Dinge der Naturwissenschaft sind vom Individuum unabhängig, und die Normen, soweit sie in der Wissenschaft Anerkennung finden, haben in gleicher Weise ihre Gültigkeit jenseits des individuellen Erlebens."⟩

[126] ⟨Münsterberg,⟩ *Psychotechnik*, S. 11.

[127] ⟨Ausgelassen: „wir halten es so fest,⟩

[128] A. a. O., ⟨Münsterberg, *Psychotechnik*, Kap. Psychotechnik und Psychologie,⟩ S. 12 f.

[129] ⟨Ohne Kennzeichnung ausgelassen: „über sich selbst hinausweisen können und somit niemals"⟩.

[130] A. a. O., ⟨Münsterberg, *Psychotechnik*,⟩ S. 14.

[131] ⟨Von Stein ausgelassen: „wobei es nebensächlich ist, wieviel davon ins Bewußtsein

Teil des Erlebnisses, der nicht gänzlich unter dem Gesichtspunkt der Geistespsychologie verstanden werden kann."[132]

In Wahrheit handelt es sich nicht um zweierlei „logische Bearbeitungen", 116
um verschiedene Standpunkte, die von außen an die Erlebniswirklichkeit herangetragen werden, sondern das Psychische, sofern es zugleich Realisation geistigen Lebens ist, zeigt in sich eine mehrfache Gesetzlichkeit: kausale und Motivations- oder Sinnzusammenhänge; je nachdem man die einen oder die anderen zum Thema macht, gelangt man zu verschiedenen Sonderdisziplinen. Aber diese Disziplinen greifen ergänzend ineinander und fordern einander gegenseitig. Die intentionale Psychologie kann die Erlebnisse nicht analysieren, ohne sie zu Objekten zu machen, und die kausale findet sie als Objekte vor, ohne sie erst dazu „umzuarbeiten". Jede von ihnen erfaßt eine bestimmte Seite des Psychischen, und keine vermag es ganz in ihrer Sprache auszudrücken. Es ist darum auch ganz unberechtigt, wenn Münsterberg meint, die kausale Psychologie entferne sich weiter von der Wirklichkeit als die intentionale und könnte darum vom theoretischen Standpunkt entbehrlich erscheinen.[133] Die Aufgabe der kausalen Psychologie ist genau so durch die Struktur des Psychischen vorgezeichnet wie die der intentionalen, ja streng genommen, ist *sie* die eigentliche *Psychologie*, während die ergänzende Disziplin richtiger als Lehre vom *Geiste* zu bezeichnen wäre; nur muß sie sich mit der Erforschung der *aufweisbaren* Kausalzusammenhänge beschäftigen, deren Herausstellung das Ziel dieser Abhandlung war, und nicht mit dem Aufbau des gesamten Seelenlebens aus konstruierten Elementen.[134]

fällt und wieviel von den Objekten außerhalb des Bewußtseins, physiologischen oder unbewußten Objekten zugehört.")

[132] ⟨Münsterberg⟩, *Psychotechnik*, ⟨Kap. Die Stellung der Psychotechnik,⟩ S. 42.

[133] A. a. O. S. 44 f. Mit dieser Auffassung ist eigentlich die ganze frühere Begründung der Psychologie preisgegeben.

[134] Wir kommen in der Schlußbetrachtung ⟨S. 246 ff.⟩ auf die Frage der verschiedenen „psychologischen" Disziplinen zurück, nachdem wir aus den Untersuchungen der II. Abhandlung ⟨*IG*⟩ weiteres Material dafür gewonnen haben.

II. Abhandlung
Individuum und Gemeinschaft[135]

Einleitung

Die Untersuchung über die psychische Kausalität faßte die einzelne Psyche zunächst als einen Mikrokosmos, als eine Welt für sich. Unsere Betrachtun-
117 gen selbst aber drängten auf eine Erweiterung dieses Rahmens hin. Wir sahen, daß der „Mechanismus“ des psychischen Geschehens kein in sich geschlossener ist. Die Lebenskraft, die ihn in Betrieb hält, erfährt Zuströme „von außen“, und diesen Zuströmen muß man bis zu ihren Quellen nachgehen, wenn man ein allseitiges Verständnis der individuellen Psyche gewinnen will. Zwei Hauptrichtungen sind dabei zu verfolgen: die Eingliederung in den Zusammenhang der materiellen Natur[136] und die Eingliederung in den Zusammenhang der geistigen Welt. Dem zweiten Problem ist die folgende Untersuchung gewidmet.

Eine bestimmte Form des Zusammenlebens individueller Personen muß vor allem geklärt werden, wenn man verstehen will, in welchem Sinn man von einem All der psychischen Realität sprechen kann, dem sich die einzelne Psyche als Glied einordnet. – Ein Gegensatz zwischen zwei verschiedenen Typen der „Vergesellschaftung“ spielt in der modernen Soziologie eine große Rolle. *F. Tönnies*[137] hat ihn zuerst herausgearbeitet, von anderen, z. B. von *M. Scheler*[138], ist er lebhaft aufgegriffen worden: Ich meine den Gegensatz

---

[135] Erst nach Abschluß dieser Abhandlung kam mir das Buch von Th.⟨eodor⟩ Litt *Individuum und Gemeinschaft* ⟨*. Grundlegung der sozialen Theorie und Ethik,*⟩ (Teubner ⟨Leipzig⟩ 1919 ⟨Berlin ³1926 unter dem Titel *Individuum und Gemeinschaft. Grundlegung der Kulturphilosophie*⟩) in die Hände, dessen Grundauffassung sich mit der hier vertretenen nahe berührt.

[136] ⟨Vgl. *AMP*, S. 33 ff. „Der Mensch als materielles Ding und als Organismus“.⟩

[137] ⟨Tönnies, Ferdinand (1855–1936, dt. Soziologe, Nationalökonom und Philosoph), *Gemeinschaft und Gesellschaft. Abhandlung des Communismus und des Socialismus als empirischer Culturformen*, Leipzig 1887. Neue Ausgabe Darmstadt 2010: *Gemeinschaft und Gesellschaft. Grundbegriffe der reinen Soziologie. Mit den Vorreden zur ersten (1887), zweiten (1912), vierten und fünften (1920), sechsten und siebten (1926) Auflage.*⟩

[138] ⟨„Der Formalismus in der Ethik und die materielle Werteethik“, *Jahrbuch für Philosophie und phänomenologische Forschung*, Bd. II, Halle 1916, S. 21–478, *Gesammelte Werke* 2, Bonn ⁷2000, „Unser Personbegriff im Verhältnis zu anderen Formen personalistischer Ethik, ad 4, Einzelperson und Gesamtperson“, S. 517. Vgl. dazu Wulf, Claudia Mariéle,

von *Gemeinschaft* und *Gesellschaft*. Unter „Gemeinschaft“ wird dabei die naturhafte, organische Verbindung von Individuen verstanden, unter „Gesellschaft“ die rationale und mechanische. Ohne uns auf den historischen Entstehungsprozeß dieser sozialen Gebilde einzulassen und ohne uns genau an die Abgrenzung zu halten, wie sie sich etwa bei *Tönnies* findet, können wir ihren Wesensunterschied vielleicht am besten in folgender Weise wiedergeben: Wo eine Person der anderen als *Subjekt* dem *Objekt* gegenübertritt, sie erforscht und auf Grund der gewonnen Erkenntnis planmäßig „behandelt“ und ihr beabsichtigte Wirkungen entlockt, da leben sie in *Gesellschaft* zusammen. Wo dagegen ein Subjekt das andere als *Subjekt* hinnimmt und ihm nicht gegenübersteht, sondern *mit ihm lebt* und von seinen Lebensregungen bestimmt wird, da bilden sie miteinander eine *Gemeinschaft*. In der Gesellschaft ist jeder absolut einsam, eine „Monade, die keine Fenster hat“.[139] In der Gemeinschaft herrscht Solidarität. Es läßt sich zeigen, daß die faktischen personalen Verbände meist Mischformen aus diesen Grundtypen sind, daß aber auch prinzipiell eine Gesellschaft, die *nur* Gesellschaft und nicht bis zu einem gewissen Grade *auch* Gemeinschaft wäre, nicht denkbar ist.[140] Nehmen wir als möglichst reines Beispiel eines „Gesell- 118
schaftsmenschen“ einen Demagogen, der eine Volksmenge seinen eigenen Zwecken dienstbar machen will.[141] Das Band der Solidarität zwischen ihm und denen, die Objekt seiner „Behandlung“ sind, ist zerschnitten. Er beobachtet sie wie der Schiffer Wind und Wellen, mit denen er zu rechnen hat, oder wie der Torero den Stier, dessen Blöße er treffen will. Und sein ganzes Verhalten ist planmäßig abgestimmt auf die Wirkungen, die er ausüben will, im Gegensatz zum Gemeinschaftsmenschen, der sich „naiv“ gibt, ohne die Wirkungen seines Auftretens in Rechnung zu ziehen und naiv Eindrücke empfängt, ohne Beobachtungen anzustellen. Weil aber das Objekt des Gesellschaftsmenschen die Subjektivität ist, braucht er die Haltung des Gemeinschaftsmenschen als Erkenntnismittel. Denn um der fremden Inner-

„Freiheit und Verantwortung in Gemeinschaft – eine brisante Auseinandersetzung zwischen Edith Stein und Max Scheler“, in: Beckmann-Zöller, Beate / Gerl-Falkovitz, Hanna-Barbara (Hg.), *Die ‚unbekannte' Edith Stein: Phänomenologie und Sozialphilosophie*, Frankfurt a. M. 2006, S. 91–114.⟩

[139] ⟨Anspielung auf Gottfried Wilhelm Leibniz' 1696 erstmals im Brief an den ital. Mathematiker und Physiker Michelangelo Fardella (ausgeführt erst 1714 in seiner *Monadologie*) entwickeltes Bild für das Individuum; Husserl greift es auf in *Cartesianische Meditationen* (1929) §33 (*Hua* I, 2. verb. Auflage 1991) und in *Hua* XXV, S. 28 ff.⟩

[140] Vgl. im folgenden II. Teil, §4 c ⟨S. 212 ff.⟩. Auch von Scheler ist betont worden, daß Gesellschaft in Gemeinschaft gegründet ist. ⟨vgl. Scheler, *Formalismus*, S. 410; ^{7}2000, S. 520.⟩

[141] ⟨Diese Passage wird verschiedentlich als prophetische Vorhersage der nationalsozialistischen Methoden der Diktatur verstanden.⟩

lichkeit so nahe zu kommen, wie es für seine Zwecke erforderlich ist, muß man sich ihr hingeben können. Man kann das Subjekt gar nicht zum Objekt machen, ohne es zunächst einmal schlicht als Subjekt hingenommen zu haben. Man kann die Mittel nicht kennen, mit denen auf die Menge Eindruck zu machen ist, ohne eine Vertrautheit mit ihrem Innenleben, wie sie nur in naiver Hingabe zu gewinnen ist. Was den Beobachter vom naiv Mitlebenden unterscheidet, ist dies, daß er das, was ihm das Gemeinschaftsleben bietet, rationell ⟨sic⟩ ausnützt; daß er aus dem naiven Erleben in die erkennende Haltung übergeht, die fremde Innerlichkeit zum Gegenstande macht, anstatt unmittelbar darauf zu „reagieren", und die Erkenntnis für die Zwecke seines Handelns verwertet.

Nehmen wir nun als Seitenstück des Demagogen den echten „Volksmann", der sich aus natürlicher Neigung in den Dienst des Volkes stellt, so sehen wir, daß er vielfach auf die gesellschaftliche Einstellung als Mittel für die Zwecke der Gemeinschaft angewiesen sein wird. Gewiß sind für ihn die Wünsche, Bedürfnisse, Interessen des Volkes maßgebend, die er als Gemeinschaftsmensch unmittelbar auf sich wirken läßt. Gewiß ist der „Eindruck", den er macht und der ihm die Führerstelle verschafft, ein ungewollter. Aber wenn er sich seiner Funktion als Haupt der Gemeinschaft bewußt wird, dann wird auch er in die Lage versetzt, das Volk studieren zu müssen, um es richtig lenken zu können. Immerhin ist es für ihn möglich, seine Aufgabe zu erfüllen, ohne sie sich klar zur Gegebenheit zu bringen und ohne in die gesellschaftliche Haltung überzugehen. Gemeinschaft ohne Gesellschaft ist also möglich, Gesellschaft ohne Gemeinschaft dagegen nicht.

119 Wie eine Gemeinschaft, als ein Subjekt höherer Stufe, und ein Gemeinschaftsleben möglich ist, das suchen die folgenden Untersuchungen zu ergründen.

I. Der Erlebnisstrom der Gemeinschaft

§ 1. Die Struktur des Gemeinschaftserlebnisses

Das individuelle Ich ist der letzte Auslaufspunkt alles Bewußtseinslebens. Unter „individuellem Ich" ist hier nicht eine Person von bestimmter Eigenart bzw. Einzigartigkeit verstanden, sondern zunächst nur das Ich, das *dies* ist und kein anderes, einzig und ungeteilt – so wie es als Ausstrahlungspunkt irgendeines Erlebnisses erlebt ist. Es ist abgehoben von allem Nicht-Ich, und zwar sowohl von toten Objekten als von anderen Subjekten, und es ist von diesen anderen Subjekten unterschieden unangesehen ihrer und seiner eigenen Qualitäten. Eben dieses Ich, das keiner materialen Beschaffenheit bedarf, um sich in seinem Ichsein von allem anderen abzugrenzen, ist es, was wir als *reines Ich* bezeichnen.[142] Ihm entspringt kontinuierlich aktuelles Bewußtseinsleben, das sich, indem es in die Vergangenheit rückt, „gelebtes Leben" wird, zur Einheit des konstituierten Bewußtseinsstromes zusammenschließt. Dabei strömt das jeweils aktuelle konstituierende Leben ständig aus dem vergangenen hervor und der konstituierte Strom ist stets in Deckung mit dem vormals aktuellen konstituierenden. Was dem *einen Ich* entströmt, das gehört zu *einem* Bewußtseinsstrom, der in sich abgeschlossen und von jedem anderen abgegrenzt ist, wie das Ich selbst.

Es ist nun höchst wunderbar, wie dieses Ich, unbeschadet seiner Einzigkeit und unaufhebbaren Einsamkeit, eingehen kann in eine *Lebensgemeinschaft* mit anderen Subjekten, wie das individuelle Subjekt Glied wird eines überindividuellen Subjekts und wie im aktuellen Leben einer solchen Subjektgemeinschaft oder eines Gemeinschaftssubjekts sich auch ein überindividueller Erlebnisstrom konstituiert. Wie für das eine Subjekt die anderen Subjekte gegeben sind, und wie weit solche Gegebenheit für das Gemeinschaftsleben Voraussetzung ist, das wollen wir hier nicht untersuchen. Uns interessiert zunächst nur die Struktur dieses Gemeinschaftslebens selbst.

Gehen wir vom Leben irgendeiner sozialen Gruppe aus, der wir angehören oder als deren Glied wir uns fingieren. Wir werden bei unserer Fragestellung nicht das objektive Sein des sozialen Gebildes untersuchen, wie es uns in der Welt gegenübertritt, sondern wir wollen es gleichsam von innen
betrachten. Das Material, das uns zur Zergliederung vorliegt, ist das, was wir 120
als Glieder der Gemeinschaft erleben. Nehmen wir als Beispiel etwa das folgende. Die Truppe, in der ich diene, befindet sich in Trauer um den Verlust ihres Führers. Vergleichen wir damit die Trauer, die ich beim Verlust eines persönlichen Freundes fühle, so sehen wir, daß die beiden Fälle sich in mehrfacher Hinsicht unterscheiden: 1. ist das Subjekt des Erlebens ein verschiedenes; 2. ist die Struktur des *Erlebnisses* eine andere; 3. ist der Erlebnis*strom*, dem das Erlebnis sich einordnet, verschieden geartet.

Was den ersten Punkt anlangt, so haben wir in unserem Fall an Stelle des individuellen Ich ein Subjekt, das eine Mehrheit von individuellen Ichen umgreift. Gewiß bin ich, das individuelle Ich, von Trauer erfüllt. Aber ich fühle mich nicht allein damit, sondern ich fühle sie als *unsere* Trauer, das Erlebnis ist wesentlich davon gefärbt, daß andere daran teilhaben, oder vielmehr, daß ich nur als Glied einer Gemeinschaft daran teilhabe. Wir sind von dem Verlust betroffen und wir trauern darüber, und dieses „Wir" umfaßt nicht nur diejenigen, die die Trauer fühlen wie ich, sondern alle, die von der Einheit der Gruppe umschlossen werden: auch diejenigen, die etwa von dem Ereignis nichts wissen und die Mitglieder der Gruppe, die früher gelebt haben oder

[142] ⟨Zum „reinen Ich" vgl. Husserl, *Ideen* II, § 22. Vgl. Stein, *PE*, S. 54.⟩

später leben werden. Wir, die wir die Trauer fühlen, tun es im Namen[143] der gesamten Gruppe und aller, die zu ihr gehören. Sie ist das Subjekt des Gemeinschaftserlebnisses, das in uns, den einzelnen individuellen Subjekten, die zu ihr gehören, lebt. Dieses Subjekt fühlen wir in uns getroffen, wenn wir ein Gemeinschaftserlebnis haben. Ich trauere als Glied der Truppe, und die Truppe trauert in mir.

Um nicht mißverstanden zu werden, müssen wir hier etwas vorwegnehmen, was erst spätere Untersuchungen klar erweisen werden. Das Gemeinschaftssubjekt, von dem wir sprechen, ist nicht als „reines Ich" zu fassen wie das individuelle. Das Gemeinschaftserlebnis entspringt dem Gemeinschaftssubjekt nicht in derselben Weise wie das individuelle Erlebnis dem individuellen Ich, das eben als solch letzte Ursprungsstelle in seiner Ichheit charakterisiert ist. Die Erlebnisse der Gemeinschaft haben letzten Endes, wie die individuellen, ihren Ursprung in den individuellen Ichen, die zur Gemeinschaft gehören. Aber diese Unmöglichkeit eines „reinen Gemeinschafts-Ich"
121 steht nicht in Widerspruch zu unseren Ausführungen über das Gemeinschaftssubjekt. Die Ausdrücke „Ich" und „Subjekt" sind ja mehrdeutig. Wie wir vom reinen Ich, dem qualitätlosen Ausstrahlungspunkt der Erlebnisse, die *Persönlichkeit* unterscheiden müssen, die konstituierte Einheit persönlicher Eigenschaften, so steht es auch bei der Gruppe. Ein Gemeinschaftssubjekt als Analogon des reinen Ich besteht nicht. Wohl aber entspricht der individuellen Persönlichkeit, die sich in den individuellen Erlebnissen konstituiert und aus der wiederum die individuellen Erlebnisse zu verstehen sind, eine *Gesamtpersönlichkeit*, als deren Erlebnisse die Gemeinschaftserlebnisse anzusehen sind. Die nähere Untersuchung dieser Verhältnisse muß einer späteren Stelle vorbehalten werden.[144]

Wir sagten nun, daß nicht nur das Subjekt, sondern auch das Erlebnis eine andere Struktur zeigt als das individuelle. Um das aufzuweisen, müssen wir an die Gliederung des Erlebnisses anknüpfen, die wir an früherer Stelle herausgearbeitet haben. Wir unterschieden den *Gehalt* des Erlebnisses (in unserem Falle die Trauer) von seinem *Erlebtwerden* (dem Fühlen der Trauer) und davon wiederum das *Bewußtsein* von dem Erleben, das es – ohne es gegenständlich zu machen – begleitet und evtl. in eine Reflexion übergehen kann, die das Erlebnis zum Gegenstande macht.[145] Was den Gehalt angeht, so müssen wir scheiden zwischen dem, was das Individuum als Glied der Gemeinschaft erlebt[146], und dem, was die Gemeinschaft selbst erlebt. Die

---

[143] Dieses „im Namen" bezeichnet keine „Vertreterschaft", sondern lediglich den im Erlebnis selbst beschlossenen Bezug auf die Gemeinschaft.

[144] Vgl. den II. Teil dieser Abhandlung. 〈S. 163ff..〉

[145] 〈Vgl. oben S. 14f., Anm. 27.〉

[146] Nicht zu verwechseln damit, wie das Individuum etwa *persönlich* von dem betroffen wird, was der Truppe widerfährt: z.B. wenn der Führer sein Freund ist.

Trauer, die ich „im Namen" der Truppe fühle, ist ein schlechthin individueller Gehalt, durchtränkt von meinem individuellen Leben, wenn ihr auch der Umstand, daß ich sie im Namen der Truppe erlebe, eine Note gibt, die sie von jeder Trauer um einen rein persönlichen Verlust abhebt. So hat jeder einzelne *seine* Trauer, obwohl es andererseits berechtigt ist, zu sagen, daß sie alle „dieselbe" Trauer fühlen. Die Bedeutung dieser „Selbigkeit" gilt es eben herauszustellen. Die Trauer ist ein individueller Gehalt, den ich fühle, aber sie ist *nicht nur* das. Sie hat einen *Sinn* und beansprucht kraft dieses Sinnes einem jenseits des individuellen Erlebens Liegenden, objektiv Bestehenden zu gelten, durch das sie vernünftig begründet ist. Das Objektive, dem in unserem Falle die Trauer ihrem Sinne nach gilt, ist der Verlust des Führers. 122
Das Korrelat des Erlebnisses ist also für alle, die daran teilhaben, dasselbe und entsprechend ist der Sinnesgehalt jedes einzelnen Erlebnisses, das diesem Korrelat gilt, idealiter derselbe, unbeschadet der individuellen Einkleidung, die ihn jeweils umgibt. Wir haben also an jedem Erlebnisgehalt einen Sinneskern abzuscheiden von der besonderen Hülle, die er im Erleben dieses oder jenes Ichs annimmt. Nicht jeder Sinn braucht einer Mehrheit von Subjekten zugänglich zu sein. Wenn ich einen Freund verliere, so trifft dieser Verlust mich wie keinen anderen Menschen und entsprechend kommt der Sinnesgehalt der Trauer, die diesem Verlust gebührt, meinem und nur meinem Erlebnis zu. Er ist dem verständnisvollen Ein- und Mitfühlen zugänglich – kann evtl. sogar darin adäquater gefühlt werden als von dem Betroffenen selbst –, aber die eingefühlte Trauer als solche zeigt doch dem ursprünglich erlebten Sinnesgehalt gegenüber, auch wenn er voll in sie eingegangen ist, eine Sinnesmodifikation, die es gestattet, den Sinn selbst und abgesehen von seiner Erlebnisfärbung als einen individuellen zu bezeichnen. Der Sinn der Trauer dagegen, die dem Verlust der Truppe gilt, kann prinzipiell von jedem Mitglied erlebt werden. Ein Erlebnis dieses Sinnesgehalts wird von der Truppe als solcher und jedem, der ihr zugehört, gefordert. Was nun von dieser vernunftgemäß geforderten Trauer in den Erlebnissen der einzelnen Mitglieder realisiert bzw. intendiert wird, das konstituiert die Trauer als Erlebnisgehalt der Gemeinschaft. Daß ein Erlebnisgehalt sich aus mannigfachen Elementen aufbaut, das ist dem individuellen Erlebnis gegenüber nichts Neues: Auch dieses ist ja nicht etwas Punktuelles, sondern erwächst in einer Kontinuität des Erlebens während einer Dauer und weist mancherlei qualitative Schwankungen innerhalb seiner Einheit auf. Nur gehört hier der Erlebnisgehalt *einem* individuellen Bewußtseinsstrom zu, während dort evtl. eine ganze Reihe von Bewußtseinsströmen an seinem Aufbau mitwirkt. Wenn keines der Mitglieder die gebührende Trauer fühlt, so muß man auch sagen, daß der Verlust von der Truppe nicht richtig gewürdigt wird. Wenn auch nur *ein* Mitglied den vernünftig geforderten Sinnesgehalt in sich realisiert hat, so gilt das nicht mehr: Da der eine „im Namen der

Truppe“ fühlt, hat sie in ihm dem an sie gestellten Anspruch genügt. Die Erlebnisse der anderen werden dadurch nicht ausgeschaltet. Sie alle tragen mit bei zum Aufbau des Gemeinschaftserlebnisses; aber das, was in ihnen
123 allen *intendiert* war, ist im Erlebnis dieses einen allein zur *Erfüllung* gekommen. Das Verhältnis der verschiedenen Teilgehalte kann wieder durch den parallelen Aufbau eines individuellen Erlebnisses – wir entnehmen das Beispiel diesmal einem anderen Gebiet – erhellt werden. Wenn ich mich im Dunkeln einem Gegenstande nähere und, während ich ihn ständig im Auge behalte, ihn zunächst für einen kauernden Menschen, dann für ein Tier halte, zuletzt aber erkenne, daß es ein Meilenstein ist, so schließt sich diese ganze kontinuierliche Erlebnisreihe zur Einheit einer Wahrnehmung zusammen. Das sinnliche Material, auf dem sich das Erlebnis aufbaut, die Empfindungsgehalte, sind ständig wechselnde, und mit ihnen ändert sich die gegenständliche Intention, die „Meinung“ des Erlebnisses. Die neue Auffassung durchstreicht die alte und entwertet damit in gewisser Weise die Sinnesdaten, auf die sich jene aufbaute. Letztlich behaupten sich nur die Empfindungsgehalte, auf die sich die *erfüllte Intention* stützt, die wir im klaren Erkennen haben. Aber auch die „entwerteten“ Daten werden aus dem gesamten Wahrnehmungserlebnis nicht herausgestrichen, sondern tragen ebenso wie die anderen mit zu seinem Aufbau bei. Analog verhält es sich in unserem Falle: Das Erlebnis jedes einzelnen Trauernden hat einen Sinnesgehalt und zielt kraft dieses Sinnesgehalts auf etwas Objektives – den Verlust, dem die Trauer gebührt – ab. Aber nur im Erlebnis des einen, der die „gebührende“ Trauer fühlt, ist die Intention, die durch das gesamte Gemeinschaftserlebnis hindurchgeht, erfüllt und gesättigt.

Es muß betont werden, daß den Erlebnissen, die auf ein überindividuelles Objekt gerichtet sind – sofern dieses Objekt als überindividuelles vor uns steht –, neben der rein gegenständlichen Intention eine Intention auf das Gemeinschaftserlebnis innewohnt, für das unser Erlebnis konstitutiv ist. Wir fühlen die Trauer als Angehörige der Truppe, und indem wir das tun, beanspruchen wir durch diese Trauer die Trauer der Truppe zu realisieren. Auch diese Intention kann mehr oder minder erfüllt sein, aber dieses Erfüllungsverhältnis ist von dem früher erwähnten durchaus zu trennen. Die Intention, das Gemeinschaftserlebnis zu realisieren, kann sehr viel weiter erfüllt sein, als die Intention, den Ansprüchen des Objekts gerecht zu werden – etwa in Fällen, wo der Gehalt des Gemeinschaftserlebnisses beträchtlich hinter dem zurückbleibt, was von ihm gefordert wird. Andererseits kann der Gehalt des individuellen Erlebnisses sehr nahe an das heranreichen,
124 was durch das überindividuelle Objekt gefordert ist, und braucht doch bei weitem nicht den Gehalt des Gemeinschaftserlebnisses zu decken. Das kann einmal daran liegen, daß in den Gehalt des Gemeinschaftserlebnisses Sinnesbestandteile mit eingehen, die nicht objektiv gefordert sind. Es kann z. B.

das betreffende Ereignis – der Tod des Führers – von einzelnen Gliedern in seiner Bedeutung für die Gemeinschaft falsch gewertet werden, und auch diese „falschen", durch andere durchstrichenen und korrigierten Sinnesgehalte gehen ja in den Gesamtgehalt mit ein, ohne daß sie von dem Einzelerlebnis mit umspannt zu werden brauchen. Außerdem aber spielen noch andere Momente für das Auseinanderfallen des Einzelgehaltes und des darin intendierten Gesamtgehaltes eine Rolle: Die durchgehende Intention auf das überindividuelle Objekt, die die Sinnesgehalte der Einzelerlebnisse durchzieht, begründet die Einheit des Gemeinschaftserlebnisses – es ist eine Einheit des Sinnes. Trotzdem hat auch der Gehalt des Gemeinschaftserlebnisses seine „Erlebnisfärbung", die den Sinneskern umschließt und die in ihrer Eigenart bestimmt ist durch die Besonderheit der individuellen Erlebnisgehalte, die am Aufbau des Gemeinschaftserlebnisses beteiligt sind. Natürlich ist das Gemeinschaftserlebnis, das durch so mannigfache Einzelerlebnisse aufgebaut ist, ebenso wie die individuellen Erlebnisse in seiner Erlebnisfärbung einzigartig und von jedem von ihnen unterschieden.

Wir kommen nun zum zweiten Moment des konkreten Erlebnisses, dem Erleben des Gehalts, in unserem Fall: dem Fühlen der Trauer. Derselbe Gehalt (seinem Sinnesbestande nach) kann heftiger oder weniger heftig, tiefer oder weniger tief, rein oder durch anderes getrübt, gefühlt werden. Jedes Individuum fühlt den Gehalt in anderer Weise, und diese Unterschiede des Fühlens, die „noetischen" Unterschiede, haben ihre Korrelate in „noematischen", nämlich in jenen mannigfachen „Erlebnisfärbungen" des Sinnesgehaltes, von denen wir sprachen. Aber das Erleben ist nicht seinem vollen Bestande nach schlechthin individuell. Wie der Sinnesgehalt umkleidet ist von einer Erlebnisfärbung, so ist andererseits das Erleben mit bestimmt durch den Sinn des Gehaltes. Jeder Gehalt fordert seinem Sinne nach ein ganz bestimmt geartetes Erleben. Die Trauer z. B., die dem erlittenen Verlust gebührt, verlangt nach einer bestimmten Tiefe und einer bestimmten Heftigkeit des Gefühles. Diese Qualitäten des Fühlens können prinzipiell bei allen Beteiligten vorhanden sein, es ist aber auch möglich, daß sie nur von
wenigen oder auch von niemandem erreicht werden, daß keiner mit seinem 125
Erleben den Ansprüchen des Sinnesgehaltes gerecht wird. Nehmen wir an, daß die geforderten Qualitäten des Erlebens sich bei mehreren Individuen finden, und sehen wir ferner ganz davon ab, wie jedes *persönlich* etwa von dem Verlust betroffen wird, sondern betrachten nur, wie sie als Glieder der Gemeinschaft fühlen, so finden wir doch an jedem dieser Erlebnisse trotz allem, was sie gemein haben, eine individuelle Note.

Wir fragen nun, ob wir der Gemeinschaft selbst – nicht nur ihren Gliedern – ebenso wie einen Erlebnisgehalt, so auch ein Erleben zusprechen sollen, und wir müssen diese Frage unbedingt bejahen. Lassen wir unberücksichtigt, wie der Verlust eventuell uns persönlich trifft, betrachten wir nur, was er für die Gemeinschaft bedeutet, so fühlen wir im Namen der Gemeinschaft, ihr Erleben ist es, das sich in uns und durch uns vollzieht. Es ist durchaus sinnvoll zu sagen, daß die Gemeinschaft tief, leidenschaftlich und nachhaltend oder leicht und flüchtig trauert. Dabei ist das Gemeinschaftserlebnis nach seiner noetischen ebenso wie nach seiner noematischen Seite durch die Einzelerlebnisse der beteiligten Individuen konstituiert. Je nachdem sich Einzelsubjekte finden oder nicht, deren Erlebnis den Forderungen des Gehaltes gerecht wird, kann man von der Gemeinschaft selbst sagen, daß sie die Trauer gebührend fühlt oder nicht. Und darüber hinaus bestimmt die individuelle Note der konstituierenden Einzelerlebnisse die besondere noetische Eigentümlichkeit des Gemeinschaftserlebnisses.

Wie steht es nun mit dem Bewußtsein der Gemeinschaft? Kann man sagen, daß eine Gemeinschaft sich ihres Erlebens im Vollzuge bewußt ist, daß sie evtl. auf ihr Erleben reflektieren kann, und sind Bewußtsein und Reflexion der Gemeinschaft von denen der einzelnen Glieder zu unterscheiden wie wir Erleben und Erlebnisgehalt der Gemeinschaft von dem ihrer Elemente unterscheiden mußten? Offenbar geht das nicht an. Die Gemeinschaft wird sich nur in uns ihrer selbst bewußt, und dieses unser „Gemeinschaftsbewußtsein" konstituiert kein überindividuelles Gemeinschaftsbewußtsein, wie das individuelle Erleben und sein Gehalt ein überindividuelles Erleben und einen überindividuellen Gehalt konstituieren. Der Einzelne lebt, fühlt, handelt als Glied der Gemeinschaft, und sofern er das tut, lebt, fühlt und handelt die Gemeinschaft in ihm und durch ihn. Aber wenn er sich seines Erlebens bewußt wird oder darauf reflektiert, so wird sich nicht die Gemein-
126 schaft dessen bewußt, was sie erlebt, sondern er wird sich dessen bewußt, was die Gemeinschaft in ihm erlebt.[147]

Das führt uns auf die These zurück, mit der wir unsere Ausführungen begannen: Dem individuellen Ich entspringt alles Bewußtseinsleben. Alles ursprünglich zeugende Leben, der letztkonstituierende Fluß, hat seinen Ursprung im individuellen Ich, und erst im Bereich der konstituierten Erlebnisse scheiden sich Einzel- und Gemeinschaftserlebnisse. Da nun allein der konstituierende Fluß ursprünglich von Bewußtsein begleitet ist, alles Konstituierte aber nur sekundär, als untrennbar von dem Konstituierenden, vom Lichte des Bewußtseins erhellt wird, kann es ebensowenig ein selbständiges Gemeinschaftsbewußtsein geben, wie es ein konstituierendes Gemeinschaftsleben gibt.

Danach werden wir im strengen Sinne nicht von einem „Bewußtseins-

[147] Daran ändert auch die Tatsache nichts, daß wir evtl. einer Gemeinschaft (etwa einem Volk in einem späten Zeitalter seiner Entwicklung) einen besonders hohen Grad von „Bewußtheit" zusprechen. Diese Bewußtheit bedeutet dann eine typische Eigentümlichkeit der Gemeinschaftsglieder (bzw. ihres Erlebens), aber nicht der Gemeinschaft selbst.

strom" der Gemeinschaft reden dürfen. Beim individuellen Ich schieden wir nicht zwischen Bewußtseins- und Erlebnisstrom, weil hier der ursprünglich zeugende Fluß des Erlebens und die Reihe der dauernden Erlebnisse, die sich in ihm als Einheit konstituiert, zur Deckung kamen und weil sich ja in der üblichen Redeweise der Terminus Bewußtsein von dem Moment des Erlebnisses, das wir so bezeichnen, auf das gesamte Erlebnis ausgebreitet hat.[148] Beim Gemeinschaftserlebnis aber müssen wir streng scheiden: Einen Bewußtseinsstrom als ursprünglich konstituierenden Fluß gibt es hier nicht. Aber die Erlebnisse der Gemeinschaft schließen sich ebenso wie die des Individuums zu einer Einheit zusammen, so daß wir mit gutem Recht von einem *Erlebnisstrom der Gemeinschaft* sprechen können. Dieses Gebilde müssen wir nun etwas näher betrachten. Vom Erlebnisstrom eines Individuums unterscheidet es sich zunächst dadurch, daß es seiner Konstitution nach auf das ursprüngliche Bewußtseinsleben einer Mehrheit von Einzelsubjekten zurückweist. Abgesehen davon aber besteht ein Unterschied zwischen den Elementen, aus denen sich die eine und die andere Einheit aufbaut. Die Gemeinschaftserlebnisse, so sahen wir, sind sowohl ihrem Gehalt als ihrem Erlebtwerden nach durch Einzelerlebnisse konstituiert. Das Gemeinschaftserlebnis und der gesamte Strom *durchsetzt* nicht einfach die Erlebnisströme 127
der beteiligten Individuen, so daß dasselbe Erlebnis als Element des einzelnen und des Gemeinschaftserlebnisstroms anzusehen wäre. Sondern das, was das Individuum als Glied der Gemeinschaft erlebt, bildet das Material, aus dem sich die Gemeinschaftserlebnisse aufbauen. Sie gehören also in eine höhere Konstitutionsschicht als die Einzelerlebnisse.[149] Rein äußerlich kommt dieser Unterschied schon darin zum Ausdruck, daß die Erlebnisse einer Gemeinschaft sich über eine weit größere Dauer erstrecken können als die eines Individuums. Der Haß der Guelfen gegen die Ghibellinen[150] oder die Feindschaft der Sozialdemokratie gegen die „bürgerliche Gesellschaft" sind einheitliche Erlebnisse im Erlebnisstrom der betreffenden Partei und erstrecken sich über ganze Generationen von Individuen, die jeweils konstitutive Beiträge zum Aufbau der Dauereinheit höherer Ordnung liefern.

---

[148] Von anderen Bedeutungen des Wortes sehen wir hier ganz ab.

[149] Dasselbe Erlebnis kann evtl. als Einzel- und Gemeinschaftserlebnis in Betracht kommen – und zwar seinem *Sinnes*gehalt nach; dem *Erleben* nach ist ja jedes Gemeinschaftserlebnis zugleich Einzelerlebnis –, und es kann rückblickend bald unter diesem, bald unter jenem Aspekt betrachtet werden. Den Ausbruch des Krieges beispielsweise habe ich als Durchbrechung meines persönlichen Lebensganges erlebt und zugleich als unser gemeinsames Schicksal. Diese verschiedenartigen Intentionen sind in der Einheit eines Erlebnisses miteinander verflochten und übereinander gebaut. In der rückblickenden Betrachtung kann ich die einen ins Auge fassen, ohne die andern mit in Betracht zu ziehen.

[150] ⟨Ghibellinen, mittelalterliche ital. Bezeichnung für die Waiblinger, bzw. Staufer aus dem württembergischen Waiblingen, die den Kaiser unterstützten, während die Guelfen (ital. für Welfen) Parteigänger des Papstes waren.⟩

Für das Verständnis dieser Dauereinheiten und ihrer Stellung im Erlebnisstrom der Gemeinschaft sind die Betrachtungen von Simmel über das historische Geschehen sehr lehrreich.[151] Das reale Geschehen – so meint er – ist kontinuierlich, das historische aber fällt damit nicht zusammen, sondern besteht aus diskreten Ereignissen, die unter einer einheitlichen Idee zusammengefaßt sind (Schlacht, Krieg, Regierungszeit u. dgl.). Zerlegt man diese Einheiten immer weiter, so kommt man schließlich zu „Atomen", die keinen historischen Sinn mehr haben und aus denen sich das Historische nicht mehr aufbauen läßt.

Wir sind uns darüber klar, daß solche Betrachtungen eigentlich über unsere Problemstellung hinausragen. Mit dem Verhältnis von individuellem und Gemeinschaftsleben ist ja das Spezifische des Historischen noch nicht getroffen, aber für die Analyse des Historischen ist die Auseinandersetzung
128 mit diesem Verhältnis vorausgesetzt, und etwas darüber. Die Gegenüberstellung von „realem" und „historischem" Geschehen zeigt, daß Simmel die „Geschichte" als Produkt des historischen Denkens ansieht, das aus dem Material des „realen" Geschehens durch eine bestimmte „Formung" herausgearbeitet wird. Zu dem, was Simmel als „Atome" bezeichnet und zum Material des historischen Geschehens rechnet, gehören z. B. die Erlebnisse der einzelnen Soldaten in einer Schlacht. Recht betrachtet sind dies bereits diskrete Einheiten, die sich aus dem ursprünglichen Kontinuum, dem konstituierenden Bewußtseinsstrom, erheben. In ihrer Gesamtheit bilden diese Erlebniseinheiten den konstituierten (individuellen) Erlebnisstrom, der sich in der Einheit der immanenten Zeit erstreckt, und erfüllen verschiedene Dauerstrecken dieser Zeit. Zwischen den immanenten Einheiten bestehen bestimmte Beziehungen: Die späteren sind in ihrem Auftreten und in ihrer Beschaffenheit von den früheren abhängig, jede solche Einheit bildet einmal ein Stück des Stromes und kann außerdem von Bedeutung sein für die Ausfüllung späterer Strecken des Stromes, ist also in doppelter Weise an seinem Aufbau beteiligt. Diese zweite konstitutive Bedeutung ist aber nicht bei allen immanenten Einheiten gleich, sie sind mehr oder minder „folgenschwer" und infolgedessen mehr oder minder verantwortlich für die Struktur des gesamten Stromes, sind also konstitutive Faktoren von verschiedener Valenz. Wenn wir den Lebensgang einer Person, d. h. ihre Erlebnisse, soweit sie in dem eben geschilderten inneren Zusammenhang stehen, zusammen mit ihren Motiven und der mit dem Erlebnisverlauf Hand in Hand gehenden Entfaltung der Persönlichkeit, als ihre „Geschichte" bezeichnen, so sehen wir, daß nicht alle Erlebnisse des Stromes, in dem sich diese „Geschichte" aufbaut, von „historischer" Bedeutung sind. Streng genommen ist der Le-

[151] Simmel, Georg, „Das Problem der historischen Zeit", in: *Philosophische Vorträge der Kantgesellschaft* Nr. 12, Berlin 1916 ⟨S. 3–31⟩.

benszusammenhang eines Individuums, isoliert betrachtet, noch nicht historisches Geschehen, sondern nur, sofern es sich dem Gesamtzusammenhang des geschichtlichen Lebens einordnet. Aber es zeigt uns im kleinen die Struktur des historischen Geschehens.[152] Der innerlich zusammenhängende Lebensgang ist nicht minder „real“ als der gesamte Strom, aus dem er sich heraushebt, und die diskreten Einheiten, die den Strom aufbauen, ⟨sind⟩ nicht minder real als das ursprüngliche Leben. Die Sinneseinheiten liegen bereit für den betrachtenden und verstehenden Blick und werden nicht erst 129
durch eine umformende Tätigkeit in die „ursprüngliche Wirklichkeit“ hineingetragen.

Nun bleibt die Erlebniskonstitution nicht bei den individuellen Erlebnissen stehen, sondern aus den individuellen Erlebniseinheiten und über ihnen bauen sich die Gemeinschaftserlebnisse auf. Dabei zeigt es sich, daß nicht alle individuellen Erlebnisse zum Aufbau der überindividuellen beitragen und ferner, daß nicht alles, was im Leben einer Gemeinschaft vorkommt, in den Zusammenhang ihres Lebensganges einzugehen braucht. Dem Aufbau des individuellen entspricht der des überindividuellen Erlebnisstroms, dem Hervortreten des „bedeutsamen“ innerlich zusammenhängenden Einzellebens der Sinnzusammenhang eines Gemeinschaftslebens. Und auch diese höheren Sinneseinheiten sind vorfindliche Realitäten, nicht Produkte der historischen Methode. Die individuellen Erlebnisse, auf die man stößt, wenn man die Elemente oder „Atome“ des historischen Geschehens sucht, sind nicht an sich unhistorisches Material für eine historische Bearbeitung, sondern sie kommen nur dann für die historische Betrachtung in Frage, wenn sie in dem Gesamtlebensgange, den die Geschichtswissenschaft nachzuzeichnen sucht, eine Rolle spielen. Von den einzelnen Gemeinschaftserlebnissen ist noch zu sagen, daß sie sich nicht nur ihrer Dauer, sondern auch der Fülle ihres Gehalts nach von den individuellen unterscheiden. Was ein Erlebnis, wie etwa das Leid eines besiegten Volkes[153], umspannt, das ist so gewaltig, daß der Einzelne wie vor etwas Unermeßlichem und Unfaßbarem davor steht. Und nicht nur der, der als Fremder der Gemeinschaft gegenübertritt, sondern auch der, der zu ihr gehört, der an ihrem Erlebnis Anteil hat und es mitaufbauen hilft. Das, was er von diesem Leid fühlt, ist eben nur ein kleiner Beitrag zu dem gesamten Erlebnis, das er in seinem Leid ahnend umfaßt, aber nicht restlos zu erfüllen vermag.[154] Dabei ist im Auge zu be-

[152] Das, was wir hier als Lebensgang einer Person kennzeichneten, und jeder in sich geschlossene Sinnzusammenhang von analoger Struktur fällt unter den Begriff der *„Reihe“*, den *Xénopol* ⟨, Alexandru Dimitri (rumänischer Philosoph und Historiker, 1847–1920)⟩ in seiner *Théorie de l'histoire* ⟨*. 1899 unter dem Titel: Les principes fondamentaux de l'histoire, hier Paris* ²*1908*⟩ geprägt hat.

[153] ⟨Vgl. dazu „Analyse des Volkes und der Volkszugehörigkeit“, *AMP*, S. 144 ff.⟩

[154] Aus früheren Ausführungen wissen wir, daß die „Unerfülltheit“ in doppeltem Sinne zu

130 halten, was soeben vom gesamten Erlebnisstrom gezeigt wurde: Das Verhältnis des Gemeinschaftserlebnisses zum Einzelerlebnis ist Konstitution, nicht Summation. Wer in sich alle die aufbauenden Erlebnisse zu sammeln vermöchte, sie aber als bloße Summe ohne inneren Zusammenhang in sich vereinte, der wäre so wenig im Besitz des vollen Gemeinschaftserlebnisses, wie man durch bloße Aneinanderreihung von Sinnesdaten die Einheit eines Gegenstandes erhält. Erst wenn die mannigfachen Beiträge sich, von der Einheit eines Sinnes durchwaltet, zu einem Gebilde höherer Art zusammengeschlossen haben, dann hat man anstatt einer Summe von Elementen das neue Ganze. So bauen sich die Gemeinschaftserlebnisse und die Einheit des Stromes, zu dem sie sich zusammenschließen, über den einzelnen auf, die sie konstituieren.

Damit soll nicht gesagt sein, daß die Gemeinschaftserlebnisse für das Individuum prinzipiell unzugänglich sind. Wer das behaupten wollte, müßte ja jede Aussage über die Gemeinschaftserlebnisse für gegenstandslos erklären. Wir haben bereits ausgeführt, daß es zum Sinn derjenigen individuellen Erlebnisse gehört, die für ein Gemeinschaftserlebnis konstitutiv sind, daß sie auf das Gemeinschaftserlebnis abzielen und es zu umspannen streben. Und wir haben gesehen, daß diese Tendenz mehr oder minder erfüllt sein kann. Wie dieses Umspanntwerden des Gemeinschaftserlebnisses durch das Einzelerlebnis zu verstehen ist und ob es hier eine prinzipielle Grenze der Erfüllbarkeit gibt, ob ferner andere individuelle Erlebnisse als die ursprünglich aufbauenden in Betracht kommen, die das Gemeinschaftserlebnis für das Individuum zur Gegebenheit bringen – das alles sind Fragen, die besonderer Untersuchung bedürfen. Wir können darauf an dieser Stelle nicht eingehen.

§ 2. Elemente des Erlebnisstroms

Es bedarf zunächst der Untersuchung, welche individuellen Erlebnisse geeignet sind, ein Gemeinschaftserlebnis aufbauen zu helfen. Denn nicht alles, was im Bewußtseinsstrom auftaucht, ist dazu tauglich. Erlebnisse mit individuellem Sinn, d. h. Erlebnisse, die auf etwas abzielen, was nur für das Individuum allein Bedeutung hat, bleiben auch auf dieses Individuum beschränkt und spielen darüber hinaus keine konstitutive Rolle.

---

verstehen ist: Es ist möglich, daß das Erlebnis des Einzelnen das der Gemeinschaft nicht voll umfaßt, sondern das, was die andern dazu beitragen, nur in leerer Weise mit umspannt. Und es besteht ferner die Möglichkeit, daß das einzelne Gemeinschaftsmitglied – ebenso wie evtl. die ganze Gemeinschaft – nicht das „gebührende" Leid fühlt, d. h. nicht das durch den erlebten Tatbestand gerechtfertigte. Das Erlebnis des Einzelnen, auf dem das Gemeinschaftserlebnis sich aufbaut, kann in beiden Richtungen unerfüllt sein, es kann aber auch evtl. in der einen erfüllt sein, ohne es in der andern zu sein.

a) Sinnlichkeit und sinnliche Anschauung

Legen wir diesen Maßstab an, so finden wir, daß die niederste Schicht des gesamten Bewußtseinslebens, das ganze *Sinnenleben*, an sich unfähig ist, ein Gemeinschaftserlebnis zu konstituieren. Die pure Sinnlichkeit ist das, was jedes Individuum schlechthin für sich allein hat und mit keinem anderen 131
teilt. Das gilt sowohl für Erlebnisse mit ichfremdem Gehalt (die Empfindungen) als für solche mit ichlichem Gehalt (wie sinnlicher Schmerz). Ein Flimmern „vor dem Auge", ein Sausen „im Ohr", ein Jucken, ein Kitzeln, ein rein sinnliches Lustgefühl hat keinen über den subjektiven Zustand hinausgehenden Sinn und kann darum nicht von mehreren Subjekten gemeinsam erlebt werden. Das führt uns zu dem merkwürdigen Ergebnis, daß die Gemeinschaft als solche keine Sinnlichkeit hat. Das mag zunächst sehr sonderbar klingen, hat aber, recht verstanden, nichts Befremdendes. Es soll ja damit nicht gesagt sein, daß die Sinnlichkeit für das Gemeinschaftsleben keine Rolle spielt. Da sie die Grundlage des individuellen Bewußtseinslebens ist und dieses das Gemeinschaftsleben konstituiert, ist sie letzten Ende auch konstitutiv für das Gemeinschaftsleben. Wir werden ferner später sehen, daß nicht nur die Sinnlichkeit Einzelner, sondern auch ihre sinnliche Berührung miteinander von größter Bedeutung für die Erlebnisse der Gemeinschaft ist. Es soll endlich durch unsere Feststellung nicht ausgeschlossen werden, daß es ein gewisses Nachempfinden und eine Wechselverständigung über die individuelle Sinnlichkeit gibt. Gemeint ist nur, daß es unter den Gemeinschaftserlebnissen keine rein sinnlichen Erlebnisse gibt.[155]

Was aber von der puren Sinnlichkeit gilt, das gilt nicht mehr von den Erlebnissen, in die sie als Stoff, als Material eingeht. Es wird gut sein, hier Erlebnisse mit ichfremdem und Erlebnisse mit ichlichem Gehalt gesondert zu betrachten und für beide zu untersuchen, wo die Möglichkeit der Gemeinschaftsbildung beginnt.

Was zunächst die ichfremden Gehalte angeht, so hört das Empfindungsdatum auf, „rein subjektiv" zu sein, wenn ein auffassender und beseelender geistiger Blick hindurchgeht. Damit eine solche beseelende und vereinheitlichende Auffassung möglich werde, muß der Fluß sinnlicher Daten eine bestimmte Ordnung zeigen. Wenn z. B. der Lichtschimmer, der mich blendet,

---

[155] Daß es im Bereich der Sinnlichkeit kein Miteinanderleben und kein Nachleben im strengen Sinne gibt, ist bereits von Scheler betont worden (*Zur Phänomenologie und Theorie der Sympathiegefühle* ⟨*und von Liebe und Haß: mit einem Anhang über den Grund zur Annahme der Existenz des fremden Ich*, Halle 1913; später in *Gesammelte Werke* VII, *Wesen und Formen der Sympathie – Die deutsche Philosophie der Gegenwart*, Bonn 1973⟩ S. 9). Er schießt aber über das Ziel hinaus, wenn er behauptet, daß fremde Empfindungen und sinnliche Gefühle nur auf dem Wege des Analogieschlusses zugänglich seien (a. a. O., S. 138). Vgl. hierzu meine Abhandlung *Zum Problem der Einfühlung* ⟨ESGA 5, Freiburg 2008,⟩ S. 64 ff. ⟨S. 74 ff.⟩

132 beim Schweifen des Blicks (das hier nicht als objektiver Bewegungsvorgang des körperlichen Auges zu verstehen ist, sondern als Ablauf bestimmter Bewegungsempfindungen) nicht „mitgeht", sondern in bestimmtem Rhythmus auftaucht und verschwindet, so wird er für das Subjekt zur Bekundung eines objektiv bestehenden Lichtscheines, d. h. der Fluß der Empfindungen entschwindet dem Subjekt zugunsten des einheitlichen Objekts, das sie konstituieren und auf dem nun sein geistiger Blick ruht. Damit eine solche Ordnung, eine feste allgemeine Struktur, im Strom der Empfindungen ermöglicht werde, ist es aber notwendig, daß das einzelne Empfindungserlebnis nicht schlechthin individuell und unwiederholbar sei. Könnten wir nicht aus dem konkreten Erlebnisbestande einen identischen Kern herausheben, der in einer anderen Konkretion wiederkehren kann, so wäre jeder Rhythmus, jede Ordnung undenkbar.[156] Wo aber solche Typik und Ordnung eine Gegenstandskonstitution ermöglicht, da beginnt die Möglichkeit einer Gemeinschaft. Die „Ordnung", die das in sich schlechthin irrationale und in seiner Konkretion schlechthin individuelle „Gewühl der Empfindungen" zum Träger eines Sinnes und zur möglichen Unterlage für eine Gegenstandserfassung macht, kann auf andere Subjekte übergreifen und kann es bewerkstelligen, daß sich in den Empfindungsverläufen, die ein jedes für sich hat, ein Objekt konstituiert, das ihnen gemeinsam ist. Damit ergibt sich die Möglichkeit einer Gegenstandserfassung als Gemeinschaftserlebnis. Wie innerhalb eines individuellen Erlebnisstroms ein einheitliches Auffassungserlebnis eine Mehrheit von Empfindungsverläufen umspannen kann, die zwar jeder in sich kontinuierlich sind, voneinander aber durch andere Verläufe getrennt sind, die nicht derselben Ordnung unterworfen und demnach auch nicht für dasselbe Objekt konstitutiv sind – so können auch die Empfindungsverläufe verschiedener Erlebnisströme zum Aufbau eines Gemeinschaftserlebnisses beitragen, wenn sie im selben Sinne aufgefaßt sind. Wenn eine Feldwache auf Posten einen Lichtschein wahrnimmt, so ist es die Gruppe als Einheit, die die Wahrnehmung macht, und was jeder Einzelne wahrnimmt, das ist nur ein konstitutiver Beitrag zu dem Gemeinschaftserlebnis. – Es würde zu weit führen, wenn wir diese Betrachtung für alle Schichten der Naturkonstitution durchführen wollten. Es erhellt ohne weiteres, daß sich
133 das, was wir an optischen Empfindungsdaten und Gegenständlichkeiten zeigten, in allen Sinnessphären aufweisen läßt und auch für die Gegenstände gilt, die durch Zusammenwirken aller Sinnesgebiete konstituiert sind: die vollen materiellen Dinge. Sehr deutlich sichtbar wird der Gemeinschaftscha-

[156] Das Verhältnis der Gegenstandskonstitution darf nicht etwa dahin mißverstanden werden, als würde dabei die „Ordnung" des Materials aufgefaßt und aus ihr auf das Vorhandensein eines Objekts *geschlossen*. Sie ist nur das reflektiv aufweisbare Fundament des Gegenstandsbewußtseins.

rakter des Gegenstandsbewußtseins (zunächst nur in der Einschränkung auf die bloßen „Sachen“, die wertfreien Objekte genommen), wenn wir von der sinnlichen Wahrnehmung fortschreiten zur *Erfahrung*, die alle auf Wahrnehmung gestützten Erinnerungen, Erwartungen, Vermutungen, Schlüsse usw. mit umspannt. (Voraussetzung für diese wie für die vorher behandelten überindividuellen Gegenstandserfassungen ist, daß die beteiligten Individuen füreinander gegeben sind und miteinander in Wechselverständigung stehen. In eine vollständige Theorie der Erfahrung – auch wenn sie sich auf die Erfahrung der materiellen Natur beschränken will – gehört also die Theorie der „Einfühlung“ (als Erkenntnis der fremden Subjektivität verstanden) mit hinein.[157] *Wie* sie sich mit den anderen Komponenten der individuellen Erfahrung verflicht, um die überindividuelle Erfahrung zu konstituieren, das können wir hier nicht untersuchen. Auch ob und wie weit eine individuelle Erfahrung möglich ist, ob und an welcher Stelle der Gegenstandskonstitution evtl. die Mitwirkung der fremden Erfahrung einsetzen *muß*, ist hier nicht in Frage. Uns handelt es sich nicht darum, ob Erfahrung überindividuell sein *muß*, sondern ob sie überindividuell sein *kann*, ob sie als Bestandteil des Gemeinschaftserlebnisstroms in Betracht kommt.

Es ist keine Frage, daß wir uns mit unserer Erfahrung hineingestellt finden in die Gemeinschaft aller Erfahrenden, daß Erfahrung uns letzten Endes als Gemeingut der Menschheit gilt. Mit all unserem Erfahrungswissen wurzeln wir nicht nur in dem, was wir mit eigenen Sinnen wahrgenommen haben, sondern in dem, was wir von allen Seiten gehört, durch Überlieferung übernommen haben. Und umgekehrt: was wir erfahren, das erfahren wir nicht uns, sondern der Allgemeinheit, deren Erfahrungsschatz wir aufbauen helfen. Und wiederum gilt: Die bloße Summe der Einzelerfahrungen ergibt noch nicht die Gemeinschaftserfahrung. Damit sie erwachsen könne, muß ein durchgehender Sinn die Einzelerlebnisse durchwalten, der aus ihnen ein höheres einheitliches Gebilde erstehen läßt. Welche die Bildungsgesetzlichkeit ist, die diese höheren Konstitutionsformen beherrscht, davon wird noch zu sprechen sein. Es muß nachträglich betont werden, daß die
„Einheit der Erfahrung“, von der wir sprechen, kein einheitliches Erlebnis 134
mehr ist – auch kein einheitliches Gemeinschaftserlebnis wie die Wahrnehmung der Feldwache, die wir vorhin erwähnten –, sondern ein Erlebniskomplex, der den Erlebnisstrom der Gemeinschaft durchzieht. Wir kennen solche Komplexe auch aus dem individuellen Bewußtseinsleben: etwa die Kenntnisse eines bestimmten Wissenschaftsgebiets, die ich im Laufe meines Lebens erwerbe; jede neue wächst aus dem bereits vorhandenen Besitz hervor und fügt sich mit ihm, ihn erweiternd und bereichernd, zur Einheit zusammen. Das Bindeglied, durch das sich intentionale Erlebnisse und die

157 〈Vgl. *PE*, ESGA 5.〉

Gegenständlichkeiten, die sich in ihnen konstituieren, zur Einheit zusammenschließen, ist, wie wir an anderer Stelle ausgeführt haben, die *Motivation.*[158] In unserem Zusammenhang nun ergibt sich, daß die Motivation nicht auf das individuelle Erleben beschränkt ist, sondern auf andere Individuen übergreift. Ihr ist es im wesentlichen zu danken, daß überhaupt ein Gemeinschaftserlebnisstrom erwächst. Diese Grundgesetzlichkeit des überindividuellen Geisteslebens wird in einem besonderen Kapitel behandelt werden müssen. Zunächst müssen wir unsere Betrachtung der *Elemente* des überindividuellen Erlebnisstroms noch etwas weiter fortsetzen und unsere Untersuchung über die Sinnlichkeit nach einer wichtigen Seite hin ergänzen. Wir haben bisher nur die *ursprüngliche* Sinnlichkeit, Empfindungen und Wahrnehmungen berücksichtigt, ihr Gegenbild aber, die *Phantasie* ganz unbeachtet gelassen. Auch bei den „Phantasmen" gibt es ja einen geregelten Ablauf, der eine Gegenstandskonstitution ermöglicht, und es ist zu fragen, ob auch diese Konstitution als überindividuelle möglich ist. Es scheint zunächst, als ob dies nicht der Fall wäre. Während die reale Außenwelt, in die ich hineingestellt bin, mir mit allen anderen gemein ist und von uns gemeinsam wahrgenommen und erforscht wird, erscheint die Phantasiewelt als mein alleiniges Reich, zu dem kein anderer Zutritt hat. Ich kann dem anderen, mit dem ich im Wechselverkehr stehe, wohl schildern, wie es in meiner Phantasiewelt aussieht – wobei die Welt unserer gemeinsamen Erfahrung den Boden der Verständigung abgibt –, wir können unsere Phantasien mittels gegenseitiger Beschreibung vergleichen und evtl. weitgehende Übereinstimmung feststellen. Immer aber bleiben es getrennte Welten.

Dem steht nun die Tatsache gegenüber, daß wir alle auch eine Phantasiewelt kennen, die wir als Gemeingut betrachten: Dornröschen und Rotkäppchen sind Gestalten der deutschen Märchenwelt, die zur gemeinsamen Um-
135 welt unseres Volkes gehört. Keinem von uns wird es einfallen zu behaupten, daß jeder sein eigenes Dornröschen habe. Es hat seine fest umrissenen Züge, seine persönliche Eigenart und Schicksale, an denen so wenig zu rütteln ist wie an denen einer historischen Persönlichkeit. Wir würden sehr energisch Verwahrung einlegen, wenn ihm jemand Züge andichten wollte, die ihm nicht zugehören. Unsere Märchenwelt nun hat eine gewisse Typik, eine Eigenart, die sie von der anderer Völker, z. B. der chinesischen ⟨Märchenwelt⟩, charakteristisch unterscheidet. Und entsprechend reden wir von einer „deutschen Phantasie", und wenn wir damit zunächst auch eine dauernde Eigenschaft unseres Volkes bezeichnen, so bringen wir doch bei der Korrelation, die zwischen Eigenschaften und Erlebnissen besteht, damit zugleich zum Ausdruck, daß wir Phantasien als Gemeinschaftserlebnisse für möglich halten.

---

[158] ⟨S. o., I. Abhandlung („Psychische Kausalität", kurz *PK*), S. 35 ff.⟩

Wir stehen also anscheinend vor einer Antinomie: Phantasie und Phantasiewelt geben sich einerseits als schlechthin individuell und relativ auf das einzelne Subjekt, andererseits als überindividuell. Vielleicht können wir zu einer Lösung der Antinomie gelangen, wenn wir zwischen Phantasie-*Intention* und Phantasie-*Anschauung* scheiden. Wir *meinen* alle dasselbe Objekt, wenn wir von Dornröschens Schloß sprechen. Aber wenn wir es uns veranschaulichen, so haben wir ebensoviele anschauliche Objekte wie anschauende Subjekte. Die Phantasieanschauung führt uns das gemeinte Objekt ja nicht selbst vor Augen wie die Wahrnehmung, sondern vergegenwärtigt es nur, und jeder vergegenwärtigt es auf seine Weise. Es liegen hier Unterschiede schon in der individuellen Konstitution des wahrgenommenen und des Phantasiegegenstandes. Der Wahrnehmungsgegenstand tritt mir als ein von mir unabhängiger, meiner Willkür enthobener gegenüber, der phantasierte als „von meinen Gnaden" lebend, in meine Hand gegeben. Gehen wir den konstitutiven Zusammenhängen nach, die für diese Unterschiede verantwortlich zu machen sind, so sehen wir, daß das Verhältnis zwischen sinnlichem Stoff und beseelender Auffassung in beiden Fällen ein verschiedenartiges ist. Bei der Wahrnehmung stellt sich auf Grund des vorhandenen Sinnenmaterials die Auffassung ganz von selbst ein, ich kann sie und kann das Objekt, das mir gegenübertritt, nicht von mir aus ändern. Das sinnliche Material der Phantasie dagegen läßt es zu, daß ich es nach Belieben so oder so auffasse, daß ich von mir aus einen Sinn hineinlege und so selbst Objekte *schaffe*. Und selbst wenn sich ein Phantasiegegenstand von selbst einstellt
und mit dem Anschein der Seinsselbständigkeit auftritt, behält er doch im- 136
mer eine gewisse Angreifbarkeit, ich kann ihn rein durch mein geistiges Tun umgestalten oder vernichten. (Wo ich auf Grund eines Empfindungsmaterials willkürlich zwischen verschiedenen Auffassungen abwechsle – wie bei der Gestaltung von Wolkengebilden –, da liegt eine eigentümliche Mischform von Wahrnehmung und Phantasie vor.) Schließlich kann ich den Sinn, den ich in das Phantasiematerial hineinlege, auch *ohne* die sinnlichen Grundlagen vollziehen und Phantasiegegenstände in vollständig anschauungsleerer Weise konstruieren. Soweit nun das Phantasieerlebnis geistiges Tun und soweit es sinnerfüllt ist, kann es prinzipiell über die Individualität hinausgreifen. Aller Sinn ist grundsätzlich allgemein zugänglich, und wo ich sinnschöpferisch verfahre, wo sich mir Sinn konstituiert, da ist er nicht nur für mich, sondern auch für andere vorhanden (d.h. er kann von ihnen nacherzeugt werden) – und da ist auch eine Zusammenwirkung einer Mehrheit von Individuen möglich. Es ist also sehr wohl möglich, daß Phanatasiegebilde – was ihren Sinnesbestand angeht – Korrelat eines Gemeinschaftserlebnisses sind. Sobald man aber an die anschauliche Erfüllung eines solchen Sinnesgehaltes geht, treten an die Stelle des Gemeinschaftserlebnisses eine Reihe schlechthin individueller Einzelanschauungen.

b) Kategoriale Akte

Die Betrachtungen über die Allgemeinheit des Sinnes werden im folgenden noch weitere Klärung erfahren. Die erste Gattung von Gemeinschaftserlebnissen, die wir kennenlernten, waren die intentionalen Erlebnisse, die sich auf dem Grunde der Sinnlichkeit – speziell der ichfremden Daten – erheben und Gegenständlichkeiten verschiedener Stufe konstituieren. Über diese eine Gattung sind wir aber schon unvermerkt hinausgegangen. Indem wir die gesamte Erfahrung einschließlich aller auf Wahrnehmung gegründeten Schlüsse in unsere Betrachtung einbezogen, haben wir auch bereits die spezifisch logischen Akte oder Denkakte als Gemeinschaftserlebnisse bzw. als Konstituentien möglicher Gemeinschaftserlebnisse in Anspruch genommen und müssen dies nun nachträglich rechtfertigen. Es ist nicht ganz einfach, hier eine einheitliche Charakteristik zu geben, da unter dem Titel „Denkakte" eine ganze Reihe verschiedenartiger Erlebnisse zusammengefaßt werden: das Urteilen mit den darin beschlossenen Subjekt- und Prädikatsetzungen, das Schließen, das beziehende Vergleichen oder Unterscheiden, das Kolligieren[159] und Zählen usw. Schließlich verstehen wir unter „kategorialen" Akten auch die materialen Wesenseinsichten mit, die Einsicht in die ontologischen
137 Zusammenhänge eines bestimmten Sachgebiets, etwa der Natur. Es ist natürlich unmöglich, in diesem Zusammenhange eine Untersuchung aller Eigentümlichkeiten dieser weit verzweigten Gruppe von Erlebnissen einzufügen. Wir haben nur die Punkte hervorzuheben, die für unser Problem wesentlich sind. Zunächst: alle hier in Betracht kommenden Erlebnisse sind *fundierte Akte*, d.h. sie sind nur möglich als Betätigung an einem vorgegebenen Substrat. Die Gegenstände, die uns in ihnen erwachsen, bilden eine höhere Schicht, die sich über der der Substratgegenstände erhebt, ebenso wie die kategorialen Akte sich auf dem Grunde derjenigen Erlebnisse erheben, die uns die Substrate liefern: Das aber sind *individuelle Anschauungen* (äußere oder innere), Erfahrung oder Phantasie: Das Fundierungsverhältnis besagt nicht etwa, daß kategoriale Akte als konkrete Erlebnisse nur in Verschmelzung mit individuellen Anschauungen auftreten können. Eine solche Gesetzlichkeit besteht keineswegs. Es ist durchaus möglich, daß wir – in theoretischen Zusammenhängen lebend – ganz losgelöst von aller Sinnlichkeit verfahren. Besonders deutlich wird das, wenn die kategorialen Akte zum Substrat ihrer Betätigung – wie es geschehen kann – bereits kategoriale Gegenständlichkeiten haben. Zum Bestande eines logischen Erlebnisses als solchen gehört kein sinnliches Material. Aber jeder kategoriale

[159] ⟨Von lat. „colligere" – zusammenlesen, einsammeln von Wahlstimmen; Husserl verwendet den Begriff in der Bedeutung „zusammenfassen einer Mehrheit von Gegenständen" als Gegenbegriff zu „substratisieren".⟩

Gegenstand weist seinem Sinne nach auf Gegenstände niederer Stufe, letztlich auf sinnliche Gegenstände oder individuelle Erlebnisse zurück, und dementsprechend die konstitutiven kategorialen Akte auf Akte individueller Anschauung. Betrachten wir nun den Aufbau eines kategorialen Aktes im Gegensatz zur sinnlichen Anschauung, und zwar der Deutlichkeit halber bei Richtung auf denselben Gegenstand – also etwa die Wahrnehmung eines Dinges und die Setzung dieses Dinges als Subjekt einer Prädikation. Die sinnliche Wahrnehmung – so sahen wir – beruht auf einem Ablauf mannigfaltiger sinnlicher Daten, deren bestimmte, von der Subjektivität unabhängige Ordnung es möglich macht, daß auf ihrem Grunde sich eine Intention auf einen einheitlichen Gegenstand erhebt, der zugleich einer Vielheit anderer Subjekte zugänglich ist. Die Subjektsetzung faßt denselben Gegenstand unter einer *allgemeinen Bedeutung*. Diese Bedeutung kann den inhaltlichen Bestand des Dinges, wenigstens seinen wesentlichen Bestimmungen nach, decken. (*Der Baum* – ist grün). Sie kann aber auch eine leere *Form* sein, die den Gegenstand lediglich als Substrat von Bestimmungen hinstellt, seinen inhaltlichen Bestand aber, obwohl er als ein in sich völlig bestimmter gemeint ist, ganz offen läßt (*Dies* – ist ein Baum).

Die allgemeine Bedeutung, gleichgültig ob formal oder material, ist nicht 138
von außen an den Gegenstand herangetragen, die logische „Bearbeitung" umgibt ihn nicht mit etwas ihm Wesensfremden, sondern sie entnimmt den Bedeutungsgehalt seinem eigenen Bestande, die Bedeutungen spiegeln die Wesensstruktur des Gegenstandes wieder, und in weiterem Umfange, je inhaltsreicher sie sind, je mehr Bestimmungen sie in sich aufgenommen haben. Diese Beziehungen zwischen Gegenstand und Bedeutung hängen aufs innigste mit den Fundierungsverhältnissen zwischen sinnlichen und kategorialen Akten zusammen. Der logische Akt greift von dem sinnlichen Material, das das fundierende Anschauungserlebnis ganz in sich aufnimmt, nur die allgemeinen Züge als Stützpunkte gleichsam heraus; nur weil das Erlebnis sinnlicher Anschauung bereits einen allgemeinen Sinn in sich birgt, kann es die Konstitution allgemeiner Bedeutungen ermöglichen, und diese Bedeutungen können festgehalten werden, auch wenn das sinnliche Material, dessen sie als Fundament bedürfen, im Erlebnis fortfällt.

Unbeschadet dessen, daß die Bedeutungen das sinnliche Material als eine niedere Konstitutionsstufe voraussetzen, spielen sie im logischen Erlebnis nach mancher Hinsicht eine analoge Rolle, wie der sinnliche Stoff in den sinnlichen Anschauungen. Der geistige Blick geht durch sie hindurch auf die Gegenstände, ohne sie selbst zu Gegenständen zu machen. Andererseits besteht die Möglichkeit, sie in einer Art reflektiver Einstellung zu Gegenständen zu machen (ebenso wie die Empfindungsdaten). Dann stehen sie als eine eigentümliche Art von Objekten vor uns, die eine ebensolche logische Behandlung zulassen, wie die Substratgegenstände selbst: Sie können

Subjekte von Prädikaten werden, können mit anderen zusammengefaßt, gezählt werden usw.

Die nahen wechselseitigen Beziehungen von logischen Akten und individuellen Anschauungen kommen am sichtbarsten darin zum Ausdruck, daß beide miteinander in das Verhältnis von Intention und Erfüllung eintreten können. Der Akt, der einen individuellen Gegenstand unter einer bestimmten Deutung „meint", ohne ihn gegenwärtig zu haben oder zu vergegenwärtigen, zielt ab auf etwas, was er nicht selbst erreicht, was sich ihm aber selbst darbietet und ihm Erfüllung bringt, wenn der gemeinte Gegenstand anschaulich wird.

Unsere Beschreibungen der logischen bzw. kategorialen Akte setzen uns instand, nun unser eigentliches Problem, die Frage nach ihrer Tauglichkeit zur Konstitution überindividueller Erlebnisse, in Angriff zu nehmen. Am
139 Aufbau des Gehalts der logischen Erlebnisse – so sahen wir – sind nur die *allgemeinen* Momente der sinnlichen Unterschicht beteiligt. Das schlechthin Individuelle, das aller Sinnlichkeit einwohnt und in die Konstitution der Sinnenwelt mit eingeht, spielt hierbei keine Rolle. Das stempelt die logischen Akte zu überindividuellen Erlebnissen κατ' ἐξοχήν ⟨griech. „kat' exochèn" – überhaupt⟩. Die reinen Bedeutungsgehalte sind prinzipiell jedem „denkenden Wesen" zugänglich, selbst dann, wenn die Gegenständlichkeit, die dadurch gefaßt ist, nur einem Individuum zu erfüllender Gegebenheit kommen kann. Wenn ein „dies" z. B. ein im Strom auftauchendes und niemals wiederkehrendes Sinnesdatum bezeichnet, so ist der gemeinte Gegenstand einzig und allein dem erlebenden Individuum in letztausweisender Gegebenheit zugänglich, und auch diesem nur im Erleben selbst und nicht wieder. Aber als *Hinweis* auf ein bestimmtes, wenn auch nicht zu erfüllender Gegebenheit kommendes Objekt ist auch das „dies" allgemein zugänglich. Jedes Bedeutungserlebnis wird mit dem Bewußtsein der Allgemeinheit vollzogen, und wenn die Bedeutung zum Gegenstande gemacht wird, so steht sie uns in besonderem Sinne als eine von uns völlig losgelöste Gegenständlichkeit gegenüber. Sie konstituiert sich in meinem individuellen Erleben, aber prinzipiell könnte jedes andere denkende Subjekt an meine Stelle treten, um denselben Vollzug durchzuleben und dieselbe Gegenständlichkeit vor sich erstehen zu lassen. Damit soll nicht gesagt sein, daß das Bedeutungserlebnis und die erlebte Bedeutung keine individuelle Note, keine „Erlebnisfärbung" hätten. Auch sie haben ihre Eigentümlichkeit, ihre nur ihnen eigenen noetischen und noematischen Besonderheiten. Der Gedankenfluß und der Gedankengehalt zeigen eine Frische, eine Lebendigkeit, eine Intensität usw., wie sie nur diesem und keinem anderen Erlebnis zukommen. Und dennoch: in einem Erlebnisverlauf von gänzlich anderer Qualität kann dieselbe Bedeutung erstehen. In ihrer idealen Einheit wird sie von den Unterschieden der jeweiligen individuellen Erlebnishülle gar nicht berührt. Der

Unterschied von Sinneskern und Erlebnishülle ist hier noch ein anderer als in der Sphäre der sinnlichen Gegenstände. Auch da konstituiert sich ja der eine und selbe Gegenstand in einer Reihe individuell sehr verschiedener Wahrnehmungserlebnisse. Aber in den sinnlichen Daten, die das Material für den Aufbau der Wahrnehmungsgegenstände hergeben, ist Individuelles und Allgemeines so in eins verschmolzen, daß es gar nicht möglich ist, einen scharfen Trennungsstrich zu ziehen. Erst im Fortgang des Konstitutionsprozesses (des individuellen wie des überindividuellen) scheidet sich, was an 140
den Gehalten Kern und was Hülle und entsprechend, was von dem Korrelat dem Subjekt eigen und was dem allen gemeinsamen Objekt zugehört. Bei dem Bedeutungserlebnis dagegen sind Kern und Hülle klar geschieden. Die ideale Bedeutungseinheit ist das, was uns als eigentlich gemeintes Objekt entgegentritt, und die Erlebnishülle, in der sie erscheint, hebt sich deutlich von dem idealen Gebilde ab, dem sie nur äußerlich übergeworfen ist.

Wir untersuchen hier nicht, ob und wie der Unterschied zwischen Individualität und Allgemeinheit, den wir im Bereich der *Erlebnisse* feststellten, von Bedeutung ist für die Scheidung von individuellen (raum-zeitlich bestimmten) und allgemeinen *Objekten* in der gegenständlichen Welt. Wir möchten nur noch einmal ausdrücklich betonen, was ja in unseren bisherigen Ausführungen schon beschlossen war: daß beide Unterschiede nicht etwa ohne weiteres zusammenfallen, da – wie wir sahen – schon zur Konstitution individueller Objekte eine gewisse allgemeine Struktur der konstituierenden Erlebnisse erforderlich ist. Die Klärung dieser Verhältnisse verlangt umfassende Untersuchungen, die wir hier nicht leisten können. Für unser spezielles Problem genügt das, was wir über den Charakter der kategorialen Akte herausgestellt haben. Das Allgemeinheitsbewußtsein, das diesen Akten innewohnt, kennzeichnet jeden von ihnen als ein Erlebnis, das im Namen aller und für alle vollzogen wird. Was sich mir darin erschließt, das ist allgemein zugänglich, Gemeingut, das ich nicht nur für mich, sondern auch für die anderen entdeckt habe. Und wiederum ist das, was die einzelnen Individuen hier leisten, nicht als eine Summe von Einzelerlebnissen zu betrachten, sondern die Einzelerlebnisse greifen ineinander zur Konstitution höherer Einheiten. Der Bedeutungsgehalt, unter dem ich einen Gegenstand denke, ist zwar als ideale Einheit anzusehen, aber er ist doch noch nicht *die* Bedeutung schlechthin. Diese Gegenständlichkeit, bzw. dieser ideale Erlebnisgehalt (je nachdem wir die Bedeutung im Vollzug des Bedeutungserlebnisses oder objektiviert nehmen) ist eine in sich völlig bestimmte, beschließt aber evtl. eine unendliche Mannigfaltigkeit von Bestimmungen in sich und wird durch die Bedeutungsgehalte der Einzelerlebnisse konstituiert. Hier muß man allerdings die Unterschiede machen, je nach dem Gegenständlichen, worauf das Bedeutungserlebnis hinzielt. Die primitiven logischen Formen wie Einheit, Vielheit, Subjekt u. dgl. werden durch den Bedeutungs-

141 gehalt eines schlicht thetischen, eines polythetischen[160] Aktes, einer Subjektsetzung usw. voll gedeckt. Die Gehalte, um die es sich hier handelt, sind keiner Bereicherung fähig und lassen daher auch keine Scheidung in individuelle und Gemeinschaftserlebnisgehalte zu. Wo aber der inhaltliche Bestand eines Gegenstandes mitgemeint ist, da pflegt die aktuelle vollzogene Bedeutung ihn nicht ganz zu decken und der durch die Einzelerlebnisse konstituierte Gehalt des Gemeinschaftserlebnisses sich ihm viel stärker anzunähern. Wir haben also zu unterscheiden: die Bedeutung als in sich durchgängig bestimmte Objektivität, den Bedeutungsgehalt des Einzelerlebnisses und den Bedeutungsgehalt des Gemeinschaftserlebnisses, die beide auf die „vollendete" ideale Bedeutung abzielen und außerdem miteinander in der Beziehung stehen, daß der Gemeinschaftsgehalt durch die Einzelgehalte konstituiert und in ihnen intendiert ist. Nehmen wir als Beispiel eines komplexen Bedeutungszusammenhanges die mathematische Wissenschaft, so steht auf der einen Seite die abgeschlossene Theorie als ideales Gebilde, auf der anderen das, was der Einzelne jeweils von dieser Theorie in sich aktuell erlebt als individueller Gehalt und der jeweilige „Stand der Wissenschaft" als Gehalt des Gemeinschaftserlebnisses.

Es muß schließlich betont werden, daß wir auch hier wieder außer von einem überindividuellen Gehalt von einem überindividuellen Erleben sprechen müssen. Es gibt z. B. ein spezifisch „mathematisches Denken", das nicht allein durch die Gesetze der Denkinhalte geregelt ist, sondern seine besondere noetische Eigentümlichkeit hat: Die besondere Schärfe und Gespanntheit der Denkhaltung, die betonte Spontaneität im gedanklichen Vorwärtsschreiten, das freie Spielen mit allen Möglichkeiten u. dgl. Dieser einer bestimmten Subjektgemeinschaft eigene geistige Habitus ist bestimmt durch die Art und Weise, wie die beteiligten Individuen sich auf dem betreffenden Sachgebiet geistig betätigen, während andererseits auch das individuelle Erleben durch das Gemeinschaftserleben, an dem es teilhat, mitbestimmt ist. (Diese „Rückwirkung" des Gemeinschaftslebens auf das individuelle Leben, das in allen Sphären, welche vom Gemeinschaftsleben ergriffen werden, festzustellen ist, wird uns noch besonders zu beschäftigen haben.)

c) Gemütsakte

Die Gemeinschaftserlebnisse, die wir bisher betrachteten, verdankten ihre Einheit dem einer Mehrheit von Subjekten zugänglichen Sinnesgehalt. Eine neue, *innerlichere* Art der Einigung werden wir kennenlernen, wenn wir uns nun der Sphäre des „Gemüts" zuwenden.

---

160 ⟨Thetisch (griech.) – behauptend / setzend; polythetisch – gegliedert, vielstrahlig; vgl. Husserl, *Ideen* I, §§ 118 f.⟩

Zunächst gilt von den „Gemütsakten", wie von den logischen, daß sie fundierter Natur sind, Stellungnahmen zu einem vorgegebenen sachlichen Material, „Reaktionen" des Subjekts auf Kenntnisnahmen irgendwelcher Art, die ihm zuteil geworden sind. Im Unterschied zu den logischen Akten ist hervorzuheben, daß die Sinnlichkeit hier eine ganz andere Rolle spielt. Sie ist nicht nur als Konstituens der fundierenden Erlebnisse vorausgesetzt, sondern die fundierten Akte selbst bedürfen eines eigenen „Stoffes". Wenn ich voll Freude eine schöne Landschaft betrachte, so sind nicht nur die sinnlichen Daten, die in der Anschauung der Landschaft als „Stoff" mitwirken, Fundament der Freude, sondern sie selbst enthält ihrerseits „hyletische"[161] Elemente, nur nicht „ichfremde", sondern „ichliche" Gehalte, ein Lustgefühl, ein Wohlbehagen u. dgl. Es ist von psychologischer Seite immer wieder versucht worden, das Eigensein der Gefühle zu bestreiten und sie als „Komplexe von Organempfindungen" zu erklären. Diesen vergeblichen Bemühungen liegt die richtige Einsicht zugrunde, daß beim Aufbau der Gemütserlebnisse eine fundierende Unterschicht eine wesentliche Rolle spielt, und daß bei einer gewissen Klasse von Gemütsakten *sinnliche* Gefühle diese Unterschicht bilden. Das völlig Verfehlte dieser Theorien ist darin zu suchen, daß sie den *intentionalen* Charakter der geistigen Gefühle verkennen. Sie sehen nicht, daß sich auf dem Grunde der ichlichen Gehalte – wie bei der Wahrnehmung – eine geistige Auffassung erhebt, die sie zu Trägern einer Sinngebung macht, und daß sie in ihrer „Bekundungsfunktion" dem Subjekt den Blick in eine neue Objektwelt eröffnen. Diese neue Objektwelt, die sich im Fühlen vor uns auftut, ist die Welt der Werte.[162] 142

An dieser Stelle müssen wir nun eine wichtige Unterscheidung beachten. Unter dem Titel „Fühlen" bzw. „Gefühl" wird zweierlei zusammengefaßt: einmal die Akte, in denen uns Werte bzw. Gegenstände als wertbehaftet, als „Güter" entgegentreten, und außerdem die Stellungnahmen, die diese Werte in uns auslösen. Es sieht zunächst so aus, als ob sich auf Grund der „Sach-Kenntnisnahme" (der Anschauung der Landschaft) erst die Wertkenntnisnahme (das Fühlen der Schönheit) einstellte und dann die Gemütsstellungnahme (die Freude).[163] Indessen ist es gar nicht so leicht zu durchschauen, wie hier die Fundierungsverhältnisse liegen. Ohne Zweifel ist der gefühlte 143

[161] ⟨Griech. stofflich, materiell.⟩

[162] Unter „Wert" fassen wir hier zusammen, was „an sich" wertvoll und was nur für ein gewisses Subjekt bedeutsam ist. Diese Scheidung, die *Hildebrand* a. a. O. ⟨S. 174 ff.⟩ mit Nachdruck hervorgehoben hat, ist innerhalb einer *Werttheorie* unentbehrlich, kann aber hier, wo es auf die prinzipielle Abgrenzung gegenüber der Sachenwelt ankommt, unberücksichtigt bleiben.

[163] „Erst" und „dann" sind hier nicht zeitlich zu verstehen, sondern in erster Linie als Fundierungsverhältnis.

Wert Motiv meiner Stellungnahme, er fordert sie. Meine Freude ist die „Antwort“ auf die Schönheit der Landschaft, die sich mir darbietet. Mit welchem Recht bezeichnen wir nun das Erfassen des Wertes selbst als ein Fühlen? Liegt nicht das eigentlich Gefühlsmäßige in der Antwortreaktion und ist nicht die Kenntnisnahme, die mir den Wert vermittelt, ganz frei davon? Die Schönheit der Landschaft kann mir klar vor Augen stehen und ich kann ganz „kalt“ dabei bleiben. Aber die Schönheit ist nicht wie die sinnlichen Qualitäten des Gegenstandes, dem sie anhaftet; sie stellen keine Ansprüche an mich; ich kann sie wahrnehmen, aber ich brauche mich nicht weiter um sie zu kümmern, sie gehen mich im Grunde nichts an. Die Schönheit dagegen verlangt, daß ich mich ihr innerlich öffne, mein Inneres durch sie bestimmen lasse, und solange dieser Kontakt nicht hergestellt ist, solange ich ihr die Antwort schuldig bleibe, die sie fordert, enthüllt sie sich mir nicht ganz, bleibt die Intention, die der bloßen Kenntnisnahme einwohnt, unerfüllt. Das voll erfüllte Wertnehmen ist also immer ein Fühlen, in dem Wertintention und Antwortreaktion vereint sind, und wo es an der lebendigen Ichbeteiligung mangelt, da ist sie doch durch eine unerfüllte Intention vertreten.

Es fragt sich nun, ob die ichlichen Gehalte, die wir für die Gemütsakte in Anspruch nehmen, für die Gefühlsreaktion allein oder auch für das Wertnehmen konstitutiv sind. Fast sieht es ja so aus, als ob für die Konstitution des gegenständlichen Wertes die ichfremden Daten, die den Gegenstand selbst aufbauen, verantwortlich zu machen wären, da die Schönheit z. B. an der Farbe, der Gestalt, kurz: den sinnlich wahrnehmbaren Qualitäten des Gegenstandes als ein ihnen selbst Zukommendes auftritt. Gegen eine solche konstitutive Bedeutung der ichfremden Daten spricht aber einmal der Umstand, daß derselbe Gegenstand (seinen reinen Sachqualitäten nach) von einer Mehrheit von Individuen wahrgenommen werden kann, ohne daß sie ihn mit denselben Wertqualitäten wahrnehmen. Abgesehen davon kommen Werte ja auch zur Gegebenheit, wo keinerlei ichfremde Daten eine Rolle spielen: einmal an reinen Gedankengebilden (einem „eleganten“ Beweise, einer „harmonisch“ aufgebauten Theorie), andererseits am eigenen
144 Innenleben: der Wert eines freudigen Verzeihens, der Unwert eines Neides u. dgl. Wenn Wertqualitäten an sinnlich wahrnehmbaren Sachqualitäten als ein ihnen unabtrennbar Zugehöriges erscheinen, so ist das daraus zu verstehen, daß ichfremde Daten eigentlich nie ohne Begleitung von ichlichen Daten auftreten. Mit jeder Gegenstandskonstitution geht eine Wertkonstitution Hand in Hand, jeder voll konstituierte Gegenstand ist zugleich Wertobjekt, und die wertfreie Sachenwelt ist im Grunde eine Abstraktion, die uns dadurch nahegelegt wird, daß wir nicht gleichmäßig an alle Intentionen hingegeben sind, die sich auf dem Grunde des vorhandenen Materials erheben können, sondern zwischen verschiedenen „Einstellungen“ abwech-

seln.[164] Theoretisch eingestellt sehen wir bloße Sachen, axiologisch[165] eingestellt sehen wir Werte, und zwar speziell ästhetische, ethische, religiöse Werte usw.

Was nun die ichlichen Gehalte angeht, so haben sie eine doppelte konstitutive Funktion: Sie sind einmal das Material, auf Grund dessen uns Werte zur Gegebenheit kommen, und sie geben außerdem den Stoff ab für die entsprechenden Gemütsstellungnahmen. Das Lustgefühl, das als „Stoff" meiner Erfassung der Schönheit einer Farbe zugrunde liegt, fundiert zugleich meine Freude an diesem Werte. Das Unbehagen, auf Grund dessen sich mir der Unwert meines Neides erschließt, ist zugleich konstitutiv für meine Scham oder Reue. (Ausdrücke wie „Lustgefühl", „Unbehagen" u. dgl. dürfen nicht unter der kritischen Lupe betrachtet werden. Was wir damit andeuten wollen, sind Zustände, die in ihrer vollen Konkretion nur erlebt, aber nicht begrifflich gefaßt und sprachlich ausgedrückt werden können. Und auch wenn wir von den Schwankungen des individuellen Erlebens absehen und uns nur an die Typen halten, die begrifflich faßbar sind, reicht unsere an der Außenwelt gebildete Sprache zu ihrer scharfen Abgrenzung und Bezeichnung nicht aus.) Auch bei dieser doppelten Konstitution gibt es wieder Unterschiede der Einstellung. Wenn ich mich ungeteilt der erschauten Schönheit hingebe, so tritt die voll-lebendig gefühlte ästhetische Freude (ohne die solche Hingabe gar nicht möglich ist) für mich zurück. Gebe ich mich dagegen bewußt der Freude hin, wird sie mir zur Hauptsache, so entzieht sich mir der Wert, dem sie gilt, in eigentümlicher Weise. Von diesen Einstellungsunterschieden zu trennen, ist die Möglichkeit einer „einseitigen" Konstitution, wie sie in dem erörterten Fall einer Wertkenntnisnahme ohne Gefühlsreaktion vorliegt.

Wenn ich einen Wert erfasse und kalt dabei bleibe[166], so ist kein Gefühl da, 145
dem ich mich bei veränderter Einstellung hingeben könnte – ich bin innerlich leer. Man wird fragen, wie denn ein Erfassen des Wertes möglich sei, wenn das fundierende Material fehle. Wir haben das Analogon dafür bei der theoretischen Kenntnisnahme, der Erfassung von Sachen. Auch dort haben wir neben der sinnlichen Wahrnehmung, in der der Gegenstand leibhaftig vor uns steht, und der anschaulichen Vergegenwärtigung eine Leervorstellung, in der er uns in völlig unanschaulicher Weise gegenwärtig ist – eine Gegenstandserfassung ohne sinnliches Material. Es handelt sich dabei nicht etwa nur um eine unanschauliche Vergegenwärtigung einer Sache, die man früher einmal wahrgenommen hat – wobei von Erfassung keine Rede sein

---

[164] Die verschiedenen möglichen Einstellungen und ihre Bedeutung sind von Husserl im II. Teil der *Ideen* ⟨§ 49⟩ herausgearbeitet worden.

[165] ⟨Axiologie (griech.) – Lehre von den moralischen Werten.⟩

[166] ⟨Vgl. I. Abhandlung, *PK*, S. 76.⟩

könnte –, sondern es gibt ein richtiges Kenntnisnehmen in dieser leeren Weise, es kann uns auf solche Art erstmalig etwas begegnen: So steht es mit den meisten Sachen, die wir nur vom „Hörensagen" kennen. Dieses leere Erfassen reicht durchaus hin, um einen Gegenstand in den Schatz seines Wissens aufzunehmen, begrifflich zu fixieren, eindeutig zu bestimmen. Es verlangt nach einer anschaulichen Erfüllung und ist sachlich darin begründet, setzt sie aber nicht zeitlich voraus.

Bei der Werterfassung sind die Verhältnisse schwieriger zu durchschauen, weil hier der Gegenstand, dessen Wert nur leer erfaßt wird, selbst anschaulich vor einem stehen kann. Wenn wir auch bei der relativ selbständigen Konstitution, die wir für die Werte in Anspruch nehmen mußten, nicht ohne weiteres annehmen können, daß die Selbstgegebenheit der Sache die Selbstgegebenheit des ihr anhaftenden Wertes mit verbürgt, so stehen doch beide nicht beziehungslos nebeneinander. Zunächst ist es sicher, daß der Wert eines Gegenstandes, der nicht anschaulich gegenwärtig (bzw. vergegenwärtigt) ist, selbst nicht voll erlebt werden kann. Conditio sine qua non des vollen Werterlebens ist also die anschauliche Gegebenheit, aber sie reicht nicht aus, um es zu gewährleisten, sondern eine innere Zuständlichkeit des Subjekts muß hinzukommen, um die Entgegennahme des Wertes zu ermöglichen.[167] Es ist nun noch zu fragen, ob die leere Erfassung des Wertes bei Leergegebenheit des Wertträgers sich von der leeren Werterfassung bei anschaulicher Gegebenheit des Wertträgers unterscheidet. Für beide Fälle bestehen eine Reihe von Möglichkeiten: 1. Man kann einer leibhaft gegenwär-
146 tigen Sache gegenüberstehen, ohne eine Ahnung zu haben, daß sie Träger eines Wertes ist. 2. Man kann eine Sache vor sich haben und auf Grund einer Mitteilung wissen, daß sie einen Wert besitzt, ohne selbst dieses Wertes ansichtig zu werden. In beiden Fällen ist das Subjekt völlig wertblind[168], und es ist für sein Verhältnis zu dem Wert belanglos, daß die Sache anschaulich vor ihm steht, dies Verhältnis würde sich nicht ändern, wenn die Sache nur leer vorgestellt wäre. 3. Man kann einen Gegenstand vor sich haben und seinen Wert zu Gesicht bekommen, ohne innerlich davon erfüllt zu werden. Die ichlichen Gehalte, die zu einem vollen Werterleben gehören, sind hier nicht vorhanden. Trotzdem kann man nicht sagen, daß kein inneres Verhältnis zu dem Werte besteht. Die fehlenden Gehalte sind durch Leerstellen vertreten, die als Lückenbüßer für die bestimmten Gehalte gekennzeichnet sind, eine Intention darauf, eine „Tendenz" auf Erfüllung durch sie in sich tragen und kraft dessen als Unterlage der entsprechenden Wertintention dienen kön-

[167] Ist der Wertträger ein Erlebnis, so entspricht der anschaulichen Vergegenwärtigung das Nachvollziehen.

[168] ⟨Ausdruck Dietrich von Hildebrands, in: *Die Idee der sittlichen Handlung*, vgl. Anm. 28.⟩

nen. Analog wie bei der Leervorstellung einer Sache diese nicht als ein pures x, sondern mit all ihren Qualitäten vorgestellt ist (nur daß diese Qualitäten nicht anschaulich, sondern eben leer vorstellig sind) und wie das sinnliche Material, das zu ihrer Veranschaulichung erforderlich wäre, durch ganz bestimmte Leerstellen vertreten ist. Schon diese Art der Werterfassung ist ohne anschauliche Gegebenheit des Wertträgers nicht möglich, denn diese ist für jedes innere Berührtwerden Voraussetzung. Was darüber hinaus nötig ist, um ein volles Werterleben zu ermöglichen, das ist keine Frage der Sachgegebenheit mehr, sondern eine rein innere Angelegenheit.

Das „Material" des Werterfassens und der Gemütsstellungnahmen müssen wir nun noch einmal für sich ins Auge fassen. Von „ichlichen" Gehalten haben wir gesprochen, Gehalten, die nicht dem Ich gegenüberstehen, es evtl. bedrängen, sondern die es in seinem eigenen Sein betreffen. Sie sind z. T. auch losgelöst aus den Zusammenhängen der Konstitution gegenständlicher Werte erlebbar – analog wie Empfindungsdaten auftreten können, ohne eine konstitutive Rolle für äußere Gegenstände zu spielen. Rein in sich betrachtet, zeigen diese Gehalte gewisse Unterschiede, die dann Bedeutung gewinnen für die Konstitution verschiedener Wertbereiche. Sinnlicher Schmerz und sinnliche Lust befallen das Ich von seiner Peripherie her, sie ergreifen evtl. so ausschließlich von ihm Besitz, daß nichts anderes daneben Raum hat, aber sie dringen nicht in seine Tiefe, und sie haften niemals ihm selbst an. Die intentionalen Erlebnisse, in die sie als Stoff eingehen können, sind
Leiden und Genießen und die ihnen entsprechenden Wertkategorien die des 147
Angenehmen und Gefälligen mit den zugehörigen negativen Gegenbildern. Daneben stehen andere Gehalte, die prinzipiell nur inkarniert in intentionalen Erlebnissen auftreten können, denen es wesentlich ist, einem „Objektiven" zu gelten: z. B. Dankbarkeit, Vertrauen, Bewunderung u. dgl. Das Objektive, dem sie gelten, sind Personen, persönliche Eigenschaften und Verhaltungsweisen ⟨sic⟩ bzw. die spezifischen Werte der Personsphäre. Obwohl sie nicht rein innerlich, ohne intentionalen Bezug erlebt werden können, bauen sie sich doch auf Gehalten auf, die im Ich beschlossen bleiben können: dem „Eindruck", den die Seele von fremder Personalität empfängt, evtl. ohne ihn als von daherkommend zu erleben, der aber das Fundament abgibt für die Erfassung des spezifischen personalen Wertes. (Es wird davon noch an späterer Stelle die Rede sein.)[169] – Eine andere Art ichlicher Gehalte, die sowohl rein für sich wie als Unterlage intentionaler Gefühle erlebt werden können, sind Zuständlichkeiten, die das Ich ebenfalls nicht an irgendeiner Stelle angreifen, sondern ganz und gar erfüllen, wie Beklommenheit, Erhobenheit, Befreitheit u. dgl. Ihnen entsprechen als intentionale Erlebnisse, in die sie eingehen, Furcht, Hoffnung, Zuversicht usw., deren Korrelat

[169] Teil II, § 4d, cc ⟨S. 220 ff.⟩

nicht ein absoluter Wert, sondern eine Bedeutsamkeit für das erlebende Subjekt ist. – Wir erwähnen schließlich noch Gehalte wie Seligkeit und Verzweiflung,[170] mit denen das Ich zwar auch bei sich selbst bleibt, die es aber nicht nur *in sich* hat, sondern in denen es *sich selbst* erlebt und auf Grund deren es seinen Eigenwert zu Gesicht bekommt.

Diese kurze Skizze des Gemütslebens[171] will natürlich nicht mehr als an ein paar charakteristischen Beispielen zeigen, welche Gesichtspunkte bei der Betrachtung zu berücksichtigen sind. Sie hat die Analyse der individuellen Gemütsakte so weit geführt, als es für unsere besonderen Zwecke erforderlich war, für die wir unsere Ergebnisse jetzt auswerten müssen. Daß es ichliche Daten sind, die uns Werte konstituieren und daß diese Werte eingreifen in unser Innenleben, eine ganz persönliche Bedeutung für uns haben – das macht es verständlich, daß man sie so vielfach als „bloß subjektiv" oder „individuell" hingestellt hat. Im Grunde sind die ichlichen Daten und die Objekte, die sie konstituieren, nicht subjektiver als die ichfremden Daten und die Außenwelt. Beide haben ihr schlechthin Individuelles, das auch für
148 die Konstitution nicht gleichgültig ist, sondern ein Band um das Individuum und seine Umwelt (sowohl die Sachen- als die Wertewelt) schlingt. Aber beide haben auch einen von der individuellen Erlebnisfärbung ablösbaren Sinneskern, der sie zur Konstitution *überindividueller* Objekte fähig macht. Wir haben schon bei der Betrachtung unseres ersten Beispiels (der Trauer der Truppe um den Verlust ihres Führers) gesehen, wie sich auf diesem Gebiete überindividuelle Erlebnisse konstituieren, und brauchen diese Analyse jetzt nur noch nach einigen Seiten zu ergänzen. Die Trauer, die wir als individuelles und überindividuelles Erlebnis betrachteten, gehört schon zu den fundierten Akten, den Gemütsreaktionen. Wie es mit den ichlichen Gehalten steht, die ihnen zugrunde liegen, das lassen wir zunächst dahingestellt. Jedenfalls gibt es einen identischen Kern, der in den ichlichen Gehalten verschiedener Subjekte wiederkehren kann, und er macht es möglich, daß sich auf diesem Grunde Intentionen erheben, die allen diesen Subjekten „denselben" Wert zur Gegebenheit bringen, und macht es ferner möglich, daß diese Intentionen ineinandergreifen und den Wert als allen gemeinsames Objekt erscheinen lassen oder besser: als Gemeinschaftsobjekt, das alles in sich beschließt, was den Einzelnen zugänglich ist. Die Gemeinschaftsintention, zu der die Intentionen der Einzelnen Beiträge liefern, ruht auf dem Gemeinschaftsgehalt, der durch die Einzelgehalte konstituiert ist. Schließlich konstituiert sich entsprechend dem Wert als Gemeinschaftsobjekt auf Grund derselben individuellen Daten die Wertreaktion als Gemeinschaftserlebnis. Wenn ich in Bewunderung vor einem Kunstwerk stehe,

---

[170] ⟨Vgl. Scheler, *Formalismus*, ^{7}2000, S. 109, 126, 339–45.⟩

[171] ⟨Weitere Ausführungen in *PA*, S. 118 ff., *AMP*, S. 128 ff., *EPh*, S. 136 ff.⟩

so erhebt diese Bewunderung einerseits den Anspruch, dem Wert des Kunstwerks gerecht zu werden, und dieser Anspruch ist, je nach der Tiefe, Lebhaftigkeit usw., mit der die Bewunderung gefühlt ist, mehr oder minder erlebnismäßig erfüllt oder leer. Andererseits fühle ich mich in dieser Bewunderung als Glied der Gemeinschaft der Kunstverständigen oder Kunstliebhaber, und sofern ich das tue, beansprucht mein Erlebnis das Erlebnis der Gemeinschaft in sich zu befassen und wiederzugeben. Auch diese Intention ist mehr oder minder erfüllt, und je mehr sie es ist, desto größer ist der konstitutive Beitrag, den das Einzelerlebnis dem der Gemeinschaft leistet.

Mit dieser Beschreibung sind wir aber der Eigentümlichkeit noch nicht gerecht geworden, die gerade den Gemütsakten in ihrer Stellung im Gemeinschaftsleben zukommt: daß die Einigung hier nicht nur im gemeinsamen Vollzug eines überindividuellen Sinnesgehaltes besteht. Es gibt dergleichen allerdings auch hier. Wo sinnliche Gefühle die Unterlage des 149
Erlebnisses bilden, da ist dieser „Stoff" schlechthin individuell und die Gemeinsamkeit liegt allein in der intentionalen Sphäre. Ichliche Gehalte dagegen, die das Subjekt nicht nur peripher befallen, sondern innerlich erfüllen, sind selbst als gemeinsame erlebbar. Darin liegt die große Bedeutung, die die Gemütsakte für die Konstitution der Gemeinschaft als einer überindividuellen „Persönlichkeit" haben. Davon wird an einer späteren Stelle die Rede sein.[172]

d) Einordnung der Gemeinschaftserlebnisse in überindividuelle Erlebnisströme

Zunächst halten wir fest, was sich uns bei der Suche nach den Elementen des überindividuellen Erlebnisstroms ergeben hat. Zu diesem Strom gehören alle durch individuelle Erlebnisse konstituierten Erlebnisse, deren Korrelat überindividuelle Objekte – Sachen oder Werte, empirische oder ideelle Gegenstände – sind, ferner alle Stellungnahmen der betreffenden Gemeinschaft zu ihrer Objektwelt und alle rein innerlichen (d. h. nicht auf ein äußeres Objekt bezogenen) Erlebnisse, die einer Mehrheit von Subjekten gemein sind.

Wenn wir bisher immer von dem überindividuellen Erlebnisstrom gesprochen haben, so besagt dies nur, daß es uns allein um die Idee eines solchen Erlebnisstroms überhaupt zu tun war. Es sollte nicht etwa behauptet werden, daß es nur *einen* solchen Erlebnisstrom gebe, konstituiert etwa durch die Gemeinschaft aller Menschen oder aller bewußten Wesen. Ohne Zweifel gibt es ebensogut eine Mehrheit überindividueller Erlebnisströme, wie es eine Mehrheit individueller Erlebnisströme gibt. Nicht alle überindividuellen Gegenstände sind ja schlechthin „objektiv" und „allgemeingültig".

---

[172] Vgl. Teil II, § 4d, cc ⟨, S. 220.⟩

Wie es Objekte gibt, die auf ein einziges Subjekt relativ sind – z. B. die sinnlichen Daten oder auch die Außenwelt in der ganz konkreten Erscheinungsfülle, in der sie sich dem Individuum darbietet –, so gibt es Objekte, die relativ sind auf eine engere Subjektgemeinschaft. Es gibt z. B. Werte, die auf eine bestimmte Gruppe von Individuen relativ sind, etwa der Pietätswert eines Familien-Erbguts. Dieser Wert besteht nur für die Familie und ist in ihren Erlebnissen konstituiert. Der Erlebnisstrom dieser Gemeinschaft ist ein in sich abgeschlossener und von anderen geschiedener. Es muß aber betont werden, daß jedes solche auf ein Individuum oder eine engere Ge-
150 meinschaft relative Objekt in seiner Relativität genommen wieder ein Absolutum ergibt. Jedem relativen Objekt und dem Individuum oder der Gemeinschaft, auf die es bezogen ist, gehört der Idee nach ein erkennendes Bewußtsein zu, das beide umspannt. Als Korrelat *allen* Seins haben wir ein allumfassendes, „allwissendes“ oder „allerkennendes“ Bewußtsein zu denken. Prinzipiell könnte das ein individuelles Bewußtsein sein. Abgesehen davon aber gilt, daß die erkennenden Subjekte – unbeschadet ihrer Zugehörigkeit zu anderen engeren Gemeinschaften – *als* erkennende einen universalen Erlebnisstrom konstituieren, der seiner Intention nach das All des Seienden zum Korrelat hat, gleichgültig, wieviel er von der universalen Erkenntnis in sich realisiert hat.

§ 3. Die Verknüpfung der Erlebnisse im Strom

Nachdem wir versucht haben, uns einen Überblick über die möglichen Elemente eines überindividuellen Erlebnisstroms zu verschaffen, müssen wir untersuchen, nach welchen Gesetzen aus solchen Elementen die Einheit eines Stromes erwächst.

Wir haben bereits gesehen, daß das ursprünglich zeugende Leben, der konstituierende Bewußtseinsfluß, nicht Sache der Gemeinschaft, sondern der sie konstituierenden Individuen ist. Wir haben hier keine Kontinuität des Fließens, die eine Einheit erstehen läßt, bei der man gar nicht fragen kann, woraus sie sich zusammensetzt, weil sie überhaupt nicht aus Teilen besteht. Es handelt sich beim Gemeinschafts-Erlebnisstrom durchaus um eine Einheit aus konstituierten Erlebnissen, nach deren Verbindung gefragt werden muß. Die Diskontinuität ist auch dahin zu verstehen, daß der Strom „Lücken“ aufweisen kann: Es ist möglich, daß das Gemeinschaftsleben streckenweise ganz still steht, daß eine Zeitlang *keines* der ihr angehörenden Individuen *als* Glied der Gemeinschaft lebt. Eine Unterbrechung des Seins der Gemeinschaft ist damit nicht gegeben. Wenn das Gemeinschaftsleben wieder einsetzt, erscheint es nicht als ein neuer Anfang, sondern nimmt den alten Faden wieder auf. Es hat geruht, aber nicht aufgehört.

Sind wir uns darüber klar, daß die Einheit kontinuierlich ineinanderströmender Phasen, wie sie der individuelle Bewußtseinsstrom aufweist, hier nicht in Betracht kommt, so müssen wir prüfen, welche der Verbindungen zwischen *konstituierten* Erlebnissen, die wir im Bereich des individuellen Erlebens kennenlernten, im Gemeinschaftsleben wiederkehren. Diese Verbindungsweisen waren *Assoziation*, *Motivation*, *Kausalität* und *Willenswirkung*.

a) Assoziation 151

Wir prüfen jetzt zuerst die Bedeutung der Assoziation für den überindividuellen Erlebnisstrom. Bei der Untersuchung der individuellen Erlebnisse haben wir verschiedene Bedeutungen der Assoziation kennengelernt. Wir bezeichneten mit dem Titel „Berührungsassoziation" das Phänomen, daß Erlebnisse, die im Strom zugleich entstehen, zu einem Komplex verschmelzen. Als Komplexe nahmen wir auch die auf ursprüngliche Motivationsbeziehungen gegründeten Erlebniseinheiten in Anspruch. Wir fanden dann in den herkömmlichen Assoziationsgesetzen Auswahlprinzipien für die Reproduktion von Erlebnissen, die mit unter die Motivationsgesetzlichkeit im weitesten Sinne des Wortes gerechnet werden müssen, und wir erkannten schließlich Assoziationen in einem dritten Sinne als reale Dispositionen der Psyche.

In unserem Zusammenhange interessiert uns nur die ursprüngliche Komplexbildung durch Berührungsassoziation, denn nur sie hat Bedeutung für die Frage, wie aus den Elementen die Einheit des Stromes erwächst. Es scheint mir, daß die Frage, ob es eine ursprüngliche Verschmelzung zusammen auftretender Gemeinschaftserlebnisse gibt, negativ beantwortet werden muß, weil es ein solches Zusammen, wie es diese Verschmelzung fordert, im Gemeinschaftserlebnisstrom gar nicht geben kann. Wenn im individuellen Strom verschiedenartige Erlebnisse verschmelzen, so hat das seinen Grund darin, daß sie ihren Ursprung *einem* Zeugungsimpuls verdanken, bzw. in ihrem Verlauf von gemeinsamen Zeugungsimpulsen genährt werden. Solchen gemeinsamen Ursprung gibt es beim Gemeinschaftserlebnis nicht. Wenn z.B. eine Truppe, während sie um ihren Führer trauert, in einen Kampf hineingeht, so können die Trauer und die Kampfhandlung ganz genau getrennt nebeneinander bestehen. Es sind evtl. ganz verschiedene Individuen, die an der Konstitution des einen und des anderen Erlebnisses mitwirken. In beidem lebt die Truppe, aber ihre verschiedenen Lebensregungen verschmelzen nicht miteinander. (Daß sie evtl. für den betrachtenden Historiker, der sie mit einem Blick umspannt, in einen Komplex zusammengehen, darf uns natürlich nicht über den ursprünglichen Tatbestand täuschen.)

Neben der Assoziation konstituierter Gemeinschaftserlebnisse, die wir ablehnen müssen, ist noch eine andere Art der Verschmelzung denkbar: dadurch nämlich, daß die individuellen Beiträge, die ein Gemeinschaftserlebnis aufbauen, selbst bereits Komplexe sein können. Wenn im Erlebnis des Einzelnen die Trauer und die Kampfmaßnahme, die er einleitet, ver-
152 schmolzen sind, so wird auch das Gemeinschaftserlebnis, an dessen Aufbau diese assoziative Einheit mitwirkt, ein komplexes sein, das die ihrem Sinne nach getrennten Erlebnisse in sich vereint.

Noch anders liegen die Verhältnisse, wenn *innere* Zusammenhänge, Sinnesbeziehungen zwischen verschiedenen Erlebnissen die Grundlage für die Bildung komplexer Einheiten bilden. Diese Verhältnisse können aber nur im Zusammenhange mit der Behandlung der Motivation erörtert werden. Vorläufig können wir über die überindividuelle Bedeutung der Assoziation nur sagen: Ihre Wirksamkeit im individuellen Bewußtsein macht es verständlich, daß sich komplexe Gemeinschaftserlebnisse aufbauen. Dagegen ist es nicht ihr zu verdanken, wenn aus den konstituierten Gemeinschaftserlebnissen die Einheit eines Stromes erwächst.

b) Motivation

Wir stellen die Frage nach den kausalen Verhältnissen, die uns sogleich in die Sphäre der Realität hineinführen würden, zunächst zurück und wenden uns jetzt der Betrachtung der Motivationsbeziehungen zu, der Verknüpfung der Erlebnisse vermöge ihres Sinnesgehalts. Sinnzusammenhänge bestehen unabhängig davon, wie sie sich in konkreten Erlebnisverläufen realisieren. Ein Schlußzusammenhang, eine Theorie kann in der verschiedensten Weise erlebnismäßig realisiert werden, von einem schnell, vom andern langsam, hier in bloßen Denkakten, dort von erfüllenden oder illustrierenden Anschauungen begleitet – und schließlich auch in der Weise, daß die realisierenden Erlebnisse sich auf eine Mehrheit von Individuen verteilen. Wo immer aber ein Sinnzusammenhang sich realisiert, da gehen die realisierenden Erlebnisse in die Einheit eines Motivationszusammenhanges ein, sie bilden einen Erlebniskomplex. Wenn ein Sinnzusammenhang eine Gruppe von Individuen zu seiner Realisierung in Anspruch nimmt, dann ist sein Korrelat ein Motivationsgefüge, das nicht mehr einem oder dem andern individuellen Erlebnisstrom angehört, sondern dem Erlebnisstrom der Gruppe. Nun gibt es einen *durchgehenden* Sinn, der den ganzen Erlebnisstrom einer Gruppe durchzieht und zur Einheit zusammenschließt: den Zusammenhang der Erlebnisse, die für den Werdegang der Gemeinschaft eine Rolle spielen. Sie bilden ihrem Gehalt nach ein sinnvolles Ganzes, gleichgültig, welche Sinnesbeziehungen zwischen einzelnen Gemeinschaftserlebnissen außerdem noch bestehen und engere Komplexe innerhalb des Ganzen begründen. Die Erlebnisse, die dieses Sinnganze realisieren, durch das Band der Motivation geeint, geben dem Erlebnisstrom der Gemeinschaft den Charakter eines einzigen verständlichen Zusammenhangs.

Um ein klares Bild der hier obwaltenden Verhältnisse zu gewinnen, muß 153
man die zwei Fragen scheiden: 1. Wie ist es zu verstehen, daß Erlebnisse verschiedener Individuen ineinandergreifen und zur Bildung eines Motivationszusammenhangs zusammenwirken? 2. Wie ist es zu verstehen, daß Gruppenerlebnisse einander motivieren?

Für die erste Frage ist von Bedeutung, was wir schon an früherer Stelle hervorhoben: Das Übergreifen der Motivationen von einem Subjekt auf das andere ist nur verständlich, wenn Wechselverständigung zwischen ihnen besteht. Ein Gedankenmotiv kann nur dann in mir wirksam werden, wenn es *erlebtes* Motiv ist, nicht der objektiv bestehende, sondern der *vollzogene* Sinn treibt mich zum Fortschreiten im Zusammenhange. Das Motiv kann dabei als vom andern herkommend, bzw. von mir zum andern hinüberspielend erlebt sein, muß es aber nicht notwendig, damit ein Gemeinschaftserlebnis erwachsen könne. Das Erlebnis des einen und das des andern müssen nur im Verhältnis von *Vollzug* und *Nachvollzug* stehen. Indem der andere mir seinen Gedanken „mitteilt", geht mir Schritt für Schritt im Verstehen der Sinn auf, der sich in seinem Denken ursprünglich konstituiert hat. Und indem ich ihn erlebe, bewegt er mich zum „Weiterdenken", das nun nicht mehr Nachvollzug, sondern ursprünglicher Vollzug ist und in dem sich mir ein neuer Teilbestand des gesamten Sinnzusammenhangs erschließt. So entspinnt sich im „Gedankenaustausch" ein Zusammendenken, das nicht mehr als Erlebnis des einen oder des andern, sondern als *unser* gemeinsames Denken erlebt ist.

Aller Wissenschaftsbetrieb vollzieht sich in dieser Form. Was ich an „Eigenem" dazu beitrage, an ursprünglichen Gedankenleistungen, das erwächst auf dem Grund des bereits angesammelten Bestandes, den ich übernehme, und wird seinerseits zur Grundlage, auf der andere weiter bauen. Und mit diesem meinem geistigen Tun finde ich mich eingegliedert in einen großen Motivationszusammenhang, den Erkenntnisprozeß der Menschheit.

Die intellektuellen Zusammenhänge sind aber nur ein Beispiel für überindividuelle Motivationen. Analoge Verhältnisse finden sich auf allen Gebieten des geistigen Lebens. Wenn ich den Wunsch eines andern erfülle, so wird der fremde Wunsch zum Motiv meines Handelns. Voraussetzung ist wiederum, daß ich den Wunsch verstehe, und dazu gehört, daß ihm ein „objektiver", anderen zugänglicher Sinn innewohnt. Es gehört ferner dazu, daß ich nicht bloß von dem Inhalt des Wunsches Kenntnis nehme, sondern daß er 154
mich innerlich berührt und zum Handeln bewegt. Ich erfahre z. B., daß jemand sich ein Buch wünscht, das er zum Studium braucht, und kaufe es für ihn. Indem ich den Wunsch des andern verstehend nachvollziehe, erfahre ich nicht nur, daß er ihn hegt, sondern es geht mir der Sinn dieses Wunsches

auf, ich fühle die Bedeutung des Erwünschten für den, der danach trachtet, und sie treibt mich dazu, es ihm zu verschaffen. Es sind hierbei noch verschiedene Motivationen denkbar. Der fremde Wunsch kann für mich selbst wiederum Objekt einer Wertbetrachtung werden, ich kann ihn als „berechtigt" anerkennen, und dieser an dem Wunsch erfaßte Wert kann Motiv meines Handelns sein. Dann liegt nicht jenes unmittelbare Ineinandergreifen vor, das mein Erlebnis und das fremde zur Einheit eines Motivationsgefüges verwachsen läßt. Es kann aber auch sein, daß ich nicht so als „objektiver" Betrachter dem fremden Wunsch gegenübertrete, sondern daß ich mich im Verstehen ganz naiv hingebe und von ihm treiben lasse. Das Wünschenswerte als solches treibt mich zum Handeln, ungeachtet dessen, daß der Wunsch nicht ursprünglich meiner war. Der Wunsch und die Handlung, die ihm Erfüllung bringt, treten in die Einheit eines Erlebniszusammenhangs ein, und wenn sie ihren Ursprung verschiedenen Subjekten verdanken, so besteht doch zwischen diesen Subjekten eine erlebte Solidarität, die ihr Leben zu einem *gemeinsamen* macht und es ermöglicht, daß sie verschiedene zu einer Leistung zusammenwirkende Funktionen übernehmen. So können die verschiedenartigsten Motivationen von einem Individuum auf das andere übergreifen und das Entstehen überindividueller Erlebniseinheiten ermöglichen.

Unsere zweite Frage war, ob und wie innerhalb des Bereichs konstituierter Gemeinschaftserlebnisse Motivationsverbindungen möglich sind. Wir haben an einer anderen Stelle gezeigt, daß eine rein intellektuelle Betätigung in der Regel emotionaler Antriebe bedarf; des rein theoretischen Interesses, das die Wahrheit um ihrer selbst willen wert hält und erstrebt, oder eines praktischen Interesses, das Erkenntnis als Mittel zur Erlangung anderer Güter schätzt und zu erringen sucht. Das gilt für die Gemeinschaft ebenso wie für den Einzelnen. Für ein Volk bedeutet die Wahrheit den höchsten Wert und es betreibt die Wissenschaft um ihrer selbst willen. Ein anderes ist vorzugsweise auf ökonomische Werte gerichtet, und die Wissenschaft ist ihm nur ein Mittel zur Förderung wirtschaftlicher Zwecke. Gemeinschaftserlebnisse bzw. -betätigungen ganz verschiedener Art greifen hier motivierend
155 ineinander. Natürlich sind dabei motivierendes wie motiviertes Erlebnis durch individuelle Erlebnisse konstituiert, und auch die Motivation selbst hat ihren „Ursprung" im individuellen Erleben. Aber die Motivation der Gemeinschaftserlebnisse und die der sie konstituierenden Einzelerlebnisse fallen doch nicht ohne weiteres zusammen. Ich kann wissenschaftlich arbeiten als Glied und im Dienst meines Volkes, zur Förderung der deutschen Wissenschaft. Aber die Motive, die mich dabei leiten, können ganz andere sein als die im deutschen Wissenschaftsbetrieb herrschenden, ich könnte mich mit meiner Motivation als außerhalb der Gemeinschaft stehend fühlen und auf ihre Motivationen keinen Einfluß haben. Ich treibe z. B. Natur-

wissenschaft, weil mich die erkenntnismäßige Durchdringung der Natur als solche reizt, während „man" in Deutschland vielleicht Naturwissenschaft treibt, um die Technik auf eine höhere Stufe zu heben. Mit meiner Forschung reihe ich mich der gemeinsamen Forschertätigkeit ein, aber mit meinem treibenden Motiv stehe ich allein. Welche Motive im Gemeinschaftsleben herrschend werden und welche sozusagen unter den Tisch fallen, das werden wir erst verstehen lernen, wenn wir die Struktur der Gemeinschaft selbst studieren. Zunächst halten wir fest, daß nicht nur Gemeinschaftserlebnisse einer Gattung motivierend ineinandergreifen und komplexe Einheiten bilden, sondern daß alle Lebensregungen der Gemeinschaft ihrem Sinne nach in den mannigfachsten Beziehungen stehen und zur Einheit verwachsen.

c) Kausalität

Indem Sinnzusammenhänge erlebt werden, gehen sie in ein ihnen fremdes Medium ein, sie treten unter eine andere Gesetzlichkeit als die des reinen Sinnes, und damit ein Motiv wirksam werden könne, müssen noch andere Bedingungen erfüllt sein als das Vorhandensein eben dieses Motivs. Kraft seines Sinnesgehalts allein treibt es nicht das Erlebnis hervor, das es seinem Sinne nach motivieren kann oder muß. Wir haben beim Studium des individuellen Erlebens gesehen, daß das geistige Leben intensiv genug sein muß, um den Forderungen der Sinnesgehalte nachzukommen, und wir haben gefunden, daß seine „Lebendigkeit" aus verschiedenen Quellen gespeist wird: von den Triebkräften, die von den Motiven ausgehen, und von der Lebenskraft des psychischen Individuums, dessen Leben es ist.

Wir müssen nun untersuchen, ob es auch im Gemeinschaftsleben analoge Phänomene gibt, wie sie uns im individuellen Leben zur Bekundung einer den Lebensstrom regulierenden Lebenskraft wurden; m. a. W., ob es auch im Erlebnisstrom der Gemeinschaft eine kausale Verknüpfung gibt. Da ist zu- 156
nächst die Frage, ob diejenige Erlebnisschicht, von der die kausale Beeinflussung des gesamten Erlebens ausläuft, die Schicht der „Lebensgefühle", sich im Gemeinschaftserlebnisstrom auch vorfindet, ob Frische, Mattigkeit, „Nervosität" u. dgl. als Gemeinschaftserlebnisse auftreten können. Voraussetzung dafür, daß sich solche Zuständlichkeiten als Gemeinschaftserlebnisse konstituieren können, ist die Möglichkeit ihres Übergreifens von einem Individuum auf das andere, und diese Möglichkeit muß uns darum an erster Stelle beschäftigen. Wir betrachten z. B. folgenden Fall: Ich bin von anstrengender Tagesarbeit ermüdet und habe den Eindruck, daß ich heute zu gar nichts mehr fähig bin. Da kommt ein Freund zu mir herein, der noch ganz frisch ist, er trägt mir ein Problem vor, das ihn gerade beschäftigt, und bald sind wir mitten in der lebhaftesten Debatte und von meiner Müdigkeit spüre

ich nichts mehr. Es bestehen hierbei verschiedene Möglichkeiten: Das Problem kann verlockend sein und kann selbst die belebende Wirkung ausüben, die die Müdigkeit überwindet und die geistige Tätigkeit wieder in Gang bringt. Es ist aber auch möglich, daß mich das Problem ganz kalt läßt, solange ich mir selbst überlassen bleibe, daß ich seine Gewichtigkeit gar nicht lebendig zu fühlen vermag und daß ich erst unter dem Einfluß der fremden geistigen Frische dazu fähig werde. – Es ist fraglich, ob ich die Frische des andern erfaßt haben muß, damit sie mich ergreifen könne. Beides ist jedenfalls nicht identisch, es gehört aber auch nicht einmal notwendig zusammen. Ich kann die fremde Frische gegeben haben, ohne im mindesten von ihr erfaßt zu werden, meine eigene Mattigkeit und das Gefühl des Nicht-Mitkönnens können geradezu im quälenden Gegensatz dazu stehen. Kann ich aber auch umgekehrt davon erfaßt werden, ohne daß sie mir irgendwie gegeben ist? Es scheint *nicht* erforderlich, daß mir die fremde Zuständlichkeit zum *Gegenstand* wird, d. h. daß ich speziell darauf gerichtet bin und sie klar erfasse. Man wird sogar sagen können, daß solches Erfassen in Fällen, wo es zur „Ansteckung“ kommt, in der Regel nicht vorliegt, und daß es da, wo es vorliegt, zur Ansteckung nicht zu kommen pflegt. Aber einen gewissen „Eindruck“ muß ich doch wohl haben, um angesteckt werden zu können. Es ist auffallend, wie stark die sinnliche Gegenwart als Bedingung der Ansteckung ins Gewicht fällt. Das bloße Wissen darum etwa, daß mein Freund jetzt in seinem Studierzimmer eifrig bei der Arbeit sitzt, vielleicht gar mit demsel-
157 ben Problem beschäftigt, vor dem ich gerade die Waffen strecke, weil ich mich nicht mehr frisch genug fühle, es in Angriff zu nehmen, übt nicht die mindeste belebende Wirkung auf mich aus. Wenn ich ihn aber unmittelbar vor mir habe und die geistige Frische „spüre“, von der ich vorher nur wußte, fühle ich mich mit davon ergriffen. Was bedeutet nun dieses „Spüren“? Wenn ich die Frische des andern wahrnehme, so ist sie mir im Blick seiner Augen, im Klang seiner Stimme, im Tempo seiner Rede und seiner Bewegungen gegeben. Die Wahrnehmung des „Äußeren“, das mir die innere Zuständlichkeit vermittelt, ist fundiert auf gewisse ichfremde Sinnesdaten. Es scheint nun, daß bei der Erfassung der fremden Ichzuständlichkeiten – ähnlich wie bei der Erfassung von Werten, die wir früher besprachen – mit den ichfremden Daten vereint ichliche Daten auftreten, die eine doppelte Bedeutung gewinnen können: Sie geben einmal das Fundament ab für die Wahrnehmung „innerer“ Zuständlichkeiten, die mit dem „äußerlich“ wahrgenommenen Gegenstande, dem fremden Leibe, mit wahrgenommen werden und mit ihm die Einheit eines Gegenstandes, das fremde Subjekt aufbauen; und sie sind andererseits zugleich das Fundament für eigene Ichzuständlichkeiten. Dieselben ichlichen Daten, die mich fremde Frische spüren lassen, wären demnach geeignet, in mir selbst Frische auftreten zu lassen. Nach dem, was wir früher über das Verhältnis von Werterfassen und

Gefühlsreaktion feststellten, wäre es nun auch verständlich, wenn sich je nach der Hingabe des Subjekts an die eine oder andere mögliche Richtung des Erlebens die Erfassung der fremden Zuständlichkeit oder die entsprechende eigene Zuständlichkeit einstellte. Es kann aber auch geschehen, daß beide Möglichkeiten zugleich realisiert sind, und daß wir dabei das Erlebnis des Erfülltwerdens von der fremden Frische, ihres Überströmens auf uns, haben. (Wenn zunächst nur die eigene Zuständlichkeit sich einstellt, so kann sie – auf Grund des *bekannten* Zusammenhangs zwischen eigenen und fremden Lebenszuständlichkeiten – als Basis einer Folgerung dienen, mittels deren wir das Vorhandensein der betreffenden Zuständlichkeit beim andern erschließen. Ein Spezialfall im Bereich der Erkenntnis des fremden Innenlebens, der von gewissen Theorien fälschlich zum Grundfall gestempelt worden ist.) Dieses „Einströmen" erinnert uns wiederum an das Erlebnis von Werten, von denen auch eine belebende Wirkung auf das Subjekt ausgeht, die ihm frische Triebkräfte zuführen.

Wenn wir die Bedeutung der sinnlichen Gegenwart für das Zustandekommen der „Ansteckung" hervorheben, so muß doch andererseits betont werden, daß sie nicht conditio sine qua non ist; daß ich auf andere Weise von 158
fremdem geistigem Leben mitgerissen werden kann. Es ist möglich, daß ich z. B. durch die Lektüre eines Buches „neu belebt" und zu eigener Geistestätigkeit angetrieben werde. Von den sinnlich wahrgenommenen Druckzeichen auf dem Papier geht die belebende Wirkung sicherlich nicht aus; aber die Gedankengänge, in die ich mittels dieser Zeichen eindringe, können einen Schwung und Rhythmus haben, der unmittelbarer Ausfluß geistiger Kraft und Frische ist. Und wenn ich, von den Worten geleitet, im Verstehen die fremden Gedankengänge Schritt für Schritt nachvollziehe, so „spüre" ich die Frische: Sie kann mir einerseits als Eigentümlichkeit des fremden geistigen Tuns entgegentreten, sie kann aber auch sich meiner selbst bemächtigen. (Dabei spielt der *Bedeutungsgehalt* der Worte keine Rolle; wenn von ihm belebende Wirkungen ausgehen – was ja durchaus möglich ist –, so sind das Einflüsse, die mit der fremden Subjektivität nichts zu tun haben oder nichts zu tun haben müssen.)

Zwischen dem Angestecktwerden von einer fremden Lebenszuständlichkeit und dem echten Übergreifen des kausalen Geschehens von dem einen Individuum auf das andere, das ein „gemeinschaftliches" Lebensgefühl möglich macht, stellt sich bei näherer Analyse ein wesentlicher Unterschied heraus. Der Untersuchung dieser Verhältnisse ist die folgende Betrachtung gewidmet, die uns zugleich höchst bedeutsame Ausblicke auf die Struktur der überindividuellen psychischen Realitäten eröffnet.

Exkurs über psychische Ansteckung

Voraussetzung der „psychischen Ansteckung", so sagten wir, ist es, daß ein Individuum das Vorhandensein anderer und ihre psychische Zuständlichkeiten „spüren" kann. Die Frage ist: 1. ob dieses Spüren eine geistige Funktion ist und 2. wenn dies der Fall ist, ob man den Tieren, bei denen wir Phänomene der Ansteckung und überindividuelle psychische Realitäten zu finden glauben, ein geistiges Leben zusprechen soll oder ob es sich nur *scheinbar* um übergreifende *psychische* Zusammenhänge handelt. Denkbar wäre es zunächst, daß es sich beim Verhalten einer Herde, eines Bienenschwarms u. dgl., die uns als etwas Einheitliches anmuten, nur um eine gleichförmige Reaktion auf denselben Reiz handelte, um eine Reaktion also, die nicht nur keine *gemeinsame* wäre, sondern bei der das eine Individuum
159 von dem andern in seinem Verhalten auch nicht einmal beeinflußt wäre. Wir hätten dann nur für den äußeren Anblick eine Gruppe – von innen gesehen löste sie sich in isolierte Individuen auf. Von Ansteckung könnte dann überhaupt nicht die Rede sein. Diese Deutung mag in manchen Fällen zutreffen, aber sie widerspricht doch dem *Phänomen*, wie wir es in vielen Fällen in aller Klarheit vor uns haben: daß das Verhalten der Individuen in einem inneren Zusammenhang steht und durch wechselseitige Beeinflussung zustande kommt; daß die Herde dem Leittier nachfolgt, daß ihre Ängstlichkeit in Gefahr durch die gegenseitige Ansteckung gesteigert wird usw. – Eine zweite Möglichkeit wäre: die Ansteckung selbst unangefochten zu lassen, aber ihren psychischen Charakter zu bestreiten. Man könnte versuchen, den Vorgang als einen rein physischen bzw. physiologischen zu interpretieren.[173] Hier wäre zunächst einmal zu untersuchen, was unter „rein physiologischen" Vorgängen zu verstehen ist und wie es mit der Ausschaltung alles Psychischen steht.[174] Im übrigen scheitert auch diese Deutung an dem in vielen Fällen sich unmittelbar aufdrängenden Phänomen, daß es sich um *psychische* Zusammenhänge handelt. Die Angst, die sich in den tierischen Ausdrucksbewegungen unzweideutig ausspricht, ist eine psychische Zuständlichkeit und ihre Fortpflanzung zeugt von einer übergreifenden psychischen Realität. Wir können also nicht umhin, auch beim Tierreich von einem überindividuellen psychischen Zusammenhang zu sprechen, der eine Mehrheit von Individuen miteinander verbindet. – Wie verträgt sich nun damit die These,

---

[173] Vgl. die Theorie von A.⟨lbrecht⟩ Bethe ⟨(1872–1954, Physiologe), „Dürfen wir den Ameisen und Bienen psychische Qualitäten zuschreiben?⟩ (⟨Pflüger's⟩ *Arch.*⟨*iv*⟩ *f.*⟨*ür*⟩ *d.*⟨*ie*⟩ *ges.*⟨*amte*⟩ *Physiologie* ⟨*des Menschen und der Tiere*⟩, Bd. 70, 1898 ⟨, S. 15–100⟩), welcher annimmt, daß „die ganze Gruppe der wirbellosen Tiere ein reines Reflexleben" führe und „rein mechanisch alle die oft so vernunftgemäß erscheinenden Tätigkeiten ausübe" (S. 98).

[174] Vgl. S. 150 ff.

daß das Übergreifen der psychischen Zuständlichkeiten eine *geistige* Funktion zur Voraussetzung habe? Mögen wir auch bei gewissen höheren Tieren vor der Annahme eines geistigen Lebens nicht zurückschrecken, so erscheint sie doch bei den niederen Tieren – und zwar auch bei solchen, die Phänomene der Ansteckung zeigen – durch nichts phänomenal gerechtfertigt, sie wäre eine pure Konstruktion. – Die erste Frage, die wir aufwarfen, bedarf also gründlichster Prüfung. Als Kennzeichen der geistigen Auffassung sehen wir es an, daß das Subjekt aus sich herausgeht, der Welt gegenübertritt und sie mit dem Geiste entgegennimmt. Nehmen wir einmal an, daß wir die „Fühler" unseres Geistes eingezogen und uns im Bereiche unseres Eigenseins eingekapselt haben, so hört die Welt auf, für uns wahrgenommene, erfaßte, 160
erkannte Welt zu sein. Es fehlt jede Art geistiger Berührung mit ihr. Ist damit aber jegliche Berührung überhaupt geschwunden? Lebt das psychische Individuum nun völlig ohne Zusammenhang mit der Welt? Offenbar nicht. Es gibt ein Eindringen in die Subjektivität und entsprechend ein Berührtwerden von außen her, das von geistiger Entgegennahme spezifisch verschieden ist. Derart ist die „Reizung" durch Sinneseindrücke, wenn die „Sinne" nicht mehr als Aufnahmestellen sinnfälliger Bestände vom Geiste aufgestellt sind.[175] *H. Conrad-Martius* hat einen prinzipiellen Unterschied im Gebiet der Sinnlichkeit herausgestellt: zwischen dem *sinnfällig Erscheinenden*, das sich immer von sich aus *darbietet*, immer gegenständlich, distanzhaft erscheint und andererseits eine Geöffnetheit des Geistes und besondere präformierte Aufnahmestellen des Geistes, die „geistigen Sinne" voraussetzt – und dem *empfindungsmäßig Gegebenen*, bei dem eine Zweiheit von aufnehmendem Sinn und ihn füllenden Bestand nicht festzustellen ist. Dieser Unterschied soll auch dann bestehen bleiben, wenn der Geist sich nicht mehr in die Sinne „hineinbegibt" und ihre Bestände entgegennimmt, sondern wenn die Aufnahme eine starre und tote ist. Der Geist bleibe dann immer noch Schauplatz des Geschehens, da die „geistigen Sinne" – Gesicht und Gehör – notwendig einem geistigen Ich angehören. Von der echten Empfindungsgegebenheit dagegen heißt es, daß sie dem Ich nicht als geistigem, sondern als leiblichem zuteil werde und kein Bewußtsein der Empfindungen in sich schließe. In diesem Punkte scheint mir die Scheidung, die sonst in völliger Klarheit herausgearbeitet ist, zu schroff und nicht ganz einwandfrei orientiert. Eine Trennung der Sinnesgebiete in „geistige" und „leibliche" geht m. E. nicht an: darum nicht, weil auch das empfindungsmäßig Gegebene nicht prinzipiell leibgebunden ist (obwohl *wir* es stets am Leibe vorfinden) und andererseits Sinnesdaten der sogenannten „geistigen" Sinne auftreten

[175] Vgl. hierzu H.⟨edwig⟩ Conrad-Martius, *Zur Ontologie und Erscheinungslehre der realen Außenwelt*, ⟨vgl. Anm. 25⟩, Kap. II „Sinnliche Gegebenheit. Empfindung und Erscheinung" ⟨S. 397 ff.⟩.

können ohne jede Beteiligung des Geistes. Auf die erste Frage, die Ablösbarkeit der Empfindungsgegebenheit von der Leiblichkeit, brauchen wir in unserem Zusammenhange nicht einzugehen. Es ist an dieser Stelle nur zu betonen, daß auch Gesichts- und Gehörsdaten den spezifischen „Reiz"-Charakter annehmen können: Sie können in die Subjektivität eindringen, ohne
161 daß das Subjekt „aus sich herausgeht", es kann eine Änderung in den betreffenden „Feldern" gespürt werden, ohne eine transzendierende Deutung zu erfahren, ohne daß eine geistige Funktion im Spiel ist. Zu solchem Spüren gehört ein Bewußthaben (in unserem Sinne von „Bewußtsein"). Für das Subjekt dieses Bewußtseins besteht keine Verbindung zwischen seinem „Eindruck" und einem äußeren Objekt; diese Verbindung kann nur durch ein *geistiges* Subjekt hergestellt bzw. entdeckt werden, dem das gereizte psychische Individuum und das Reiz-Objekt in gleicher Weise zugänglich sind. Den Zugang gewährt nicht eine *äußere* Kausalbetrachtung, die zwischen Objekt und Subjekt einen physischen Kausalzusammenhang konstruiert, ohne irgendwelche Evidenz dafür in Anspruch nehmen zu können. Das Bedingtsein von außen her muß *erlebt* bzw. *nach*erlebt sein, und in solchen erlebten Zusammenhängen gründet Sinn und Möglichkeit aller psychophysischen bzw. physiopsychischen „Kausalerklärung". Der Zusammenhang ist *nicht* gegeben, wenn die sinnlichen Daten distanzhaft, in gegenständliche Form gebunden, erscheinen. Dann ist nur ein Gegenüber von Subjekt und Objekt, keine „Einwirkung" erlebt. Ebensowenig – so sahen wir – kann von einem erlebten Zusammenhang die Rede sein, wo pure Sinnesdaten ohne Richtung auf einen Gegenstand erlebt sind. Es gibt aber Zwitterfälle, in denen beides stattfindet: ein gegenständliches Erfassen und ein Gereiztwerden der eigenen Sinnlichkeit. Ich sehe etwa einen Lichtschimmer und spüre zugleich einen Lichtreiz[176]: Dann nehme ich den Reiz als von dem objektiven Lichtschein herkommend. Diese Auffassung gründet nicht in dem Wissen um einen objektiven Kausalzusammenhang, sondern bildet umgekehrt den ursprünglichen Ausgangspunkt für das Suchen nach einem solchen objektiven Zusammenhang. Sie bildet zugleich den Ausgangspunkt für die Auffassung aller „Reize" als „von außen her" kommend. Diese Auffassung lebt auch in dem einfühlungsmäßigen Erfassen eines Reizvorgangs bei einem psychischen Individuum, das selbst einer solchen Auffassung nicht fähig ist. Ihm selbst schreiben wir nur das pure sinnliche Erlebnis zu, aber *wir* betrachten es als von außen her bedingt, als hervorgerufen durch ein äußeres Objekt, das wir evtl. mit wahrnehmen.

So haben wir als erstes festgestellt, daß es sinnliche Erlebnisse, und zwar von der Außenwelt hervorgerufene gibt, in denen keine geistige Funktion waltet. Als nächstes müssen wir zu verstehen suchen, was „Reaktion" auf

---

[176] ⟨Vgl. *PA*, S. 236 (Exkurs über den transzendentalen Idealismus).⟩

einen „Reiz“ ist, bzw. *welche* Reaktionen auf solche Reize möglich sind. 162
Wenn ich, von einem Lichtschein „geblendet“, die Augen schließe oder den Kopf abwende, so geschieht das in der Regel „rein reflektorisch“, wie man zu sagen pflegt. Was dieses „rein reflektorisch“ bedeutet, ist noch zu untersuchen. Es heißt zunächst – und damit können wir uns durchaus einverstanden erklären – daß die Bewegung nicht als zweckbewußte Handlung aus der *Wahrnehmung* des Lichtscheins und der *Erkenntnis*, daß die Blendung von ihm herrührt, hervorgeht. Sie ist auch möglich, wenn der Lichtschein gar nicht wahrgenommen, wenn nur der *Reiz empfunden* ist. Das „rein reflektorisch“ besagt aber im Munde des Naturwissenschaftlers mehr. Wenn *Bethe* den Nachweis führen will, daß die wirbellosen Tiere sämtlich bloße „Reflexmaschinen“ seien, so soll damit zugleich gezeigt werden, daß hier von einem *psychischen* Leben gar nicht die Rede sein könne. Alle Betätigungen dieser Individuen sollen sich restlos in eine Reihe von mechanischen evtl. chemischen – jedenfalls rein physischen – Vorgängen auflösen lassen. Faßt man „Reflex“ auf diese Weise, so wird der Sinn von „Reiz“ und „Reaktion“ damit völlig aufgehoben. Reaktion ist allemal die „Antwort“ eines in sich beschlossenen Eigenseins auf einen äußeren Eingriff. „Antwort“ ist dabei nicht im Sinne geistiger Spontaneität gemeint, sondern als ein im inneren Sein des „gereizten“ Individuums gründendes Verhalten. Reiz und Reaktion sind immer Spiel und Gegenspiel, von verschiedenen Zentren ausgehend, sie ordnen sich nicht einer einzigen Geschehensreihe ein wie Ursache und Wirkung. Will man „Reflexe“ als rein physische Vorgänge im Körper lebender Individuen nehmen, so muß man Reflexe und Reaktionen durchaus scheiden. Eine „Rückführung“ von Reaktionen auf Reflexe im Sinne rein mechanischer oder chemischer Vorgänge ist *prinzipiell* unmöglich. Es kann sich im einzelnen Fall herausstellen, daß etwas, was man für eine Reaktion gehalten hat, in Wahrheit keine ist. Niemals aber kann es gelingen zu zeigen, daß Reaktionen überhaupt nichts anderes sind als Reflexe.[177]

Im Gebiet der Reaktionen selbst ist nun eine grundsätzliche Scheidung zu 163
machen. Es gibt lebende Organismen und Lebensvorgänge, bei denen nichts Psychisches mit im Spiel ist. Von allem spezifisch Leiblichen aber gilt bereits, daß es eine psychische Seite hat. Es ist, wenn auch nicht immer von Psychi-

---

[177] Da sehr vieles, was unter dem Titel „Reflex“ bekannt ist, als Reaktion in unserem Sinne angesprochen werden muß, wird es gut sein, den Terminus Reflex *nicht* für das rein mechanisch Erklärbare festzulegen. In diesem Punkte ist ⟨Albrecht⟩ *Bethes* Kritiker E.⟨rich⟩ *Wasmann* ihm zu weit entgegengekommen (*Die psychischen Fähigkeiten der Ameisen* ⟨*: mit einem Ausblick auf die vergleichende Tierpsychologie*, 2. bedeutend verm. Aufl.⟩ Stuttgart 1909 ⟨1. Aufl. Stuttgart 1899⟩). Er betont sehr richtig, daß *Bethe* das weite Gebiet des Instinktiven übersehen hat, das zwischen Intelligenz und physischer Reflextätigkeit liegt. Aber in der Entgegensetzung von „Instinktivem“ und „Reflektorischem“ faßt er das Gebiet des rein mechanisch bzw. physisch Erklärbaren zu weit.

schem geleitet, so doch gespürt oder mindestens spürbar und damit zugleich vom Psychischen beeinflußbar. Jede Leibesbewegung ist mit einer Änderung im Empfindungsbestande verbunden und kann durch eine Empfindung bzw. ein sinnliches Gefühl ausgelöst sein oder, falls sie auf rein mechanischem Wege eingeleitet wurde, (als „passive“ Bewegung) auf die Empfindungen hin, die sie hervorruft, in ihrem rein mechanischen Ablauf gehemmt werden.

In unserem Zusammenhange kommt es weniger auf die Abgrenzung der psychischen Reaktionen nach „unten“ hin an – gegen die rein mechanischen oder die reinen Lebensvorgänge –, als auf die Frage, welche Reaktionen ohne Mitwirkung einer geistigen Tätigkeit möglich sind. Bewegungen können rein empfindungsmäßig ausgelöst sein. Aber können wir solche Bewegungen in Beziehung bringen zu dem Objekt, von dem der „Reiz“ ausgeht? *Objektiv* liegt natürlich ein Zweckzusammenhang vor, wenn ich vom Lichtschein geblendet die Augen schließe: Die Bewegung „dient dazu“, mich vor dem Geblendetwerden zu schützen. Aber der Zweck ist der „instinktiven“ Bewegung nicht immanent, es lebt darin kein Abzielen auf oder gegen das Reizobjekt, das ja als solches gar nicht aufgefaßt war. Auf diese Weise ist wohl auch eine Betätigung an Gegenständen möglich, ohne daß eine Gegenstandserfassung vorliegt: Wenn der Säugling den Finger ergreift und festhält, den man ihm hinstreckt, sowie bei gewissen tierischen Spielen oder auch zweckmäßigen Leistungen haben wir eine Reihe von Tätigkeiten, die alle ihre psychische Seite haben, aber keinerlei geistiges Tun einschließen. Überall dagegen, wo eine zielgerichtete Tätigkeit vorliegt – Abwehr einer Gefahr mit der spezifischen Richtung dagegen, Belauern einer Beute u. dgl. –, da ist auch eine echte Auffassung dessen, worauf oder wogegen sich die Tätigkeit richtet, vorausgesetzt: Im „Reiz“ wie in der „Reaktion“ walten hier geistige Funktionen. Man könnte danach im Tierreich sehr weitgehend „niedere“ geistige Funktionen annehmen, ohne den Tieren das zuzuschreiben, was *Wasmann* unter dem Titel „Intelligenz“ zusammenfaßt und ihnen wohl mit Recht samt und sonders abspricht: die Fähigkeit des abstrakten Denkens und logischen Schließens; man wird m. E. weiter gehen müssen und den
164 ganzen Umkreis der „freien Geistigkeit“, d. h. alles das, was wir als „willentliche“ Akte charakterisierten, prinzipiell aus dem Bereich des tierischen Seelenlebens auszuschließen haben. Im einzelnen Falle die Grenze zu ziehen und festzustellen, wo geistige Funktionen und wo ein bloßes Reagieren auf sinnliche Reize vorliegt – das muß dem empirischen Forscher, dem Zoologen und vergleichenden Psychologen überlassen bleiben, der das nötige Beobachtungsmaterial zur Verfügung hat.

Wir gehen nun zu den Fragen über, die für unser Thema von Wichtigkeit sind. Zunächst: gibt es ein Berührtwerden von fremdem psychischen Leben und ein Reagieren darauf nach Art der Reaktion auf sinnliche Reize, ohne

Mitwirken einer geistigen Funktion? Es scheint, als hätten wir etwas derart in den Vorgängen, die man als „unwillkürliche“ oder „instinktive“ *Nachahmung* bezeichnet. Es wird unter diesem Titel allerdings Verschiedenes zusammengefaßt, was getrennt untersucht werden muß: 1. das Mitmachen von fremden Bewegungen, die nicht den Wert von Ausdruckserscheinungen haben; 2. das Mitmachen von fremden Ausdruckserscheinungen; 3. das Ergriffenwerden von fremden psychischen Zuständen, das mit einem Nachahmen der Ausdruckserscheinungen, in denen sie sich kundgeben, verbunden ist.

Den ersten Fall veranschaulicht uns die Herde, die dem Leittier folgt oder überhaupt die Bewegungen nachahmt, die ein Tier zunächst von sich aus ausführt. Zur Analyse wollen wir versuchen, Fälle heranzuziehen, in denen wir selbst in analoger Weise von fremdem Verhalten „geleitet“ werden. Verschiedenes kommt dabei in Betracht. Wenn von spielenden Kindern eines ein „Kunststück“, einen Sprung o. dgl. vormacht, und die anderen es ihm nachtun, so erweckt das *Bild* der fremden Bewegung das *Streben*, sie selbst auszuführen, und dieses Streben setzt sich in ein Tun um. Es handelt sich hier um Verhältnisse, die ins Gebiet der verständlichen Motivation gehören. Halten wir daneben das berühmte Akrobatenbeispiel[178] von Th. *Lipps*: Der Akrobat auf der Bühne führt seine Künste vor, und der Zuschauer ahmt alle seine Bewegungen „innerlich“, z. T. aber auch äußerlich nach. Die Verhältnisse liegen offenbar hier anders als bei dem anderen Beispiel. In beiden Fällen liegt eine *Wahrnehmung* der fremden Bewegung vor, und zwar eine *aufmerksame* mit spezifischer *Richtung* auf dieses Gegenständliche. Aber die *nachahmende* Bewegung ist hier nicht wie dort Ziel eines durch die Wahrnehmung ausgelösten Strebens (es kann wohl gelegentlich auch *nebenher* ein 165
solches Streben auftreten, das gehört aber nicht zum typischen Verlauf, wie er uns vorschwebt), sie ist keine spontane *Nachbildung* des wahrgenommenen *Vorbildes*, sondern ein *triebhaftes Tun*, das wohl *objektiv* das wahrgenommene Tun nachbildet; aber im nachahmenden Tun selbst wird dieses nicht als nachahmendes erlebt. Dieses triebhafte Tun ist kein „unbewußtes“ – wenn wir „Bewußtsein“ in der früher festgelegten spezifischen Bedeutung eines konstitutiven Moments der Erlebnisse nehmen –, sondern bewußt wie jedes Erlebnis. Wenn man sagt, daß es „nicht zum Bewußtsein kommt“ oder „erst nachträglich zum Bewußtsein kommt“, so kann dies nur den Sinn haben, daß es erst nachträglich *bemerkt* und als das, was es ist, *aufgefaßt* wird. In solcher nachträglichen Betrachtung kann dann auch der Zusammenhang mit dem sogenannten „*Vorbild*“ aufgedeckt werden. Es fragt sich nun, wel-

---

178 ⟨Lipps, Theodor, *Ästhetik: Psychologie des Schönen und der Kunst, Teil 1: Grundlegung der Ästhetik*, Hamburg / Leipzig 1903, S. 114 f.; vgl. *PE*, S. 27.⟩

cher Art dieser ursprüngliche Zusammenhang ist. Ist die triebhafte oder „instinktive" Nachahmung, die eigentlich keine *Nach*ahmung ist, durch die aufmerksame Wahrnehmung der fremden Bewegung, mit der sie Hand in Hand geht, ausgelöst? Ich möchte diese Frage verneinen. Es scheint mir, daß die Verhältnisse hier analog liegen, wie bei dem wahrgenommenen Lichtschein und dem *zugleich* empfundenen Lichtreiz, der mich „zur Abwehr" die Augen schließen läßt. Ich empfange von der Bewegung, die ich wahrnehme, einen „Eindruck", der als „Reiz" die nachahmende Bewegung auslöst. Und ich kann einen solchen Eindruck auch empfangen, *ohne* daß die entsprechende Wahrnehmung stattfindet. Die Wahrnehmung und das evtl. dadurch motivierte zielgerichtete Streben sind geistige Funktionen. Der Eindruck und das durch ihn ausgelöste triebhafte Tun sind ungeistiger Natur. Welchem Typus das Tierbeispiel zuzuweisen ist, von dem wir ausgingen, möchte ich dahingestellt lassen. Es genügt für uns zu wissen, daß es eine Beeinflussung eines psychischen Individuums durch das Verhalten eines anderen gibt, die keine geistige Funktion erfordert.

Es muß nun untersucht werden, wie es in den anderen Fällen steht, die wir zur Diskussion stellten: der Nachahmung von Ausdruckserscheinungen mit oder ohne gleichzeitige „psychische Ansteckung". Zunächst können wir soviel sagen: Wenn eine Nachahmung von *Ausdruckserscheinungen* stattfindet, ohne daß ihre Bedeutung erfaßt ist – das ist etwa der Fall bei Kindern, die das ihnen unverständliche erregte Mienenspiel von Erwachsenen mitmachen –, so ist die Sachlage keine andere als die vorher besprochene. Wer-
166 den die Ausdruckserscheinungen verstanden *und* nachgeahmt, ohne daß sich den Nachahmenden die entsprechenden psychischen Zuständlichkeiten mitteilen, so dürfen wir wohl sagen, daß *neben* der verständnisvollem Betrachtung der fremden Miene oder Gebärde die Auslösung der Nachahmung durch den „Reiz", der von ihr ausgeht, einhergeht. – Eine weitere Frage ist die, ob eine Übertragung der psychischen Zuständlichkeiten ohne Verständnis der Ausdruckserscheinungen, in denen sie sich ausspricht, möglich und wie sie zu deuten ist. Es wären dies die Fälle, die man wohl unter dem Titel „verständnisfreie Ansteckung" zunächst im Auge hat. Ein Beispiel dafür hätten wir an einem Kinde, das durch das Lachen oder Weinen eines andern zum Lachen oder Weinen gebracht und zugleich von Lustigkeit oder Betrübnis erfüllt würde, ohne zu erfassen, daß das andere, von dem die Ansteckung ausgeht, lustig oder traurig ist. Ehe wir entscheiden, ob dergleichen möglich ist, müssen wir zwei Möglichkeiten bedenken, mit denen die in Frage stehende leicht verwechselt werden kann: Das bereits erwähnte *bloße* Mitmachen der Ausdruckserscheinungen, des Lachens und Weinens wird natürlich häufig vom Beobachter als Ausdruck der entsprechenden Zuständlichkeiten genommen werden, auch wenn sie tatsächlich nicht vorhanden sind. Andererseits ist man versucht, von „Verständnislosigkeit" zu sprechen, wo

das „angesteckte“ Individuum nur nicht die volle Bedeutung der Zuständlichkeit, von der es ergriffen ist, ermessen kann. Wenn ein Kind weint, weil es seine Mutter weinen sieht, so mag es *das* Leid, um das es sich handelt, nicht nachfühlen können, d.h. kein Verständnis für seine Motivationsgrundlagen haben; es ist aber sehr wohl möglich, daß es die Tränen als Ausdruck des Leides „versteht“ und von dem Vorhandensein des Leides, von dem es ergriffen wird, Kenntnis nimmt. Die Gefahr solcher Verwechslungen im einzelnen Falle zugegeben, müssen wir doch an der *prinzipiellen* Möglichkeit einer „verständnisfreien“ Ansteckung festhalten. Wenn wir in eine depressive Stimmung geraten, ohne zu wissen, „wie wir dazu kommen“, und erst nachträglich evtl. die seelische Verfassung unserer Umgebung gewahren, die den Herd der Ansteckung bildete, so haben wir den Typus einer verständnisfreien Ansteckung. – Das Ergriffenwerden von einer fremden psychischen Zuständlichkeit ist eine andere Art der Reaktion auf einen empfangenen Eindruck, als wir sie bisher kennenlernten. Diese Zuständlichkeit wird ja nicht „vollzogen“ wie das Tun, das in der Nachahmung liegt, sondern ergreift von dem empfänglichen Subjekt Besitz, greift von einem Indi- 167
viduum auf das andere über. Es ist die Frage, ob dieses Übergreifen daran gebunden ist, daß das angesteckte Individuum einen Eindruck von der fremden Ausdruckserscheinung empfängt. Keinesfalls ist das Ergriffenwerden von der psychischen Zuständlichkeit Antwort auf den Reiz, den die bloße äußere Erscheinung ausübt, in der sie sich ausspricht. Doch ist es wohl nicht möglich, daß eine psychische Zuständlichkeit übergreift, ohne sich irgendwie zu „äußern“. Es muß nur dieser äußeren Erscheinung etwas anhaften, was mehr ist als äußere Erscheinung und in den anderen Individuen einen Eindruck erweckt, der sich in die entsprechende Zuständlichkeit selbst umsetzt. – Was die Nachahmung der fremden Ausdruckserscheinung im Falle der Ansteckung durch die ausgedrückte Zuständlichkeit angeht, so kann sie neben der Ansteckung einhergehen als selbständige Reaktion auf den Reiz, der von der fremden Ausdruckserscheinung ausgeht; es ist aber auch möglich, daß sie aus der Zuständlichkeit, die durch Ansteckung erworben wurde, als *ihr* Ausdruck hervorgeht: In diesem Fall liegt eigentlich keine Nachahmung mehr vor, sondern ein echter ursprünglicher Ausdruck. Das *Verständnis* fremder Ausdruckserscheinungen steht unabhängig neben der Ansteckung. Es ist Verständnis möglich ohne Ansteckung, es kann aber auch neben dem Akt des Verstehens ein Prozeß der Ansteckung einhergehen. Während der Ausgangspunkt für die Ansteckung der Eindruck ist, den ein Individuum von einer fremden Ausdruckserscheinung und der zugehörigen Zuständlichkeit empfängt, besteht das Verständnis darin, daß die äußere Erscheinung als Ausdruck der inneren Zuständlichkeit aufgefaßt oder doch mittels der äußeren Erscheinung erfaßt wird (was möglich ist, ohne daß ein geistiger Blick auf der äußeren Erscheinung ruht); keinesfalls ist es ohne eine

geistige Funktion denkbar. Psychische Ansteckung dagegen ist auch möglich, wo kein geistiges Leben vorliegt.

Im Gegensatz zum Ergriffenwerden durch fremde innere Zuständlichkeiten sind die Stellungnahmen, die wir gelegentlich auch als „Antwortreaktionen“ bezeichnen – Vertrauen, Dankbarkeit, Zuneigung u. dgl. –, ebenso wie alles echte Nach- und Mitfühlen fremder Erlebnisse nur auf Grund eines Erfassens dieser Erlebnisse möglich. Wie wir es früher bei den zielgerichteten Tätigkeiten sahen, so ist auch hier „Reiz“ wie „Reaktion“ ein geistiges Tun.[179]

Die letzten Betrachtungen haben uns gelehrt, daß es Einwirkungen eines psychischen Individuums auf ein anderes gibt, ohne daß irgendwelche gei-
168 stige Funktion im Spiele ist. Was dadurch ermöglicht wird, ist eine *Abwandlung des Verhaltens* eines Individuums unter dem Einfluß eines andern, eine *Gleichförmigkeit im Verhalten* einer Reihe von Individuen, die sich gegenseitig beeinflussen, schließlich ein *Ineinandergreifen von Tätigkeiten* verschiedener Individuen, das *objektiv* einem Zwecke dient. *Nicht* möglich ist ohne geistige Aktivität ein *Stellungnehmen* der Individuen zueinander, eine *Verständigung* und damit ein *planmäßiges Zusammenwirken*, endlich ein *gemeinsames Verhalten* im echten Sinne. Zur Gemeinsamkeit des Verhaltens gehört ein Erleben *als* gemeinsames, und dieses „Erleben als“ ist selbst eine geistige Funktion.

Zu erörtern ist noch, ob und wie weit die übergreifenden psychischen Zusammenhänge als kausale anzusehen sind. Das Verhältnis von „Reiz“ und „Reaktion“, wie wir es allgemein charakterisierten, ist kein kausales. Es hat weder in den physischen Kausalverhältnissen, noch in den psychischen, die wir im Rahmen der Individualität kennenlernten, ein Analogon. Es *kann* aber mit diesem Reiz-Reaktions-Verhältnis ein kausales Moment verbunden sein, und speziell beim Übergreifen psychischer Zuständlichkeiten ist immer ein kausaler Faktor mit im Spiel. Wenn eine fremde Bewegung nachgeahmt wird, so ist die Auslösung der Nachahmung kein kausaler Vorgang, aber der Bewegung kann ein „Charakter“ der Frische oder Mattigkeit usw. anhaften, der sich im Vollzug der Nachahmung dem Nachahmenden selbst mitteilt. Indem wir als den Ausgangspunkt dieser kausalen Beeinflussung den „Charakter“ der Bewegung bezeichneten, wollten wir andeuten, daß es sich nicht um eine Kraftzufuhr oder -entziehung von dem fremden *Individuum* her handelt.[180] Diesem wird keine Kraft entzogen oder zugeführt, wenn andere Individuen, die sein Verhalten nachahmen, dadurch „neu belebt“ oder in ihrem Lebensgefühl herabgestimmt werden. Nicht anders steht es bei der

[179] ⟨Ende des Exkurses.⟩

[180] Solche Charaktere gehören zu den „objektiven“ Lebensphänomenen bzw. Quellen der Lebenskraft, von denen an einer späteren Stelle die Rede sein wird. (Vgl. S. 180 ff.).

Übertragung innerer Zuständlichkeiten. Auch sie haben, wie wir wissen, ihre „kausale Seite". Sie haben einmal die spezifische „Lebensfärbung", die dem Stande der Lebenskraft des erlebenden Individuums entspricht, und sie sind außerdem ihrem Inhalt nach dazu angetan, in dem erlebenden Individuum Kräfte zu erzeugen oder zu vernichten. Wenn eine Zuständlichkeit durch Übertragung von einem Individuum auf das andere übergreift, so teilt 169
sich diesem auch die ihr anhaftende Lebensfärbung mit, ohne daß eine entsprechende Kraftzufuhr erfolgte. (Die Ansteckung ist demnach geeignet, Täuschungen über den Stand der eigenen Lebenskraft hervorzurufen.) Geht außerdem von dem Gehalt einer auf dem Wege der Ansteckung eingedrungenen Zuständlichkeit – etwa einer Freude – eine belebende Wirkung aus, so ist das nicht mehr bloß ein trügliches Lebensphänomen, sondern eine wirkliche Zuführung von Kraft; aber diese Kraft entstammt wiederum nicht dem fremden Individuum, sondern dem Gehalt dank dem ihm eigenen spezifischen Lebenscharakter.[181]

Wir sehen also, daß mit Hilfe der Ansteckung der Ablauf des kausalen Geschehens innerhalb eines Individuums modifiziert werden kann. Es entsteht aber auf diesem Wege kein einheitlicher Zusammenhang des psychischen Geschehens analog dem Kausalzusammenhang der materiellen Natur. Damit ein solcher Zusammenhang erwachsen könne, damit eine Lebenskraft eine Mehrheit von Individuen speisen könne, ist eine spontane Hingabe der Individuen aneinander nötig: ein Sich-öffnen oder Geöffnet-sein für einander, das über die Empfänglichkeit für „Eindrücke", welche zur „Ansteckung" nötig ist, hinausgeht und geistiger Natur ist. So kommen wir zu dem Ergebnis, daß eine Beeinflussung psychischer Individuen durch einander und ein gruppenweises Auftreten und Zusammenwirken möglich ist, das sie für die äußere Betrachtung zur Einheit einer Gegenständlichkeit verwachsen läßt, ohne ihren monadischen Charakter[182] aufzuheben. Echte überindividuelle psychische Realitäten aber können nur aus geistigen Individuen erwachsen, nur kraft geistiger Funktionen.

Wo kausale Einwirkung stattfindet, wo ein Subjekt das andere mit sich fortreißt und dieses sich von jenem getragen fühlt (wobei es evtl., dem *Sinnes*gehalt der geistigen Tätigkeit nach, selbst die Leitung haben kann), da stellt sich eine Gemeinsamkeit des Lebensgefühls her, „unser" gemeinsames Tun geht frisch vorwärts und die Frische, als von dem einen ausgehend und

---

[181] Bei der sich steigernden Wirkung, die man als Charakteristikum der „Massenansteckung" ansieht, spielen beide Faktoren eine Rolle: Die Lebensfärbung einer Zuständlichkeit überträgt sich von einem Individuum auf das andere, sie kann sich aber nun in diesem steigern, indem der Gehalt des betreffenden Erlebnisses in dem neuen Individuum eine höhere Wirksamkeit entfaltet (entsprechend seiner eigenen höheren Lebenskraft), und kann sich nun in der gesteigerten Form rückwärts auf das erste Individuum übertragen usf.

[182] ⟨Vgl. Anm. 139.⟩

170 nun beide erfüllend erlebt, wird zur Bekundung einer Kraft, an der beide zehren, die ihr gemeinsames Eigentum ist.

Daß hier kausale Verhältnisse vorliegen, können wir auch daran sehen, daß die „Rückwirkung" eintritt, die wir als charakteristisch für sie erkannt haben. Wenn ich den andern mit fortreißen muß, wenn sein geistiges Tun durch meine Kraft mit genährt wird, so bedeutet das für mich einen gesteigerten Kraftverbrauch im Vergleich zur einsamen Geistestätigkeit, ich spüre den Widerstand, den mir die fremde Müdigkeit entgegenstellt; evtl. gelingt es mir auch gar nicht, ihn zu überwinden, meine Kraft erlahmt, und anstatt daß meine Frische ihn fortreißt, werde ich von seiner Müdigkeit ergriffen. Dieses echte übergreifende Kausalgeschehen ist nur möglich bei einer Einstellung der Individuen aufeinander, die zu bloßer Ansteckung nicht erforderlich und bei ungeistigen Individuen gar nicht möglich ist.

Gleichgültig nun, woher die Kräfte stammen und worauf sie verbraucht werden, es besteht jedenfalls für die Glieder der Gemeinschaft ein gemeinsamer Kraftvorrat, den sie aufbauen helfen und aus dem sie zehren. Es ergibt sich daraus von selbst, daß auch im Erlebnisstrom der Gemeinschaft kausale Phänomene auftreten werden – was etwas Neues bedeutet gegenüber dem Übergreifen von Lebenszuständen von einem Subjekt auf das andere, das wir bisher betrachteten, und dem dadurch Erwachsen überindividueller Lebenszustände. Je nach dem Stande der Lebensgefühle bzw. der in ihnen sich bekundenden Lebenskraft – so sahen wir bei der Betrachtung des Individuums – wechseln Rhythmus und Färbung des gesamten Erlebens; das psychische Geschehen ist Umsetzung von Lebenskraft in aktuelles Erleben. Das wiederholt sich im Leben der Gemeinschaft. Auch hier wechseln beständig Frische und Mattigkeit, Abspannung und fieberhafte Erregung und mit ihnen ändert sich der Rhythmus des ganzen Gemeinschaftserlebens und die „Lebensfärbung" seiner Gehalte. Das Lebensgefühl der französischen „Gesellschaft" vor Ausbruch der großen Revolution war das der fieberhaften Überwachheit, in der das letzte helle Aufflammen einer erlöschenden Lebenskraft zum Ausdruck kommt. Mit ihr geht Hand in Hand eine übersteigerte Intensität des Erlebens, eine nervöse Empfänglichkeit für alle Gehalte, die in einen trügerischen Glanz getaucht sind, und schließlich – im einzelnen Glied der Gemeinschaft – eine ungewöhnlich hohe Bewußtheit, die zum Übergang in eine Reflexion auf das Gemeinschaftserlebnis neigt. Notwendig folgt auf solchen Fieberzustand der Rückschlag: das Umschlagen der Fast-
171 nachts- in Aschermittwochstimmung und das dadurch bewirkte Versagen aller Aktivität.

Es muß für die Lebensgefühle und ihre Wirkungen auf den gesamten Abfluß des Gemeinschaftslebens betont werden, was wir von den anderen Gemeinschaftserlebnissen feststellten: daß sie keine Summe von Einzelerlebnissen und Einzelwirkungen sind, sondern sich aus diesen und über ihnen als etwas Neues und Eigenes erheben. Das Lebensgefühl des Einzelnen, der der Gemeinschaft angehört, kann ein ganz andersartiges sein als das der Gemeinschaft, an dem er doch teilhat. Der Einzelne kann sich auf der Höhe seiner Kraft und zugleich als Angehöriger eines sterbenden Volkes fühlen. Das Gefühl der Frische und das des Niedergangs werden in ihm nicht ganz getrennt nebeneinander stehen; je nachdem er mehr seinem persönlichen oder dem Gemeinschaftsleben hingegeben ist, wird das eine oder das andere in ihm überwiegen und durch das entgegengesetzte nur mehr oder minder gefärbt sein. Solche Spaltung könnte nicht eintreten, wenn das Individuum ganz und ungeteilt als Glied der Gemeinschaft lebte. Es könnte dann evtl. mit seinem Lebensgefühl das der Gemeinschaft nicht voll umspannen, aber es könnte sich nicht in direktem Gegensatz dazu befinden. Andererseits müßte das, was er in sich selbst an Kraft und Frische fühlt, ohne Abstrich dem Gemeinschaftsleben zugute kommen. Wo aber das Individuum nur einen Teil seiner Kräfte für das Gemeinschaftsleben bereitstellt und wiederum auch nicht allen Einflüssen, die von der Gemeinschaft ausgehen, zugänglich ist, da müssen sich die eigenen Kräfte und die der Gemeinschaft ebenso wie ihre erlebnismäßigen Bekundungen mannigfach in ihm kreuzen. Hier wie bei den überindividuellen Motivationen werden wir erst ein tieferes Verständnis gewinnen, wenn wir die Gemeinschaft als Realität betrachten und ihren Aufbau erforschen. Die Untersuchung der kausalen Verhältnisse hat uns ja schon zu solcher Betrachtungsweise herangeführt; wir wollen sie aber vorläufig noch nicht weiter verfolgen, sondern erst noch die Möglichkeit einer überindividuellen Willenswirkung untersuchen.

d) Willenswirkung

Unter Willenswirkung verstanden wir, daß das Subjekt eine Handlung ins Werk setzt, indem es die von den Motiven ausgelöste Willensstellungnahme in ein Tun übergehen läßt oder diesem die Triebkräfte, deren die Willensstellungnahme evtl. ermangelt, aus seinem freien Vorsatz heraus zuführt. Zur Veranschaulichung der zweiten Möglichkeit: Ein Problem steht in seiner ganzen Gewichtigkeit vor mir und fordert von mir eine angespannte intellektuelle Tätigkeit, um zu seiner Lösung zu gelangen. Aber es findet mich 172
nicht frisch genug, um in mir die gebührende Willensstellungnahme auszulösen, die sich ohne weiteres in das erforderliche Tun umzusetzen vermag. Doch auf Grund der erkannten (wiewohl nicht lebendig gefühlten) Dringlichkeit des Problems entschließe ich mich zu der Arbeit und führe sie evtl. in ständigem Kampf gegen meine Müdigkeit, den Ausdruck der „widerstrebenden Natur", durch.

Wir fragen nun, ob die Einheit einer Willenshandlung sich auf eine Mehrheit von Subjekten verteilen kann, etwa in der Form, daß ich ein Willens-

motiv und die zugehörige Willensstellungnahme voll erlebe, die Handlung aber „durch einen anderen" vollbringe. Ich fühle z. B. den Wunsch, meine Freunde wiederzusehen, entschließe mich, sie für den Abend zu mir zu bitten, sende ihnen die Einladung durch Boten zu, und sie kommen. Willensziel ist die Zusammenkunft mit den Freunden, an seiner Realisierung arbeiten alle Beteiligten zusammen. Wenn die Freunde mir dabei helfen, indem sie meiner Einladung Folge leisten, so braucht der Fall nicht anders zu liegen als beim Übergreifen der Motivationen, das wir früher allgemein besprachen. Das, was ich als erstrebenswert für sie hinstelle, wird auch für sie zum Willensziel, zu dessen Erreichung sie beitragen. Bei dem kausalen Faktor, der außer dem Sinnesgehalt für das Zustandekommen des Motivationsverlaufs mitspricht, kommen verschiedene Möglichkeiten in Betracht: Es kann den anderen – wie mir selbst – vom Motiv her die Triebkraft zuströmen, die sich ins Wollen und Handeln umsetzt. Es kann aber auch sein, daß die Triebkraft des Motivs und die eigene innere Lebendigkeit bei ihnen nicht ausreicht, um sie „in Bewegung zu setzen", sondern daß die Lebhaftigkeit meines Wünschens und Wollens, die aus meinen Worten spricht, für sie erst den Impuls gibt, der ihr Tun einleitet. Hier erwächst keine gemeinsame Willensstellungnahme (wie in dem Fall, wo das Motiv selbst zum Handeln treibt), sondern die anderen werden durch mein Wollen gelenkt, ich handle durch sie. Noch schärfer kommt das in meinem Verhältnis zu dem Boten zum Ausdruck. Für ihn fällt die Triebkraft meines Willensziels (das er evtl. gar nicht kennt) ganz fort. An seine Stelle kann ein anderes Motiv treten: der Wunsch oder die Verpflichtung, mir behilflich zu sein. Dieses stellt dann die Triebkraft bereit, die durch meinen Willen gelenkt werden muß, weil das Motiv in sich ergänzungsbedürftig ist, seinem Sinne nach nicht ausreicht, um eine Handlung einzuleiten. Mein „Diener" hat die ständige Funktion,
173 Instrument meines Willens zu sein. Seine Kraft steht zu meiner Verfügung und bedarf nur eines richtunggebenden Hinweises, um in Bewegung gesetzt zu werden. Den Sinnzusammenhang, in den sein Tun hineingestellt ist, braucht er nicht ganz zu durchschauen; nur so viel muß ihm jeweils davon mitgeteilt werden, als nötig ist, um dem Tun eine Richtung zu geben. Aber auch das, was er vom Sinn seines Tuns erfaßt, kann ihn kalt lassen und braucht ihn nicht anzutreiben, weil sein Tun ja von andersher unterhalten wird. Wenn nun die fremde Kraft, die mir für meine Zwecke zur Verfügung steht, nicht ausreicht für das Tun, das ich in Gang bringen will, so kann ich sie ersetzen oder ergänzen durch den belebenden Einfluß, den ich – etwa durch den Ton meines Befehls – auf ihn auszuüben vermag. Er ist dann in doppeltem Sinne von mir abhängig: Ich weise seinem Tun die Richtung an und speise es zugleich mit meiner Kraft.

Für die Konstitution überindividueller Erlebniseinheiten kommen alle diese Formen des Zusammenwirkens in Betracht. Wenn eine Mehrheit von

Subjekten von *einem* Willensziel erfüllt ist, so entsteht *eine* gemeinschaftliche Willensstellungnahme und *eine* Handlung, gleichgültig ob alle „dasselbe“ tun, oder ob sie verschiedene Teilhandlungen zur Realisierung des gemeinsamen Ziels ausführen. Wo bei dem einen oder andern die Kraft zur Willensstellungnahme versagt, da kann aus der gemeinsamen Kraftquelle Ersatz dafür eintreten oder es kann doch der *Vorsatz* ein gemeinsamer sein, und die Einheit der Willenshandlung braucht dadurch nicht durchbrochen zu werden. Aber auch, wo Stellungnahme und ausführendes Tun auf verschiedene Subjekte verteilt sind, kann die ganze Willenshandlung als einheitliches Gemeinschaftserlebnis erlebt sein. Indem sich mir meine Willensintention durch das fremde Tun erfüllt und der andere sein Tun als Erfüllung meiner Intention erlebt (auch dann, wenn ihm der letzte Sinn dieser Intention selbst nicht bekannt ist), wird die gesamte Handlung zu „unserer“ gemeinsamen Sache, fühlen wir uns gewissermaßen als wollendes und ausführendes Glied einer Gemeinschaft.

Ein Moment scheint es allerdings in der Einheit der Willenshandlung zu geben, das auch beim Gemeinschafts-Erlebnis dem Individuum vorbehalten ist: Ich meine den Impuls, das „fiat!“ ⟨lat. es geschehe⟩, mit dem jedes freie Tun eingeleitet wird. Auch wo ich den andren zu einer Handlung fortreiße, deren er von sich aus nicht fähig wäre, muß er doch – wofern überhaupt noch vom Tun oder Handeln die Rede sein soll – sich mit jenem „fiat!“ meinem Einfluß hingeben. In ihm konzentriert sich die Spontaneität, ohne 174
die es kein Tun gibt und die im individuellen Ich verankert ist. Was kraft solcher Spontaneität erwächst (d. h. alle „freien Akte“), das mag ein Gemeinschafts-Erlebnis sein. Aber die Quellen, denen es sein Dasein verdankt, liegen im individuellen Ich, bzw. in einer Mehrheit von solchen. Wenn z. B. eine Parlamentsfraktion beschließt, in einer Frage einen bestimmten Standpunkt zu vertreten und ihre Redner nun diesen Beschluß zur Ausführung bringen, so wirkt das nach außen als einheitliche Aktion der Partei, und ebenso fühlt sich jeder Einzelne als ausführendes Glied der Partei, als durch ihre Motive geleitet (auch wenn er sie nicht kennt oder mit seiner persönlichen Überzeugung vom Parteistandpunkt abweicht) und ihre Intention erfüllend. Aber was immer er als Glied der Partei, in ihrem Dienste und von ihr getrieben tut, das leitet er durch jenen Impuls ein, der seine eigenste Sache ist. Und wenn wir früher gesehen haben, daß dort, wo die Triebkräfte der Motive und die innere, „natürliche“ Kraft des Individuums einer Handlung gegenüber versagen, der Wille aus sich selbst heraus die Kraft erzeugen kann, um das zu tun, was ihm als „geboten“ vor Augen steht, so ist es wieder das individuelle Ich allein, das als solche letzte Kraftquelle in Frage kommt. Wenn eine Gemeinschaft versagt, wenn ihre Kraft erlahmt, so kann ihr nur von einem Individuum (natürlich auch von einer Mehrheit von Individuen) Rettung kommen, in ihm kann sich ihr ein neuer Kraftquell erschließen. Die

Gemeinschaft als solche ist kein „freies" Subjekt, und sie ist darum auch nicht „verantwortlich" in dem Sinne wie Individuen es sind. Die letzte Verantwortung für ihre Handlungen tragen die Individuen, die sie in ihrem Namen ausführen. Und auch wenn sie im Dienste der Gemeinschaft etwas tun, was sie aus persönlichen Motiven heraus nicht tun würden, ruht auf ihnen die ganze Last der Verantwortung und sie haben nicht die Möglichkeit, sie auf die Gemeinschaft abzuwälzen. Das scheint in Widerspruch zu stehen mit der *Solidarität*, die wir für die Gemeinschaft in Anspruch nehmen und die eine *gemeinsame* Verantwortlichkeit einschließt. *Scheler* schildert das Verhältnis der Solidarität in folgenden Worten: Das Prinzip der Solidarität in Gutem und Bösem, Schuld und Verdienst, besagt, es gebe neben und unabhängig der verschuldeten Schuld eines jeden Individuums (resp. der „selbstverdienten" Verdienste) noch eine Gesamtschuld und ein Gesamtverdienst, das nicht in die Summe jener ersten aufzurechnen sei und an denen jedes Individuum (in bestimmter, wechselnder Weise) teilhabe; es
175 sei eben daher jedes persönliche Individuum nicht nur für seine eigenen individuellen Akte, sondern auch für die aller anderen ursprünglich mitverantwortlich.[183] Es ist die Frage, ob diese Ausführungen mit den unseren unvereinbar sind. Es wäre ja möglich zu sagen, daß jeder mitverantwortlich ist für die Akte der anderen, ohne daß den anderen dadurch etwas von ihrer Verantwortlichkeit abgenommen würde und ohne daß man von einer Verantwortlichkeit der Gemeinschaft im selben Sinne wie von der der Einzelnen sprechen könnte. Schuldhaft und verdienstvoll können allerdings auch die Akte der Gemeinschaft sein. Aber ob der Einzelne daran teilhat oder sich ihnen versagt, das ist Sache seiner Freiheit und dafür hat er selbst einzustehen. Vorausgesetzt ist dabei allerdings, daß es sich um eine Gemeinschaft *freier Personen* – wir können auch einfach sagen: aus Personen, da zur Person Freiheit gehört – handelt. Diese Voraussetzung gerade fehlt bei *Scheler*. Die „Lebensgemeinschaften", die er von den „Gesamtpersonen" trennt, sind keine Einheiten aus selbstverantwortlichen Personen, sondern der Einzelne lebt hier primär in und mit der Gemeinschaft und ist zunächst nur mitverantwortlich. Ob die Scheidung von Gesamtpersonen und Lebensgemeinschaften, wie *Scheler* sie vornimmt, sich halten läßt, das werden wir erst

[183] „Der Formalismus in der Ethik und die materielle Werteethik" ⟨, Teil⟩ II, Husserls *Jahrbuch* Bd. II, ⟨Halle 1916, S. 21–478,⟩ S. 374. ⟨Bonn ^{7}2000, S. 488, „Autonomie der Person". Mehr über das Problem von Schuld und Erbsünde in Stein, Edith, „Eine Untersuchung über den Staat" (kurz *US*), *Jahrbuch für Philosophie und phänomenologische Forschung*, Band VII, Halle 1925 (ESGA 7), S. 113–118, Anm. 222, §4.a) „Sittlichkeit und Recht". Husserl geht in seinen Kaizo-Artikeln auf Steins theologische Ausführungen zu Schuld und Erbsünde – wie auch überhaupt auf Steins Ausführungen zur Problematik von Individuum und Gemeinschaft – ein, vgl. *Hua 27, Aufsätze und Vorträge 1922–1937*, hg. v. Thomas Nenon und Hans Rainer Sepp, Dordrecht 1989, S. 44.⟩

prüfen können, wenn wir nun die Struktur der Gemeinschaft als einer bestimmt gearteten Realität untersuchen. Nur so viel möchten wir bemerken, daß in einer Gemeinschaft *ohne* irgendwelche Glieder, die frei aus sich heraus Akte vollziehen (wofern dergleichen überhaupt denkbar ist), von einer Verantwortlichkeit im strengen Sinne nicht gesprochen werden könnte, von einer Verantwortlichkeit der Gemeinschaft so wenig wie von der der Einzelnen.[184]

II. Gemeinschaft als Realität, ihre ontische Struktur

§ 1. Die Gemeinschaft als Analogon einer individuellen Persönlichkeit

Gemeinschaften treten uns in unserer Umwelt als Realitäten entgegen: Familien, Völker, Religionsgemeinschaften usw. Im täglichen Leben werden wir nur gelegentlich ihrer ansichtig; wir sind da vorwiegend auf individuelle Personen „eingestellt" und neigen sogar dazu, ihnen als ihre Eigentümlich- 176
keit zuzurechnen, was sie als Glieder einer Gemeinschaft kennzeichnet: ihre soziale Stellung u. dgl. Wir sehen wohl den Einzelnen mit dem, was ihm „von Gemeinschafts wegen" zukommt, aber wir sehen nicht die Gemeinschaft, die hinter ihm steht. Aber es gibt Zeiten, in denen wir aus dieser Einstellung auf das Individuum herausgerissen werden, in denen die Gemeinschaften aus ihrer „Verborgenheit" hervortreten und gewaltsam unseren Blick auf sich lenken. Wenn z. B. zwei Völker in feindlichem Zusammenstoß aneinander geraten, dann erheben sie sich als einheitliche Gebilde vor unseren Blicken gleich individuellen Persönlichkeiten, der Einzelne verschwindet in ihnen, und wo er uns beschäftigt, da tritt er uns als Glied der Gemeinschaft, eine ihrer Funktionen erfüllend, entgegen. Diese Einstellung, die den „friedlichen Bürger" nur ausnahmsweise aus seinem gewohnten Dasein aufschreckt, ist die „natürliche" für den Politiker großen Stils und den Historiker. Das „Leben", mit dem sie es – handelnd oder betrachtend – zu tun haben, ist das Leben der Menschheit und der großen Gemeinschaften, in die sie sich gliedert. (Wenn „Geschichte" auch dem ursprünglichen Wortsinn nach nur das Geschehen bezeichnet und wir darum von Naturgeschichte, Geschichte der Erde usw. sprechen können, so *meinen* wir doch, wenn wir von Geschichte schlechtweg sprechen, das Leben der Völker und die sich in ihm gestaltende Entwicklung der Menschheit, bzw. die Wissenschaft davon.)

Wir finden die Gemeinschaften „draußen im Leben" – wir finden sie aber auch *in uns*, indem wir als ihre Glieder leben. Welche Erfahrung die „frühere" ist – πρὸς ἡμᾶς ⟨griech. „pròs hémas" – für uns⟩ und τῇ φύσει ⟨griech.

[184] Vgl. hierzu die späteren Ausführungen § 4d, ee. ⟨S. 230 ff.⟩

„tè physei" – der Natur nach⟩[185] –, das ist fraglich. Wahrscheinlich wird die erkenntnistheoretische Untersuchung herausstellen, daß bei der Erkenntnis der Gemeinschaft wie bei der der individuellen Persönlichkeit „äußere" und „innere" Erfahrung ineinandergreifen. Hier lassen wir die erkenntnistheoretische Problematik ganz aus dem Spiel und suchen die Struktur der Gemeinschaft in ihren Grundzügen zu umreißen, ohne danach zu fragen, wie sie sich für uns aufbaut.

Unsere früheren Untersuchungen haben uns schon manche Hinweise geliefert, an die wir jetzt anknüpfen können. Wir wissen bereits, daß eine Gemeinschaft eine Mehrheit von Subjekten in sich vereinigt und selbst Träger eines Lebens ist, das sich mittels dieser Subjekte vollzieht. Wir wissen ferner, daß die Gemeinschaft über eine Lebenskraft verfügt, aus der ihr Er-
177 leben gespeist wird; daß die Individuen zu dieser Kraftquelle Beiträge leisten und aus ihr gespeist werden, aber nicht mit aller ihnen zu Gebote stehenden Kraft als Glieder der Gemeinschaft zu leben brauchen. Im Erleben der Gemeinschaft tut sich ihr eine sinnhafte Welt auf. Wieder sind es die Individuen, deren geistiges Tun konstitutiv ist für die Welt der Gemeinschaft, und wiederum geht nicht alles, was ihrer individuellen Welt angehört, in die Gemeinschaftswelt mit ein.

Eine ganze Reihe von Problemen knüpft sich an diese vorläufigen Feststellungen: 1. Welche Rolle spielt die Lebenskraft in der Gesamtstruktur der Gemeinschaft? 2. Welche Konstituentien weist die Gemeinschaft außer der Lebenskraft auf? 3. Welches ist das Verhältnis von Individuum und Gemeinschaft? Jedes dieser Probleme wird sich wahrscheinlich noch in eine Reihe von Teilfragen gliedern lassen. Zunächst suchen wir uns den Zugang zu allen diesen Fragen dadurch zu erleichtern, daß wir uns die Struktur der Einzelpersönlichkeit vergegenwärtigen und sehen, ob sie uns als „Leitfaden" bei der Untersuchung der Gemeinschaft dienen kann.

In der Lebenskraft, die sich im Wechsel der Lebensgefühle und dem damit zusammenhängenden wechselnden Verlauf des Erlebens bekundet, haben wir die Wurzel der individuellen Psyche erkannt. Von dem Maß der vorhandenen Lebenskraft hängt die Zahl und die Entwicklungshöhe der psychischen Fähigkeiten und Eigenschaften ab, die ein Individuum in sich zur Entfaltung bringen kann. Je kraftvoller ein Individuum ist, desto mehr Fähigkeiten kann es zur Entwicklung bringen und desto höher kann die einzelne gesteigert werden, wobei aber – infolge der Abhängigkeit aller Fähigkeiten von der begrenzten Lebenskraft – die Steigerung der einen immer auf Kosten der anderen geschieht. Was nun die Fähigkeiten und Eigenschaften selbst anbelangt, so haben sie – abgesehen von dem, was sie an Kraft in sich

[185] ⟨Aristoteles trifft diese Unterscheidung in *Analytica Posteriora* I, 2, 71b 33 – 72a 5; vgl. *Physik* I 1 184a 17–18.⟩

aufnehmen und zu ihrer Entwicklung brauchen – noch einen anderen Bestand in sich. Sie erschöpfen sich nicht darin, Ausflüsse oder Abspaltungen der Lebenskraft zu sein. Die Lebenskraft ist eine, der Fähigkeiten aber sind viele. Das gilt nur mit einer Einschränkung: Wir haben innerhalb der Lebenskraft eine Scheidung vornehmen müssen, der ein Schnitt durch den Gesamtbestand der psychischen Fähigkeiten entspricht: die Scheidung in sinnliche und geistige Lebenskraft und sinnliche und geistige Fähigkeiten. Die Ausbildung sinnlicher „Vermögen" ist von der sinnlichen Lebenskraft abhängig, die Ausbildung geistiger Fähigkeiten desgleichen, aber hier ist au-
ßerdem eine neue Kraftquelle erforderlich. Sowohl in der sinnlichen als in 178
der geistigen Sphäre läßt sich der eigentliche *Inhalt* der mannigfaltigen Fähigkeiten nicht aus der Lebenskraft ableiten, sondern weist auf *ursprüngliche Anlagen* der Psyche hin, die nur für ihre Entfaltung zu ausgebildeten Eigenschaften der Lebenskraft bedürfen. Es handelt sich um eine ursprüngliche Empfänglichkeit für Gehalte verschiedenster Art und eine ursprüngliche Befähigung für gewisse geistige Leistungen. Damit jemand in den Besitz einer künstlerischen Fähigkeit gelangen könne, muß er das nötige „Talent" haben, aber auch die geistige Kraft, die zur Ausbildung erforderlich ist – und diese ist für verschiedene Anlagen eine spezifisch verschiedene – und es muß sich schließlich die „Gelegenheit" finden, die das Talent weckt.

Was die geistige Kraft anlangt, so soll betont werden – um jedes Mißverständnis auszuschließen –, daß sie nicht mit Willenskraft zu verwechseln ist. Auch diese ist ja für die Frage der Ausbildung von Bedeutung. Ein Talent „verkommt", wenn es dem damit Begabten an der „Energie" mangelt, sich zu den Leistungen zu zwingen, die zu seiner Ausbildung nötig sind. Aber diese Energie kann nicht ersetzen, was wir mit „geistiger Kraft" im Auge haben. Es kann jemand empfänglich sein für ästhetische Werte und auch reich an künstlerischen Ideen, wenn er aber an die Ausführung geht und mit aller Energie daran arbeitet, gelingt es ihm nicht, die Idee zu realisieren, weil im Schaffen der innere „Schwung" erlahmt – und das kann geschehen, wenn die sinnliche Lebenskraft ganz auf der Höhe und der Wille aufs schärfste angespannt ist. Andererseits kann der innere Schwung vorhanden sein, der für das schöpferische Tun erforderlich ist; er führt aber evtl. nicht zur Betätigung, weil ihm Trieb und Strebungen entgegenstehen, die willentlich niedergehalten werden müßten, damit die geistige Kraft dem Schaffen zuströmen könnte. Wenn hier die schöpferische Fähigkeit nicht zur Ausbildung gelangt, ist es auf ein Versagen des Willens zurückzuführen.

Was schließlich die „Gelegenheit" angeht, durch die das Talent geweckt werden muß, so müssen wir daran denken, daß wir die Ausbildung einer Fähigkeit als Bereitstellen von Lebenskraft für eine Betätigung in bestimmter Richtung anzusehen haben. Sie wird aber in eine bestimmte Bahn gelenkt durch aktuelle Erlebnisse der betreffenden Art (für die das Vorhandensein

der entsprechenden ursprünglichen Anlage natürlich Voraussetzung ist), und diese Erlebnisse müssen irgendwie „ausgelöst“ werden. Meine ästhetische Empfänglichkeit z. B. wird unentwickelt bleiben, wenn ich nicht mit
179 Werten in Berührung komme und sie ihnen gegenüber betätigen kann. Meine mathematische Begabung wird evtl. immer verborgen bleiben, wenn mir die Elemente der Mathematik unbekannt bleiben. Eine ganze Reihe von ursprünglichen Anlagen kann so verkümmern, weil es an Gelegenheit zu ihrer Betätigung fehlt. Es scheint allerdings, als ob alle produktive Begabung sich irgendwie von selbst Bahn brechen müßte, als ob sie dort, wo die für ihre Entfaltung nötige geistige Kraft vorhanden ist, mit einem Schaffensdrang verbunden wäre, der sich triebhaft in ein Tun umsetzt, in dem er mehr oder minder adäquate Befriedigung findet. Aber die Entwicklung einer Anlage ist eine verschiedene, wenn sie auf günstige Verhältnisse trifft oder gar erkannt und in die rechten Bahnen gelenkt wird, als wenn sie nach irgendeinem Ausweg suchen muß, der dann oft von dem ihr gemäßen Entwicklungsgange abführt. So sind für die Gestaltung der Psyche eines Individuums außer seinen ursprünglichen Anlagen, seiner Lebenskraft und seinem Willen auch die „äußeren Umstände“ mit verantwortlich zu machen, unter denen sein Leben verläuft. Von ihnen hängt es ab, in welche Richtung das aktuelle Leben gelenkt wird, und davon wiederum, in welche Bahnen die Lebenskraft einströmt, welchen Anlagen sie zur Ausbildung verhilft.

Diese Struktur der Psyche, wie wir sie bisher geschildert haben, hat einen letzten Kern noch unberücksichtigt gelassen. Ein psychophysisches Individuum, das sich als Einheit aus einem materiellen Leib und einer solchen Psyche darstellt, dürften wir nicht eine *Person* nennen in dem strengen Sinne, wie ihn etwa *Scheler* den Untersuchungen im II. Teil seiner Ethik zugrunde legt.[186] Die Person *hat* freilich „Leib und Seele“, aber dieses „Haben“ hat eine besondere Bedeutung. Zur Person gehört es, aus einem „geistigen Zentrum“ heraus zu leben (wie Scheler sagt). Aus einem Zentrum, das sich in Seele und Leib entfaltet und sie zu einem qualitativ Einheitlichen gestaltet, ohne daß der *gesamte* Leib und *alles* Psychische vom persönlichen Leben durchtränkt zu sein, die persönliche Note an sich zu tragen brauchte. Nicht

---

[186] *Jahrb.⟨uch⟩ f.⟨ür⟩ Philosophie u.⟨nd⟩ phänomenologische Forschung*, Bd. II, ⟨Halle⟩ 1916 ⟨S. 384 ff.; vgl. Anm. 138. Stein bezieht sich hier auf das Kap. VI. „Formalismus und Person“ (Bonn [7]2000, S. 370 ff.).⟩ Dieses Werk eröffnet fundamentale Einsichten sowohl in die Struktur der individuellen Persönlichkeit als der Sozialität. Wenn ich mich ihm nicht ohne weiteres anschließen kann und sogar genötigt bin, mich in dieser Abhandlung verschiedentlich kritisch damit auseinanderzusetzen, so möchte ich doch ausdrücklich hervorheben, wieviel ich ihm verdanke. ⟨Dieser Dank hat den Hintergrund, daß sich Scheler kritisch über Steins Zitierweise in *Zum Problem der Einfühlung* geäußert hatte, vgl. Stein, Edith, *Selbstbildnis in Briefen* I (kurz *SBB*), ESGA 2, Freiburg 2000, Br. 7 (4. 4. 1918 an Max Scheler).⟩

jedes psychophysische Individuum hat ein solches Zentrum. Es ist also eine „unpersönliche" Psyche möglich. Dennoch ist es notwendig, dieses personale Zentrum zum Verständnis der Psyche mit heranzuziehen, weil es dort, wo es vorhanden ist, die Gestaltung der Psyche wesentlich bedingt. 180

§ 2. Die Lebenskraft der Gemeinschaft und ihre Quellen

Es muß nun geprüft werden, wie weit die Struktur der Psyche, die wir für das Individuum kurz skizzierten, bei der Gemeinschaft wiederkehrt, wobei das, was wir soeben nur in flüchtigen Umrissen andeuteten, natürlich noch näher untersucht werden muß. Wir beschränken uns dabei hier wie dort rein auf die Psyche und lassen die Außenseite der „Persönlichkeit", den Leib und das, was ihm bei der Gemeinschaft etwa entsprechen mag, unberücksichtigt. Es soll damit nicht gesagt werden, daß das Psychische ohne irgendeine physische Grundlage bestehen könne, die Zusammenhänge zwischen Seele, Leib und materieller Natur werden vielmehr als ein eigenes großes Problemgebiet angesehen, das besonderer Untersuchung vorbehalten werden muß und hier ausgeschaltet bleiben kann.[187]

a) Die Lebenskraft als Gemeinschaftseigenschaft

Das erste, was uns näher beschäftigen soll, ist die Lebenskraft der Gemeinschaft. Wenn wir das Leben eines Volkes betrachten, wie es vor den Augen des Historikers steht, so haben wir einen Anstieg bis zu einer Entwicklungshöhe und dann ein Absteigen und Erlöschen. Wir meinen damit nicht die Entfaltung der Eigenschaften und Fähigkeiten, die ja den gleichen Verlauf zeigt, sondern ein Anwachsen und Abnehmen der Kraft selbst, die die Ausbildung der einzelnen Fähigkeiten ermöglicht und in ihr zum Ausdruck kommt. Es gibt Zeiten einer überströmenden Kraftfülle, die sich in einem vielgestaltigen Tatendrang äußert (wobei die *Art* der Betätigung je nach den ursprünglichen Anlagen und den äußeren Umständen bei gleicher Höhe der Lebenskraft eine sehr verschiedene sein kann), und es gibt Perioden der Erschöpfung, in denen alle Aktivität stockt und das Volk zu „schlafen" scheint. Die Entwicklung zur Höhe und der Niedergang verlaufen dabei nicht einfach und geradlinig, sondern in ständigen unzähligen Schwankungen. Jede Lebensregung kostet ja einen Aufwand an Kraft, und auf eine größere Anspannung folgt allemal ein Erschlaffen, ein Sinken der Kraft. Dieses braucht aber durchaus noch keinen endgültigen Niedergang zu bedeuten,

[187] ⟨Zu diesem Problemgebiet arbeitete Stein an Husserls *Ideen* II und selbst später in *PA*, *AMP* und *EES*.⟩

sondern kann während des Aufstiegs zur Höhe eintreten, der durch neue Zufuhr aus den Quellen der Lebenskraft ermöglicht wird.

181 Ohne Zweifel haben wir denselben „Mechanismus" wie bei der individuellen Psyche: ein Kraftreservoir, das eine Reihe von Funktionen zu unterhalten hat und durch keine zu stark in Anspruch genommen werden darf, wenn die anderen nicht außer Betrieb gesetzt werden sollen; das seine Überschüsse in einem triebhaften Tun verpufft und sich ebenso automatisch Auffüllung verschafft, wenn es zu versagen droht.

Wir fragen nun, ob es bei der Gemeinschaft auch die Scheidung von sinnlicher und geistiger Lebenskraft gibt, auf die wir bei der individuellen Psyche stießen. Sicherlich gibt es im Völkerleben eine Kraftentfaltung, die mit dem *geistigen* Leben des Volkes nichts zu tun hat. Ich denke dabei nicht an das Anwachsen der Volkszahl, die Hebung des Gesundheitszustandes u. dgl. All das gehört ins Gebiet der rein *physischen* bzw. biologischen Entwicklung und mag wohl von Bedeutung für die psychische Lebenskraft sein (wir vermuten ja in der Physis eine der Quellen, aus denen die Lebenskraft gespeist wird), mit dem Leben der Psyche selbst aber hat es zunächst nichts zu tun. Dagegen scheinen mir der Expansionsdrang, die Wanderlust u. dgl. sinnliche Triebe zu sein, die vom Stand seiner psychischen Kraft abhängen. Dieselbe Abhängigkeit besteht für die Empfänglichkeit gegenüber sinnlichen Eindrücken, wobei auch keine speziellen geistigen Energien in Frage kommen. Dagegen sinkt diese Empfänglichkeit, wenn das Volk seine Kraft in geistigen Leistungen aufbraucht, und darin zeigt sich, wie geistige und sinnliche Lebenskraft zusammenhängen. Daß das geistige Leben aber außerdem noch einer besonderen Kraftquelle bedarf, zeigt sich darin, daß auch auf dem Höhepunkt der sinnlichen Lebenskraft gewisse geistige Leistungen nicht zustande kommen, selbst wenn die ursprüngliche Anlage dafür da ist. Es gibt durchaus kraftvolle Völker, die auf gewissen Kulturgebieten gar nichts leisten, gänzlich unproduktiv bleiben, und zwar nicht darum, weil sie sich nicht damit beschäftigen, ihre Kraft in anderer Richtung festgelegt haben, sondern auch bei eifrigem Bemühen um den Gegenstand. Fehlt die ursprüngliche Anlage, so wird solches Bemühen ganz fruchtlos sein, das betreffende Objektgebiet bleibt ihm dann gänzlich verschlossen. Aber das braucht durchaus nicht der Fall zu sein. Ein Volk kann, wenn es sich mit Energie einer bestimmten Wissenschaft zuwendet, vollkommenes Verständnis für alles gewinnen, was von anderen Völkern darin geleistet worden ist, ohne selbst produktiv daran weiterarbeiten zu können. Im Nachvollzug der fremden Denkakte werden die bereits aufgedeckten Sinnzusammenhänge
182 erfaßt, aber es fehlt der innere Schwung, der zum spontanen Fortschreiten erforderlich ist.

b) Die Lebenskraft der Individuen als Quelle für die Lebenskraft ihrer Gemeinschaft

Wir fragen nun nach den Quellen, aus denen die Lebenskraft eines Volkes gespeist wird. Wir sehen dabei wieder ab von den physischen Bedingungen, deren Bedeutung wir nicht verkennen, aber ohne genaue Untersuchung der psychophysischen Zusammenhänge nicht richtig würdigen können. Beim Individuum fanden wir außer der „natürlichen“ Ergänzung der Lebenskraft aus der Physis ein Zuströmen von „geistigen“ Triebkräften aus den im geistigen Leben erfaßten Wertgehalten und aus der fremden Geistigkeit, mit der die individuelle Person in Berührung kommt. Bei der Gemeinschaft komplizieren sich diese Verhältnisse noch, weil die Beziehungen zwischen ihr und den ihr angehörigen Individuen mit in Betracht gezogen werden müssen, wenn man erkennen will, aus welchen Quellen ihre Kraft sich nährt.

Zunächst wissen wir, daß die Lebenskraft einer Gemeinschaft nicht unabhängig und neben der ihrer Elemente besteht, sondern sich aus der Kraft der Einzelnen aufbaut. Die Individuen geben aber nicht ihre volle, ungeteilte Kraft in die Gemeinschaft hinein, sondern nur soweit sie als Glieder der Gemeinschaft leben, kommen sie als Kraftquellen dafür in Betracht. Gewisse „Reserven“ behält jeder für sein individuelles Leben zurück, und außerdem ist zu bedenken, daß jedes Individuum einer ganzen Reihe von Gemeinschaften angehört, auf die es seine Kräfte verteilt und die es evtl. in sehr verschiedenem Maße in Anspruch nehmen. Es ist z. B. möglich, daß jemand in seinem Freundeskreise die „Seele des Ganzen“ ist, das belebende Element (evtl. ohne der geistige Führer zu sein, der die Richtlinien des gemeinsamen Lebens bestimmt), während er in der politischen Partei, der er angehört, durchaus nicht belebend wirkt. Es gibt also innerhalb einer Gemeinschaft – vorläufig nur an den Zuströmen gemessen, die die Kraft des Ganzen von ihnen erfährt – sehr verschiedenartige Elemente: solche, die ihr mächtige Impulse geben, andere, die sie nur wenig bereichern, und schließlich auch Mitglieder, die mehr aus ihr schöpfen, als sie ihr zuführen. Wir müssen nämlich bedenken, daß alles Leben der Gemeinschaft aus dem gemeinsamen Kraftvorrat gespeist wird, und es ist möglich, daß jemand im Dienste der Gemeinschaft Leistungen vollbringt, die aus den Kräften, die er ihr persönlich zuführt, nicht bestritten werden könnten. Ja, es ist sogar denkbar, daß eine Person Kräfte, die ihr von der Gemeinschaft zuströmen, für ihr rein 183
individuelles Leben nutzbar macht, also der Gemeinschaft entzieht.

Wir werden hier auf eine Frage geführt, die für die Übertragung von Kraft von einem Individuum auf das andere, das Hinausgreifen der psychischen Kausalität über die individuelle Psyche, von größter Bedeutung ist; die Frage, ob ein Individuum tatsächlich durch den Zustrom von fremden Kräften zu Leistungen befähigt werden kann, die seine eigene Kraft übersteigen, oder ob es sich nicht vielmehr um ein Freimachen von eigener Kraft handelt, wo wir von Übertragung sprechen. Wenn der belebende Einfluß des Freundes mich fortreißt zu einer Betätigung, der ich mich von mir aus nicht gewachsen fühlte, ist es dann wirklich *seine* Kraft, die mich trägt, oder hat er es nur verstanden, meine eigene in Bewegung zu setzen? Es gibt hier verschiedene Möglichkeiten: Vielleicht habe ich das Problem, das wir nun gemeinsam in Angriff nehmen, vorher nicht im selben Lichte gesehen wie jetzt, vielleicht geht mir jetzt erst auf, wie „verlockend" es ist, und von daher strömt mir die Triebkraft zu, die meine Geistestätigkeit in Bewegung setzt. Vielleicht führt mich auch der Wunsch, dem Freunde über die Schwierigkeiten hinweg zu helfen, zu dem Entschluß, meiner Müdigkeit zum Trotz mit ihm weiterzuarbeiten, während ich vordem beschlossen hatte, mich auszuruhen. Im ersten Fall ist es nicht die fremde Kraft, sondern ein lebenspendendes Motiv, das mit weiterhilft. Im zweiten Fall greift der Wille in den kausalen Mechanismus ein und nötigt ihm Wirkungen ab, die dem Stand der Lebenskraft nicht entsprechen. Die Folge davon ist ein Erschöpfungszustand, sobald die Willenswirkung aussetzt. Aber, was wir mit „Kraft-Übertragung" meinen, das fällt mit keinem der besprochenen Fälle zusammen. Ich kann durch den Gefährten fortgerissen werden, ohne daß seine Motive für mich in Betracht kommen, und wenn das geschieht, so folgt der geistigen Anspannung nicht – wie der willentlich erzwungenen – eine um so größere Erschlaffung, sondern meine geistige Tätigkeit vollzieht sich auf Kosten des anderen, und sein belebender Einfluß wirkt evtl. noch über die Dauer der gemeinsamen Arbeit hinaus nach, so daß die Müdigkeit, in der er mich vorfand, auch nicht wiederkehrt, wenn er mich verläßt. Wie wir gesehen haben, ist solche Kraftübertragung im Gegensatz zur bloßen „Ansteckung" nur bei einer „Offenheit" der Individuen füreinander möglich, die eine spezifisch geistige Funktion ist.[188]

184 Es scheint, daß diese übergreifenden Kausalverhältnisse dem Individuum nicht nur über ein zeitweiliges Versagen seiner Kraft hinweghelfen können, sondern es evtl. auch zu Leistungen befähigen, die es von sich aus auch beim besten Stande seiner Lebenskraft nicht vollbringen könnte. So mag ein künstlerisch begabter Mensch, dem es auch an Berührung mit der Kunst und „Gelegenheit" zu ästhetischen Erlebnissen nicht mangelt, gänzlich unproduktiv bleiben, solange er sich selbst überlassen ist, aber zu schöpferischem Tun befähigt werden, sobald er in einen recht lebendigen Künstlerkreis hineingerät. So sind die außerhalb seiner gelegenen kausalen Bedingungen, unter denen ein Individuum steht, mit verantwortlich für seine persönliche Entwicklung, für das, was von seinen ursprünglichen Anlagen zur Entfaltung kommt.

---

[188] Vgl. den Exkurs über psychische Ansteckung S. 148 ff.

Abgesehen davon, wieviel die Glieder einer Gemeinschaft von ihrer Kraft dem Ganzen widmen, hängt der Gesamtbestand natürlich auch davon ab, über welche Lebenskraft die Einzelnen, absolut genommen, verfügen. Eine Person von starker Lebendigkeit kann ihrer Gemeinschaft, wenn sie ihr auch nur einen Teil ihrer Kraft zur Verfügung stellt, mehr leisten ⟨sic⟩ als eine andere, die sich mit ihrer ganzen Kraft in ihren Dienst stellt. Von diesen zwei Faktoren also hängt der Stand der Lebenskraft einer Gemeinschaft ab: von der Lebenskraft, über die ihre Elemente verfügen, und von dem Maß, das sie von der ihnen zu Gebote stehenden Kraft der Gemeinschaft widmen. Demnach kann die Kraft einer Gemeinschaft auf zwei Weisen gesteigert werden: indem sie neue kraftvolle Individuen aufnimmt, und indem sie die, die ihr bereits angehören, mehr in Anspruch nimmt. Entsprechend kann sie auf zweifache Weise geschwächt werden: dadurch, daß ihr Elemente verlorengehen, und dadurch, daß die ihr angehörigen Individuen in ihren Leistungen für die Gemeinschaft nachlassen.

c) Außenstehende als Kraftquelle für die Gemeinschaft; mittelbare Einwirkungen

Abgesehen von diesen besonderen Bedingungen müssen wir fragen, ob für die Lebenskraft einer Gemeinschaft, ebenso wie für die individuelle, Zuströme von fremder Subjektivität und von der Wertewelt her in Betracht kommen. Was die Beeinflussung durch fremde Subjektivität anbetrifft, so kommen entweder Individuen in Betracht, die außerhalb der Gemeinschaft stehen, oder auch die Berührung mit einer anderen Gemeinschaft. Es läßt sich zeigen, daß in solchen Fällen immer eine *neue* Gemeinschaft entsteht, die die alte und das „belebende Element", das von außen an sie herankommt, mit umfaßt. Wenn z. B. in eine träge und schläfrige Schulklasse 185
durch einen neuen Lehrer ein „frischer Zug" hineingetragen wird, und zwar nicht durch die geistigen Gehalte, die er ihr zuführt, sondern durch die ansteckende Frische, die von ihm ausgeht, so stehen sich beide nicht fremd und unabhängig als Subjekt und Objekt gegenüber – solange das der Fall ist, solange man sich etwa beobachtend gegeneinander verhält, besteht gar nicht die Möglichkeit einer übergreifenden Kausalverbindung –, sondern bilden eine Lebenseinheit, innerhalb deren die Kraft eines jeden der Gesamtheit zugute kommt. Ebenso steht es, wenn zwei Völker zusammenstoßen und der Haß des einen sich an dem des anderen entzündet. Daß der Haß des einen *Motiv* wird für die Gegenpartei, ihn zu erwidern, das kommt für uns hier nicht in Frage, sondern abgesehen von der vorhandenen Sinnesbeziehung springt die *Glut* des Hasses über, und das ist ein kausaler Faktor. Und so merkwürdig es klingen mag – es besteht eine Lebensgemeinschaft zwischen beiden feindseligen Parteien, natürlich ohne daß sie aufhören, als zwei

scharf abgegrenzte „Persönlichkeiten“ einander gegenüberzustehen, und ohne daß sie zu einer verschmolzenen Einheit werden. Die Möglichkeit der Gemeinschaftsbildung reicht eben so weit wie der Bereich der Wechselverständigung von Individuen. Wo Subjekte miteinander in Verkehr treten, da ist der Boden für eine Lebenseinheit, ein Gemeinschaftsleben, gegeben, das aus *einer* Quelle genährt wird. Und diese Lebensgemeinschaft tritt in Kraft, wenn und so weit die Individuen einander naiv hingegeben sind, füreinander „geöffnet“ sind und nicht jene künstliche „Gesellschafts“-Einstellung haben, in der der eine den anderen als Objekt betrachtet und sich gegen ihn verschließt. Solche „naive“ Haltung besteht auch im Kampf zwischen feindlichen Parteien, hier nimmt der eine den anderen ohne weiteres als Subjekt und steht allen Einflüssen offen, die von ihm ausgehen. Und so bilden sie eine Lebenseinheit trotz der Kluft, die zwischen ihnen besteht, und es kann sein, daß eine die andere mit der Kraft erfüllt, die dann im Vorstoß gegen sie selbst gerichtet wird.

Betrachten wir die Einwirkungen näher, die eine Gemeinschaft „von außen her“ erfährt, so sehen wir, daß sie wiederum nicht die Gemeinschaft unabhängig von den ihr angehörigen Individuen ergreift, sondern daß die Einzelnen betroffen werden, und *in* ihnen das Ganze. Wenn der Kampfeseifer eines Volkes auf den Gegner übergreift, so sind es die Äußerungen Einzelner, in denen der Lebensrhythmus der Gemeinschaft zutage tritt, und es sind wiederum Einzelne auf der gegnerischen Seite, die davon ergriffen
186 werden. Aber es sind die Elemente als solche, als Glieder des Ganzen, die die Wirkungen ausüben und leiden, und *durch* die Elemente werden sie von dem einen Volksganzen zu dem anderen hinübergeleitet. Sehr deutlich wird das, wenn wir nicht den Zusammenprall feindlicher Massen nehmen, sondern den Völkerverkehr, wie er sich etwa in einer Grenzlandschaft entspinnt. Hier sind es schon für den äußeren Augenschein die Individuen, die miteinander in Berührung kommen. Die Aufmunterung, die von einem lebhafteren Volk auf ein schwerfälligeres geübt ⟨sic⟩ wird, erfährt zunächst etwa der Kaufmann, der bei dem fremden Volk ein- und ausgeht. Aber er tritt ja nicht als isoliertes Individuum in diesen Verkehr ein, sondern bleibt Glied der Gemeinschaft und führt das, was er von andersher an belebenden Einflüssen erfährt, ihr zu. Das gilt auch dann noch, wenn die Individuen nicht mehr als Vertreter verschiedener Gemeinschaften und die Gemeinschaften *in* ihnen miteinander in Berührung kommen – wie es beim Grenzverkehr der Fall ist –, sondern wenn zwei Gemeinschaften ganz außer Berührung miteinander sind und nur ein Glied gemeinsam haben, das sie gleichsam in „Personalunion“ in sich vereinigt. Die Familie, der ich entstamme, und die wissenschaftliche Arbeitsgemeinschaft, in die ich eintrete, sind zwei Gemeinschaften, die als solche gar nichts miteinander zu tun haben, einander nicht kennen, evtl. auch nichts voneinander wissen und keine direkten Ein-

wirkungen aufeinander ausüben. Aber durch meine Vermittlung kann ein kausales Band zwischen ihnen hergestellt werden: die Kraft, die mir von der einen zuströmt, kann ich der anderen zuführen. Die Wirkung ist hier eine mittelbare, durch Einschaltung eines Zwischengliedes ermöglichte, keine unmittelbare wie in dem Falle, wo die Gemeinschaften selbst in Wechselverkehr treten und eine beide umschließende Gemeinschaft erwächst. Von einer solchen umspannenden Gemeinschaft kann in dem Beispiel, das wir wählten, keine Rede sein. Wir haben allerdings jederzeit die Möglichkeit, einen unmittelbaren Wirkungszusammenhang zwischen den verschiedenen Gemeinschaften, denen wir angehören, herzustellen, indem wir die eine mit dem „Geist" und dem Leben der anderen vertraut machen, in ihr *als* Glied der anderen auftreten. Aber die Einheit *braucht* nicht hergestellt zu werden, damit die Einwirkung stattfinden kann, diese kann auch auf dem geschilderten mittelbaren Wege übergeleitet werden, und die Zahl der Zwischenglieder kann prinzipiell beliebig vermehrt werden: Ein Bekannter, der „angeregt" aus einer Gesellschaft kommt, ruft meine eigenen Lebensgeister 187
wach und befähigt mich dadurch, zum belebenden Element in einer Vereinssitzung zu werden, in die ich mich nach der Begegnung mit ihm begebe usf. So durchkreist der Strom des Lebens den ganzen sozialen Körper, und dieser umspannt der prinzipiellen Möglichkeit nach alle Individuen, die mittelbar oder unmittelbar miteinander in Verkehr treten können, mögen sie auch noch so weit durch Zeit und Raum voneinander getrennt sein.

Die – zeitlichen und räumlichen – „Fernwirkungen" bieten uns noch ein besonderes Problem. Wir hatten von der „Rückwirkung" gesprochen, die mit allen kausalen Vorgängen – handle es sich um psychische oder um physische Kausalität und wiederum um individuelle oder überindividuelle psychische Kausalverhältnisse – verbunden ist. Diese Rückwirkung können wir auch bei den kausalen Ketten feststellen, die wir soeben kennenlernten. Die belebende Wirkung, die ein anderer auf mich ausübt, kostet ihn einen gewissen Kraftaufwand, und wenn ich die Wirkung weiterleite, so geht mir die Kraft, die ich übernommen habe, wieder verloren. In allen solchen Fällen, in denen der kausale Vorgang sich in den bekannten Formen vollzieht, sind die „Fernwirkungen" nur scheinbare, in Wahrheit durch einander berührende Zwischenglieder vermittelte. Es gibt aber noch andere Formen, in der zeitlich oder räumlich getrennte Individuen und Gemeinschaften aufeinander wirken können. Wir erwähnten vorhin, daß ein Individuum, das verschiedenen Gemeinschaften angehört, zwischen ihnen einen unmittelbaren Wirkungszusammenhang herstellen kann, indem es die eine mit dem „Geist" der anderen vertraut macht. Diese Möglichkeit müssen wir noch etwas näher ins Auge fassen. Es kann einmal geschehen, daß ich in dem Sinne zum „Bindegliede" zwischen beiden Gemeinschaften werde, daß ich eine Lebenseinheit aus ihnen erstehen lasse, innerhalb deren alles, was die eine betrifft,

auch die andre mit ergreift. Es besteht aber noch eine andere Möglichkeit: Wenn ich dem Freundeskreise, in dem ich weile, ein lebendiges Bild meiner Familie entwerfe, die Frische und Aktivität schildere, die dort herrscht, so kann von dem Geschilderten ein belebender und stärkender Hauch auf die überströmen, die meine Worte hören. Ich bin hier keineswegs im selben Sinne „Vermittler" der Wirkung wie im Fall der kausalen Kette. Die Wirkung, die meine Worte hervorrufen helfen, braucht nicht durch mich hindurchzugehen, sie kann stattfinden, wenn ich die Frische, die ich schildere,
188 als kühler Beobachter erfaßt habe, ohne selbst irgendwie davon ergriffen zu werden, oder wenn die Einwirkung, die ich ursprünglich erfuhr, in dem Zeitpunkt, in dem ich spreche, längst vorüber ist. Die Wirkung meiner Schilderung steht auch in keinem Verhältnis zu dem Kraftaufwand, den diese Schilderung als intensive geistige Leistung mich kostet. Dieser Kraftaufwand kann aus ganz anderen Quellen stammen als die Kraft, die durch den *Gehalt* meiner Schilderung offenbart wird. Der Sinnesgehalt meiner Worte also ist es, von dem die belebende Wirkung auf die Zuhörer ausgeht. Es ist leicht zu zeigen, daß in diesem Falle keine Rückwirkung stattfindet wie bei der unmittelbaren Berührung von Subjekten bzw. Gemeinschaften oder bei der mittelbaren Wirkung in kausalen Ketten. Der Gemeinschaft, deren Frische ich schildere, wird durch meine Schilderung keine Kraft entzogen. Die Wirkung, die von der Schilderung ausgeht, kann dieselbe sein, wenn diese Gemeinschaft nicht mehr existiert, ja sogar, wenn sie niemals existiert hat, sondern eine Schöpfung meiner Phantasie ist. Offenbar sind wir hier aus der Sphäre des „subjektiven" in die des „objektiven" Geistes geraten, aus welcher dem geistigen Leben Kräfte zuströmen, ohne daß sie ⟨d. h. die Sphäre des objektiven Geistes⟩ sich jemals erschöpfte oder auch nur in ihrer Wirkungskraft verminderte. In unserem Fall war es scheinbar subjektives geistiges Leben, das „objektiv" geworden ist, indem es in die Form logischer Bedeutungen gebannt wurde. Ob und wie solches Objektiv-Werden möglich ist und wie andererseits das Subjektiv-Werden möglich ist, das sich vollzieht, indem die in dem Bedeutungsgehalt inkarnierte geistige Kraft für das aktuelle geistige Leben wieder fruchtbar gemacht wird – das sind neue Probleme. Wir halten zunächst fest, daß es Kraftquellen gibt, die den Mechanismus des Ab- und Zuströmens durchbrechen, sich ihm nicht ohne weiteres einfügen. Sie fließen der Gemeinschaft wie dem Individuum. Denken wir an die „Renaissance" ⟨frz. Wiedergeburt⟩, die ein Volk erfahren kann, indem es sich in die eigene Vergangenheit versenkt oder auch in das Leben eines untergegangenen Volkes. Die neuen Kräfte, mit denen es sich dabei erfüllt, braucht es nicht der Wertewelt zu entnehmen, von der die vergangene Epoche umgeben war und die ihm nun auch zugänglich werden, sondern sie können unmittelbar dem *Leben* der Vergangenheit entstammen, mit dem es in Berührung kommt.

d) Die Bedeutung sozialer Stellungnahmen für die Lebenskraft der Gemeinschaft

Bevor wir aber an die Einwirkungen der objektiven oder objektiv gewordenen geistigen Welt näher herangehen, müssen wir die Betrachtungen über die Einflüsse, die von subjektiver Geistigkeit herkommen, noch nach mancher Richtung hin ergänzen. Wir sind davon ausgegangen, daß ein Indivi- 189
duum dem anderen Kräfte zuführt, indem sein eigener Lebenszustand auf das andere übergreift. Neben dieser Übertragung gibt es aber noch andere Formen, in denen ein Subjekt dem anderen stärkend und belebend zu Hilfe kommen oder umgekehrt seine Kräfte lähmen kann. Es handelt sich sogar um Einwirkungen, die sehr viel klarer zutage treten als die bisher besprochenen. Der Verkehr zwischen Individuen vollzieht sich zumeist in „sozialen Akten“[189], Akten, in denen der eine auf den anderen gerichtet, ihm zugewendet ist. Der eine spricht, und der andere versteht ihn; und es gehört zum Sinn dieser Akte, daß nicht nur der ausgesprochene bzw. gehörte Sachgehalt *gemeint*, sondern daß er *mitgeteilt* und *aufgenommen* wird: Diese Wechselbeziehung geht in den Erlebnisgehalt mit ein. Wo es sich nur um Übermittlung eines Sachgehalts handelt, da trifft die dem Erlebnis einwohnende Richtung auf das andere Ich dieses nicht als individuelle Persönlichkeit von bestimmter nur ihr eigener Qualität, sondern rein als verstehendes Ich. Es gibt freilich Sachgehalte, die nicht jeder Person zugänglich sind, sondern deren Verständnis ganz bestimmte persönliche Qualitäten voraussetzt. Aber auch wo das der Fall ist, bin ich im Mitteilen nicht auf diese Qualitäten gerichtet, sondern nur auf die Person als verstehende. Wenn von solchen Akten außer der belebenden Kraft, die von der ihnen evtl. anhaftenden Frische ausgeht, noch ein kausaler Einfluß geübt wird, so kommt er von dem Sinnesgehalt her und ist nicht mehr Einwirkung der sprechenden Person.

Es gibt aber außer solchen Akten Stellungnahmen der Person, die unmittelbar der anderen Person in ihrer individuellen Qualität gelten, ihren Kern treffen: Liebe, Vertrauen, Dankbarkeit usw., auch das, was wir den „Glauben“ an einen Menschen nennen; auf der anderen Seite stehen Mißtrauen, Abneigung, Haß – kurz, die ganze Reihe der „ablehnenden“ Verhaltungsweisen. Die Stellungnahmen gegenüber einer Person sondern sich scharf nach Positivität und Negativität: Das Sein der Person wird darin bejaht oder verneint. Wie bei allen wertnehmenden Akten und Stellungnahmen zu Werten sind mit Positivität und Negativität die Möglichkeiten nicht erschöpft.[190]

---

[189] ⟨Vgl. Anm. 57.⟩

[190] Die formalen Grundsätze der Wertlehre sind von Husserl in seinen Vorlesungen über *Axiologie und Praktik* herausgestellt worden ⟨Grundfragen der Ethik (SS 1902, WS 1908/09), Philosophische Übungen im Anschluß an D. Humes Essay über die Prinzipien der Moral (WS 1908/09), Grundprobleme der Ethik und Wertlehre (SS 1911), Grundfragen

190 Neben positiven und negativen ist nämlich ein „gleichgültiges" Verhalten möglich, das weder „Liebe" noch „Haß" ist. Diese Stellungnahmen haben nun die Eigentümlichkeit, daß sie von der Person, der sie gelten, nicht nur verstanden und für sie Motiv einer antwortenden Stellungnahme werden können, sondern in ihr zugleich als ein kausaler Faktor wirksam werden. Wir sehen dabei wieder von der „Ansteckung" oder „Übertragung" ab, die von positiven und negativen Stellungnahmen in gleicher Weise ausgehen kann. Die kausalen Faktoren, die wir jetzt im Auge haben, sind nicht die mehr oder minder große Lebhaftigkeit der fremden Stellungnahmen, sondern die Gehalte als solche – die Liebe, der Haß, das Vertrauen usw. – entfalten eine spezifische Wirksamkeit in dem Menschen, dem sie widerfahren. Die Liebe, der ich begegne, stärkt und belebt mich und verleiht mir die Kraft zu ungeahnten Leistungen. Das Mißtrauen, auf das ich stoße, lähmt meine Schaffenskraft. Die fremden Stellungnahmen greifen unmittelbar in mein Innenleben ein und regulieren seinen Verlauf – wenn ich mich ihnen nicht „verschließe", was hier wie gegenüber allen kausalen Einflüssen möglich ist. Es ist nun höchst merkwürdig, daß positive und negative Stellungnahmen, die beide als intensive Lebensregungen einen erheblichen Kraftaufwand erfordern, in der Person selbst, von der sie ausströmen, in ganz verschiedener Weise wirken. Der, der mich liebt, verliert nicht in dem Maße an Kraft, wie er mich belebt, und der mich haßt, gewinnt nicht etwa die Kräfte, die er in mir vernichtet. Im Gegenteil: die Liebe wirkt in dem Liebenden als eine belebende Macht, die evtl. mehr Kräfte in ihm entfaltet, als ihr Erleben ihn kostet; und der Haß zehrt als Gehalt noch weit stärker an seinen Kräften als sein Erleben. Die Liebe und die positiven Stellungnahmen überhaupt zehren sich also nicht selbst auf, sondern sind ein Born[191], aus dem ich andere nähren kann, ohne selbst ärmer zu werden. Er ist an sich unerschöpflich und kann nur darum zeitweilig oder ganz versagen, weil meine Kraft durch andere geistige Betätigung so in Anspruch genommen ist, daß sie zum Erleben solcher lebenspendenden Gehalte nicht hinreicht. Wir haben also schon in der Subjektivität Quellen des Lebens, die sich allem Maß und aller Berechnung entziehen, die dem kausalen Mechanismus als Triebkräfte zugute kommen, aber selbst keiner Regulierung unterstehen.

Fragen wir nun, woran sich diese Stellungnahmen, die so wunderbare Wirkungen entfalten, entzünden – denn jede Stellungnahme ist ja Stellung-
191 nahme zu etwas, gilt einem Gegenständlichen, das irgendwie erfaßt sein muß – so sehen wir, daß es *Werte* sind, Werte, die mit dem Sein der Person

---

der Ethik und Wertlehre (SS 1914, diese Vorlesung besuchte Edith Stein selbst in Göttingen), vgl. Husserl, Edmund, *Vorlesungen über Ethik und Wertlehre (1908–1914)*, *Hua* 28, hg. v. Ulrich Melle, Den Haag 1988⟩.

[191] ⟨Poetische Bezeichnung für „Brunnen".⟩

unlösbar verknüpft sind. Indem ich zu einer Person positiv oder negativ Stellung nehme, steht sie mir als wert oder unwert vor Augen. Damit steht nicht in Widerspruch, daß ich an einer Person, die ich liebe, Fehler, und an einer Person, die ich hasse, Vorzüge entdecken kann. Ich kann mir über den Unwert, der der geliebten Person anhaftet, klar sein, aber nicht *als* mit diesem Unwert behaftet liebe ich sie, sondern der Unwert einer Eigenschaft oder einer einzelnen Handlung – wofern er überhaupt lebendig gefühlt ist – wird überstrahlt und aufgesogen von dem Wert, der dem gesamten Seinsbestande der Person innewohnt, und der Schmerz über den gefühlten Unwert mindert die Liebe nicht, sondern gibt ihr nur eine besondere Färbung.

Das Verhältnis von Wertnehmen und Wertstellungnehmen ist dabei dasselbe, das wir früher allgemein herausstellten: Das Erfassen eines Wertes und die ihnen adäquate Stellungnahme fordern einander gegenseitig, und solange die geforderte Stellungnahme nicht erlebt ist, ist der Wert nicht voll-lebendig erfaßt. So daß man mit einem gewissen Recht sagen kann: Die Liebe gründet sich auf den erfaßten Wert der geliebten Person; und andererseits: nur dem Liebenden erschließt sich der Wert einer Person voll und ganz.[192]

Insofern Werte in uns Stellungnahmen „auslösen", deren Gehalte unserem geistigen Leben neue Triebkräfte zuführen, haben wir sie selbst als „lebenspendend" angesehen. Das gilt von *allen* Werten unterschiedslos, sachlichen wie persönlichen, und abgesehen davon, ob sie realisiert sind oder nicht. Der personale Wert haftet dem qualitativen Bestand der Person an, nicht ihrer Existenz (der Existential-Wert ist ein *außerdem* noch hinzutretender), und so kann der Eindruck, den wir von einer Gestalt der Geschichte oder Dichtung bekommen, ebenso in uns „zünden" und belebend wirken wie der einer lebenden. Im lebendigen Wechselverkehr kommt außer dieser Wirkung des Wertgehalts einer Person dann noch der Einfluß ihrer aktuellen Lebensregungen – und speziell der durch uns ausgelösten – in Betracht.

Wir wollen nun untersuchen, welche Bedeutung den persönlichen Stel- 192
lungnahmen im Leben der Gemeinschaft zukommt. Da ist zunächst zu sagen, daß die Solidarität der Individuen, die im Einfluß der Stellungnahmen des einen auf das Leben des anderen sichtbar wird, im höchsten Grade *gemeinschaftsbildend* ist. Genauer gesprochen: Wo die Individuen einander

[192] Vgl. die Parallele beim religiösen Erlebnis: „⟨An den menschlichen Verhältnissen wahrer Liebe in allen ihren Formen haben wir das einfache und doch selbst immer neue Wunder eröffnende Abbild dieses Verhältnisses zwischen dem sich kund gebenden Gott und dem ihm sich erschließenden Menschen;⟩ im Vertrauen erleben wir eine Gemeinschaft, die in sich selbst höchste Erkenntnis dessen ist, dem wir vertrauen". (Th.⟨eodor⟩ Häring ⟨(1848–1928, dt. ev. Theologe, Prof. in Zürich, Göttingen und Tübingen)⟩, *Der christliche Glaube* ⟨. *Dogmatik*⟩, Calw und Stuttgart ⟨2. Aufl.⟩ 1912 ⟨, 1. Aufl. Stuttgart 1906⟩, S. 159f.) „Erkenntnis" ist hier nicht im strengen Sinne zu nehmen. ⟨Vgl. *EPh*, S. 171 f.⟩

„geöffnet“ sind, wo die Stellungnahmen des einen am anderen nicht abprallen, sondern in ihn eindringen und ihre Wirksamkeit entfalten, da *besteht* ein Gemeinschaftsleben, da sind die beiden Glieder eines Ganzen, und *ohne* solches Wechselverhältnis ist Gemeinschaft nicht möglich. Fingieren wir ein Verhalten, bei dem das eine Individuum das andere rein als Objekt nimmt, nach dessen „Reaktionsweise“ es seine Maßnahmen zu treffen hat, so ist die Lebenseinheit durchschnitten, die das Wesen der Gemeinschaft ausmacht. Weder Ansteckung durch fremde Lebenszustände, noch Beeinflussung durch fremde Stellungnahmen, noch schließlich übergreifende Motivation sind möglich, und damit entfällt die Möglichkeit einer gemeinsamen Lebenskraft und einer gemeinsamen Umwelt, kurz: des Erwachsens einer einheitlichen überindividuellen Persönlichkeit. Ein paar Beispiele mögen das erläutern. Wenn ich als kühler Beobachter einer fieberhaft erregten Menschenmenge gegenüberstehe, ihre Erregung konstatiere und überlege, welche Maßnahmen man treffen könnte, um einem Ausbruch dieser Erregung zu begegnen, bin ich durch meine beobachtende Einstellung vor Ansteckung geschützt, von der Atmosphäre, in der die anderen alle stecken, kann in mich nichts eindringen, denn zwischen ihnen und mir liegt die unsichtbare, aber unüberbrückbare Grenzlinie, die Subjekt und Objekt scheidet. Eben damit bin ich als außerhalb der Gemeinschaft stehend gekennzeichnet. – In gleicher Weise schließt mich die Einstellung des Beobachters von den Einwirkungen der fremden Stellungnahmen ab. Wenn ich einen Menschen als Mittel meinen Zwecken dienstbar machen will und mit Genugtuung feststelle, daß er mich liebt, weil die Liebe ihn bestimmen wird, in meinem Interesse zu handeln, wenn ich so seine Liebe als einen bedeutsamen Faktor in meine Rechnung einstelle, dann vermag sie nicht in mich einzudringen und mir neue Kräfte zu verleihen: Auch sie ist für mich Objekt und nicht belebendes Leben. – Schließlich gibt es bei solcher Einstellung auch kein unmittelbares Ineinandergreifen der beiderseitigen Motivationen. Wenn ein Diplomat ergründet hat, was der andere denkt, und daraus folgert, welche Schritte er selbst zu unternehmen hat, so ist es nicht der fremde Gedan-
193 kengehalt, auf dem er aufbaut, sondern der Sachverhalt, „daß der andere dies *denkt*“, ist Ausgangspunkt für seine Folgerungen. Es entspinnt sich kein gemeinsames Denken, sondern jeder hat *seine* Gedankenwelt, in die er den anderen mit seinen Gedanken aufnimmt. Alles dies widerspricht dem Wesen der Gemeinschaft. Sie verlangt statt monadischer[193] Abgeschlossenheit offene und naive Hingabe, nicht getrenntes, sondern gemeinsames Leben, Gespeistwerden aus gemeinsamen Quellen, Bewegtwerden durch gemeinsame Motive.

Abgesehen von dieser konstitutiven Bedeutung, die persönliche Stellung-

[193] ⟨Vgl. Anm. 139.⟩

nahmen und die Aufgeschlossenheit ihnen gegenüber für die Gemeinschaft haben, spielen sie auch im Leben der konstituierten Gemeinschaft eine Rolle – zunächst als Stellungnahmen der Individuen zu der Gemeinschaft, der sie angehören. Es gehört zum Wesen des sozialen Ganzen, daß die Einzelnen nicht nur als seine Glieder leben, sondern ihm gegenübertreten und es zum Gegenstand machen können. Wenn es so zum Gegenstand gemacht wird, dann wird es zugleich zum Zielpunkt für mögliche wertende und praktische Stellungnahmen. Ich lebe z. B. nicht bloß als Staatsbürger, sondern ich kann meinen Staat und mein Volk betrachten, ich liebe sie und bringe ihnen Opfer. Und es ist nun die Frage, ob solche Stellungnahmen auf eine Gemeinschaft ähnliche Wirkungen ausüben können wie auf ein Individuum. Sicherlich wird die Kraft eines Staates und der Gemeinschaft, die er umspannt, gestärkt, wenn seine Bürger ihn lieben, und geschwächt, wenn auch nur Einzelne von ihnen ihn hassen. Aber diese Wirkung vollzieht sich natürlich bei der Gemeinschaft in ganz anderer Form als beim Individuum. Eine Gemeinschaft kann ja eine Stellungnahme nicht in derselben Weise wie eine Einzelperson aufnehmen und ihre belebende Kraft in sich einströmen lassen. Sie kann es nur durch ihre Elemente, und die Einwirkungen, die sie erfährt, müssen durch diese hindurchgehen. Die Liebe, die ich für mein Volk hege, entfaltet ihre Wirksamkeit für es zunächst in mir, indem sie meine Kräfte steigert und mich treibt, sie stärker seinem Dienste zu widmen, in erhöhtem Maße als sein Glied zu leben. Und sie kann ferner andere mit fortreißen, d. h. auch in ihnen die Vaterlandsliebe erwecken und dadurch ihre Kräfte erhöhen und diese gesteigerten Kräfte der Gemeinschaft zuführen. Und sie kann schließlich dadurch wirken – und das ist das eigentliche Analogon zu der Wirkung, die wir beim Individuum feststellten –, daß ich und daß die anderen sich „im Namen der Gemeinschaft" geliebt fühlen und
dadurch eine Stärkung erfahren. Auf allen diesen Wegen werden dem Ge- 194
meinschaftsleben durch positive Gesinnungen neue Triebkräfte zugeführt, und entsprechend kann es durch negative Gesinnungen gehemmt werden. Die Stellungnahmen, von denen die Elemente der Gemeinschaft gegenüber erfüllt sind, gehören also zu den allerwichtigsten Faktoren, von denen ihre Kraft und ihr Leben abhängt.

Neben den Stellungnahmen der Glieder einer Gemeinschaft kommen schließlich noch die Außenstehender – einzelner Personen oder anderer Gemeinschaften – in Betracht. Die Liebe und der Haß, die ein Volk von anderen erfährt, wirken lebenfördernd und lebenhemmend – ganz abgesehen von den freundlichen oder feindseligen Handlungen, die sie motivieren, und den antwortenden Stellungnahmen, die sie auslösen mögen. So kann der Haß des „neutralen Auslandes", der sich in keinerlei Handlungen äußert, einem Volke durch die Wirkung, die von ihm ausgeht, noch mehr schaden als die Operationen seiner Feinde. Natürlich sind es wieder die Einzelnen, die die feindliche Stellungnahme aufnehmen und in denen sie zur Wirksamkeit gelangt: Sie lähmen in ihnen die nationale Tatkraft, und sie können die Gemeinschaft außerdem noch dadurch schwächen, daß sie eine veränderte Stellungnahme ihrer Elemente zu ihr motivieren und sie veranlassen, in geringerem Maße als Glieder der Gemeinschaft zu leben.

e) Objektive Quellen der Lebenskraft

Neben diesen „subjektiven“ Kraftquellen haben wir bereits „objektive“ kennengelernt, die ebenfalls für das Leben einer Gemeinschaft von Bedeutung sind: die sachlichen und personalen Werte. Von Persönlichkeiten – individuellen und überindividuellen – kann, wie wir sahen, auch dann noch ein belebender Einfluß ausgehen, wenn in ihnen selbst kein aktuelles Leben ist, wenn sie nicht mehr existieren oder überhaupt nur ein fiktives Dasein besitzen. Personen sowie ihre Eigenschaften und Handlungen, ja ihre Lebensregungen im weitesten Sinne, sind Träger von Werten. Und diese personalen Werte, wie alle Werte überhaupt (ausgenommen die Existentialwerte), haben Bestand unabhängig von der Existenz ihrer Träger. Sie können an fiktiven ebensogut wie an realen Trägern erlebt werden und im erlebenden Individuum ihre volle Wirksamkeit entfalten. Die Stellungnahmen, die ihnen entsprechen, haben Gehalte, denen eine belebende Kraft innewohnt. Die Schönheit einer Gestalt, die ich in der Phantasie schaue, entzündet in mir die Begeisterung, die mich zu künstlerischem Schaffen antreibt. Der Held einer Dichtung erfüllt mich mit Bewunderung, und aus dieser Bewun-
195 derung quillt der Drang, ihm nachzueifern. In beiden Fällen sind die erlebten Werte nicht nur Motive, die meinem Tun die Richtung vorschreiben, sondern liefern zugleich die Triebkräfte, die es erfordert. Es ist die Frage, ob auch die belebende Wirkung, die ich von der Lebenskraft bzw. den Bekundungen der Lebenskraft eines Individuums oder einer Gemeinschaft erfahre, wenn sie mir nur durch Schilderung zugänglich gemacht werden, auf ihrer Werthaftigkeit beruht oder ob hier noch eine andere Art Objektivität vorliegt. Ohne Zweifel kommt der Frische, der Aktivität usw. selbst ein Wert zu, und die Stellungnahmen zu solchen Werten können einen belebenden Einfluß üben: etwa die Freude an der Kraftfülle eines antiken Helden. Aber nicht diese Wirkungen hatten wir im Auge, als wir an früherer Stelle von den kausalen Einflüssen eines objektiv gewordenen Lebens sprachen. Es waren ganz offenbar Phänomene der Ansteckung, die uns dort ins Auge fielen. Die Frische, die uns geschildert wird, greift selbst auf uns über, die Schläfrigkeit lähmt unsere eigene Aktivität. Über die eigentümliche Objektivität, die hier vorliegt, können wir vielleicht besser Klarheit gewinnen, wenn wir bedenken, daß Gehalte wie Frische, Lebhaftigkeit u. dgl. nicht bloß als erlebte Zustände, sondern auch an leblosen Gegenständen auftreten. Wir begegnen

ihnen als „Charakteren“ an Landschaften, an der Witterung, an Melodien usw., und diese Charaktere wirken nicht minder ansteckend als fremde Lebenszustände. Wer kennt nicht den niederdrückenden, lähmenden Einfluß eines trüben Regentages, wer hat nicht schon gespürt, wie ein strahlend blauer Himmel das Leben in ihm rascher und leichter dahinströmen läßt? Wir müssen den Umkreis der hier in Betracht kommenden Phänomene allerdings über die Lebenszustände und die in ihnen inkarnierten Gehalte hinaus erweitern. Wir wissen aus früheren Untersuchungen, daß zwischen der Lebenssphäre und den Gefühlen ganz enge Beziehungen bestehen: Die Gefühle zehren nicht nur – wie alle anderen Erlebnisse – durch ihr Erleben an der Lebenssphäre, sondern beeinflussen sie durch ihre Gehalte, die als solche Kräfte zuführen oder vernichten. Diese Wirkungen der Gefühle hängen durchaus mit ihrer Qualität zusammen: Jedes qualitativ eigentümliche Gefühl hat seine spezifische Wirkung: Die Trauer wirkt lähmend, die Freude belebend usf. Die Zuströme, welche die Lebenskraft von den Gefühlen her erfährt, kommen, wie wir wissen, dem gesamten Erleben zugute. Sie machen sich aber nicht nur als indifferente Kraftsteigerungen geltend, sondern tragen in die Lebenssphäre die qualitative Färbung mit hinein, die den Gefühlen eigen ist, und diese Färbung teilt sich von hier aus dem gesamten Erleben mit. Diese „Färbungen“ sind es, die wir an anderer Stelle als die „Stim- 196
mungskomponenten“ der Gefühle bezeichnet haben. Es ist das Wesen der Stimmungen, daß sie Gesamtzustände der Seele sind, Lebenszustände mit einer Gefühlsfärbung, und daß sie dank dieser qualitativen Note der Lebenskraft nicht nur eine gewisse Höhe, sondern auch eine Richtungsbestimmtheit geben. Und es ist eine Eigentümlichkeit der Gefühle, daß sie solche richtungsbestimmten Gesamtzustände der Seele hinterlassen (eine Eigentümlichkeit, die nicht aus ihrem gegenständlichen Sinn verständlich ist, obwohl die Richtungsbestimmtheit von ihm abhängt): Die Freude über ein gelungenes Unternehmen hinterläßt eine von dem ursprünglichen Korrelat losgelöste „gehobene Stimmung“, die zugleich eine „Disposition“ bedeutet, im Sinne der ursprünglichen Stellungnahme zu reagieren, auch wo kein hinreichendes Motiv für eine solche Stellungnahme gegeben ist.

Für unsere gegenwärtige Problemstellung ist die Richtungsbestimmtheit von geringerer Bedeutung. Wichtig ist für uns, daß alle Gefühls- und Stimmungsqualitäten eine Lebenskomponente in sich bergen und auch *als* Qualitäten von Einfluß auf die Lebenssphäre sind. „Ansteckend“ wirkt nicht nur die reine Lebenszuständlichkeit, sondern die Zuständlichkeit mit ihrer qualitativen Färbung, die Gesamtstimmung der Seele: Heiterkeit, Düsterkeit, Gereiztheit usw. Der gesamte Umkreis dieser Gehalte nun kommt nicht bloß eingebettet in Erlebnisse, in psychische ⟨sic⟩ Zuständlichkeiten vor, sondern es handelt sich durchweg um Charaktere, die auch leblosen Gegenständen anhaften können. Es gibt keine Gefühlsqualität, keine Stimmung, keinen

Lebensrhythmus, der nicht in einem Tongebilde inkarniert sein könnte und von diesem Gebilde aus in die Seele des empfänglichen Hörers einströmte.

Wir haben also einen großen Bereich von Gehalten, die objektiv sind und in die Subjektivität einbezogen werden können.

Suchen wir uns nun den Fall klarzumachen, von dem wir ausgingen: daß subjektives geistiges Leben auf uns wirken kann, wenn es uns durch eine beredte Schilderung nahegebracht wird. Es liegt in der Tat *nicht* so, daß die konkreten Erlebnisse „objektiv" werden, wenn sie bedeutungsmäßig gefaßt sind. Was ich durch Erzählung vermitteln kann, ist nicht eine Berührung mit dem aktuellen Leben, sondern mit den Gehalten, die in ihm inkarniert waren, und die auch auf Grund einer anschaulichen Vergegenwärtigung solchen Lebens (ebenso wie anderer möglicher Träger solcher Gehalte) erschaut und ins eigene Erleben aufgenommen werden können. Die anschauliche Ver-
197 gegenwärtigung gehört notwendig dazu. Das bloße Wortverständnis ohne anschauliche Erfüllung der Bedeutungsgehalte genügt nicht, um ein Eindringen der betreffenden „Charaktere" in das verstehende Individuum zu ermöglichen. Sie müssen selbst gegeben, nicht bloß gemeint sein, um wirken zu können. Solche Selbsterfassung ist aber ebensogut auf Grund einer Vergegenwärtigung ihrer möglichen Träger wie auf Grund einer Wahrnehmung möglich, weil diese Charaktere, ebensowenig wie Werte, reale Träger erfordern.

Wir haben nun die Bedeutung der objektiven Kraftquellen für das Gemeinschaftsleben zu betrachten. Ohne Zweifel strömen auch ihm von daher Triebkräfte zu, natürlich wieder durch Vermittlung der Individuen. So ist es für den gesamten Lebensverlauf eines Volkes von größter Bedeutung, wie die Natur seines Landes geartet ist, und zwar nicht bloß ihrer physischen Beschaffenheit, sondern ihrem landschaftlichen Charakter nach. Gewiß fällt auch die physische Beschaffenheit schwer ins Gewicht. Das Bergland, dessen harter Boden an die Arbeitskraft seiner Bewohner hohe Anforderungen stellt, ist von größtem Einfluß auf die Entwicklung seiner Bevölkerung: auf die Richtung, in die ihre Lebenskraft gezwungen wird, auf die Fähigkeiten, denen sie zur Ausbildung verhilft, und auch auf das Maß ihres Verbrauchs. Aber ganz abgesehen davon prägt sich der anschauliche Charakter der Berglandschaft der Bevölkerung auf, dringt in sie ein und bestimmt ihren ganzen Lebensrhythmus. (Das bringt Winckelmann[194] sehr klar zum Ausdruck, wo er den Einfluß des hellenischen Himmels auf das griechische Lebensgefühl schildert.)

---

[194] ⟨Johann Joachim Winckelmann (1717–1768), dt. Kunstschriftsteller und Antiquar, Begründer der wissenschaftlichen Archäologie und Kunstgeschichte, bedeutendste Werke: *Geschichte der Kunst des Alterthums,* Dresden 1764. Faksimileneudruck der 1. Aufl. 1966. (Studien zur deutschen Kunstgeschichte. 343.) *Gedanken über die Nachahmung der griechischen Werke in der Malerei und Bildhauerkunst*, Friedrichstadt 1754–1755 (Nachdruck Stuttgart 2007.)⟩

Nicht minder wichtig ist für die Entwicklung einer Gemeinschaft die Wertewelt, in der sie lebt: die ästhetischen Werte ihrer Umgebung, die ethischen Werte, die in ihrer „Moral", die religiösen Werte, die in ihrer „Religion" Aufnahme gefunden haben, die personalen Werte, die ihr z. B. an den großen Gestalten ihrer eigenen Vergangenheit entgegentreten, oder auch diejenigen, deren Träger sie selbst ist. Wir betrachten all diese Werte wiederum nicht als „Motive", als richtunggebende Faktoren für das Verhalten der Gemeinschaft, sondern vorläufig nur nach ihrer Bedeutung für die Lebenssphäre. Voraussetzung für die Beeinflussung der Lebenskraft durch die Werte ist selbstverständlich, daß sie *erlebt* werden, daß eine Aufnahmefähigkeit für sie besteht. (Diese Aufnahmefähigkeit werden wir selbst später zum Problem machen.) Wo keine ästhetische Empfänglichkeit vorhanden ist, da wird die schönste Natur „wirkungslos" bleiben. Etwas anders steht es mit den Werten, die in Form von „Kulturwerken" Realität angenommen haben.
Wo eine nationale Kultur erwachsen ist, wo eine ausgebildete Moral, ein 198
ausgebildetes Recht, eine Dichtung als gemeinsames Volksgut usw. vorliegt, da sind die Werte nicht nur verfügungsbereit für empfängliche Seelen vorhanden, sondern legen durch ihre Inkarnation in realen Werken bereits Zeugnis ab für die Empfänglichkeit und für die Schaffenskraft des Volkes. Es hat gewissermaßen aus sich heraus in den Werken einen unerschöpflichen Born geschaffen, dem es immer neue Kräfte entnehmen kann. Die Verhältnisse liegen aber hier sehr verwickelt. Wir wissen ja aus früheren Betrachtungen, daß nicht nur eine ursprüngliche Empfänglichkeit vorhanden sein muß, damit Werte ihre belebende Wirkung entfalten können, sondern daß außerdem ein genügendes Maß an Lebenskraft für das Erleben der betreffenden Gehalte vorhanden sein muß. Ein Volk kann die herrlichsten Werke der Kunst geschaffen haben und kann dann seine geistigen Kräfte einem anderen Gebiet – z. B. dem Wirtschaftsleben – zuwenden und so ganz dafür festlegen, daß es für die ästhetischen Werte, ohne die ursprüngliche Empfänglichkeit einzubüßen, unzugänglich wird und sich diese Quellen der Verjüngung selbst absperrt. Man spricht in solchen Fällen, wo Werke bestehen, ohne eine lebendige Wirksamkeit zu entfalten, von einer „toten Kultur", und ein Kulturzweig kann „absterben", wenn das Volk, dem es sein Dasein verdankt, fortlebt, nicht nur, wenn es selbst untergeht. In Wahrheit ist dann nicht die Kultur tot – ihr Leben währt ja ewig – sondern die Seelen sind es, denen sie Leben spenden soll; gewisse Schichten sind aus ihrem Leben ausgeschaltet. Daß die Kultur nicht tot ist, zeigt sich darin, daß sie jederzeit eine „Renaissance" erfahren kann; sie braucht nur neu entdeckt zu werden, um neu zu wirken und Kräfte zu spenden.[195]

---

[195] Scheler hat diese „Unsterblichkeit" der Kulturwerke in seinen geschichtsphilosophischen Vorlesungen hervorgehoben. ⟨Schelers Gast-Vorlesungen zur „Geschichtsphiloso-

Die „Entdeckung“ von Werten bietet uns ein neues Problem. Sie führt uns zu der Frage, welche Rolle die Individuen für die Belebung einer Gemeinschaft durch die Wertewelt spielen. Da drängt sich uns zunächst die merkwürdige Tatsache auf, daß nicht nur die ursprüngliche Empfänglichkeit einer Gemeinschaft für gewisse Wertbereiche ebenso wie die hierfür erforderliche Lebenskraft auf der ihrer Elemente beruht, sondern daß der Gemeinschaft durch einzelne Mitglieder für bestimmte Wertbereiche erst die Augen geöffnet werden können. Lassen wir die Werke der Kultur zunächst beiseite, betrachten wir die Natur als Trägerin ästhetischer Werte, so finden wir als schlagendes Beispiel, um uns das Phänomen, das wir im Auge haben,
199 zu veranschaulichen, die Tatsache, daß die Schönheit der Alpenwelt bis ins 18. Jahrhundert hinein gänzlich verborgen geblieben ist. Wir mögen des Livius berühmte Schilderung von Hannibals Alpenübergang[196] zur Hand nehmen oder Hallers umfangreiches Lehrgedicht[197] – wir finden darin viel über die Schrecken und Gefahren der Berge, manches über die Eigentümlichkeiten des Landes und seiner Bewohner, aber kein Wort über ästhetische Reize. Was heute der gesamten europäischen Kulturwelt ein selbstverständlicher Besitz ist, das haben einzelne Persönlichkeiten (wir können sie mit Namen nennen: Rousseau[198], Goethe[199] u. a.) für sie gewonnen. Was sie zu solcher Entdeckung befähigte – eine höhere Empfänglichkeit, eine größere Lebendigkeit als sie anderen zuteil wurde –, das wollen wir hier nicht unter-

---

phie“ 9. 2.–1. 3. 1914 in Göttingen sind, mit großen Schäden, erhalten in Steins Mitschrift, Edith Stein Archiv Köln, E I 5. Eine Herausgabe ist nicht geplant. Vgl. auch Schelers „Probleme der Ontologie und Erkenntnislehre der Geisteswissenschaft,“ der sich laut Wolfhart Henckmann (*Max Scheler*, München 1998, S. 247) vermutlich auf Schelers Vorlesung „Einleitung in die Geisteswissenschaften und die Philosophie der Geschichte“ vom WS 1920/21 bezieht, in: *Gesammelte Werke* 13 (Bonn 1990): *Schriften aus dem Nachlaß*, Bd. 4: *Philosophie und Geschichte*: Politik und Moral; Die Idee des ewigen Friedens (1926–28); Grundlagen der Geschichtswissenschaft (Schelers Münchner Vorlesung von 1909), S. 129 f.⟩

[196] ⟨Titus Livius (59 v. Chr. – 17 n. Chr.), röm. Geschichtsschreiber, schildert Hannibals Alpenüberquerung (218 v. Chr.) während des Zweiten Punischen Krieges in seiner Römischen Geschichte *Ab urbe condita libri CXLII* (lat. „Von der Gründung der Stadt an – 142 Bücher“) im 21. Buch.⟩

[197] ⟨Albrecht von Haller (1708–1777), Schweizer Mediziner, Botaniker und Naturphilosoph; seine Dichtung *Die Alpen* entstand 1729 über seine Alpenreise ein Jahr zuvor.⟩

[198] ⟨Jean-Jacques Rousseau (1712–1778), frz. Philosoph, Pädagoge, Naturforscher, Komponist; sein Briefroman *Julie oder die neue Heloise. Briefe zweier Liebender aus einer kleinen Stadt am Fuße der Alpen* (1761) enthält Schilderungen der Alpen, die europaweit große Begeisterung auslösten.⟩

[199] ⟨Johann Wolfgang von Goethe (1749–1832), dt. Dichter, legte seine Schilderungen der Alpen anläßlich seiner Italienreisen 1786 und 1788 nieder in *Italienische Reise* (1817). Vgl. zu Goethe Steins spätere kritische Schrift: „Natur und Übernatur in Goethes Faust“ (1932), in: *Bildung und Entfaltung der Individualität* (kurz *BEI*), ESGA 16, Freiburg ^{2}2004, S. 157–168.⟩

suchen. Es genügt uns zu sehen, daß einzelne Individuen einer Gemeinschaft als Organe dienen können, die ihr den Kontakt mit der Welt der Werte ermöglichen, als das offene Auge, mit dem sie in die Welt hineinschaut. Damit sie aber als Organe der Gemeinschaft fungieren können, ist es erforderlich, daß nicht nur sie selbst, sondern daß auch die Gemeinschaft – bzw. andere Glieder der Gemeinschaft – empfänglich sind und außerdem, daß sie *als* Glieder der Gemeinschaft leben. Wo der Empfänglichkeit Einzelner die Unzulänglichkeit der Masse entgegensteht, da kann die Gemeinschaft nicht bereichert werden. Das läßt sich deutlich an gewissen Kulturwerken zeigen. In Fällen allerdings, wo die Werke aus dem Geiste eines Volkes heraus entstanden sind (ein Phänomen, das natürlich selbst noch zu klären ist), da werden sie auch der Gemeinschaft zugänglich ist. Anders verhält es sich bei der „Renaissance" einer vergangenen oder der Aufnahme einer fremden Kulturschöpfung, auch bei neuen Werken, die *innerhalb* einer Gemeinschaft, aber nicht aus ihrem Geiste entspringen. Denken wir daran, wie einige unserer führenden Geister – etwa Winckelmann[200], – der bildenden Kunst der Antike nahe gekommen sind, sich mit ihrem Geist erfüllt haben und wie wenig davon in die Seele des deutschen Volkes eingedrungen ist; wie die oberen Gesellschaftsschichten in Deutschland im 17. und 18. Jahrhundert von französischen Kultureinflüssen durchsetzt waren, ohne daß der Kern des Volkes wesentlich davon berührt wurde; wie fast unsere ganze moderne Kunstrichtung unverstanden und unwirksam mitten im Leben der Volksgemeinschaft dasteht. Ebenso wichtig ist es, daß diejenigen, die die offenen Augen für die Welt der Werte besitzen, als Glieder der Gemeinschaft, in lebendiger Wechselwirkung mit ihren anderen Elementen leben. Wer sich in sich selbst verschließt, wer den Reichtum seines Innenlebens nicht nach außen hin wirksam werden läßt, der kommt nicht als Organ der Gemein- 200
schaft in Betracht, der öffnet ihr nicht den Zugang zu den Quellen, aus denen ihr Triebkräfte zuströmen können.

§ 3. Psychische Fähigkeiten und Charakter der Gemeinschaft

Wir haben bei unseren Betrachtungen über die Lebenskraft schon verschiedentlich in das Gebiet der Probleme vorgreifen müssen, deren Erörterung wir anfangs als erforderlich bezeichneten, um ein Verständnis für die Struktur der Gemeinschaft zu gewinnen: Wir mußten das Verhältnis von Individuum und Gemeinschaft mit heranziehen, und wir mußten gelegentlich auf Konstituentien der Psyche zurückgreifen, die nicht in der Lebenskraft gründen. Das war besonders dort erforderlich, wo wir von den „objektiven"

[200] ⟨Vgl. Anm. 194.⟩

Quellen der Lebenskraft sprachen. Denn deren Wirksamkeit setzt ja eine Offenheit des Geistes für die Objektwelt voraus, die aus dem Wesen der Lebenskraft nicht verständlich ist.

Wir wenden uns nun der ausdrücklichen Behandlung dieser Frage zu und untersuchen an erster Stelle das, was *außer* der Lebenskraft zum Aufbau der Gemeinschaft gehört und was sie zum Analogon einer individuellen Persönlichkeit stempelt. Ein Volk und ein anderes stehen einander gegenüber wie zwei Individuen, jedes im Besitze einer nur ihm eigenen scharf ausgeprägten Sonderart. Was sie auszeichnet und voneinander scheidet, sind z. T. Beschaffenheiten des Leibes, und zwar solche rein physischer Natur (wie Größe, Färbung der Haut und der Haare usw.) und solche, in denen das „Innere" zum Ausdruck kommt (Gesichtszüge, Blick des Auges u. dgl.). Es ließe sich wohl zeigen, daß die physischen Beschaffenheiten nicht eigentlich Beschaffenheiten der Gemeinschaft sind, sondern typische Beschaffenheiten der Gemeinschaftsglieder (ein Gegensatz, auf den wir noch zurückkommen müssen). Wir gehen aber darauf nicht ein, weil wir die „Außenseite" in unserem Zusammenhange überhaupt nicht behandeln wollen, sondern uns ausschließlich mit der *inneren* Eigenart beschäftigen, dem Analogon der individuellen Psyche.

Um in das Wesen der Persönlichkeit einzudringen, muß man sich vor Augen halten, daß die Psyche – des Einzelnen wie der Gemeinschaft – eine merkwürdige Doppelnatur aufweist: Sie ist einmal in sich geschlossene Monade[201], sie ist andererseits Korrelat ihrer Umwelt, offenes Auge[202] für alles,
201 was „Gegenstand" heißt.[203] Dementsprechend gliedern sich die Eigenschaften, durch die sich eine Psyche von der anderen unterscheidet, in solche, die ihr in ihrem Bei-sich-sein eignen, und andere, die zutage treten, wo sie aus sich herausgeht und mit der Objektwelt zu tun hat. In die erste Reihe würden z. B. Güte, Reinheit, Vornehmheit gehören; in die zweite Intelligenz, Tatkraft, Gerechtigkeit, Opfermut usw. Wenn wir diese Scheidung vornehmen, so soll damit nicht ausgesprochen sein, daß beide Gruppen von Eigenschaften ohne Verbindung nebeneinander stehen. Was der Psyche in sich eigen ist, das streift sie nicht ab, wenn sie der Objektwelt gegenübertritt. Sie ist ja trotz ihrer Doppelnatur eine unauflösliche Einheit. Welcher Art die Wechselbeziehungen sind, das bleibt noch zu klären. Zunächst wollen wir beide Gruppen getrennt behandeln und wenden uns jetzt der zweiten zu.

---

[201] ⟨Vgl. Anm. 139.⟩

[202] ⟨Vgl. *EPh*, S. 7: „Das theoretische Subjekt ist ganz offenes Auge [...]."⟩

[203] Diese zweite Eigentümlichkeit freilich besitzt sie, wie die folgenden Ausführungen erkennen lassen, nicht qua *Psyche*, sondern qua *Geist*.

a) Das Fehlen niederer psychischer Vermögen in der Psyche der Gemeinschaft

Die Persönlichkeit, die individuelle wie die überindividuelle, finden wir einer Welt von Gegenständen gegenüber, die sie erfaßt, von der sie sich in ihrem Verhalten bestimmen läßt, in die sie gestaltend eingreift: drei verschiedene Arten der „Betätigung“ an der Welt: Aufnehmen, Bewegtwerden, Handeln; ihnen entsprechen verschiedene Grundarten von psychischen Fähigkeiten. Die Außenwelt aufzunehmen, zu erfassen, dazu bedarf es gewisser „sinnlicher Vermögen“, Fähigkeiten zum Erleben bestimmter sinnlicher Gehalte, denn alle äußere Wahrnehmung ist auf Sinnlichkeit fundiert. Entbehrt eine Person des einen oder anderen sinnlichen Vermögens, so ist die ihr zugängliche Außenwelt im Vergleich zur Wahrnehmungswelt des „Vollsinnigen“ wesentlich modifiziert. Betrachten wir die Psyche einer Gemeinschaft, so sehen wir, daß die sinnlichen Fähigkeiten nicht mit hineingehören. Ein Volk ist nicht blind oder taub, kurzsichtig oder hellhörig, wie es tapfer oder klug ist. Es ist aber sehr wohl möglich, daß die Mehrzahl oder auch alle Glieder einer Gemeinschaft eine bestimmte sinnliche Eigenschaft besitzen und daß dieser Umstand von Bedeutung für den Charakter der Gemeinschaft ist. Nehmen wir die Unterrichtsklasse einer Blindenanstalt, so weisen alle Elemente dieser Gruppe dieselbe Eigenschaft auf, ohne daß es einen Sinn hätte, die Blindheit als eine Eigenschaft der Gemeinschaft zu bezeichnen. Dagegen kann es sehr gut möglich sein, daß diese Klasse Eigenschaften besitzt, die durch die Blindheit der Individuen bedingt sind und sich in keiner Gemeinschaft von Sehenden finden werden. *Simmel* führt z. B. in seinen Betrachtungen zur „Soziologie der Sinne“ aus, das Zugleich mannigfacher Eindrücke, wie es uns das Auge vermittelt, wirke – im Gegensatz zum Nach- 202
einander des Gehörten – verwirrend und beunruhigend.[204] Die innere Ruhe, die das Abgeschlossensein von der verwirrenden Mannigfaltigkeit der sichtbaren Welt dem Blinden geben mag, kann nicht nur als individuelle, sondern auch als Gemeinschafts-Eigenschaft auftreten.

Man wird also wohl sagen müssen, daß die sinnlichen ebenso wie die physischen Eigenschaften nur als typische Eigenschaften der Gemeinschaftsglieder in Betracht kommen und den Charakter der Gemeinschaft wohl mit bedingen können, aber nicht selbst zur Psyche der Gemeinschaft gehören. Ähnliches gilt wohl auch für eine Reihe anderer Eigenschaften, die ein psy-

[204] Vgl. den „Exkurs über die Soziologie der Sinne“ in ⟨Georg⟩ Simmels *Soziologie* ⟨*.Untersuchung über die Formen der Vergesellschaftung*, Leipzig 1908, S. 646–665; hier vor allem 650. Vgl. *Gesammelte Werke* 2, Berlin 1983, S. 483–493. Später: *Grundformen der Soziologie. Individuum und Gemeinschaft*, Berlin 1917, das Stein aber nicht heranzieht⟩. Wir prüfen nicht die Richtigkeit der behaupteten Tatsache, sondern nehmen sie nur als Hinweis auf das Phänomen, das uns vorschwebt.

chisches Individuum außer den sinnlichen Vermögen besitzen muß, wenn es eine Außenwelt erfassen soll. Wahrnehmung ist ja nicht Sinnesempfindung, sondern *Auffassung* eines sinnlich Erscheinenden, und damit es als dauerndes Sein wahrgenommen werden könne, ist bei dem wahrnehmenden Individuum die Fähigkeit des *Behaltens* von Eindrücken – das, was wir *Gedächtnis* nennen, – vorausgesetzt. Ohne weiter zu untersuchen, welche psychischen „Vermögen" unter dem Titel „Gedächtnis" zusammengefaßt werden, können wir feststellen, daß auch diese nicht zur Psyche der Gemeinschaft, sondern nur zu der ihrer Elemente gehören und als solche allerdings wiederum den Charakter der Gemeinschaft mitbestimmen. Ein „gutes Gedächtnis" z. B. kann als typische Eigenschaft bei den Angehörigen einer Familie auftreten, man wird es aber niemals der Familie zuschreiben; dagegen gibt es eine Reihe von Eigenschaften, die wir dem Charakter der Familie zurechnen, die aber an das Gedächtnis der Familienmitglieder bestimmte Anforderungen stellen: z. B. Pietät gegen die Familientradition, Treue u. dgl.

Wie sinnliche Eindrücke und Gedächtnisfunktionen nur die stoffliche Grundlage alles seelischen und geistigen Lebens bilden, so sind auch die ihnen entsprechenden psychischen Fähigkeiten nur Grundlagen der seelischen und geistigen Eigenschaften, die sich von dem Gesamtbestand der individuellen Psyche als Oberschicht abheben. Von dem „Charakter" in einem allerweitesten Sinne – als Bezeichnung dessen, was die *Eigenart* einer Psyche ausmacht und sie von anderen unterscheidet – hebt sich der *Charakter* im spezifischen Sinne ab, der auf die Oberschicht beschränkt ist. Bei der Gemeinschaft kann von Charakter in dem weiteren Sinne gar nicht ge-
203 sprochen werden, weil es Gemeinschaftseigenschaften nur innerhalb der Oberschicht gibt. Die „Unterschicht" der individuellen Psyche aber ist fundierend sowohl für den individuellen als für den Gemeinschaftscharakter.

b) Intellektuelle Fähigkeiten

In den Bereich des „Geistigen" gehört bereits die „Auffassung", die in der Wahrnehmung lebt und sie allererst zur Wahrnehmung macht, und das entsprechende „Auffassungsvermögen"; des weiteren die eigentlichen Verstandestätigkeiten: Folgern, Kombinieren u. dgl., und die entsprechenden intellektuellen Fähigkeiten: Scharfsinn, Leichtigkeit des Begreifens, Kombinationsgabe u. dgl. Es ist kein Zweifel, daß wir einem Volk z. B. solche geistige Fähigkeiten nachsagen und es dadurch von anderen unterscheiden, und es ist sehr die Frage, ob es sich hier um eine bloße façon de parler ⟨frz. Redensart⟩ handelt, die dem Volk als Einheit das zuschreibt, was eigentlich nur den einzelnen Volksgenossen als typische Eigenschaft zukommt. Eine solche Behauptung dürfte sich kaum rechtfertigen lassen. Wenn wir von römischem Scharfsinn oder französischem „Esprit" sprechen, so wollen wir

das Volksganze charakterisieren und nicht den Durchschnittsrömer oder den Durchschnittsfranzosen. Es ist sogar möglich, daß der geistige Habitus eines Volkes sich von dem des Durchschnitts seiner Glieder ziemlich erheblich unterscheidet. Ein Volk kann in seiner Politik brutal und rücksichtslos sein, während die Mehrzahl der Bürger durchaus gutartig und friedlich ist. Damit greifen wir allerdings bereits auf das Gebiet des Gemüts- und Willenslebens über, wo der Unterschied, den wir im Auge haben, schärfer hervortritt. Er findet sich aber auch bereits bei den intellektuellen Fähigkeiten. – Wie das Verhältnis von Gemeinschaftscharakter und durchschnittlichem Charakter der Gemeinschaftsglieder zu verstehen ist, das werden uns erst spätere Betrachtungen lehren. Zunächst halten wir fest, daß der Außenwelt, der sich eine Gemeinschaft gegenüber befindet, bestimmte intellektuelle Fähigkeiten dieser Gemeinschaften sowie gewisse „niedere" psychische Vermögen der Gemeinschaftsglieder entsprechen. Die intellektuellen Fähigkeiten sind allerdings nicht nur von Bedeutung für die Erfassung der sinnlich wahrnehmbaren Welt, sondern zugleich das Korrelat der Gedankenwelt, in der die Gemeinschaft lebt. Freilich treten hier weitere intellektuelle Charakterzüge hervor. Der Klarheit des französischen oder auch des amerikanischen Denkens, dem Tiefsinn des deutschen oder nordischen entsprechen Unterschiede in den philosophischen Systemen der Völker. Außerdem sind aber für die Gestaltung der gedanklichen Umwelt noch andere Faktoren 204
maßgebend. Die Gedankenwelt muß ja *erarbeitet* werden, und was davon erobert wird, das hängt nicht von der intellektuellen Leistungsfähigkeit ab, sondern – da alle geistige Arbeit ein *Tun* (evtl. sogar ein *Handeln*) ist – von der Art, wie das Individuum bzw. die Gemeinschaft sich zu betätigen pflegt und von der Art, wie es sich zum Tun bewegen läßt. Welche theoretischen Zusammenhänge ich aufzudecken, welche Gegenstände ich theoretisch zu ergründen suche, das hängt davon ab, welches „Interesse" ich daran habe und mit welcher „Energie" ich ans Werke gehe. Eigenschaften des Gemüts und Willens wirken also hier mit denen des Intellekts zusammen.

c) Die spezifischen Charaktereigenschaften, „Seele" und „Kern" der Person

Wir kommen damit in das Gebiet, das man noch in einem besonderen Sinne als „Charakter" zu bezeichnen pflegt. Wenn man von einem „guten" oder „schlechten" Charakter spricht, so meint man nicht, daß die betreffende Persönlichkeit überhaupt wertvolle Eigenschaften besitzt – wertvolle Eigenschaften sind ja auch die intellektuellen Vorzüge, die vorhanden sein können, ohne daß man den Charakter für „gut" erachtet, und die fehlen können, ohne daß man ihn „schlecht" nennt –, was man im Auge hat, ist vielmehr die Empfänglichkeit für ethische Werte und das Bestimmtwerden durch sie. Wenn man weiterhin von „charaktervollen" und „charakterlosen"

Menschen spricht, so meint man natürlich nicht, daß der „Charakterlose“ überhaupt keine Eigentümlichkeiten besitzt, die ihn von anderen scheiden, sondern man bezeichnet mit Charakterlosigkeit eine besondere Art der Willensbestimmtheit, die noch zu analysieren wäre. Die beiden eben angeführten sprachlichen Bedeutungen des Wortes „Charakter“ sind nach Wertgesichtspunkten abgegrenzt. Aus der Gesamtheit der psychischen Eigenschaften wird dabei etwas herausgegriffen, das im besonderen Maße die Wertbeurteilung herausfordert, eine wertende Einstellung verlangt. Träger von Werten kann jede psychische Eigenschaft sein: die sinnliche Empfänglichkeit, das Gedächtnis, der Verstand ebenso wie die Zugänglichkeit für sittliche Werte. Andererseits kann auch die Empfänglichkeit für Werte schlicht als zum Seinsbestand der Person gehörig festgestellt und nicht bewertet werden. Es scheint aber, als ob die Empfänglichkeit für Werte (und speziell für sittliche Werte) und die Art, wie man sich im praktischen Verhalten durch sie bestimmen läßt, der gesamten Persönlichkeit in höherem Grade zugerechnet würden als sonstige Eigenschaften. In dem, was wir Charakter – in diesem engsten Sinne – nennen, scheint die *Person selbst* uns
205 entgegenzutreten, während die anderen Eigenschaften etwas ihr mehr äußerlich Anhaftendes sind. Und obwohl ihr auch mittelbar – als Trägerin solcher „anhängenden“ Eigenschaften – ein Wert zukommen kann, so ist dies doch nicht ihr eigener Wert, wie er uns im „Charakter“ entgegentritt. Nun ist einer Person gegenüber das „Stellungnehmen“ die „natürliche Einstellung“; nicht als wertfreies, sondern als werthaftes Sein tritt sie uns gegenüber, und die Wertantwort ist das „natürlichste“ Verhalten zu ihr, und dementsprechend auch zu den Eigenschaften, in denen ihr Wert vorwiegend zutage tritt.

Wir halten aus dieser letzten Betrachtung fest, daß es Eigenschaften gibt, die der Persönlichkeit näher zugehören als die intellektuellen. Es ist dies nicht nur die spezifisch sittliche Beschaffenheit der Person – die Empfänglichkeit für sittliche Werte und das Bestimmtwerden durch sie – sondern (was bei der wesenhaften Bezogenheit des Sittlichen auf alle anderen Wertbereiche eigentlich selbstverständlich) die Aufgeschlossenheit für Werte überhaupt, die mannigfachen Fähigkeiten, die das Fühlen der Werte verschiedenster Art zur Voraussetzung hat. Was die Person *ist*, das sehen wir gleichsam daran, in welcher Wertewelt sie lebt, welchen Werten sie zugänglich ist und welche Werke sie evtl. – durch Werte geleitet – schafft.

Dies „Nähersein“, der Person „eigentlicher“ Angehören, das wir für die Eigenschaften des „Gemüts“ in Anspruch nehmen, läßt sich noch von einer anderen Seite her fassen. Indem die Persönlichkeit Werte erlebt und Werke schafft, „tritt sie aus sich heraus“ –, ebenso wie beim Erfassen der sinnlichen Außenwelt oder theoretischer Zusammenhänge. Aber während die Verstandestätigkeit nicht aus dem Inneren herauskommt, nicht aus den Tiefen des

Ich, werden im Gemüts- und Willensleben diese Tiefen selbst wach, die *Seele* öffnet sich mit dem, was ihr in ihrem Bei-sich-sein eigen ist, der Welt der Werte. Das Gemütsleben und der Charakter sind ganz durchtränkt von den „ruhenden" Qualitäten der Seele. Was sie in sich ist, das spiegelt sich in den Charaktereigenschaften wieder. Ob ein Mensch gut oder schlecht sieht, ob sein Gedächtnis mehr oder minder „treu" ist, ob es sich vorwiegend auf optische oder akustische Vorstellungen stützt, ob er scharf und schnell oder langsam und unklar denkt – von all dem bleibt das, was die Seele in sich selbst ist, völlig unberührt, und es wird seinerseits auch von ihr her nicht qualitativ beeinflußt. Das Denken verrät nichts von der Reinheit und Tiefe der Seele – wohl aber die Motive, von denen es geleitet ist, ebenso wie alles Gemütsleben. Wie man Werte aufnimmt und wie man sich zu ihnen verhält: Wie man genießt, wie man sich freut, wie man trauert und wie man leidet, 206
das alles hängt ab von der Beschaffenheit der Seele.

Was dieses geheimnisvolle Etwas – die Seele – ist, dem müssen wir näherzukommen suchen. Nach *H.⟨edwig⟩ Conrad-Martius*' „Gespräch von der Seele"[205] ist die Eigentümlichkeit der Wesen, die eine Seele haben – im Gegensatz etwa zu den Elementargeistern, zu deren Idee es gehört, nur leiblich-geistige Figuration zu besitzen, – eine Beschwertheit und Fixiertheit in sich selbst. Während jene Geistwesen von dem Geist der Sphäre, der sie zugehören, getragen werden, lebt der Mensch aus seiner Seele heraus, die das Zentrum seines Seins ist. Diese Zentralstellung bedeutet aber nicht, daß von der Seele her die Ichtotalität, die sich in Seele, Leib und Geist entfaltet, gestaltet und durchbestimmt wird. Vielmehr wächst die Seele aus einer Wurzel hervor, die das gesamte Sein des individuellen Seelenwesens in allen seinen Dimensionen bestimmt. Wenn wir diese Wurzel oder diesen „Kern" als das Formende ansehen, aus dem heraus sich das Sein des Individuums gestaltet, so müssen wir uns doch darüber klar sein, daß nicht alles leibliche und nicht alles psychische Sein und Geschehen „kernhaft", vom Kern her gestaltet ist. Es gibt psychische wie physische Vorgänge, die für die einheitliche Gestalt, für die „Persönlichkeit" gleichgültig sind und nicht ihren Stempel tragen. Das gilt nicht für die Seele. Alles Seelische wurzelt im Kern. Aber alles Leibliche, sofern es nicht „Spiegel", Ausdruck von Seelischem ist, und alles Psychische, in dem nicht Seelisches sich ausdrückt – dauerndes Sein wie Lebensaktualität –, ist nicht kern- oder wurzelhaft und fällt aus der Einheit der individuellen Persönlichkeit heraus. Es gibt ein aktuelles Erleben, bei dem – nach einem Bilde von *H. Conrad-Martius* – die Seele nicht mit „angekurbelt" ist, das nicht durch das „zentrale Selbst" hindurchgegangen ist.

[205] ⟨„Von der Seele", in:⟩ *Summa*, 2. Heft, Hellerau 1917 ⟨, S. 106–136⟩. (Abgedruckt in den demnächst bei Niemeyer in Halle erscheinenden ⟨*Metaphysischen*⟩ *Gesprächen* ⟨, Halle 1921⟩.)

In die Einheit der Psyche gehört es mit hinein, aber es entspringt nicht dem Kern, und die Seele ist daran nicht beteiligt. Es ist merkwürdig, daß zu solchem „seelenlosen" Erleben nicht nur Erlebnisse gehören, an denen die Seele prinzipiell keinen Teil hat – aus dem Gebiet der „Sinnlichkeit" und des „Verstandes" – sondern auch Affekte, in denen doch „eigentlich" die Seele sich auslebt. „Die Gefühlssphäre", – so charakterisiert *H. Conrad-Martius*
207 diese eigentümlichen Verhältnisse,[206] – „erscheint mir wie der ‚Leib' gleichsam der Seele oder wie ihr spezielles peripheres Selbst; ebenso wie am körperlichen Leib jeder äußere Eindruck unmittelbar ‚gespürt' wird, so auch an diesem ‚Leib' der Seele jeder ‚innere' Eindruck; aber es ist, solange sie nicht zentral mitbetroffen wird, ein nur oberflächenhaftes ⟨, ein fixiertes⟩ Empfinden – eine bloße ‚Reizung' und ein Reagieren auf diesen Reiz. Mit dieser Region des spezifisch sensiblen Erlebens und Reagierens beschließt sich eben das Ganze der Seele keineswegs, ja wir gewinnen mit ihr nur die ‚Hülle' der Seele." – Wir werden auf dieses merkwürdig „seelenlose" Verhalten noch zurückkommen.

Zunächst suchen wir uns dem Wesen der Seele noch von einer anderen Seite her zu nähern – mit Hilfe der Gegenüberstellung von Geist und Seele, die wir in der zitierten Abhandlung finden. „Was ‚Geist' ist, oder ‚aus Geist' ist, kommt nie zu eigentlicher Fixation in sich selbst, nie zu starrer seinsmäßiger Festlegung und damit auch noch nicht zur ‚Schwere'."[207] Das Wesen des Geistes (des „subjektiven" Geistes müssen wir, genauer gesprochen, sagen) wäre danach Aktualität. Es muß aber wohl erwogen werden, was demgegenüber „seinsmäßige Festlegung", „Schwere" bedeutet. Es findet sich in der genannten Schrift selbst eine Stelle, die darauf hinweist, daß hier noch ein Doppelsinn vorliegt. Der Aktualität des Erlebens steht einmal gegenüber die Fixierung „dauernder Eigenschaften", „Vermögen", „Dispositionen". *Diese* seinsmäßige Festlegung ist ebensowenig primär seelisch wie geistig. Man kann in *übertragenem* Sinne von geistigen Eigenschaften wie von sinnlichen und von seelischen sprechen – je nach den aktuellen Erlebnissen, die diesem „Vermögen" entsprechen. Die Vermögen selbst und als solche sind aber ursprünglich *psychische*. Im Wesen der Psyche gründet solche Fixierung. Ein leiblich-seelisches Wesen kann den Mechanismus der psychischen Struktur (ebenso wie die „erdenschwere" Leiblichkeit, wenn auch vielleicht nicht alle Leiblichkeit schlechthin) abstreifen und doch seine Seele und die von ihr unabtrennbare ganz andersartige Schwere behalten. Es hört nicht auf, aus seiner Seele heraus zu leben wie aus einem „jenseitigen Grunde", ihr Sein leuchtet in der Aktualität des Lebens, das aus ihrer Tiefe hervorgeht, auf, ohne restlos darin aufzugehen. Und dieses Sein der Seele ist kein

[206] A. a. O. ⟨Conrad-Martius, *Seele*⟩, Seite 133 f.
[207] A. a. O. ⟨Conrad-Martius, *Seele*⟩, Seite 119.

Zusammen dauernder Eigenschaften wie die Psyche, es läßt sich überhaupt nicht durch angebbare Eigenschaften aussprechen.

Noch auf andere Weise wird die Abgrenzung von Geist und Seele ver- 208
sucht: Mit dem Geist nehmen wir die Welt schlicht entgegen, die Seele aber nimmt die Welt in sich selbst auf, in ihr „schlägt sie zusammen", und in jeder individuellen Seele auf besondere Weise. Hier müssen wir ergänzend hinzufügen, daß es nicht für alle Gegenständlichkeiten ein solches schlichtes Erfassen und Hinnehmen gibt, wie es nach der soeben wiedergegebenen Darstellung das „geistige" ist. Alles werthafte Sein ist prinzipiell nur adäquat zu erfassen, wenn sich ihm die Seele öffnet, und alles volle Erfassen solchen Seins ist Aufnehmen in die Seele und mit ihr, Herausgehen der Seele aus sich selbst. Es ist darum nicht weniger geistiges Tun. Die Grenzen zwischen Seele und Geist, die soeben fest gezogen schienen, drohen hier wieder zu verschwimmen, und vielleicht läßt sich die strenge Scheidung in der Tat nicht durchhalten. Das *Leben* der Seele, sofern es Herausgehen aus sich selbst, der Welt-gegen-über-treten ist – ist *geistige* Aktualität. Das der Lebensaktualität zugrunde liegende *Sein* der Seele aber – sollen wir es ungeistig nennen? Müssen wir nicht vielmehr sagen, der Geist, sofern er sich gestaltet und zum Zentrum einer auf sich selbst gestellten Personalität begrenzt, ist Seele?

Eine Reihe weiterer Fragen tun sich nach den ersten Klarstellungen vor uns auf. Was die Seele ist, die *individuelle* Seele – so sagten wir –, das läßt sich nicht in angebbaren Eigenschaften ausdrücken. Ihr Sein ist wie der Kern, in dem es wurzelt, ein schlechthin Individuelles, Unauflösliches und Unnennbares. Dennoch haben wir von „ruhenden Qualitäten" der Seele gesprochen, die ihr in ihrem Bei-sich-sein eignen, und haben solche Qualitäten mit Namen genannt: Reinheit, Güte, Vornehmheit u. dgl. Beide Behauptungen stehen nur scheinbar in Widerspruch miteinander. Diese Qualitäten sind keine dauernden Eigenschaften, die das Sein der Seele konstituieren. Sie sind freilich ebensowenig wechselnde Zuständlichkeiten wie die fluktuierenden Erlebnisse. Sie sind das, wovon die Seele dauernd erfüllt ist, aber sie füllen sie nicht von außen her, sondern quellen stetig aus ihr selbst hervor, und das Sein der Seele leuchtet in ihnen auf.

Die Seele und die ruhenden Qualitäten, die sie erfüllen – davon gingen wir aus –, haben besondere Bedeutung für das, was wir den Charakter der Person im engsten Sinne nannten. Die Charaktereigenschaften als Fähigkeiten zu Werterlebnissen und wertbestimmten Verhaltungsweisen gehören nicht selbst zur Seele und nicht zum Kern der Person, aber er entfaltet sich
in ihnen nach außen, und sie lassen sichtbar werden, was die Seele innerlich 209
erfüllt. Güte bedeutet wohl *auch* die Fähigkeit zu guten Handlungen, aber nicht nur das. Wer gut ist, der handelt auch gut; aber die Güte ist ihm auch eigen, wenn er niemals dazu kommen sollte, etwas Gutes zu tun.

Im Gegensatz zu den psychischen Fähigkeiten, den niederen wie den höheren, zeigt der Kern der Person und das durch ihn bestimmte Sein der Seele keine Entwicklung. Das Leben der Psyche ist ein Entwicklungsgang, in dem ihre Fähigkeiten zur Ausbildung gelangen. Bedingungen dieser Ausbildung sind die Kräfte, über die die Persönlichkeit verfügt, und die äußeren Umstände, unter denen das Leben verläuft, schließlich die „ursprüngliche Anlage“, die in dem Entwicklungsprozeß mehr oder minder zur Entfaltung gelangt. Die äußeren Umstände spielen eine doppelte Rolle: Sie bedingen einmal das Ab- und Zunehmen der Lebenskraft und sie bestimmen außerdem die Richtung der Entwicklung, allerdings nur in dem Spielraum, der durch die ursprüngliche Anlage offengelassen wird. Wer keine mathematische Begabung besitzt, den wird auch der trefflichste Unterricht nicht zum Mathematiker machen. Aber welchem Spezialgebiete der Begabte sich zuwendet, das kann davon abhängen, in welche Richtung sein Blick durch äußere Einflüsse gelenkt wird. Die ursprüngliche Anlage liegt der Entwicklung zugrunde und entwickelt sich nicht selbst. Unter günstigen Umständen tritt mehr von ihr zutage als unter ungünstigen, aber sie selbst nimmt nichts Neues in sich auf und verliert nichts aus ihrem Bestande.

Wir müssen nun das Verhältnis der Seele und ihrer Qualitäten zur ursprünglichen Anlage ins Auge fassen. Stellt sie nur einen Ausschnitt daraus dar, nämlich die Anlage zu dem, was wir unter dem Titel „Charaktereigenschaften“ zusammenfaßten? Offenbar nicht. Die ursprünglichen Anlagen finden sich in den dispositionellen Eigenschaften ausgebildet vor. Für die Seele und ihre Qualitäten besteht dieser Gegensatz von Ausgebildet- und Unausgebildetsein gar nicht. Für die Reinheit, die Güte, die Vornehmheit gibt es keine äußeren Umstände, die ihre Entfaltung begünstigen oder hemmen könnten. Wohl können die äußeren Umstände zu guten oder schlechten Handlungen und dadurch zur Ausbildung entsprechender dispositioneller Eigenschaften „Gelegenheit“ geben. „Tugenden“ und „Untugenden“ können unter dem Einfluß eines guten oder schlechten „Beispiels“ erworben werden. Die innere Reinheit der Seele aber wird dadurch nicht berührt, sie kann in der Art, *wie* man das Verwerfliche tut, noch zutage treten, wie andererseits „rühmliche“ Taten eine innere Verworfenheit nicht ausschließen
210 und ihr Stigma an sich tragen können. Der „Pharisäer“[208] ist der Typus des Menschen, der allein auf seinen „Charakter“ und seine „Taten“ pocht und die innere Sphäre ganz außer acht läßt. Diese innere Sphäre, als allen Einflüssen entzogen, ist nicht nur den äußeren Einwirkungen, sondern auch der Selbsterziehung[209] unzugänglich. Alle Arbeit an sich selbst, alle Bemühungen

[208] ⟨Hebr. „die Abgesonderten“, theologische Ausrichtung im Judentum; umgangssprachlich für Heuchler bzw. Selbstgerechte.⟩
[209] ⟨Vgl. *BEI*.⟩

um eine Reinigung der Seele können immer nur darin bestehen, negativwertige seelische Regungen und Taten zu unterdrücken und die Dispositionen dazu zu bekämpfen oder gar nicht aufkommen zu lassen und sich andererseits für positive Werte offenzuhalten. Die Qualitäten der Seele aber kann man sich nicht anerziehen oder abgewöhnen. Wenn in dieser Sphäre ein Wandel eintritt, so ist er nicht das Ergebnis einer „Entwicklung", sondern als Verwandlung durch eine „jenseitige" Macht anzusehen, d.h. eine außerhalb der Person und aller natürlichen Zusammenhänge, in die sie verflochten ist, gelegene.

Wenn wir den Gedanken einer „Entwicklung" der Seele, einer Aus- und Umbildung seelischer Eigenschaften nach Art der psychischen Vermögen ablehnen müssen, so gibt es doch ein von solcher Entwicklung durchaus zu scheidendes Wachsen und Reifen der Seele. Sie tritt nicht schon am Beginn der psychischen Entwicklung eines Individuums hervor, sondern wird erst nach und nach sichtbar. Und wenn die Welt „in jedem einzelnen Menschen" neu und immer neu „zusammenschlägt",[210] so kommt darin zum Ausdruck, daß die Seele selbst neu und immer neu wird. Unter der Decke der psychischen Entwicklung reift die Seele heran und drückt dieser Entwicklung ihren Stempel auf, ohne selbst durch sie bestimmt zu werden. Das Reifen und das Offenbarwerden in der Lebensaktualität und der Charakterentwicklung sind voneinander zu trennen. Für das Offenbarwerden, das Aufblühen der Seele ist die Berührung mit der Welt augenscheinlich nicht gleichgültig. Aber diese Art der Berührung ist durchaus verschieden von der Einwirkung äußerer Umstände auf die Ausbildung ursprünglicher Anlagen. Damit eine bestimmte Anlage sich entfalten, die entsprechende psychische Fähigkeit sich entwickeln kann, sind bestimmte äußere Umstände erforderlich, für ein künstlerisches Talent etwa die Berührung mit den entsprechenden ästhetischen Werten. Was der Seele zu ihrer „Erweckung" dienen kann, das ist völlig unsagbar. Alles und jedes kann plötzlich in die Tiefe einschlagen, zu der bis dahin nichts vorzudringen vermochte. Und wenn das geschieht, so kommt nicht diese oder jene Fähigkeit zur Ausbildung, sondern der ganze 211
Reichtum der Seele ergießt sich in die Lebensaktualität und tritt an ihr zutage, das Leben wird jetzt erst „seelenvoll". Betrachten wir im Gegensatz dazu das „gleichsam seelenlose" Verhalten, von dem wir früher sprachen, so sehen wir hier noch eine Reihe von Möglichkeiten. Es gibt ein Aufgehen in peripherischen ⟨sic⟩ Erlebnissen, weil die Tiefen der Seele noch nicht wach geworden sind. Auch die Affekte, die „eigentlich" den Anspruch erheben, in der Tiefe erlebt zu werden, spielen sich dann nur an der Peripherie ab, und dem Individuum selbst wird das nicht als Manko fühlbar, solange es seine eigenen Tiefen gar nicht kennt. Es gibt sodann ein Flüchten aus den

---

[210] Conrad-Martius ⟨, *Von der Seele*⟩, a.a.O., S. 132.

Tiefen an die Peripherie, wenn der Person ihr seelisches Leben zur Qual wird, wenn die Seele von Verzweiflung erfüllt ist. Hier ist die Seele wach, obwohl ihr Leben zugunsten des peripherischen in den Hintergrund gedrängt ist. Es ist möglich, daß die erstrebte Ausschaltung nicht gelingt und das Leben der Tiefe in die peripherischen Erlebnisse vordringt und ihnen seine Färbung verleiht. Hat dagegen die „Flucht" den erstrebten Erfolg, so bleibt die Verzweiflung auf dem Grunde der Seele liegen, während das Ich ganz in der Aktualität des peripherischen Lebens aufgeht.

Diese Ausschaltung der Seele ist eine willkürliche. Ihr Widerspiel ist eine allen Bemühungen zum Trotz eintretende Erstarrung der Seele, ein Versiegen ihres Lebens. Das Ich steigt in seine Tiefen hinab, es verharrt darin, aber es findet eine gähnende Leere darin vor, es hat das Gefühl, als wäre ihm seine Seele abhanden gekommen, als wäre es nur noch der Schatten seiner selbst, von seinem eigensten Sein abgetrennt. (Deutlich zu scheiden ist diese Art der „Seelenlosigkeit" von der des noch nicht zu seelischem Leben Erwachten, der die ganze Fülle der Lebendigkeit sein eigen wähnt.) Der Zustand erscheint zunächst völlig rätselhaft. Man fragt sich, *was* denn eigentlich fehlt und was vorhanden ist. Denn die Seele, die man vermißt, hat man doch in ihrer ganzen Eigenart gegenwärtig – man *erinnert* sich nicht etwa nur, daß man so etwas einmal besaß.

Um die Sachlage zu erhellen, müssen wir uns klarmachen, was es heißt: aus seiner Seele heraus leben. Es besagt nicht nur, daß das aktuelle Leben die Qualitäten der Seele widerspiegelt, sondern daß es ihr *entquillt*, *ihr* Leben ist. Wir haben verschiedentlich versucht, die Quellen des psychischen Lebens aufzudecken. Wir sprachen von sinnlicher und geistiger Lebenskraft und sahen, daß die geistigen Kräfte teils von den Objekten her zuströmen, teils im Inneren des psychischen Individuums ihren Ursprung haben. Offenbar
212 sind wir jetzt an dieser „inneren" Ursprungsstelle angelangt. Die Seele selbst ist ein Quell des Lebens. Wenn sie erwacht, so strömen diese neuen Kräfte dem geistigen Leben zu, und die Welt geht gleichsam neu vor dem erlebenden Individuum auf. Wenn es nicht aus der Tiefe, aus seiner Seele heraus lebt, so gehen diese Kräfte seinem Leben verloren. Und nun kann es auch geschehen, daß die Seele, ohne ausgeschaltet zu werden, aufhört, Leben zu spenden. Der Quell, den sie in sich birgt, kann versiegen. Die Welt schlägt dann wohl noch in ihr zusammen, aber sie kann nicht darin „zünden", sie hat keine „Antwort" mehr dafür. Die Empfänglichkeit für Werte versagt, obwohl sie noch erkannt werden, und auch die „ruhenden Qualitäten" scheinen entschwunden: Die Güte strahlt nicht mehr aus in positiven Gesinnungen und gütigen Handlungen, das Innere scheint entleert von allem, was es erfüllte und worin sich die selbst unnennbare Individualität aussprach. Ein solcher Bruch im Leben einer Person kann eintreten, wenn ein „Schicksalsschlag" alle Kräfte ihrer Seele verzehrt, sie kann auch durch stän-

digen übermäßigen Kraftverbrauch allmählich „verkümmern", und es müssen ihr aus fremden Quellen neue Kräfte zugeführt werden, um sie wieder zu neuem Leben zu erwecken.[211]

Überall, wo die Seele aus der Lebensaktualität ausgeschaltet ist, fehlt dem Verhalten und dem sichtbaren Sein des Individuums die individuelle, oder, wie wir auch sagten, die „persönliche" Note; selbst wenn es in seinem persönlichen Stil fortlebt und äußerlich gesehen seine Eigenart bewahrt, trägt diese Eigenart doch den Stempel der Unechtheit. Sein Leben wird von sinnlichen Kräften und evtl. vom Willen getrieben oder auch von fremden seelischen Kräften getragen, es kommt nicht aus dem Zentrum seines eigenen Seins und es mangelt ihm daher die Ursprünglichkeit und Echtheit des „kernhaften" Lebens. Wir können uns Individuen denken, denen es an einem eigenen Zentrum ihres Seins überhaupt gebricht, und damit zugleich an echter Personalität und (qualitativer) Individualität. Beim *Menschen* wird man in allen Fällen von „seelenlosem" Verhalten nur sagen dürfen, daß er „sich selbst" noch nicht gefunden oder zeitweise verloren hat und daß so lange seine Individualität unerkennbar ist (wofern der Grenzfall eines „absolut" seelenlosen Verhaltens überhaupt als realisiert gedacht werden kann und es sich nicht nur um ein Mehr oder Minder handelt). Prinzipiell gehört ihm ein solches Zentrum zu, das jederzeit zum Durchbruch kommen kann.
Andererseits muß man sagen, daß nur bei seelischen Wesen Seele und Indi- 213
vidualität bzw. persönliche Eigenart unbedingt zusammenhängen. Elementargeister, die keine Seele haben, sind doch aus einer Bildungswurzel in Geist und Leib zu einer einheitlichen Personalität gestaltet. Bei ihnen bedeutet die Seelenlosigkeit keinen Mangel an Individualität. Der Vorwurf mangelnder Individualität im Zusammenhang mit der Seelenlosigkeit hat nur dort einen Sinn, wo es einen Aspekt von Seelenhaftigkeit gibt, wo die psychophysische Struktur das Suchen nach einem seelischen Zentrum nahegelegt und doch nicht durch und durch von einem solchen Zentrum her gestaltet ist. Die Plastizität des Psychischen, seine Formierbarkeit ⟨sic⟩ durch äußere Einflüsse läßt es als prinzipielle Möglichkeit zu, daß ein psychisches Individuum bloßer Abdruck einer echten seelischen Individualität und nicht aus einem eigenen Kern von innen her gestaltet ist.

Wir haben das Wachstum der Seele und ihr Offenbarwerden in den Qualitäten, in denen sie sich ausspricht, von der Entwicklung ursprünglicher Anlagen zu ausgebildeten psychischen Vermögen unterschieden. Die Lebenskraft spielt hier und dort eine Rolle, aber eine durchaus verschiedene. Den ursprünglichen Anlagen müssen Kräfte zugeführt und das aktuelle Leben muß in ihre Richtung gelenkt werden, damit sie sich entfalten können. Die Seele bedarf zu ihrem Wachstum zunächst keiner Zuführung von Kräf-

[211] Vgl. I. Abhandlung ⟨*PK*,⟩ S. 73.

ten. Sie hat ihre Kräfte in sich selbst und läßt sie der psychischen Entwicklung zugute kommen, wenn sie heranreift und zur Lebensaktualität durchbricht. Werden ihre inneren Kräfte durch die Welt vernichtet, der sie sich öffnet, so „bildet" sie sich nicht „zurück" wie ein psychisches Vermögen, dem die nötigen Kräfte entzogen werden, sondern zieht sich gleichsam in sich selbst zurück, wird unwirksam und damit unsichtbar. Die Seele ist weder Entwicklung aus einer ursprünglichen Anlage, noch selbst ursprüngliche Anlage zu etwas. Der Gegensatz von „Akt" und „Potenz"[212], wie wir ihn bei den aktuellen Lebensregungen und den psychischen Vermögen, die ihnen entsprechen, finden, hat hier keine Stelle. Doch bemerken wir zwischen der Seele und gewissen ursprünglichen Anlagen besonders nahe Beziehungen, die wir noch zu ergründen suchen müssen.

Im Gegensatz zu der Seele und ihren ruhenden Qualitäten haben wir bei der Empfänglichkeit für Werte verschiedenster Rangstufe und bei der Art des persönlichen Verhaltens zu ihnen gesehen, daß sie sowohl von der Lebenskraft als von den äußeren Umständen des Lebens abhängen. Hier gibt es Entwicklung, Ausbildung, den Unterschied von ursprünglicher Anlage und
214 entfaltetem Charakter. Es ist nun die Frage, wie diese ursprüngliche Anlage zu dem, was wir Charaktereigenschaften nennen, sich zur Seele und zum Kern der Person verhält, zu denen wir das Gemütsleben in nahe Beziehungen brachten. Die ästhetische Empfänglichkeit kommt zur Ausbildung, wird geübt und gesteigert durch aktuelle ästhetische Erlebnisse, und für diese bedarf es der Berührung mit ästhetischen Gegenständen. Aber jedes einzelne ästhetische Erlebnis trägt den Stempel der persönlichen Eigenart, die die Seele in sich hat, die ihr, abgesehen von aller äußeren Betätigung, innewohnt. Und diese „persönliche Note" ist dieselbe bei jedem solchen Erlebnis und bei der Eigenschaft selbst, und erfährt im Laufe der Entwicklung weder Steigerung noch Minderung.

Die ruhenden Qualitäten und die ursprüngliche Charakteranlage sind beide wesentlich für die Gestaltung des Gemüts- und Willenslebens. Dieses Leben quillt aus den Tiefen der Seele und trägt den Stempel ihrer Eigenart an sich, und es zeugt außerdem von einer Empfänglichkeit, die nicht selbst zu den Qualitäten der Seele gehört, aber in dem personalen Kern wurzelt, aus dem heraus auch die Seele gestaltet ist. Die Empfänglichkeit für Werte und die Ausstrahlungszentren des schöpferischen Tuns haben eben jene Tiefe, die wir den ruhenden Qualitäten der Seele zuschreiben. Sie sind dem Kern der Person eingebaut. Den verschiedenen Charakteranlagen entsprechen verschiedene Tiefenlagen, die den Rangstufen der Werte, der Taten und Werke korrelativ ⟨zu⟩geordnet sind. Je höher der Wert, desto tiefer liegt der

---

[212] ⟨Vgl. Steins Ausarbeitung von 1931 zu dieser Problemstellung: *Potenz und Akt (PA)*, ESGA 10, Freiburg 2005.⟩

Ansatzpunkt des Werterlebnisses und der Verhaltungsweisen, die dadurch motiviert sind. Die Tiefenlagen selbst haben ebenso wie die ruhenden Qualitäten keine Entwicklung. Sie *offenbaren* sich evtl. erst bei bestimmten „Gelegenheiten" in einer ihnen entspringenden Verhaltungsweise, sie erschließen sich darin nach außen, aber sie bestehen in Aktualität auch vor solchem Offenbarwerden. „Oberflächlichkeit" und „Tiefe" gehören selbst zu dem, was den Bestand der Seele in ihrem Bei-sich-sein ausmacht. Im übrigen gliedern sich sie ruhenden Qualitäten in solche, die alle Schichten der Seele erfüllen und jedem Erlebnis, an dem die Seele beteiligt ist, ihren Stempel aufprägen – wie Reinheit, Vornehmheit oder Gemeinheit – und andre, die zwar auch der Seele als ungeteiltem Ganzen zugehören, aber zu gewissen Wertbereichen eine besondere Verwandtschaft zeigen und an den ihnen entsprechenden Verhaltungsweisen und den Schichten, denen sie entspringen, vorzugsweise in Erscheinung treten: So steht es etwa mit der Güte, den sittlichen Werten und dem Handeln. Dabei ist es immer möglich, daß die betreffende Qualität *auch* an anderen Erlebnissen nach außen hin ausstrahlt. 215

Die menschliche Persönlichkeit als Ganzes betrachtet stellt sich uns als eine Einheit von qualitativer Eigenart dar, die aus einem Kern, einer Bildungswurzel heraus gestaltet ist. Sie gestaltet sich in Seele, Leib und Geist, aber nur in der Seele kommt die Individualität rein und unvermischt zur Ausprägung. Weder der materielle Leib noch die Psyche als die substantielle Einheit alles sinnlichen und seelisch-geistigen Seins und Lebens des Individuums ist durch und durch vom Kern her bestimmt. In ihm gründet wohl die Zugänglichkeit für die Welt der Werte, deren Rangstufen seinen Tiefenschichten entsprechen, und damit der „Charakter" in spezifischem Sinne; aber der ausgebildete Charakter ist zugleich abhängig von der Natur der Psyche, von den Kräften, die ihr zu Gebote stehen, und von den psychischen Vermögen, die nicht im Kern wurzeln: sinnliche Fähigkeiten, Gedächtnis, Verstand.

Wir haben in der Psyche der Gemeinschaft die „niederen" psychischen Vermögen nicht wiederfinden können, dagegen können wir sehr wohl von Charaktereigenschaft sprechen. Ob auch die Rede von der „Seele" einer Gemeinschaft – etwa eines Volkes – einen gültigen Sinn ergibt, das haben wir noch nicht nachgeprüft.[213]

§ 4. Das Fundierungsverhältnis von Individuum und Gemeinschaft

Um eine Antwort auf diese Frage zu finden, müssen wir das Verhältnis von Individuum und Gemeinschaft, das wir schon verschiedentlich streiften, genauer untersuchen. Wir werden dabei nicht umhin können, auch auf die

---

[213] Die Frage wird § 4c, dd aufgenommen. ⟨S. 227 ff.⟩

Genesis der Gemeinschaft einzugehen. Wenn auch das Wesen einer Realität nicht aus ihrer Entwicklung abzuleiten ist, so gehören doch bei einer Realität, die ihrer apriorischen Struktur nach ein Entwicklungsganzes ist, die verschiedenen Entwicklungsmöglichkeiten, denen sie ihr Dasein verdanken kann, in diese apriorische Struktur mit hinein und dürfen bei ihrer Analyse nicht übergangen werden.

Die Gemeinschaft ist wesenhaft „fundiert" in Individuen, ihr Charakter ändert sich evtl., wenn die ihr angehörigen Individuen ihren Charakter ändern, wenn neue eintreten und alte ausscheiden. Indem wir dem „Ursprung"
216 der Gemeinschaft nachgehen, ihre Wurzeln im Individuum aufsuchen, wird sich ihre Struktur noch nach mancher Richtung hin erhellen lassen.

Wir werden uns hierbei zunächst nicht streng an das halten, was wir anfangs als „Gemeinschaft" gegenüber anderen sozialen Verbänden abgrenzten. Wir können es darum nicht, weil – wie wir sehen werden – diese anderen sozialen Verbände selbst zu Grundlagen des Gemeinschaftslebens werden können. Wir fragen daher zunächst ganz allgemein, welche Konstituentien der individuellen Persönlichkeit über sie selbst hinausweisen und welche Formen der Sozialität darin gründen.

a) Gemeinsamkeit der Erlebnisstruktur als Grundlage sozialer Verbände

Wir können bei der individuellen Person – an jedem ihrer Erlebnisse und an allen ihren psychischen Vermögen – ein *individuelles* Moment unterscheiden und ein *spezifisches*, eine allgemeine Struktur, die sie mit anderen teilen kann. Alle, die an einer allgemeinen geistig-psychischen Struktur Anteil haben, bilden miteinander eine Einheit, und soweit der Gemeinbesitz reicht – er kann sich auf die gesamte Struktur erstrecken oder nur auf eine oder einige Schichten –, so weit besteht die Möglichkeit eines „Zusammenströmens" der einzelnen Erlebnisflüsse, eines gemeinsamen Lebens. Alle Subjekte, die mit einer „normalen Sinnlichkeit" ausgestattet sind, vollziehen ihre Erfahrungen auf der Grundlage eines gemeinsamen Erfahrungsbesitzes und als Bereicherung dieses Besitzes. Und wo eine Mehrheit solcher Subjekte in aktuelle Berührung tritt, da können sie „gemeinsam" erfahren, d. h. in aktuellem Erfahrungsaustausch. Ebenso vollzieht sich alle Denk- und Erkenntnistätigkeit auf der Basis einer „logischen Normalität", die alle erkennenden Subjekte eint, und alle Vernunftbetätigung überhaupt in aktueller oder potenzieller Gemeinsamkeit mit allen vernünftigen Wesen. Weitere Einheitskreise steckt die gemeinsame Einstellung auf dieses oder jenes besondere Seins- und Forschungsgebiet, die Empfänglichkeit für diesen oder jenen Wertbereich ab. Der religiös Gesinnte ist Glied in der Gemeinschaft der Gläubigen, der Kunstgenießende Mitglied einer Kunstgemeinde, der Wissenschaftler steht im Bunde mit allen denen, die an der Förderung seiner

Wissenschaft arbeiten. Jeder Angehörige eines solchen engeren oder weiteren Verbandes ist Vertreter des bestimmten personalen *Typus*, der die Einheit dieses Verbandes ausmacht, und dieser Typus ist ein Konstituens der Einzelpersönlichkeit. Es ist charakteristisch für einen Menschen, daß er ein typischer Gelehrter, der Typus eines Helden oder dergleichen ist.

Soziale Verbände der besprochenen Art befassen in sich eine offene Viel- 217
falt von Individuen: Ihre Existenz ist nicht an die Existenz bestimmter Individuen gebunden, sondern setzt nur voraus, daß irgendwelche Individuen ihres Typus' existieren. Solange dies der Fall ist, solange bestehen sie und haben in der Dauer ihres Seins einen eigenen Entwicklungsgang. Man kann einen solchen Entwicklungsgang beschreiben, z. B. die Geschichte einer Wissenschaft oder die Geschichte der Religion, und zwar ⟨den Entwicklungsgang⟩ nicht ihres objektiven Lehrgehalts, sondern des wissenschaftlichen bzw. des religiösen „Sinns". – Wir müssen hier unterscheiden zwischen einer potenziellen und einer aktuellen Existenz eines solches Verbandes bzw. der Zugehörigkeit zu ihm. Wer nur die ursprüngliche Anlage zu einer bestimmten Fähigkeit besitzt, sie aber nicht ausgebildet hat, nicht in ihrer Betätigung lebt, der gehört dem entsprechenden Verband noch nicht zu, sondern wäre nur dazu „berufen". Und wenn die Anlage noch nirgends zur Ausbildung gelangt ist, noch „in der Menschheit schlummert", so besteht der ganze Verband nur in der „Potenz". Von einer „Geschichte" kann man natürlich nur sprechen, wenn der Ausbildungsprozeß begonnen hat, d. h. sie *„besteht"* in der Entfaltung der ursprünglichen Anlage. Prinzipiell wäre es denkbar – wenn es auch faktisch nicht der Fall ist –, daß die Entwicklung in jedem einzelnen Individuum getrennt von den anderen fortschritte. Damit ist schon gesagt, daß zu der Einheit, die wir hier im Auge haben, nicht notwendig eine Gemeinsamkeit des aktuellen Lebens gehört: Sie kann zur Grundlage einer Lebensgemeinschaft werden, aber sie hat sie nicht zur Voraussetzung, noch muß sie notwendig dazu führen.

Die Einheit, durch die Individuen von mehr oder weniger weit übereinstimmender personaler Struktur umspannt werden, bedeutet demnach keine Persönlichkeit höherer Stufe. Sie hat keinen eigenen Charakter neben und außer der typischen Struktur, die die Einheit des Verbandes abgrenzt. Denn einen Charakter – das werden wir noch sehen – kann ein sozialer Verband nur in der Aktualität des gemeinsamen Lebens herausbilden.

Wir stellen nun neben die Einheit, die wir bisher betrachteten, andere, die an eine Aktualität des sozialen Lebens gebunden sind.

b) Individuum und Masse; „Massen-Ansteckung"

Zu erwähnen ist hier die *Masse* als eine soziale Einheit eigener Art, die uns in unserem Zusammenhange besonders interessiert, weil sie geeignet ist, uns

das *bloß* Psychische gegenüber der geistigen Welt abzugrenzen. *Scheler* cha-
218 rakterisiert sie dadurch, daß sie „sich durch verständnisfreie sogenannte Ansteckung und unwillkürliche Nachahmung konstituiert".[214] Wie solche „Ansteckung" und „Nachahmung" zu verstehen ist, das haben wir an einer früheren Stelle erörtert.[215] Wir sehen, daß innerhalb der Masse eine ganz andere „Einstellung" herrscht (sofern man von Einstellung hier überhaupt noch sprechen kann) als in Gemeinschaft und Gesellschaft, soweit wir sie bisher kennengelernt haben, und auch innerhalb der sozialen Einheit auf Grund einer Gemeinsamkeit der geistigen Struktur, die wir soeben besprachen. Die Individuen, die in der Masse beisammen sind, sind überhaupt nicht aufeinander eingestellt, sie betrachten sich nicht gegenseitig als Objekte, wie wir es für die Gesellschaft als charakteristisch annahmen, noch sind sie einander hingegeben wie gemeinsam lebende Subjekte, sie vollziehen auch nicht Akte auf dem Hintergrund einer möglichen Verständniseinheit. Ihr psychisches Leben geschieht nur *gleichförmig* mit dem der anderen, die durch räumliches Beisammensein mit ihnen zur Einheit verbunden sind, und zwar *infolge* dieses Beisammenseins. Die Masse ist ein Zusammen ⟨sic⟩ sich gleichförmig verhaltender Individuen. Es fehlt an einer *inneren* Einheit, aus der heraus das Ganze lebte. Von einer „Psyche" der Masse kann daher im Grunde nicht die Rede sein. (Natürlich ist „Masse" hier nicht in dem Sinne genommen, in dem heute etwa der Politiker von dem Willen oder der Erregung der Massen spricht. Die breiten Volksschichten, die hier als Massen bezeichnet werden, besitzen in hohem Grade die innere Einheit, deren Abwesenheit für die Masse in unserem Sinne charakteristisch ist.[216]) Es gibt keine Masseneigenschaften, d. h. keine Eigenschaften, die einer bestimmten Masse im Unterschied zu anderen und zu ihren eigenen Elementen zukommen. – Man könnte schwanken, wie es mit der Lebenskraft der Masse steht. Es ist augenscheinlich, daß innerhalb der Masse ein Individuum unter dem Einfluß der Lebenszustände des anderen steht. Nehmen wir eine Welt von psychischen Individuen ohne geistiges Leben an, die also keinerlei Akte vollzögen und keinerlei Gegenstände erfaßten. Sie wären auch füreinander nicht gegeben und könnten zueinander nicht Stellung nehmen. In der Form der Masse würde auch hier in gewissem Sinne eine übergreifende psychische Realität bestehen: Das kausale Geschehen innerhalb eines Individuums würde von dem Kausalzusammenhang der anderen abhängen. Aber es bleiben
219 *getrennte* Zusammenhänge, es erwüchse nicht ein einziger „Mechanismus". Außerdem wären die Quellen des Lebens, das diesem sozialen Gebilde zur Verfügung stände, sehr reduziert im Vergleich zu denen, die einer Gemein-

[214] A. a. O. ⟨Scheler, *Formalismus*⟩, S. 405. ⟨Bonn ^{7}2000, S. 515.⟩
[215] Vgl. den Exkurs über psychische Ansteckung.
[216] Vgl. hierzu im folgenden § 4 e. ⟨S. 236 ff.⟩

schaft geistiger Personen ⟨zu⟩fließen. Von der Objektwelt her könnte nichts zuströmen, und außerdem fiele der Born fort, den jede Person in ihrer Seele hat und aus dem sie, vor allem kraft ihrer positiven Stellungnahmen, auch andere speisen kann.

Der eigentümliche Charakter der psychischen Realität tritt hier wieder sehr deutlich zutage. Es war kein Zufall, daß wir sie studieren konnten, indem wir ein psychisches Individuum in völliger Isolation betrachteten. Solche Isolation löst es nur aus Zusammenhängen, in die es prinzipiell eintreten *kann*, in die es aber nicht notwendig verflochten sein *muß*, wenn das Wesen der psychischen Realität nicht durchbrochen werden soll. Während beim Ding der Kausalzusammenhang, der die gesamte materielle Natur durchwaltet, mitberücksichtigt werden muß, wenn man ergründen will, was es selbst ist, besteht für das psychische Individuum immer nur die prinzipielle Möglichkeit, in einen weiteren psychischen Kausalzusammenhang einzutreten, und daneben die Möglichkeit, aus diesem Zusammenhang wieder auszuschalten ⟨sic; gemeint ist auszuscheiden⟩. Handelt es sich um eine *Person*, so kann sie jederzeit durch einen freien Akt aus dem Zusammenhang ausschalten, sich gegen die äußeren psychischen Einwirkungen verschließen. Soweit von dieser Freiheit kein Gebrauch gemacht wird und bei „unpersönlichen" bzw. ungeistigen psychischen Individuen geschieht die Ein- und Ausschaltung rein durch den „Zufall" des Zusammengeratens. Und im zweiten Fall, d. h. dort, wo die Ein- und Ausschaltung keine geistige Funktion ist, handelt es sich nicht eigentlich um die Einschaltung in eine größere Geschehensreihe, sondern um ein Abhängigwerden von anderen Geschehensreihen.

Das Fundierungsverhältnis zwischen Masse und Individuum ist danach klar. Die Einheitlichkeit im Verhalten der Masse, die ihr den Charakter einer „Kollektiv-Gegenständlichkeit" verleiht, ist begründet in der „Reizbarkeit" der individuellen Psyche durch fremdes psychisches Leben und ihrem Reagieren mit gleichem Verhalten. Es ist möglich, daß es sich dabei um geistige Subjekte handelt, die nur nicht in geistigem Wechselverkehr stehen. Es kann aber auch sein, daß überhaupt kein geistiges Leben vorliegt, daß die Individuen *bloß* psychische sind, die prinzipiell nicht aus sich herausgehen, sondern ganz in sich beschlossen bleiben – in beiden Fällen führt ein jedes sein Leben für sich, wenn auch unter dem Einfluß der anderen, es gibt kein *gemeinsames* Leben, das aus der Lebenskraft als *einer* Quelle hervorströmte, 220
und dementsprechend auch keinen „Charakter", den man der Masse von psychischen Individuen im Unterschied von den Einzelnen zuschreiben könnte.

Besonders zu erwägen ist noch, wie sich das, was man unter „*Massenansteckung*" im Auge hat, in unseren Zusammenhang einfügt. Zunächst ist es auffallend, daß die Vorgänge, um die es sich dabei vorwiegend handelt,

nicht in den Bereich gehören, den wir als die vorzügliche Domäne der Ansteckung im strengen Sinne nahmen. Die Infektion erstreckt sich nicht bloß auf „niedere“ psychische Zuständlichkeiten und triebhafte Bewegungen, sondern spielt sich in der *geistigen* Sphäre ab. Wenn man heute den Bolschewismus[217] gern als eine psychische Infektionskrankheit bezeichnet, so meint man damit (im allgemeinen wenigstens), daß die *„Ideen“* des Bolschewismus sich gleich Krankheitserregern von einem Individuum auf das andere übertragen, sich ihm „suggestiv“ aufdrängen. Überhaupt ist es die herrschende Auffassung von der *Suggestion*, daß es sich dabei *primär* um die „Einpflanzung“ von „Vorstellungen“ handelt, deren Eigentümlichkeit es ist, lebhafte sinnliche Anschaulichkeit zu besitzen und „einen starken Impuls zur Aktivität zu erzeugen“.[218] Unter „Einpflanzung“ ist dabei verstanden, daß die Vorstellung „ohne jede logische Begründung“ übernommen wird. Damit ist freilich noch sehr wenig gesagt, und diese Einpflanzung ist es gerade, die uns am Problem der Suggestion vornehmlich interessiert. Was heißt es denn eigentlich, daß Vorstellungen übernommen werden? Und zunächst einmal: Was heißt hier *„Vorstellung“*? Unter den zahlreichen Bedeutungen dieses Ausdrucks[219] muß wohl zunächst der ursprüngliche Wortsinn herangezogen werden: daß dem Subjekt etwas *vorstellig* ist, daß es etwas *vor sich* hat. Ob dieses Etwas leibhaft vor einem steht oder vergegenwärtigt ist (wie es bei einem zweiten Vorstellungsbegriff vorausgesetzt ist) und wiederum: ob diese Vergegenwärtigung eine anschauliche oder leere ist oder ob es sich schließlich um ein rein gedankliches oder begriffliches Vorstellen handelt – in jedem Fall handelt es sich um ein Gegenüber von Subjekt und
221 Objekt: *Es steht etwas vor dem Geiste.* Auch die „Übernahme“ einer „Vorstellung“ ist demnach ein geistiger Akt. Mit dem „Übernehmen“ ist aber vorläufig gar nichts anderes gemeint, als daß ein Individuum etwas aus der Welt des anderen in die seine „herübernimmt“. Die Möglichkeit solchen Herübernehmens beruht – wie wir früher sahen – darauf, daß das Vorgestellte einen allgemein faßbaren und zugänglichen Sinnesbestand hat und

---

[217] ⟨Ideengeschichtliche Bezeichnung für den Marxismus russischer Interpretation.⟩

[218] M.⟨ax⟩ Friedmann ⟨1859–1925, Nervenarzt in Mannheim⟩, *Über Wahnideen im Völkerleben* (*Grenzfragen des Nerven- und Seelenlebens* ⟨, hg. von Leopold Löwenfeld und Hans Kurella, Heft⟩ VI/VII, Wiesbaden 1901), S. 215. Vgl. auch Th.⟨eodor⟩ Lipps, *Suggestion und Hypnose* (*Sitzungsberichte der Bayr.⟨ischen⟩ Akademie der Wissenschaften,* ⟨*philosophisch-philologische und historische Klasse* 1897) ⟨Band II, Heft III, München 1898, S. 391–522⟩ oder A.⟨uguste⟩ Forel ⟨(1848–1931), schweizer Psychiater, Hirnforscher, Philosoph und Sozialreformer, Begründer der schweizer Psychiatrie⟩, ⟨*Der*⟩ *Hypnotismus* ⟨*und die suggestive Psychotherapie*⟩, 4. ⟨umgearbeitete⟩ Auflage ⟨Stuttgart⟩ 1902.

[219] Husserl hat im ⟨I. Teil⟩ 2. Band der *Logischen Untersuchungen* (2. Auflage) ⟨Halle 1913,⟩ S. 499 ff.⟨-505⟩ auf die heillose Verwirrung im Gebrauch dieses Terminus aufmerksam gemacht und 13 verschiedene Bedeutungen dafür aufgewiesen. ⟨*Hua* XIX/1, S. 520–527.⟩

daß die Individuen in Wechselverständigung stehen; das Herübernehmen selbst ist nichts anderes als ein Akt des Wechselverkehrs und das heißt zugleich: ein Akt des Gemeinschaftslebens. In *solcher* Übernahme liegt noch nichts von „Ansteckung“ in dem früher festgelegten Sinne. Es müssen also wohl „Vorstellung“ oder „Übernahme“ oder auch beide Ausdrücke noch einen anderen Sinn bekommen, wenn die Rede von „Ansteckung“ in diesem Zusammenhang ein Recht behalten soll.

Zunächst dürfte das Wort „Vorstellung“ in einem spezielleren Sinne zu fassen sein, als wir es vorläufig getan haben. *Friedmann* betont an der zitierten Stelle, daß im Falle der Suggestion die Vorstellung ohne *logische Begründung* übernommen wird.[220] Wenn das besonders hervorgehoben wird, so ist vorausgesetzt, daß „normalerweise“ zur Übernahme einer Vorstellung eine logische Begründung gehört. Nun kann aber gar nicht alles und jedes im Zusammenhang logischer Begründung stehen, sondern es sind ganz *bestimmte* Gegenständlichkeiten, die in solche Zusammenhänge eingehen können, nämlich das, was wir als *Sachverhalte* bezeichnen.[221] Ein Baum oder ein Haus oder ein Dreieck können weder „begründet“ werden noch etwas begründen. Aber *daß* ein Baum oder ein Haus da *steht*, oder *daß* ein Dreieck gleichseitig *ist*, – das läßt sich begründen bzw. daraus können sich Folgerungen ergeben. Es würde sich demnach bei der Suggestion primär darum handeln, daß einem Individuum Sachverhalte „vorstellig“ würden, die ihm nicht direkt zugänglich sind. Dieses „Vorstellig-sein“ hat nun noch eine besondere Bedeutung. Es heißt nicht nur: Gegenüberstehen, sondern: als selbständiges, unabhängiges Sein vor dem Geiste stehen. Und dem entspricht auf Subjektseite die *Überzeugung*. Daß bei der Suggestion Überzeugungen erweckt werden, hat man immer angenommen,[222] und das bestätigt uns zugleich die Feststellung, zu der wir vorher gelangten: Gegenstand einer
Überzeugung kann wiederum nur ein Sachverhalt sein. Als vorläufiges Er- 222
gebnis können wir somit festhalten: *Jemandem etwas suggerieren heißt in ihm die Überzeugung vom Bestand eines Sachverhalts erwecken.*[223]

Natürlich ist der Tatbestand der Suggestion damit nicht erschöpft; es ist nur ein erster Schritt auf dem Wege zu ihrem Verständnis getan. Wir werden

---

[220] ⟨Ebd. 215.⟩

[221] Vgl. Reinachs Abhandlung *Zur Theorie des negativen Urteils* (*Münchener Philos. Abhandlungen*, Leipzig 1911; auch in Reinachs *Gesammelte Schriften*, Halle 1921). ⟨*Sämtliche Werke*, München 1989, S. 95–140, vgl. Anm. 43⟩.

[222] Z. B. auch *Friedmann* l.⟨oco⟩ c.⟨itato, lat. „an der schon früher angeführten Stelle“, *Die hypnotische Suggestion und die sogenannte Wachsuggestion*, S. 209 ff.⟩

[223] Wenn der Sachverhalt auch anschaulich wird – wie im Fall der suggerierten Halluzination –, so ist das etwas zu dem Grundtatbestand Hinzukommendes. In einer vollständigen Analyse der Suggestion müßte natürlich auch das zum Problem gemacht werden. Für unsere besondere Fragestellung aber – die konstitutive Bedeutung der Suggestion für das Sein der Masse – kann davon abgesehen werden.

nun weiter untersuchen müssen, was man sich unter dem „Wecken“ der Überzeugung vorzustellen hat, und fragen zunächst: Auf welcher Grundlage kann überhaupt eine Überzeugung erwachsen? Von einer wohlbegründeten Überzeugung sprechen wir, wenn sie auf der unmittelbaren Anschauung des betreffenden Sachverhalts ruht oder auf der Einsicht in den Begründungszusammenhang, aus dem sein Bestand logisch zu folgern ist. Betrachten wir den „Vorrat“ an Überzeugungen, über den ein einzelnes Individuum verfügt, so sehen wir, daß sie nur zum kleinen Teil eine *eigene* Anschauung oder eine eigene Einsicht zur Basis haben. Wollten wir aber alles, was *nicht* auf solchem Fundament ruht, als *grundlos* beiseite schieben, so würde nahezu unsere gesamte Erfahrung und Wissenschaft einstürzen. Denn was wir *selbst* erfahren und ergründen (so haben wir schon an einer früheren Stelle hervorgehoben), ruht auf dem, was *andere* erfahren und ergründet haben. Soll nun alles, was wir von anderen „übernehmen“, ins Gebiet der Suggestion verwiesen werden? Oder gilt es unter den übernommenen Überzeugungen noch eine Scheidung zu treffen, wonach ein Teil davon auch noch als vernünftig begründet anzusehen wäre? Wenn wir im intersubjektiven Erfahrungs- und Wissensaustausch Überzeugungen übernehmen, so schließt diese Übernahme die Überzeugung ein, daß *andere* den betreffenden Sachverhalt erschaut oder eingesehen haben, daß sie objektive Grundlagen hat, die nur uns gerade nicht zugänglich sind: Wir gründen unsere Überzeugungen auf *fremde* Einsicht und Erfahrung und auch *das* ist vernünftige Begründung. Es ist allerdings noch ein weiterer Faktor zu erwähnen, der in der Übernahme fremder Überzeugungen beschlossen ist, sofern sie als vernünftig begründete anzusehen ist: der Glaube an die Glaubwürdigkeit der frem-
223 den Individuen. Dabei handelt es sich nicht um *explizite Motivationen* – es wird nicht aus der Glaubwürdigkeit der anderen und aus dem Sachverhalt, daß sie gewisse Sachverhalte erkannt haben, gefolgert, daß man sich die entsprechenden Überzeugungen aneignen könne, und die eine Überzeugung erwächst auch nicht aus der anderen in einem gegliederten Prozeß – aber die Motive sind in der Übernahme impliziert und sind explizierbar.[224]

Neben den vernünftig begründeten Überzeugungen (den selbst erworbenen wie den übernommenen) stehen nun *unzureichend* begründete und *unbegründete*. Unzureichend begründet ist eine Überzeugung z. B., wenn man den Bestand eines Sachverhalts für gewiß hält, während er durch die Begründungszusammenhänge, aus denen wir ihn erschließen, nur wahrscheinlich gemacht wird. Unzureichend begründet ist auch eine wissenschaftliche Überzeugung, die ein Ergebnis „instinktiv“ (wie man zu sagen pflegt) vorwegnimmt und selbst erst die Auffassung der Gründe, die es stützen sollen, motiviert. Unbegründet ist eine Überzeugung, wenn sie sich we-

---

[224] Vgl. die I. Abhandlung ⟨*PK*,⟩ S. 35 ff.

der auf eigene noch auf fremde Anschauung oder Einsicht stützt. (Zu den unbegründeten Überzeugungen gehören die falschen, deren Korrelat gar keinen Bestand hat. Beides deckt sich aber nicht. Es ist sehr wohl möglich, daß eine unbegründete Überzeugung richtig ist.)

Wie wir aus früheren Betrachtungen wissen, ist die *Grundlosigkeit* einer Überzeugung nicht mit *Motivlosigkeit* zu verwechseln. Wenn ich überzeugt davon bin, daß ein ersehntes Ereignis eintreten wird, obwohl gar kein Grund vorhanden ist, der dafür spricht, so kann „der Wunsch der Vater des Gedankens sein" – ich glaube es, weil ich es wünsche. In solchen Fällen spricht man von „Autosuggestion". Danach scheint es, daß man die Grundlosigkeit der Überzeugung in den Tatbestand der Suggestion mit aufnehmen muß. Bei der „Fremdsuggestion" würde die Grundlosigkeit darin bestehen, daß die Überzeugung von der Glaubwürdigkeit der fremden Individuen und das Vertrauen auf ihre Einsicht und Erfahrung, d.h. die implizierten begründenden Faktoren, aus dem Erlebnis der Übernahme entfielen. Auch hier können *Motive* für die Überzeugung bzw. für ihre Übernahme vorhanden sein: etwa die Erfreulichkeit dessen, wovon man sich eine Überzeugung beibringen läßt. Soweit handelt es sich noch um verständliche, nachvollziehbare Erlebniszusammenhänge, ja wir haben an früherer Stelle ausgeführt, daß man in solchen Fällen auch nicht von einer Ausschaltung, sondern nur von einem Fehlgreifen der Vernunft zu sprechen hat.[225]

Nun aber gehen wir noch einen Schritt weiter: Gibt es nicht auch ein 224
motivloses Erwachsen von Überzeugungen? *Friedmann* spricht davon, daß Überzeugungen durch *Gewöhnung* an eine „Idee" entstehen[226], und wenn es auch sicher falsch ist, jegliche Überzeugung auf diese Weise entstanden zu denken (und aus diesem Grunde die Möglichkeit einer „wissenschaftlichen Überzeugung" überhaupt zu leugnen bzw. die Überzeugung als ein „subjektives" und auszuschaltendes Beiwerk vom Urteil abzutrennen), so läßt es sich doch nicht abstreiten, daß dergleichen vorkommt. Wenn man sich in einen „Gedanken" versenkt, sich recht mit ihm vertraut macht, so nimmt er unversehens „Realitätscharakter" an. Ich stelle mir etwa vor („Vorstellen" im Sinne des „bloßen" Vorstellens ohne Glauben genommen), daß ich eine Untat begangen habe, und indem diese Vorstellung wieder und wieder kommt, erwächst allmählich in mir die Überzeugung, daß es sich tatsächlich so verhält.[227] In Wahrheit handelt es sich auch hier nicht um völlige Motivlosigkeit. Die wiederkehrende Vorstellung – genauer gesagt:

---

[225] Vgl. die I. Abhandlung ⟨*PK*,⟩ S. 44f.

[226] ⟨Friedmann⟩, a.a.O. S. 217 ⟨„Das *Merkmal* der Ueberzeugung ist somit das, dass die *Idee*, d.h. die *gebildete* Association [...] *in Zukunft festgehalten wird* [...]." S. 218: „*Zweitens* die Ueberzeugung selbst ruht auf einer *Gewohnheit*, so zu denken, aber *nicht auf logischem Raisonnement*".⟩

[227] ⟨Beispiel von Friedmann, S. 212.⟩

die wiederholte Vergegenwärtigung des betreffenden Sachverhalts – hat jene Färbung, die allem vergangenen Erleben eigen ist. Die ursprüngliche Vergegenwärtigung – als jetzt erinnerte – wird als vergangene Wirklichkeit gesetzt. Und dieser Wirklichkeitscharakter überträgt sich fälschlich auch auf das Vergegenwärtigte, das ursprünglich nicht als wirklich bzw. nicht als bestehend gesetzt war. Und damit ist das Motiv für eine Überzeugung gegeben.

Es ist also keineswegs zutreffend, sich eine Überzeugung gewissermaßen auf „mechanischem" Wege entstanden zu denken, indem die entsprechende „Vorstellung" sich „psychische Kraft aneignet" (wie Th. *Lipps* es versucht).[228] So wenig eine Phantasie einfach dadurch zur Wahrnehmung wird, daß der phantasierte Gegenstand vermöge einer Konzentration der psychischen Kraft besonders lebhaft veranschaulicht wird, so wenig kann die Vergegenwärtigung eines Sachverhalts durch Steigerung ihrer Lebhaftigkeit in Überzeugung übergehen.[229] Das Einsetzen der Überzeugung ist immer etwas
225 Neues und erfolgt auch in diesem Fall auf ein Motiv hin. Doch liegt der eben skizzierten falschen Theorie die richtige Einsicht zugrunde, daß hier ein kausaler Faktor mit im Spiel ist. Die Überzeugung – als *Stellungnahme* – erfordert ein gewisses Maß an Kraft zu ihrem Erleben und kann durch Steigerung der Kraft selbst gesteigert werden. Sie wird dadurch nicht eine stärkere, wohl aber eine stärker *gefühlte* Überzeugung. „Vernünftigerweise" nimmt die *Stärke* der Überzeugung nur mit ihrer Wohlbegründetheit zu, während ihre Lebhaftigkeit davon unabhängig wachsen kann. Aber es ist möglich, daß *fälschlich* die Lebhaftigkeit für Stärke genommen wird und ihrerseits zur Stärkung der Überzeugung beiträgt. Nehmen wir an, daß ich auf Grund eines fälschlich übertragenen Erinnerungscharakters die Überzeugung gewonnen habe, ich sei der Urheber eines Verbrechens, so kann die Überzeugung unter dem Einfluß eines Erregungszustandes, in dem ich mich befinde, eine sehr lebhafte werden, und diese Lebhaftigkeit kann nun sozusagen als Kriterium für die Richtigkeit der Überzeugung genommen werden und sie noch weiter „befestigen". – Die Überzeugung, deren kausale Bedingtheit wir soeben betrachteten, ist eine innere Zuständlichkeit und bis zu einem gewissen Grade loslösbar von dem Gegenständlichen, zu dem das Subjekt mit ihr Stellung nimmt. Bis zu einem gewissen Grade! – Es gibt natürlich keine Überzeugung, die nicht Überzeugung *von etwas* wäre. Aber

[228] ⟨Lipps, *Suggestion und Hypnose*, vgl. Anm. 218, besonders S. 398 ff. „Aufmerksamkeit und Lebhaftigkeit der Vorstellungen".⟩

[229] Es gehen in dieser Theorie von *Lipps zwei* Irrtümer durcheinander: 1. ist die Intensitätssteigerung infolge verstärkter Kraftzuwendung nicht gleichbedeutend mit einer Steigerung der sinnlichen Anschaulichkeit; 2. kann die Lebhaftigkeit der sinnlichen Anschauung wohl *Motiv* sein für den Glauben an die Realität des Angeschauten (womit dann die Phantasie in Wahrnehmung *umschlägt*), aber das Hinzutreten des Glaubens ist nicht als eine bloße Steigerung der Anschaulichkeit zu denken.

wie es eine freudige Stimmung gibt und eine natürliche Bereitschaft, bei jedem Anlaß in helle Freude auszubrechen, so gibt es auch eine gewisse Bereitschaft zur Überzeugung. Man kennt die „gesinnungstüchtigen" Leute, die sozusagen „mit Überzeugung geladen" sind und jeden dargebotenen Sachverhalt ergreifen, an den sich eine Überzeugung heften läßt. Auch hier ist das Einsehen der Überzeugung noch von dem Erfassen des Sachverhalts zu trennen, dem sie gilt, aber an diesem Sachverhalt braucht nichts mehr zu sein, was als Motiv der Überzeugung anzusprechen wäre; es ist gar kein Motiv zu entdecken, dagegen wohl eine *Quelle*[230], der sie entspringt, nämlich das Bedürfnis, sich mit einer Überzeugung zu erfüllen. Diese „Stimmung" oder „Bereitschaft" ist eine Seite des Tatbestandes, den man mit *„Suggestibilität"* bezeichnet – sie „disponiert" sowohl zur Auto- als zur Fremdsuggestion. Von einer eigentlichen Ansteckung kann in Fällen, wo auf Grund solcher Suggestibilität ein dargebotener Sachverhalt mit Überzeugung aufgegriffen wird, noch keine Rede sein. Die Überzeugung braucht ja hier gar 226
nicht „übernommen" zu werden – ich überzeuge mich nicht von dem Sachverhalt, weil der andere davon überzeugt ist –, sondern kann ganz selbständig in mir erwachsen. Doch haben wir hier den Punkt gestreift, wo Ansteckung in Betracht kommen kann (wir werden bald darauf zu sprechen kommen). Vorläufig haben wir zu betonen, daß der Tatbestand der Suggestion vorliegen kann, ohne daß Ansteckung dabei eine Rolle spielt. Es kann in einem Individuum durch andere die grundlose Überzeugung von einem Sachverhalt erweckt werden (oder – im Falle der Autosuggestion – ohne fremde Absicht in ihm erwachsen), indem dieser Sachverhalt vor es hingestellt wird, ohne daß die Überzeugung von den anderen Individuen auf es übertragen wird. Daneben besteht die Möglichkeit, daß außer der inneren Bereitschaft die aufgefaßte Überzeugung der anderen als Motiv für das Erwachsen der eigenen Überzeugung mitspielt. Dann kann die Überzeugung wohl als *übernommen* bezeichnet werden, aber von Ansteckung ist auch dann noch nicht die Rede.

Nun gibt es aber ein echtes Angestecktwerden von Überzeugungen. Die Überzeugung als innere Zuständlichkeit genommen und abgesehen von dem Gegenständlichen, dem sie gilt, kann „gespürt" werden und sich mittels dieses Spürens von einem Individuum auf das andere fortpflanzen. In solchen Fällen spielt die Glaubwürdigkeit oder auch die Urteilsfähigkeit des Individuums, von dem ich die Überzeugung übernehme, gar keine Rolle. Es ist einfach der „Brustton der Überzeugung", der auf mich wirkt. Es gehört zum Tatbestand der Ansteckung, daß man von dem Faktor der Ansteckung

---

[230] Vgl. die 1. Abhandlung, ⟨PK⟩ S. 55 und A.⟨lexander⟩ *Pfänder, Motive und Motivation*, ⟨Kap. I. 2. „Quelle, phänomenale Ursache und reale Ursache des Strebens"⟩, S. 168, ⟨IV. 4. „Motive und Quellen des Strebens", S.⟩ 186 f.

nichts weiß, sondern die übernommene Überzeugung für eine ursprüngliche und eigene hält: Der andere und seine psychische Verfassung ist ja für den, der der Ansteckung unterliegt, nicht Gegenstand. Für den Prozeß der Ansteckung ist hier wie sonst keine geistige Funktion erforderlich. Doch setzt die Ansteckung mit Stellungnahmen, die einem Gegenständlichen gelten, immer ein geistiges Leben voraus. Keine Auffassung eines Gegenständlichen, keine „Vorstellung“ in diesem allerweitesten Sinne, ist ohne eigenen Aktvollzug möglich – mag es auch ein *Nach*vollzug sein – „Ideen“ können nicht durch Ansteckung erworben werden. Wir haben also hier zwei Vorgänge übereinander gebaut: das Übernehmen eines Sachverhalts aus der „Gedankenwelt“ eines anderen, das ein geistiges Tun ist und einen geistigen Konnex der Individuen voraussetzt, und ein Ergriffenwerden von der inneren Zuständlichkeit, die die Antwort auf jenen Sachverhalt darstellt – ein Ergriffenwerden, das als ein Ansteckungsvorgang anzusehen ist. Dieser An-
227 steckungsvorgang kann im Tatbestand der Suggestion den Faktor ersetzen, den wir als „Reagieren“ mit einer eigenen Überzeugung auf Grund der Suggestibilität (als „Überzeugungsbereitschaft“) aufgefaßt haben. Es können aber auch *diese* Suggestibilität und Suggestibilität im Sinne von *„Reizbarkeit“* gegenüber fremden psychischen Zuständlichkeiten – und entsprechend das eigene Reagieren und das Angestecktwerden – ineinandergreifen. Indem man „Massen*suggestio*n“ und „Massen*ansteckung*“ promiscue ⟨lat. vermengt, durcheinander⟩ gebraucht, bringt man zum Ausdruck, daß man bei der Verbreitung von „Ideen“ in einer Masse (korrekt ausgedrückt: bei der Verbreitung von Überzeugungen) den Ansteckungsfaktor als den ausschlaggebenden ansieht. Doch scheint auch die Suggestibilität im anderen Sinne innerhalb der Masse von Bedeutung zu sein.

Simmel charakterisiert die Masse in folgender Weise: „Innerhalb einer sich sinnlich berührenden Menschenmenge [...] gehen unzählige Suggestionen und nervöse Beeinflussungen hin und her, die dem Einzelnen die Ruhe und Selbständigkeit des Überlegens und Handelns rauben, so daß die flüchtigsten Anregungen innerhalb einer Menge oft lawinenartig zu den unverhältnismäßigsten Impulsivitäten anschwellen und die höheren, differenzierten, kritischen Funktionen wie ausgeschaltet sind. [...] Ich schiebe die Paralysierung der höheren Eigenschaften, dieses widerstandslose Sichmitreißenlassen [...] auf die unberechenbare Zahl von Einflüssen ⟨und Eindrücken⟩, die sich in einer Menge zwischen jedem und jedem kreuzen, sich stärken, sich brechen, sich ablenken, sich reproduzieren. Durch diese Wirrnis minimaler Anregungen unterhalb der Bewußtseinsschwelle entsteht einerseits auf Kosten der klaren und konsequenten Verstandestätigkeit eine große nervöse Aufgeregtheit, in der die dunkelsten, primitivsten, sonst beherrschten Instinkte der Naturen erwachen, andererseits eine hypnotische Paralyse, die die Menge jedem führenden ⟨, suggestiven⟩ Impuls bis ins Extrem folgen

läßt. [...] die Impulsivität und Suggestibilität der Menge kann sie gelegentlich Anregungen der Großmut und des Enthusiasmus folgen lassen, zu denen sich gleichfalls der Einzelne aus ihr sonst nicht aufschwingen würde."[231] Wenn wir diese Beschreibung überdenken, so können wir daraus verschiedene Feststellungen zur Klärung des in Frage stehenden Tatbestandes herausdestillieren: 1. Die Reizbarkeit (= Suggestibilität II) führt beim Zusammensein vieler Individuen innerhalb einer Masse zu zahllosen Ansteckungsvorgängen. 2. Die Inanspruchnahme der Kraft durch diese mannigfa- 228
chen Erregungen bedingt eine Ausscheidung der höheren Geistestätigkeiten (Überlegung, Nachdenken, usw.). 3. Durch diese Ausschaltung des kritischen Verstandes und der freien geistigen Beweglichkeit überhaupt entsteht ein Zustand der Überzeugungsbereitschaft (= Suggestibilität I), indem nämlich die Gegenmotive, die einer nahegelegten Überzeugung in den Weg treten könnten, gar nicht in den Gesichtskreis des Individuums rücken. Und diese Überzeugungsbereitschaft kann nun neben der Reizbarkeit für die Masse konstitutiv werden: Sie kann in der geistigen Sphäre zu jener Gleichförmigkeit des Verhaltens ohne innere Gemeinsamkeit führen, die im Bereich der „ungeistigen" Zuständlichkeiten und Verhaltungsweisen eines psychischen Individuums durch Ansteckung und Nachahmung erzielt wird.

Es leuchtet ein, daß eine Masse von geistigen Individuen einer Führung bedarf, durch die ihr die leitenden Ideen zugeführt („suggeriert" in einem dritten Sinne) werden – und zwar möglichst eines Führers, der *nicht* selbst mit zur Masse gehört, nicht durch die Zugehörigkeit zu ihr in seiner geistigen Produktivität gelähmt ist. Zwischen dem führenden Individuum und der Masse muß immer Wechselverständigung, d. h. ein Band der Gemeinschaft, bestehen. Von einer einheitlichen, zielbewußten Führung geleitet, kann eine Masse sich so verhalten, daß sie von außen her von einer Gemeinschaft nicht zu unterscheiden ist. Fehlt es dagegen an einer eigentlichen Führung, löst sich nur jeweils ein Individuum so weit aus ihr los, daß es „vorangehen" kann, um bald wieder in der Masse unterzugehen und einem andern Platz zu machen, so wird ihr Verhalten ein sprunghaftes und unstetiges, und es verschwindet auch äußerlich der Anschein, als hätte man es mit einer echten überindividuellen Persönlichkeit zu tun.

Indessen sind wir mit unseren letzten Betrachtungen schon über den Tatbestand hinausgegangen, der durch unsere Untersuchung der Suggestion, soweit sie bisher geführt wurde, geklärt ist. Vorderhand haben wir die Suggestion ja nur als grundlose Erweckung der Überzeugung vom Bestehen eines Sachverhalts kennengelernt. Es wäre aber eine sehr einseitige Betrachtung der Suggestion, wenn wir bei dem Umsichgreifen von Überzeugungen

[231] ⟨Simmel,⟩ *Soziologie*, ⟨vgl. Anm. 204; Kapitel „Über- und Unterordnung"; *Gesammelte Werke* 2, S. 133 f.⟩ S. 176.

stehenbleiben wollten. Wie theoretische Überzeugungen, *intellektuelle* Stellungnahmen, „ohne jede *logische* Begründung eingepflanzt" werden können, so lassen sich *emotionale* Stellungnahmen, Begeisterung, Empörung u. dgl. und die Überzeugungen, die ihnen jederzeit zu entnehmen sind, ohne
229 jede *axiologische* Begründung erwecken. Auch sie sind „Antwortreaktionen", die einem Gegenständlichen gelten. Dem (tatsächlich oder vermeintlich bestehenden) Seinsverhalt, auf den sich die theoretische Überzeugung richtet, entsprechen die *Wert-* und *Sollens*verhalte, durch deren Bestand emotionale Stellungnahmen sowie axiologische und praktische Überzeugungen vernünftig begründet werden. Und auch hier ist wieder von dem intentionalen Stellungnehmen, das ein geistiges Tun ist, eine rein „innere" Zuständlichkeit abzulösen, für die es eine natürliche oder stimmungsmäßige Bereitschaft gibt und die sich auf dem Wege der Ansteckung fortpflanzen kann.

Erst in diesem Bereich werden die Phänomene aus dem Tatbestand der Suggestion verständlich, die immer in erster Linie Gegenstand des Interesses gewesen sind. *Friedmann* hat in seiner Abhandlung über die *Wahnideen im Völkerleben* immer wieder zu zeigen gesucht, „daß die Vorstellung an sich und allein eine selbständige geistige Macht bedeutendster Art ist".[232] Solange man sich nicht klar macht, was unter „Vorstellung" zu verstehen ist, bleibt das eine ziemlich rätselhafte Feststellung. Setzt man aber für „Vorstellung" Wertverhalt ein und zieht man heran, was wir über die Eigentümlichkeit der Werte festgestellt haben, so wird einem begreiflich, was es mit der „werbenden Kraft der Idee"[233] auf sich hat. Wir wissen, daß Werte eine doppelte Bedeutung für das praktische Verhalten des werterlebenden Individuums haben: Sie weisen seinem Tun die Richtung und erfüllen es evtl. mit der erforderlichen Kraft. Der Wertverhalt (sofern es sich um einen noch zu realisierenden Wert handelt) ist äquivalent mit einem *Sollens*verhalt und treibt das Individuum zu einem auf die Realisierung des Wertes abzielenden Tun. Wenn einer Masse von Individuen ein Sollensverhalt – ein Wert als zu realisierend – vor Augen gestellt wird, so ist es wohl möglich, daß sie sich – von derselben „Idee" geleitet – zu einem gleichförmigen Tun hinreißen lassen, das dem äußeren Aspekt und dem praktischen Ergebnis nach einem *gemeinsamen* Vorgehen gleichkommt, ohne daß eine *innere* Gemeinsamkeit vorhanden wäre – d. h. ohne daß die Masse aufhörte, Masse zu sein.

c) Individuum und Gesellschaft

Im Gegensatz zur Masse steht als spezifisch geistiger und personaler Verband die *Gesellschaft*. Charakteristisch ist für sie, daß die Individuen darin zusam-

---

[232] A. a. O., ⟨Max Friedmann⟩, S. 213.
[233] A. a. O., ⟨Max Friedmann: „erstaunlich werbende Kraft großer neuer Ideen"⟩, S. 261.

mengeschlossen sind zur Erreichung eines Zweckes (etwa der Verwirklichung eines Partei-Programms, der Verrichtung einer Arbeit u. dgl.). Ge- 230
sellschaften haben ihren Ursprung in Willkürakten einzelner Personen, durch die sie „gestiftet" werden (Gründung eines Vereins, Beginn eines Bauunternehmens usw.). Mit dem Moment der Stiftung beginnt ihr Dasein. Die Zahl ihrer Mitglieder ist nicht beschränkt auf die Stifter, es können neue eintreten und alte ausscheiden und die Gesellschaft braucht auch nicht aufzuhören, wenn zeitweise gar keine Mitglieder vorhanden sind. Sie erreicht ein natürliches Ende, wenn das Ziel, um dessentwillen sie begründet wurde, erreicht ist. Es bedarf aber dann wiederum eines Willküraktes, um sie „aufzulösen", und ein solcher Akt kann auch vor dem natürlichen Ende vollzogen, ihre Existenz kann vor der Erreichung des Ziels aufgehoben werden. Zwischen Anfang und Ende liegt das „Leben" bzw. die „Entwicklung" der Gesellschaft, die durchaus zu scheiden sind von Leben und Entwicklung der ihr angehörigen Individuen, obwohl ein Zusammenhang zwischen ihnen besteht. „Leben" und „Entwicklung" sind hier nicht im ursprünglichen Sinne zu nehmen: das Leben der Gesellschaft – das ist die auf das zu erreichende Ziel gerichtete Tätigkeit, evtl. gespalten in eine Reihe verschiedenartiger Einzeltätigkeiten, die sich auf einzelne Mitglieder bzw. auf bestimmte Gruppen von Mitgliedern verteilen. Die Entwicklung der Gesellschaft ist gekennzeichnet durch die Stadien der Annäherung an das Ziel und durch eine zur Erreichung des Ziels erforderte und dadurch bestimmte Ausgestaltung, wie Vermehrung der Mitglieder, Einteilung in Gruppen zur Erfüllung bestimmter Funktionen. Lediglich aus den Bedürfnissen der Zwecktätigkeit heraus werden die Funktionen ausgebildet und erfolgt das Zusammenwirken der verschiedenen Funktionen bzw. der sie erfüllenden Individuen; sie entspringen nicht der Eigenart dieser Individuen; diese müssen nur im Besitze gewisser Fähigkeiten sein, um sich dem Gefüge der Gesellschaft an bestimmter Stelle einpassen zu können. Wie Anfang und Ende, so geht auch jeder Schritt im Entwicklungsgang der Gesellschaft auf einen Willkürakt zurück. Sie wächst nicht gleich einem Organismus, sondern erinnert an eine Maschine, die zu bestimmtem Zweck „erfunden", „konstruiert" und ihm in fortschreitender Verbesserung durch Abänderung von Teilen oder Einfügung neuer angepaßt wird.

Das Leben der Gesellschaft besteht in der durch ihre Zwecke geforderten Tätigkeit ihrer Glieder, wobei es unwesentlich ist, daß gerade *diese* Individuen die betreffende Arbeit verrichten und jedes prinzipiell durch andere ersetzbar ist. Andererseits deckt sich das Leben als Glied der Gesellschaft 231
nicht mit dem gesamten Leben der Einzelnen, sondern bildet nur einen kleinen Ausschnitt daraus.

Sofern die Individuen sich den Formen einer Gesellschaft einfügen (ihre Funktionen erfüllen), werden sie wiederum zu Vertretern bestimmter Typen

(Arbeiter, Aufseher, Parteileiter usw.). Diese Typen wurzeln – im Gegensatz zu dem früher besprochenen – in der Struktur der Gesellschaft und nicht in der Struktur der individuellen Persönlichkeit; doch ist eine bestimmte personale Struktur Voraussetzung für das Eingehen in eine solche „gesellschaftliche Form“. Ein weiterer Unterschied besteht darin, daß bei den früher erwähnten sozialen Verbänden ein einheitlicher Typus ihren Bereich absteckte, während in einer Gesellschaft (bzw. einem Gesellschaftstypus) eine Mehrheit personaler Typen oder „Formen“ gründen kann.[234]

Es ist nun die Frage, ob es außer diesen Formen auch noch einen einheitlichen Typus gibt, den jeder Angehörige einer bestimmten oder bestimmt gearteten Gesellschaft verkörpert. Das steht im Zusammenhang mit der Frage, welche Beziehungen zwischen dem „Charakter“ der Gesellschaft und dem der zugehörigen Personen bestehen. Wir haben zwar festgestellt, daß die Struktur der Gesellschaft durch ihren Zweck und nicht durch die Eigenart der Individuen bestimmt ist. Aber die Zwecksetzung selbst ist ja Akt einer Person oder einer Mehrheit von Personen und entspringt – ebenso wie die Intensität, mit der sich die Individuen für den Zweck einsetzen und seine Bevorzugung oder Hintansetzung gegenüber anderen Werten und Zwecken – der persönlichen Eigenart. Diesem Ursprung verdankt die Gesellschaft einen bestimmten Charakter, der in ihrem Verhalten zu ihrer „Umwelt“ wie in ihrem „Innenleben“ zutage tritt. Denn die Gesellschaft im Dienste ihres Zweckes verhält sich wie ein individuelles Subjekt, das sich unter einem einheitlichen Zusammenwirken seiner verschiedenen psychischen Vermögen gegenüber einer Umwelt betätigt, die ihm bald fördernd, bald hemmend entgegentritt und dementsprechend genützt oder bekämpft werden muß. Je nach der Natur des Zweckes ist der Charakter der Gesellschaft ein edler oder gemeiner, je nach seiner Verträglichkeit mit der bestehenden Umwelt ein friedlicher oder kampflustiger usw. Eben diese Umstände bedingen auch, wie weit das Leben der Gesellschaft in das der Glieder eingreift, wie weit es eine Unterordnung der übrigen Lebensbetätigungen unter die gemeinsame Zwecktätigkeit fordert, und ferner auch, welches Verhalten der
232 Glieder untereinander sich herausbildet, z. B. welcher Grad des Zusammenschlusses gegenüber der gemeinsamen Umwelt und welche Absonderung von ihr. All das erfordert aber eine bestimmte Beschaffenheit der Individuen, bzw. hat in ihr ihren Ursprung, sodaß dem Charakter der Gesellschaft jeweils ein Typus der ihr angehörigen Individuen entspricht. Der Gesellschaft (oder dem „Zweckverband“) überhaupt entspricht ein allgemeiner personaler Typus (der vorausgesetzt ist, damit das Individuum überhaupt einer Gesellschaft sich einfügen kann), und jeder besonderen eine besondere Ausgestaltung dieses Typus.

---

[234] Zur Frage der sozialen Typen vgl. § 4 f. ⟨S. 243 ff.; vgl. auch *AMP*, S. 138 ff.⟩

Schon in den einleitenden Betrachtungen, die Gemeinschaft und Gesellschaft gegeneinander abzugrenzen suchten, haben wir gesehen, daß eine reine Gesellschaft, die nicht bis zu einem gewissen Grade auch Gemeinschaft ist, nicht bestehen kann. Wir hatten es als typisch für die Gesellschafts-Einstellung bezeichnet, daß jedes Individuum das andere als *Objekt* betrachtet. Das stimmt zusammen mit dem „mechanischen" Charakter der Gesellschaft und mit der rein rationalen Art ihrer Entstehung und Fortbildung. Jeder würde hier sich und den anderen als Werkzeug zur Erreichung des Zweckes ansehen, dem die ganze Gesellschaft dient, und jeder würde sich planmäßig an den Platz stellen oder dahin gestellt werden (d.h. diejenige gesellschaftliche Funktion übernehmen), wo er seinen erkannten Fähigkeiten nach am besten zur Erreichung des Ziels beitragen kann.[235] Um aber sich selbst und die anderen zu „ergründen", um die persönliche Befähigung für diese oder jene gesellschaftliche Funktion beobachtend festzustellen, ist ein naives Leben und Miteinanderleben schon vorausgesetzt. Man muß den anderen zunächst einmal als Subjekt genommen haben, um seine Subjektivität zum Objekt machen zu können.

Desgleichen hat der rein rationale Zusammenschluß der Glieder, den wir als charakteristisch für die Gesellschaft hinstellten, irgendwelche „naiven" Beziehungen bereits zur Voraussetzung. Sollen Individuen eine Gesellschaft gründen, sich zur Erreichung eines Zweckes zusammenschließen, so müssen sie sich bereits naiv als „Gesinnungsgenossen", denen das erstrebenswerte Ziel gemeinsam vor Augen steht, zusammengefunden haben. Man könnte einwenden, daß der Plan, eine Gesellschaft zu gründen, dem Haupt eines Einzelnen entspringen kann. Ihm schwebt ein Ziel als erstrebenswert vor, das durch eine Gesellschaft erreicht werden könnte, und er entwirft den gesamten Organisationsplan, der als der zweckmäßigste erscheint. Die Gesellschaft, die er gründen will, kann bereits in alle nur erdenklichen Funktionsformen differenziert sein, eine Maschine, die bis in die feinsten Einzel- 233
heiten berechnet und konstruiert ist. Und nun würde er daran gehen, sie in Gang zu bringen, indem er Individuen sucht, die zur Ausfüllung der leeren Formen dienen können. Das kann auf verschiedene Weise geschehen: Der „Gründer" kann seinen Plan bekannt geben und Gesinnungsgenossen dadurch anlocken. Die Bekanntgabe ruht dann auf der naiven Vorwegnahme irgendwelcher noch nicht persönlich bekannter Gesinnungsgenossen. Der Gründer fühlt sich eben schon bei der Ausarbeitung seines Planes nicht als isoliertes Individuum, sondern als Glied eines zu realisierenden sozialen Verbandes. Und wenn seinem Aufruf die anderen Glieder dieses Verbandes folgen, so beruht das auf einer naiven Reaktion, es hat sich dann ein gemeinsames Leben bereits angesponnen. Wenn ein neu begründeter Verein seine

[235] ⟨Vgl. *BEI*, S. 25.⟩

Ziele bekanntgibt und ich daraufhin meinen Beitritt erkläre, so ist die Beitrittserklärung ein gesellschaftlicher Akt; Bedingung seiner Möglichkeit aber ist, daß die Bekanntgabe als Äußerung einer fremden Subjektivität in mich hineintönte und einen Widerhall in mir wachrief; das sind aber Phänomene eines Gemeinschaftslebens.

Eine andere Methode, einen ausgedachten gesellschaftlichen Mechanismus in Gang zu bringen, ist die, Individuen in seine Funktionsformen einzuspannen, ohne sie für den Zweck des Ganzen zu gewinnen. Sie scheinen dann in weit höherem Grade „Objekte" und „bloße Mittel zum Zweck" zu sein, als wenn sie aus eigenem Antrieb an seiner Erreichung mitarbeiten. Denken wir etwa daran, daß zu einem Bahnbau Leute angestellt werden, die von dem Zweck der Erdarbeiten z. B., die sie zu machen haben, gar keine Ahnung haben. Im Hinblick auf das Ziel sind sie für den Bauherrn Objekte, die er benützt, ohne mit ihnen zusammenzuwirken. Um sie aber als Objekte benützen zu können, muß er sie irgendwie anlocken, sie bewegen, die Arbeit zu übernehmen: bittend, versprechend, oder drohend, aber jedenfalls als Mensch mit Menschen verkehrend, in der naiven Einstellung, in der Subjekt mit Subjekt sich berührt, Motive von einem zum anderen hinüberspielen und beide miteinander leben.

Denken wir schließlich daran, wie in der begründeten Gesellschaft die Individuen ihre gesellschaftlichen Funktionen erfüllen; wie die Arbeiter einander in die Hände arbeiten, wie der Vorgesetzte befiehlt und der Untergebene gehorcht usw., so sehen wir ein Gewebe der verschiedenartigsten Motivationen, die gar nicht ablaufen könnten, wenn einer den andern rein als Objekt und nicht als Subjekt nehmen würde. Das Zusammenwirken, das
234 den Sinn des Gesellschaftslebens ausmacht, würde ständig ins Stocken geraten, wenn es reines Gesellschaftsleben wäre. Eine Gesellschaft, die nichts als Gesellschaft wäre, das wäre ein – evtl. tadellos konstruierter – Mechanismus, der nicht funktionieren könnte.

Unsere Darstellung der Struktur der Gesellschaft weicht in einigen erheblichen Punkten von *Schelers* Auffassung ab. So behauptet er, daß die Gesellschaft im Gegensatz zu den anderen sozialen Verbänden *dauerlos* sei.[236] „Sie umfaßt immer nur die je gleichzeitig lebenden Menschen."[237] Es ist sicher richtig, daß die Gesellschaften anders zur Zeit stehen als organische Gebilde. Aber *in der Zeit* sind auch sie, eine besondere Art zeitlicher Gegenstände. Sie *erwachsen* nicht während einer Dauer, und es ist nicht notwendig, daß sie während ihres Daseins eine Veränderung durchmachen, wie ein Organismus sich entwickelt. Prinzipiell ist es möglich, daß sie „fertig" ins Dasein treten und ihrem Zweck von vornherein so vollkommen angemessen sind, daß sie

---

[236] A. a. O., S. 440 f. ⟨Bonn [7]2000, S. 547.⟩

[237] Ebd.

keiner Abänderung bedürfen. Aber in einem bestimmten Zeitpunkt ins Dasein treten und von einem bestimmten Zeitpunkt ab aufhören zu existieren – das müssen auch sie. Der *Typus* der Gesellschaft und aller möglichen gesellschaftlichen Einrichtungen ist selbstverständlich zeitlos, nicht aber die Gesellschaften, die in der Welt existieren. Sie scheinen mir zu der Art zeitlicher Gegenstände zu gehören, die *Reinach* in den *apriorischen Grundlagen des bürgerlichen Rechts*[238] an dem Beispiel gewisser Rechtsgebilde zuerst herausgestellt hat: Wie ein Anspruch durch einen Akt des Versprechens entsteht und durch einen Verzicht wieder aus der Welt geschafft wird, so wird die Gesellschaft durch spontane Akte des Stiftens und Auflösens geschaffen und vernichtet.

Besonders zu prüfen ist die Frage, ob die Gesellschaft immer nur, wie *Scheler* meint, die je gleichzeitig lebenden Menschen umfaßt.[239] Das scheint mir in einem bestimmten Sinne richtig zu sein, ohne aber für die Zeitlosigkeit der Gesellschaft zu sprechen. Es kommt für die Gesellschaft immer nur darauf an, daß ihre Funktionsformen irgendwie ausgefüllt sind. Wer aus ihr ausscheidet, der wird ersetzt und hat keine Bedeutung mehr für sie. Es gibt hier keine „Tradition“, vermöge deren vergangene Geschlechter auf die Gegenwart einen Einfluß üben könnten. So kann man mit Recht sagen, daß der Gesellschaft immer nur die jeweils Lebenden angehören. Andererseits „umfaßt“ die Gesellschaft, als Ganzes betrachtet, natürlich alle Glieder, die ihr 235
während der Dauer ihres Seins jemals angehört haben oder angehören werden.

Sehen wir uns genötigt, der Gesellschaft zeitliche Existenz, und zwar eine über die Dauer ihrer jeweiligen Glieder bzw. über die Dauer der Zugehörigkeit dieser Glieder hinausgehende Dauer zuzusprechen, so können wir auch nicht zugeben, daß sie „keine besondere Realität außer oder über den Einzelnen sei, sondern allein ein unsichtbares Gewebe von geltenden *Beziehungen*“.[240] Das „unsichtbare Gewebe von Beziehungen“, d. h. die gesellschaftlichen Einrichtungen, ist eine eigentümliche Realität und mit ihrer Ausfüllung durch individuelle Personen diesem gegenüber eine *neue* und *eigene* Realität.

Keineswegs zutreffend scheint mir schließlich die Behauptung, daß „grundloses und primäres *Mißtrauen* aller in alle die Grundeinstellung“ der Gesellschaft sei.[241] Mißtrauen gibt es in der Gesellschaft als solcher ebensowenig wie Vertrauen, beides sind „naive“ Stellungnahmen, wie sie nur der

---

[238] ⟨„Die apriorischen Grundlagen des bürgerlichen Rechts“, in: *Jahrbuch für Philosophie und phänomenologische Forschung*, Bd. I, Halle 1913, 1. Kapitel: „Anspruch, Verbindlichkeit und Versprechen“, § 4 „Das Versprechen als Ursprung von Anspruch und Verbindlichkeit“, S. 34 ff.; Reinach I, S. 141–278.⟩

[239] ⟨Vgl. Anm. 237.⟩

[240] A. a. O., ⟨Scheler, *Formalismus*,⟩ S. 408. ⟨Bonn ^{7}2000, S. 518.⟩

[241] Ebd.

Gemeinschaftsmensch kennt. Es ist möglich, daß innerhalb eines sozialen Verbandes, der *mehr* gesellschaftlichen als gemeinschaftlichen Charakter hat, Mißtrauen das *Motiv* zum Übergang in die Gesellschaftseinstellung gewesen ist; daß man sich *aus* Mißtrauen gegen die personale Umwelt verschließt, anstatt sich ihren Einwirkungen zu überlassen. Wenn sich etwa in der modernen europäischen Kulturentwicklung auf diese Weise ein großer Umwandlungsprozeß vollzogen haben sollte, der die bestehenden Gemeinschaften in Gesellschaften überführte, so wäre der Faktor, dem diese Umwandlung zuzuschreiben ist, von nicht zu unterschätzender *historischer* Bedeutung. Aber zur prinzipiellen Abgrenzung von Gemeinschaft und Gesellschaft ist er nicht zu verwerten. Die Gesellschaft erscheint hier als eine Verfallsform der Gemeinschaft, was sie prinzipiell nicht zu sein braucht. Wesentlich ist ihr nur, daß sie irgendeine Form der Gemeinschaft voraussetzt.[242]

d) Individuum und Gemeinschaft

Damit werden wir wieder auf die Gemeinschaft zurückverwiesen. Wir wollen ihre Eigentümlichkeit aber erst in Reinheit herausarbeiten, ehe wir untersuchen, wie sie mit den anderen Arten von sozialen Verbänden zusammenhängt, sie bedingt oder auch von ihnen bedingt wird.

236 *aa) Organische Natur der Gemeinschaft*

Im Gegensatz zur Gesellschaft ist es für die Gemeinschaft charakteristisch, daß sie nicht durch Willkürakte erzeugt und vernichtet wird (gegründet und aufgelöst), sondern erwächst und ausstirbt wie ein Lebewesen. Sie dient auch nicht, wie die Gesellschaft, einem äußeren Zweck, sondern hat – wie ein Organismus – keinen andern Zweck als den ihr immanenten der eigenen Ausgestaltung, der Entfaltung ihrer ursprünglichen Anlage. Wie diese gegründet ist in der Eigenart der Individuen, die in sie eingehen, so sind auch alle Organe und Funktionen, die sie ausbildet, von daher bestimmt. Es können nicht Funktionsformen „geschaffen" werden, denen es nachher an der geeigneten Ausfüllung fehlt (wie „Ämter" in einer Gesellschaft), denn es bilden sich nur Organe, soweit das nötige Material dazu vorhanden ist. Einzelne dieser Organe sind ersetzbar; es können Individuen ausscheiden und neue eintreten, ohne daß die Gemeinschaft aufhört zu bestehen: Sie ändert evtl. bei solchem Wechsel ihren Charakter, gewisse Organe sterben ab (Funktionen hören auf) und neue bilden sich. Scheiden alle Glieder aus, so ist die Gemeinschaft ausgestorben. (Nehmen wir einen Personenverband,

---

[242] Von der Gesellschaft in dem hier erörterten Sinne ist die Gesellschaft als Klasse zu scheiden, vgl. dazu §4 e ⟨S. 236 ff.⟩

der zugleich Gemeinschaft und Gesellschaft ist, z. B. eine Schulklasse, so kann er als Gemeinschaft aufhören – wenn die Klasse ein Jahr lang keine Schüler hat –, aber als gesellschaftliche Einrichtung fortbestehen.)[243]

bb) Charakter der Gemeinschaft und typischer Charakter der Gemeinschaftsglieder

Von der Organisation der Gemeinschaft ist zu scheiden ihr Charakter auf seiner jeweiligen Entwicklungsstufe. Hier zeigt sich insofern eine Übereinstimmung zwischen Gemeinschaft und Gesellschaft, als bei beiden der Charakter in der Eigenart der individuellen Personen wurzelt. Aber während dem Charakter der Gesellschaft ein aufbauendes Moment im Charakter der Individuen entspricht, das ihnen auch außerhalb der Gesellschaft zukommt, ist der Gemeinschaftscharakter und Typus damit nicht erschöpft.

Der Charakter einer Gemeinschaft (z. B. eines Volkes) ist durchaus zu scheiden von dem Charakter der ihr angehörigen Individuen und auch von der *typischen* Beschaffenheit, die sie als Angehörige der Gemeinschaft kenn- 237
zeichnet: *Volks*charakter (d. h. typischer Charakter der Volksgenossen) und Charakter *des* Volkes (als Ganzen) brauchen sich durchaus nicht zu decken. Ein Volk, wie es z. B. vor den Augen des Historikers steht, der seine Geschichte schreibt, ist eine Einheit analog der einer individuellen Person. Es hat seine „Umwelt" in den Völkern, die in seinen Gesichtskreis fallen, und offenbart seine Eigenart im Verkehr mit dieser Umwelt wie in seinem „Innenleben", seinem religiösen, wissenschaftlichen, ästhetischen Erleben und Schaffen, der Gestaltung seiner politischen und wirtschaftlichen Verhältnisse usw. Soweit das Verhalten der einzelnen Volksgenossen ein „typisches" ist, so weit gibt sich darin ihre Zugehörigkeit zum Volke kund. Und auch der Charakter des Volkes kommt durch das Verhalten der Einzelnen zum Ausdruck. Aber beides deckt sich nicht miteinander. Der Gemeinschaftstypus erstreckt sich auf die Gesamtheit möglicher Verhaltungsweisen auch des individuellen Lebens. Es gibt eine typisch deutsche Art, Freundschaft zu halten, Feste zu feiern u. dgl. Aber das Individuum betätigt sich darin nicht *als* Glied der Gemeinschaft. Im Charakter des Volkes als einer einheitlichen „Person" ist die Art des Verhaltens der Einzelnen untereinander nicht vorgezeichnet, wenn es auch nicht ohne Zusammenhang damit ist. Das typische Verhalten einzelner Personen gegen Angehörige anderer Völker kann ein

[243] Es gibt Gemeinschaften, die nicht bloß geistige Analoga eines Organismus sind, sondern zugleich echte vitale Funktionen zeigen (Familie). Notwendig gehört das nicht zum Wesen der Gemeinschaft, und diejenigen Züge, die wir als wesentlich hervorhoben, erfahren dadurch keine Abwandlung. Ob der Ursprung des psychischen Individuums aus einer solchen vitalen Gemeinschaft ein notwendiger ist, und wie sich die „ererbten" Eigenschaften einer Person zu dem verhalten, was wir ihre ursprüngliche Anlage nannten, das bedürfte noch besonderer Untersuchung.

durchaus verschiedenes sein von der Art, wie sie sich *als* Vertreter ihres Volkes zu anderen Völkern und deren Vertretern als solchen stellen. Der Einzelne geht eben im Gemeinschaftsleben nicht auf und nur soweit er *als* Glied der Gemeinschaft lebt, kommt der Charakter der Gemeinschaft in seinem Verhalten zum Ausdruck. Wie weit er sich aber der Gemeinschaft hingibt, das kann wiederum in einer *typischen* Eigenschaft begründet sein. Es ist typisch für den Bürger des alten Rom, daß er seine Kräfte ganz der Republik widmet. Der Staat ist für ihn das höchste Gut, und in dieser Bewertung des Staates und der in ihm befaßten Gemeinschaft gründet die Rücksichtslosigkeit, mit der sie selbst und die Einzelnen, die dazu gehören, ihre Existenz und ihr Gedeihen nach außen hin verfechten.

Nun sieht es so aus, als ob wir mit einer doppelten Typik zu rechnen hätten: einer typischen personalen Struktur, die fundierend ist für den Gemeinschaftscharakter, und einer typischen Struktur, die ihrerseits im Gemeinschaftscharakter bzw. im Gemeinschaftsleben begründet ist. Wir kommen darauf noch zu sprechen. – Zunächst suchen wir uns klarzumachen,
238 wie sich der Gemeinschaftstypus zum Charakter der Gemeinschaftsglieder verhält. Es gibt mehr und minder typische Vertreter der Gemeinschaft, und es kann auch Individuen geben, denen von ihrer Zugehörigkeit zu der oder jener Gemeinschaft nichts anzumerken ist, die Fremdlinge sind in ihrer Familie oder ihrem Volk. Aber auch dort, wo die Person reinste Ausprägung des Gemeinschaftstypus ist, erschöpft sich ihr Sein nicht darin. Die Analyse der individuellen Persönlichkeit zeigt, daß es gerade zum Wesen der Person gehört, nicht ein bloßer Inbegriff von typischen Eigenschaften zu sein, sondern einen individuellen Kern zu besitzen, der auch jedem typischen Charakterzug ein individuelles Gepräge verleiht. Wer nur „typisch deutsch" wäre in seinem Wesen und nichts sonst, dem fehlte es an einer echten Persönlichkeit; ja man wird sogar sagen müssen, daß auch das, was er an typisch deutschen Charakterzügen aufwiese, nicht echt sein könnte. Denn das echte Sein der Gemeinschaft hat seinen Ursprung in der persönlichen Eigenart der Individuen. Gäbe es nur typische Vertreter (d.h. Vertreter, die nichts als Typen wären), dann wäre eine Fortentwicklung des Gemeingeistes unmöglich, und dann hätte sich überhaupt kein Gemeingeist herausbilden können. Nur im Zusammenleben von individuellen Personen kann sich ein Gemeinschaftstypus entwickeln, in dessen Formen sich dann auch Personen einfügen können, denen es an einer ausgeprägten persönlichen Eigenart fehlt.

cc) Die Genesis der Gemeinschaft; wechselseitige Abhängigkeit von Individuum und Gemeinschaft

Wir sind hier an einem Punkte angelangt, wo wir die Genesis der Gemeinschaft heranziehen müssen, um ihren Aufbau zu verstehen. Wir haben zwischen Individuum und Gemeinschaft verschiedenartige Beziehungen gefunden. Der Charakter der Gemeinschaft erweist sich als abhängig einmal von der individuellen Eigenart ihrer Glieder und außerdem von ihrer typischen Struktur. Andererseits finden wir das Individuum in seinem Charakter bedingt durch die Gemeinschaft, als Vertreter eines Typus' in einem neuen Sinn, der erst aus dem Gemeinschaftsleben verständlich wird. Diese wechselseitigen Fundierungsverhältnisse weisen auf eine ursprüngliche Genesis zurück, der wir jetzt nachgehen müssen.

Wir haben gesehen, daß zum Wesen der Gemeinschaft zunächst eine Gemeinsamkeit des Lebens gehört, derart, daß ein Individuum dem anderen nicht als Subjekt dem Objekt gegenübersteht, sondern mit ihm lebt, von seinen Motiven getrieben wird usw. Eine solche Gemeinsamkeit des Lebens ist, wie wir auch bereits festgestellt haben, nur auf Grund einer gemein- 239
samen ursprünglichen Anlage möglich und nur soweit diese Gemeinsamkeit der Anlage, „des Typus'", reicht. Die personalen Verbände, die wir an erster Stelle besprachen – deren Einheit durch eine typische personale Struktur abgegrenzt ist –, sind also notwendige Bedingung für eine gemeinsame Lebensführung, in deren Verlauf nun die echte Gemeinschaft als eine Lebenseinheit von weitgehend analoger Struktur wie eine individuelle Persönlichkeit erwachsen kann. Diese gemeinsame Lebensführung müssen wir uns nun in ihrer Eigentümlichkeit vergegenwärtigen, um zu verstehen, wie auf diesem Boden eine echte Gemeinschaft sich entwickeln kann, ja vielleicht sogar mit Notwendigkeit entstehen muß – nicht nach Naturgesetzen, sondern nach apriorischen Aufbaugesetzen der geistigen Welt.

Man kann sagen, daß bei der Berührung von zwei Personen zwei Lebensströme zusammentreffen und sich vereinen, ohne daß die Trennung der Subjekte dadurch aufgehoben würde. Jede erfährt dabei eine Erweiterung ihres Ichlebens, ein Zuströmen von neuen Erfahrungen, Gedankenmotiven, Wertungen, Willensbestimmungen, und zugleich eine Erweiterung des Bereichs, in dem ihre Impulse wirksam werden. – In dieser Erweiterung des Erlebnisbereichs erschöpft sich aber die Einwirkung des Zusammenlebens mit anderen Personen nicht. In solchem Zusammenleben treten Akte auf, die im einsamen Seelenleben nicht vorkommen, Akte, in denen ein Subjekt dem anderen gegenübertritt, – statt, wie wir es bisher annahmen, mit ihm zusammen auf eine Sache gerichtet zu sein – und sich an es wendet: fragend, bittend, befehlend u. dgl. (Ich kann mich allerdings auch an „mich selbst" richten, mir befehlen usw. – aber nur in einer fiktiven Spaltung meiner Person.) Es gehören hierher auch die erfahrenden Akte, in denen eine Person anderen zur Gegebenheit kommt, und ferner die Gemütsstellungnahmen, die eine in der anderen auslöst (insofern sie von der Erfassung und Bewertung anderer Objekte spezifisch verschieden sind): so die moralische Wertung und Beurteilung des Charakters einer Person, ihrer Gesinnungen und Taten (Billigung, Bewunderung, Verachtung, Entrüstung u. dgl.). Hier-

her gehört vor allem auch das ganz eigentümliche „Berührtwerden“ von der persönlichen Eigenart eines anderen, auf dem sich die Stellungnahme zur fremden Person aufbaut und das von der Bewertung seiner einzelnen Eigenschaften und Lebensäußerungen durchaus zu scheiden ist: Sympathie und Antipathie (in ihrer höchsten Steigerung: Liebe und Haß) sind nicht Gesinnungen, die ich einer Person um irgendeiner Tat oder Eigenschaft willen
240 entgegenbringe, sondern eine Anziehung oder Abstoßung, die jenes einfache Quale, seine persönliche Eigenart, auf mich ausübt. Dank ihrer Richtung auf dieses schlechthin individuelle unteilbare Ganze sind sie durch keinen Hinweis auf irgendwelche allgemeinen Werte oder Unwerte zu begründen oder zu entgründen ⟨sic⟩ und umfassen alle Tugenden und Untugenden, alle guten und schlechten Lebensregungen, die in eben dieser Eigenart gründen.

Von all den genannten Akten her, in denen eine Person die andere wahrnimmt, sie bewertet usw., ist der Übergang zur „gesellschaftlichen“ Einstellung möglich, in der das andere Subjekt als ein Objekt von besonderer Eigenart betrachtet wird. Sie können aber auch zur Grundlage werden für neue Formen des gemeinsamen Lebens als die bisher betrachteten der gemeinsamen Richtung auf ein Objekt: Formen, die von ganz besonderer Bedeutung für die Entwicklung dessen sind, was wir eine echte Gemeinschaft nennen. – Außer der Anziehung und Abstoßung, die von der persönlichen Eigenart eines Individuums ausgeht, übt die Berührung mit ihr noch einen anderen Einfluß auf das Erleben anderer Personen aus: eine eigentümliche Abwandlung ihres gesamten Tun und Lassens. Die Gegenwart einer anderen Person läßt gewisse Regungen in mir nicht aufkommen, die ohne weiteres ablaufen würden, wenn ich mir selbst überlassen wäre, während andere Regungen in mir ausgelöst werden, deren ich „von mir aus“ gar nicht fähig wäre.[244] Eine nähere Betrachtung zeigt uns, daß es sich hier nicht um eine bloße Abwandlung des Erlebnisstroms handelt, sondern um eine Einwirkung der einen Person auf die andere. Wir kommen damit auf den Einfluß zu sprechen, den die Entwicklung einer Person durch andere erfährt.

Eine Art der Einwirkung ist aus den bisherigen Ausführungen ohne weiteres ersichtlich. Da die Zuständlichkeiten einer Person von Einfluß sind auf die Entwicklung ihrer Eigenschaften, so müssen auch die anderen Personen, indem sie Zuständlichkeiten in ihr auslösen, zugleich (willentlich oder unwillkürlich) an der Ausbildung ihres Charakters (im weiteren und engeren Sinne) mitarbeiten. Und wie es Stellungnahmen gibt, die im einsamen Seelenleben unmöglich wären, so gibt es auch Eigenschaften, die sich nur im Personenverbande entwickeln können: Demut und Stolz, Unterwürfigkeit

---

[244] Vgl. Gebsattel, ⟨Viktor Freiherr von (1883–1976), Mediziner, Philosoph, Psychiater, Psychotherapeut; Begründer einer personal orientierten Medizin (einschl. Psychiatrie und Psychotherapie)⟩ „Der Einzelne und sein Zuschauer“ (*Zeitschr.⟨ift⟩ für Pathopsychologie* II, ⟨1. Heft⟩ 1914 ⟨S. 36–78.⟩).

und Trost, Herrschsucht und Leutseligkeit, Kameradschaftlichkeit und Hilfsbereitschaft, kurz alle „sozialen" Tugenden und Untugenden.

Das Zusammenleben mit anderen und die Zuständlichkeiten, die dadurch 241
in ihr ausgelöst werden, wirken zunächst als „Gelegenheitsursachen" für die Ausbildung der ursprünglichen Anlagen einer Person. Was davon zur Entfaltung kommt, das hängt in erster Linie von ihrer persönlichen Umwelt ab. Aber deren Einfluß reicht weiter. Die Stellungnahmen einer Person haben die Eigentümlichkeit, „ansteckend" zu wirken, sich von einer Person auf die andere zu „übertragen". Anstatt einem gehörten Urteil auf Grund eigener Einsicht zuzustimmen, kann ich es „blind" übernehmen, von Glauben erfüllt werden, ohne ihn „aus mir selbst" heraus zu hegen. Ebenso kann ich von Zorn und Empörung, Liebe und Haß meiner Umgebung angesteckt werden, sie fühlen, ohne daß sie meinem persönlichen Ich entspringen. Es liegt nahe, in solchen Fällen von „eingebildeten" Gefühlen, von Selbsttäuschungen oder gar von Heuchelei zu sprechen. Das ist unberechtigt. Die übertragenen Gefühle sind wirklich vorhanden und in derselben Stärke (können es jedenfalls sein), in der sie das Subjekt zu haben meint und zur Schau trägt. Dennoch sind es in einem bestimmten Sinne *unechte* Gefühle: Sie entspringen nicht dem persönlichen Ich – wie die echten – haben in ihm keine Wurzel; ihrem Ursprung nachgebend, stößt man auf das Verhalten einer fremden Person, von dem die Ansteckung ausgegangen und das selbst ein echtes ist. Diese unechten Gefühle können ebenso wie die echten zur Ausbildung von persönlichen Eigenschaften führen, die aber ebenfalls den Stempel der Unechtheit an sich tragen. Auch sie wurzeln nicht in dem Kern der Person und können sogar in direktem Gegensatz dazu stehen. (Man denke etwa an die anerzogene „Sittlichkeit" eines Menschen, der gar keinen eigenen moralischen Halt hat – dem die den sittlichen Werten entsprechende personale Schicht evtl. ganz fehlt, wie wir sagen würden –, oder an die anerzogene Frömmigkeit einer im Grunde irreligiösen Person.) Die unechten Gefühle und Eigenschaften haben – abgesehen davon, daß sie die Einheit der Persönlichkeit durchbrechen – eine merkwürdige innere Hohlheit und Hinfälligkeit, die sie von den echten scheidet. Sie können entlarvt und zerstört werden, indem die entsprechende personale Schicht zum Durchbruch kommt, evtl. ihr Mangel zutage tritt (z. B. wenn der „moralische" Mensch versagt, sobald er eine Probe bestehen soll). Es kann aber auch geschehen, daß der unechte Charakter sich durchhält, weil es den echten Charakteranlagen an günstigen Entwicklungsbedingungen mangelt oder weil das psychische Individuum nicht „aus seiner Seele heraus lebt". Wo das nicht der Fall ist, da trägt der ganze Charakter keine persönliche Note, wir haben (für
den äußeren Anschein wenigstens) keine Individualität im Sinne qualitativer 242
Einzigartigkeit, sondern nur das Exemplar eines Typus. Wo dagegen nur die Entfaltung der ursprünglichen Anlagen durch die äußeren Umstände ge-

hemmt ist, da müssen die inneren Qualitäten der Seele auch an den unechten Verhaltungsweisen und den Pseudoeigenschaften, obwohl im Widerstreit mit ihnen, zum Vorschein kommen.

Außer der Beeinflussung, die die Entwicklung einer Person durch die Erregung von Zuständlichkeiten in ihr erfährt, gibt es noch eine andere Art der Einwirkung, die wir bereits andeuteten: die Wirkung, welche die Berührung mit der persönlichen Eigenart eines anderen Menschen zur Folge hat. Diese Berührung bedingt nämlich eine gewisse „Einstellung" der Personen aufeinander.[245] Ihr Inneres „öffnet" sich füreinander, soweit das der einen der anderen zugänglich ist, während sich die anderen Seiten ihres Wesens verschließen (entweder „automatisch" bei der bloßen Berührung oder doch, wenn sich die Unzugänglichkeit für den anderen beim Versuch einer Verständigung herausgestellt hat). Lebe ich dauernd in einer Umgebung, in der nur ein Teil meiner Anlagen sich entfalten kann, so geraten die übrigen in Gefahr zu verkümmern, andererseits besteht die Möglichkeit, daß die Berührung mit einem anderen etwas in mir erweckt, was bisher in mir geschlummert hat, ganz neue Züge meiner Persönlichkeit zur Entfaltung bringt. Und auch hier besteht die Möglichkeit einer Pseudobildung: Wesenszüge einer Persönlichkeit können sich mir mit suggestiver Gewalt aufdrängen, die im Kern meiner eigenen Person keinen Anhalt finden. Dies wird überall da der Fall sein, wo eine Person von starker individueller Eigenart einer sehr wenig „ausgeprägten Persönlichkeit" gegenübertritt.

Wir haben die äußeren Bedingungen der persönlichen Entwicklung bisher ohne Berücksichtigung des Willens betrachtet. Indessen, die individuelle Person ist den äußeren Einwirkungen nicht völlig machtlos preisgegeben, sondern hat in gewissen Grenzen die Freiheit, ihnen Einfluß auf ihre Entwicklung zu gestatten oder sich ihnen zu entziehen. Sie hat zunächst schon bis zu einem gewissen Grade die Möglichkeit, sich ihre persönliche Umgebung selbst zu wählen und so die Beschaffenheit ihrer Umwelt mit zu bestimmen. Sie hat ferner die Freiheit, seelische Regungen, die in ihr ausgelöst werden, im Keime zu ersticken, und zwar sowohl die bloß übertragenen
243 (einen Zorn oder eine Begeisterung, die sie durch bloße Ansteckung erworben hat, ohne einen entsprechenden Wert oder Unwert zu erfassen), als die zureichend motivierten (etwa einen Haß, der in der individuellen Eigenart des Verhaßten wohl begründet ist). Damit kann sie der Wirkung der Umgebung auf die Entwicklung ihrer Eigenschaften entgegenarbeiten und sie evtl. ganz aufheben. Auch dem Einfluß der persönlichen Eigenart anderer kann man sich entziehen: Man kann jenem automatischen Sich-schließen

[245] Diese in der Eigenart der Personen begründete Einstellung ist eine besondere Bestimmung und Ausgestaltung der allgemeinen „Offenheit" für fremde Subjektivität, die wir als charakteristisch für die Gemeinschaft überhaupt ansahen.

zum Trotz sein Inneres offen oder doch jedenfalls wach halten (d. h. ein Innenleben für sich führen ohne Teilnahme der Umgebung), und man kann sich dem suggestiven Eindringen der fremden Wesensart durch willentliches Festhalten der eigenen widersetzen. Es braucht kaum betont zu werden, daß diese Möglichkeiten nicht für jedes psychische Individuum, sondern nur für Personen im vollen Sinne des Wortes bestehen. Für sie aber gibt es eine Freiheit des Willens gegenüber dem „Einfluß der Umwelt" wie gegenüber der „natürlichen Anlage", und die „Verantwortlichkeit" der Person ist weder durch Berufung auf das eine noch auf das andere aufzuheben.

Soweit die Freiheit der Person in der Bestimmung ihrer Entwicklung geht, so weit ist die Freiheit der anderen in der Beeinflussung dieser Entwicklung beschränkt: Sie können in jener Person gewisse Zuständlichkeiten herbeiführen und dadurch auf die Ausbildung entsprechender Eigenschaften einzuwirken suchen; sie können auch durch Hervorkehrung ihrer Eigenart einen suggestiven Einfluß auszuüben trachten – aber sie haben nicht die Macht, die Gegenwirkung der Person zu unterbinden.

Die letzten Ausführungen lehren uns verstehen, wie sich im gemeinsamen Leben einer Mehrheit von Individuen ein *Typus* ausbilden kann, den die Einzelnen noch nicht in dieses Leben mitbringen, sondern erst in seinem Verlauf annehmen. Die starke Persönlichkeit prägt denen, die mit ihr leben, ihren Stempel auf, die anderen fügen sich ihrem Typus ein, indem entweder im Zusammenleben Anlagen zur Entfaltung gebracht werden, die zuvor in ihnen schlummerten, oder auch indem sie „Pseudo-Charakterzüge" entwikkeln. Wenn in dem einen dieser, im anderen jener Charakterzug besonders scharf ausgeprägt ist und sich dem anderen aufdrängt, so kann im Zusammenleben ein Typus erwachsen, der etwas Neues und Eigenartiges gegenüber allen Charakteren ist, die in das Gemeinschaftsleben eintraten.

Damit haben wir aber immer erst die Gemeinschaft als eine Form des Zusammenlebens, innerhalb deren die Individuen eine gemeinsame typische Struktur annehmen, und nicht eine Lebenseinheit von eigenem Cha- 244
rakter und eigenem – von dem der Individuen unterschiedenen – Leben. Dieses Wesensmoment wird erst sichtbar, wenn wir nicht bloß die Einflüsse der Individuen aufeinander berücksichtigen, sondern der „Richtung" des Gemeinschaftslebens nachgehen. Das Wesen des Gemeinschaftslebens sahen wir ja gerade darin, daß die Subjekte nicht aufeinander gerichtet, sondern gemeinsam einem Gegenständlichen zugewendet sind. Und gewisse Arten der gegenseitigen Zuwendung haben wir nur darum hervorgehoben, weil sie ein Gemeinschaftsleben noch in tieferem Sinne begründen können. Wir haben gesehen, daß Personen, wenn sie miteinander in Berührung kommen, durch ihre individuelle Eigenart ineinander gewisse Stellungnahmen erzeugen, die den Charakter eines positiven oder negativen Wertnehmens haben und zugleich den eines Angezogen- oder Abgestoßenwerdens. Dieses Ange-

zogenwerden, welches wir von der positiven Wertung selbst unterscheiden, ist ein Drang zur Hingabe an die fremde Person, zur Vereinigung mit ihr, der in seiner höchsten Steigerung – im Falle der Liebe – auf ein völliges Einswerden abzielt, auf eine Gemeinschaft des Lebens und eine Gemeinschaft des Seinsbestandes. (Das Gegenteil ist ein Zurückschrecken vor der fremden Eigenart, ein Sich-dagegen-verschließen.) Im übrigen zeigt der Einigungsdrang je nach Grad und Art der „Zuneigung" und nach der Eigenart der betreffenden Individuen verschiedene Formen: Man kann sich der anderen Person unter Wahrung des eigenen Charakters zur Verfügung stellen, sich ihr, so wie man ist, zu eigen geben als ein Besitztum gleichsam, mit dem sie rechnen kann, und ebenso sie selbst zu eigen nehmen. Das Einigungsstreben kann aber auch zu einer mehr oder minder weitgehenden Preisgabe der eigenen Persönlichkeit führen: entweder zugunsten der fremden Wesensart oder einer neuen, die erwächst, indem sich beide Lebensströme vereinigen. Das wird vor allem dann der Fall sein, wenn die beiden Persönlichkeiten nicht ohne weiteres miteinander „verträglich" sind, wenn gewisse „Charakterzüge" das Einigungsstreben hemmen. Soll es trotzdem zum Ziele führen, so ist eine Abwandlung des einen oder anderen Charakters erforderlich. Und in der Tat hat die Liebe zu einer Person die Kraft, Regungen, die sie abstoßen würden, im Keim zu ersticken (evtl. „ganz von selbst", ohne Eingreifen des Willens) und in der Folge auch die betreffenden Charakterzüge zum Verschwinden zu bringen. Von einer völligen Preisgabe der individuellen Eigenart kann dabei nicht die Rede sein, weil es in ihr selbst begründet ist, zu wem man sich hingezogen fühlt.

245 Ein gewisser Zusammenhang besteht zwischen dem Einigungsdrang und der „Einstellung" auf eine andere Person, von der wir früher sprachen, dem Sichverschließen oder -öffnen des eigenen Innern. Es ist durchaus möglich, daß man sich zu einer Person hingezogen fühlt, deren Inneres einem (zum Teil wenigstens) verschlossen ist. In der Regel wird dann auch der Einigungsdrang ein „partieller" sein, sich nur auf den Teil des persönlichen Lebens beziehen, wo eine Möglichkeit des Zuganges – und eben damit die Möglichkeit der Vereinigung – besteht. Es kann aber auch geschehen, daß der Einigungsdrang sich im Widerspruch zu der wesenhaften Getrenntheit auf die ganze Person bezieht. In solchen Fällen wird das ganze Spiel des Sichentfaltens und -behauptens oder -umgestaltens, das wir bisher als ein freies und zwangloses annahmen, ein Gegenstand des Kampfes werden. Man wird die Pforten seines Innern[246], die sich automatisch schließen wollen, gewaltsam öffnen, oder wird sich krampfhaft bemühen, in das fremde Innere einzudringen, zu dem einem der Schlüssel fehlt, ohne daß doch das erstrebte Ziel erreicht werden kann: Denn eine Einigung ist nur auf der Grundlage

[246] ⟨Vgl. *AMP*, S. 78.⟩

einer ursprünglichen inneren Gemeinsamkeit möglich. Wo diese fehlt, da kann auch durch das heftigste Einigungsstreben keine Lebensgemeinschaft erzielt werden. An der individuellen Eigenart findet also die Gemeinschaftsbildung wie die mögliche Aus- und Umgestaltung der Persönlichkeit ihre Grenze. Eine Unterbindung von Entwicklungsmöglichkeiten, die in der individuellen Eigenart angelegt sind, durch Unterdrückung der betreffenden Regungen ist möglich; nicht aber eine Neubildung von Charakterzügen, für die der Person die Wurzel fehlt. Nur „Pseudobildungen" sind hier möglich (wie wir früher sahen), aber die Gemeinschaften, die auf solcher Grundlage erwachsen, sind ebensowenig „echt" wie die Persönlichkeiten, die sie verbinden.

Wir haben bisher nur berücksichtigt, daß die aus positiven Gesinnungen entspringende Vereinigung die verbundenen Individuen umbildet, wie wir es schon bei dem gemeinsamen Leben, das nicht in solchen Gesinnungen begründet ist, fanden. Das Neuartige an diesen Vereinigungen ist, daß sie im Kern der individuellen Personen verankert sind. Das ist nicht für jede Art von gemeinsamem Leben erforderlich. Dieses kann sich auch – wie die Gemeinsamkeit der Erfahrung oder der wissenschaftlichen Forschung – in Schichten bewegen, die den Kern der Person nicht berühren. Die Gesinnungen aber, die wir im Auge haben, entspringen der Seele, wie sie auf die Seele gerichtet sind, auf das innerste Sein der Person; und ein gemeinsames *seelisches* Leben ist es, auf das es bei solchen Vereinigungen abgesehen ist. Dabei 246
ist als ein weiteres neues Moment hervorzuheben, daß die Lebensgemeinschaft hier selbst als etwas Erstrebtes und Wertgehaltenes dasteht. Dieses Moment ist, wie wir noch sehen werden, nicht ohne Bedeutung für den Charakter der Gemeinschaft selbst.

dd) Charakter, Seele und Geist der Gemeinschaft

Wenn wir uns den Charakter der Gemeinschaft zu Gesicht bringen, wenn wir sie als Lebenseinheit, als „Persönlichkeit" verstehen wollen, so müssen wir uns dem Verlauf des gemeinsamen Lebens selbst zuwenden, in dem sich diese „Persönlichkeit" bekundet. Wenn und soweit Gemeinsamkeit des Lebens erzielt ist, handelt nicht mehr der Einzelne, sondern die Gemeinschaft in ihm und durch ihn. Und je tiefere personale Schichten das Gemeinschaftsleben angreift, desto tiefer ist der Einzelne vom Charakter der Gemeinschaft durchsetzt, und mit um so besserem Rechte kann man von einem „Charakter" der Gemeinschaft in dem spezifischen Sinne des Wortes überhaupt reden. Wir haben betont, daß dieser Charakter etwas anderes ist als der Typus, den die Personen in das Gemeinschaftsleben mit hineinbringen und der es erst möglich macht, und auch als der Typus, der sich im Gemeinschaftsleben herausbildet. Dies beides sind Strukturen der individuellen Person, die prinzipiell auch außerhalb der Gemeinschaft und ohne

Beziehung zu ihr realisiert sein könnten. Der Charakter der Gemeinschaft dagegen ist etwas, was nur vorhanden sein kann, wo ein Gemeinschaftsleben realisiert ist und soweit Individuen als Glieder einer Gemeinschaft leben. Wie tief die Gemeinschaft im Individuum verankert ist und wie das Individuum zur Gemeinschaft selbst Stellung nimmt, davon hängt die Gestaltung ihres Charakters ab. Beides steht nicht zusammenhanglos nebeneinander. Wenn eine Gemeinschaft den Individuen, die ihr angehören, als wertvoll erscheint, wenn sie „an ihr hängen", so wird sie nach außen hin kraftvoll auftreten, sich als fest und widerstandsfähig erweisen. Sie wird aber einen um so höheren Wert für die Individuen besitzen, je tiefer sie in ihnen wurzelt. Deutlich ist dieser Zusammenhang bei Gemeinschaften, die in positiven Gesinnungen gründen und als Befriedigung eines inneren Dranges erstrebt werden. Aber auch, wo sich auf Grund einer Gemeinsamkeit der Erlebnisstruktur, die zuvor nicht erfaßt und bewertet wurde, ein gemeinsames Leben entspinnt, ohne angestrebt worden zu sein, wird die erwachsende Gemeinschaft sich als wertvoll erweisen und die Individuen an sich fesseln.

Suchen wir näher zu ergründen, worin der Wert besteht, auf den sich der Einigungsdrang der Individuen richtet und der in der Gemeinschaft ver-
247 wirklicht wird, so sehen wir ihn nicht bloß in der Umbildung der individuellen Person und ihrer möglichen Anpassung an einen höherwertigen Typus, sondern in der Erlösung des Individuums von seiner naturhaften Einsamkeit und in der neuen überindividuellen Persönlichkeit, die die Kräfte und Fähigkeiten der Einzelnen in sich vereinigt, sie zu ihren Funktionen werden läßt und durch diese Synthesis Leistungen hervorbringen kann, die alle Wirkensmöglichkeiten des Individuums überschreiten.[247] Soweit der Charakter Fähigkeit zur Betätigung nach außen und zu bestimmt gearteter Betätigung ist, hebt sich uns hier der Charakter der Gemeinschaft deutlich von dem ihrer Glieder ab. Noch aber wissen wir nicht, ob wir ihr auch eine *„Seele"* mit Eigenschaften, die ihr in ihrem Beisichsein und unabhängig von allem Heraustreten nach außen innewohnen, zuerkennen können. Ich glaube, daß man dort, wo Individuen wirklich mit ihrem „Innersten", mit ihrer Seele verwachsen sind, durchaus auch von einer Seele der Gemeinschaft, die sie bilden, sprechen muß. Das Leben einer solchen Gemeinschaft erschöpft sich nicht in äußerer Betätigung, sondern ist zugleich inneres Sein von jener eigenen Art, von der wir sagten, daß hier der Unterschied von Akt und Potenz aufhört. Und wo sich eine solche Gemeinschaft nach außen hin be-

[247] Gemeinschaft als solche ist also Trägerin eines Wertes, und sie ist es auch dann noch, wenn sie sich in den Dienst eines schlechten Zweckes stellt und von daher mit einem Makel behaftet ist. Eine Räuberbande als *Räuber*bande ist etwas Negativwertiges. Soweit sie aber Gemeinschaft ist, kommt auch ihr ein Wert zu. Daher die „Pflichten" gegenüber der Gemeinschaft und der Unwert, der jeder Verletzung dieser Pflichten anhaftet.

tätigt, da trägt auch ihre Betätigung den Stempel ihres inneren Seins. Fraglich ist noch, ob dieses innere Sein der Gemeinschaft von dem ihrer Glieder abzuscheiden ist. Eine „Umbildung" der individuellen Seele durch das Gemeinschaftsleben gibt es ebensowenig wie auf anderem Wege. Was in der Gemeinschaft eintritt, ist ein Aufgeschlossensein für einander, ein Umspanntwerden der Seele des einen durch den anderen und ein Wirksamwerden in gemeinschaftlichen Handlungen und sich herausbildenden Charakterzügen der Gemeinschaft. Wo Personen gemeinsam leben, ohne einander und der Gemeinschaft innerlich hingegeben zu sein, da kann man von einer Seele der Gemeinschaft nicht sprechen. Man denke etwa an Reisegefährten, an Bewohner eines Hauses oder Schüler einer Klasse, die sich zufällig zusammengefunden haben und miteinander leben, ohne sich innerlich nahezukommen. Sie können nach außen durchaus als Einheit auftreten, etwa in der Rivalität gegen eine Gemeinschaft derselben Art, und dabei charakte- 248
ristische Eigentümlichkeiten aufweisen, aber ein seelisches Innenleben haben solche Gemeinschaften nicht. Das versteht sich vielleicht daraus, daß alle diese Verbände durch einen äußeren Zweck zusammengehalten werden (ohne sich zu seiner Erreichung planmäßig gebildet zu haben, wie die echten Gesellschaften), daß aber dieser Zweck *innerlich* für jeden etwas anderes bedeutet und darum zu keiner inneren Einigung führt. Jeder führt unbeschadet der äußeren Verbundenheit, die ihn mit den anderen eint, sein inneres Leben ganz für sich. Und solange das der Fall ist, weist das gemeinsame Auftreten nach außen wohl eine gewisse Typik auf, die man als „Charakter" bezeichnen mag, aber es fehlt diesem „Charakter" die innere Notwendigkeit und Geschlossenheit, es fehlt an einem einheitlichen „Geist".

Wir haben schon früher gelegentlich in Anlehnung an den natürlichen Sprachgebrauch vom „Geist" einer Gemeinschaft (etwa einer Familie oder eines Volkes) gesprochen und müssen uns darüber Rechenschaft ablegen, was hinter dieser Redewendung steckt und ob zwischen „Geist" und „Seele" der Gemeinschaft noch geschieden werden muß. Der Geist der Gemeinschaft besagt mehr, als daß sie ein geistiges Leben führt, d. h. aufgeschlossen ist für eine Objektwelt, ihr in sinnerfüllten Akten gegenübertritt. Es bedeutet darüber hinaus, daß dieses Leben eine qualitative Einheit aufweist, von einem Zentrum her zu einem in sich geschlossenen Ganzen gestaltet ist. Einer Gemeinschaft Geist zusprechen, bedeutet etwas Analoges, wie einem Individuum persönliche Eigenart zuschreiben. Beide Male handelt es sich um eine qualitative Einheit, die die Lebensäußerungen der Einzelnen, bzw. der Kollektiv-Persönlichkeit durchwaltet und sie als zum Bereich eben dieser Persönlichkeit gehörig kennzeichnet. Wenn das Zentrum dieser einheitlichen Gestaltung des Individuums oder der Gemeinschaft in ihnen selbst liegt, so schreiben wir ihnen eine „Seele" zu. Seele haben, heißt den Schwerpunkt seines Seins in sich selbst tragen. Prinzipiell ist es möglich, daß ein

Individuum ganz aus dem Geiste einer Gemeinschaft heraus lebt oder eine Gemeinschaft aus dem Geist einer anderen heraus. Wir haben dann noch ein geschlossenes Ganzes von einheitlicher Qualität, aber es trägt seinen Schwerpunkt nicht mehr in sich selbst, sondern wird von anders her gehalten: Es hat keine eigene Seele mehr.[248] Jede geistige Gestaltung, die eines eigenen Zentrums entbehrt, setzt – mittelbar oder unmittelbar – eine andere
249 voraus, die ihren Schwerpunkt in sich selbst hat. Diese Gestaltungen wollen wir *selbständige Persönlichkeiten* nennen oder, weiter gefaßt, selbständige geistige Realitäten. (Diese weitere Fassung ist notwendig mit Rücksicht auf gewisse *unpersönliche* geistige Realitäten wie z. B. eine Landschaft, die nicht durch ihre naturhafte Beschaffenheit, sondern durch ihren geistigen „Charakter" ein geschlossenes Ganzes von einheitlicher Qualität bildet und aus deren Geist heraus unselbständige Persönlichkeiten[249] leben können – man denke etwa an Rübezahl als den personifizierten Geist des Riesengebirges[250]). Gemeinschaften können den Anspruch erheben, als selbständige Persönlichkeiten anerkannt zu werden, wenn sie in der Seele selbständiger individueller Personen wurzeln. Der Geist der Gemeinschaft ist stets wandlungsfähig, aus der Seele der Individuen heraus, die in das Gemeinschaftsleben eintreten, kann er sich erneuern und umbilden.

Ergab die Rede von der „Volksseele" einen wenn auch cum grano salis ⟨lat. mit kritischer Vorsicht⟩ zu verstehenden Sinn, so kann von einem „Kern" der Gemeinschaft überhaupt nicht gesprochen werden. Zeigt auch eine solche überindividuelle Persönlichkeit eine einheitliche Gestaltung ihres äußeren und inneren Seins, so läßt sich doch keine einfache Bildungswurzel ihres gesamten „personalen" Seinsbestandes aufweisen, sondern dieser weist auf den Kern der individuellen Personen zurück, die sein Fundament bilden.

ee) Verschiedene Typen von Gemeinschaften

Wir sind in der Analyse der Gemeinschaft an dem Punkte angelangt, von dem aus *Schelers* Unterscheidung von Lebensgemeinschaften und Gesamtpersonen, die wir gelegentlich erwähnten, verständlich werden kann.[251] Es gilt ihm als Charakteristikum der Lebensgemeinschaft, daß in ihr die Individuen primär das Leben der Gemeinschaft mitleben und erst sekundär auf Grund besonderer „singularisierender Akte" sich mit ihren Einzelerlebnis-

[248] Vgl. H. Conrad-Martius' Ausführungen über die Elementargeister l.⟨oco⟩ c.⟨itato, a. a. O.⟩ ⟨*Von der Seele*, S. 106 ff.⟩.

[249] Ihre „Unselbständigkeit" besagt nicht, daß sie keine Freiheit besäßen und ihr ganzes Verhalten irgendwie von außen gelenkt würde – sie bedeutet nur Gebundenheit an die Sphäre, deren Geist sie persönlich verkörpern und in deren Seinsgrund sie wurzeln.

[250] ⟨Gebirge in Edith Steins Heimat Schlesien, heute Grenzgebiet von Polen und Tschechien; polnisch „Karkonosze", tschechisch „Krkonoše".⟩

[251] A. a. O., S. 406 ff. ⟨ Bonn ^{7}2000, S. 517 ff.⟩

sen von ihr abheben. Es fehlt ihr „ein zwecksetzungs- und wahlfähiger, einheitlicher und sittlich voll verantwortlicher Wille“, während die Gesamtperson „die Einheit selbständiger, geistiger, individueller Einzelpersonen“ ist.[252] Nach unserer Auffassung wäre die Gesamtperson als eine ideale Grenze der Gemeinschaft anzusehen, als die Form der Gemeinschaft, in der alle Glieder Personen im vollen Sinne des Wortes sind und alle mit ihrer Seele am Gemeinschaftsleben teilnehmen, sich ferner dieser Gliedschaft und ihrer Ver- 250
antwortung *in* der Gemeinschaft und *für* sie bewußt sind. Solch verantwortungsvolles Gemeinschaftsbewußtsein ist aber auch möglich – und darum haben wir die prinzipielle Scheidung Schelers nicht mitgemacht –, wenn nicht *alle* Glieder der Gemeinschaft freie und voll verantwortliche Personen sind, oder doch nicht alle mit ihrer Seele als Glieder der Gemeinschaft leben. Die Zwecksetzungen der Gemeinschaft werden dann von den Personen vollzogen, die bewußt als Glieder der Gemeinschaft leben und sich für sie verantwortlich fühlen. – Umfaßt die Gemeinschaft gar keine freien Personen mehr oder doch keine, die mit ihrem persönlichen Leben die Gemeinschaft aufbauen, so ist sie sicherlich keiner Zwecksetzung mehr fähig. Es ist nun die Frage, was dann überhaupt noch von der Gemeinschaft übrigbleibt. Zunächst, wie mir scheint, keinerlei Verantwortlichkeit. In einer Gemeinschaft, in der kein Einzelner verantwortlich ist, kann von einer Verantwortlichkeit der Gemeinschaft in keinem Sinne mehr die Rede sein. Es gibt hier kein freies Handeln, keine freie Selbstgestaltung mehr, sondern nur ein triebhaftes Tun, das als Träger einer Verantwortlichkeit nicht mehr in Betracht kommt.

Es ist zuzugeben, daß auch dort, wo die *freie* Geistigkeit, die Willentlichkeit und Verantwortlichkeit und damit die volle Personalität fehlt, noch ein Gemeinschaftsleben möglich ist (z. B. bei Kindern oder bei höheren Tieren). Wenn wir dieser Art von Gemeinschaft etwas prinzipiell absprechen, was Scheler ihr zugestehen will – nämlich die Verantwortlichkeit –, so müssen wir andererseits von ihr – oder richtiger: von den in ihr vereinigten Individuen – *mehr* verlangen, als Scheler anzunehmen scheint. Verständnis und Mitleben sind wohl konstitutiv für das Gemeinschaftsleben, aber sie haben nur dort einen Sinn, wo es ein sozusagen *führendes*, d. h. ein ursprüngliches und eigenes Leben gibt. Es mag sein, daß es innerhalb der Gemeinschaft Individuen gibt, die *zunächst nur* mitleben. Aber das ist nur dann möglich, wenn *andere* Individuen vorhanden sind, die durch ihr eigenes Verhalten (das kein freies, verantwortungsvolles Handeln zu sein braucht) die Richtung des Gemeinschaftslebens bestimmen.

Es scheint, daß bei der Abgrenzung von Gesamtpersonen und Lebensgemeinschaften zwei Konstituentien der Persönlichkeit nicht sorgfältig ge-

---

252 ⟨Scheler, *Formalismus*, ebd.⟩

nug auseinandergehalten wurden, die nicht notwendig miteinander verbunden sein müssen, obwohl beide vorhanden sein müssen, damit von einer
251 vollen und echten Persönlichkeit die Rede sein kann: die *freie Geistigkeit* und die *Originalität*, die Ursprünglichkeit und qualitative Individualität des Seins und Lebens. Fehlt innerhalb der Gemeinschaft die erste vollkommen, so ist sie nicht mehr als verantwortliche „Persönlichkeit" anzusehen, wohl aber noch als überindividuelle Realität mit einheitlichem, „originellem" Charakter und einheitlichem Geist. Fällt auch die Originalität fort, so ist immer noch eine Art Gemeinschaft als *unselbständige* Realität möglich, die das Zentrum ihrer einheitlichen Gestaltung nicht in sich selbst hat, sondern den in ihr herrschenden Geist z. B. einer sie umfassenden weiteren Gemeinschaft verdankt, welche nun ihrerseits selbständig sein, d. h. „führende" Individuen enthalten muß. Fehlt es aber sowohl außerhalb als innerhalb der Gemeinschaft an einem ursprünglichen Leben, das für ihren Geist bestimmend werden könnte, so hört jegliches Gemeinschaftsleben überhaupt auf.

Scheler selbst hat betont, daß in den konkreten sozialen Gebilden die verschiedenen *a priori* möglichen Typen vermischt auftreten (wir kommen auf dieses Thema noch zurück), und er hat Gesamtperson und Lebensgemeinschaft besonders nahe aneinandergerückt, indem er die Lebensgemeinschaft als den „Leib" der Gesamtperson bezeichnete.[253] Die Gesamtperson wäre hier als eine engere Gemeinschaft innerhalb der weiteren anzusehen, die den Geist der ganzen Gemeinschaft gestaltete und die Verantwortung für sie trüge. Die zweite Funktion – die der Verantwortlichkeit – kann mit der Willentlichkeit der Selbstgestaltung entfallen, ohne daß die Lebensgemeinschaft dadurch aufgehoben würde. Das Vorhandensein einer Führerschaft aber ist konstitutiv für die Gemeinschaft und ist nicht als etwas anzusehen, was nur gelegentlich einmal in einer Mischform sich findet. Zum „Leib" gehört notwendig ein inneres Leben, das ihn gestaltet.

Als Ergebnis der letzten Betrachtungen halten wir fest, daß der Typus der Gemeinschaft eine Reihe von Differenzierungen zuläßt. Als höchste Form der Gemeinschaft sehen wir die Vereinigung von lauter freien Personen an, die mit ihrem innersten „persönlichen" oder seelischen Leben vereint sind und deren jede sich für sich selbst und für die Gemeinschaft verantwortlich fühlt. Daneben stehen die Gemeinschaften, in denen nur ein Teil ihrer Glieder freie und selbständige Personen sind, den Geist der Gemeinschaft bestimmen und die Verantwortung für sie tragen (etwa ein Volk, in dem nur in
252 gewissen Kreisen ein Nationalbewußtsein lebt). An dritter Stelle wären die Gemeinschaften zu nennen, in denen es noch ein gemeinsames Leben aus

---

[253] ⟨Scheler, *Formalismus,*⟩ a. a. O., S. 424. ⟨Bonn ^{7}2000, S. 532; Scheler spricht hier vom „Gesamtleib".⟩

einem einheitlichen Geiste heraus gibt, ohne daß Personen darin leben, die ihren Geist bestimmen. Dabei sind die beiden Fälle zu scheiden: daß es zwar noch *führende* Individuen gibt, die nur keine freien Personen mehr sind, und der andere, daß es sich um Gemeinschaften ohne eigene Führung handelt – Gemeinschaften also, die nicht mehr als selbständige Persönlichkeiten anzusprechen sind. Dazu würde etwa eine Familie gehören, die ganz aus dem Geist des Volkes heraus lebte, dem sie angehört, ohne ihrem Leben eine eigene Note zu geben, oder auch in dem Stil ihres Geschlechts, den frühere Generationen geprägt haben und den sie „traditionell“ fortführt, ohne ihn sich frei anzueignen und ohne ihn mit eigenem seelischen Leben zu erfüllen. Als ein fünfter Typus wären schließlich noch die Verbände anzuführen, deren Glieder durch eine Gemeinsamkeit der äußeren Lebensumstände zu einem gemeinsamen Verhalten geführt werden, ohne daß ihnen ein einheitlicher Geist innewohnte.

ff) Vertreter des Gemeinschaftstypus und Träger des Gemeinschaftslebens

Das Verhältnis von Individuum und Gemeinschaft bedarf noch in mancher Hinsicht weiterer Klärung. Das Leben des Individuums braucht auch dort, wo es mit seiner Seele am Gemeinschaftsleben teilnimmt, nicht ganz im Leben in der Gemeinschaft und für sie aufzugehen. Es bleibt immer ein weiter Umkreis persönlichen Lebens übrig, das unabhängig ist von ihrem Gliedsein in der Gemeinschaft.[254] Es wirkt in der Person ein Trieb, „sich auszuleben“, alle in ihr angelegten Möglichkeiten zu entfalten, in aktuellem Leben zur Entwicklung zu bringen – auch soweit sie nicht im Gemeinschaftstypus vorgezeichnet sind. Dieses Ausleben kann über die Bedürfnisse der Gemeinschaft hinausgehen und ohne „Ertrag“ für sie sein. Wenn z. B. das Kind einer Kaufmannsfamilie in sich den Trieb zu künstlerischem Schaffen fühlt und Werke hervorbringt, für die innerhalb der Familie kein Verständnis vorhanden ist und die auf ihre Entwicklung ohne jeden Einfluß 253
bleiben, so löst es sich mit solchem Tun aus dem Organismus der Familie los: Es ist weder ein Tun aus dem Geist der Familie heraus noch für sie. Nun kann das, was vom Leben einer Person in einer Gemeinschaft nicht in Betracht kommt, für eine andere Bedeutung gewinnen: Es kann, soweit es sich

[254] *Simmel* drückt dieses Verhältnis von Individuum und „Gesellschaft“ (er braucht diesen Terminus nicht in unserem eingeschränkten Sinn, sondern für jede Art sozialer Verbände) dahin aus, daß der Mensch nie *innerhalb* einer Verbindung stehen könne, ohne zugleich außerhalb zu stehen. „… das Innerhalb und das Außerhalb zwischen Individuum und Gesellschaft ⟨sind⟩ nicht zwei nebeneinander bestehende Bestimmungen ⟨…⟩ – obgleich sie sich auch so, und bis zur ⟨gegenseitigen⟩ Feindseligkeit entwickeln können –, sondern ⟨…⟩ sie ⟨bezeichnen⟩ die ganz einheitliche Position des sozial lebenden Menschen ⟨…⟩.“ (*Soziologie*, S. 40 f.)

in objektiven „Werken“ niederschlägt, Gemeinbesitz des Volkes oder der Menschheit werden, oder es kann einen Einfluß auf den Geist der einen oder anderen Gemeinschaft üben und damit auf die Entwicklung ihres Charakters und den weiteren Verlauf ihres Lebens. Als Grenzfall ist aber ein individuelles Leben denkbar, das für keine Gemeinschaft einen Ertrag bringt, weder an Werken noch an bestimmenden Einflüssen: eine Persönlichkeit, die z. B. wissenschaftliche Forschungen treibt, ohne irgendjemanden daran teilnehmen zu lassen und irgendwelche Ergebnisse mitzuteilen; oder die eine neue Fähigkeit des ästhetischen Genießens in sich ausbildet, ohne etwas davon nach außen merklich werden zu lassen, so daß sie „vorbildlich“ in der Gemeinschaft wirken könnte. Der entgegengesetzte Grenzfall wäre ein individuelles Leben, das sich im Wirken für die Gemeinschaft erschöpfte, das Leben eines Menschen, der ganz darin aufginge, Träger des Gemeinschaftslebens zu sein.

Was das heißt: Träger des Gemeinschaftslebens sein – das werden wir noch besser verstehen, wenn wir die Zusammenhänge zwischen individuellem und Gemeinschaftsleben noch einmal vom Standpunkt des letzteren aus betrachten. Es gibt einen Bereich individuellen Lebens (gleichgültig, ob es auf typische Weise verläuft oder nicht), der nicht nur – wie wir bereits feststellten – ohne Einfluß auf das Gemeinschaftsleben bleibt, sondern auch von dessen Verlauf nicht betroffen wird. Ein Krieg z. B. ist ein Ereignis im Leben eines Volkes; während er sich abspielt, geht ein Teil des individuellen Lebens ganz ungehindert seinen Gang weiter, die Menschen gehen zum Teil ungestört ihren Geschäften nach, haben Freude an Natur und Kunst, treten zu anderen Menschen in Beziehung usw. Sodann machen sich die Schicksale der Gemeinschaft im Leben des Einzelnen geltend, er muß seinen Beruf aufgeben und ins Heer eintreten, er verliert liebe Angehörige, Entbehrungen aller Art werden ihm auferlegt – kurz sein Leben nimmt einen ganz anderen Verlauf, als es der Fall wäre, wenn er nicht der Gemeinschaft angehörte, es ist von dem ihren abhängig. Aber die Gemeinschaft tritt hier noch als Umwelt dem Individuum gegenüber, die Ereignisse des Gemeinschaftslebens wirken
254 als äußere Umstände auf den Verlauf des individuellen Lebens ein. Davon zu unterscheiden ist der Fall, wo das Individuum *als* Glied der Gemeinschaft ihr Leben selbst erlebt, ihre Schicksale als das auffaßt, was sie für das Ganze bedeuten (den Krieg z. B. als Kampf um die Existenz des Volkes) und so dazu Stellung nimmt, wie es seine Funktion im Organismus erfordert (etwa voll bewußt seinen Dienst als Soldat, als Arbeiter in der Produktion der für das gemeine Interesse nötigen Vorräte, als leitender Staatsmann usw. versieht). Nur soweit das Leben der Personen diese letzte Form annimmt, sind sie Träger des Gemeinschaftslebens. (Sie sind es auch dann, wenn sie die Bedeutung, die den Ereignissen und ihrem eigenen Tun im Leben der Gemeinschaft zukommt, unvollkommen oder auch ganz falsch auffassen – wie sich

ja auch die individuelle Person der Tragweite ihrer Erlebnisse im Zusammenhang ihres individuellen Lebens nicht bewußt zu sein braucht.)

Es muß betont werden, daß nicht alle Individuen, die einer Gemeinschaft angehören, „Träger“ in diesem Sinne zu sein brauchen. Viele können am Gemeinschaftsleben teilnehmen und ihren Typus repräsentieren, ohne zu ihr selbst ein lebendiges Verhältnis zu haben. Bei den Gemeinschaften, die auf Grund positiver Gesinnungen der sie bildenden Individuen erwachsen sind (einem Freundschaftsbund, einer Ehe), wird das nicht vorkommen, wohl aber bei solchen, die sich nur auf der Basis eines gemeinsamen Lebens entwickeln. In einem Volke können Unzählige leben, die seinen Stempel tragen, die sich ihm aber nicht zugehörig fühlen und seine Schicksale nicht miterleben. Das besagt durchaus nicht, daß ihr Leben bedeutungslos für die Gemeinschaft sei, daß sie für sie nichts leisten. Sie macht sich ihre Arbeit zunutze, sie stellt sie in den Gesamtbetrieb ihres Lebens mit ein, ohne daß sie selbst sich als Glieder fühlen. Wären aber alle Angehörigen einer Gemeinschaft von dieser Art, so wäre sie kein Organismus, keine „Persönlichkeit“, die aus einer Seele heraus lebt, sondern nur ein Scheinbild davon ohne jegliche Konstanz, das in sich zusammenfallen muß, sobald die „Gelegenheit“ entschwindet, die um eine Mehrheit von Personen ein Band schlingt, ohne sie innerlich zu verknüpfen.

Der „Kern“ einer Gemeinschaft, aus dem heraus sich ihr Charakter gestaltet und der ihr dauerndes Sein verbürgt, – das sind die Träger des Gemeinschaftslebens, bzw. ihr persönliches Sein, soweit es der Gemeinschaft gewidmet ist. Je mehr Träger eine Gemeinschaft stützen und je weiter ihre Hingabe an sie reicht, um so fester ist ihr Bestand, um so sicherer ihr Auftreten nach
außen. Ein einziger starker Führer kann ausreichen, um eine Gemeinschaft 255
zusammenzuhalten und ihr seinen Stempel aufzudrücken. Aber wenn er allein die Seele des Ganzen ist, dann fällt es mit seinem Ausscheiden auseinander oder hält doch nur rein äußerlich noch zusammen wie jene Gelegenheitsbildungen, um beim ersten Anstoß, der es bedroht, zusammenzubrechen. (Von hier aus wäre m. E. Verständnis zu gewinnen für das Verhältnis von *Staat*, *Volk* und *Nation*, sowie für die möglichen Staatsformen in ihrer Beziehung zur Struktur der Gemeinschaft, die in sie eingeht.)

Es ist auch möglich, daß sich innerhalb einer Gemeinschaft eine Mehrheit von Trägern findet, deren seelisches Sein nicht zusammenstimmt und in der Einheit eines Charakters nicht verträglich ist, wie es sein muß, wenn es sich im Gemeinschaftsleben auswirken soll. Der Konflikt, der damit gegeben ist, kann in der Weise zum Austrag kommen, daß die Gemeinschaft im Verlauf ihrer Entwicklung sich spaltet, in eine Mehrheit von Gemeinschaften auseinanderbricht (ich denke etwa an die Spaltung von Parteien oder Religionsgemeinschaften). Es kann aber auch sein, daß einer oder der andere sich mit seinem seelischen Sein vom Gemeinschaftsleben zurückzieht, um eine Spaltung zu verhüten. Er wird ihr Schicksal dann noch innerlich erleben, aber nicht mehr gestaltend darauf einwirken, wird weiterhin Träger ihres Bestandes sein, aber ihr nicht mehr seinen Stempel aufprägen. Es ist möglich, daß er auch noch weiter *als* Glied der Gemeinschaft tätig ist, aber nicht mehr aus seiner Seele heraus, sondern aus dem Geiste, der in der Gemeinschaft der herrschende ist.

Das Zugehörigsein zu einer Gemeinschaft kraft der typischen Struktur des Charakters braucht mit dem Leben als Organ dieser Gemeinschaft nicht notwendig verbunden zu sein. Wir haben gesehen, daß jemand den Typus einer Gemeinschaft vertreten kann, ohne ihr Träger zu sein. Es kann auch das umgekehrte der Fall sein: daß jemand Träger eines Gemeinschaftslebens ist, ohne die typische Struktur zu besitzen. Die Fremdheit gegenüber dem Gemeinschaftstypus kann zwar eine Loslösung des einzelpersönlichen Lebens von dem ihren motivieren; es ist aber auch durchaus möglich, daß jemand in einer Gemeinschaft lebt und für sie wirkt, als ihr Organ funktioniert, trotzdem er ihr nichts von seinem Seinsbestande verdankt, keinen der Charakterzüge aufweist, die für sie typisch sind. Und es ist andererseits möglich, daß man aufhört, in einer Gemeinschaft und für sie zu leben und doch mit seinem Seinsbestande ganz in ihr verwurzelt bleibt: ein losgelöstes
256 Glied, das seine Herkunft nicht verleugnen kann, obwohl es aus dem Gesamtorganismus ausgeschieden ist und ihm nicht mehr dient. Eine völlige Aufhebung des Zusammenhanges zwischen Individuum und Gemeinschaft ist erst dann eingetreten, wenn die Loslösung in *beiden* Beziehungen stattgefunden hat.

e) Mischformen von sozialen Verbänden

Wir haben die verschiedenen Arten von sozialen Verbänden zunächst getrennt behandelt, haben aber bereits betont, daß Zusammenhänge zwischen ihnen bestehen. In Wirklichkeit treten sie fast nie in Reinheit auf, wir haben es vielmehr meist mit Entwicklungen verschiedenartiger Verbände aus einander und mit Mischformen zu tun. Eine „natürliche" Verbundenheit als mehr oder minder weitgehende Gemeinsamkeit des psychischen bzw. personalen Seinsbestandes – das haben wir schon festgestellt – ist Voraussetzung alles aktuellen Verkehrs und damit aller aktuellen Einheitsbildung. Wie weit und wie tief diese Gemeinsamkeit in die personale Struktur eingreift, davon hängt die Art der Einheitsbildung ab. Daß sich Gemeinschaften auf der Grundlage des aktuellen Verkehrs entwickeln (und ihn notwendig als Grundlage ihrer Entwicklung voraussetzen), das wissen wir schon: Indem z. B. eine Gruppe von Individuen sich bei derselben Beschäftigung zusammenfindet, lernen sie diese Beschäftigung als „ihre gemeinsame Sache" ansehen und betreiben; auf Grund der besonderen Eigenart der Einzelnen übernehmen die einen diese, die anderen jene Teilarbeit und werden so zu „Organen" des Ganzen. Dabei üben jene „gemeinsame Sache" und das Zusammenleben der so und so gearteten Individuen einen solchen Einfluß auf die Entwicklung der Einzelnen, daß sich ein Gemeinschafts*typus* entwickelt, den die Einzelpersonen verkörpern, und zugleich entfaltet die Gemeinschaft als Ganzes einen *Charakter*, der in der Eigenart der Einzelnen gründet: und zwar speziell derer, die besonders „ausgeprägte Persönlichkeiten" sind und sich mit ihrem seelischen Sein der Gemeinschaft hingeben.

Auf derselben Grundlage kann aber auch eine Gesellschaft entstehen, indem die zunächst zufällige Verbundenheit zu einem Zweck durch einen spontanen Akt des Zusammenschlusses in eine willkürliche verwandelt wird. Wir wissen bereits, daß es sich dabei nicht um eine reine Gesellschaft handelt, sondern daß das Zusammenleben innerhalb einer Gesellschaft irgendwelche Gemeinschaftsbeziehungen der ihr angehörigen Individuen voraussetzt und sie darüber hinaus evtl. zu einer *neuen* Gemeinschaft verwachsen läßt, ohne daß die Gesellschaft als solche aufhört zu bestehen (der Schulklasse z. B. mit ihrem willkürlich gesteckten Ziel – der Erreichung des 257
bestimmten „Pensums" – und ihren im Dienst des Zweckes willkürlich geschaffenen Funktionsformen („Einrichtungen") steht gegenüber die Klasse als allmählich erwachsene Lebenseinheit von eigentümlichem Charakter und Typus). – Umgekehrt ist es auch möglich, daß Gemeinschaften im Laufe ihrer Entwicklung gesellschaftliche Formen annehmen, zugleich aber den Charakter der Gemeinschaft beibehalten. Freundschaft und Ehe sind Gemeinschaften, die auf Grund einigender Gesinnungen erwachsen. Man spricht aber zugleich davon, daß sie „geschlossen" werden, d. h. daß die unwillkürlich sich herausbildende Lebensgemeinschaft in einer eigenen Willenserklärung anerkannt und als Zweck gesetzt wird. Ebenso können die „natürlich" entstandenen Funktionen des Gemeinschaftslebens von ihren individuellen Trägern gesondert zum Bewußtsein gebracht und durch einen Willensakt als gesellschaftliche Einrichtung gleichsam neu geschaffen werden. So tritt an Stelle des „geborenen" Volksführers das Führer„amt" im Staate, das nach ebenfalls willkürlich gewählten Formen „besetzt" wird. Und die gesamte natürlich erwachsene „Organisation" des Volkslebens wird zur Staatsverfassung, d. h. zu einem starren Formensystem, das durch planmäßige Bearbeitung der Individuen mechanisch abgeändert wird. Es besteht natürlich die Möglichkeit, daß diese willkürlich geschaffenen Formen dem Gemeinschaftsleben und seinen Bedürfnissen nicht angemessen sind und es in seinem natürlichen Ablauf hemmen und beengen oder daß sich keine geeigneten Träger dafür finden. Die Willkürtätigkeit kann sich aber auch darauf beschränken, die jeweiligen Ergebnisse der natürlichen Fortbildung der Organisation „anzuerkennen" (in die Verfassung aufzunehmen). Und es ist schließlich auch denkbar, daß künstliche Formen dem Gemeinschafts-

leben so angepaßt sind, „als ob“ sie aus ihm erwachsen wären: dann nämlich, wenn die Individuen, deren Tätigkeit sie ihr Dasein verdanken, ein intuitives Bewußtsein von der Eigenart, dem Leben und den Entwicklungstendenzen ihrer Gemeinschaft haben und auf Grund dieser Kenntnis die Formen gestalten.

Nach *Simmel* verläuft das Leben der Gesellschaft *so, „als ob* jedes Element für seine Stelle in diesem Ganzen vorherbestimmt wäre [...] Daß jedes Individuum durch seine Qualität von sich aus auf eine bestimmte Stelle innerhalb seines sozialen Milieus hingewiesen ist: daß diese ihm individuell zu-
258 gehörige Stelle auch wirklich in dem sozialen Ganzen vorhanden ist – das ist die Voraussetzung, von der aus der Einzelne sein gesellschaftliches Leben lebt und die man als den Allgemeinheitswert der Individualität bezeichnen kann.“[255] „[...] so weit es (das Individuum)[256] dieses Apriori nicht realisiert oder realisiert findet, *ist* es eben nicht vergesellschaftet.“[257] – Was *Simmel* hier zeichnet, ist das *Idealbild* von Gesellschaft und Gemeinschaft, an dem man die Vollkommenheit der faktischen sozialen Verbände messen kann; daß ihr Leben in diesem Stil verliefe, kann man keineswegs behaupten. Ja es ist fraglich, ob man das Postulat der vollkommenen Eingepaßtheit aller Elemente in das soziale Ganze als „apriorische Voraussetzung“ des sozialen Lebens bezeichnen darf. Zwei Umstände sind dabei zu berücksichtigen: 1. die Tatsache (die Simmel selbst an einer früher zitierten Stelle[258] aufs klarste hervorgehoben hat), daß die individuelle Person niemals ganz im sozialen Leben aufgeht, sondern immer ihre „Intimsphäre“[259] (in Schelers Ausdruck) behält; 2. die Möglichkeit der Unangemessenheit einer Person an die soziale Funktion, die sie übernommen hat.

Erwägen wir zunächst den ersten Gesichtspunkt. Wenn das vollkommene Aufgehen in der Sozialität etwas *prinzipiell* Unerreichbares ist, so wird man auch die Verbände, die hinter dieser Forderung zurückbleiben, nicht als „unvollkommene“ bezeichnen können. Tatsächlich ist die Forderung auch von der Idee der *Gesellschaft* aus als ungerechtfertigt zurückzuweisen. Die Gesellschaft verlangt von ihren Elementen nur, daß sie eine Funktion übernehmen, die zur Erreichung des ihr konstitutiven Zweckes beiträgt – sie erhebt keinen Anspruch auf ihr ganzes inneres Sein. Anders liegt die Sache

---

[255] A. a. O., ⟨*Soziologie*, Exkurs über das Problem: Wie ist Gesellschaft möglich?⟩ S. 43.
[256] ⟨Klammer eingefügt von E. Stein.⟩
[257] Ebd., S. 44.
[258] ⟨Simmel, *Gesammelte Werke* 2, S. 27: „Das A Priori des empirischen sozialen Lebens ist, daß das Leben nicht völlig sozial ist.“⟩
[259] ⟨Scheler unterscheidet intime Person, „wie sie sich und sich selbst ausschließlich erlebt“ und soziale Person, d. h. „sofern sie sich als Subjekt irgendwelcher sozialer Akte erlebt und erlebt weiß, die sich auf andere Personen beziehen“, *Formalismus*, Bonn [7]2000, S. 493. Vgl. auch ad 5. „Intime Person und soziale Person“, S. 548 ff.⟩

bei der *echten Gemeinschaft*. In ihr bzw. in den Individuen, die ihr angehören, lebt ein Streben, über sich selbst hinaus und zu einer vollkommenen Vereinigung zu gelangen. Vor ihr steht das Bild einer *vollkommenen* Gemeinschaft, das durch keine irdische Gemeinschaft erreicht werden kann – und zwar nicht zufällig, sondern prinzipiell nicht –, deren Möglichkeit aber auf Grund dessen, was innerhalb der irdischen Gemeinschaften an Überwindung der absoluten Einsamkeit geleistet werden kann, einsichtig wird. Jeder irdischen Gemeinschaft haftet somit eine innere Unvollkommenheit an und ein Streben über sich selbst hinaus.

Von *dieser* Unvollkommenheit ist die Unvollkommenheit in der Verteilung der sozialen Funktionen, die Simmel im Auge hat, durchaus zu scheiden. Auch hier bestehen noch verschiedene Möglichkeiten. Wenn ein Individuum für die Gaben, die es prinzipiell für eine Gemeinschaft fruchtbar 259
machen könnte, in *der* Gemeinschaft, der es „zufällig" angehört, keinen Boden findet, so ist das eine faktische Unvollkommenheit dieser Gemeinschaft, die nicht alle in ihr ruhenden Kräfte auszunützen vermag, aber kein prinzipielles Gebrechen, das ihr *als* Gemeinschaft anhaftet. Man kann hier in der Tat sagen, daß die „Vergesellschaftung" (in Simmels Sinn) noch nicht genügend weit fortgeschritten ist, d.h. daß die Gemeinschaft noch nicht das erreicht hat, was sie prinzipiell erreichen könnte, denn zu ihrem „natürlichen" Entwicklungsgange gehört es eigentlich, alles zur Entfaltung zu bringen, was in ihr schlummert. – Schwieriger liegen die Verhältnisse bei der Verteilung der *gesellschaftlichen* Funktionen (Gesellschaft in unserem Sinne verstanden). Für die vollkommene Gesellschaft ist zweierlei erforderlich: daß ihre Funktionen und Einrichtungen ihrem Zweck vollkommen angemessen sind und daß es Individuen gibt, die diese Funktionen vollkommen erfüllen können. Eines ist mit dem anderen noch nicht ohne weiteres gegeben. Die vollkommenste Organisation – im Hinblick auf das zu erreichende Ziel – kann aus Mangel an geeignetem Menschenmaterial versagen. Andererseits braucht die mit Rücksicht auf die zur Verfügung stehenden personalen Kräfte zweckmäßigste Organisation keineswegs die – absolut genommen – beste zu sein. In beiden Fällen entspricht die Gesellschaft dem Ideal der Vollkommenheit nicht. Aber weder in einem noch im anderen Falle kann man sagen, daß die Individuen so weit noch nicht vergesellschaftet sind, als der Abstand vom Ideal beträgt. Die unvollkommene Gesellschaft ist darum nicht im minderen Grade Gesellschaft. Die „Harmonie" zwischen „Individuum und Gesellschaft", die Simmel im „Beruf" ausgeprägt findet, ist nicht conditio sine qua non der Gesellschaft. Fehlte es allerdings überhaupt an Individuen, die geeignet wären, in irgendeiner Form den Zwecken der Gesellschaft zu dienen, dann könnte sie in der Tat nicht existieren. Ist aber die Sachlage nur so, daß sich die bestmögliche Organisation nicht verwirklichen läßt oder daß die gesellschaftlichen Funktionen nicht die Formen sind, in denen sich die

persönliche Eigenart der Individuen am besten ausleben kann, so haben wir es zwar mit einer – am Ideal gemessen – unvollkommenen, aber keineswegs mit einer rudimentären Gesellschaft zu tun. Jene „Harmonie“ ist kein Konstituens der Gesellschaft und die geschilderten Gebrechen sind in der Struktur der Gesellschaft zwar nicht als notwendig, aber doch als prinzipiell möglich vorgezeichnet.

260 In den Mischformen von Gemeinschaft und Gesellschaft, die wir betrachteten, ist die Gefahr einer Unangemessenheit der individuellen Person und ihrer sozialen Funktion um so größer, je mehr sie Gesellschaft sind. Jene andere sozusagen konstitutive Unvollkommenheit aber, das Zurückbleiben hinter dem Ideal der absoluten Einigung, kann nur dann hervortreten, wenn der soziale Verband den Charakter einer echten Gemeinschaft hat.

Aus eine besondere Mischform ist die „Gesellschaft“ in einem von der hier festgelegten Bedeutung des Wortes erheblich abweichenden Sinne anzusehen: in dem Sinne der Gesellschaft, zu der man gehört oder nicht gehört, gegen deren Formen man verstößt, usw., d. h. der „oberen Zehntausend“, die sich innerhalb größerer Gemeinschaften als ein geschlossener Kreis absondern. So hat jede Stadt, jedes Land, jede überstaatliche Kulturgemeinschaft ihre „Gesellschaft“. Diese „Gesellschaft“ weist manche wesentliche Züge der Gemeinschaft auf: Man findet sich in ihr „von selbst“ zusammen, sie wird nicht planmäßig begründet, und zwar ist die Basis dafür eine innere Zusammengehörigkeit. Zwar ist die Zugehörigkeit zur „Gesellschaft“ an eine gewisse „gesellschaftliche Position“ gebunden, d. h. an eine bestimmte Stellung innerhalb der Gesellschaft (im anderen Sinne des Wortes). Aber diese Bildung beruht auf der stillschweigenden Voraussetzung, daß die gesellschaftlichen Positionen nur von Personen ausgefüllt werden können, die ihrer inneren Struktur nach zur „Gesellschaft“ gehören, und daß demnach diese Positionen die Gewähr dafür bieten, daß ihr Inhaber die erforderliche innere Struktur besitzt. Gerät er *nur* vermöge seiner Position in die „*Gesellschaft*“ hinein, ohne diese Struktur zu besitzen, so fügt er sich ihr niemals organisch ein, sondern bleibt immer ein störender Fremdkörper darin.

Wir haben ein in mancher Hinsicht analoges soziales Gebilde schon einmal flüchtig erwähnt: die „Masse“ im Sinne der breiten Volksschichten. Auch hier haben wir eine innere Gemeinsamkeit, auf Grund deren man sich zusammenfindet, und eine soziale Stellung, die mit der inneren Struktur der Individuen und ihrer Zugehörigkeit zur „Masse“ zusammenhängt. „Gesellschaft“ wie „Masse“ sind „Klassen“, in denen sich die Individuen innerhalb einer größeren Gemeinschaft zusammenfinden und andererseits schichtenartig voneinander absondern.[260]

[260] Wir nennen diese beiden Klassen nur als Beispiele der sozialen Schichtung. Prinzipiell kann die Schichtenbildung weitergehen.

Simmel hat in seiner Soziologie Betrachtungen darüber angestellt, welche 261
Bedeutung die *Zahl* der zugehörigen Individuen für die ganze Struktur eines sozialen Gebildes hat.[261] Bei der sozialen Schichtung ist es wesentlich, daß sich *wenige* in der „Gesellschaft“ und daß sich ihnen gegenüber die „große Masse“ zusammenfindet. Der Absonderungscharakter liegt dabei mehr auf seiten der „Gesellschaft“ als der Masse. Zwar ist auch die „Masse“ in sich geschlossen und homogen und behandelt jeden, der in sie hineingerät, ohne innerlich zu ihr zu gehören, als Eindringling. Und in der Kampfstellung des klassenbewußten Proletariats zieht sie selbst den scharfen Trennungsstrich nach außen. Aber für ihr eigenes, inneres Leben spielt das Ausgeschlossensein der anderen keine Rolle. Zur „Gesellschaft“ dagegen gehört es, „exklusiv“ zu sein, das Ausgeschlossensein der anderen ist ein Element in ihrem *inneren* Zusammengehörigkeitsgefühl; „nous autres“ ⟨frz. wir anderen⟩ ist dafür der ädaquate Ausdruck. Wie in allen ausgebildeten Gemeinschaften, so gibt es auch in den Klassen bestimmte Formen des Lebens und Zusammenlebens, in denen sich ihre Eigenart ausprägt und durch die sich die Individuen als ihr zugehörig erweisen. Aber diese Lebensformen („gesellschaftliche Formen“, Sitten, Bräuche) spielen in „Masse“ und „Gesellschaft“ 262
eine ganz verschiedene Rolle. Das naive, ungebändigte Leben des Individuums spielt sich voll und ungekürzt im Rahmen der „Masse“ ab. Fügt es sich den vorgebildeten Formen ein, so verläuft es in ihren Bahnen; und das ist die Regel, weil die Formen im allgemeinen weit genug sind, um das ganze

[261] In dem Kapitel „Die quantitative Bestimmtheit der Gruppe“ ⟨S. 47–133; *Gesammelte Werke* 2, S. 32–100⟩. Das Thema verdiente eine eigene Bearbeitung. Simmels Ausführungen sind überaus anregend, lassen aber eine weiterführende Behandlung zu und bedürften auch im einzelnen noch sehr der Nachprüfung. So dürfte – um nur ein Beispiel zu geben – die gewagte These, daß das Niveau eines Verbandes mit der Zahl seiner Elemente notwendig sinke, einer kritischen Erwägung kaum standhalten. Wohl läßt sich manches dafür ins Feld führen, daß nur die niedersten Regungen großen Massen von Individuen gemeinsam sein können. Doch ist hier zunächst zu fragen, wie weit in solchen Fällen bloße „*Ansteckkung*“ und wie weit echte *Gemeinsamkeit* vorliegt. Und andererseits: bedenkt man, welchen Umfang gerade ganz tiefgreifende Bewegungen – nationale und religiöse – annehmen können, so wird man doch zu der Vermutung gedrängt, daß die Einigung in den tieferen Schichten nur nicht so *leicht* erfolgt wie in den peripheren und machtvollerer Impulse bedarf, dann aber um so fester und inniger wird, selbst wenn sie weite Kreise erfaßt. – Ein weiteres hierher gehöriges Problem von großer Tragweite ist es, welche Zahl von Elementen aus einem Verbande ausscheiden kann, ohne seine Existenz zu gefährden. Simmel berührt diese Frage, wo er von der besonderen Eigentümlichkeit der Zweiergruppen spricht (a.a.O., S. 81 ⟨; *Gesammelte Werke* 2, S. 55–75; besonders S. 59⟩). Bei ihnen würde „der Austritt jedes Einzelnen das Ganze zerstören“, und das gibt ihnen, so meint er, den Stempel der Endlichkeit, während jede andere Gruppe Ersatz und darum endlose Dauer zuläßt. So einfach scheint mir indes die Sachlage keineswegs. Es gibt auch bei größeren Gemeinschaften – z.B. bei Völkern – ein Ende, das darauf beruht, daß die Zahl der ihnen innerlich angehörigen Individuen zu klein wird, um das Ganze zu tragen. Es wäre nötig, diese Verhältnisse näher zu untersuchen.

Leben in sich zu fassen. Durchbricht es die Formen, verletzt es Sitte und Brauch, so rächt sich das an dem Individuum, ohne daß der Gemeinschaft dadurch Abbruch geschähe. Die Existenz der Gesellschaft ist an die Wahrung der Form gebunden, wer sie durchbricht, der stellt sich damit außerhalb der „Gesellschaft". Die Formen der „Gesellschaft" bilden ein kompliziertes Kunstwerk (ohne planmäßig geschaffen zu sein), und das Leben in diesen Formen ist ein Spiel von ästhetischem Reiz. Dieses kunstvolle und vielverzweigte Formensystem verträgt nicht den ganzen Reichtum des individuellen Lebens und der menschlichen Beziehungen. Es ist genau abgegrenzt, was im Rahmen der „Gesellschaft" möglich ist und was in ihr vermieden werden muß, wenn sie nicht zugrunde gehen soll. Und der Spielcharakter des Gesellschaftslebens verträgt sich nicht mit dem Ernst und der Schwere des ungebändigten persönlichen Lebens. Gesellschaftsleben ist Lebenskunst, eine Methode, sich von der Schwere des Daseins freizumachen. Es ist durchaus nicht gesagt, daß jeder, der zur „Gesellschaft" gehört, im Gesellschaftsleben aufgehen müßte. Das gesellschaftliche Leben baut sich vielmehr auf dem Grunde eines unterirdischen, ungebändigten und ungekürzten Lebens auf, und unter der Decke der spielenden und stilisierten menschlichen Beziehungen kreuzt sich ein Gewirr von ursprünglichen und naiven Beziehungen, die innerhalb der „Gesellschaft" unmöglich wären. Die Notwendigkeit, seine ursprünglichen Lebensimpulse zurückzudämmen und Kontrolle über sie zu üben, nimmt der „Gesellschaft" die naive Gemeinschafts-Einstellung und scheint ihre Haltung an die Gesellschafts-Einstellung heranzurücken. Der andere ist hier zwar weder theoretisches Objekt, das man studiert, noch praktisches Objekt, das man benutzt, wohl aber ästhetisches Objekt, das man genießt. Diesem ästhetischen Objekt steht man freilich nicht betrachtend gegenüber wie einem Gemälde, sondern die eigene Person und ihre Beziehungen zu den anderen, kurz: das Ganze des gesellschaftlichen Lebens, in dem die Subjekte miteinander vereint sind, wird genossen.[262] Es ist ein
263 Schauspiel, in dem man zugleich Schauspieler und Publikum ist (n.⟨ota⟩ b.⟨ene, lat. übrigens⟩ ohne daß man dazu notwendig eine fremde Maske vorzunehmen braucht; es genügt vollständig, daß man sich selbst spielt). Damit hängt zusammen, daß man in der Gesellschaft die anderen und sich selbst immer bildhaft gegeben hat; man lebt nicht naiv, sondern sieht sich mit den Augen der anderen und stimmt sein Verhalten darauf ab, daß das Bild der eigenen Person sich harmonisch in den Rahmen des Ganzen einfügt. Darin liegt eine Objektivierung der Personen – der fremden wie der

[262] Besonders deutlich zeigt sich der ästhetische Charakter der „Gesellschaft" in den „Gesellschaften" (im Sinne von Festlichkeiten). Sie sind ein Beisammensein von Mitgliedern der „Gesellschaft" mit dem Zweck, dies Beisammensein zu genießen.

eigenen –, die es verständlich macht, daß dieses soziale Gebilde, trotz der Gemeinschaftszüge, die es aufweist, den Titel „Gesellschaft“ erhalten hat.

Entsprechend läßt es sich verständlich machen, daß für die untere Volksschicht der Ausdruck „Masse“ üblich geworden ist, obwohl wir Grund haben, auch sie als Gemeinschaft in Anspruch zu nehmen. Den anderen in irgendeiner Form zum Objekt zu machen ist eine der „Masse“ durchaus fremde und ungewöhnliche Einstellung. Das Bild, das man voneinander hat, spielt eine ganz geringe Rolle, man lebt in erster Linie sich selbst aus und verschwindet dabei unter der Menge der anderen. Die Anzahl spielt für diesen Unterschied von „Masse“ und „Gesellschaft“ wieder eine Rolle. Die „Gesellschaft“ – das sind die wenigen, deren Leben sich vor den Augen der ganzen Gemeinschaft (nicht bloß ihrer eigenen Klasse, wenn das auch in besonderem Maße) abspielt. Als Glied der „Masse“ lebt man anonym. An einem Verständnis füreinander und einem Miteinanderleben, wie es für die Gemeinschaft wesentlich ist, fehlt es innerhalb der Masse keineswegs. Aber es herrscht doch ein so weitgehendes Beschlossensein in sich selbst, ein Aufgehen im eigenen Erleben, daß neben dem echten Gemeinschaftsleben die Phänomene der bloßen Ansteckung einen breiten Raum einnehmen, die wir mit Scheler als Charakteristikum der Masse in dem früher festgelegten Sinne annahmen.[263]

Die soziale Schichtung kehrt in allen Gemeinschaften eines bestimmten Typus wieder, und es liegt im Wesen der Klassen, diese Gemeinschaften zu durchschneiden und Individuen aus verschiedenen Gemeinschaften in sich zu vereinen: „Gesellschaft“ wie „Masse“ (Proletariat) sind international. Je stärker der Zusammenhang innerhalb einer der sich schneidenden Gemeinschaften ist, desto mehr wird der der anderen gelockert. Diese Rivalität zwischen Gemeinschaften, die einander schneiden, besteht nicht zwischen 264
Gemeinschaften, deren eine die andere *umfaßt*. Lokalpatriotismus und Staatsbürgertum, Nationalismus und Kosmopolitismus *brauchen* einander nicht entgegenzuwirken, weil hier die engere Gemeinschaft sich als Ganzes und ungespalten der weiteren eingliedern kann, während bei Gemeinschaften, die sich schneiden, die eine Spaltungen im Innern der anderen hervorruft.

f) Die sozialen Typen

Von sozialen *Typen* ist in den letzten Betrachtungen ständig gesprochen worden.[264] Der Sinn dieser Rede muß noch etwas klarer auseinandergelegt werden, als es bisher geschehen konnte.

Alle Erlebnisse – so fanden wir – haben, unbeschadet ihrer absoluten

---

263 ⟨Vgl. Anm. 166; Scheler, *Formalismus*, 405; Bonn 72000, S. 515.⟩

264 ⟨Vgl. dazu *AMP*, S. 138 ff.⟩

Individualität, ein allgemeines Wesen, das ihnen zu „entnehmen“ ist und das in einer Vielheit individueller Erlebnisse wiederkehren kann. Dabei gibt es innerhalb der Wesensallgemeinheit noch verschiedene Allgemeinheitsstufen, eine Scheidung in Gattungen und Arten. Es gibt z. B. gegenüber den vielen individuellen Wahrnehmungen eines bestimmten Dinges D ein Wesen „Wahrnehmung von D“, zu dem „Dingwahrnehmung“ und „Wahrnehmung überhaupt“ als übergeordnete Gattungen gehören.

Was hier ganz allgemein von Erlebnissen gesagt ist, das gilt natürlich auch für die Stellungnahmen von Personen zueinander. Auch Zuneigung und Abneigung haben abgesehen von ihrer schlechthinnigen Eigenart ein allgemein faßbares Wesen, und dem entspricht am Gegenstand des Aktes, der betreffenden Person, eine allgemeine Form, der sie sich einfügt: eben das, was wir „Typus“ – in einem ersten Sinne – nennen, z. B. der Typus „Freund“ oder „Feind“, „Herr“ und „Knecht“, „Genosse“ u. dgl. Zu dieser Art Typen gehören auch die Funktionsformen und Organe von Gesellschaft und Gemeinschaft. Sie gehören nicht mit zum Seinsbestand der Personen (wie allgemeine Charakterzüge), sondern sind eben Formen, die von den Personen (zeitweilig oder dauernd) ausgefüllt werden. Doch kann nicht eine jede Person in jede beliebige Form eingeben, sondern es ist in ihrem Seinsbestande begründet, welche Formen sie ausfüllen kann.

Es ist ferner eine Eigentümlichkeit der „sozialen“ Akte[265] (im weitesten Sinne), daß sie neue Gegenständlichkeiten erwachsen lassen: Beziehungen zwischen Personen wie Freundschaft, Feindschaft, Kameradschaft, Herrschaft u. dgl.; und diese zeigen ebenso wie die Quelle, der sie entspringen, eine individuelle und eine typische Seite. Diese Typen haben ferner einen
265 Einfluß auf das Verhalten der in sie eingehenden Individuen, das durch sie auf typische Weise motiviert wird. Schon die aller-allgemeinste Form sozialer Beziehungen – das bloße Zusammensein von Personen – bedingt eine Abwandlung des gesamten Erlebnisverlaufs gegenüber dem einsamen Seelenleben. Sobald ich mir der Anwesenheit einer Person bewußt bin – ja sogar der bloßen Existenz von Personen, die von mir und meinem Tun Kenntnis haben könnten –, handle ich bewußtseinsmäßig unter den Augen eines „Zuschauers“[266], der mich und mein Tun (äußeres wie inneres) auffaßt, betrachtet, nach den verschiedensten Richtungen hin bewertet und beurteilt, und eines „Genossen“ (im allerweitesten, in der Struktur der Person als solcher begründeten Sinne), der sich an meinem Leben beteiligen kann. Dieses Leben unter den Augen eines anderen ist ein modifiziertes gegenüber dem „naiven“ Dahinleben, ohne daß die Rücksicht auf ihn eine irgendwie beab-

[265] ⟨Vgl. Anm. 58.⟩
[266] ⟨Vgl. Anm. 244.⟩

sichtigte zu sein brauchte: Es gibt Verhaltungsweisen, die sich in Gegenwart anderer „ganz von selbst verbieten" oder auch „ganz von selbst verstehen". *Daß* eine solche Modifikation eintritt, ist im Typus „Zuschauer" oder „Genosse" und in dem des „Zusammenseins" beschlossen. Welcher *Art* diese Modifikation ist, das ist im Wesen der Person als solcher begründet und ist kein Typus im bisherigen Sinne, keine Form, in welche die individuelle Person eingeht, sondern ein Konstituens ihres eigenen Seinsbestandes.

Wie die allgemeinste Form des sozialen Zusammenseins, so hat jeder besondere Typus einen in seinem eigenen Sinnesgehalte beschlossenen motivierenden Einfluß auf das Verhalten der Individuen. Jeder Mensch stellt sich unter verschiedenen „Aspekten" dar, je nach den typischen sozialen Verhältnissen, in denen er sich befindet. Meinem „Herrn" gegenüber bin ich gefügig, gegen meinen „Knecht" gebieterisch usw. Jede Situation, in der ich mich befinde, ist ein Sinnganzes, dem sich mein Verhalten einzufügen hat. Das ist vernunftmäßiges Handeln, und jedes Betragen, das dem Sinn der Lage widerspricht, ist unvernünftig (natürlich ist dabei zu berücksichtigen, was wir früher feststellten: daß nicht jede individuelle Person in jede soziale Form hineinpaßt und daß daher, wo sie als Vertreter eines ihr nicht angemessenen Typus auftritt, ihre Eigenart ein anderes Verhalten fordert als der Sinn ihres Typus und der sozialen Situation). Diese typischen Verhaltungsweisen sind keine „Masken", die das Individuum vornimmt und unter denen es sein „wahres Gesicht" verbirgt (obwohl auch das der Fall sein kann), sondern es gibt sich in der „sozialen Perspektive", die durch die jeweilige „soziale Orientierung" gefordert ist und jeweils einem anderen Zuge seines Wesens entspricht; denn das typische Verhalten und die Typen selbst erhal- 266
ten in jedem Einzelfalle ihr individuelles Gepräge von den Personen, die in sie eingehen.

Konflikte ergeben sich dann, wenn entweder (wie wir vorhin erwogen) die Eigenart einer Person mit dem von ihr vertretenen Typus streitet, oder wenn sie verschiedene miteinander unverträgliche Typen in sich vereinigt oder vielmehr Typen, die miteinander unverträgliche Verhaltungsweisen sinngemäß fordern. So gebührt dem „Gast" freundliches Entgegenkommen, dem „Feinde" Abweisung. Wenn ein Feind mein Haus betritt, so kann ich nicht beiden Forderungen zugleich nachkommen.[267] In der Werthaftigkeit der sozialen Typen und der in ihnen gründenden Verhaltungsweisen und in den Vorzugsgesetzen, denen sie unterstehen, liegt hier die Richtschnur für eine Entscheidung.

---

267 ⟨Edith Stein mag hier an den Phänomenologen-Freund Winthrop Bell in Göttingen denken. Vgl. Stein, Edith, *Aus dem Leben einer jüdischen Familie (LJF)*, ESGA 1, Freiburg 2002.⟩

Zu den Typen im bisherigen Sinne gehören, wie bereits erwähnt wurde, die Funktionsformen von Gesellschaft und Gemeinschaft, sowie die verschiedenen Formen von sozialen Verbänden selbst, die wir besprochen haben. Davon durchaus zu scheiden sind die Gemeinschaftstypen, von denen wir früher sprachen (Typus des Deutschen, des Renaissancemenschen, des Habsburgers u. dgl.). Die Typen in diesem zweiten Sinne sind keine Formen, denen sich die Individuen einfügen, sondern allgemeine Strukturen, die durch den Seinsbestand der Einzelpersonen selbst verkörpert, realisiert werden. Es sind *Personentypen*, wie wir sie schon bei der Analyse der Einzelperson finden, und es ist für sie „zufällig", daß sie gerade im Leben einer und dieser bestimmten Gemeinschaft zur Ausprägung kamen und zu ihren Typen wurden, indem etwa eine starke Führerpersönlichkeit ihren Typus den mit ihr in Gemeinschaft Lebenden mit suggestiver Gewalt oder als „Vorbild" aufnötigte oder indem die verbundenen Individuen durch gegenseitige Beeinflussung einen Entwicklungsverlauf nahmen, der sie zur Ausbildung eines gemeinsamen von dem ursprünglichen abweichenden Typus führte. Während die Typen im ersten Sinn wesentlich nur im sozialen Leben vorkommen, könnten die Typen im zweiten Sinn prinzipiell auch von Individuen außerhalb der Sozialität verkörpert werden.

Was das Verhältnis der beiden Arten sozialer Typen zueinander betrifft, so weist – genetisch – die Realisierung des ersten auf die des zweiten zurück: Denn von dem Seinsbestande der Einzelpersonen, dem typischen wie dem individuellen, hängt es ab, welche Formen des sozialen Lebens zur Ausbildung kommen. Die Typen der zweiten Art aber fordern als Fundament für ihre Verwirklichung im realen Leben Personen von individueller Eigenart.
267 Denn nur wo diese vorhanden ist, kann ein „neuer" Typus zur Entfaltung kommen, während Personen ohne bzw. von geringer Eigenart sich nur bereits vorhandenen Typen einfügen können.

So weist alles soziale Leben und alle sozialen Formen letztlich auf den allen Einflüssen des Wechselverkehrs entzogenen Kern der Person zurück.

Schlußbetrachtung: Die prinzipielle Scheidung von psychischem und geistigem Sein, Psychologie und Geisteswissenschaften

Unserer Untersuchung der Gemeinschaft sind neue Aufschlüsse über die Struktur der psychischen Realität wie der geistigen Welt zu entnehmen.

Als „Psyche" gilt uns ein in sich geschlossener Seinsbestand und Geschehensverlauf, der evtl. bedingt ist durch andersartiges Sein und Geschehen (die physische Natur), darauf ruht, aber nur auf diesen Zusammenhang aufgebaut und nicht in ihn einbezogen ist. Diese Feststellung enthält keinerlei Vorwegnahme über die Art der Beziehungen zwischen psychischem und physischem Geschehen, keine Stellungnahme zu dem Streit zwischen psychophysischem Parallelismus und Wechselwirkungstheorie.[268] Die Art der Beziehung zwischen beiden Reichen soll völlig offengelassen bleiben; es wird nur betont, daß das psychische Geschehen einen *neuartigen* und vom Physischen *getrennten* Zusammenhang darstellt.

Alles *rein* psychische Geschehen ist auf das Leben eines isolierten Individuums beschränkt. Wohl gibt es eine *Beeinflussung* des psychischen Geschehens innerhalb eines Individuums durch anderes psychisches Geschehen, aber keinen überindividuellen Zusammenhang. *Übergreifende* psychische Realität ist nur möglich, soweit das psychische Geschehen Realisation *geistigen Lebens* ist. *Geist* ist Herausgehen aus sich selbst, Offenheit in einem doppelten Sinne: für eine Objektwelt, die *er*lebt wird, und für fremde Subjektivität, fremden Geist, *mit* dem gemeinsam *er*lebt und *ge*lebt wird. (In einem abgeleiteten Sinne sprachen wir von „objektivem Geist“, d.h. von der Objektwelt, sofern sich das Subjekt in ihr wiederfindet und sofern ihm von daher Leben zuströmt.) Die Offenheit für die Welt, sofern sie nicht Geist ist, hebt die Isolierung des Individuums nicht auf. Die Welt der Objekte – genauer gesagt: der theoretisch erfaßten (wahrgenommenen, erfahrenen, erschauten, erkannten) Objekte – ist Widerpart des erfassenden Geistes, ihm entgegengestellt, von ihm abgesetzt, nicht mit ihm eins. Die Offenheit im anderen Sinne aber beseitigt die Isolierung des Individuums, stellt es 268
hinein in den Zusammenhang der geistigen Welt. Auch das geistige Individuum *kann* sich isolieren, es kann sich auf die „theoretische“ Offenheit zurückziehen und auch die geistige Welt von sich abrücken, als *bloßes* Objekt betrachten. Aber diese Isolierung ist eine künstliche, eine Unterbindung ursprünglicher geistiger Tendenzen. Der Geist in seiner ursprünglichen Lebenshaltung ist dem Einströmen geistigen Lebens aus dem All der geistigen Welt geöffnet. *Diese* Offenheit ist das Fundament, auf dem alle überindividuellen geistigen Realitäten ruhen (*auch* die Gesellschaften, die ihr Dasein den spontanen Schöpfungsakten künstlich isolierter Individuen verdanken). Da diese Offenheit zur ursprünglichen Lebenshaltung des geistigen Individuums gehört, kann man mit Recht sagen, daß es ebenso ursprünglich soziales wie individuelles Wesen sei; dadurch wird aber nicht aufgehoben, daß die sozialen Gebilde in Individuen fundiert sind.

Alle echten überindividuellen Realitäten sind geistige. Die Einigung der psychischen Individuen geschieht auf der Grundlage ihrer Geistigkeit, obwohl, wo solche Einigung statthat, auch die psychischen Zusammenhänge übergreifende sind. Soziale Gebilde, deren Elemente psychisch-geistige Individuen sind, werden in ihrer Struktur sowohl durch den psychischen als durch den geistigen Charakter ihrer Elemente bestimmt, die Möglichkeit

[268] ⟨Vgl. Anm. 4.⟩

ihrer Existenz aber verdanken sie lediglich der bindenden Kraft des Geistes. Sobald wir uns das geistige Leben aus der Welt gestrichen denken, zerfällt die psychische Realität in eine Reihe psychischer Monaden[269]. Dagegen ist sehr wohl ein reines Geisterreich denkbar, in dem überindividuelle geistige Realitäten existieren. Die empirischen Persönlichkeiten – individuelle wie überindividuelle – sind gemischte Realitäten: geistiges Leben, gespeist aus den Quellen einer Psyche, inkarniert in psychischem Geschehen und dadurch an einen körperlichen Leib gebunden. Ihren Aufbau zu verstehen, bedarf es einer Kenntnis der apriorischen Struktur *aller* der Realitätsbereiche, die daran Anteil haben. Unsere Untersuchungen gingen darauf aus, zunächst einige Grundgesetzlichkeiten des psychischen und des geistigen Seins und ihr Ineinandergreifen in der Einheit der genannten zusammengesetzten Realitäten herauszuarbeiten.

Die Scheidung von Psyche und Geist ist von höchster wissenschaftstheoretischer Bedeutung, denn von hier aus – und nur von hier aus – ist die prinzipielle Abgrenzung von *Psychologie* und *Geisteswissenschaften* und ein Verständnis ihrer wechselseitigen Beziehungen möglich. Sehr vieles, was
269 darüber geschrieben worden ist, läßt sich nur aus einer völligen Verworrenheit und Unklarheit in den Grundlagen, die die Erörterung dieser Fragen voraussetzt, verstehen. Man hat die Psychologie als Grundlage der Geisteswissenschaften in Anspruch genommen, als „allgemeine Geisteswissenschaft" sozusagen, und andererseits die Geisteswissenschaften als Materialsammlung für die Psychologie.[270] Stillschweigende Voraussetzung ist dabei, daß die Psychologie es mit dem „Geist" und daß die Geisteswissenschaften es mit der „Psyche" der Menschen zu tun haben, m. a. W. daß zwischen Psyche und Geist kein Unterschied bestehe, d. h. das Gegenteil dessen, was unsere Untersuchungen herauszustellen suchten. – Eine Erkenntnis der notwendigen Scheidung hat sich in neuerer Zeit allmählich Bahn gebrochen in der Forderung einer „geisteswissenschaftlichen" neben der „naturwissenschaftlichen", einer „verstehenden" neben der „erklärenden", einer „beschreibenden und zergliedernden" Psychologie.[271] Wir glauben mit unserer Scheidung von Psyche und Geist die Wurzel für die Motive zu dieser Forde-

---

[269] ⟨Vgl. Anm. 139.⟩

[270] So ⟨Karl⟩ *Lamprecht* ⟨(1856–1915), Historiker, bekannt für seine Rolle im Methodenstreit der Geschichtswissenschaft⟩ prinzipiell z. B. in seiner *Modernen Geschichtswissenschaft* ⟨Freiburg i. Brsg. 1905⟩ und praktisch in seinen historischen Arbeiten ⟨*Deutsche Geschichte*, Bd. 1–6, Berlin 1891–1904; *Deutsches Wirtschaftsleben im Mittelalter*, Bd. 1–3, Leipzig 1885–1886; *Der Kaiser: Versuch einer Charakteristik*, Berlin 1913 u. a.⟩.

[271] Zu nennen sind vor allem hier ⟨Wilhelm⟩ *Dilthey* ⟨(1833–1911), dt. Philosoph, Psychologe, Pädagoge, Begründer der Lebensphilosophie; *Der Aufbau der geschichtlichen Welt in den Geisteswissenschaften*, Berlin 1910⟩, ⟨Eduard⟩ *Spranger* ⟨(1882–1963), Philosoph, Pädagoge, Psychologe; Begründer der Pädagogik als akademischer Disziplin; *Die erkenntnistheoretischen und psychologischen Grundlagen der Geschichtswissenschaft*, Ber-

rung getroffen zu haben und müssen nun prüfen, ob ihr durch die beiden geforderten Disziplinen schon genügend Rechnung getragen wird.

Gehen wir von dem gegenwärtigen Stand der Wissenschaft aus, so haben wir einerseits die Psychologie, noch nicht prinzipiell nach den angeführten Gesichtspunkten eingeteilt, wenn auch von verschiedenartigen Motiven und Methoden beherrscht und in eine Reihe von Forschungszweigen gespalten; auf der anderen Seite die Gruppe der einzelnen Geisteswissenschaften, jede für sich bestehend und nach sorgfältig ausgebildeter eigener Methode arbeitend, wenn auch vielfach ineinandergreifend, und sich wechselseitig ergänzend. Sowohl die Psychologie als die Geisteswissenschaften sind in ihrer heutigen Gestalt *empirische* Wissenschaften, Wissenschaften von der Welt bzw. von bestimmten Realitäten, die sich in der Welt vorfinden, und zwar handelt es sich für sie durchweg um *gemischte* Realitäten, an deren Aufbau verschiedene Seinsbereiche Anteil haben.

Betrachten wir zunächst die Geisteswissenschaften und ihre Gegenstände, so können wir hier einen Schnitt machen, der sie in zwei große Gruppen ordnet: *Kultur*wissenschaften,[272] die die Struktur objektiver Kulturgebilde, 270
menschlicher Werke und Einrichtungen u. dgl. untersuchen – als da sind: Rechts-, Wirtschaftsverhältnisse, Kunstschöpfungen, Sprachen usw., und *historische* Wissenschaften, die sich mit dem Menschenleben einschließlich der Entwicklung der Kulturgebilde beschäftigen. Menschen sind Individuen, die einen materiellen Leib, Psyche und Geist haben; Kulturgebilde sind objektive Geistesgestaltungen, die irgendeinem ungeistigen Material eingebildet sind. Sehen wir zu, in welcher Weise die Kulturwissenschaften ihre Gegenstände zu behandeln pflegen, so sehen wir, daß es ihnen im wesentlichen um die Herausstellung ihrer Sinnesstruktur zu tun ist: um den *Gehalt* einer Dichtung und nicht um die Schriftzeichen, um Papier, Tinte und Feder, mit denen es geschrieben ist; um die Rechtssatzungen und nicht um das Material, das zu ihrer Überlieferung notwendig ist; um Bedeutungsgehalt und Formen der Sprache und nicht um den Klang der Stimme, mit dem sie gesprochen wird (es sei denn, daß der Tonfall in seiner Eigenschaft als Bedeutungsträger mit in Betracht gezogen wird, wobei er dann selbst als etwas Geistiges in Anspruch zu nehmen ist). Die Kulturgebilde werden also als objektive geistige Realitäten behandelt. Zu ihrer Analyse bedarf es weder naturwissenschaftlicher Kenntnisse des Materials, auf das sie fundiert sind,

lin 1905⟩ und die früher erwähnten Ausführungen von ⟨Hugo⟩ *Münsterberg* ⟨vgl. Anm. 118, 120⟩ (s. die I. Abhandlung, ⟨*PK*,⟩ Anhang II ⟨S. 104 ff.⟩).

[272] Der Ausdruck ist von ⟨Heinrich⟩ Rickert ⟨(1863–1936), Philosoph der Wertlehre, mit Wilhelm Windelband (1848–1915) Hauptvertreter des südwestdeutschen Neukantianismus⟩ für das ganze Gebiet der Geisteswissenschaften eingeführt worden ⟨*Kulturwissenschaft und Naturwissenschaft*, Freiburg 1899⟩, wir können es aber nur in dem engeren Sinne brauchen.

noch einer Kenntnis der psychischen Prozesse, die bei der Entstehung eines Werkes eine Rolle gespielt haben. Die Kulturwissenschaften sind demnach gänzlich unabhängig von Naturwissenschaft und Psychologie. Wenn man sie auf die eine oder die andere gründen wollte, so ist das nur aus einer Verwechslung *ihrer* Aufgabe mit der historischen verständlich, d. h. mit der Frage nach der *Entstehung* der Kulturgebilde. Wir werden zwar sogleich sehen, daß auch das Problem der Genesis sich nicht durch naturwissenschaftliche bzw. psychologische Erklärung bewältigen läßt, aber jedenfalls haben sie hier ihren Ort.

Die objektiven Kulturgebilde haben ihren „Ursprung" im schöpferischen subjektiven Geist, der sie aus oder mit Hilfe von irgendwelchem Material gestaltet. Die Natur dieses Materials setzt den Gestaltungsmöglichkeiten Grenzen. Es widersetzt sich evtl. den schöpferischen Intentionen und hemmt ihre volle Auswirkung. Was das fertige Werk ist, das läßt sich z. T. aus der Natur des Materials erklären und aus der Gesetzlichkeit des Naturvorgangs, den der Schöpfungsprozeß darstellt. Hier ist die Naturwissenschaft zu Zwecken der Erklärung heranzuziehen. Die Schöpfungsakte ferner, als Akte menschlicher Individuen, sind psychische Prozesse und unterstehen der Gesetzlichkeit des Psychischen. Ob die Intentionen eines Künstlers in seinem Werke rein herauskommen, das hängt nicht nur von der Natur sei-
271 nes Materials ab, sondern auch von der psychischen (bzw. psychophysischen) Beschaffenheit und jeweiligen psychischen Zuständlichkeit der schaffenden Persönlichkeit. Hier ist der Punkt, wo die Psychologie – genauer gesprochen: die *erklärende* Psychologie – einzusetzen hätte. Nehmen wir aber die Werke der Historiker zur Hand – es dürfen allerdings nicht solche sein, die schon auf der Voraussetzung ruhen, daß Geschichte angewandte Psychologie sei, sondern möglichst Werke theoretisch unverbildeter, von dem gesunden „Instinkt" für ihre Spezialaufgabe geleiteter Forscher –, so sehen wir, daß naturwissenschaftliche und psychologische Erklärung einen recht geringen Raum darin einnehmen. Worauf es dem Historiker in erster Linie ankommt, das sind die *Intentionen* des schöpferischen Geistes (sei es eine individuelle oder eine überindividuelle Persönlichkeit), die in dem Werke mehr oder minder weitgehende Erfüllung finden, die Akte, denen es entspringt. Nicht genetische *Erklärung*, sondern *genetisches Verständnis*[273] strebt er an. Und zur Erklärung pflegt er – wie *Scheler* verschiedentlich be-

[273] Zum Gegensatz von Erklären und genetischem Verstehen vgl. auch K.⟨arl⟩ Jaspers ⟨(1883–1969), dt. Philosoph und Psychiater, Vertreter der Existenzphilosophie, wurde 1967 Schweizer Staatsbürger⟩, ⟨*Allgemeine*⟩ *Psychopathologie* ⟨*. Ein Leitfaden für Studierende, Ärzte und Psychologen, Berlin 1913; § 3 Grundbegriffe und Methoden*⟩, S. 13 ff. In der Überzeugung von der Notwendigkeit dieser Scheidung stimmt Jaspers mit uns überein. Seine Auffassung der kausalen Verhältnisse dagegen weicht erheblich von der hier vertretenen ab.

tont hat[274] – nur da zu greifen, wo gewisse nachweisliche Intentionen nicht zur Ausführung gelangt sind, und zwar nicht dadurch, daß sie von entgegenstehenden Intentionen durchkreuzt wurden (was noch ins Gebiet des Verständlichen gehört), sondern indem sie sich an der „Natur" brachen: der des Materials oder der eigenen Psyche oder Physis.

Was hier von der Geschichte der objektiven Geistesgestaltungen ausgeführt wurde, das überträgt sich, wie leicht einzusehen, auf die Geschichte des Geisteslebens überhaupt, das in seiner Gesamtheit die Entstehung objektiver Kulturgebilde mit umspannt. Das Geistesleben und alles, was sich in ihm entfaltet und gestaltet, in seinem faktischen Verlauf und Aufbau nachlebend zu verstehen und darstellend zum Verständnis zu bringen: Das ist die Aufgabe der *empirischen Geisteswissenschaften.*

Welche Rolle daneben der *erklärenden* Psychologie zufällt, haben wir bereits angedeutet und werden wir später noch ausdrücklich formulieren. Wie aber steht es mit einer *„geisteswissenschaftlichen Psychologie"*, welche Aufgabe hätte sie neben und außer der der einzelnen Geisteswissenschaften zu erfüllen? Die empirischen Geisteswissenschaften, soweit wir sie bisher in Betracht 272
zogen, beschäftigen sich mit den *individuellen* Geistesgestaltungen und mit dem faktischen einmaligen Ablauf des Geisteslebens: mit der griechischen Sprache, dem römischen Recht, den Dichtungen Goethes, dem Leben des deutschen Volkes oder einer einzelnen Persönlichkeit. Diese „individualisierende" Auffassung und Darstellung der geistigen Realitäten ist aber nicht die *einzige* Aufgabe, die sie der wissenschaftlichen Forschung stellen. Es bestehen daneben noch verschiedene Möglichkeiten anderer Betrachtungsweise: Wir können uns analog zu den beschreibenden Naturwissenschaften beschreibende Geisteswissenschaften denken, die die individuellen Geistesgestaltungen in vergleichender Betrachtung auf Gemeinsamkeiten und allgemeine Regeln hin untersuchen und in Klassen ordnen. Dahin gehört z. B. die vergleichende Sprachwissenschaft, die vergleichende Literaturgeschichte, ein Teil der Anthropologie (wenn sie auch *vorwiegend* naturwissenschaftlich eingestellt ist), ferner ein gut Teil dessen, was heute unter dem Titel „differentielle Psychologie" einhergeht (die Beschreibung der allgemeinen Typen des Kindes, des Jünglings, der Geschlechter, der Berufsgruppen u. dgl.)[275], sodann, der Hauptbestand der modernen Soziologie[276] und schließlich auch die Versuche einer Aufstellung von allgemeinen „Gesetzen" für die Ge-

---

[274] ⟨Vgl. Anm. 198 zu Schelers Vorlesungen zur Geschichte.⟩

[275] Zur Übersicht vgl. W.⟨illiam⟩ Stern ⟨(1871–1938), dt. Philosoph und Psychologe, Begründer der Differenziellen Psychologie, Steins Lehrer in Breslau⟩, ⟨*Die*⟩ *differentielle Psychologie* ⟨*in ihren methodischen Grundlagen;* statt einer 2. Aufl. von *Über die Psychologie der individuellen Differenzen. Ideen zu einer differenziellen Psychologie*, Leipzig 1900⟩, Leipzig 1911.

[276] Allerdings muß hier das Material noch gesichtet werden. In Simmels inhaltreicher *So-*

schichte der Völker (die allerdings nicht als Analoga der Naturgesetze auftreten dürften, sondern als empirische Regeln) wie Comtes Epochen[277] und Lamprechts Kultur-Zeitalter[278] oder auch Macchiavelis Lehre von dem Kreislauf der Staatsformen[279].

Durchaus zu scheiden sind von diesen „induktiven" Geisteswissenschaften andere Disziplinen, die in der bisherigen Praxis beständig mit ihnen vermengt und verwechselt werden. Alle empirischen Geistesgestaltungen haben eine *apriorische Struktur*, die weder in „individualisierender" noch in „generalisierender" (d. h. induktiver) Betrachtung herauszustellen, sondern von beiden vorausgesetzt und Gegenstand neuer Disziplinen ist: der *apriorischen Geisteswissenschaften*. Die apriorische Rechtslehre untersucht, was Recht *überhaupt* ist und alles *positive* Recht möglich macht, und stellt die apriorischen Rechtsverhältnisse fest ohne Rücksicht darauf, ob sie in irgendeinem positiven Recht gültige Rechtssetzung geworden sind. Die apriorische
273 Poetik beschäftigt sich damit, was zu einem dichterischen Werk überhaupt gehört und welche Dichtungsformen a priori möglich sind. Die apriorische Sprachlehre registriert und vergleicht nicht die Sprachformen, die in den empirischen Sprachen vorliegen, sondern untersucht, welche Konstituentien Sprache überhaupt möglich machen und welche Ausdrucksformen prinzipiell vorkommen können. Und so für alle Gebiete des „objektiven Geistes".

Im Gegensatz zu den geistigen *Realitäten*, den realen Kulturgebilden, ist ihr Apriori nicht „geschaffen", und die Frage nach seiner „Entstehung" ist sinnlos. Sprachen entstehen, positives Recht wird geschaffen, aber *die* Sprache und *das* Recht haben keine Entstehung. Es ist noch hervorzuheben, daß der geistige Gehalt der Kulturgebilde als „eidetische Singularität", die keine Differenzierung mehr zuläßt, in den Bereich des Ideellen gehört, das nicht geschaffen, sondern *realisiert* wird, wenn der schöpferische Geist es einem

---

ziologie ⟨vgl. Anm. 204⟩ z. B. stehen empirische Feststellungen und Wesenseinsichten ohne prinzipielle Trennung nebeneinander.

[277] ⟨Auguste Comte (1798–1857), frz. Mathematiker, Philosoph, Religionskritiker und einer der Begründer der Soziologie. Gemäß seinem „Drei-Stadien-Gesetz" („kindliche" Religion, „jungenhafte" Metaphysik, „männliche" positive Wissenschaft) teilt er die europäische Geschichte in drei Epochen ein: theologisch-militärisch; metaphysisch-juristisch und wissenschaftlich-industriell.⟩

[278] ⟨Karl Lamprecht (vgl. Anm. 270) unterscheidet in seinen fünf Bänden *Deutsche Geschichte* (1890–95) fünf Kultur-Zeitalter, die sich durch das Bindeglied der Moral aus materieller und ideeller Kultur ergeben: das symbolische, das typische, das konventionelle, das individuelle und das subjektive, das sich unterteilt in die Periode der Empfindsamkeit und der Reizbarkeit.⟩

[279] ⟨Niccolo Machiavelli (1469–1527), italien. Politiker, Historiker, Dichter und Philosoph, bedeutender Staatsphilosoph aufgrund seines Werkes *Il Principe* (1513, *Der Fürst*). Seine „Lehre vom Kreislauf der Staatsformen" besagt, daß drei gute Staatformen jeweils in drei schlechte übergehen: die Monarchie in die Tyrannis, die Aristokratie in die Oligarchie und die Demokratie in die Anarchie.⟩

Material einbildet. Das wirft ein neues Licht auf den Charakter der geisteswissenschaftlichen Forschung, die wir zunächst als empirische in Anspruch genommen haben. Die Analyse eines individuellen Kulturgebildes, etwa eines Kunstwerkes, sofern es ihr rein um seinen Sinnesgehalt, seine „Idee" zu tun ist, hat keinen Erfahrungscharakter; sie erhält ihn nur dadurch, daß sie das Werk als solches, als Geschaffenes, hic et nunc realiter ⟨lat. hier und jetzt tatsächlich⟩ Existierendes und eine bestimmte unvertauschbare Stelle im Zusammenhang des geistigen Lebens Einnehmendes auffaßt, was für die Analyse an sich gleichgültig ist; und daß sie es in seinem faktischen Aufbau nimmt, in dem evtl. eine Reihe von „Ideen" durcheinander gehen können.

Geben wir nun zum „subjektiven" Geist über, so finden wir als Feld apriorischer geisteswissenschaftlicher Forschung die Gesamtheit der intentionalen Erlebnisse (in diesem Teil deckt sich die apriorische Geisteswissenschaft mit der phänomenologischen Analyse des reinen Bewußtseins), die apriorischen Zusammenhänge von Erlebnissen (hier ist in erster Linie an die Motivationsgesetzlichkeit zu denken), die Struktur der Persönlichkeit und der Sozialität usf. Auch hier reicht die apriorische Analyse prinzipiell bis zu den individuellen Gestaltungen herab. Von der Biographie eines Menschen, die seinem faktischen Lebenslauf nachgeht, unterscheidet sich die Herausarbeitung seiner geistigen Struktur (etwa der „Gestalt" Goethes in Gundolfs[280] Sinn). Diese individuellen Ideen sind von einer Einheit und Geschlossenheit des inneren Aufbaus, wie wir sie auf keinem anderen Seinsgebiet bei den niedersten Konkretionen finden. Beim materiellen Ding ist „notwendig" nur die kategoriale Dingstruktur, nicht aber das Zusammen von dinglichen Qualitäten, das in den einzelnen empirischen Dingen realisiert ist. Analog ist 274
es möglich, geistige Typen zu konstruieren, die der kategorialen Struktur der geistigen Realität genügen, ohne jene Notwendigkeit des inneren Aufbaus zu besitzen. Prinzipiell sind aber hier „individuelle Ideen" im strengen Sinne möglich, Typen von Geistesgestaltungen, in denen jeder Zug notwendig den anderen fordert; und in dieser Einheit und Geschlossenheit sind sie Träger einer qualitativen Individualität, wie sie den geistigen Realitäten allein eigen ist.[281]

Die apriorische Struktur der geistigen Realitäten zu erforschen, von den obersten Kategorien bis zu den individuellen Ideen, das ist die Aufgabe der apriorischen Geisteswissenschaft. Und wir gehen wohl nicht fehl mit der Annahme, daß diese apriorische Geisteswissenschaft die eigentliche Erfüllung der Bestrebungen darstellt, die wir unter dem Titel „geisteswissenschaftliche Psychologie" kennengelernt haben. Ihr Gegenstand ist das Fun-

---

[280] ⟨Vgl. Gundolf, Friedrich (1880–1931, Dichter und Literaturwissenschaftler), *Goethe*, Berlin 1916.⟩
[281] Vgl. S. 255.

dament, auf dem die empirischen Geistesgestaltungen ruhen und das für deren Verständnis vorausgesetzt ist; sie selbst ist somit Grundlage aller empirischen Geisteswissenschaften.

Dieser Idee der Geisteswissenschaften, der apriorischen, wie der empirischen, stellen wir nun die *Idee der Psychologie* gegenüber, wobei wir uns wohl bewußt sind, daß die Psychologie in ihrer gegenwärtigen Gestalt diese Idee nicht rein zur Darstellung bringt, sondern von verschiedenen ihr fremden Motiven beherrscht wird. Ihr Gegenstand ist die Psyche mit ihren Dispositionen und wechselnden Zuständen; sie untersucht die Gesetzlichkeit in der Dispositionsbildung und im Wechsel der Zustände. Diese Gesetzlichkeit ist wiederum teils apriorischer, teils empirischer Natur. Die Idee der psychischen Realität und die Kategorien, die sie konstituieren, sind für alle Erfahrung von Psychischem vorausgesetzt und müssen durch eine *apriorische Psychologie* herausgestellt werden. (Hierhin gehört unsere Untersuchung der psychischen Kausalität.) Soweit das psychische Geschehen Realisation geistigen Lebens ist, müssen geisteswissenschaftliche Forschungen zu seiner Erhellung herangezogen werden. Bei der Ergründung der menschlichen Psyche müssen also Psychologie und Geisteswissenschaft Hand in Hand arbeiten.

Die apriorisch-psychologischen Gesetzmäßigkeiten (z. B. daß psychisches Geschehen Umsetzung von Lebenskraft in aktuelles Leben ist; daß jeder psychische Zustand kausal bedingt ist; daß die gesteigerte Ausbildung einer
275 psychischen Fähigkeit auf Kosten der anderen geschieht usw.) lassen einen Spielraum offen, innerhalb dessen Erfahrung und Induktion empirische Regelmäßigkeiten herausstellen können. (So läßt sich durch Beobachtung, Experiment und Statistik feststellen, welche psychischen Leistungen die Lebenskraft in höherem oder geringerem Grade in Anspruch nehmen, d.h. schneller oder langsamer zur Ermüdung führen, u. dgl. mehr.) Daß diese empirischen Regeln niemals den Charakter von exakten Naturgesetzen haben können, das ist bereits an früherer Stelle erörtert worden.

Wir haben zunächst stillschweigend vorausgesetzt, daß die Psychologie nach allgemeinen Gesetzen sucht, aus denen das jeweilige psychische Geschehen zu erklären ist, und daß es ihr nicht um die Individualität ihrer Gegenstände zu tun ist, wie wir es bei den Geisteswissenschaften feststellen konnten (wenn sich auch ihre Problematik nicht mit der Herausstellung der individuellen Geistesgestaltungen erschöpft). Dieser Unterschied der Forschungseinstellung verdient aber besondere Beachtung. Er ist nicht in einer Willkür der Forscher begründet, in einer Verschiedenheit der Interessenrichtung, sondern in der Natur der Sachen selbst. Bei näherer Betrachtung stellt sich nämlich heraus, daß es eine Individualität derart, wie sie in der geistigen Welt den Blick auf sich zieht, auf dem Gebiet des Psychischen überhaupt nicht gibt – ebensowenig wie im Bereich der materiellen Natur. Die Individualität, die auch hier vorliegt, hat einen völlig anderen Sinn. Wenn wir ein

Ding ein Individuum nennen, so besagt diese Individualität nicht mehr als Identität: Es ist es selbst und kein anderes, was mit seinem qualitativen Bestande nicht mehr zu tun hat, als daß überhaupt ein Sinnesbestand und eine gewisse Kontinuität in seiner Veränderung vorausgesetzt ist. Festzulegen ist diese Identität durch die Eindeutigkeit der Raum- und Zeitstelle, die das Ding einnimmt.[282] Seinem qualitativen Bestande nach aber ist es Exemplar eines Typus, den man sich in beliebig vielen Exemplaren wiederholt denken kann. Seiner jeweiligen Beschaffenheit nach (die von seinem eigenen Seinsbestande zu trennen ist) unterscheidet sich das Ding faktisch jederzeit von jedem anderen, und *diese* individuelle Bestimmtheit ist festgelegt durch seine Stellung im Kausalzusammenhang und aufzulösen durch eine Reihe allgemeiner Kausalgesetzlichkeiten, aus denen sie sich erklären läßt. Individualität im Sinne eines qualitativ einzigartigen Eigenbestandes hat das einzelne Ding nicht. Dieser Sachlage entsprechen die Aufgaben, die sich die Wissenschaften von der materiellen (und ebenso von der organischen) Natur stellen. Als *beschreibende* Wissenschaften stellen sie die *Typen* heraus, als deren Exemplare die einzelnen Dinge anzusehen sind und sofern sie in solchen 276
Exemplaren empirisch aufweisbar sind. (In dieser Bindung an die faktisch vorkommenden Exemplare liegt der empirische Charakter dieser Wissenschaften. An sich ist die Typenanschauung keine „Erfahrung" und läßt eine Ausdehnung der Betrachtung von den wirklichen auf mögliche Typen zu.) Die Typen selbst besitzen Individualität im Sinne eines qualitativen Eigenbestandes analog den einzelnen Geistesgestaltungen, und das nähert die beschreibenden Naturwissenschaften den Geisteswissenschaften. Aber in den beschreibenden Naturwissenschaften müssen die Typen in ihren Exemplaren und um dieser Exemplare willen aufgesucht werden. In den Geisteswissenschaften bedarf es dieser Spaltung nicht, weil die Einzelgegenstände Individuen in doppeltem Sinne sind. – Als *erklärende* Wissenschaften suchen sie die Kausalgesetze auf, aus denen sich der jeweilige Zustand der einzelnen Objekte herleiten läßt.

Analog liegen die Verhältnisse bei der Psyche. Auch hier haben wir die vom qualitativen Bestande unabhängige Identität und die Identifizierbarkeit mittels der Raum- und Zeitstelle des materiellen Leibes, der in der Einheit des psychophysischen Individuums mit der Psyche verknüpft ist. Wir haben sodann den jeweiligen Gesamtzustand der Psyche, der ein qualitativ eigentümlicher ist, in seiner Eigentümlichkeit aber von äußeren und inneren Bedingungen abhängt, die sich allgemein fassen lassen und aus denen er zu erklären, wenn auch nicht exakt zu bestimmen ist. Die „inneren" Bedingun-

---

282 ⟨Vgl. „Systematische Raumkonstitution. E. Steins Ausarbeitung", in: Husserl, Edmund, *Ding und Raum. Vorlesungen 1907*, hg. v. Ulrich Claeges, *Hua* XVI, Den Haag 1973, S. 322–336.⟩

gen sind die ursprünglichen Anlagen der Psyche und die Gesetzlichkeit ihrer Entwicklung. Daß die Psyche eine sich entwickelnde Realität ist, daß sie mit innerer Notwendigkeit in einem ununterbrochenen Geschehen sich ständig verändert, das unterscheidet sie von der materiellen Natur. Im übrigen ist ihr Bestand an ursprünglichen Anlagen ebenso wie ihr Entwicklungsgang und ihre jeweiligen Zustände etwas Typisches und einer exemplarischen Beschreibung zugänglich. Demnach haben wir als Parallele zur beschreibenden und erklärenden Naturwissenschaft eine beschreibende und erklärende Psychologie, die für ihre Zwecke auf gewisse Anleihen aus anderen Wissensgebieten – entsprechend der Verknüpfung der Psyche mit anderen Seinsgebieten – angewiesen ist.

Eine qualitative Eigentümlichkeit, die sich nicht als Schnittpunkt allgemeiner Gesetzlichkeiten fassen läßt, sondern in der inneren Einzigartigkeit des Individuums begründet ist, gibt es nur im Reiche des Geistes. Wir haben auch hier Typen kennengelernt, die allgemein zu beschreiben sind und als deren Exemplar das Individuum sich auffassen läßt. Und wir haben
277 gesehen, daß es allgemeine Gesetzlichkeiten gibt, aus denen die Genesis der geistigen Realitäten zu verstehen ist. Aber abgesehen davon ist hier das Individuum in seiner unwiederholbaren und unauflöslichen Einzigartigkeit Gegenstand des Interesses. Jede geistige Person – so fanden wir – hat *ihre* Qualität, die jedem ihrer Akte, ungeachtet seiner allgemeinen Struktur, eine individuelle Note verleiht und ihn von Akten jeder anderen Person unterscheidet. Ebenso ist jede ihrer personalen Eigenschaften und ihr ganzer Lebensgang als ihr eigen gekennzeichnet, und da innerhalb dieses Lebensganges alles Einzelne seine besondere Bedeutung für den Verlauf des Ganzen hat und durch seine Stellung in ihm bestimmt und bestimmend ist, gibt es auch im Rahmen der individuellen Persönlichkeit und ihrer Ausgestaltung prinzipiell keine Wiederholung.

Diese qualitative unreduzierbare Individualität findet sich in allen geistigen Realitäten, auch in den „objektiven" (evtl. mittelbar in den „unselbständigen", die auf andere zurückweisen). Die Werke einer Person oder auch einer Gemeinschaft haben sie in einem doppelten Sinn: Sie tragen einmal den Stempel des schöpferischen Geistes, zu dessen Sphäre sie gehören, und außerdem ist jedes von ihnen selbst ein Individuum, sofern es ein *echtes* Werk ist und keine gewollte oder ungewollte Nachahmung, und sofern es jene innere Einheit und Notwendigkeit des Aufbaus hat, die wir als Charakteristikum der individuellen Ideen kennenlernten. Es hat dann eine spezifische nur ihm eigene Note, die weder auf seine Form noch auf seinen Inhalt zurückzuführen ist, das, was uns aus ihm „anspricht" und was wir uns innerlich zu eigen machen können. Und ein solches individuelles Quale haben auch die geistigen Gebilde, die nicht den Stempel einer schöpferischen Persönlichkeit tragen, z. B. eine „Landschaft", wenn sie als solche, d. h. nicht als ein Stück Natur, sondern als in sich geschlossene Einheit von spezifischem „Charakter" gesehen wird.

In dieser Individualität, die der geistigen Realität und *nur* ihr zukommt, ist es begründet, daß die Geisteswissenschaften sich nicht damit begnügen können, die allgemeinen geistigen Strukturen und Zusammenhangsgesetze herauszustellen, deren Exemplar und Kreuzungspunkt das Individuum ist, sondern daß sie *außerdem* das Individuum in seiner Individualität zum Gegenstand der Forschung machen müssen. Auf welche Weise es möglich ist, die Individualität zu erfassen, und mit welchen Mitteln sie dargestellt werden kann, das sind Probleme, die der speziellen erkenntnistheoretischen
und methodologischen Untersuchung der einzelnen Geisteswissenschaften 278
überlassen werden müssen. Hier kam es nur darauf an, zunächst einmal ganz allgemein die Geisteswissenschaft in ihrer im Wesen des Geistes begründeten Eigentümlichkeit abzugrenzen.

Es wird demnach noch in einem neuen Sinne verständlich, wie absurd es ist, die Psychologie als allgemeine Geisteswissenschaft in Anspruch zu nehmen. Sofern es Aufgabe der Geisteswissenschaften ist, die geistigen Gebilde in ihrer qualitativen Individualität und das geistige Geschehen in seinem qualitativ eigentümlichen einmaligen Verlauf festzuhalten, kann ihnen die Psychologie, die an *diese* Individualität prinzipiell nicht heranreicht, nicht die mindesten Dienste leisten. Sie kann immer nur zur Erklärung dessen herangezogen werden, was an den gemischten Realitäten, in denen sich das Geistige findet, ungeistiger Natur ist und für die Beschaffenheit des konkreten Gebildes mitbestimmend wird.

Die hier vertretene Auffassung der Geisteswissenschaften wird vielleicht noch an Deutlichkeit gewinnen, wenn wir sie dem einflußreichsten Versuch einer Einteilung der Wissenschaften, der in der Gegenwart hervorgetreten ist, den Untersuchungen von *Windelband/Rickert*, gegenüberstellen.[283] Wir werden den prinzipiellen Gegensatz, der trotz weitgehender Übereinstimmung vorhanden ist, hier nicht bis an seine Wurzel verfolgen können, denn das würde eine Auseinandersetzung mit den erkenntnistheoretischen Grundauffassungen des transzendentalen Empirismus erfordern, wie sie in knappem Rahmen nicht möglich ist. Es sollen nur die wesentlichen Differenzpunkte ins rechte Licht gesetzt werden.

1. Sowohl Windelband als ⟨auch⟩ Rickert lehnen den Begriff des *Geistes* als Einteilungsprinzip ab, weil sie den Unterschied von Psyche und Geist

---

[283] Vgl. besonders Windelband ⟨, Wilhelm⟩, *Geschichte und Naturwissenschaft* ⟨, Straßburg 1894⟩ und ⟨zusammen mit Bruno Bauch⟩ *Geschichtsphilosophie* ⟨*. Eine Kriegsvorlesung*, Kant-Studien (Ergänzungsheft 38), Berlin 1916⟩; Rickert ⟨, Heinrich⟩, ⟨*Die*⟩ *Grenzen der naturwissenschaftlichen Begriffsbildung* ⟨*. Eine logische Einleitung in die historischen Wissenschaften*, Freiburg 1896⟩ und *Kulturwissenschaft und Naturwissenschaft* ⟨, Freiburg 1899⟩.

nicht anerkennen und die Psychologie ihrem methodischen Charakter nach zu den Naturwissenschaften rechnen zu müssen glauben. Wenn Rickert betont, daß Physisches und Psychisches als Realitäten von analoger Struktur dem Bewußtsein gegenüberstehen (dem „erkenntnistheoretischen Subjekt", wie er sich ausdrückt), so stimmen wir ihm vollkommen bei. Wir erkennen ferner durchaus an, daß eine Wissenschaft vom Bewußtsein keine Wirklichkeitswissenschaft ist, sondern den Wissenschaften von der physischen wie von der psychischen Wirklichkeit gegenübersteht. Aber wir können *nicht* zugeben, daß mit psychischer und physischer „Natur" die Wirklichkeit er-
279 schöpft sei und daß Geisteswissenschaft, wenn sie nicht Psychologie sein soll, nur noch als Wissenschaft vom reinen Bewußtsein aufgefaßt werden könne. Obwohl unsere ganzen letzten Betrachtungen darauf hinausliefen, geistige Realitäten in der Welt, deren Korrelat das reine Bewußtsein ist, aufzuweisen, dürfte es doch gut sein, das Verhältnis von Bewußtsein und Geist noch einmal für sich ins Auge zu fassen.

Als „Bewußtsein" faßten wir das „bewußte" reine Erleben von Gehalten, und wir betrachteten es völlig losgelöst von der Welt, die sich ihm mittels der erlebten Gehalte aufbaut, ohne Wirkungszusammenhang damit. Fassen wir unter dem Titel „Geist" zunächst nur die geistigen *Akte* ins Auge, so dekken sie sich ihrer Struktur nach mit dem, was wir im Bereich des reinen Bewußtseins als „intentionale Erlebnisse" vorfinden, und in ihrer Beschreibung fallen Geisteswissenschaft und Erlebnisphänomenologie zusammen. Aber die Geisteswissenschaft faßt die Akte eben nicht wie die Phänomenologie herausgelöst aus allen Wirkungszusammenhängen, sondern im Gegenteil in der Verflechtung mit der Welt, in der wir sie vorfinden, als herauswachsend aus dem *geistigen Kosmos* und in ihn mündend. Der geistige Kosmos und auch die einzelnen geistigen Akte, sofern sie in ihm wurzeln, *transzendieren* das Bewußtsein, dem die Akte, isoliert betrachtet, angehören. Was unter dem „geistigen Kosmos" zu verstehen ist, das läßt sich nach dem, was unsere Untersuchungen ergaben, in kurzen Worten zusammenfassen. Subjekt des Bewußtseinslebens ist das *reine Ich*, das nichts ist als eben Ausstrahlungspunkt des Erlebens, ohne jede qualitative Besonderung. Subjekt des *geistigen* Lebens ist die *Person*, die ein qualitativ bestimmtes, und zwar als einzigartiges bestimmtes Aktzentrum ist und deren Qualität den Akten, die aus ihr entspringen, erst die volle Konkretion gibt. Sie ist darüber hinaus der *Kraft*quell, aus dem die Akte gespeist werden, und sie entnimmt ihre Lebenskräfte nicht nur sich selbst (bzw. ihrer Seele), sondern erfährt Zuströme von der Objektwelt; und die Objektwelt, soweit sie der Subjektivität Kräfte zuführt oder auch entzieht, gehört mit zum geistigen Kosmos als „objektiver Geist". – Das Reich des Geistes steht also dem Bewußtsein als ein Bereich transzendenter Realitäten gegenüber wie physisches und psychisches Sein. Wie sie sich für das Bewußtsein aufbauen, im Unterschied zu den

anderen Realitäten, das muß noch besonderer Untersuchung vorbehalten bleiben. Es dürfte sich dabei in aller Klarheit herausstellen, was sich in den letzten Betrachtungen schon andeutete: daß die Geisteswissenschaften der Phänomenologie näher verwandt sind als irgendwelche andere Wissenschaft 280
von transzendentem Sein. Auf alle Fälle ist aber auch das Geistige transzendentes Sein und bedarf einer doppelten Untersuchung: auf seine ontische (apriorische und empirische) Struktur und auf seine Konstitution für das Bewußtsein hin. Demnach haben wir unter den Realitätswissenschaften neben Naturwissenschaften (im engeren Sinn) und Psychologie die Geisteswissenschaften.

2. Den Unterschied, den man nach Rickerts Ansicht in den *Objekten* der Wissenschaften vergeblich sucht, findet er in der *logischen Struktur ihrer Methoden*: Sie verfahren *generalisierend*, teils *individualisierend* (nomothetisch oder idiographisch in Windelbands Terminologie). Die Wirklichkeit ist eine, verschieden sind nur die Gesichtspunkte, unter denen man sie betrachtet und nach denen man ihrer intensiven und extensiven Mannigfaltigkeit Herr zu werden sucht.

Auch hier können wir in einem Punkte zustimmen: Die Gegenstände, denen wir in der Erfahrung begegnen, sind in der Tat verschiedener Betrachtung zugänglich, aber nicht nur darum, weil sie alle *Individuen* sind und zugleich alle Übereinstimmungen zeigen, die eine *verallgemeinernde* Betrachtung zulassen, sondern weil sie gemischte *Realitäten* sind. Geistiges Leben tritt uns als psychisches Geschehen entgegen, alles Psychische in Verbindung mit materiellem Sein, und auch die objektiven Geistesgestaltungen auf Natursein begründet ⟨sic⟩. Andererseits kann prinzipiell alles Natursein Träger eines geistigen Sinnes werden. Darum darf es uns nicht wundern, wenn in den empirischen Wissenschaften, die an den Erfahrungsgegenständen orientiert sind, verschiedene Methoden, die prinzipiell zu trennen sind, ineinandergreifen. Auch Rickert gesteht für seine logische Einteilung der Wissenschaften zu, daß sie sich mit der faktischen Einteilung nicht deckt. Worauf es uns ankommt, das ist: zu zeigen, daß die prinzipielle Scheidung der Methoden eine *einsichtig notwendige* ist, begründet in der einsichtigen Verschiedenheit der Seinsbereiche, die in den empirischen Objekten vereinigt sind. Solche Einsicht liefert allerdings weder die empirische Anschauung der individuellen Wirklichkeit noch die induktive Verallgemeinerung, sondern allein die Wesensbetrachtung, in der sich notwendiges und zufälliges Sein voneinander scheidet und das ὄντως ὄν ⟨„óntos òn“, griech. „das wirklich wesenhaft Seidende“⟩ der Realitäten zutage tritt. Als verschiedene ὄντα ⟨„ónta“, griech. „Seiende“⟩, als prinzipiell verschiedene Seinsbereiche haben wir (physische und psychische) *Natur* und *Geist* erkannt, und jedem entspricht *seine* nur ihm angemessene Betrachtungsweise. Allerdings sind diese durch die Sachen geforderten verschiedenen Methoden nicht durch 281 den Gegensatz generalisierend-individualisierend hinreichend gekennzeichnet. Wir haben wohl gesehen, daß es für beide Gebiete generalisierende Betrachtung gibt, aber nicht *eine* generalisierende Betrachtung, sondern – neben der typischen Beschreibung, die für beide Gebiete in analoger Weise möglich ist – zwei genetische Betrachtungsweisen, und zwar zwei spezifisch verschiedene: Man kann Geistiges prinzipiell nicht aus allgemeinen Kausalgesetzen erklären, und man kann Natursein prinzipiell nicht nach allgemeinen Sinngesetzen verstehen. – Was aber die „individualisierende" Betrachtung angeht, so haben wir gesehen, daß sie streng genommen nur für geistige Realitäten Sinn hat. Es ist ein Irrtum, daß Naturobjekte als solche einer geschichtlichen Betrachtung zugänglich wären, daß man Paläontologie[284] oder Deszendenztheorie[285] als Natur-„Geschichte" anzusehen hätte. Sie sind nicht Darstellungen eines einmaligen, unwiederholbaren, in sich geschlossenen Sinnzusammenhangs, sondern Versuche, einen prinzipiell beliebig oft wiederholbaren Naturprozeß aus allgemeinen Gesetzen zu erklären.

3. Tatsächlich bleibt auch Rickert nicht bei seiner Theorie stehen, die alles Wirkliche als homogen ansieht und den Dualismus allein in die Methoden verlegen will. Er kommt schließlich dazu, für die historischen Objekte eine eigene Individualität zu fordern: *Echte* Individualität komme nur solchen Objekten zu, die nicht nur *einzig* sind (wie alles Wirkliche) und unteilbar (wie die Seelen), sondern unteilbar um ihrer Einzigkeit willen – das aber seien Objekte, die einen *Wert* haben. Historische Objekte sind Objekte, die selbst einen Wert oder Beziehung auf einen Wert haben und dank dieser Beziehung in einen Zusammenhang hineingehören; denn die Geschichte erforscht nicht isolierte Objekte, sondern Zusammenhänge. Illustrieren können wir uns diese Theorie etwa durch die *Hegel*sche Geschichtsauffassung[286], die die Geschichte als Entwicklung des Geistes zum Bewußtsein seiner Freiheit auffaßt. „Historisch" wäre dann alles, was irgendwie von Einfluß auf die Erreichung dieses Endziels ist, es sei im übrigen positiv- oder negativwertig. (Rickert betont ausdrücklich, daß nur die Wert*bezogenheit*

[284] ⟨Wissenschaft von den Lebewesen vergangener Erdzeitalter.⟩

[285] ⟨Abstammungslehre, bekanntester Vertreter ist Charles Darwin (1809–1882); vgl. dazu *AMP*, S. 57–73.⟩

[286] ⟨Georg Wilhelm Friedrich Hegel (1770–1831), dt. Philosoph, wichtigster Vertreter des Deutschen Idealismus. Hegels Geschichtsphilosophie besagt, die Weltgeschichte sei ein Fortschritt im Bewußtsein der Freiheit, den man in seiner Notwendigkeit zu erkennen habe. Vgl. Hegel, Einleitung in die *Vorlesungen über die Philosophie der Geschichte* (1837). Als geschichtsgestaltendes letztes Prinzip setzt er die göttliche Vernunft, den Weltgeist. Seine Geschichtsphilosophie beeinflußte durch die Vermittlung der sog. Linkshegelianer den Marxismus.⟩

eines Objekts seinen historischen Charakter ausmache und nicht sein eigener positiver oder negativer Wert).

Sehen wir zunächst von der Bedeutung der Werte zur Bestimmung des Charakters des Historischen ab und fassen wir nur die Deutung der Geschichtswissenschaft als Darstellung der Objekte in ihrem *Zusammenhang* ins Auge, so sehen wir, daß die „Geschichte“ nicht alles umfaßt, was wir 282
den Geisteswissenschaften als Aufgabe zuweisen mußten. Das geistige Leben in seinem Zusammenhang, die einzelnen Geistesgestaltungen in ihrer Bedeutung für diesen Zusammenhang zu erfassen – das ist die Aufgabe der Geschichte. Daß alle geistigen Realitäten in diesem Zusammenhang eine Rolle spielen müßten, steht nicht von vornherein fest, ist aber auch bei keinem von vornherein ausgeschlossen, so daß sie immerhin alle als historisches *Material* in Frage kommen. Aber ganz abgesehen davon sind sie an sich, ihrem Eigensein nach, ohne Rücksicht auf ihre historische Bedeutung Gegenstand des Interesses und der wissenschaftlichen Forschung. Darum ist die Einteilung der Wissenschaften in Naturwissenschaft und Geschichte unzureichend. (Eine mehr terminologische Frage ist es, ob man statt „Geisteswissenschaften“ die Bezeichnung „Kulturwissenschaften“ einführen will, wie es nach Rickerts Vorgang ⟨sic⟩ üblich geworden ist. Wir haben den Ausdruck „Kultur“ nur für die „Werke“ des Geistes im weitesten Sinne eingeführt. Der natürliche Sprachgebrauch läßt offenbar eine Erweiterung zu: Man spricht von „Persönlichkeitskultur“, von „kultiviertem Geschmack“, von „Kulturvölkern“ im Gegensatz zu Naturvölkern usw., d.h. man überträgt den Ausdruck auf die Sphäre der Subjektivität. In all diesen Redewendungen lebt noch der ursprüngliche Wortsinn von cultura ⟨lat. Anpflanzung, „cultus“ – Pflege⟩ fort; es handelt sich überall um „gepflegten“ Geist, um Selbstgestaltung der Subjektivität unter Wertgesichtspunkten. Aber es gibt zweifellos auch „unkultivierten“, völlig naiv lebenden Geist (z.B. den der Naturvölker), und auch er ist Objekt der Geisteswissenschaft. Auch hier scheint mir die alte Terminologie die weitaus adäquatere zu sein.)

Nun zur Bedeutung der *Werte* für die Geisteswissenschaften. Zweifellos sind sie von größter Wichtigkeit für die Abgrenzung der Realitätssphären: *Natur*gegenstände (physische wie psychische) haben keine spezifischen, nur ihnen eigene Werte, nur geistige Realitäten sind stets Träger von „individuellen“ Werten und Unwerten. Aber nicht dadurch bestimmt sich ihr *Sein*, daß sie in dieser Weise wertbehaftet oder wertbezogen sind, und ihre *Individualität* läßt sich nicht darauf zurückführen. Wir werden sagen müssen, daß die qualitative Individualität eines geistigen Gebildes Träger seines spezifischen Wertes ist und daß jedem Gebilde von individueller Eigenart ein spezifischer Wert zukommt, aber beides ist voneinander zu trennen. Wenn ich ein dichterisches Werk in seiner Einheit und Geschlossenheit und mit der ihm eigenen Qualität erfasse, so leuchtet mir zugleich der ihm eigene

283 Wert auf; ich kann nicht sagen, daß ihm seine Individualität auf Grund dieses Wertes zuwächst. – Ebensowenig geht es an, die Objektivität der historischen Gegenstände und die Geltung der historischen Begriffe durch ihre Wertbezogenheit zu begründen. Werte sind in ihrer Existenz an bestimmte Träger gebunden, sie haben ihre *eigene* Objektivität, die durch das Sein ihrer Träger nicht gewährleistet ist, aber sie bedürfen prinzipiell solcher Träger, um sich an ihnen zu realisieren und können nicht ihrerseits zur Begründung der Objektivität des Seins herangezogen werden, das sie voraussetzen.

Hier aber sind wir bei der Kernfrage der *Rickert*schen Philosophie angekommen, mit deren Erörterung wir diese Untersuchung nicht mehr belasten wollen.

Personenregister

Sachregister

FSC
www.fsc.org
MIX
Papier | Fördert gute Waldnutzung
FSC® C083411

Zeitfracht Medien GmbH
Ferdinand-Jühlke-Straße 7
99095 Erfurt, Deutschland
produktsicherheit@kolibri360.de